MW01283060

COMENTARIO BÍBLICO MUNDO HISPANO

TOMO 17

JUAN

Artículo General: *Teología del Nuevo Testamento,*
Juan B. Patterson

Exposición: James Bartley

Ayudas Prácticas: Joyce Cope de Wyatt

AUTORES EN ESTE TOMO

Bartley, James. Estadounidense. Ex rector del Seminario Teológico Bautista de Uruguay.

Patterson, Juan B. Estadounidense. Ex profesor del Seminario Teológico Bautista Internacional de Cali, Colombia.

Wyatt, Joyce Cope. Estadounidense. Ex profesora del Seminario Teológico Bautista Internacional de Cali, Colombia.

COMENTARIO BÍBLICO MUNDO HISPANO

TOMO 17

JUAN

Editores Generales

Juan Carlos Cevallos
Rubén O. Zorzoli

Editores Especiales

Ayudas Prácticas: James Giles
Artículos Generales: Jorge E. Díaz

EDITORIAL MUNDO HISPANO

EDITORIAL MUNDO HISPANO
Apartado Postal 4256, El Paso, TX 79914 EE. UU. de A.
www.editorialmh.org

Editores: Juan Carlos Cevallos, María Luisa Cevallos,
Vilma Fajardo, Rubén Zorzoli

Primera edición: 2005

Clasificación Decimal Dewey: 220.7
Tema: 1. Biblia—Comentarios

ISBN: 0-311-03141-2
E.M.H. No. 03141

4 M 3 05

Printed in Colombia
Impreso en Colombia

PREFACIO GENERAL

Desde hace muchos años, la Editorial Mundo Hispano ha tenido el deseo de publicar un comentario original en castellano sobre toda la Biblia. Varios intentos y planes se han hecho y, por fin, en la providencia divina, se ve ese deseo ahora hecho realidad.

El propósito del Comentario es guiar al lector en su estudio del texto bíblico de tal manera que pueda usarlo para el mejoramiento de su propia vida como también para el ministerio de proclamar y enseñar la palabra de Dios en el contexto de una congregación cristiana local, y con miras a su aplicación práctica.

El *Comentario Bíblico Mundo Hispano* consta de veinticuatro tomos y abarca los sesenta y seis libros de la Santa Biblia.

Aproximadamente ciento cincuenta autores han participado en la redacción del Comentario. Entre ellos se encuentran profesores, pastores y otros líderes y estudiosos de la Palabra, todos profundamente comprometidos con la Biblia misma y con la obra evangélica en el mundo hispano. Provienen de diversos países y agrupaciones evangélicas; y han sido seleccionados por su dedicación a la verdad bíblica y su voluntad de participar en un esfuerzo mancomunado para el bien de todo el pueblo de Dios. La carátula de cada tomo lleva una lista de los editores, y la contratapa de cada volumen identifica a los autores de los materiales incluidos en ese tomo particular.

El trasfondo general del Comentario incluye toda la experiencia de nuestra editorial en la publicación de materiales para estudio bíblico desde el año 1890, año cuando se fundó la revista *El Expositor Bíblico.* Incluye también los intereses expresados en el seno de la Junta Directiva, los anhelos del equipo editorial de la Editorial Mundo Hispano y las ideas recopiladas a través de un cuestionario con respuestas de unas doscientas personas de variados trasfondos y países latinoamericanos. Específicamente el proyecto nació de un Taller Consultivo convocado por Editorial Mundo Hispano en septiembre de 1986.

Proyectamos el *Comentario Bíblico Mundo Hispano* convencidos de la inspiración divina de la Biblia y de su autoridad normativa para todo asunto de fe y práctica. Reconocemos la necesidad de un comentario bíblico que surja del ambiente hispanoamericano y que hable al hombre de hoy.

El Comentario pretende ser:
* crítico, exegético y claro;
* una herramienta sencilla para profundizar en el estudio de la Biblia;
* apto para uso privado y en el ministerio público;
* una exposición del auténtico significado de la Biblia;
* útil para aplicación en la iglesia;
* contextualizado al mundo hispanoamericano;

* un instrumento que lleve a una nueva lectura del texto bíblico y a una más dinámica comprensión de ella;
* un comentario que glorifique a Dios y edifique a su pueblo;
* un comentario práctico sobre toda la Biblia.

El *Comentario Bíblico Mundo Hispano* se dirige principalmente a personas que tienen la responsabilidad de ministrar la Palabra de Dios en una congregación cristiana local. Esto incluye a los pastores, predicadores y maestros de clases bíblicas.

Ciertas características del Comentario y algunas explicaciones de su metodología son pertinentes en este punto.

El **texto bíblico** que se publica (con sus propias notas —señaladas en el texto con un asterisco, *,— y títulos de sección) es el de *La Santa Biblia: Versión Reina-Valera Actualizada.* Las razones para esta selección son múltiples: Desde su publicación parcial (*El Evangelio de Juan,* 1982; el *Nuevo Testamento,* 1986), y luego la publicación completa de la Biblia en 1989, ha ganado elogios críticos para estudios bíblicos serios. El Dr. Cecilio Arrastía la ha llamado "un buen instrumento de trabajo". El Lic. Alberto F. Roldán la cataloga como "una valiosísima herramienta para la labor pastoral en el mundo de habla hispana". Dice: "Conservando la belleza proverbial de la Reina-Valera clásica, esta nueva revisión actualiza magníficamente el texto, aclara —por medio de notas— los principales problemas de transmisión... Constituye una valiosísima herramienta para la labor pastoral en el mundo de habla hispana." Aun algunos que han sido reticentes para animar su uso en los cultos públicos (por no ser la traducción de uso más generalizado) han reconocido su gran valor como "una Biblia de estudio". Su uso en el Comentario sirve como otro ángulo para arrojar nueva luz sobre el Texto Sagrado. Si usted ya posee y utiliza esta Biblia, su uso en el Comentario seguramente le complacerá; será como encontrar un ya conocido amigo en la tarea hermenéutica. Y si usted hasta ahora la llega a conocer y usar, es su oportunidad de trabajar con un nuevo amigo en la labor que nos une: comprender y comunicar las verdades divinas. En todo caso, creemos que esta característica del Comentario será una novedad que guste, ayude y abra nuevos caminos de entendimiento bíblico. La RVA aguanta el análisis como una fiel y honesta presentación de la Palabra de Dios. Recomendamos una nueva lectura de la Introducción a la Biblia RVA que es donde se aclaran su historia, su meta, su metodología y algunos de sus usos particulares (por ejemplo, el de letra cursiva para señalar citas directas tomadas de Escrituras más antiguas).

Los demás elementos del Comentario están organizados en un formato que creemos dinámico y moderno para atraer la lectura y facilitar la comprensión. En cada tomo hay un **artículo general**. Tiene cierta afinidad con el volumen en que aparece, sin dejar de tener un valor general para toda la obra. Una lista de ellos aparece luego de este Prefacio.

Para cada libro hay una **introducción** y un **bosquejo**, preparados por el redactor de la exposición, que sirven como puentes de primera referencia para llegar al texto bíblico mismo y a la exposición de él. La **exposición** y **exégesis** forma el elemento más extenso en cada tomo. Se desarrollan conforme al bosquejo y fluyen de página a página, en relación con los trozos del texto bíblico que se van publicando fraccionadamente.

Las **ayudas prácticas**, que incluyen ilustraciones, anécdotas, semilleros homiléticos, verdades prácticas, versículos sobresalientes, fotos, mapas y materiales semejantes acompañan a la exposición pero siempre encerrados en recuadros que se han de leer como unidades.

Las **abreviaturas** son las que se encuentran y se usan en *La Biblia Reina-Valera Actualizada*. Recomendamos que se consulte la página de Contenido y la Tabla de Abreviaturas y Siglas que aparece en casi todas las Biblias RVA.

Por varias razones hemos optado por no usar letras griegas y hebreas en las palabras citadas de los idiomas originales (griego para el Nuevo Testamento, y hebreo y arameo para el Antiguo Testamento). El lector las encontrará "transliteradas," es decir, puestas en sus equivalencias aproximadas usando letras latinas. El resultado es algo que todos los lectores, hayan cursado estudios en los idiomas originales o no, pueden pronunciar "en castellano". Las equivalencias usadas para las palabras griegas (Nuevo Testamento) siguen las establecidas por el doctor Jorge Parker, en su obra *Léxico-Concordancia del Nuevo Testamento en Griego y Español*, publicado por Editorial Mundo Hispano. Las usadas para las palabras hebreas (Antiguo Testamento) siguen básicamente las equivalencias de letras establecidas por el profesor Moisés Chávez en su obra *Hebreo Bíblico*, también publicada por Editorial Mundo Hispano. Al lado de cada palabra transliterada, el lector encontrará un número, a veces en tipo romano normal, a veces en tipo bastardilla (letra cursiva). Son **números del sistema "Strong"**, desarrollado por el doctor James Strong (1822-94), erudito estadounidense que compiló una de las concordancias bíblicas más completas de su tiempo y considerada la obra definitiva sobre el tema. Los números en tipo romano normal señalan que son palabras del Antiguo Testamento. Generalmente uno puede usar el mismo número y encontrar la palabra (en su orden numérico) en el *Diccionario de Hebreo Bíblico* por Moisés Chávez, o en otras obras de consulta que usan este sistema numérico para identificar el vocabulario hebreo del Antiguo Testamento. Si el número está en bastardilla (letra cursiva), significa que pertenece al vocabulario griego del Nuevo Testamento. En estos casos uno puede encontrar más información acerca de la palabra en el referido *Léxico-Concordancia...* del doctor Parker, como también en la *Nueva Concordancia Greco-Española del Nuevo Testamento*, compilada por Hugo M. Petter, el *Nuevo Léxico Griego-Español del Nuevo Testamento* por McKibben, Stockwell y Rivas, u otras obras que usan este sistema numérico para identificar el vocabulario griego del Nuevo Testamento. Creemos sinceramente que el lector que se tome el tiempo para utilizar estos números enriquecerá su estudio de palabras bíblicas y quedará sorprendido de los resultados.

Estamos seguros de que todos estos elementos y su feliz combinación en páginas hábilmente diseñadas con diferentes tipos de letra y también con ilustraciones, fotos y mapas harán que el *Comentario Bíblico Mundo Hispano* rápida y fácilmente llegue a ser una de sus herramientas predilectas para ayudarle a cumplir bien con la tarea de predicar o enseñar la Palabra eterna de nuestro Dios vez tras vez.

Este es el deseo y la oración de todos los que hemos tenido alguna parte en la elaboración y publicación del Comentario. Ha sido una labor de equipo, fruto de esfuerzos mancomunados, respuesta a sentidas necesidades de parte del pueblo de Dios en nuestro mundo hispano. Que sea un vehículo que el Señor en su infinita misericordia, sabiduría y gracia pueda bendecir en las manos y ante los ojos de usted, y muchos otros también.

Los Editores
Editorial Mundo Hispano

Lista de Artículos Generales

Tomo 1: *Principios de interpretación de la Biblia*

Tomo 2: *Autoridad e inspiración de la Biblia*

Tomo 3: *La ley (Torah)*

Tomo 4: *La arqueología y la Biblia*

Tomo 5: *La geografía de la Biblia*

Tomo 6: *El texto de la Biblia*

Tomo 7: *Los idiomas de la Biblia*

Tomo 8: *La adoración y la música en la Biblia*

Tomo 9: *Géneros literarios del Antiguo Testamento*

Tomo 10: *Teología del Antiguo Testamento*

Tomo 11: *Instituciones del Antiguo Testamento*

Tomo 12: *La historia general de Israel*

Tomo 13: *El mensaje del Antiguo Testamento para la iglesia de hoy*

Tomo 14: *El período intertestamentario*

Tomo 15: *El mundo grecorromano del primer siglo*

Tomo 16: *La vida y las enseñanzas de Jesús*

Tomo 17: *Teología del Nuevo Testamento*

Tomo 18: *La iglesia en el Nuevo Testamento*

Tomo 19: *La vida y las enseñanzas de Pablo*

Tomo 20: *El desarrollo de la ética en la Biblia*

Tomo 21: *La literatura del Nuevo Testamento*

Tomo 22: *El ministerio en el Nuevo Testamento*

Tomo 23: *El cumplimiento del Antiguo Testamento en el Nuevo Testamento*

Tomo 24: *La literatura apocalíptica*

Teología del
Nuevo Testamento
Juan B. Patterson

Cuando hablamos de una teología del NT, se entiende que tal estudio se basa tanto en los conceptos teológicos del Antiguo como del Nuevo Testamento. Por ejemplo, los escritores del NT no tratan de probar la existencia de Dios, esta realidad se da por sentada en toda la revelación bíblica. En el AT Dios se revela como un Dios personal, creador, moral y deseoso de comunicarse a sí mismo y hacer conocer su voluntad a las personas en su propósito redentor.

Otro aspecto de la teología neotestamentaria que se asume es la pecaminosidad de la humanidad y la necesidad universal de un Mesías, capaz de cambiar la dirección espiritual de los hombres. La realidad de la naturaleza pervertida del hombre y la promesa divina de un Mesías redentor se encuentran tanto en el AT como en el NT, y se basa sobre estos dos conceptos.

Hay muchas otras doctrinas del NT que tienen su base teológica en las enseñanzas de la revelación divina registrada en la Ley, los Profetas y los Escritos de los judíos. El presente estudio no pretende tratar los orígenes de todas las doctrinas neotestamentarias. Nuestro propósito es dar énfasis a las ideas teológicas que son distintivas en las enseñanzas de Cristo, Pablo, Juan y los demás escritores del NT.

LA DOCTRINA DE DIOS

Dios como creador, proveedor y sustentador de todo se enseña en la revelación cristiana, pero Dios como padre de amor y causa del nuevo nacimiento son doctrinas principalmente de Cristo, Pablo, Juan y otros en el NT.

Jesús nos enseña a orar a Dios como "nuestro padre" y Pablo emplea el término aún más familiar de: "*Abba*, Padre", el cual indica una relación más personal en la familia hebrea. Claro que el concepto de Dios como Padre se reconoce solamente por el renacimiento en la familia de Dios por intervención del Espíritu Santo, después de la entrega completa a Jesucristo. En otras palabras, Dios como Padre es una doctrina cristocéntrica hecha realidad en la experiencia humana gracias a la acción del Espíritu de Dios.

Sin duda alguna, el aspecto más significativo de la doctrina de Dios en el NT es su revelación como Hijo unigénito. Entregado por el determinado consejo del Padre, engendrado por el Espíritu divino, y nacido de la virgen María, Dios el Verbo revelador fue hecho carne humana. Esta realidad, aunque única en la historia del hombre y casi increíble, es central en la teología neotestamentaria, así como también la muerte y resurrección de Cristo. Él andaba entre los hombres pecadores como uno que podía resistir sus tentaciones, sentir sus problemas y sufrir su muerte. Todo esto lo hizo sin perder su deidad, perfección moral y espiritual. Fue Hijo de Dios e Hijo del hombre a la vez. Así cumplió la parte humana del Pacto de Dios por su obediencia absoluta al Padre. Cumplió, también, la parte divina y demostró la profundidad del amor del Padre al darse hasta la muerte de cruz por la expiación del pecado humano.

Esto es lo más distintivo del cristianismo. Otras religiones tienen enseñanzas morales y reclaman revelaciones especiales, pero sólo Jesucristo ha hecho lo que se requiere para obtener el título de "Señor y Salvador del mundo". Sólo por él los hombres estamos en capacidad de decir: "mis pecados son perdonados, y he recibido la vida eterna que Dios mismo me dio".

En el cristianismo el hombre por sí solo no logra llegar a Dios. Por el contrario, en Cristo, Dios ha descendido a la tierra para identificarse completamente con el hombre en su estado humano y de condenación. Murió para pagar la condenación del pecado, y resucitó de la muerte para dar su vida divina a los que le aceptan.

Tanto la persona de Cristo como su obra redentora, constituyen lo esencial del NT para comprender la doctrina cristiana de Dios.

Los judíos aceptan la humanidad de Cristo, pero niegan su unidad de naturaleza con el Padre. Otros tienden a descuidar la humanidad de Jesús y edifican su fundamento teológico sobre la deidad de Cristo. Estos dos conceptos, la completa humanidad y la completa deidad de Cristo, tienen que mantenerse como una unidad en la persona de Cristo. De otra manera, tenemos un concepto del Hijo de Dios y del Hijo del Hombre que es inadecuado.

Cristo no puede morir por nuestros pecados si no es verdaderamente hombre. Pero, su muerte no vale nada para nosotros si no es Dios en el sentido absoluto. Claro, Jesús no es Dios Padre, ni es Espíritu Santo. Aunque no podemos explicar sus dos naturalezas en una sola persona, exclamamos con Tomás, el discípulo: "¡Señor mío y Dios mío!" (Juan 20:28).

Cuando se mantiene el equilibrio entre la deidad y la humanidad de Cristo, las demás doctrinas del NT se comprenden mucho mejor. El concepto cristiano de Dios no es completo, sin embargo, si la doctrina del Espíritu Santo no se incluye. Jesús enseñó acerca del Espíritu Divino tanto como Pablo, Juan, Pedro y otros. El cristianismo ha sido llamado la religión del Dios trino, pues conocemos a Dios de tres maneras. La esencia divina es la misma, y no son tres dioses. El Padre, el Hijo y el Espíritu Santo son un solo Dios manifestándose en tres distintos papeles y cumpliendo tres distintas funciones. Los tres, como una unidad toman parte en la creación original del mundo y en la obra de la recreación del creyente, llamada "nuevo nacimiento".

La existencia y la obra del Espíritu de Dios se enseña profusamente en el AT. El Espíritu de Dios no solamente hace efectivo el orden que la creación del universo necesita (Gén. l:2), sino que es quien capacita a varios individuos para hacer ciertas obras que Jehovah quiere realizar. Pero la realidad del Espíritu de Dios viviendo en los creyentes es un concepto reservado a la obra más plena del Hijo de Dios en la carne. Juan, el discípulo amado, lo expresa así: "Esto dijo (Jesús) acerca del Espíritu que habían de recibir los que creyeran en él, pues todavía no había sido dado el Espíritu, porque Jesús aún no había sido glorificado" (Juan 7:39). En otras palabras, el Espíritu Santo comenzó una obra más extensa después de la muerte, resurrección y ascensión de Jesús. Cristo dijo antes de volver al cielo: "Y yo rogaré al Padre y os dará otro Consolador, para que esté con vosotros para siempre. Este es el Espíritu de verdad, a quien el mundo no puede recibir, porque no le ve ni le conoce. Vosotros lo conocéis, porque permanece con vosotros y está en vosotros... Pero yo os digo la verdad: Os conviene que yo me vaya; porque si no me voy, el Consolador no vendrá a vosotros. Y si yo voy, os lo enviaré" (Juan 14:16, 17; l6:7).

La realidad en cuanto a la doctrina de Dios es que el concepto se hace práctico y personal por la obra del Espíritu Santo dado a nosotros por Jesús. Desafortunadamente, uno de los temas más mal entendidos del NT entre los seguidores de Cristo es el papel y la obra del Espíritu Santo.

Son dos los extremos que han afectado a la iglesia cristiana en relación con el Espíritu. Por un lado, hay grupos que reclaman ser discípulos de Cristo que no buscan ni ejercen los dones del Espíritu de Dios. Por otro lado, hay grupos que ponen su mayor énfasis en los dones del Espíritu y descuidan la adoración del Padre y Jesucristo.

La verdad es que el cristiano recibe el Espíritu cuando cree en Jesús, y por este hecho renace para llegar a ser parte de la familia de Dios.

Por medio de Jesús, el Padre celestial habilita a cada creyente para servir en su reino. Esto se hace por medio de dones o capacidades espirituales que el Espíritu Santo reparte según la voluntad de Dios. Estos dones se mencionan en varias partes del NT (p. ej., Rom. 12:6-8; 1 Cor. 12:4-11; Ef. 4:7-15), pero la Biblia no da la idea de que estas listas forman el número completo de los dones espirituales.

Las enseñanzas neotestamentarias sobre Dios Padre, Dios Hijo, y Dios Espíritu Santo han sido llamadas la doctrina de la Trinidad. Aunque la palabra "trinidad" no se encuentra en las Escrituras, el concepto es una parte integral de la doctrina de Dios según el NT. Dios se manifiesta a los creyentes como el Padre celestial sobre nosotros, como Hijo del Hombre con nosotros, y como Espíritu Santo dentro de nosotros.

Necesitamos un Dios que es Supremo sobre nosotros, y que nos vivifica y nos capacita, pues mora dentro de nosotros. Creemos en el monoteísmo porque no tenemos tres dioses. Creemos en la divina Trinidad también, porque experimentamos a Dios de tres maneras distintas. Así, para los cristianos, Dios es Soberano, Salvador y Vivificador a la vez. No adoramos a tres dioses, sino damos nuestra alabanza a un solo Dios quien nos ha creado y a todo cuanto existe. Este mismo Dios llegó a ser uno de nosotros (sin perder su deidad) para morir en nuestro lugar. Él también es el que produce la vida divina en nosotros y nos capacita para servirle como hijos en su familia.

LA DOCTRINA DEL HOMBRE

Las enseñanzas del NT en cuanto al hombre se basan en dos conceptos del AT. Primero, el hombre es hecho por Dios a su propia imagen. Así, el hombre tiene un valor incalculable y un destino único entre las demás criaturas. Segundo, el hombre siempre desobedece a Dios, y así se hace merecedor de la condenación y el juicio de su Creador quien es santo y justo. El concepto del hombre que se presenta en la Biblia antes de Cristo es la de un ser incapaz de hacer la voluntad de Dios y sin el deseo suficiente de buscar las sendas del Creador. El profeta Isaías dice: "Todos nosotros nos descarriamos como ovejas; cada cual se apartó por su camino" (Isa. 53:6). Dios se reveló directamente a Adán y a Eva en el huerto del Edén, pero ellos se apartaron por su propio camino. El Padre celestial reveló su voluntad a un pueblo en particular por medio de la Ley. A pesar de esto, la nación de Israel nos dejó una historia de fracaso moral y religioso. Dios hizo varios pactos con individuos y con la nación de Israel. Lo triste es que en ningún caso pudo su socio humano cumplir la parte del pacto que le correspondía. El hombre antiguotestamentario se había rendido a la idolatría, la hipocresía y la futilidad.

En medio de esta bancarrota humana, Dios se hizo hombre sin perder su divinidad. Juan el evangelista dice: "En el principio era el Verbo, y el Verbo era con Dios, y el Verbo era Dios... Y el Verbo se hizo carne y habitó entre nosotros, y contemplamos su gloria, como la gloria del unigénito del Padre, lleno de gracia y de verdad" (Juan 1:1, 14).

Este hecho indica el gran valor que el Creador ha puesto sobre la humanidad. Dios ama a la humanidad tanto que llegó a ser uno de nosotros para transformarnos en hijos de él.

Por su parte en el NT, cuando se considera la doctrina del hombre, hay que entender el significado de la palabra "mundo" como fue empleada por Cristo, Pablo y otros. En el muy conocido versículo que dice: "Porque de tal manera amó Dios al mundo, que ha dado a su Hijo unigénito, para que todo aquel que en él cree no se pierda, mas tenga vida eterna" (Juan 3:16), "mundo" se refiere al mundo de los hombres pecaminosos. La palabra se usa para designar a todos los hombres en su estado de destitución ante el Dios de santidad y pureza. Pablo lo declara muy sucintamente cuando escribe a la iglesia de Roma: "Porque todos pecaron y no alcanzan la gloria de Dios" (Rom. 3:23).

Desgraciadamente, el problema del hombre es aún peor según el NT. No es que el hombre esté solamente corrompido por el pecado y la desobediencia, sino que además está muerto espiritualmente. Pablo dice que Cristo dio al hombre la vida cuando estaba muerto en sus delitos y pecados (Ef. 2:1). En otras palabras, desde la perspectiva de Dios, el hombre existe en un estado de muerte y no es capaz de revificarse. "Porque la paga del pecado es muerte; pero el don de Dios es vida eterna en Cristo Jesús, Señor nuestro" (Rom. 6:23). A pesar de su intelecto y la práctica de hacer "buenas obras" el hombre está muerto, según las enseñanzas neotestamentarias.

Lo bueno, sin embargo, es que el hombre, aunque esté espiritualmente muerto, es el objeto supremo del amor redentor de su Creador. Por eso, Dios comienza su obra redentora del hombre desde adentro. En Cristo, Dios llega a ser carne humana con el fin de derrotar la causa de la muerte espiritual y de hacer al hombre vivir eternamente.

La palabra "carne" en el NT no es sólo lo físico o lo palpable del hombre, sino la naturaleza caída que todos tenemos. Así Cristo como carne humana pudo ser tentado. Por supuesto él nunca se rindió al pecado, pero su humanidad es la misma que la de todo hombre, y por eso su obediencia al Padre no era fácil. El libro de Hebreos dice que Cristo "fue tentado en todo igual que nosotros, pero sin pecado" (Heb. 4:15). En otro capítulo, el mismo autor describe a Jesús en los días de su carne "habiendo ofrecido ruegos y súplicas con fuerte clamor y lágrimas al que le podía librar de la muerte, fue oído por su temor reverente. Aunque era Hijo, aprendió la obediencia por lo que padeció. Y habiendo sido perfeccionado, llegó a ser Autor de eterna salvación para todos los que le obedecen" (Heb. 5:7-9).

"La carne" humana que Cristo tomó no es como un vestido que se pone y más tarde se quita. Es lo que Cristo como hombre en realidad llegó a ser y lo que él entregó a la muerte para pagar el precio del pecado. "La carne" también es lo que Dios levantó en la resurrección de Jesús y lo que él transforma para todos los que creen en él.

Para concluir, el hombre en el NT se presenta no sólo corrompido por el pecado y espiritualmente muerto, sino que se describe como el más afortunado del universo. Está invadido en su propio terreno por Dios Hijo y su curación espiritual; por esto, su revivificación eterna está asegurada.

Antes de la llegada de Cristo, el hombre no tenía esperanza alguna excepto en la misericordia de Dios. Después de la muerte y la resurrección de Cristo, se ofrece a todo el mundo no sólo el perdón absoluto del pecado, sino también la nueva vida eterna.

Muchos creen que Cristo vino como otro religioso, para hacer al hombre bueno. La Biblia, sin embargo, nos enseña que Cristo vino principalmente para darnos vida eterna.

Para el hombre que cree en Cristo, Dios hace más que perdonarlo y darle vida eterna. Le da el Espíritu Santo para morar dentro de él y así habilitarlo para vivir y servir según la rectitud y el ejemplo de Jesús. Por la encarnación y la muerte de Jesús, Dios hace hijos divinos de los que antes eran rebeldes y muertos, cuando éstos entregan sus fracasos y su fe a él.

LA DOCTRINA DEL PECADO

El concepto bíblico del pecado se estudia separadamente porque es uno de los temas más ampliamente mencionados en las Escrituras. El primer libro de la Biblia comienza con la historia de la entrada del pecado en la raza humana a causa de la desobediencia de Adán y Eva. El último libro de la Biblia, el Apocalipsis, expone la destrucción y el fin eterno del pecado y de los que lo han practicado.

El propósito principal de la revelación de Dios en la Biblia es la redención del hombre. Esta redención consiste en el rescate divino del hombre de sus pecados y del poder del diablo, el autor del pecado.

¿Cómo se define el pecado? Muchos piensan que el término se refiere a los actos que se cometen en contra de Dios, en contra de otras personas, en contra de la naturaleza y en contra de uno mismo. En la Biblia los hechos pecaminosos que el hombre hace son fruto de un problema mucho más profundo.

Hay varias palabras hebreas y griegas que se traducen como "pecado" en la

Biblia. Se encuentran en la forma singular y plural, y generalmente, cuando se emplea en forma singular, significa la enfermedad o la debilidad general que azota a todos los hombres. Así, Juan el bautista grita: "¡He aquí el Cordero de Dios que quita el pecado del mundo!" (Juan 1:29). Jesús vino para intervenir en el problema mortal del pecado en el hombre. El pecado es como un cáncer en el alma del hombre. No importa cuántas obras buenas él hace, su pronóstico es la muerte si no se aplica ninguna cirugía o tratamiento espiritual.

El concepto más común entre los hebreos en cuanto al pecado procede del uso del arco y la flecha. Uno comete pecado cuando dispara una flecha y no da en el blanco. Esta idea se usaba en la teología judía. El blanco es la voluntad y la senda de Dios. Pero el hombre vive siempre en el pecado, o sea en un estado de desviación de la voluntad de Dios.

Dios habló claramente a Adán y a Eva acerca de la fruta prohibida del huerto. Pero ellos cedieron a la tentación de la serpiente, desobedecieron la orden de Dios y no acertaron a dar en el blanco de su voluntad. Además, la Biblia enseña que la tendencia hacia la desobediencia llegó a ser parte de la naturaleza humana. Pablo el apóstol cita el AT cuando dice: "No hay justo ni aun uno; no hay quien entienda, no hay quien busque a Dios. Todos se apartaron, a una fueron hechos inútiles; no hay quien haga lo bueno, no hay ni siquiera uno" (Rom. 3:10-12).

El hombre no es un pecador porque comete pecados. Él comete pecados porque es pecador por naturaleza. Esta doctrina nunca ha sido popular entre los hombres. El hombre procura justificarse por sus obras de justicia. El problema es que todas estas obras son como uno que amarra frutas a un árbol ya muerto. "La paga del pecado es muerte" (Rom. 6:23), y el hombre es incapaz de curarse de la malignidad que lo mata. Con Pablo, exclamamos: "¡Miserable hombre de mí! ¿Quién me librará de este cuerpo de muerte?" (Rom. 7:24). Nuestra naturaleza como pecadores nos tiene encadenados a la muerte. Gracias damos a Dios, sin embargo, por Jesucristo nuestro Señor, porque la ley del Espíritu de vida en Cristo nos libra de la ley del pecado y de la muerte (Rom. 7:25; 8:2).

La doctrina bíblica del pecado, pues, consiste de tres partes: su esencia, la cual es la desobediencia contra Dios; sus consecuencias o sea la comisión de más pecados; y la muerte espiritual y su remedio. Este último aspecto, bajo el título de "doctrina de la salvación" la cual se desarrolla a continuación.

LA DOCTRINA DE LA SALVACIÓN

La Biblia es el libro más realista y práctico del mundo. Por un lado, las Sagradas Escrituras nos enseñan la realidad de la condición sin esperanza del hombre debido a su naturaleza pecaminosa. Por otro lado, la Palabra de Dios nos ofrece la esperanza y transformación más grande que el hombre puede imaginar. La doctrina de la salvación divina, disponible para todo ser humano, tiene que ver con la salud de la persona. Se puede traducir "la curación", o "el remedio" y constituye el tema principal de la Biblia.

Por la experiencia personal, y por las enseñanzas claras de las Escrituras, el hombre sabe que tiene una enfermedad que se conoce como "pecado". No sólo sabemos que somos rebeldes y pecadores en contra de la voluntad y santidad de

Dios, sino que también llevamos el peso de la culpabilidad de nuestras infracciones de las leyes del Creador. Por todas partes del mundo los hombres ofrecen sacrificios y ofrendas para expiar ante Dios sus malas acciones. Los judíos, por ejemplo, mantenían un sistema bastante complejo, por más de mil doscientos años, que les enseñaba la necesidad de derramar sangre para hacer la expiación por sus pecados. Pero reconocemos que aun estas costumbres o ritos religiosos no sanan la culpabilidad que sentimos por el pecado, ni curan la tendencia de seguir haciendo el mal; como dice el libro de Los Hebreos: "La sangre de los toros y de los machos cabríos no puede quitar los pecados" (Heb. 10:4). ¿Dónde, pues, queda el remedio o la salvación para la enfermedad que afecta a toda la raza humana? La respuesta es que Cristo es el Salvador que ofrece esta curación a todos los que desean la nueva vida hecha posible por Dios.

Si el AT es el registro de la caída moral de los hombres, el NT es el anuncio de que Dios ha provisto su propio "Cordero que quita el pecado del mundo". No cabe duda de que los profetas y otros de la época precristiana esperaban la provisión de Dios. Ellos anticipaban un remedio o salvación que podría efectuar la curación permanente ante la plaga del pecado. Isaías aun predijo el método que el Padre usaría para salvar al hombre. Hablando del Siervo de Jehovah que había de venir, el profeta dijo: "Ciertamente él llevó nuestras enfermedades y sufrió nuestros dolores. Nosotros le tuvimos por azotado, como herido por Dios, y afligido. Pero él fue herido por nuestras transgresiones, molido por nuestros pecados. El castigo que nos trajo paz fue sobre él, y por sus heridas fuimos nosotros sanados" (Isa. 53:4, 5).

La salvación, o sea la curación que Dios provee para el hombre es una persona: su Hijo Unigénito. Él vino por medio del Espíritu Santo y la virgen María para morar entre los hombres y ser uno de nosotros. De hecho, Jesús era completamente hombre, tanto que la gran mayoría lo pasaba por alto sin reconocerlo como el Dios encarnado.

La palabra clave para comprender lo que Dios hacía en la concepción, el nacimiento, el desarrollo humano y la muerte de Jesús es el término "sustituto". Jesucristo tomó nuestro lugar en cuanto a la obediencia, el ejemplo de la justicia y la paga del pecado, que es la muerte. Cristo en la carne, o sea como el hombre, es Dios en medio de nuestras tentaciones y pruebas cumpliendo la parte humana del pacto entre Dios y el hombre.

Ante el Padre, Jesús es nosotros viviendo y andando como los hombres deben ser, como criaturas hechas a la imagen del Dios Santísimo. La divinidad de Cristo nos enseña que por nuestras propias capacidades y potencias humanas somos incapaces de cumplir con la voluntad de Dios.

Cristo no es sólo otro buen religioso como piensan los fundadores de varias sectas en el mundo de hoy. Él es Dios y hombre a la vez. Como Hijo del Hombre, Jesús confía en Dios para su fuerza moral y su sabiduría espiritual. Como Hijo Unigénito de Dios, Jesús llega a ser humano para cumplir el destino divino del hombre en medio del ambiente del mundo con todas sus tentaciones y problemas. El diablo lo tienta, los hombres lo rechazan, los religiosos de su día demandaron su muerte; pero en medio de todo, él es fiel a la voluntad de su Padre Creador.

Sin embargo, la obra salvadora de Cristo, o sea la curación que Dios ofrece al hombre, es mucho más. Él no es sólo nuestro sustituto en cuanto a la obediencia y la fe, sino que tomó nuestro lugar en cuanto al castigo del pecado. Cuando Jesús murió en la cruz, su muerte no es sólo el fallecimiento de otro mártir dando su vida por una buena causa. Él es el Cordero de Dios quitando el pecado del mundo.

Jesús derramó su sangre voluntariamente y, a la vez, vicariamente o sea como sustituto por nosotros.

"La paga del pecado es muerte" (Rom. 6:23a), y por eso, para salvarnos, el Hijo de Dios murió en nuestro lugar. Esta muerte por nuestro pecado es tan real y completa que Jesús exclama desde la cruz: "Dios mío, Dios mío, ¿por qué me has desamparado?" (Mat. 27:46b). No hay una muerte mas horrenda que ser desamparado por la Fuente del amor, de la vida real y del propósito de toda la existencia.

La muerte expiatoria de Cristo no es sólo un ataque cardíaco o el resultado de la vejez. Se hace por medio del derramamiento de su sangre como los judíos hacían con los animales del sacrificio diario en el AT. ¿Qué significado tiene esto para nuestra salvación? Es que de esta manera Cristo nos entrega su propia vida, pues el libro de Levítico dice: "La vida del cuerpo está en la sangre" (Lev. 17:11). El Hijo de Dios da su vida por nuestra vida condenada y nos la ofrece a nosotros. Es por eso que Dios nos promete la vida eterna cuando creemos en él. Jesús libra su vida divina y humana para ofrecérsela al hombre que quiera recibirla por medio de la fe y el arrepentimiento.

Debemos tomar en cuenta también que Cristo no se quedó muerto. Nuestra salvación sería nula y vacía si no hubiera una resurrección creadora del cuerpo de Cristo. La realidad de la resurrección de Jesús es uno de los hechos de la historia mejor probados del mundo (véase 1 Cor. 15:1-9). Pablo nos enseña que resucitó para nuestra justificación y ésta resulta en la paz entre nosotros y Dios (Rom. 4:25—5:1). Cristo no se quedó sepultado como otros grandes filósofos y religiosos, más bien, el Espíritu de Dios que tomó parte en la creación original (Gén. 1:2) lo levantó de la tumba en una forma glorificada y después él se presentó ante centenares de testigos, muchos de los cuales pagaron con sus vidas antes que negar la realidad de la resurrección física de Jesús.

En otras palabras: ¡Cristo está vivo! Miramos hacia atrás para aprender el proceso que Dios usó para proveernos una salvación adecuada y eterna. Él, sin embargo, está presente en el mundo permanentemente por medio del Espíritu Santo para darnos su propia vida divina y para acompañarnos en las pruebas de la vida. Él dice individualmente a quienes lo siguen: "Nunca te abandonaré ni jamás te desampararé" (Heb. 13:5).

Por supuesto, la pregunta más importante del hombre en cuanto a la salvación es: ¿Cómo se logra personalmente tal curación del cáncer del pecado? La respuesta tiene varios aspectos.

En primer lugar, se tiene que oír las buenas nuevas acerca de Cristo y su obra redentora. Esto significa que la salvación se comunica por medio del testimonio de otros y a través de las Sagradas Escrituras. La salvación transformadora de Dios no es impuesta a la humanidad sin que las personas como individuos la deseen. Oír académicamente el evangelio es una cosa, pero oírlo con el deseo de ser perdonado y transformado por Dios es otra cosa. Éste es el primer paso.

En segundo lugar, se debe tener en cuenta la verdad de que la iniciativa en cuanto a la salvación es de Dios. Él no es sólo el autor y el ejecutor de la salvación del hombre, él también elige a los que reciben esta dádiva eterna. Dios no quiere que ninguno perezca, sino que todos procedan al arrepentimiento (2 Ped. 3:9). Pero el hombre no puede ganar o merecer la salvación de Dios. Ni por sus buenas obras o su justicia propia puede el hombre salvarse. Pablo dice: "Porque por gracia sois salvos por medio de la fe; y esto no de vosotros, pues es don de Dios. No es por obras, para que nadie se gloríe" (Ef. 2:8, 9).

Lo único que el hombre puede hacer es oír la Palabra de Dios con el deseo de permitir que suceda en su ser lo que Dios quiere hacer. Esto es lo que la Biblia llama la fe. Creer en Cristo significa algo más que tener tristeza por el pecado o tener miedo al infierno. Es más bien como el matrimonio, cuando el novio y la novia se comprometen y se confían mutuamente para todo lo que ha de suceder en el futuro. No se confían académica o abstractamente, sino personal, intelectual y emocionalmente. La fe salvadora es la entrega total del cuerpo y del alma a otra persona, Jesucristo. Nos rendimos a él como nuestro Señor y Rey.

En relación con la salvación depositamos nuestra fe en Jesucristo, no sólo para el perdón del pecado, ni siquiera para la entrada al cielo. Ponemos nuestra fe en Cristo porque deseamos "casarnos" con él. Sobre todo, queremos darle a él el Señorío sobre nosotros. Cuando Jesús es nuestro Señor, él llega a ser también nuestro Salvador. Él nos salva al ocupar el trono de nuestro intelecto, nuestro albedrío y nuestras prioridades en la vida. No hay salvación sin que nos sujetemos al Señorío de Cristo. En la Biblia la salvación que Dios nos da se describe como la vida nueva, o sea el nuevo nacimiento. En otros términos, la salvación no es sólo una experiencia emocional que sucede una o varias veces en la vida. Es más bien una manera diaria de vivir, y una manera de pensar. Tampoco es la salvación una dádiva que Dios nos la da sólo al morir. Es la presencia del Espíritu Santo en nosotros desde el momento en que nos sujetamos al Señorío de Jesucristo. Es para toda la vida, pues la Biblia la llama "vida eterna". Es una curación para siempre y que afecta a todo el ser del creyente.

Los resultados de la salvación son muchos. El Espíritu de Dios nos cambia tanto que nuestro albedrío se modifica y nuestro propósito en la vida se transforma. Queremos alabar a Dios individual y colectivamente. Comenzamos a amar a otros, aun a nuestros enemigos y a los que nos maltratan. Pasamos tiempo en oración continua y leemos la Palabra de Dios para conocer la voluntad de Dios en nuestra conducta diaria. Damos testimonio de Cristo y su salvación cuando nos es dada la oportunidad. Procuramos ofrendar lo máximo posible a la obra de Dios para demostrar nuestra gratitud a Jesucristo por su sacrificio en favor nuestro. No tenemos temor a la muerte, pues vivimos en la confianza de que cuando estamos ausentes del cuerpo estaremos presentes con el Señor (2 Cor. 5:8).

No hay mensaje más necesitado en el mundo hoy. El problema mayor del hombre está dentro de su misma persona. El remedio no se encuentra en mejorar sólo sus circunstancias externas, ni en llenar su mente con el humanismo. La curación de los problemas morales y espirituales del hombre es Jesucristo y la transformación que él efectúa una vez que sea aceptado como Señor y Salvador. Después de este milagro en los individuos, ellos querrán mejorar su ambiente, y cada uno dará testimonio: "¡Todo lo puedo en Cristo que me fortalece!" (Fil. 4:13).

LA DOCTRINA DE LA ÚLTIMAS COSAS

La Biblia comienza con estas palabras: "En el principio creó Dios los cielos y la tierra" (Gén. 1:1). La Biblia termina de la misma manera: Dios reinando sobre todo y creando un cielo nuevo y una tierra nueva. A veces, hay personas que promulgan la idea de que el hombre mismo va a destruir el mundo y toda la humanidad con él. Muchos tienen temor a enfrentarse con el porvenir, pensando que todo va de mal en peor. El creyente en Cristo tiene una actitud muy distinta, pues él sabe lo que dice la Palabra de Dios en cuanto a las últimas cosas de la edad presente.

1. La segunda venida de Cristo

En primer lugar, Jesús enseñó claramente que él va a volver por segunda vez a la Tierra, para poner en marcha los eventos de los últimos días. A los discípulos les dijo: "Entonces se manifestará la señal del Hijo del Hombre en el cielo, y en ese tiempo harán duelo todas las tribus de la tierra, y verán al Hijo del Hombre viniendo sobre las nubes del cielo con poder y gran gloria" (Mat. 24:30). Juan cita a Cristo diciendo: "En la casa de mi Padre muchas moradas hay. De otra manera, os lo hubiera dicho. Voy, pues, a preparar lugar para vosotros. Y si voy y os preparo lugar, vendré otra vez y os tomaré conmigo; para que donde yo esté, vosotros también estéis" (Juan 14:2, 3).

Nos preguntamos: ¿por qué vuelve Cristo a este mundo donde lo perseguían continuamente, y donde lo crucificaron? El NT nos enseña que el Hijo de Dios viene otra vez para poner fin a la época corriente de la historia del hombre y para comenzar una nueva edad, la de la justicia y rectitud entre los creyentes y Dios.

Habrá varias tareas que Cristo hará al retornar a la Tierra.

Pablo nos dice que va a reunificar los cuerpos de los creyentes con sus espíritus. Lo dice de la siguiente manera: "Si creemos que Jesús murió y resucitó, de la misma manera Dios traerá por medio de Jesús, y con él, a los que han dormido. Pues os decimos esto por palabra del Señor. Nosotros que vivimos, que habremos quedado hasta la venida del Señor, de ninguna manera precederemos a los que ya durmieron (1 Tes. 4:14, 15). Esto quiere decir que al morir, el cuerpo se entierra, pero el espíritu (o sea la persona sin cuerpo) asciende para estar con Cristo, ausente del cuerpo pero presente con el Señor.

Cuando Jesús vuelva otra vez a la Tierra efectuará la resurrección de los cuerpos de los que le han recibido por la fe, y así unificará los espíritus con sus nuevos cuerpos por la eternidad. Claro, el cuerpo resucitado no será idéntico en todo aspecto al cuerpo que se sepultó. Como en la resurrección de Cristo, habrá cambios creativos de Dios para la existencia y el nivel de vida que experimentaremos en el porvenir. Lo importante es que así como lo físico del hombre fue creado por Dios, esto también será parte de la renovación de todo cuanto Cristo hace de nuevo, la tierra y los cielos. Pero será una especie de materialidad distinta a lo que llamamos la carne y la sangre hoy en día. (1 Cor. 15:50). Será un cuerpo creado para servir a Dios en el nuevo cielo y la nueva tierra que ha de descender (Apoc. 21:1).

Como el primer hombre fue creado del polvo de la tierra, el nuevo cuerpo que Dios nos dará será hecho de lo que queda del cuerpo original de nosotros. Jesús también comenzará su reino como el Rey de reyes y el Señor de señores. Ya tiene estos títulos y ya está entronizado como un Cordero inmolado. Pero en su segunda venida empezará a ejercer sus poderes de destrucción contra el diablo, el Anticristo y todos los demás que rechazaron al Padre y a su Hijo. El libro de Apocalipsis lo relata así: "Vi el cielo abierto, y he aquí un caballo blanco, y el que lo montaba se llama FIEL Y VERDADERO. Y con justicia él juzga y hace guerra... y su nombre es llamado EL VERBO DE DIOS. Los ejércitos en el cielo le seguían en caballos blancos... De su boca sale una espada aguda para herir con ella a las naciones, y él las guiará con cetro de hierro... En su vestidura y sobre su muslo, tiene escrito el nombre: REY DE REYES Y SEÑOR DE SEÑORES" (Apoc. 19:11, 13b, 14-16).

La primera vez que Cristo vino a la tierra, llegó manso y humilde. Pero cuando aparezca en los cielos en la segunda venida se reconocerá a un Conquistador y administrador del juicio de Dios contra toda injusticia y maldad. Sin duda será un evento lleno de gozo para los que han sufrido y se sacrificaron por él. Lo triste es que él tendrá que decir a los que no hacen su voluntad: "Apartaos de mí, malditos, al fuego eterno preparado para el diablo y sus ángeles... Entonces irán éstos al tormento eterno, y los justos a la vida eterna" (Mat. 25:41, 46). Incluida en esta obra de juicio de Jesús está la destrucción absoluta del poder y la influencia de Satanás. Juan vio en su visión de las últimas cosas el destino del gran engañador y sus siervos: "El diablo que los engañaba fue lanzado al lago de fuego y azufre, donde también están la bestia y el falso profeta, y serán atormentados día y noche por los siglos de los siglos" (Apoc. 20:10). El significado de este hecho es que en la eternidad no habrá ningún enemigo de Dios para promover la tentación y la disensión entre los hombres. Los hijos de Dios vivirán con el Padre celestial en plena paz y gozo, sin tener miedo al diablo y los que lo siguen.

Nadie que no ame a Dios y quiera obedecerlo, estará en las moradas celestiales de Dios. En la vida actual, Dios invita a los hombres a recibir su perdón divino, y les ofrece vivir con él eternamente. La verdad dolorosa es que la mayoría de la humanidad no acepta el perdón de Dios, ni al Hijo de Dios, ni desean el nuevo nacimiento. Ellos prefieren quedarse en el pecado y, en realidad, muchos no creen en una existencia después de la muerte física. La Biblia nos enseña, sin embargo, que todos "los cobardes e incrédulos, para los abominables y homicidas, para los fornicarios y hechiceros, para los idólatras y todos los mentirosos, su herencia será el lago que arde con fuego y azufre, que es la muerte segunda" (Apoc. 21:8).

Al igual que los discípulos de Cristo nosotros también hacemos la pregunta: "¿Cuándo sucederán estas cosas? ¿Y qué señal habrá de tu venida y del fin del mundo?". (Mat. 24:3). Cristo responde claramente a este interrogante: "De aquel día y hora, nadie sabe; ni siquiera los ángeles de los cielos, ni aun el Hijo, sino sólo el Padre... Velad, pues, porque no sabéis en qué día viene vuestro Señor" (Mat. 24:36, 42).

La única insinuación que Jesús nos da acerca del tiempo de su segunda venida tiene que ver con la obra misionera de sus discípulos. Dice: "Y este evangelio del reino será predicado en todo el mundo para testimonio a todas las razas, y luego vendrá el fin" (Mat. 24:14). Lo importante es la enseñanza de Cristo acerca de la naturaleza repentina de su llegada a la tierra otra vez: "Porque así como el relámpago sale del oriente y se muestra hasta el occidente, así será la venida del Hijo del Hombre... En aquel entonces estarán dos en el campo; el uno será tomado, y el otro será dejado. Dos mujeres estarán moliendo en un molino; la una será tomada, y la otra dejada... Por tanto, estad preparados también vosotros, porque a la hora que no pensáis, vendrá el Hijo del Hombre" (Mat. 24:27, 40, 41, 44).

2. La vida después de la muerte

Hay varios conceptos en cuanto a lo que pasa después de la muerte física. Los materialistas enseñan que nada nos pasa, o sea que la cesación de la vida física es también la cesación de la persona. Generalmente, esta idea está acompañada por el ateísmo y el hedonismo. Quizás más antiguo es el concepto del animismo que tiene muchos adeptos alrededor del mundo. Según esta doctrina, cuando el cuerpo de una persona muere, el alma sigue viviendo entre la gente en la tierra. Los adherentes de estas religiones tienen la costumbre de adorar a los antepasados y a la naturaleza. Entre los seguidores de ciertas religiones orientales, hay el principio conocido como la reencarnación. En este dogma, se asevera que después de la muerte física, el alma se encarna en otro ser, sea animal o humano. En la vida actual uno no sabe cómo volverá en la existencia futura, pero se supone que los que vivan moral y religiosamente regresarán como mejores seres de lo que son en la existencia actual.

La Biblia no enseña ninguno de estos conceptos. Ella hace bastante hincapié sobre la doctrina de la resurrección del cuerpo y la permanencia eterna del alma. Cristo enseñó éstas dos ideas y demostró la realidad de ellas con su propia muerte y resurrección.

Hay dos aspectos de la vida futura que necesitan aclararse. Primero, el que la Biblia hace una distinción clara entre la resurrección como una creación nueva que Dios efectúa. Segundo, la resucitación que es practicada hoy en día por parte de médicos y otras personas entrenados en el arte de poner en marcha el corazón otra vez. La resucitación comienza la vida física nuevamente, pero la persona queda con el mismo cuerpo y las mismas faltas. En cambio, la resurrección de la que habla la Biblia es una obra creadora de Dios. De lo que queda del cuerpo original, el Padre celestial lo hace una habitación nueva y más adecuada para la nueva tierra que Dios ha de crear. Si uno quiere estudiar más a fondo la diferencia entre el cuerpo físico y el nuevo cuerpo creado, se puede observar lo que Cristo hacía después de su resurrección y examinar también las enseñanzas de Pablo en 1 Corintios 15:35-53. El otro aspecto de la vida futura de los seguidores de Cristo no se enseña tan claramente en el NT. Se refiere al estado de "los muertos en Cristo" antes de la primera resurrección. Podemos decir que están ausentes del cuerpo y presentes con el Señor. Pero, ¿en qué estado de existencia permanecen ellos?

Hay sectas del cristianismo que sostienen que todos los creyentes que han muerto están dormidos, o sea que quedan en una condición de inactividad y sueño. No cabe duda que existen varios pasajes de la Biblia que emplean esta terminología para describir el estado de los muertos antes de la resurrección. Cristo, sin embargo, habló de dos hombres que murieron y los describió como vivos y conscientes. El uno era un mendigo que se llamaba Lázaro. El otro se conocía sólo como un hombre rico. Después de su muerte, los dos se reconocieron en el más allá. Lázaro fue llevado por los ángeles al seno de Abraham, mientras el rico se encontró en el Hades, muy atormentado. Por supuesto, Cristo nos relata esta parábola no para enseñar doctrina, sino para ilustrar la importancia de tener la fe que produce compasión para con los menos afortunados del mundo. Pero, por el hecho de decírnoslo, Cristo afirma la realidad de una existencia racional y emocional después de la muerte. Ni Lázaro ni el rico se describen como dormidos o inconscientes. Cristo claramente dice que el rico fue sepultado, pero en la existencia más allá del sepulcro, el rico habla, siente dolor, y es capaz de pedir que Lázaro sea enviado a la casa de su padre para dar testimonio a sus cinco hermanos (Luc. 16:19-31).

La enseñanza neotestamentaria acerca de nuestra existencia después de la muerte física es de una experiencia cuando la persona está sin cuerpo, pero no es menos consciente que en la vida actual. Cuando Dios haga el cielo nuevo y la tierra nueva, necesitaremos un nuevo cuerpo. Este acto por parte del Padre se llama en el Apocalipsis la primera resurrección. Podemos asegurar a todos los creyentes cristianos que no deben tener miedo a la muerte, pues es la entrada por la cual nos encontraremos en la presencia de Cristo, nuestro Salvador y Señor.

3. El juicio futuro

El tema del juicio final de Dios como parte de las últimas cosas ocurre en todo el NT. Cristo enseñó mucho sobre esta doctrina, al igual que los escritos de Pablo y de Juan dan muchos detalles sobre este evento futuro. Todo asciende hacia el pináculo de la gloria en el gran trono blanco del juicio divino que se describe en Apocalipsis (Apoc. 20:11 ss.).

Hay varios aspectos del juicio de Dios que se deben entender como piedras fundamentales del concepto bíblico.

El juicio final de las naciones del mundo no es con el propósito de juzgar a los creyentes para ver si son dignos de entrar en la morada celestial de Dios, aunque sea una idea muy popular hoy en día el hablar acerca del juicio como si fuera para tomar una determinación sobre su destino eterno. En realidad, el NT nos enseña que el juicio del mundo en general ya fue experimentado por Cristo en la cruz. Él ya sufrió el juicio del Padre por el pecado de todos. El Salvador del mundo quedó separado del Padre para rescatarnos de este mismo juicio más tarde, o sea, el infierno. En otras palabras, todos los hombres tienen dos alternativas: o aceptar a Cristo como el Cordero de Dios que quita el pecado (y el juicio por el pecado) del mundo, o rechazar a Cristo y su sacrificio por ellos. Estos últimos tendrán que ponerse de pie, en el día final, delante del Creador para ser juzgados por su falta de fe en Cristo.

Cuando Jesús enseñó acerca del juicio final, introdujo la enseñanza, diciendo: "Cuando el Hijo del Hombre venga en su gloria y todos los ángeles con él, entonces se sentará sobre el trono de su gloria; y todas las naciones serán reunidas delante de él. Él separará los unos de los otros, como cuando el pastor separa las ovejas de los cabritos; y pondrá las ovejas a su derecha, y los cabritos a su izquierda" (Mat. 25:31-33). De esta manera, Cristo nos hace recordar que la determinación acerca de nuestra naturaleza como seguidores del buen Pastor ya está tomada. Las ovejas se ponen a su derecha, el lugar de honor y protección. Los cabritos se ponen a su izquierda, porque no son seguidores del Pastor. La prueba de esta clasificación de las naciones se ve en el juicio que sigue. Las ovejas tienen la clase de fe que resulta en compasión para con las personas que tienen enfermedades y otros tipos de privaciones. Los cabritos no solamente no siguen a Cristo, sino que tampoco hacen el bien a los menos afortunados alrededor de ellos. En otras palabras, hasta que nuestra naturaleza no cambie por medio del nuevo nacimiento, estamos bajo la condenación de Dios como cabritos obstinados. La vida justa que Dios nos da por medio de Cristo y su gracia significa que nuestra naturaleza se transforma pasando de cabrito a oveja.

El juicio de los creyentes, pues, no es para determinar si van al cielo o si merecen el infierno. Más bien es para premiarlos y recibirlos en la morada de Dios por siempre. El juicio de los incrédulos tampoco es para pesar sus obras religiosas y sociales con el fin de decidir su destino final. Ellos mismos ya están condenados por haber rechazado la invitación de seguir a Cristo en todo. Cristo hace muchas promesas a los que vencerán sobre las tribulaciones y las tentaciones del diablo. No cabe duda de que las promesas de ser columna en el templo de Dios, de ser vestido de vestiduras blancas, de sentarse con Cristo en su trono de gloria, y muchas más, forman parte de la herencia que Cristo desea para todos sus seguidores (Apoc. 2—3).

La idea del juicio de Dios como la ocasión para el castigo a los incrédulos también es enseñada por Cristo, Pablo, Juan, Pedro y otros en el NT. Los escritores emplean muchas figuras para describir tal castigo. Por ejemplo, Jesús dice: "Apartaos de mí, malditos, al fuego eterno preparado para el diablo y sus ángeles" (Mat. 25:41). En la revelación a Juan el juicio del gran trono blanco se explica así: "Vi también a los muertos, grandes y pequeños, que estaban de pie delante del trono, y los libros fueron abiertos. Y otro libro fue abierto, que es el libro de la vida. Y los muertos fueron juzgados a base de las cosas escritas en los libros, de acuerdo a sus obras. Y el mar entregó los muertos que estaban en él, y la Muerte y el Hades entregaron los muertos que estaban en ellos; y fueron juzgados, cada uno según sus obras. Y la Muerte y el Hades fueron lanzados al lago de fuego. Esta es la muerte segunda, el lago de fuego. Y el que no fue hallado inscrito en el libro de la vida fue lanzado al lago de fuego" (Apoc. 20:12-15).

Hoy día hay muchos que no quieren escuchar las enseñanzas sobre el juicio de los injustos. Pero es parte de la Palabra de Dios, y se incluye en ella para revelarnos lo que ha de suceder en el Día del Señor. El hecho de que hay dos clases de libros que Dios emplea como base de su juicio a los hombres da esperanza a los creyentes. Ninguno es capaz de acumular obras suficientes para entrar en los cielos. Pero nuestra esperanza se basa únicamente en la gracia de Dios cuando él escribió nuestro nombre en el libro de la vida.

4. Los destinos eternos

En la fe cristiana se usa los términos "el cielo" y "el infierno" para indicar los dos destinos que existen para el hombre. Muchos, sin embargo, no entienden el significado real de ellos. Fuera del cristianismo hay millones que tienen poco interés en estos conceptos, pues la mayoría de los pueblos del mundo no creen en la vida después de la muerte. Por otra parte, muchos de los que aceptan la doctrina pierden la gloria de ella por la idea de la reencarnación. ¿Qué es el destino de los seguidores de Cristo y dónde pasaran la eternidad los incrédulos? Nos conviene buscar en las Sagradas Escrituras las respuestas a preguntas tan significativas y pertinentes.

El NT presenta el tema de los cielos como la morada de Dios y sus ángeles. Satanás ha sido lanzado fuera de los cielos (Luc. 10:18). Jesús descendió a la tierra desde el cielo a través de la virgen María (Juan 3:13; 6:31 ss., 41, 51, 58).

La existencia en los cielos se llama en la Biblia "vida eterna", pues procede del Padre y de Jesús mismo (Juan 17:3). Esta vida no es una prolongación de la vida actual, sino que es de una calidad divina que durará para siempre (Juan 3:16). Ella es la dádiva de Dios para los hombres de fe, aunque no la merecen por sus buenas obras (Rom. 6:23). Esta vida se llama también salvación, y ella se recibe cuando los hombres depositan toda su fe en Dios (Ef. 2:8, 9).

En realidad, el cristiano experimenta por anticipado el gozo del cielo en la vida actual. La vida eterna no es lo que Dios nos da cuando morimos, sino la nueva vida de la eternidad que nos regala en el momento cuando nos rendimos al señorío de Jesucristo. El verdadero discípulo de Cristo ya tiene la vida del cielo, y goza de la presencia inmediata del Espíritu de Dios, como se enseña en Juan 22, Hechos 2, Romanos 8, entre otros.

El destino eterno de los hijos de Dios es aún más que eso. Pablo lo expresa así: "Porque nuestra ciudadanía está en los cielos, de donde también esperamos ardientemente al Salvador, el Señor Jesucristo. Él transformará nuestro cuerpo de humillación para que tenga la misma forma de su cuerpo de gloria, según la operación de su poder, para sujetar también a sí mismo todas las cosas" (Fil. 3:20, 21).

El apóstol también llama nuestro hogar celestial, "la Jerusalén de arriba" (Gál. 4:26), y así nos enseña que el destino eterno de los creyentes será un lugar de compañerismo supremo y adoración continua.

Con la excepción del Apocalipsis, la carta a los Hebreos trata más que otros del lugar permanente de los fieles seguidores de Cristo. Bajo las figuras del "trono de Dios", "el tabernáculo original del cielo" y "la ciudad eterna", el autor nos instruye acerca del cielo como la perfección que Dios tiene para nosotros.

El trono se refiere al trono de la majestad y soberanía de Dios (Heb. 1:8; 4:16; 8:1; 12:2). Actualmente podemos acercarnos confiadamente al trono de la gracia, alcanzar la misericordia y hallar gracia para el oportuno socorro. Si podemos acercarnos al trono del Padre ahora, ¡cuánto más podremos hacerlo en la eternidad!

El tabernáculo en el libro de Hebreos se refiere a la habitación provisional de Dios en el pasado, y también a la morada permanente que Dios ocupa en el cielo. Puesto que Jesús nos hizo sacerdotes para Dios, servimos y adoramos en el tabernáculo eterno del Padre (Heb. 8:2; 9:11, 12, 24). También se alude a la ciudad celestial en la epístola a los Hebreos. "Porque aquí no tenemos una ciudad permanente, sino que buscamos la que ha de venir" (Heb. 13:14). Aun Abraham "esperaba la ciudad que tiene cimientos, cuyo arquitecto y constructor es Dios" (Heb. 11:10). Muchos de los justos del pasado anhelaban una ciudad mejor, esto es, celestial: "Por eso Dios no se avergüenza de llamarse el Dios de ellos, porque les ha preparado una ciudad" (Heb. 11:16). Esta ciudad se identifica de la siguiente manera: "os habéis acercado al monte Sion, a la ciudad del Dios vivo, a la Jerusalén celestial, a la reunión de miríadas de ángeles, a la asamblea de los primogénitos que están inscritos en los cielos, a Dios el juez de todos, a los espíritus de los justos ya hechos perfectos" (Heb. 12:22, 23). Lo significativo de la figura de la ciudad como el destino de los creyentes es la idea de comunidad, la unidad y el sentido de una familia grande viviendo en compañerismo y gozo, sin el peligro de tener que separarse por la muerte, la guerra u otros conflictos.

Cuando estudiamos las enseñanzas del Apocalipsis descubrimos que no hay otro libro que nos apunta tanto hacia los cielos como el destino sin fin de los creyentes en Cristo. Juan nos revela sus visiones del cielo, y nos muestra el triunfo final de Cristo sobre todos sus enemigos. Localizado centralmente en el cielo está el trono de Dios y Jesús, así como el Cordero inmolado. Alrededor del trono había veinticuatro tronos con los veinticuatro ancianos sentados en ellos, y vestidos de ropas blancas y con coronas de oro en sus cabezas. Todo el vocabulario que Juan emplea para pintar su visión del cielo es resplandeciente con lo más glorioso que el intelecto humano es capaz de comprender (Apoc. 4—5). La iglesia se describe en el último libro como la esposa de Cristo, y la culminación del relato es la cena de las bodas del Cordero (Apoc. 19:9).

Juan también enseña que el destino eterno de los creyentes es la santa ciudad, la nueva Jerusalén, teniendo la gloria de Dios. Ésta desciende del cielo "preparada como una novia adornada para su esposo" (Apoc. 21:2). El primer cielo y la primera tierra pasarán y se ve un cielo nuevo y una tierra nueva. Lo mejor es que "el tabernáculo de Dios está con los hombres, y él habitará con ellos; y ellos serán su pueblo" por toda la eternidad (Apoc. 21:3). "Dios enjugará toda lágrima de los ojos de ellos. No habrá más muerte, ni habrá más llanto, ni clamor, ni dolor; porque las primeras cosas ya pasaron" (Apoc. 21:4). La descripción de la Jerusalén nueva simboliza lo máximo de belleza, entrada amplia para todos, los cimientos permanentes y un área perfecta (Apoc. 21:9-27).

El cuadro que Juan pinta del destino eterno de los renacidos en Cristo es el del hombre gozando de la comunión y la felicidad absoluta en la presencia inmediata de Dios.

Hasta aquí se ha presentado el estado permanente de los creyentes, pero ¿qué de los perdidos, o sea los que rechazaron a Dios durante la vida terrenal? En realidad hay teólogos, predicadores y muchos más que no quieren aceptar las enseñanzas de la Biblia sobre el castigo eterno. Sin embargo, esta doctrina es bastante clara, pues Jesús, Pedro y Juan nos instruyen ampliamente sobre este tema.

El Hijo de Dios dice: "Si tu mano te hace tropezar, córtala. Mejor te es entrar manco a la vida que teniendo dos manos, ir al infierno, al fuego inextinguible" (Mar. 9:43). Este dicho del Señor se cita porque el estado de los que no son salvos es el de un castigo continuo. El infierno es presentado por Jesús en los evangelios y el Apocalipsis como la experiencia del tormento eterno. En la historia del rico y Lázaro, Cristo hace notar claramente el contraste enorme entre el mendigo creyente y el rico incrédulo cuando llegan a su destino después de la muerte.

Es importante también que nos fijemos en el hecho de que el purgatorio no se menciona en el NT. La verdad es que la palabra no se encuentra en la Biblia. Hay muchas personas que creen que no van al infierno, sino al purgatorio. Tal enseñanza es sumamente peligrosa, pues da la idea de que hay tres destinos para los hombres después de la muerte. En realidad, Cristo enseñó que existen solamente dos: el infierno y el cielo.

El juicio de Dios permanece sobre los malhechores por toda la eternidad. La única esperanza que tenemos es recibir al Hijo de Dios como nuestro sustituto y Salvador. Él ya experimentó el juicio del Padre en la cruz, y ahora se ofrece a sí mismo y su justicia a todos los que en él crean. La idea principal del NT en cuanto al infierno es que éste consiste en la separación eterna del amor y la gracia de Dios. Esto sí es tormento, es peor que las llamas, la sed y las memorias del remordimiento para siempre. El infierno es tan horrible y el amor de Dios es tan extenso que el Padre envió a su Hijo unigénito, para que todo aquel que en él cree, no se pierda en el juicio contra el pecado, mas tenga vida eterna (Juan 3:16).

JUAN

Exposición

James Bartley

Ayudas Prácticas

Joyce Cope de Wyatt

INTRODUCCIÓN

El Evangelio de Juan sorprende al lector por su sencillez y a la vez por su profundidad. Morris lo describe como "una pileta en la que un niño puede vadear y un elefante nadar". Hull agrega: "La teología se ha reducido a monosílabos; sin embargo, expresan la visión más sublime de la realidad última que se encuentra en las Escrituras". Barclay lo llama "el más grande de los Evangelios". El vocabulario es tan sencillo y la gramática tan sin complicaciones que el principiante del griego suele comenzar su lectura del NT en este libro. Sin embargo, el teólogo más erudito se queda meditando en su profunda riqueza espiritual, consciente de que hay dimensiones de la revelación divina que faltan sondear.

El problema céntrico en este libro es la relación entre la fe y la historia, es decir, entre la historia de la persona de Jesucristo y el significado espiritual que su vida tiene para nosotros. En la introducción del Evangelio, el autor dice: "Y el Verbo se hizo carne y habitó entre nosotros..."(1:14). Con esta muy escueta expresión, él describe la enorme realidad de la autorrevelación del Dios eterno quien se identificó y se limitó con la humanidad. Juan procede a mostrar el significado de este evento sin igual para los seres humanos.

El nuevo creyente puede leer con provecho el Evangelio de Juan, el cual frecuentemente se usa en los primeros pasos del discipulado cristiano. También, millones de ejemplares de este Evangelio, publicados en el formato de un librito suelto, han sido distribuidos en el mundo hispano en la evangelización, tanto en las cruzadas evangelísticas como en la obra personal. Por estas razones, por su énfasis en la salvación personal y por el encanto de la descripción gráfica de los episodios, Juan ha sido, y es, el Evangelio más popular entre los cuatro. Con razón a veces se llama "El Evangelio de la fe".

Muchas de las enseñanzas de Jesús, encontradas únicamente en Juan, figuran entre las más conocidas del NT. Por ejemplo: "Porque de tal manera amó Dios al mundo, que ha dado a su Hijo unigénito, para que todo aquel que en él cree no se pierda, mas tenga vida eterna" (3:16); "y conoceréis la verdad, y la verdad os hará libres" (8:32); "Yo soy la resurrección y la vida. El que cree en mí, aunque muera, vivirá" (11:25); "Yo soy el camino, la verdad y la vida; nadie viene al Padre, sino por mí" (14:6).

Antes de considerar el texto de Juan en sí, haremos un repaso breve de algunas consideraciones que son útiles para la mejor interpretación del mensaje: paternidad, fecha de composición, propósito, teología, trasfondo, independencia, dislocación, fuentes y lugar de composición.

PATERNIDAD

De entrada, reconocemos dos dificultades respecto a la paternidad del Evangelio de Juan: es anónimo y hay muy distintas opiniones en cuanto al autor o redactores. Por estas razones, muchos opinan que la paternidad no es de tanta importancia y que debemos dejarla de lado y concentrar la atención solamente en el texto. Sin embargo, para el que escribe, es muy importante saber si el autor fue un testigo ocular y discípulo de Jesús, o si fue un autor del segundo siglo, como opinan algunos. Básicamente hay tres posiciones sobre la paternidad: primera, la posición tradicional que sostiene que el apóstol Juan lo escribió; segunda, el apóstol Juan no lo escribió, pero sería el testigo detrás del texto (el Evangelio habría sido compuesto por un miembro de la comunidad juanina); tercera, el apóstol Juan tuvo poco o nada que ver con la composición. Opinando que la paternidad sí es importante, haremos un repaso de las corrientes más destacadas.

Antes del fin del segundo siglo de la era cristiana, se había formado una tradición que atribuía este Evangelio al apóstol Juan y le daba una posición segura en el canon del NT. Esta tradición se mantuvo hasta fines del siglo XVIII. Sin embargo, al surgir la erudición crítica en Europa e Inglaterra, algunos comenzaron notar las vastas diferencias entre Juan y los Sinópticos. En 1792 Edward Evanson escribió una obra que analizaba este problema y concluyó que este Evangelio no había sido escrito por Juan, sino que fue escrito más adelante en el segundo siglo. Hubo una fuerte reacción al principio, pero antes del fin del siglo XIX la tesis de Evanson fue adoptada por la mayoría de los eruditos europeos. Los escritores de Gran Bretaña y de los EE. UU. de A. están más divididos sobre el tema. Los más liberales siguen la corriente de Europa, mientras que los conservadores tienden a apoyar a Juan como el autor o, por lo menos, que él sería el testigo detrás del texto. Citaremos la opinión de algunos de los más destacados comentaristas.

Barclay, Brown y muchos de los comentaristas contemporáneos, con pequeñas variaciones, apoyan la segunda opción, mencionada arriba, en cuanto a la paternidad de Juan: el apóstol Juan no lo escribió, pero sería el testigo detrás del texto y habría sido compuesto por un miembro de la comunidad juanina. Sorprende que un comentario sobre Juan de tanto peso como el de Mateos-Barreto no entre en el debate sobre la paternidad y fecha, sino que se limite a decir: "No teniendo por el momento nada decisivo que añadir al debate, los comentadores han preferido abstenerse de exponer las variadas opiniones a este propósito. El lector podrá fácilmente encontrar la información necesaria en los diferentes comentarios y estudios sobre Juan ya existentes".

A. M. Hunter, un inglés que publicó numerosos estudios importantes sobre el NT en el siglo XX, niega que el apóstol Juan sea el autor, basándose en tres evidencias: el autor del Evangelio de Juan emplea los Sinópticos; existe una diferencia importante en el estilo de este Evangelio comparado con los Sinópticos; y es muy dudoso que el apóstol Juan se hubiera referido a sí mismo como "el discípulo a quien Jesús amaba" (21:20; ver también 13:23; 19:26; 20:2; 21:7). Este es, según algunos, el argumento que tiene más peso en contra del apóstol Juan como autor. Es cierto que no es natural que un seguidor de Jesús se haya referido a mismo como "el discípulo a quien Jesús amaba", pero, como Morris bien responde, "tampoco es una manera muy natural de describir a ningún otro". El argumento de Morris cobra mayor peso si se procura argumentar que el "discípulo amado" no era uno de los doce. Por otro lado, si era uno de los doce, ¿a quién correspondería este calificativo aparte de Juan? El argumento de Hunter, que parece muy convincente para algunos, pierde su fuerza a la luz de las consideraciones que siguen. Haremos un repaso primero de algunas evidencias internas, y luego de las externas, a favor y en contra del apóstol Juan como el autor del cuarto Evangelio.

Evidencias internas a favor y en contra de Juan

Westcott, Lightfoot, Guthrie y otros, plenamente conscientes de los argumentos de Hunter, afirman que el apóstol Juan es ciertamente el autor del Evangelio. El argumento clásico de Westcott avanza en círculos concéntricos, de afuera hacia adentro: el evangelista era un judío, un judío de Palestina, un testigo ocular, un apóstol y, finalmente, el apóstol Juan. Quizá la evidencia más convincente en este sentido es una referencia en el mismo Evangelio que parece indicar que el autor es el apóstol Juan. Después de referirse al "discípulo a quien Jesús amaba" (21:20), se comenta: "Este es el discípulo que da testimonio de estas cosas y las escribió. Y sabemos que su testimonio es verdadero" (21:24). Se entiende que el v. 24 representa un comentario de unos contemporáneos de Juan quienes lo identifican como el autor del Evangelio. Nótese el verbo "sabemos", indicando dos o más personas hablando. También, en el v. 25 el verbo "pienso" está en primera persona singular, indicando quizá la mano de todavía otro escritor.

Hay abundante evidencia en los cuatro Evangelios de que el apóstol Juan gozaba de una relación muy íntima con Jesús. Fue un testigo ocular durante casi todo el ministerio de Jesús, lo que lo capacitaba como el autor más probable de entre los discípulos. Si identificamos a Juan con el "discípulo amado" por Jesús, hay muchas referencias de él al lado de Jesús. Por ejemplo, en la última cena, el discípulo "a quien Jesús amaba, estaba... recostado junto a Jesús... Entonces él, recostándose sobre el pecho de Jesús, le dijo..." (13:23, 25). Cuando Jesús estaba en la cruz, le encomendó al discípulo el cuidado de su madre (19:26, 27). Según el texto, ese discípulo fue el único de los discípulos al pie de la cruz y vio cuando "salió... sangre y agua" (19:34) del costado de Jesús. En la mañana de la resurrección de Jesús, ese discípulo ganó a Pedro en la carrera a la tumba "y vio y creyó" (20:8). Fue también él el primero en reconocer a Jesús en la playa después de la pesca milagrosa (21:7). Cuando Pedro preguntó a Jesús acerca del futuro de ese discípulo amado, respondió: "Si yo quiero que él quede hasta que yo venga, ¿qué tiene esto que ver contigo? Tú, sígueme" (21:22). Muchos opinan también que Juan era uno de los dos seguidores de Juan el Bautista que, al ver a Jesús, dejaron a Juan y siguieron a Jesús; el otro era Andrés (1:35-40). Es muy probable que el "otro discípulo... conocido del sumo sacerdote" (18:15, 16) era el apóstol Juan.

El hecho de que el apóstol Juan no se haya mencionado por nombre en el Evangelio es también una evidencia importante, aunque curiosa, señalándole como el autor. A esta práctica se la llama "reticencia por humildad", como se ve en otros libros del NT; p. ej., los Evangelios de Lucas y Marcos. Se pregunta: ¿es posible que otro autor del primer o segundo siglos haya escrito este Evangelio, omitiendo el nombre de un personaje tan importante entre los discípulos? Otro hecho curioso es que, en los otros Evangelios, se hace referencia a "Juan el Bautista" con el título completo, pero en este Evangelio se le refiere solo como "Juan". La explicación más plausible a este fenómeno es que el autor fue el apóstol Juan. Obsérvese el cuidado para identificar a otras personas; p. ej., Judas, "no el Iscariote" (14:22) y Tomás, el que "se llamaba Dídimo" (11:16; 20:24; 21:2).

Otra evidencia a favor del apóstol Juan como autor es que él conocía muy bien las costumbres y la geografía de Palestina. Este hecho es corroborado por los Rollos del Mar Muerto donde las ideas y las expresiones se comparan favorablemente con las del Evangelio, aunque las enseñanzas son muy distintas. Por ejemplo, en Juan, el Mesías había venido, pero en los Rollos del Mar Muerto su venida estaba en el futuro.

Mucho se ha escrito sobre las evidencias de que el texto de Juan revela el escrito de un testigo ocular. Uno de los muchos ejemplos de este hecho es la descripción gráfica y detallada del lavado de los pies de los discípulos (13:1-20). También, el autor tenía amplio conocimiento del grupo de discípulos: las conversaciones entre ellos (16:17; 20:25; 21:3, 7), los pensamientos de ellos (2:17, 22; 4:27; 6:19) y los lugares que ellos frecuentaban (11:54; 18:2).

Se reconoce que hay algunas evidencias internas que aparentemente señalan a otra persona como autor. Por ejemplo, Juan, que era galileo, concentra su atención mayormente en el ministerio de Jesús en Judea, mientras que los Sinópticos enfocan su ministerio en Galilea y sus alrededores. Esta diferencia se puede explicar por considerar que hubo distintos propósitos de los autores. Otro argumento importante en contra de la paternidad juanina, según algunos, es la evidencia de ideas gnósticas en Juan. Se sabe que el gnosticismo surgió como sistema de pensamiento en el segundo siglo. Si de veras se prueba que hay ideas gnósticas en el Evangelio, el apóstol Juan no podría haberlo escrito, pues él habría muerto más o menos a fines del primer siglo. Pero esta crítica está lejos de ser probada. Varios eruditos reconocidos han estudiado este problema y llegan a la conclusión de que lo más que se puede decir es que en Juan hay ecos de un "gnosticismo incipiente".

El hecho de que el autor del cuarto Evangelio haya omitido algunos de los eventos más importantes de la vida de Jesús es, quizás, la evidencia más convincente en contra de la paternidad juanina. Por ejemplo, el autor omite la Transfiguración, la institución de la Cena del Señor y la agonía de Jesús en Getsemaní. El apóstol Juan estaba presente en cada uno de estos eventos. ¿Cómo se explica la omisión de la Cena, especialmente considerando que Juan mismo presenta la descripción más detallada de la reunión en el aposento alto cuando Jesús la instituyó? Existen varios intentos de explicar este fenómeno pero confesamos que hasta el momento ninguno nos satisface plenamente. Juan habrá tenido un propósito que ignoramos para omitirlos.

Finalmente, la diferencia de estilo entre Juan y los Sinópticos constituye para algunos una evidencia importante en contra de la paternidad juanina. Esta diferencia es obvia a las claras, pero de allí a concluir que los Sinópticos presentan el retrato de un Jesús del primer siglo mientras que Juan presenta el de otro muy distinto del segundo siglo nos parece innecesario e ilógico. La explicación es más sencilla. El enfoque distinto del Evangelio de Juan se debe más bien a la personalidad y el propósito del autor, como también al hecho de la inmensa estatura de Jesús. Para reconciliar los dos "retratos" de Jesús, Riesenfeld y otros sugieren lo que podría ser el caso: los Sinópticos presentan la enseñanza pública de Jesús, mientras que Juan presenta las enseñanzas informales de Jesús con los discípulos y los encuentros informales con sus enemigos.

William Hull argumenta en contra de la paternidad juanina, resumiendo su planteo con siete evidencias internas para apoyar su conclusión. Es interesante que el comentario de él y el de Leon Morris fueron publicados con un año de separación. Ambos son intérpretes conservadores, mencionan las mismas evidencias internas y Morris acepta, mientras que Hull rechaza, la paternidad juanina. Hull, sin embargo, reconoce que el apóstol Juan habría sido el testigo ocular detrás del texto. William Barclay, muy conocido en el mundo hispano por sus comentarios traducidos al español, concuerda con la conclusión de Hull.

R. Alan Culpepper, analizando Juan 21:24 y 25, opina que aquí tenemos la mejor evidencia interna en cuanto al autor del Evangelio. El término "discípulo" en este texto parece relacionarse con el "discípulo a quien Jesús amaba" (21:20). Sin embargo, basados en los verbos "sabemos" y "pienso", el redactor o redactores, es otro. No sólo surge el problema de la identidad del "discípulo" mencionado aquí, sino el problema de cuánto del Evangelio escribió el redactor además de estos versículos. Culpepper sigue su planteamiento diciendo que "estos versículos también testifican de un proceso extendido de composición y moldeo del Evangelio dentro de una primitiva comunidad cristiana, que por razón de conveniencia llamaremos la 'comunidad juanina' ". Este autor reconoce que el "discípulo amado" fue un testigo ocular, por lo menos de los últimos meses de la vida de Jesús, que el texto le atribuye un lugar igual al de Pedro, que quizás haya sido Lázaro, pero concluye que su identidad sigue siendo desconocida.

De acuerdo con las evidencias internas, Raymond Brown ofrece una teoría de composición que incluye cinco etapas: (1) la formación de un cuerpo de material sobre las palabras y obras de Jesús, independiente de la tradición sinóptica; (2) el desarrollo de ese material durante varias décadas en la comunidad juanina con un predicador principal; (3) la organización del material de la segunda etapa en un Evangelio que incluía señales y discursos; (4) una edición secundaria por el evangelista, incluyendo nuevo material de la tradición juanina; (5) una edición final por un redactor, no el evangelista. Este redactor, quien agregó varias secciones nuevas al Evangelio, sería un discípulo o asociado cercano del evangelista. Culpepper, revisando esta teoría y esencialmente de acuerdo con ella, concluye diciendo que el Evangelio de Juan, por lo tanto, puede entenderse como el resultado de un largo proceso de composición, extendiéndose sobre varias décadas, en que podemos distinguir la tradición recibida del "discípulo amado", la obra del evangelista y las revisiones del redactor. Reconociendo que la tradición sostiene que el "discípulo amado" era Juan, el hijo de Zebedeo, Culpepper se une con la mayoría de los intérpretes modernos que han llegado a la conclusión de que Juan no era ese discípulo, sino que el mismo era un maestro desconocido.

Evidencias externas a favor y en contra de Juan

La primera evidencia importante que apoya al apóstol Juan como autor es el hecho de que ningún otro nombre figura en las tradiciones más tempranas. El primer escritor que atribuye el Evangelio a Juan, el hijo de Zebedeo, es Teófilo de Antioquía (aprox. 180 d. de J.C.). Ireneo (aprox. 130-aprox. 200 d. de J.C.) también afirma que el apóstol Juan lo escribió y que él aprendió este dato de Policarpo (aprox. 69-aprox. 155 d. de J.C.) quien conocía personalmente a Juan. Varios otros líderes de la iglesia primitiva, por ejemplo Clemente de Alejandría y Tertuliano, señalan a Juan como el autor. "El Evangelio de la verdad", probablemente escrito por Valentino (aprox. 145 d. de J.C.), refleja una dependencia notable del cuarto Evangelio como si fuera ya un escrito muy conocido y altamente respetado. Otros escritos que datan de mediados del segundo siglo citan directamente el Evangelio de Juan como, p. ej., "El apócrifo de Juan" y "El Evangelio de Tomás".

El título "Evangelio según Juan" aparece en los papiros p^{66}, con fecha aprox. 200 d. de J.C., y p^{72} con fecha un poco más adelante. Witherington opina que quizás este título fue puesto en el texto tan temprano como 125 d. de J.C. cuando alguien juntó los cuatro Evangelios y estos comenzaron a circular como una colección. El mismo autor sugiere que la forma del título en sí implica que otros participaron en la redacción final porque, si no, habría sido "Evangelio de Juan". Este autor entiende que el título debe considerarse como parte de la evidencia externa porque no figuraba, según él, en el documento original.

Los que se oponen a la paternidad juanina del cuarto Evangelio hacen mucho hincapié en el poco uso que éste tuvo en la iglesia primitiva. Se contesta que el hecho de que los gnósticos y otros grupos heréticos fueron atraídos al cuarto Evangelio y lo citaban explica esta renuencia. A pesar de esta situación adversa, el Evangelio fue incluido en el canon de NT, indicando una firme creencia de que un apóstol lo había escrito. Luego de esta demora en la aceptación y el uso de Juan, los líderes entendieron que en realidad este Evangelio sería muy útil para la refutación del gnosticismo.

Otro elemento de la evidencia externa es el número de asociados de Juan en la composición del Evangelio. Eusebio, el historiador de la iglesia primitiva, cita a Clemente de Alejandría quien comenta que "el apóstol Juan fue animado por sus discípulos y movido divinamente por el Espíritu para componer un Evangelio espiritual". Por esta evidencia y otras parecidas, se piensa que hubo una "escuela juanina" donde el apóstol Juan enseñaba a un grupo de discípulos, quienes llevaron adelante una tradición oral. Basándose en esta hipótesis, algunos opinan que el cuarto Evangelio fue el producto de uno o más de los mismos discípulos de Juan quienes pusieron por escrito lo que Juan les había enseñado antes.

Otra teoría en cuanto a la paternidad juanina es que el Evangelio fue escrito por otra persona que se llamaba Juan. Generalmente se hace referencia a este "segundo Juan" como "Juan el anciano". Esta teoría se basa en una dudosa interpretación que Eusebio hizo de un escrito de Papías.

Hay varias evidencias arqueológicas que indican que el cuarto Evangelio era conocido en Roma temprano en el segundo siglo. Por ejemplo, hay murales en las catacumbas que representan escenas que se piensa provienen del Evangelio de Juan: la resurrección de Lázaro y la Cena del Señor con canastas en la mesa relacionadas con la multiplicación de los panes y los peces. Nadie piensa que este Evangelio fue escrito en Roma. El hecho de que algunas de las familias más prominentes de Roma, temprano en el segundo siglo, adornaron sus tumbas con murales que representaban escenas descritas en el Evangelio de Juan indica dos cosas: es casi seguro que el Evangelio fue escrito en el primer siglo y lo escribió un apóstol.

También en Hierápolis de Frigia (Asia Menor), no lejos de Éfeso, un obispo llamado Abercio compuso una inscripción para colocar en su tumba. En esta inscripción hay varios términos que se piensa provienen de Juan, inclusive una referencia al "Santo Pastor que alimenta sus ovejas... me enseñó las letras fieles de vida" (ver Juan 10:1 ss. y 6:68). Se cree que esta inscripción data de mediados del segundo siglo.

En conclusión, admitimos que no hay una solución para la paternidad juanina, ni a favor ni en contra, sin algunas dificultades. Después de revisar las evidencias, sin embargo, el que escribe llega a la firme conclusión de que el apóstol Juan, hijo de Zebedeo, es el autor de todo el Evangelio excepto los versículos finales del último capítulo. Como muchos han señalado, el gran problema que enfrentamos, si rechazamos la paternidad juanina, es que no hay otra persona que se conozca que reúna las condiciones como para escribirlo. La conjetura de que el autor fuera Lázaro o quizás Juan Marcos, no es convincente. Este hecho en sí hace inclinar las balanzas a favor del apóstol Juan. Como dice Leon Morris, quien concuerda con esta conclusión: "Estoy de acuerdo que esta posición no explica todas las evidencias. Pero tampoco lo hace otra posición que conozca. Esta conclusión parece satisfacer mejor las evidencias".

C. H. Dodd, claramente impresionado por los argumentos convincentes de Westcott a favor del apóstol Juan como el autor del Evangelio, finalmente dice: "El problema de la paternidad es insoluble sobre la base de los datos que poseemos...". Este autor agrega dos conceptos importantes sobre el tema. Puesto que no hay evidencias concluyentes que señalan a otra persona como el autor del Evangelio, sería ilógico abandonar la posición que tiene una tradición sólida. Por otro lado, esta incertidumbre en cuanto al autor no afecta en absoluto el valor histórico del Evangelio.

FECHA DE COMPOSICIÓN

Como en el caso de la paternidad juanina, los comentaristas están muy divididos y muy distanciados en cuanto a la fecha de composición del cuarto
Evangelio, yendo desde el año 40 hasta el 150 d. de J.C. Entre los más liberales, la tendencia hasta la mitad del siglo XIX fue de ubicar la fecha en la última
mitad del segundo siglo. Sin embargo, aun éstos han sido obligados, por los
estudios más recientes, a modificar su posición, adoptando una fecha más cercana al principio del segundo siglo. Desde los Padres, los conservadores y los
liberales se han inclinado por una fecha relativamente tardía, considerando a
Juan como el último de los cuatro Evangelios. La última década del primer siglo
ha sido la opción tradicional durante siglos. Por ejemplo, William Barclay afirma
que el cuarto Evangelio fue escrito aproximadamente en 100 d. de J.C. La tendencia en los últimos 50 años, sin embargo, ha sido de ubicar la fecha más temprano. La fecha de la destrucción de Jerusalén (70 d. de J.C.) ha tenido influencia en esta tendencia.

Un fragmento de papiro de Juan, encontrado en Egipto, de una copia que
data de los principios del segundo siglo, obliga a tener una fecha más temprana
que la sostenida por los más liberales. Calculando el tiempo necesario para el
traslado de un documento del lugar de composición a Egipto, la fecha más
tardía sería fines del primer siglo, o el mismo principio del segundo.

Los que optan por una fecha más tardía encuentran expresiones como, p. ej.,
"los judíos" (5:16) y "expulsarán de las sinagogas" (16:2) como evidencia de
que ya existía una enemistad abierta entre los creyentes en Jesús y los judíos.
Argumentan que este estado de cosas fue el resultado de un largo proceso. Sin
embargo, esa enemistad se notaba casi desde el principio del ministerio terrenal
de Jesús e iba en aumento. Además, expresiones similares aparecen en Mateo
donde se refiere a "las sinagogas de ellos" y "en sus sinagogas os azotarán" (ver
Mat. 4:23; 10:17), indicando una ruptura de relaciones en una fecha muy temprana. También, esta enemistad se notaba en un tiempo muy temprano y en
una forma a veces violenta en la historia de la iglesia primitiva, según el relato
en Los Hechos.

Algunos argumentan a favor de una fecha a fines del primer siglo, procurando comprobar que Juan se habría apoyado en los Sinópticos en la composición
de su Evangelio. Este argumento ya se ha refutado en forma convincente. Sin
embargo, todavía existe la posibilidad, según algunos, de que los Sinópticos
existían cuando Juan escribió su Evangelio, pero que no los empleó porque los
ignoraba. Considerando la comunicación que había entre las comunidades de
creyentes en el primer siglo, sería difícil dar crédito a tal argumento. Otros se
fijan en lo que les parece ser un desarrollo de la teología de Juan, opinando que
tal desarrollo llevaría muchos años, obligando a una fecha por lo menos a fines
del primer siglo. Pero, al examinar el caso, uno no encuentra ninguna doctrina
más desarrollada que la de Romanos, carta escrita probablemente en la década
del 50.

En el Evangelio no hay mención de la destrucción de Jerusalén, incluyendo el
templo, evento que tuvo lugar en el año 70 d. de J.C. Esta es una evidencia de
mucho peso en la consideración de la fecha de composición, indicando que pro-

bablemente fue escrito antes de ese evento. Los que insisten en la fecha tradicional opinan que para fines del primer siglo ya ese evento no dominaba el pensamiento de los creyentes y no entraba en el propósito de Juan. Procurando entender lo plausible de este argumento, uno busca un evento de actualidad que se compararía con la destrucción del mismo centro del judaísmo, inclusive el sagrado templo con todo su sistema de sacrificios y rituales. Sería algo parecido a escribir sobre la historia de Japón sin mencionar la Segunda Guerra Mundial, ni la bomba atómica que fue lanzada sobre Hiroshima. Otra posible comparación sería escribir sobre el judaísmo del siglo XX, sin mencionar el "Holocausto" y los seis millones de judíos que perecieron bajo Hitler.

Como dice Juan A. T. Robinson, no encontramos evidencia alguna para una fecha después del año 70 que no haya sido refutada con argumentos de peso. Siguiendo este pensamiento, en los últimos 50 años un número creciente de críticos del NT se ha inclinado por una fecha alrededor de 70 d. de J.C., o más temprano aún. Mencionaremos algunas de las evidencias que inspiran tal conclusión.

El uso de ciertas expresiones en Juan es una indicación de una fecha relativamente temprana. Por ejemplo, el autor se refiere a los seguidores de Jesús como "discípulos" en vez de apóstoles, como fue el caso temprano en la historia del cristianismo. También usa la expresión "sus discípulos", para distinguirlos de los de Juan el Bautista y otros maestros, en vez de "los discípulos". Este último término comenzó a usarse más tarde cuando ya no daría lugar a confusión con otros discípulos.

Otra posible evidencia de una fecha temprana es el uso que hace el autor de verbos en el tiempo presente. Por ejemplo, en 5:2, al referirse al paralítico de Betesda, el autor dice "hay un estanque con cinco pórticos...", probablemente indicando que existía cuando estaba escribiendo el Evangelio.

El descubrimiento de los Rollos del Mar Muerto ha arrojado mucha luz sobre los estudios del NT. Casi todos reconocen una relación más estrecha entre estos documentos y el Evangelio de Juan que con otros libros del NT. Se piensa que el monasterio de Qumrán, zona donde descubrieron los mss., fue destruido antes de 70 d. de J.C., lo cual quizás indicaría un contacto, o influencia, entre los dos en una fecha muy temprana.

Concluimos que es imposible fijar una fecha exacta para la composición del Evangelio de Juan, pero algunos de los comentaristas más reconocidos ahora están proponiendo una fecha inmediatamente antes o después del año 70. A continuación mencionaremos algunos de los más destacados comentaristas y la fecha que sugieren: Graham Stanton, George Beasley-Murray, Donald Guthrie, Gerald L. Borchert, B. F. Westcott, R. Bultmann, Reginald Fulleer siguen la opinión tradicional, o sea entre 80 y 100 d. de J.C. Raymond E. Brown cede más ante la crítica contemporánea y ubica la fecha de la redacción final entre 75 y 100 d. de J.C., aunque este autor asigna "la primera etapa de la composición de este Evangelio al período que va del 40 al 60". Leon Morris, B. P. W. Stather Hunt y C. C. Torrey se inclinan por una fecha anterior a la destrucción de Jerusalén. A. M. Hunter y C. L. Mitton consideran esta fecha como una posibilidad. El más radical de todos es Juan A. T. Robinson quien en 1976 publicó su libro *Redating the New Testament* (Fijando nuevas fechas para el Nuevo Testamento). Robinson concluye que Juan habría sido compuesto entre 40 y 65 d. de J.C., al afirmar que no existe ninguna evidencia que obligue una fecha de composición después del año 70. C. C. Tarelli comenta: "El hecho de sugerir una fecha antes del año 70 d. de J.C. quizás sería demasiado audaz. Sin embargo, la atmósfera palestina que muchos eruditos encuentran en el Evangelio es claramente la de Palestina antes de esa fecha".

Existe todavía otra alternativa que une las dos fechas más populares, es decir, antes del año 70, por un lado, y entre 80-100, por el otro. Hay una teoría, aceptada por muchos eruditos, de que la tradición reflejada en el Evangelio surgió de la comunidad juanina en forma oral antes del año 70, pero que la composición escrita tuvo lugar hacia el fin del primer siglo. Culpepper, escribiendo tan recientemente como en 1998, no menciona una fecha, pero por su conclusión de una composición que ocurrió a través de varios años por la comunidad juanina, se ubica en el grupo mencionado en este párrafo.

El que escribe, afirmando la paternidad juanina, con la excepción de los últimos versículos, se inclina por una fecha de composición antes del año 70 d. de J.C. Esta conclusión tentativa toma en consideración, entre otras, las siguientes evidencias: la comprobada independencia de Juan en relación con los Sinópticos; la referencia al templo y otros edificios en Jerusalén como existentes (ver 5:2); ciertos rasgos primitivos en relación con el nombre de Jesús, llamado Rabí, y el rol de Jesús como un profeta como Moisés; la influencia marcada de la comunidad de Qumrán, la cual desapareció cerca del año 68; la polémica en contra de Juan el Bautista, como una influencia de su movimiento todavía existente en la fecha de composición; y la ausencia de una mención de la destrucción de Jerusalén.

PROPÓSITO

El autor mismo expresa un propósito claramente evangelístico, al escribir el Evangelio, como se ve en 20:30, 31: "Por cierto Jesús hizo muchas otras señales en presencia de sus discípulos, las cuales no están escritas en este libro. Pero estas cosas han sido escritas para que creáis que Jesús es el Cristo, el Hijo de Dios, y para que creyendo tengáis vida en su nombre". Según el autor, Jesús utilizó señales o milagros para despertar fe en él como el Cristo, el Ungido Hijo de Dios, para que así pudieran recibir vida espiritual. Al leer esta declaración de propósito, uno esperaría encontrar en el Evangelio un énfasis en las señales de Jesús y eso es exactamente lo que encontramos.

El verbo clave en el pasaje citado arriba es "creer", encontrado tres veces más en el contexto (20:24-29), y un total de 98 veces en el Evangelio de Juan, en contraste con solamente 34 veces en total en los Sinópticos. Ese creer en Cristo conduce a "vida" eterna, otro énfasis prominente en Juan (36 veces en comparación con sólo 16 en los Sinópticos). Claramente, el propósito dominante del libro es evangelístico, llevando todo a una relación personal con Cristo que resulta en paz con Dios. Hull observa que el énfasis en el título "Cristo", interpretado para significar el "Mesías" o el "Ungido" (1:41; 4:25), un término no familiar a los griegos, indica que el autor tenía en mente la evangelización principalmente de los judíos.

Siendo tan claro y explícito el propósito expresado, parecería innecesario seguir buscando. Sin embargo, hay una larga serie de intentos en esa dirección, a veces dejando de lado por completo el propósito expresado por el autor, a veces deseando suplementarlo. Mencionaremos algunos de estos intentos, unos bien enfocados, otros no tanto.

Algunos opinan que el autor escribió para suplir lo que faltaba en los Sinópticos. Esta teoría requiere que el autor hubiera tenido los Sinópticos en mano cuando escribió, cosa que ha sido ampliamente refutada. Otra teoría, que cae por su propio peso, sostiene que el autor quiso escribir un Evangelio que sobrepasaría a los Sinópticos.

Otros opinan que el propósito principal del autor fue el de refutar el gnosticismo. Uno podría encontrar evidencia para sostener esta teoría, pero se ha comprobado que el gnosticismo, por lo menos como sistema organizado, apareció en el segundo siglo. Habiendo llegado a la conclusión de que el Evangelio fue escrito en una fecha mucho más temprana, esta teoría no se ajusta a los datos conocidos. Lo más que se puede decir es que, sí, existían antes del fin del primer siglo ciertos elementos que figuraron luego en el gnosticismo. Por ejemplo, los docetas negaban la realidad de la encarnación del Cristo eterno, pensando que nada de lo material podría ser divino. El mismo nombre "doceta" proviene del verbo griego *dokeo*[1380] que significa "parecer". Ellos sostenían que el cuerpo de Jesús fue una mera apariencia. La insistencia del autor que se ve en 1:14: "Y el Verbo se hizo carne y habitó entre nosotros...", y más aún en 1 Juan, da la idea de que tenía en mente a este grupo herético. En realidad, el autor cuidadosamente mantiene un fino equilibrio entre la humanidad y la divinidad de Jesús.

Todavía otros han propuesto teorías más alejadas de la realidad del Evangelio. El uso por el autor de la expresión "los judíos" ha dado lugar a la teoría de que el Evangelio se escribió como una polémica contra los judíos incrédulos. El uso de términos como Logos y una serie de expresiones místicas dan lugar a la teoría de que el propósito del autor era el de presentar un cristianismo helenizado que apelara a los intelectuales. Al examinar el texto uno descubre que el Evangelio es el producto más bien de una mente judía, no de una helenista.

Volvemos a lo que dijimos al iniciar esta sección. El propósito dominante, expresado por el mismo autor, se ajusta perfectamente al texto. Esto no quiere decir que no haya habido propósitos secundarios que estaban en la mente del autor.

HISTORIA O TEOLOGÍA

Se ha discutido si el autor del cuarto Evangelio tenía la intención de escribir una historia o una teología. Evidentemente hay historia en el Evangelio y también teología, o sea, la interpretación y el significado de la historia. Como vimos antes, el autor escribió para mostrar que Jesús es el Mesías prometido, el

Cristo, el Hijo de Dios, y para persuadir a todos a creer en él para obtener la vida eterna. No hay duda de este énfasis en el Evangelio, pero algunos opinan que el autor estaba tan enfocado en escribir una teología que no le importaba tanto la veracidad de los hechos y, por ende, no debemos leerlos como si lo fuesen. Por ejemplo, E. L. Titus comenta: "Es natural para la mente moderna, no acostumbrada a los modales de la antigüedad, considerar el material [el Evangelio] como historia. Este concepto ha despistado aun a los mejores de los comentaristas modernos... Si, en cualquier punto, su narrativa provee información sobre el tema, es más por accidente que por intención... La cuestión de la exactitud histórica del medio de comunicación realmente no interesa".

Es obvio que el autor del Evangelio seleccionó los episodios en el ministerio de Jesús para lograr su propósito, dejando de lado muchos otros (ver 20:30), inclusive hechos que para nosotros son muy importantes. Este procedimiento explica, en parte por lo menos, la gran diferencia entre Juan y los Sinópticos. Su propósito intencional era la interpretación de los hechos, o sea, teológico. Pero de allí a afirmar que descuidaba, o no le importaba, la veracidad de los hechos hay un salto enorme que requiere claras evidencias para convencer.

Los que restan valor a los hechos históricos aceptan su veracidad sólo en los casos que pueden ser corroborados por evidencias fuera del Evangelio. Puesto que hay tan poco en el Evangelio que se pueda corroborar por evidencias externas, dichos críticos opinan que debemos estudiarlo sólo como una obra teológica. Este modo de pensar ganó muchos adeptos cuando primero se lanzó, pero con estudios recientes por reconocidos eruditos, p. ej., de C. H. Dodd, es cada vez más difícil defenderlo.

La verdad es que encontramos una notable exactitud en la presentación de muchos detalles en el Evangelio. Nombres de lugares, referencias al tiempo, etc., han sido confirmados. Para fines estrictamente teológicos, no habría necesidad de señalar que tal evento sucedió en tal lugar, en tal tiempo y en tal secuencia, pero el autor los incluyó porque evidentemente él pensaba que así sucedieron. Leon Morris realizó un estudio sobre la manera en que el autor trató a Juan el Bautista en el Evangelio, comparándola con lo que se sabe por los Sinópticos, es decir, que es solo un testigo de Jesucristo, y concluye que el autor fue correcto en todo lo que escribió. Si se puede comprobar que el autor del Evangelio fue veraz en los pocos hechos que podemos corroborar, parece lógico inferir que los demás hechos también son confiables.

El estudio de los Rollos del Mar Muerto viene a nuestra ayuda en esta discusión.

Se ha comprobado que hay muchos puntos de contacto entre el Evangelio de Juan y los Rollos mencionados. W. H. Brownlee, en su estudio de dichos documentos, concluye que "el resultado más sorprendente de todos es la validación del cuarto Evangelio como una fuente auténtica respecto de Juan el Bautista".

Juan, más que los Sinópticos, emplea la palabra "verdad". En su Evangelio hay 22 referencias, mientras que en sus tres epístolas 18 más, haciendo un total de 50 en los escritos de Juan. Los Sinópticos, en cambio, usan el vocablo un total de 6 veces y 55 en el resto del NT, haciendo un total de 61. Con tal énfasis en la verdad, se pregunta: ¿Cómo podría un autor descuidar, ampliar o modificar verdades históricas en su afán de presentar su teología? Concluimos que una obra teológica puede ser, a la vez, una historia digna de toda confianza. Sencillamente no hay evidencia convincente de que Juan haya descuidado la veracidad de los hechos que seleccionó para incluir en su Evangelio.

TRASFONDO HISTÓRICO

Una comprensión del trasfondo del Evangelio es importante para la correcta interpretación del mismo. Al hablar de trasfondo, nos referimos a las influencias del medio ambiente en el propósito y desarrollo del Evangelio. Los distintos conceptos del trasfondo, de parte de los comentaristas, explican en gran medida las distintas interpretaciones del texto. Haremos un repaso breve de siete componentes del trasfondo histórico: el AT, el judaísmo rabínico, Qumrán, el helenismo, el gnosticismo, los samaritanos y la comunidad cristiana.

La influencia más dominante en el pensamiento del autor del Evangelio fue, sin lugar a dudas, el AT. Lo conocía a fondo y lo cita con frecuencia, a veces de la Septuaginta y a veces parece que él mismo traduce del texto hebreo al griego. Hay 14 referencias directas a pasajes del AT (1:23; 2:17; 6:31, 45; 7:38, 42; 10:34; 12:13-15, 38-40; 13:18; 15:25; 19:24, 28, 36, 37). Hull observa que el autor colocaba estas referencias en puntos claves, tejiéndolas en el texto del Evangelio. Pero, aparte de las citas directas, es evidente que sus pensamientos y expresiones están empapados con las enseñanzas del AT. Por ejemplo, es obvio que tales figuras como el buen pastor (cap. 10; ver Sal. 23; 80:1; Isa. 40:11; Eze. 34:23; 37:24) y la vid verdadera (cap. 15; ver Sal. 80:8; Jer. 2:21) provienen del AT. El autor hace destacar las fiestas judías, los "Yo soy" y los títulos mesiánicos, todos éstos arraigados en el AT.

Una segunda influencia de importancia fue el judaísmo rabínico. El judaísmo del primer siglo no era monolítico. Se clasifican por lo menos cuatro corrientes en él: el judaísmo normativo o rabínico; el apocalíptico o místico; el sectario, reflejado en los Rollos de Qumrán; y el helenista. Aunque los escritos rabínicos que tenemos datan del segundo siglo, las enseñanzas de los rabinos estaban circulando durante el primer siglo y éstas sirven como una influencia sobre el autor del Evangelio. Él se concentró en el ministerio público de Jesús en Jerusalén, sede del judaísmo rabínico. La mayoría de los debates fueron con líderes del Sanedrín quienes se empecinaban en mantener las costumbres antiguas en pie (p. ej., 3:1; 7:45-52; 9:28, 29; 11:45-53; ver 5:10-18, 37-47; 7:15-24; 8:13-19; 10:31-38).

Según algunos comentaristas, p. ej., H. Odeberg, el misticismo judío o judaísmo apocalíptico, tenía muchos puntos de contacto con las enseñanzas del Evangelio. Aunque algunos señalan que este Evangelio, en contraste con los Sinópticos, muestra poco interés en el judaísmo apocalíptico, al examinarlo más detenidamente se descubren muchos conceptos apocalípticos. Algunos ejemplos son: "Hijo del Hombre" (1:51; 3:13, 14); "reino" (3:3, 5; 18:36); "juicio" (5:27-29); "aflicción" (16:33); "resurrección" (11:23-26).

Mucho se ha escrito en las últimas décadas sobre la hostilidad entre la comunidad de Juan y el judaísmo institucional, y cómo esta hostilidad tuvo influencia en el Evangelio. Este judaísmo se componía principalmente de los sumo sacerdotes y los fariseos legalistas, los cuales eran fanáticos en mantener las tradiciones de los antiguos. Es de destacar que los saduceos no se mencionan en este Evangelio. La polémica entre Cristo y sus seguidores, por un lado, y el judaísmo institucional, por el otro, no era una entre el cristianismo y todos los judíos. La iglesia primitiva estaba compuesta casi totalmente de judíos, de modo que la polémica era más bien entre judíos cristianos y judíos ortodoxos. De ninguna manera hay base en Juan para los movimientos antisemíticos, a pesar de que algunos han intentado aprovechar el Evangelio de Juan para esos fines. Aun J. A. T. Robinson sostiene que "Juan es el más antijudío de los cuatro Evangelios", pero se aclara que se refiere no a todos los judíos, sino a los identificados con el judaísmo institucional. Borchert concluye su presentación de este aspecto del trasfondo de Juan, diciendo: "El evangelio no es un mensaje acerca del odio hacia los judíos (o contra otro ser humano alguno). No provee en absoluto un apoyo para un holocausto contra los judíos, o una promoción contra otro grupo alguno. Al contrario, es un mensaje que afirma que Dios amó al mundo y dio a su Hijo para salvarlo del pecado (3:16)".

La tercera influencia importante es el judaísmo no-ortodoxo, o sectario, que se refleja en los Rollos de Qumrán. El descubrimiento de estos documentos a partir de 1947 ha arrojado gran luz sobre la interpretación del NT. Se piensa que los que habitaban en esta zona del mar Muerto eran esenios, o tenían un parentesco estrecho con ellos. Esta comunidad tenía un alto concepto, si no reverencia, por las enseñanzas de su líder descrito como el "Maestro de Justicia". Los escritos de esta comunidad tienen más puntos de contacto con el cuarto Evangelio que con cualquier otro libro del NT. Por ejemplo, ambos enfatizan la solidaridad de los hijos de luz y el amor fraternal que los une en su confrontación con los hijos de las tinieblas. Ambos enseñaban un dualismo ético; también, ambos muestran un rechazo a la religión practicada en el templo de Jerusalén y una convicción de que la verdadera adoración se practicaba dentro de su comunidad. Al mencionar la similitud e influencia de estas corrientes con el Evangelio de Juan, queremos enfatizar que también existen muchas y grandes diferencias.

Se discute el grado de influencia que Qumrán haya tenido sobre el cristianismo y, en particular, sobre el Evangelio de Juan. Inmediatamente después del descubrimiento de los documentos, se especulaba que Juan el Bautista era un esenio y que el Evangelio de Juan surgió de ese trasfondo. Ahora, pocos afirman una relación tan estrecha entre Qumrán y el cristianismo primitivo. Borchert opina que tanto Juan como Qumrán dependían del AT para el punto de partida de sus formulaciones teológicas y que ambos comparten una herencia común de Dios como el poder expresado en la creación y sostenimiento del universo.

Muchos comentaristas opinan que el Evangelio fue influenciado por el helenismo del primer siglo. Esta influencia se ve en el prólogo de Juan, especial-

mente en la referencia del Logos (verbo), concepto usado por los filósofos griegos. Sin embargo, cabe señalar que Juan emplea el término en una manera muy
distinta a la de los griegos. El hecho de que el autor del Evangelio se tomaba el
tiempo para explicar el significado de ciertos términos conocidos muy bien entre
los judíos, p. ej., "rabí" (1:38), indica que escribía también para otros, y éstos
serían griegos. Algunos escritores encuentran ciertas afinidades entre Juan y los
escritos de Filón (aprox. 20 a. de J.C.-aprox. 50 d. de J.C.), el cual tuvo mucha
influencia en el judaísmo helenista.

Bultmann y otros han procurado descubrir influencias del gnosticismo en el
Evangelio de Juan, especialmente en el concepto del mito gnóstico de un redentor. Pero varios han demostrado que ese mito probablemente surgió por influencia del cristianismo y no a la inversa. Es lógica esta refutación porque el
gnosticismo, como ya hemos señalado, surgió en el segundo siglo, muchos años
después de la composición de Juan.

No hay consenso en cuanto a la influencia de los samaritanos, o el grado de
ella, sobre el Evangelio de Juan. Es un estudio que sólo en las últimas décadas
ha logrado la atención de los eruditos del NT. Algunos piensan que la inclusión
en el Evangelio del diálogo de Jesús con la mujer samaritana, y la resultante
confesión de algunos habitantes de esa zona, diciendo de Jesús que era el Cristo
(4:7-42), tenía el propósito de subrayar la importancia del contacto de estos
con la comunidad cristiana. Hechos 8:4-25 es otro pasaje que marca, en una
fecha temprana, el contacto del evangelio con los samaritanos y la conversión de
gran número de ellos. E. D. Freed opina, inclusive, que Juan escribió su Evangelio como para apelar a los samaritanos tanto como a los judíos, en la esperanza de ganar adeptos de ambos grupos.

Raymond Brown sugiere que los creyentes judíos antitemplo lograron, en un
período muy temprano, la conversión de un grupo de samaritanos y que la entrada de estos dos grupos en la comunidad juanina ejerció en ella una influencia
en su teología. George Beasley-Murray concuerda con Brown, agregando que
los Sinópticos, en contraste con Juan, dan poca atención a los samaritanos. Él
examina la influencia de la "religión samaritana", especialmente su concepto de
Moisés, sobre el cristianismo. Beasley-Murray termina su exposición del tema,
diciendo: "Parece que los samaritanos constituyen una de las fuentes que alimentó los recursos juaninos, ciertamente una que ha sido descuidada, pero no
por eso su influencia debe ser magnificada en forma desmedida". Así que, si
hubo una influencia samaritana en el autor del Evangelio, parece que habrá sido
limitada.

Finalmente, la influencia de la comunidad cristiana en el Evangelio de Juan es
de suma importancia. Las enseñanzas fundamentales de Juan coinciden perfectamente con las de la iglesia primitiva. Su retrato de Cristo tiene un enfoque
distinto que el de los Sinópticos, pero es el mismo Cristo. Si bien el autor del
Evangelio no dependía de los Sinópticos, ni de los escritos de Pablo, las enseñanzas en estas obras estaban circulando antes de su composición y deben considerarse como parte del trasfondo del Evangelio. El factor unificador en los
escritos paulinos y los cuatro Evangelios es la persona de Jesucristo. En esto
concuerdan.

León Morris concluye, diciendo: "Juan es un documento cristiano auténtico y, para que sea apreciado debidamente su significado, debe verse en compañía con los otros escritos cristianos, los demás libros del NT".

RELACIÓN DE JUAN CON LOS SINÓPTICOS

Tradicionalmente, se ha considerado que Juan fue escrito en la última década del primer siglo y después de los otros tres Evangelios. Siendo así, se pensaba que Juan había usado a los otros tres en la composición de su Evangelio. Corroborando este concepto, hay varios episodios en los cuales el lenguaje de Juan se compara favorablemente con el de los Sinópticos; p. ej., el ungimiento de Jesús en Betania y partes del ministerio de Juan el Bautista. Como hemos visto, algunos inclusive opinan que el Evangelio de Juan fue escrito para complementar, corregir o suplantar a los Sinópticos.

C. K. Barrett ha desarrollado el argumento más convincente de que Juan tenía, por lo menos, el Evangelio de Marcos a mano y se apoyaba en él. Señaló dos evidencias interesantes: el orden y el lenguaje de varios episodios de Juan que coinciden con los de Marcos. Sin embargo, varios comentaristas han demostrado que, al examinar cuidadosamente la evidencia, ni el orden, ni el lenguaje prueban claramente una dependencia.

Un argumento importante a favor de la independencia de Juan es que los Sinópticos presentan el ministerio de Jesús casi exclusivamente en Galilea y los alrededores, mientras que Juan describe su ministerio casi totalmente en Judea. Graham Stanton observa, entre varios argumentos a favor de la independencia de Juan, que éste es más unido que los Sinópticos, como una túnica sin costura. Este autor admite que hay algunas similitudes entre Juan y los Sinópticos, pero se las puede explicar si entendemos que Juan habría usado las mismas tradiciones orales.

Hasta la mitad del siglo XIX, el concepto dominante era que Juan conocía y utilizaba por lo menos el Evangelio de Marcos, y quizás el de Lucas también. Desde esa fecha, sin embargo, este concepto ha venido cediendo terreno al de la independencia de Juan. Morris, p. ej., presenta una larga lista de eruditos quienes concuerdan con la independencia de Juan en relación con los Sinópticos. Varios, sin embargo, siguen insistiendo en que el autor conocía la tradición oral que produjo uno o más de los Sinópticos.

DISLOCACIONES

Una de las características del Evangelio de Juan es el salto abrupto de un lugar a otro muy distante y la secuencia de eventos que parece fuera de orden lógico. Este fenómeno ha dado lugar a varios intentos de reordenar eventos e inclusive capítulos. El caso más notable es la aparente inversión de los caps. 5 y 6. El cap. 5 describe el ministerio de Jesús en Jerusalén donde sanó al paralítico en el estanque de Betesda en el día sábado, lo cual trajo una reacción de los líderes y dio lugar a un discurso de Jesús sobre su autoridad. El cap. 6 comienza así: "Después de esto fue Jesús a la otra orilla del mar de Galilea, o sea de Tiberias...". Esta frase parece ser la continuación del cap. 4, el cual termina así:

"También hizo Jesús esta segunda señal cuando vino de Judea a Galilea". Más todavía, parece que el cap. 7 sigue naturalmente al cap. 5, pues éste termina con Jesús en Judea, amenazado por los judíos por haber sanado al paralítico en día sábado, y el cap. 7 comienza diciendo: "Después de esto, andaba Jesús por Galilea. No quería andar por Judea, porque los judíos le buscaban para matarlo".

Se ha llamado la atención a la cantidad de enseñanza de Jesús entre 14:31 ("Levantaos. ¡Vamos de aquí!"), cuando salen del aposento alto, y la oración sacerdotal en el cap. 17. Algunos ubicarían 14:31 cerca del fin del cap. 16. Bernard encuentra todavía otros problemas en el arreglo de los últimos capítulos y sugiere el siguiente orden: 13:1-30; 15; 16; 13:31-38; 14; 17. Se ha sugerido que quizás el Evangelio fue escrito en hojas sueltas y cuando se juntaron se creó este aparente problema de dislocación. Sin embargo, no hay evidencia alguna de que los manuscritos originales fueran escritos en hojas sueltas. Por el contrario, todo indica que fueron escritos en rollos, lo cual haría imposible una dislocación.

Otros estudios han señalado que, al reordenar la secuencia de los eventos y capítulos, se crean más problemas de los que se resuelven. Varios escritores de los últimos 50 años, como, p. ej., C. K. Barrett, C. H. Dodd, R. H. Lightfoot y C. J. Wright, concluyen en que debemos dejar el orden tal cual está. Además, Wright agrega que, si intentamos hacer conformar un libro a nuestras propias normas, corremos el peligro de dejar de entender los propósitos y modo de pensar del autor.

FUENTES

Hay varias teorías en cuanto a la fuente, o fuentes, que el autor del Evangelio de Juan utilizó. Mencionaremos tres de éstas. Una teoría que fue popular en años pasados, pero ya ha perdido mucho de su fuerza, afirma que el autor utilizó material de los Sinópticos. Ya hemos descartado más arriba esa teoría, optando por una fecha para la composición de Juan que es más o menos contemporánea con la de los Sinópticos.

Algunos escritores razonan, basados en 20:30, 31, que el escrito original terminó con el cap. 20 y que el cap. 21 es el trabajo de otro redactor. Si esta teoría es correcta, entonces es posible que el que escribió el cap. 21 podría haber hecho otros arreglos en el manuscrito, quitando, agregando o modificando, tal como lo hace un editor. Por ejemplo, R. H. Strachan elaboró y defendió esta teoría por algunos años, pero al fin llegó a la conclusión de que todo su esfuerzo no lo había llevado a ningún fin positivo. Por lo tanto, abandonó el proyecto.

Quizás Rudolf Bultmann ha sido el más radical de los críticos en cuanto a las fuentes de Juan. Este comentarista encuentra lo que a él le parecen por lo menos tres fuentes distintas: una fuente para las señales, otra para los discursos y todavía otra para las revelaciones. Además de estas fuentes, Bultmann encuentra evidencia de un redactor que tomó el manuscrito original y lo modificó para sus propios fines.

Considerando el valor relativo de estas teorías, no debemos olvidar que el estilo y lenguaje del Evangelio es uniforme de principio a fin, indicando un solo autor. Este hecho nos lleva a la conclusión de que, si se utilizaron fuentes, el autor del Evangelio las dirigió y las expresó en su propio estilo y vocabulario. Si es así el caso, el autor adaptó tan bien las fuentes que ahora es imposible distinguirlas. Más convincente aún, si aceptamos que el apóstol Juan es el autor, es que él mismo fue testigo ocular de prácticamente todos los eventos que incluye en su obra. No negamos que Juan haya utilizado una o más fuentes en la composición del Evangelio, pero en tal caso él estaba en una posición de ajustarlas a lo que él mismo sabía por experiencia propia.

LUGAR DE COMPOSICIÓN

El texto del Evangelio de Juan no hace mención de ningún lugar de composición, ni en forma explícita ni implícita. Sin embargo, han surgido tres tradiciones, cada una con argumentos interesantes.

El lugar tradicional para la composición del Evangelio es Éfeso, donde aparentemente el apóstol Juan fue pastor durante varios años. Esta tradición se basa en una cita de Ireneo: "Después Juan, el discípulo del Señor, quien también se reclinó sobre su pecho, él mismo publicó un Evangelio durante su residencia en Éfeso de Asia". Ireneo (aprox. 130-aprox. 200 d. de J.C.) nació en Asia Menor y fue ordenado y sirvió como obispo en Lyon, lo que ahora es Francia. Lo que da valor a esta cita es que Ireneo tuvo contacto personal con Policarpo (aprox. 69-aprox. 155), quien conocía personalmente al apóstol Juan. Corroborando esta tradición está el hecho de que Éfeso estaba cerca de Frigia, el centro del movimiento montanista, un grupo apocalíptico que utilizó el Evangelio de Juan en una fecha temprana. Una característica del Evangelio es que insistió en un rol menor que Juan el Bautista jugó en el ministerio de Jesús. Sabemos, basados en Hechos 19:1-7, que discípulos de Juan el Bautista continuaron en Éfeso durante muchos años y bien puede ser que este hecho explica la insistencia mencionada en un rol menor del Bautista.

Otro lugar de composición del Evangelio que ha sido mencionado y defendido es la ciudad de Antioquía de Siria. Se señala la coincidencia del lenguaje de Juan con el de los escritos de Ignacio (aprox. 35-aprox. 107), obispo de Antioquía. Otra evidencia de este sitio como lugar de composición del Evangelio puede ser el hecho de que el primer comentario ortodoxo de Juan fue compuesto en Antioquía de Siria por Teófilo, en el segundo siglo.

Todavía otros apuntan a Alejandría de Egipto como el lugar de composición. El argumento más fuerte de esta posición es que el manuscrito más antiguo del Evangelio se encontró justamente en Egipto. También, la aparente similitud del Evangelio con el método alegórico, considerado característico de Egipto, da cierto apoyo a esta tradición. Finalmente, a favor de Alejandría como sitio de composición es que Egipto fue el centro del gnosticismo incipiente. Los gnósticos, como señalamos arriba, utilizaron ampliamente el Evangelio de Juan, quizás en parte porque estaba a su alcance en una fecha temprana.

Después de considerar el peso de los argumentos a favor de estas tradiciones, el que escribe opta por la primera, es decir, que el Evangelio fue compuesto en Éfeso de Asia Menor.

BOSQUEJO DE JUAN

I. PRÓLOGO, 1:1-18

    1. El Verbo y su relación con Dios, 1:1, 2
    2. El Verbo y su relación con la creación, 1:3-5
    3. El Verbo y su relación con Juan el Bautista, 1:6-8
    4. El Verbo y su relación con el mundo, 1:9-13
    5. El Verbo y su encarnación, 1:14-18

II. EL TESTIMONIO DE LOS HOMBRES, 1:19-51

    1. El testimonio de Juan el Bautista, 1:19-34
      (1) Juan el Bautista y los fariseos, 1:19-28
      (2) Juan el Bautista y Jesús, 1:29-34
    2. El testimonio de los primeros discípulos, 1:35-51
      (1) Andrés y Pedro, 1:35-42
      (2) Felipe y Natanael, 1:43-51

III. LAS SEÑALES Y LOS DISCURSOS PÚBLICOS DE CRISTO, 2:1—12:50

    1. La primera señal: el agua hecha vino, 2:1-11
    2. La visita a Capernaúm, 2:12
    3. La limpieza del templo y la reacción, 2:13-17
    4. La destrucción y el levantamiento del templo, 2:18-22
    5. Jesús y los hombres, 2:23-25
    6. El primer discurso: el nuevo nacimiento, 3:1-36
      (1) El nuevo nacimiento, 3:1-15
      (2) Reflexiones de Juan, 3:16-21
      (3) Jesús y Juan el Bautista, 3:22-36
        a. Una pregunta acerca de la purificación, 3:22-26
        b. La respuesta de Juan el Bautista, 3:27-30
        c. Reflexiones de Juan, 3:31-36
    7. El segundo discurso: el agua de la vida, 4:1-45
      (1) Jesús sale de Judea para Galilea, 4:1-3
      (2) Agua viva, 4:4-14
      (3) La samaritana y sus esposos, 4:15-19
      (4) La samaritana y la verdadera adoración, 4:20-26
      (5) El testimonio de la samaritana, 4:27-30
      (6) Los campos blancos para la siega, 4:31-38
      (7) Los creyentes de Samaria, 4:39-42
      (8) Interludio en Galilea, 4:43-45
    8. La segunda señal: la sanidad del hijo del oficial del rey, 4:46-54
    9. La tercera señal: la sanidad del paralítico de Betesda, 5:1-18

(4) El rechazo final de los judíos, 10:22-42
    a. La unidad del Padre y el Hijo, 10:22-30
    b. Jesús responde a la acusación de blasfemia, 10:31-39
    c. El retiro de Jesús más allá del Jordán, 10:40-42
19. La séptima señal: la resucitación de Lázaro, 11:1-57
    (1) La muerte de Lázaro, 11:1-16
    (2) Jesús recibido por Marta y María, 11:17-32
    (3) Jesús llama a Lázaro de la tumba, 11:33-44
    (4) La reacción dividida de la gente, 11:45-57
20. El cierre del ministerio público, 12:1-50
    (1) Jesús es ungido en Betania, 12:1-8
    (2) La entrada triunfal en Jerusalén, 12:9-19
    (3) Los griegos buscan a Jesús, 12:20-36a
    (4) El testimonio de la profecía acerca de Jesús, 12:36b-43
    (5) Una exhortación a creer, 12:44-50

IV. LOS DISCURSOS DE DESPEDIDA, 13:1—17:26

1. Dos acciones sorprendentes, 13:1-30
    (1) Jesús lava los pies de los discípulos, 13:1-20
    (2) Jesús anuncia la traición de Judas, 13:21-30
2. Las preguntas de los discípulos, 13:31—14:31
    (1) El mandamiento del amor, 13:31-35
    (2) La profecía de la negación, 13:36-38
    (3) Jesús: el camino al Padre, 14:1-7
    (4) El Padre y el Hijo, 14:8-14
    (5) Jesús promete enviar al Espíritu, 14:15-31
3. Jesús: la vid verdadera, 15:1-17
4. Los discípulos en el mundo hostil, 15:18-25
    (1) Sufriendo por causa de Cristo, 15:18-21
    (2) La presencia de Cristo revela el pecado del hombre, 15:22-25
5. La obra del Espíritu Santo, 15:26—16:15
    (1) El testimonio del Espíritu Santo, 15:26, 27
    (2) La advertencia de persecuciones, 16:1-4a
    (3) El ministerio del Espíritu Santo, 16:4b-15
6. Algunas dificultades resueltas, 16:16-33
    (1) La perplejidad de los discípulos, 16:16-18
    (2) El gozo de los discípulos, 16:19-24
    (3) La fe de los discípulos, 16:25-30
    (4) La paz de los discípulos, 16:31-33
7. La oración sacerdotal de Jesús, 17:1-26
    (1) Jesús ora por la glorificación del Hijo de Dios, 17:1-5
    (2) Jesús ora por los discípulos, 17:6-19
    (3) Jesús ora por los que han de creer en el futuro, 17:20-26

V. LA CRUCIFIXIÓN, 18:1—19:42

1. El arresto de Jesús, 18:1-12
2. El juicio por los judíos y las negaciones, 18:13-27
   (1) Jesús juzgado por Anás, 18:13, 14
   (2) La primera negación de Pedro, 18:15-18
   (3) Jesús examinado ante Anás y Caifás, 18:19-24
   (4) La segunda y tercera negaciones de Pedro, 18:25-27
3. El juicio romano, 18:28—19:16
   (1) Jesús es entregado a Pilato, 18:28-32
   (2) Jesús examinado por Pilato, 18:33-40
   (3) Pilato presenta a Jesús ante la multitud, 19:1-6a
   (4) La decisión final de Pilato, 19:6b-16a
4. La crucifixión de Jesús, 19:16b-42
   (1) Jesús colgado en la cruz, 19:16b-22
   (2) La vestimenta de Jesús repartida, 19:23, 24
   (3) Jesús encomienda a María a Juan, 19:25-27
   (4) La muerte de Jesús, 19:28-30
   (5) El costado de Jesús abierto con una lanza, 19:31-37
   (6) Jesús es sepultado, 19:38-42

VI. LA RESURRECCIÓN, 20:1-29

1. La tumba vacía, 20:1-10
2. Las apariciones, 20:11-29
   (1) La aparición a María, 20:11-18
   (2) La aparición a los diez discípulos, 20:19-23
   (3) La aparición a Tomás, 20:24-29

VII. EL PROPÓSITO DEL EVANGELIO, 20:30, 31

VIII. EPÍLOGO, 21:1-25
1. La pesca milagrosa, 21:1-14
2. La restauración de Pedro, 21:15-19
3. Jesús y el discípulo amado, 21:20-23
4. La autenticación del Evangelio, 21:24, 25

AYUDAS SUPLEMENTARIAS

Barclay, William. *El Nuevo Testamento Comentado*, tomos 5 y 6. Buenos Aires: Editorial La Aurora, 1973.

Borchert, Gerald L. *The New American Commentary: An Exegetical and Theological Exposition of Holy Scripture. John 1-11.* Vol. 25A. Nashville: Broadman & Holman Publishers, 1996.

Brown, Raymond E. *El Evangelio Según Juan I-XII.* Trad. por J. Valiente Malla. Madrid: Ediciones Cristiandad, 1979.

Brown, Raymond E. *El Evangelio Según Juan XIII-XXI.* Trad. por J. Valiente Malla. Madrid: Ediciones Cristiandad, 1978.

Culpepper, R. Alan. *The Gospel and Letters of John.* Nashville: Abingdon Press, 1998.

Dodd, C. H. *Interpretación del Cuarto Evangelio.* Trad. por J. Alonso Asenjo. Madrid: Ediciones Cristiandad, 1978.

Dodd, C. H. *La Tradición Histórica en el Cuarto Evangelio.* Trad. por J. Luis Zubizarreta. Madrid: Ediciones Cristiandad, 1978.

Dods, Marcus. *The Gospel of St. John: The Expositor's Greek Testament, Vol. I.* Grand Rapids: Wm. B. Eerdmans Publishing Company, n. d.

Gossip, Arthur John, and Howard, Wilbert F. *The Gospel According to St. John: The Interpreter's Bible, Vol. VIII.* New York & Nashville: Abingdon Press, 1952.

Guthrie, Donald. "El Evangelio de Juan". *Nuevo Comentario Bíblico: Siglo Veintiuno.* Trad. por varios. El Paso, Texas: Casa Bautista de Publicaciones, 1999.

Harrison, Everett. *Introducción al Nuevo Testamento.* Trad. por Norberto Wolf. Grand Rapids: William B. Eerdmans Publishing Company, 1987.

Hester, H. I. *Introducción al Estudio del Nuevo Testamento.* Trad. por Félix Benlliure. El Paso: Casa Bautista de Publicaciones, 1974.

Mateos, Juan, y Barreto, Juan. *El Evangelio de Juan: Análisis Lingüístico y Comentario Exegético.* Segunda edición. Madrid: Ediciones Cristiandad, 1982.

Meyer, F. B. *Amor Hasta Lo Sumo: Exposiciones de Juan XIII-XXI.* Trad. Sara A. Hale. El Paso: Casa Bautista de Publicaciones, s.f.

Morris, Leon. *The Gospel According to John: The New International Commentary of the New Testament.* Grand Rapids: Wm. B. Eerdmans Publishing Co., 1971.

Tasker, R. V. G. St. John: *An Introduction and Commentary: Tyndale New Testament Commentaries.* Grand Rapids: Wm. B. Eerdmans Publishing Company, 1960.

Witherington, Ben III. *John's Wisdom: A Commentary on the Fourth Gospel.* Louisville, Kentucky: Westminster John Knox Press, 1995.

JUAN
TEXTO, EXPOSICIÓN Y AYUDAS PRÁCTICAS

I. PRÓLOGO, 1:1-18

El tema central en esta primera sección, llamada comúnmente "Prólogo", es la encarnación del eterno Hijo de Dios. Describe la introducción de Jesús, el Verbo eterno de Dios, en la esfera de la humanidad. No obstante la aparente sencillez de las expresiones, constituye una de las declaraciones teológicas más profundas y complejas en la Biblia. Ha habido intentos de arreglar el Prólogo en forma poética, pero no hay consenso en ese tipo de arreglo. C. K. Barrett clasifica el texto como prosa poética. Como veremos, casi cada palabra del Prólogo está cargada de un enorme contenido de significado, demandando un cuidadoso estudio para evitar el riesgo de omitir algo de su profunda riqueza.

De entrada vemos un enfoque de la encarnación muy distinto del de los Sinópticos, lo cual constituye una de las muchas indicaciones de la independencia de Juan. Este autor no comienza con la narración del testimonio de Juan el Bautista, como Marcos, ni con la narración del nacimiento del Bautista y Jesús, como lo hace Lucas. Tampoco regresa en su genealogía de Jesús hasta Abraham, como Mateo, ni hasta la creación de Adán, como Lucas. En cambio, Juan retrocedió hasta el comienzo del tiempo (1:1), antes de la creación del universo material, hasta Dios mismo.

Los que rechazan la unidad del Evangelio, o que afirman un desarrollo por etapas en la redacción, sugieren que esta sección no es parte del texto original. Sin embargo, cabe perfectamente como introducción y concuerda en vocabulario y gramática con el resto del Evangelio. Además, los conceptos aquí presentados se desarrollan y se amplían en el resto del manuscrito: p. ej., la excelencia de Cristo como el Verbo de Dios, el irreconciliable conflicto entre la luz y las tinieblas y el testimonio de Juan el Bautista referente al Cristo encarnado. Varios comentaristas ven en estos versículos un resumen de todo el contenido del libro y, en un sentido, todo el resto del libro tiene el propósito de comprobar la veracidad de las afirmaciones del Prólogo.

Lo que inmediatamente llama la atención del lector es el uso del término "Verbo" (gr. *Logos*[3056]) que se aplica al Cristo eterno. Con dos excepciones (ver 1 Jn. 1:1, Apoc. 19:13), aparte del Prólogo, el término no se encuentra en el NT. No obstante, el concepto que el término expresa corre a través del Evangelio como un hilo dorado y sirve como llave para interpretar sus enseñanzas. Nótese especialmente las distintas relaciones del Verbo en cada una de las cinco subdivisiones del Prólogo.

1. El Verbo y su relación con Dios, 1:1, 2

El primer versículo del Evangelio presenta tres afirmaciones que constituyen la base de la teología cristiana: el Verbo existía antes del comienzo de la creación; el Verbo mantiene una relación íntima con Dios; y el Verbo es divino.

En el principio es casi seguro un reflejo de Génesis 1:1. Esta expresión es el título del primer libro de la Biblia hebrea, de modo que sería conocida ampliamente entre los israelitas. Juan está describiendo un nuevo comienzo, una nueva creación. Si Génesis registra la primera creación de Dios, este primer versículo describe la nueva creación de Dios. En ambas ocasiones, el agente de la obra creadora no es

El Verbo se hizo carne

1 En el principio era el Verbo*, y el Verbo era con Dios, y el Verbo era Dios. **2** Él era en el principio con Dios. **3** Todas las cosas fueron hechas por medio de él, y sin él no fue hecho nada de lo que ha sido hecho*. **4** En él

---

*1:1 O: *la Palabra*
*1:3 Otra trad., *y sin él no fue hecho nada. Lo que ha sido hecho* [4]en él era vida, y la vida era...

---

un ser subordinado, sino el mismo Verbo de Dios. El término *el principio*, según William Temple, combina dos significados: nunca existió un tiempo cuando el Verbo no era y nunca existió una cosa que no dependía de él para su existencia.

El vocablo *era*, del tiempo imperfecto del verbo griego *eimi*[1510], significa naturalmente acción continua, es decir, el ser eterno del Verbo. Una traducción que capta esta acción sería: "el Verbo estaba siendo continuamente". Al decir *el Verbo era* nos hace recordar el nombre con que Dios se reveló a Moisés: "YO SOY EL QUE SOY" (Éxo. 3:14), y los "Yo soy" de Jesús en Juan. El autor estaba aclarando enfáticamente que el Verbo era antes de la creación y, por ende, el Verbo no fue creado. Nótese la frecuencia del verbo *era* a través del prólogo (1:1a, b, c, 2, 4, 8, 9, 15). En contraste, el autor se cuida de no usar el verbo griego *ginomai*[1096] (ver "fueron hechas", 1:3; "fue hecho", 1:3; "hubo", 1:6; "fue hecho", 1:10; etc., indicando un comienzo en tiempo y espacio) en relación con Jesús.

El término *Verbo* (gr., *Logos*[3056]) señala la verdad de que, por su misma naturaleza, Dios se revela. El verbo, o palabra, es el medio por el cual el hombre revela, o expresa, sus pensamientos y voluntad. No es mera información estática acerca de Dios. Es la Palabra dinámica y creativa de Dios; p. ej.: "Entonces dijo Dios [expresó su voluntad]: 'sea la luz', y fue la luz" (Gén. 1:3). Los eruditos han luchado durante siglos, procurando llegar a un consenso en cuanto a su significado en este contexto.

Morris presenta un desarrollo histórico de *logos*, indicando su significado para los griegos clásicos, para Filón y para los hebreos del AT. Entre los griegos, *Logos* solía significar el pensamiento o razonamiento del hombre. Como término filosófico, se refería al alma del universo, o al principio racional del universo. Todo lo existente provenía del *Logos*. Para el filósofo griego Heráclito, en el siglo VI a. de J.C., *Logos*, fuego y dios eran esencialmente lo mismo, es decir, la realidad última. Platón menciona el *Logos* muy poco, pues su preocupación era la distinción entre el mundo material y el verdadero, el celestial de "ideas". Los estoicos, en cambio, consideraban el *Logos* como la Razón eterna, una fuerza impersonal, como el supremo principio del universo. El filósofo judío Filón intentó sintetizar el pensamiento griego con el judío y empleó el término *Logos* para expresar el medio que Dios utilizó para crear y gobernar el universo. Sin embargo, ese "medio" no era divino, y era la primera cosa creada por Dios.

Cuando Juan utilizó el término *Logos*, sin embargo, tenía en mente un concepto muy distinto al griego y al de Filón. En vez de una fuerza impersonal, o un principio abstracto y alejado de la situación humana, Juan utiliza el término en un sentido muy personal, de un Dios que ama, se compadece y se identifica con los seres humanos, tomando sobre sí su naturaleza, y sufriendo una muerte vergonzosa con el fin de proveer un medio para la reconciliación del hombre con su Creador. A pesar de este significado tan evidente, C. H. Dodd insiste en que Juan fue influenciado tanto por Filón, y su modificación del concepto estoico, como por la literatura judía de sabiduría y por el AT, en su uso de *Logos*. Morris se diferencia de Dodd, diciendo: "El pensamiento de Juan es suyo propio. Utiliza un término cargado de sig-

estaba la vida, y la vida era la luz de los hombres. **5** La luz resplandece en las tinieblas, y las tinieblas no la vencieron.

---

nificado para personas de cualquier formación... Su idea del *Logos* es esencialmente nueva".

Así, en la primera afirmación en su Evangelio, Juan insiste en la primera columna fundamental de la cristología: el *Logos* existió antes de la creación y, por lo tanto, no fue creado él mismo. Borchert lo expresa así: "Lógicamente para Juan el ser esencial (ontológico) del *Logos* precedió la acción del *Logos* en tiempo y espacio".

> **"Existía la Palabra"**
> 1:1
>
> "Desde tiempos de Crisóstomo, los comentaristas han reconocido que el 'era' de Juan 1:1, tiene distintas connotaciones cada una de las tres veces que se usa: existencia, relación y predicación, respectivamente. 'La Palabra existía' tiene afinidad con el 'yo soy' de las afirmaciones de Jesús en el cuerpo del evangelio. No cabe especulación alguna acerca de cómo accedió al existir la Palabra: la Palabra simplemente existía" (Raymond Brown).

Y el Verbo era con Dios establece la segunda columna fundamental de la cristología. La preposición griega *pros*[4314], traducido "con", enfoca la relación entre el *Logos* y Dios, indicando a la vez la distinción entre dos seres y la interacción recíproca entre sí. La misma preposición lleva la idea de movimiento hacia otro objeto o persona. Una traducción sería "cara a cara con Dios" y de allí la idea de intercambio recíproco, de proximidad, de intimidad y probablemente también de igualdad.

Y el Verbo era Dios nos lleva al punto más elevado en la cristología bíblica. Morris bien comenta: "Nada más elevado podría decirse. Todo lo que se puede decir acerca de Dios puede decirse apropiadamente acerca del Verbo". Varias versiones lo traducen: "Y el Verbo era divino". Los Testigos de Jehovah confunden a muchos creyentes, insistiendo que la traducción correcta es: "Y el Verbo era un dios". Al hacer esto, rebajan a Jesús a un nivel inferior a Dios, Padre, restándole su plena deidad. El que escribe, sirviendo como misionero en América Latina, ha tenido que refutar infinidad de veces esta herejía. El argumento de ellos es que el texto griego lleva el artículo particular ante "Verbo" pero omite el artículo ante "Dios" y, según ellos, cuando falta el artículo particular es necesario suplir un artículo indeterminado. Tal regla puede existir en la gramática de algún otro idioma, pero de ninguna manera es así en el griego. Es tan importante, que mi profesor de griego siempre pedía esta regla en el examen oral del doctorado. La regla reza así: "Algunas veces con un nombre el cual el contexto prueba ser definido, el artículo no se usa. Esto da énfasis sobre el aspecto cualitativo del nombre más bien que su simple identidad" (*Manual de Gramática del Nuevo Testamento Griego*, Dana y Mantey, trad. por Robleto y Clark, El Paso: Casa Bautista de Publicaciones, p. 144). Esta regla autoriza la traducción "Y el Verbo era divino" o de la naturaleza de Dios.

Debemos tener cuidado de no salir con la idea de que el Verbo meramente tiene algunos atributos de Dios. Beasley-Murray ha llamado la atención al hecho de que el griego tiene otro término que lleva esa idea. Por ejemplo, Pedro emplea este término (*theios*[2304], 2 Ped. 1:4) al referirse a los creyentes que participan en la "naturaleza divina". Lo que Juan afirma en esta expresión es que el Verbo participa en toda la realidad llamada Dios. Borchet comenta: "Ese Verbo era verdadera deidad y Juan quería que no hubiera ninguna duda al respecto".

Él era en el principio con Dios es una repetición de dos de las afirmaciones del versículo anterior, dando aún más énfasis. Se recalcan la eternidad del Verbo y esa íntima relación entre el Verbo y Dios Padre. Además, se subraya la perfecta unidad entre las dos personas de la Trinidad.

2. El Verbo y su relación con la creación, 1:3-5

Es natural que Juan haya presentado la relación del Verbo con Dios primero, e inmediatamente su relación con la creación. La primera acción de Dios, como autorrevelación, o autocomunicación, fue la creación, luego la salvación. Veremos que hay una estrecha relación en el NT entre las dos acciones.

El verbo griego *ginomai*[1096], usado en el v. 3 en el tiempo aoristo, *egeneto*, significa lit. "llegó a ser" o "llegó a existir". El verbo griego aoristo, o pretérito indefinido, concibe la creación en su totalidad como un solo acto. *Todas las cosas* se refiere a todas las realidades existentes, excepto por supuesto Dios mismo. Borchet piensa que, aunque no se mencionan específicamente aquí, estas realidades podrían incluir a los ángeles. Nótese el contraste en la acción del mismo verbo, usado al fin del v. 3, pero en el tiempo perfecto, *ha sido hecho*, indicando la existencia continuada de las cosas creadas.

Por medio de él se refiere al *Verbo* como el agente en el proceso de la creación de todas las cosas. Se usa la preposición "por" (*dia*[1223]), al referirse al Verbo, dejando lugar al Padre como fuente (*ek*[1537]) de la creación. Esta distinción en la función del Padre y el Verbo en la creación se mantiene claramente en 1 Corintios 8:6 (ver Heb. 1:2). El Padre creó todas las cosas por medio del Hijo, como agente. Sin embargo, donde se presenta la creación como obra realizada juntamente por el Padre y el Hijo, ambas preposiciones se usan al referirse al Hijo (ver Rom. 11:36; Col. 1:16).

Y sin él no fue hecho nada es una manera de recalcar lo dicho anteriormente en la forma más categórica. Algunos han intentado captar este énfasis así: "y sin él no fue hecho ni una sola cosa" o "no fue hecho nada en absoluto". Algunos comentaristas piensan ver en esta declaración una refutación del gnosticismo. Este movimiento consideraba que todo lo material era esencialmente malo y por lo tanto

no podría haber sido hecho por Dios. Hablaban de las emanaciones de Dios, algo como dioses inferiores, y que uno de éstos, ignorando la naturaleza mala de lo material, fue responsable por su creación. El problema de este argumento es que el gnosticismo no apareció como sistema de pensamiento sino hasta mediados del segundo siglo y hay un consenso de que la fecha de redacción de Juan fue mucho antes. Algunos piensan, aún admitiendo que no haya existido el gnosticismo en el tiempo de Juan, que igual habría habido corrientes con estos pensamientos que Juan estaba refutando, es decir, una especie de gnosticismo incipiente. En todo caso, Juan está afirmando en la manera más categórica que Dios mismo, por medio de su Hijo, es responsable por la creación de todo lo que existe.

Lo que ha sido hecho es una expresión que ha despertado mucha controversia. El lector debe recordar que en el texto original del NT y en las copias más antiguas del texto no existían signos de puntuación, ni división de versículos. Este hecho ha dado lugar a distintas opiniones en cuanto al arreglo del texto. Aquí tenemos un caso concreto en que los grandes eruditos del griego no han llegado a un consenso. Esta última parte del v. 3, según el último texto griego aprobado por las Sociedades Bíblicas Unidas, basado en el análisis de los mejores manuscritos disponibles, se ubica en el v. 4. Corroborando este arreglo del texto está el caso gramatical de *lo que ha sido hecho*. Si se ubica con el v. 3, esperaríamos encontrar un caso gramatical genitivo, pero está en el caso nominativo, creando una situación anormal. Si se ubica en el v. 4, el caso nominativo encuadra perfectamente. Además, los manuscritos más antiguos que tienen puntuación ubican la última parte del v. 3 en el v. 4. Westcott, Raymond Brown, Beasley-Murray y muchos optan por esta solución. Futuras versiones probablemente seguirán el arreglo en el último texto griego, ubicando esta expresión en el v. 4.

A pesar de lo antedicho, la RVA, Morris y

muchos otros optan por dejar la expresión en el v. 3. Una razón para dejarla allí es que el verbo ha sido hecho, del griego *ginomai*[1096], corresponde más lógicamente con la creación que con lo que sigue, mientras era, del griego *eimi*[1510], concuerda más con el Verbo. Otra razón es que cuando se ubica en el v. 4 se lee lit. así: "lo que ha sido hecho en él vida era", lo cual crea grandes dificultades para armonizar con el resto del Evangelio. Un intento de suavizar la traducción sería:

"todo lo que ha sido hecho era viviente en su vida", o "todo lo que ha llegado a ser era vida en él". Barrett concluye que ambos arreglos son torpes. Que el *Verbo* sea la fuente de toda la creación es claramente una enseñanza juanina, pero "todo lo que ha llegado a ser es vida en él" no lo es. Así, una solución crea dificultades gramaticales, la otra dificultad es de interpretación.

En él estaba la vida lleva la revelación a un nuevo nivel. De la creación en general, visto arriba, se introduce la creación de

---

Semillero homilético
"El Verbo se hizo carne y habitó entre nosotros"
1:1-18

Introducción: El prólogo del Evangelio de Juan es una de las proclamaciones más profundas en cuanto a Cristo. Está lleno de misterio y maravilla; tiene el lenguaje de la adoración. Es un himno de alabanza que es la base para la lectura y la comprensión del evangelio. Sus palabras poéticas proclaman que la encarnación es un misterio que Dios nos ha dado para que podamos vivir en la maravilla de su gran amor por nosotros.

En el Evangelio de Juan no se nos relata el nacimiento de Cristo como lo encontramos en Mateo y Lucas, sino que va más atrás de la creación, a su preexistencia con Dios. La palabra "Verbo" se usa para referirse a Cristo. Se refiere al poder activo y dinámico de Dios en la creación y en sus pronunciamientos, y en la venida de su Hijo para nuestra salvación.

I. El Verbo con Dios (vv. 1, 2).
    1. Es un "eco" de Génesis 1:1.
    2. El Verbo es distinto de Dios.
    3. El Verbo está en comunión con Dios.
    4. El Verbo está identificado con Dios.
    5. El Verbo era desde el principio.
II. El Verbo y la creación (vv. 3-5).
    1. El Verbo estaba presente en la creación.
    2. Él es el autor de la vida, que es la luz de los hombres.
    3. La luz resplandece, y es más fuerte que las tinieblas.
    La luz es el símbolo de Dios y de su poder creativo, y de la dirección de Cristo para alumbrar nuestra vida.
III. El Verbo en el mundo (vv. 9-13).
    1. El Verbo no es reconocido por el mundo a pesar de ser hecho por él (vv. 10, 11).
    2. Por medio de creer en el Verbo se llega a ser "hijos de Dios" (v. 12).
IV. El Verbo se hace carne (vv. 14-18).
    1. El Verbo se hace carne y habitó entre nosotros (v. 14a).
    2. Contemplamos su gloria, lleno de gracia y verdad (vv. 14b, 16).
    3. De su plenitud ha llegado la gracia y la verdad (vv. 16, 17).
    4. Nos ha dejado ver a Dios (v. 18).

Conclusión: El Verbo que ha venido al mundo es Dios mismo en carne. La encarnación hace posible una nueva relación con él por medio de su Hijo. Dios mismo escogió venir a nosotros; conocer nuestras dificultades e identificarse con nosotros completamente. A la vez, la encarnación nos ha hecho, como creyentes, parte de la familia de Dios. Tenemos una íntima relación con él y con nuestros hermanos y hermanas en Cristo, que tiene que vivirse a plenitud, de acuerdo a la maravilla que hemos visto en estos versículos. "Porque de su plenitud todos nosotros recibimos, y gracia sobre gracia" (v. 16). ¡Vivámosla! ¡Celebrémosla! ¡Compartámosla!

vida, el nivel más elevado de la creación. El término "vida" se usa 36 veces en Juan, 17 en Apocalipsis y 13 en 1 Juan. Normalmente, el término en Juan se refiere a vida eterna (ver 3:16), la salvación que Dios ofrece al hombre por medio de su Hijo. Sin embargo, en este versículo se usa en el sentido más amplio. El texto no dice que la vida fue creada por medio del Verbo, o llegó a existir, sino que estaba en el Verbo. Morris comenta que sólo porque hay vida en el Verbo hay vida en lo demás de la creación, es decir, la vida no existe por derecho propio. Como es característico de Juan, probablemente hay un doble significado en la presentación del concepto "vida". Primero, se refiere a la vida general que se ve en la creación y que procede del Verbo, pero también este concepto nos lleva a la idea de vida espiritual, uno de los temas principales en Juan. Juan relaciona el concepto de la vida con el *Verbo* a través de su Evangelio (ver 3:16; 5:26, 40; 6:51, 53-58; 10:10, 17, 18; 11:25; 14:6). Nótese especialmente 5:26 donde Juan relaciona la vida en el Verbo con la de Dios: "Porque así como el Padre tiene vida en sí mismo, así también dio al Hijo el tener vida en sí mismo".

Y la vida era la luz de los hombres agrega todavía otro elemento en el ministerio del *Verbo*, relacionando estrechamente los conceptos de la vida y la luz. Algunos han procurado explicar el significado de la "luz" (*fos*[5457]) como la inteligencia, o la conciencia, de los hombres, relacionándola con la Ilustración, como se hace hoy en día. Antiguamente, la luz era un símbolo importante de la deidad y las fuerzas del bien, p. ej., en el dualismo persa del conflicto entre la luz y las tinieblas. Este mismo concepto apareció en los Rollos del Mar Muerto.

"Luz" y "vida" son términos místicos que Juan emplea con notable frecuencia. Contando las 23 referencias en el Evangelio y 6 en 1 de Juan, el uso de "luz" en Juan constituye más de un tercio de todas las veces que se usa en el NT. En vez de buscar el significado en su uso histórico, o en las filosofías del Medio Oriente, sería más provechoso buscar en el AT los pasajes que se refieren a Dios como la fuente de la luz y la vida. El salmista indica que Dios es la fuente de la vida y la luz: "Ciertamente contigo está el manantial de la vida; en tu luz veremos la luz" (Sal. 36:9). Juan, siguiendo el concepto del salmista, afirma que el Verbo mismo es la vida y la luz de los hombres. En el texto griego, Juan ubica un artículo definido ante "vida" y "luz". De acuerdo con esta construcción, Plummer lo traduce así: "la vida era la *verdadera* luz...". Como Juan ha vinculado la vida con el Verbo de Dios, ahora lo hace con la luz. Introduce la idea de que el Verbo es el que vivifica (da vida, p. ej., 8:12; 9:5; 12:46) y el que ilumina (da luz espiritual, p. ej., 8:12; 12:36), temas que corren a través del Evangelio. La resurrección de Lázaro llega a ser una ilustración del poder vivificador del Verbo, como la vista dada al ciego de nacimiento una ilustración del poder iluminador del Verbo.

En el v. 5 se introduce otro término místico, "tinieblas" (*skotia*[4653]), que se encuentra 8 veces en este Evangelio y 6 en 1 Juan, haciendo 14 de las 17 veces que se usa en todo el NT. Las *tinieblas* es la antítesis natural de la luz, tanto en el mundo material como en el espiritual. La función de la luz es básicamente iluminar los lugares oscuros y, en ese sentido, combatir o vencer la oscuridad. Este antagonismo irreconciliable y lucha entre la luz y las tinieblas es un tema dominante en el Evangelio, como en los Rollos del Mar Muerto. En éstos se encuentra todo un documento bajo el título "La guerra de los hijos de la luz con los hijos de las tinieblas".

Antes de haber energía eléctrica para iluminar las calles de las ciudades, cada ciudad empleaba a un hombre para recorrer las calles al atardecer, encendiendo las lámparas de algún combustible. Se comentaba que uno podría ver bien cuándo y dónde había pasado este empleado, pues dejaba una huella de luz. En el senti-

6 Hubo un hombre, enviado por Dios, que se   llamaba Juan. **7** Él vino como testimonio, a

do espiritual, el Hijo de Dios cumple exactamente esa función. Ahora, el creyente y la iglesia que cumplen su misión, dejan una huella de "luz" por dondequiera que pasan.

Es importante fijarse en el cambio del tiempo de los verbos, que hasta ahora son del pasado; *resplandece*, en cambio, es del tiempo presente progresivo y descriptivo. La idea es que la luz brilla continuamente, no dejando nunca de ejercer su influencia. Westcott observa que el verbo "resplandece", *faino*[5316] en griego, apunta a la acción esencial de la luz en sí misma en vez del efecto de la luz en iluminar a los hombres.

Y las tinieblas no la vencieron expresa la respuesta obtenida por la iluminación de la luz. Las "tinieblas" es un término metafórico que, en el cuarto Evangelio (8:12; 12:35, 46; ver 1 Juan 1:5; 2:8, 9, 11), se refiere a todo lo que se opone al cristianismo. Es oscuridad moral y espiritual. El verbo "vencieron" (*katalambano*[2638]) es un vocablo compuesto que significa lit. "recibir hacia abajo" y, de allí, "echar manos sobre", "agarrar", "capturar", "obtener", "tomar posesión de", "vencer", "comprender", etc. Cualquiera de estos significados sugiere que la manifestación de la luz fue rechazada por las tinieblas, un concepto que se expresa explícitamente en el v. 11. Con esta afirmación, Juan rechaza categóricamente el dualismo que iguala el poder de las tinieblas con el de la luz. Borchert comenta que el Evangelio de Juan toma muy en serio el mal y las tinieblas, y agrega: "El impacto cabal de tal batalla se reconoce en el Evangelio cuando Judas sale para concretar su acto malo". En ese momento Juan dice: "y ya era de noche" (13:30).

Raymond Brown y Beasley-Murray niegan que haya un concepto de conflicto en el verbo *katalambano*[2638], optando por una traducción como, p. ej., "no la comprendieron". Pero la RVA y otros insisten en una traducción que incluye el elemento de conflicto, haciendo honor al tema que corre a través del Evangelio. Siguiendo este énfasis, Mateos y Barreto lo traducen así: "las tinieblas no la ha extinguido" o "no la ha sofocado". Toda la misión de Jesús fue una de conflicto entre la luz y las tinieblas, culminando en Getsemaní y la cruz. Por eso, el verbo "vencer" cabe bien en este contexto. La luz brilla en las tinieblas y las tinieblas no tenían el poder para detenerla, mucho menos vencerla.

3. El Verbo y su relación con Juan el Bautista, 1:6-8

Aun los que consideran que el prólogo se presenta en forma poética, reconocen que estos tres versículos tienen todas las evidencias de prosa. Se discute si estos versículos caben aquí, o si originalmente se unían directamente con el v. 19 para formar el comienzo del Evangelio, el prólogo siendo agregado después por el evangelista. No hay consenso entre los comentaristas sobre estos dos problemas críticos: la naturaleza del texto y la unidad del Evangelio.

Hubo un hombre marca una clara distinción entre Juan y Jesús. Es sorprendente y difícil de explicar el hecho de que aparezca una referencia a Juan en el prólogo, máxime cuando no se lo distingue de varios otros con el mismo nombre. Morris encuentra una explicación en la prominencia acordada a Juan por algunos de sus seguidores. A pesar de que los Evangelios presentan a Juan como el precursor y testigo de Jesús, parece que algunos de sus seguidores querían elevar aún más a su maestro, hasta que algunos se preguntaban si Juan no sería el Mesías esperado (ver Lucas 3:15).

El verbo "hubo", *egeneto* (aoristo del verbo *ginomai*[1096]), se usa en relación con Juan y se traduce lit. "llegó a ser" o "llegó a haber", indicando un comienzo en el tiempo y en el espacio. En contraste, como ya hemos visto, el verbo *eimi*[1510] se usa al

fin de dar testimonio de la luz, para que todos   creyesen por medio de él. 8 No era él la luz,

referirse a Jesús, indicando un ser eterno. *Enviado por Dios* es una expresión usada frecuentemente en el AT y el NT. Se usa en este Evangelio de todos los siervos de Dios y especialmente al referirse a Jesús (ver 5:20; 6:38, 57; 17:8, 18; 20:21). Aquí se usa en relación con Juan el Bautista (ver 1:33; 3:28), indicando a uno que goza de una misión divina, no humana, y el respaldo de Dios mismo. El autor, al marcar una distinción muy clara entre Jesús y Juan, de ninguna manera tiene la intención de rebajar a éste.

Que se llamaba Juan es una expresión que, según algunos, apunta implícitamente al apóstol Juan como el autor del Evangelio. Morris pregunta: "¿Quién más introduciría al Bautista como Juan, sin mayor descripción?". Esta evidencia adquiere más peso cuando observamos el cuidado que el autor normalmente toma para evitar confusión de nombres (6:71; 12:4; 13:2; 14:22; 18:2; 19:25, 38). Es cierto que los otros Sinópticos hacen lo mismo, pero con menos frecuencia. El nombre "Juan", Yohanan en heb., significa "Jehovah ha sido misericordioso".

Él [Este] vino como testimonio indica el propósito de la misión que Dios asignó al Bautista. El término "testimonio" (*marturia*[3141]) es el mismo del cual proviene nuestro "mártir". El sustantivo gr. *marturía* se usa 14 veces en este Evangelio y 37 veces total en el NT, mientras que el verbo *martureo*[3140] aparece 33 veces en Juan. Plummer observa que la forma sustantiva y verbal aparecen frecuentemente en Juan, pero, en cambio, el adjetivo *mártir* (*martus*[3144]) no se emplea. A veces el término se usa para referirse al testimonio porque se consideraba que el testimonio supremo se daba al morir como mártir de la fe cristiana. El testimonio es una afirmación o aseveración de una cosa de la cual uno está absolutamente seguro. El mártir cristiano, al morir, daba testimonio de su fe en Jesucristo y de la veracidad del evangelio.

Juan insistía que lo que escribía era verídico y que había muchos que daban testimonio a ese hecho. Se mencionan siete que dan testimonio de Jesús: el Padre (5:31, 37; 8:18), Cristo mismo (8:14, 18), el Espíritu Santo (15:26; ver 16:14), las obras de Jesús (5:36; 10:25), las Escrituras (5:39, 45 ss.), Juan el Bautista y una serie de otras personas, entre las cuales figuran la mujer samaritana (4:39), la multitud (12:17) y los discípulos (15:27).

A través del Evangelio, Juan el Bautista se presenta como el que da testimonio. Tal es que muchos opinan que el título "Juan el Testigo" sería más apropiado que "Juan el Bautista". Es cierto que Juan fue enviado a bautizar, pero el Evangelio pone más énfasis en él como el que da "testimonio" (1:7, 15, 23, 26, 27, 29, 32-34, 36, 40; 3:26-30; 5:33).

A fin de dar testimonio de la luz define más concretamente la misión de Juan, es decir, la naturaleza de su testimonio. Su testimonio sería "con respecto a la luz" o "acerca de la luz", y el contexto aclara que la luz era el Verbo, el Hijo de Dios (ver 8:12; 9:5). Le tocaría a Juan el identificar a Jesús como "el Cordero de Dios que quita el pecado del mundo" (1:29). En los Sinópticos se enfatiza la predicación de arrepentimiento y la práctica del bautismo, inclusive el bautismo de Jesús. En cambio, Juan no menciona el bautismo de Jesús pero sí enfatiza su misión de dar testimonio. Nótese la repetición del término "testimonio" en el v. 7, un mecanismo usado frecuentemente en Juan para dar énfasis.

Para que todos creyesen por medio de él indica que el hecho de dar testimonio acerca de Jesús no era un fin en sí, sino que apuntaba a un propósito evangelístico, que todos creyesen en la luz. Juan se conoce como el "Evangelio de la fe" por el énfasis que el autor pone sobre esta respuesta a Dios. Es un evangelio universal en el sentido de que está abierto a *todos*. Dios no excluye a nadie. El verbo *creyesen* es un

sino que vino para dar testimonio de la luz.　　**9** Aquél era la luz verdadera que alumbra a to-

---

subjuntivo del aoristo que apunta a una acción definitiva de fe. Este verbo, como es empleado en Juan, se refiere a mucho más que a un mero asentimiento mental. Requiere conocimiento de los hechos básicos del evangelio, un cambio de pensar, una confesión de fe y un compromiso de vida y de por vida. *Por medio de él* podría gramaticalmente referirse a Jesús o a Juan, pero es claro que se refiere a éste último. El NT afirma que uno cree en Jesús para la salvación; no es que cree "por medio de" él.

No era él la luz es una categórica negación de que Juan el Bautista fuera el Mesías, como algunos de sus seguidores aparentemente habían llegado a pensar. Su audacia y la autoridad con que predicaba y denunciaba el pecado del pueblo había llevado a algunos a esa conclusión. El pronombre "él" traduce el término griego *ekeinos*[1565] que suele traducirse "aquel"; en la NVI es "él mismo", con un sentido enfático.

Sino que vino para dar testimonio de la luz repite la naturaleza limitada de la misión de Juan el Bautista. Se concentraba en una sola cosa: "dar testimonio de la luz". Se introduce con el adversativo fuerte "sino", marcando un agudo contraste. El verbo *vino*, en el texto de la RVA, no figura en el texto griego; es una construcción abrupta que enfatiza lo que sigue.

4. El Verbo y su relación con el mundo, 1:9-13

Con esta sección, el autor vuelve a la consideración del Verbo y agrega dos hechos asombrosos. El Verbo eterno, siendo verdadero Dios, tomó sobre sí la naturaleza humana y, segundo, cuando lo hizo, la humanidad en general no quiso recibirlo. Morris comenta: "Juan toma cuidado para que no perdamos de vista ni las buenas nuevas de la encarnación de Dios, ni la tragedia del rechazo de parte de la humanidad".

Aquel era la luz verdadera es una respuesta categórica a las pretensiones exageradas de los discípulos de Juan respecto a su amado maestro, o de cualquier otra persona que se proclamara el Mesías de Dios. Juan contrasta la luz del Verbo, la verdadera, con todas las demás luces. En comparación, la más brillante de esas luces es como la de un fósforo al lado de la del Sol. El pronombre *Aquél* no está en el texto original, pero se sobrentiende, apoyándose en la última palabra del versículo anterior. El término "verdadero" o "la verdad" es otro tema central en el cuarto Evangelio. El término griego *alethinos*[228] enfatiza lo completo, lo auténtico, lo perfecto y lo genuino, mientras que en el hebreo, que está detrás de la LXX (Septuaginta), agrega los conceptos "digno de confianza", "fidelidad", "duradero" y "lo que se ajusta a la realidad".

Que alumbra a todo hombre que viene al mundo es una construcción complicada en el texto original, admitiendo dos traducciones distintas. El problema consiste en determinar cuál es el sujeto del verbo "que viene". La RVA entiende que el sujeto es "todo hombre", pues el género y caso de "hombre" concuerda con el participio griego "que viene" y se ubica inmediatamente antes. Sin embargo, Juan nunca habla de los hombres que vienen al mundo, ni de la humanidad que viene al mundo. La expresión "que viene al mundo" se reserva para el Hijo de Dios y, por eso, muchos traductores se inclinan para una traducción que refleje esa opinión, tal como, p. ej.: "Esa luz verdadera, la que alumbra a todo ser humano, venía a este mundo" (NVI).

El autor no define el significado de *alumbra a todo hombre*. Juan aclara que los que rechazan a Cristo andan en tinieblas (3:19 ss.) y hay un sentido en que la luz alumbra solo a aquellos que creen en Cristo. Sin embargo, la "luz verdadera" ha irradiado una iluminación general sufi-

do hombre que viene al mundo. **10** En el mundo estaba, y el mundo fue hecho por medio de él, pero el mundo no le conoció. **11** A lo suyo vino, pero los suyos no le recibieron. **12** Pero a todos los que le recibieron*, a los que creen en su nombre, les dio derecho de

*1:12 Otra trad., *aceptaron*

---

ciente para que toda la humanidad sea responsable si la rechaza (ver Rom. 1:20).

En el mundo estaba introduce tres ideas en cuanto al Verbo de Dios. Primero, el verbo *estaba* es del tiempo imperfecto, indicando una presencia continua. Segundo, *y el mundo fue hecho por medio de él* repite el concepto del v. 3, recordando que todo lo que existe en el mundo "llegó a existir" por su intervención personal. Tercero, Juan llega a la culminación de su argumento: *pero el mundo no le conoció*. Nótese la progresión del argumento. El Verbo de Dios vino personalmente al mundo, creó el mundo y todo lo que en él hay, pero trágicamente el mundo no le conoció. Obsérvese el cambio en el significado del término *mundo* empleado tres veces en este versículo. Primero, se refiere al mundo habitado; segundo, se refiere al mundo terrenal y todo lo que en él está; tercero, se refiere a la humanidad caída y, sin embargo, el objeto del amor de Dios (3:16).

No le conoció merece una atención especial. El verbo es de tiempo aoristo, indicando una acción decisiva, de una vez. Se refiere a un conocimiento más que intelectual; Juan tiene en mente un conocimiento íntimo y personal, que incluye un compromiso. La razón por esta falta de conocimiento, como se aclara luego, no es falta de oportunidad, ni conocimiento intelectual, sino se debe a la voluntad contraria, rebelde, el eterno no querer (ver 5:40; también Isa. 29:16; 51:13; Ose. 8:14) .

Juan emplea frecuentemente la repetición como mecanismo para enfatizar un concepto. El v. 11 cumple este propósito. La tragedia del rechazo se presenta en su dimensión más lamentable e inexcusable. *A lo suyo vino* es lit. "a sus propias cosas vino" o "a sus posesiones vino". Morris

comenta que la expresión se traduce "en su casa" en otros pasajes (p. ej., 19:27). Hay un ligero cambio entre *lo suyo* y *los suyos*: el primero, de género neutro, se refiere a todas las cosas, pero el segundo, de género masculino, a seres humanos.

Lo lógico es que *los suyos*, los judíos, de entre toda la humanidad, tendrían que haberlo recibido primero. No es que vino a una tierra extraña, a un pueblo extraño, ni al mundo en general, sino que vino a Israel, el pueblo de Dios que había gozado abundantes bendiciones de su mano. Esta vez Juan no dice "no le conoció" (v. 10), sino que *no le recibieron*, pero las dos expresiones están íntimamente relacionadas, la primera dando lugar a la segunda. El verbo *recibieron* implica una bienvenida o una recepción a una relación personal e íntima, tal como la conyugal (ver 14:3; Mat. 1:20, 24). El tiempo aoristo del verbo indica una acción decisiva y final.

Pero a todos los que le recibieron indica dos cosas: primero, el rechazo no fue total y, segundo, la decisión de recibirle dependía de la disposición de cada uno. En vez de *todos*, "todos cuantos" capta mejor el término griego *josos*[3745]. Plummer encuentra una ligera distinción entre "recibieron" (*paralambano*[3880]) en el v. 11 y *recibieron* (*lambano*[2983]) en el v. 12: el primero lleva la idea de "recibir algo de la mano de otro, o aceptar lo que es ofrecido" mientras que el segundo señala "la recepción espontánea de individuos, sean judíos o gentiles".

A los que creen en su nombre es una repetición para énfasis y aclaración del concepto en la cláusula anterior. Según Juan, "recibirle" y "creer en su nombre" son expresiones sinónimas.

Les dio derecho de ser hechos hijos de Dios encierra tres términos importantes en

ser hechos* hijos de Dios, **13** los cuales na-
cieron˙ no de sangre, ni de la voluntad de la
carne, ni de la voluntad de varón, sino de Dios.

*1:12 Otra trad., *poder de llegar a ser*
*1:13 Otra trad., *quienes fueron engendrados*

---

la cristología juanina. El Verbo de Dios *les dio*, a los que creen en su nombre, la gracia o dádiva de aceptarle. La salvación es una dádiva, o gracia, de Dios de principio a fin. *Derecho de ser* se entiende como "autoridad" o "privilegio" más bien que "poder". Además, el verbo *ser* traduce un término griego que significa "llegar a ser". Las personas que reciben a Jesús, reciben a la vez la autoridad de ese enorme privilegio de llamarse "niños de Dios". El tercer término, *hijos*, en griego *tekna*⁵⁰⁴³, es lit. "niños". El NT presenta a Dios como Padre de todos los seres humanos, pues es su Creador, pero sólo son hijos, o niños, de Dios los que nacen espiritualmente por fe en Jesús (cap. 3).

Los cuales nacieron introduce una explicación de cómo los seres humanos entran en la familia de Dios, empleando tres veces

> **Joya bíblica**
>
> **A lo suyo vino, pero los suyos no le recibieron. Pero a todos los que le recibieron, a los que creen en su nombre, les dio derecho de ser hechos hijos de Dios (1:11, 12).**

la negativa y finalizando con la positiva. *No de sangre*, o lit., "de sangres", una expresión por cierto extraña. El plural puede apuntar a la sangre de ambos padres, o, según algunos comentaristas, al hecho de que el nacimiento involucra muchas gotas de sangre. *Ni de voluntad de la carne* probablemente se refiere al deseo sexual, es decir, el que surge de los impulsos naturales del cuerpo humano. *Carne* aquí no lleva la connotación pecaminosa que se

---

Semillero homilético

Ser o tener

1:9-13

Introducción: Dos verbos describen las dos actitudes más significativas y distintas hacia la vida. Una excluye la otra. Podemos dedicar la vida a "ser" alguien, buscando nuestro verdadero yo, para llegar a ser una persona auténtica con valores propios que gobiernen nuestra vida. O podemos dedicar la vida a "tener" cosas hasta que nos haga cambiar nuestra actitud hacia la gente y llegar a mirarles como objetos para poseer, pensando que en la riqueza o en el dominio hay felicidad. ¿Qué dice la Biblia? ¿Qué nos dice nuestro Señor?

I. Ser o tener son las dos actitudes más comunes sobre la vida.
    1. Podemos ser hijos de Dios (v. 12).
    2. La vida es más que poseer cosas (Luc. 12:15).
    3. Es mejor poder disfrutar de la vida que poseer grandes riquezas.

II. La oferta de Jesús.
    1. En él estaba la vida (v. 4).
    2. Jesús nos ofrece la vida abundante (10:10).

III. El enigma de nuestra época.
    1. Vivimos en una sociedad dominada por el ideal adquisitivo (Éxito=tener muchas cosas).
    2. Nuestra misión (vv. 11-13). Ayudar a la sociedad a tener otra perspectiva.
    3. Cristo dice que podemos ser hijos de Dios; ser hechos nuevas personas (1 Cor. 6:19, 20).

Conclusión: Hay que elegir. Se puede tener muchas cosas y sentirse vacío, hueco, un don nadie; o se puede ser hijo/a de Dios, salvo por la sangre de Cristo Jesús; ser nacido de nuevo para una vida abundante, feliz y eterna. ¡Usted puede elegir!

14 Y el Verbo se hizo carne y habitó entre   nosotros, y contemplamos su gloria, como

---

observa en los escritos paulinos. *Ni de la voluntad de varón*, o del esposo, quizás una indicación de que la iniciativa sexual generalmente proviene de él.

En una variante de menor valor en el texto gr., el verbo "nacido" en singular, da lugar a una referencia a la encarnación del Verbo de Dios, como un milagro de acción divina, así anticipando el v. 14. Según algunos comentaristas Juan quiso relacionar el milagro de la regeneración de los creyentes con el milagro de la encarnación.

Joya bíblica

Y el Verbo se hizo carne y habitó entre nosotros, y contemplamos su gloria, como la gloria del unigénito del Padre, lleno de gracia y de verdad (1:14).

Sino de Dios es una cláusula en que Juan emplea una conjunción adversativa fuerte para poner en contraste las tres posibles fuentes del nacimiento espiritual con la fuente verdadera. No fue por descendencia, ni deseo, ni poder humano. Se excluye toda iniciativa humana; el nacimiento espiritual es un verdadero milagro de Dios. Juan emplea una figura audaz en el verbo nacieron (*gennao*[1080]), el cual se refiere a menudo a la acción del varón en la concepción de un hijo. Hay un énfasis especial en el texto griego por ubicar el verbo como última palabra en el versículo. En el texto original se lee así: "los cuales no de sangres, ni de voluntad de carne, ni de voluntad de varón, sino de Dios nacieron".

5. El Verbo y su encarnación, 1:14-18

Llegamos a uno de los misterios más grandes de la fe cristiana. Plummer dice que Filón bien pudo haber afirmado las verdades en los vv. 9-13, pero hubiera retrocedido ante las declaraciones de esta sección. Juan no describe los eventos históricos en relación con el nacimiento de Jesús como lo hacen Lucas y Mateo, mostrando su independencia de ellos, pero expresa la misma verdad en forma más escueta y filosófica. Recién en esta sección Juan revela el hecho de que el Verbo eterno y Jesús de Nazaret son la misma persona.

Y el Verbo si hizo carne es otra frase cargada de verdad evangélica, constituyendo una de las afirmaciones teológicas básicas del cristianismo. El término *Verbo* se repite tres veces en el v. 1 y sólo aparece otra vez hasta aquí, pero todo el Prólogo enfoca su persona. La conjunción *Y* (*kai*[2532]) retoma el pensamiento del v. 1. El Verbo eterno, introducido como coexistente con Dios, aquí llega a participar plenamente de la naturaleza humana. El agente de la creación llega a ser (*egeneto*[1096]) una criatura. Vincent lo expresa así: "Él llegó a ser lo que primero llegó a ser por medio de él". Al hacerlo, no dejó de ser lo que era antes, el Logos eterno.

Carne es un término de suma importancia en el argumento de Juan. No dice meramente "cuerpo" (*soma*[4983]), ni apariencia del hombre, sino carne (*sarx*[4561]). Este término describe un nuevo modo de ser para el Verbo y significa la naturaleza humana en su expresión corporal. Él llegó a ser *carne*, no meramente vistiéndose con un manto de carne. Juan escoge esta expresión como la forma más categórica para refutar la herejía docética que negaba la realidad de la naturaleza humana del Verbo (ver 1 Jn. 1:1; 4:2; 2 Jn. 7).

Y habitó entre nosotros es otra frase cargada de significado teológico. El verbo *habitó* (*skenoo*[4637]) significa "tabernaculizó" o "moró en un tabernáculo". Al usar este término, los comentaristas entienden que Juan tenía en mente el tabernáculo, o carpa, del AT en el cual Dios mismo moraba en medio de su pueblo y que servía como centro de adoración. Lo que era transitorio en el AT, Dios morando en un

la gloria del unigénito* del Padre, lleno de gracia y de verdad. **15** Juan dio testimonio

*1:14 Otra trad., *único*, en el sentido de *único en su género*

tabernáculo provisional, se cumple perfectamente en la persona del Verbo, Emanuel, "Dios con nosotros". Esa presencia divina ahora mora en forma permanente, por medio del Espíritu Santo, en los creyentes individual y colectivamente.

Y contemplamos su gloria es otra indicación de que Juan tenía en mente el tabernáculo del AT con el cual estaba asociada la gloria de Dios. Cuando primeramente se levantó el tabernáculo, Moisés no pudo entrar por causa de la espesa nube de gloria que lo llenó (ver Éxo. 40:34-38). R. H. Strachan nos proporciona dos observaciones notables: "Cuando el evangelista dice *contemplamos su gloria*, él realmente está diciendo que el propósito final de Dios ya se ha logrado en la persona histórica llamada Jesús" y "la gloria de Jesús siempre se refiere a su muerte".

Aunque no figura en la Biblia, frecuentemente en los escritos judíos y cristianos se encuentra el término *shekinah*, que significa morada y se usaba para describir la presencia visible del Señor (véase *Diccionario Bíblico Mundo Hispano*). Puesto que la presencia de Dios siempre estaba acompañada por su gloria, el término *shekinah* llegó a significar la gloria de Dios. Su morada entre los hombres se efectuó en la *carne* de Jesús. Entonces, Juan pudo testificar que ellos mismos habían visto con sus propios ojos la gloria, o *shekinah*, de Dios en la persona de Jesús. El verbo *contemplamos*, en el texto griego (*theaomai*[2300]), indicaba vista con los ojos físicos. Vincent agrega que el verbo significa una contemplación calma y continua de un objeto que permanece ante el espectador. Juan estaba afirmando que habían visto esa gloria con sus propios ojos en la persona de Jesús.

El verbo *contemplamos* está en el tiempo aoristo, indicando un evento particular, o un resumen de toda la vida de Jesús. ¿A

qué se refería Juan con esta declaración? ¿Sería la gloria que los tres discípulos vieron en el monte de la transfiguración? Indudablemente, Juan consideraba que los milagros revelaban la gloria de Cristo (2:11; 11:4, 40), pero en un sentido más profundo es la vergüenza de la cruz la que manifiesta su verdadera gloria (12:23-26; 13:31). Morris entiende que la verdadera gloria de Cristo no consistía en su esplendor exterior, sino en su bajeza, o humildad, con que el Hijo de Dios vivía entre los hombres y sufrió a favor de ellos.

A. M. Ramsey comenta que todas las maneras en que Dios moró, revelando su gloria, entre su pueblo en el AT habían sido transitorias e incompletas, pero todas ellas ahora son cumplidas y superadas por el Verbo-hecho-carne.

Como la gloria del unigénito del Padre es una repetición del término *gloria* en la cual se define su naturaleza y su relación con el Padre. El término *unigénito* (*monogenes*[3439]) distingue a Cristo, como el único hijo del Padre, de los muchos niños (*tekna*[5043], a veces traducido "hijos") de Dios. Como aplicado a Jesús, el término ocurre solo en los escritos juaninos: 1:14, 18; 3:16, 18; 1 Jn. 4:9). Él es el único que goza de esa relación íntima con el Padre. La preposición *del* (*para*[3844]) *Padre* no connota la idea de origen, sino de misión, como "enviado del Padre" (ver 6:46; 7:29; 16:27; 17:8). El título favorito de Juan al referirse a Dios es "Padre". De las 137 veces que lo emplea, 122 son para Dios. A partir de este versículo Juan deja atrás el término "Logos", o "Verbo", y emplea el nombre "Jesús", o "Hijo de Dios".

Lleno de gracia y de verdad se refiere al Hijo de Dios, aunque muchos de los intérpretes de la iglesia primitiva consideraban que la expresión describía la *gloria*. La ambigüedad se debe al hecho de que el

de él y proclamó diciendo: "Este es aquel de quien dije: El que viene después de mí ha llegado a ser antes de mí, porque era primero que yo". **16** Porque de su plenitud todos no-

---

adjetivo *lleno* (*pleres*[4134]) en griego puede ser de género masculino o femenino. *Gracia* es una palabra clave en la teología cristiana y es, según Morris, un misterio que Juan la emplee tres veces en el Prólogo, pero no en el resto del Evangelio. La palabra connota "lo que causa gozo", o "bondad", con la idea de un favor no merecido. En ningún otro lugar el sentido se ve más claramente que en el hecho de que "el Verbo se hizo carne" para luego sufrir la cruz a favor de los enemigos de Dios.

El vocablo *verdad* se une con *gracia* en relación con Jesús, una combinación vista a menudo en el AT (ver Gén. 24:27, 49; 32:10; Éxo. 34:6; Sal. 40:10, 11; 61:7). Vemos que las características esenciales atribuidas a Dios en el AT aquí se atribuyen a Jesús, indicando su plena deidad. En estas dos palabras se resume el carácter de la revelación divina. Juan lo emplea 25 veces, en algunos casos como "lo opuesto a la falsedad", pero más frecuentemente con un significado mucho más amplio, como, por ejemplo, los términos "vida" y "luz" que ya hemos estudiado. Para Juan, la *verdad* apunta a la fidelidad y confiabilidad de Dios, un concepto que no se conoce aparte de la revelación de Dios que nos llega únicamente en la persona de Jesús. La *verdad* revelada en Jesús sirve para equilibrar el concepto de *gracia*, pues Dios no sólo es misericordioso y perdonador, sino que demanda la verdad de los creyentes (ver 3:21; Sal. 51:6) y juzgará a todos de acuerdo con este principio.

En el v. 15 se presenta un testimonio de Juan el Bautista, corroborando las notables declaraciones acerca del Verbo en los versículos anteriores. El verbo *dio* está en el tiempo presente, indicando el testimonio continuo del Bautista, como si estuviera todavía viviendo, aunque había muerto muchos años antes de la redacción de este Evangelio (ver Mat. 14:6-12). El verbo *proclamó* está en el tiempo perfecto, pero con el sentido clásico del presente. El texto griego lit. dice "ha clamado" o "ha gritado", dando la idea de una fuerte emoción, como de un profeta que proclama un mensaje bajo inspiración. En cada una de las tres citas del testimonio (ver vv. 15, 27 y 30 ss.), el Bautista agrega un elemento nuevo en cuanto al Hijo de Dios.

"Este es aquel de quien dije:". Sería mejor traducir el verbo *es* como "era", pues está en el tiempo imperfecto, indicando la existencia continua del Verbo. Morris observa que el autor, al referirse al Verbo, emplea el imperfecto (ver vv. 1, 2, 4, 9, 10), con una sola excepción (v. 5, "resplandece").

El Bautista reconoce su propia posición inferior con su aclaración de la preexistencia y superioridad del Verbo. La primera y tercera preposiciones, "después de" y "primero que", se refieren al tiempo, pero la segunda "antes de", probablemente connota la importancia o dignidad de la persona. Jesús nació seis meses *después de* Juan el Bautista (Luc. 1:26, 36), pero era *primero que él*, tomando en cuenta su preexistencia eterna (ver 8:58). El verbo *ha llegado a ser* podría señalar un proceso; p.ej., el Bautista fue la figura destacada hasta que apareció Jesús, pero pronto cedió esa posición al que era superior. El predecesor llegó a ser el sucesor.

El v. 16 comienza con el testimonio del autor y de la comunidad de creyentes con la cual él estaba asociado. Los padres de la iglesia primitiva, y aun Lutero, atribuían este testimonio a Juan el Bautista, pero es más natural asignarlo al mismo autor del Evangelio y así lo hacen la mayoría de los comentaristas actuales. *Plenitud* (*pleroma*[4238]) es un término teológico técnico, refiriéndose a la totalidad de los atributos y poderes divinos (ver Col. 1:19; 2:9). Se encuentra una sola vez en Juan, pero frecuentemente en los escritos de Pablo. Esta

sotros recibimos, y gracia sobre gracia. **17** La ley fue dada por medio de Moisés, pero la gracia y la verdad nos han llegado por medio de

Jesucristo. **18** A Dios nadie le ha visto jamás; el Dios* único* que está en el seno del Padre, él le ha dado a conocer.

---

*1:18a Algunos mss. antiguos dicen *Hijo*.
*1:18b Otra trad., *unigénito*

---

plenitud divina pertenece sola y exclusivamente a Cristo (ver v. 14), la cual él imparte a la iglesia, su cuerpo (Ef. 1:23), y por el Espíritu Santo a cada creyente (Ef. 3:19). Uno pensaría que el verbo *recibimos* estaría en el tiempo presente, indicando acción continua; en cambio está en aoristo, como en el v. 12, quizás enfatizando el hecho de que participamos en esa plenitud en el momento de recibir a Cristo.

Y gracia sobre gracia tiene el propósito, según Plummer, de explicar o definir lo que hemos recibido en la *plenitud*, la conjunción y (*kai*[2532]) tiene el significado de "eso es". Borchert, en cambio, considera que esta expresión es una transición al versículo siguiente donde se mencionan períodos de la revelación bondadosa de Dios. La atención se enfoca en la preposición *sobre* (*anti*[473]) cuyo significado básico es "frente a", "opuesto", "ante". La práctica de colocar una cosa "ante" o "frente a" otra cosa lleva a la idea de "en cambio de" o "en lugar de". Así, el significado en este texto sería una medida de gracia sobreponiéndose a otra, como las olas que suben en la playa, la que sigue sobrepone la anterior y avanza más arriba. La descripción es de la gracia abundante de Dios, continua, creciente, inagotable, perpetua. Cuando una medida comienza a agotarse, Dios provee otra más profunda, abundante y rica.

En el v. 17 se refiere a los primeros cinco libros del AT. Sin embargo, estos libros eran tan importantes para los judíos que se usaba el término "Escritura" para referirse a ellos, como si fueran todo el AT. El autor tiene en mente no solo el Pentateuco, sino todo el AT. Él contrasta el AT y el NT, el judaísmo y el cristianismo. El texto de la RVA omite la conjunción causal "porque" (*joti*[3754]) que introduce

esta expresión y presenta la base para la declaración que creyentes reciben "gracia sobre gracia". Es "porque" la ley dada por medio de Moisés estaba limitada en proveer la plenitud de la gracia de Dios, que ésta vino en la persona de Jesucristo. *Fue dada por medio de* enfatiza el hecho de que Moisés era meramente el conducto o instrumento por medio del cual Dios dio la ley en contraste con el rol de Jesucristo que se describe a continuación. Hay una tendencia de considerar la ley de Moisés como algo negativo, si no dañino. Sin embargo, Moisés mismo fue considerado como un siervo obediente y grandemente utilizado por Dios (p. ej., 5:45-47; 6:32; 7:19-23) y la ley como el plan de Dios (Rom. 2:17—3:20). Borchert dice que tanto Moisés como la ley fueron considerados en las Escrituras como la dádiva bondadosa de Dios y deben verse como una etapa de la gracia de Dios, aunque no la final, pues ésta se manifestó en Jesucristo.

La RVA provee la conjunción adversativa *pero* que no figura en el texto original en 17b; no obstante hay un claro contraste entre los dos elementos, expresado por ella. Plummer observa que la ley no era de Moisés, pero la gracia y la verdad sí; pertenecían a Jesucristo, lo cual aumenta el contraste y enfatiza la superioridad de éste. El Verbo, tema dominante del Prólogo, llegando a ser carne, recibe un nombre propio hasta este versículo. Normalmente Juan emplea solo el nombre Jesús (237 veces en Juan, 150 en Mat.; 81 en Mar.; 89 en Luc.; un total de 905 en el NT), sin agregar Cristo, excepto en 17:3. También emplea el nombre "Cristo" más que los otros evangelistas (19 veces en Juan, 17 en Mat.; 7 en Mar.; 12 en Luc.). Al decir que *la gracia y la verdad* han llegado por medio de Jesucristo, el autor tiene

Testimonio de Juan el Bautista*

19 Este es el testimonio de Juan cuando los

judíos le enviaron de Jerusalén unos sacerdotes y levitas para preguntarle:

*1:19t Comp. Mat. 3:1-12; Mar. 1:2-8; Luc. 3:15-17

en mente la última dádiva de Dios, revelada en su Hijo, incluyendo su nacimiento, vida terrenal, crucifixión, resurrección, exaltación y prometida segunda venida.

A Dios nadie le ha visto jamás es una afirmación sorprendente, pues hay algunos pasajes que dicen explícitamente que algunos le han visto (Éxo. 24:9-11). Sin embargo, la expresión está de acuerdo con otros pasajes (ver Éxo. 33:20; Juan 5:37; 6:46). Se entiende que nadie ha visto directamente la persona gloriosa de Dios; quizás han visto sus "espaldas" (Éxo. 33:20-23), o el reflejo de su gloria, o han tenido visiones de él. El autor tenía en mente todas las personas del AT, pero especialmente Moisés.

El Dios único que está en el seno del Padre declara en la forma más enfática dos verdades fundamentales del evangelio: la absoluta deidad de Jesús y la íntima relación de él con el Padre. El término *que está* traduce un pronombre relativo y un participio griego que lit. es: "el que siendo en", expresando la relación inherente y eterna del Hijo con el Padre. Vincent y otros ven en la preposición *en* (*eis*[1519]) una referencia a la exaltación de Cristo al seno del Padre. Hay dos o tres variantes en el texto gr., dando lugar a distintas traducciones: "el unigénito Dios", "el unigénito Hijo" o "el Dios único". El adjetivo "unigénito" (*monogenes*[3439]) es la variante que cuenta con mejor apoyo; pero, puesto que "el unigénito Dios" es una expresión rara en Juan, la RVA y otras versiones optan por "el Dios único". De todos modos, la expresión "unigénito Dios" no es una novedad, pues el v. 14 se refiere al Verbo como "unigénito del Padre" y todo el Prólogo declara su plena deidad.

Una traducción lit. de la parte final del v. 18 sería: "Aquél (lo) interpretó". Del verbo *ha dado a conocer* (*exegeomai*[1834]) vienen

nuestra palabras "exégesis, exegético, exégeta, etc.". El verbo significa "declarar, interpretar, traducir o presentar plenamente". Lo que no fue posible en el AT, el contemplar la naturaleza de Dios, ahora en Jesucristo es posible. Él ha revelado al Padre a tal grado que pudo decir: "El que me ha visto, ha visto al Padre" (14:9), precisamente porque: "Él es el resplandor de su gloria y la expresión exacta de su naturaleza" (Heb. 1:3). La exégesis que Jesús hizo del Padre es perfecta y final por dos razones: por la íntima relación que él goza con el Padre y porque él es de la misma naturaleza divina del Padre. Mirando hacia atrás, vemos la absoluta superioridad de Jesús sobre Moisés en que éste no gozaba de ninguna de estas dos cualidades vistas en aquél.

II. EL TESTIMONIO DE LOS HOMBRES, 1:19-51

Con esta sección, entramos en la primera división principal del Evangelio que cubre el resto del cap. 1. Incluirá el testimonio de Juan el Bautista y cuatro de los discípulos: Andrés, Pedro, Felipe y Natanael. Morris sugiere que el autor quiso relatar los notables eventos que tuvieron lugar en días sucesivos de una semana. Nótese las referencias al comienzo de los días (1:29, 35, 43; 2:1, etc.).

1. El testimonio de Juan el Bautista, 1:19-34

En esta sección el Bautista presenta su testimonio de Jesús a dos grupos: primero, responde a la interrogación de los fariseos y, luego, identifica y presenta a Jesús a las multitudes que acudían a ser bautizadas.

(1) Juan el Bautista y los fariseos, 1:19-28. Cada uno de los Evangelios presenta la persona y el ministerio de Juan el Bautista como una persona importante, el mismo precursor de Jesús y el que lo iba a presentar al mundo. Ya se ha mencionado brevemente en el Prólogo (1:6-8, 15), siempre en relación con su testimonio del Verbo de Dios.

La RVA omite la conjunción "y" con que se inicia el v. 19 y que relaciona lo que sigue con el Prólogo, siendo común en ambas secciones el testimonio de Juan. Este es el énfasis en el ministerio de Juan, más que los bautismos que realizaba. Los otros Evangelios dan más detalles sobre el nacimiento y la vida de Juan (ver Mat. 3:1-17; 11:1-19; 14:1-12; Mar. 1:2-11; 6:14-29; Luc. 1:5-24, 57-80; 3:1-20; 7:18-35), pero el autor lo presenta como alguien bien conocido. Otra vez observamos la independencia de Juan en relación con los otros Evangelios.

La narrativa propia del Evangelio comienza con la venida de una delegación oficial, enviada desde Jerusalén, para investigar al Bautista. Comienzan preguntando *¿Quién eres tú?* La construcción en gr., "Tú, ¿quién eres?", es más enfática y quizás connota un tono despectivo. Insistían en saber su identidad y la naturaleza de la misión que estaba cumpliendo. Se ve que la predicación de Juan había captado la atención de la jerarquía judía oficial de Jerusalén y ellos querían estar seguros de su ortodoxia. ¿Cabría este predicador radical en las categorías de figuras escatológicas esperadas? Además, era deber de los líderes judíos, ante las autoridades romanas, el mantener la paz en Judea porque si no, corrían el riesgo de perder su posición y autoridad. Movimientos de multitudes, tales como el gran número de personas que acudían a Juan, despertarían sospechas de insurrección.

La primera referencia a *los judíos* llama la atención, siendo considerada como una manera de indicar el antagonismo que existía entre los seguidores de Jesús y la jerarquía judía de Jerusalén. La expresión se usa a través del Evangelio en este sentido, excepto en 4:22 donde Jesús dice que la salvación procede de "los judíos". El autor hace una distinción entre *los judíos*,

---

Juan el Bautista

El milagroso nacimiento de Juan, hijo del sacerdote Zacarías y Elisabet, es presentado por Lucas como parte de la preparación de Dios para el nacimiento de su Hijo unigénito. Este niño tendría la responsabilidad de preparar el camino para el Mesías (Luc. 1:13-17). Los evangelistas lo presentan como un profeta que vivía en el desierto, se vestía con ropa de pelo de camello, y comía langostas y miel silvestre. Era un predicador popular, y la gente iba al desierto para escucharlo. En su mensaje hablaba de la necesidad de arrepentirse, de producir "frutos dignos de arrepentimiento" (Mat. 3:8), y de prepararse para la venida del Mesías, "porque el reino de los cielos se ha acercado" (Mat. 3:2).

Juan es llamado "bautista" porque bautizaba a la gente como señal de su arrepentimiento. Jesús se identifica con este bautismo y es bautizado por Juan a pesar de las protestas de este último (Mat. 3:13-17).

Juan el Bautista no es el autor del Evangelio de Juan, sino que es presentado como el precursor de Jesús, el que prepara el camino. El autor del Evangelio enfatiza que Juan declara vez tras vez que él no era el Mesías (1:6-8, 15, 19-34; 3:22-30). Esto tiene gran importancia porque había personas aun en el segundo siglo d. de J.C., que todavía creían que Juan era el Mesías.

Juan predicó contra la inmoralidad del tetrarca Herodes y Herodía, la mujer de su hermano Felipe. Como resultado de esta predicación perdió su vida, cuando fue decapitado por orden de Herodes para cumplir una promesa hecha a la hija de Herodía e instigada por ella. Herodes, un hombre débil, amoral y supersticioso, al oír de la fama de Jesús creía que Juan el Bautista había resucitado, y dijo: "Por esta razón operan estos poderes en él" (Mat. 14:2).

—Yo no soy el Cristo*,
21 Y le preguntaron:
—¿Qué, pues? ¿Eres tú Elías?
Y dijo:

—No lo soy.
—¿Eres tú el profeta*?
Y respondió:
—No.

*1:20 O: *el Mesías*
*1:21 Ver Deut. 18:15, 18

---

frase usada más de 50 veces en este Evangelio, y "las multitudes". Este grupo se componía mayormente de las masas de Galilea y otros que simpatizaban con el mensaje de Jesús.

Muchos comentaristas opinan que tal tensión entre los creyentes en Cristo y el judaísmo oficial no se manifestó sino hasta fines del primer siglo, siendo ese uno de los argumentos para fijar la fecha de composición de Juan en ese período. Sin embargo, esta tensión se notaba muy temprano, aun en los primeros capítulos de Hechos, y en una forma violenta en el martirio de Esteban.

Él confesó es un verbo compuesto en el griego, usado dos veces en el v. 20, que significa "decir lo mismo" o "hablar de acuerdo de", y llegó a connotar una declaración pública y solemne (ver Mat. 7:23). *Y no negó* repite el sentido del verbo anterior, pero en forma negativa, una combinación característica de Juan (ver 1:3). *Yo no soy el Cristo* es la manera más categórica de rechazar las supuestas pretensiones de sus discípulos. De aquí en adelante, el autor deja el término filosófico "Verbo" o "Logos", y comienza a emplear el título judío (hebreo "Mesías", griego "Cristo"), que significa "el Ungido". El título *Cristo* es la transliteración del término en gr. En el AT se practicaba el ungimiento para personas especialmente asignadas por Dios para tareas importantes, p. ej., sacerdotes, reyes, etc. Pero el Mesías no sería "un ungido", sino "el Ungido" de Jehovah.

Borchert sugiere que las pretensiones de los discípulos del Bautista, en el sentido de que su maestro sería un mesías, quizás se basaba en el hecho de que en los Rollos del Mar Muerto se encuentra la esperanza sorprendente de la venida de dos mesías,

uno sacerdotal y otro davídico. Quizás algunos pensaban que el Bautista sería uno de estos dos.

El profeta Malaquías había anunciado que Jehovah enviaría al profeta Elías como precursor antes de venir "el día de Jehovah, grande y temible" (Mal. 4:5). Se entiende que "el día de Jehovah" se refiere a la venida del Mesías (ver Mat. 11:14; 17:10-13). Probablemente los líderes enviados desde Jerusalén estaban pensando en esta profecía de Malaquías. *No lo soy* es la segunda negación de Juan, pero no agrega ningún detalle para satisfacer la inquietud de los líderes en cuanto a su identidad. Al negar su identidad con Elías, Juan está diciendo que él no es Elías regresado a la tierra literalmente.

¿Eres tú el profeta? es una pregunta que parece más general, pero los líderes estarían pensando en una persona definida al decir *el profeta*. Si no era Elías, sería uno como Moisés de acuerdo con lo que Jehovah le había dicho a éste, que levantaría a otro como él (Deut. 18:15-18). Ante esta tercera pregunta, Juan contesta con la sola palabra de negación *no*. Obsérvese que Juan no provee información más allá de lo que le habían preguntado. Es de notar que son tres preguntas y tres negaciones, cada una más breve que la anterior: "Yo no soy el Cristo", "no lo soy", "no". Quizás las contestaciones del Bautista tienen que ver con la demanda de tres testigos para hacer constar una verdad (ver Deut. 17:6; 19:15; Mat. 18:20; 1 Cor. 14:27, 29; 2 Cor. 13:1; 1 Tim. 5:19; Heb. 10:28). Vemos la triple repetición de personas y eventos tan común en las Escrituras: triple negación de Pedro (18:17, 25, 27); la triple pregunta de Jesús a Pedro "me amas" y la triple afir-

22 Le dijeron entonces:

—¿Quién eres?, para que demos respuesta a los que nos han enviado. ¿Qué dices en cuanto a ti mismo?

23 Dijo:

—Yo soy la *voz de uno que proclama en el desierto: "Enderezad el camino del Señor*"* como dijo el profeta Isaías.

24 Y los que habían sido enviados eran de los fariseos. **25** Le preguntaron y le dijeron:

—¿Entonces, por qué bautizas, si tú no eres el Cristo, ni Elías, ni el profeta?

26 Juan les respondió diciendo:

—Yo bautizo en* agua, pero en medio de vosotros está uno a quien vosotros no conocéis. **27** Él es el que viene después de mí*,

*1:23 Isa. 40:3 (LXX)
*1:26 Otra trad., *con*
*1:27 Algunos mss. tardíos agregan *el cual es antes de mí*; comp. vv. 15 y 30.

---

mación (21:15-17); la triple visión que Pedro tuvo en Jope (Hech. 10:9-16); los tres mensajeros que Cornelio envió a Jope a buscar a Pedro (Hech. 10:19).

Cristo, Elías y Moisés tenían en común el ministerio de exhortar a Israel a prepararse para la intervención dramática de Jehovah en la humanidad. Los líderes de Jerusalén tendrían sumo interés en saber si Juan se clasificaba con uno de estos tres.

No habiendo recibido satisfacción de las preguntas anteriores, y habiendo recibido solamente una serie de negaciones, dejan de sugerir su identidad y demandan que Juan mismo se identifique (v. 22). Necesitaban datos concretos para llevar de vuelta a los que les habían enviado.

Ahora sí, en el v. 23 Juan se identifica y lo hace con una cita del profeta Isaías (Isa. 40:3; ver Mat. 3:3; Mar. 1:3; Luc. 3:4). En los Sinópticos la profecía fue aplicada a Juan por el autor, pero aquí Juan se lo aplica a sí mismo. La cita resta importancia a Juan, como persona. Él no es el Mesías, ni el profeta, sino meramente una voz exhortando a la gente a prepararse para la venida del Mesías. *Enderezad el camino...* se refiere a la preparación necesaria en aquel tiempo para recibir a una persona importante, eliminando los obstáculos y curvas en el camino que estorbarían la marcha de los carros.

Los mejores manuscritos omiten el artículo *los que* del v. 24, dejando cierta ambigüedad en la traducción. Según la RVA y otras versiones, todos los enviados

eran fariseos, lo cual no es probable (ver v. 19). Tampoco es probable que hubiera dos delegaciones, como sugiere la traducción de Phillips. Plummer, Morris, la NEB y varios intérpretes opinan que la mejor solución lo dejaría así: "Y algunos fariseos que estaban en la delegación le preguntaron". Parece que los fariseos de la delegación no estaban contentos con el progreso hasta ese momento y, como grupo dentro de la delegación, hicieron preguntas. Fueron justamente los fariseos los que estarían celosos por innovaciones en los ritos judíos.

Ellos querían saber con qué autoridad Juan exigía el bautismo de los judíos. El bautismo no era una práctica nueva, sino un rito normal exigido a los convertidos de otras religiones. Lo que indignaba a los fariseos es que Juan estaba tratando a los judíos como si fueran paganos.

Yo bautizo en agua no parece ser una contestación directa a la pregunta de los fariseos. Probablemente, Juan entendía que estaban demandando sus credenciales y él respondió señalando a uno que tenía autoridad sobre ritos y credenciales. *Yo* es enfático y es lógico que esperaríamos una referencia a otro que bautiza, como sucede en los tres Sinópticos donde se aclara que "él os bautizará en el Espíritu Santo y fuego" (ver Mat. 3:11). *Pero en medio de vosotros está uno a quien vosotros no conocéis.* La conjunción adversativa *pero* no está en el texto gr. y, basado en esto, Plummer observa que estas dos cláusulas ilustran el paralelismo carac-

de quien yo no soy digno de desatar la correa del calzado.

28 Estas cosas acontecieron en Betania* al otro lado del Jordán, donde Juan estaba bautizando.

---

*1:28 Algunos mss. antiguos dicen *Betábara*.

Juan el Bautista testifica de Jesús

29 Al día siguiente, Juan vio a Jesús que venía hacia él y dijo:

—¡He aquí el Cordero de Dios que quita el pecado del mundo! **30** Este es aquel de quien

---

terístico de Juan, marcando un agudo contraste entre el Bautista y su sucesor. El autor, mostrando otra vez su independencia, deja de lado el tema del bautismo y apunta al Mesías que ellos no conocían (ver v. 11). El verbo *está* lit. significa "está firmemente en pie". Vincent entiende que esta conjugación verbal describe la actitud firme y dignificada de Cristo.

Vosotros es doblemente enfático: por la ubicación y por el uso del pronombre personal.

Él es el que viene después de mí (v. 27) repite lo expresado en el v. 15. Las dos primeras palabras, *Él es*, no están en el texto gr., pero la cláusula claramente se refiere a Cristo. *De quien yo no soy digno de desatar la correa del calzado* establece la grandeza de aquél que venía y, en comparación, la indignidad personal del Bautista. La correa era una cuerda de cuero que se usaba para atar la sandalia al pie. El esclavo más humilde tenía la tarea de desatar la correa de su dueño. Morris cita un dicho rabínico: "Todo servicio que un esclavo realiza a favor de su dueño un discípulo lo hará a favor de su maestro, excepto el desatar la correa de su sandalia". En esta manera, el Bautista se ubica en el rango más bajo de servicio, rechazando categóricamente toda pretensión de grandeza que aparentemente algunos de sus discípulos le asignaban.

Esta sección termina con una identificación de la zona donde Juan estaba bautizando, pero no hay seguridad del lugar preciso. Orígenes, en el tercer siglo, dado que no encontró un pueblo por este nombre, insertó en su texto griego el nombre "Bethabarah", un pueblo conocido, pero todos los mss. más antiguos tienen *Beta-*

nia. No se debe confundir este lugar con la *Betania* cerca de Jerusalén, hogar de María, Marta y Lázaro. El autor aclara que se trataba de un lugar *al otro lado del Jordán*, es decir, con referencia a Jerusalén. Por lo tanto, estaba al este del Jordán y en la zona un poco al sur del mar de Galilea (ver vv. 29 y 43).

(2) Juan el Bautista y Jesús, 1:29-34. Llama la atención el hecho de que el autor, aún sabiéndolo, haya omitido la tentación y el bautismo de Jesús, lo cual seguramente ocurrió antes del evento relatado aquí. Esta sección es la primera de tres en la parte final del cap. 1, cada una presentando una confesión en la cual Jesús es identificado. Borchert observa que el autor emplea repetidas veces, con fineza literaria, tres verbos temáticos: "viendo", "encontrando" y "conociendo".

Al día siguiente señala el comienzo del segundo día de la primera semana que Juan registra. Este es el gran día en que el Bautista identifica públicamente a aquel del cual él había dado testimonio anteriormente, a la vez indicando cómo llegó a conocer que Jesús era el Verbo de Dios. Es casi seguro que la delegación de Jerusalén ya había regresado, dejando al Bautista con las multitudes. *Juan vio a Jesús que venía hacia él y dijo* no significa que es la primera vez que Juan lo había visto o conocido (ver vv. 32-34).

¡He aquí...! traduce un imperativo del verbo "ver" (*jorao[3708]*), tercera persona singular que significa "mire", pero generalmente se usa como una interjección o exclamación, como en la RVA. La prueba de esta clasificación es que lo que sigue, el Cordero, está en el caso nominativo, no acusativo. Esta exclamación es una de las

favoritas del autor, el cual la usa unas 20 veces, más que la suma de todos los otros escritores del NT.

El artículo definido en *el cordero* sugiere que los oyentes entenderían a qué se refería. Sin embargo, no hay un consenso entre comentaristas, aunque muchos opinan que Juan tenía en mente Isaías 53:7 (ver Hech. 8:32), o quizás el cordero pascual (ver 19:36). Contra la idea del "cordero pascual" está el hecho de que en el NT se usaba otra palabra (*pasca*[3957]) para la víctima y el animal sacrificado no siempre era un cordero. *De Dios* puede indicar que proviene de Dios, es provisto por Dios, o que pertenece a Dios, quizá recordando la provisión de Dios en Génesis 22:8. El término *Cordero* aparece en el NT sólo aquí (*amnos*[286]), en 1 Pedro 1:19 y a través de Apocalipsis se usa un término distinto (*arnion*[721]). Considerando el lenguaje arameo, hablado en los días de Jesús, el término traducido "cordero" significaba también "niño" o "siervo", llevando a algunos a traducirlo como "Siervo de Dios", un título mesiánico.

Que quita el pecado del mundo define la misión del Cordero de Dios (ver 1 Jn. 1:7; 3:5). Sea cual fuere la alusión de esta expresión, Juan identifica a Jesús como un sacrificio expiatorio, como el cordero pascual (Éxo. 12:13), para resolver el problema del pecado. Morris sugiere que quizá Juan tenía en mente todas las alusiones mencionadas arriba, pues Cristo cumplió perfectamente todo lo que simbolizaban los sacrificios del AT. Juan habla de *el pecado* como la suma total de todos los pecados individuales de la humanidad. *El pecado* traduce el término griego *jamartia*[266], el cual significa literalmente "errar el blanco". *Del mundo* apunta al valor de la expiación de Cristo para toda la humanidad, aun para sus enemigos, un énfasis que corre a través del Evangelio. Isaías anticipaba la expiación del Mesías por las transgresiones, pero solamente a favor de "mi pueblo" (Isa. 53:8). Así que, desde el mismo comienzo del Evangelio, el autor está apuntando a la cruz y su significado para toda la humanidad.

Este es aquel de quien dije; relaciona a

Río Jordán

dije: "Después de mí viene un hombre que ha llegado a ser antes de mí, porque era primero que yo". **31** Yo no le conocía; pero para que él fuese manifestado a Israel, por eso vine yo bautizando en* agua.

32 Juan dio testimonio diciendo:

—He visto al Espíritu que descendía del cielo como paloma, y posó sobre él. **33** Yo no le conocía, pero el que me envió a bautizar en* agua me dijo: "Aquel sobre quien veas descender el Espíritu y posar sobre él, éste es el que bautiza en* el Espíritu Santo". **34** Yo le he visto y he dado testimonio de que éste es el Hijo de Dios.

*1:31, 33 Otra trad., *con*

---

uno presente con las virtudes atribuidas a él en los versículos anteriores. Se repite la relación entre Jesús y el Bautista ya expresada en los vv. 15 y 27. Pero aquí se agrega *un hombre*, o "un varón", en la descripción del Mesías, indicando su humanidad. Juan enfatiza la divinidad de Jesús, pero nunca pierde de vista su humanidad.

El pronombre *yo* (v. 31) es enfático. Vincent lo traduce así: "Y yo, aunque yo anunciaba de antemano su venida, no lo conocía". La RVA omite la conjunción que está unida al pronombre, lo cual debe traducirse "Y yo...", una combinación usada unas 30 veces en Juan, indicando la influencia del arameo. Indudablemente Juan conocía a Jesús, dada la relación entre su familia y la de Jesús (ver Luc. 1:39-45), pero no lo conocía oficialmente como el Mesías. Esto no contradice Mateo 3:14 donde dice: "Yo necesito ser bautizado por ti", indicando su aprecio por Jesús como superior a él, pero todavía no como el Mesías. *Pero para que él fuese manifestado a Israel* explica el propósito del ministerio de Juan. Su misión de llamar a los hombres al arrepentimiento no tenía un fin en sí, sino que preparaba a los hombres para la manifestación del Mesías. El verbo "manifestar" es otra palabra favorita en Juan, usado numerosas veces en el Evangelio, las Epístolas y Apocalipsis.

El Bautista continua *su testimonio* respecto a Jesús (ver vv. 7, 8, 15, 19, 34), ahora explicando cómo llegó a reconocerlo como el Mesías. *He visto* traduce un verbo que significa "contemplar con los ojos físicos" y se conjuga en tiempo perfecto, lo que indica resultados continuados. Juan no está hablando de una visión, o de una mirada pasajera, sino de una contemplación sostenida. *Posó sobre él* probablemente indica una permanencia durante toda su ministerio terrenal.

Juan repite: *Yo no le conocía* (a Jesús como el Mesías) hasta la revelación del Padre. Éste le dio una señal para identificar al Mesías quien bautizaría *en el Espíritu Santo*. Este conocimiento no vino por antecedentes, ni por deducción personal, sino por una revelación definida de Dios. La preposición *en*[1722] en griego suele tener el significado instrumental, "con" o "por", pero aquí es locativo, indicando el elemento en el cual se realiza el bautismo, como en el caso del bautismo en agua. Corroborando esta interpretación, la ausencia del artículo definido ante *Espíritu Santo*, en el texto gr., indicaría un ambiente de influencia espiritual del Paracleto más bien que su personalidad.

Esta sección termina con un resumen del

Contrastes entre Juan el Bautista y Jesús

Jesús	Juan
El Verbo	La voz que proclama
El Cordero de Dios	El testigo
Primero que yo	Después de mí
El novio	El amigo del novio
A él le es preciso crecer	Pero a mí menguar

Los primeros discípulos

35 Al día siguiente, de nuevo estaba Juan con dos de sus discípulos. **36** Al ver a Jesús que andaba por allí, dijo:

---

testimonio y una conclusión en cuanto a la identidad del que "bautiza en el Espíritu Santo". *Yo le he visto y he dado testimonio* emplea dos verbos predilectos de Juan, ambos en el tiempo perfecto, que marcan un agudo contraste con "yo no le conocía"

El Cordero de Dios
1:29

Juan presenta a Cristo como "el Cordero de Dios que quita el pecado al mundo" (1:29). El profeta Isaías también usó esta imagen en su poesía del Siervo sufriente, para describir a uno que vendría y que "como un cordero, fue llevado al matadero; y como una oveja que enmudece delante de sus esquiladores, tampoco él abrió su boca" (Isa. 53:7). Su venida y su muerte era para restaurar la relación entre Dios y su pueblo.

Sin duda alguna, el uso de esta imagen, tanto por Isaías como por Juan el Bautista, se refiere al cordero que los sacerdotes mataban en la fiesta de la Pascua (Éxo. 12), cuando recordaban el éxodo milagroso de la esclavitud en Egipto. Pablo usa la misma idea cuando se refiere a Cristo como "nuestro Cordero pascual" que "ha sido sacrificado" (1 Cor. 5:7b). El Apocalipsis se refiere a Cristo como "el Cordero"; allí se reconoce su poder y se le canta con las siguientes palabras:

"Digno es el Cordero,
que fue inmolado,
de recibir el poder,
las riquezas, la sabiduría,
la fortaleza, la honra,
la gloria y la alabanza" (Apoc. 5:12).
"Al que está sentado en el trono
y al Cordero
sean la bendición y la honra
y la gloria y el poder
por los siglos de los siglos" (Apoc. 5:13b).

Quizás Juan no tenía una visión completa del significado del título que dio a Jesús como "el Cordero de Dios", pero ésta ha influido el concepto del sacrificio de Cristo en la cruz y en la adoración hecha por creyentes por más de dos mil años. ¡Será la proclamación eterna alrededor del trono de Dios!

(ver vv. 31, 33) e indican los resultados continuados de haber visto y dado testimonio. Otra vez la RVA omite la conjunción ante el pronombre *Yo* (ver v. 31) que sirve para ligar este versículo con el anterior.

Éste es el Hijo de Dios sirve como broche de oro del testimonio del Bautista. Todo lo que ha dicho hasta el momento apunta a esta conclusión. Morris observa que cada uno de los evangelistas afirma la deidad de Jesús en el comienzo de su Evangelio; Mateo y Lucas con el relato de su nacimiento y Marcos con una referencia a Jesús como el "Hijo de Dios". Juan hizo lo mismo en el Prólogo y lo repite aquí, declarando que el Verbo de Dios y el que bautiza en el Espíritu Santo es nada menos que *el Hijo de Dios* (ver Mat. 11:27; 28:19). Este título aparece en el AT sólo en Daniel 3:25 (ver también Éxo. 4:22, 23; 2 Sam. 7:14; Sal. 2:7; 89:26, 27). Hay buen apoyo en algunos mss. para una lectura diferente, o sea, "el escogido de Dios" en lugar de *Hijo de Dios*, una alternativa reflejada en algunas versiones. Notamos en el v. 12 que el autor es fiel a marcar la distinción entre los términos gr. *teknon*[5043] (lit. "niño") y *juios*[5207] (lit. hijo), aquel usado al referirse a los creyentes en Cristo y éste para referirse al Hijo unigénito de Dios.

2. El testimonio de los primeros discípulos, 1:35-51

La misión del Bautista era la de señalar a Jesús a los hombres, identificándole como el Hijo de Dios. En la sección anterior testificaba ante las multitudes, pero ahora ante sus discípulos. A menudo se pregunta: ¿cómo se relaciona el llamado extendido a los discípulos en Juan, comparado con el llamado en los Sinópticos (p. ej., Mat. 4:18-22; Mar. 1:16-20; Luc. 5:2 ss.)? La mejor explicación es que en Juan el llamado, o invitación, es para ser un dis-

—¡He aquí el Cordero de Dios! 37 Los dos discípulos le oyeron hablar y siguieron a Jesús. 38 Jesús, al dar vuelta y ver que le seguían, les dijo: —¿Qué buscáis? Y ellos le dijeron:

---

cípulo seguidor, mientras que en los Sinópticos el llamado es para ser un apóstol, dejándolo todo para seguirle. Morris comenta que técnicamente no hay un "llamado" en este Evangelio, excepto en el caso de Felipe (v. 43). Jesús no llama y Juan no envía. Ellos sencillamente reconocen que Jesús es el Mesías y lo siguen espontáneamente.

(1) Andrés y Pedro, 1:35-42. *Al día siguiente* marca el tercer día de esta primera semana de ministerio que el autor relata (ver vv. 19 y 29). En el primer día se proclama la presencia del Mesías, en el segundo se le señala como el Hijo de Dios y en el tercero algunos le siguen. *Dos de sus discípulos* se refiere a dos de la compañía de seguidores del Bautista. Uno era Andrés (ver v. 40) y se entiende que el

otro era el apóstol Juan, quien omitió su nombre por reticencia. Otro ejemplo de la reticencia es la omisión del nombre de su hermano Jacobo y de su madre Salomé, ésta siendo nombrada en Marcos 15:40 y 16:1, y aquél en todos los Sinópticos y en Hechos 12:2. Si el autor no era el apóstol Juan, no se explica el hecho de que tomó cuidado de omitir precisamente ese nombre. El autor del Evangelio normalmente se cuida de dar los nombres de los protagonistas con precisión, aun notando el cambio de nombres (ver 1:42; 13:6; 21:15). Además, nunca se refiere al Bautista con el nombre completo "Juan el Bautista", como lo hacen los Sinópticos, sino sencillamente como "Juan". Por otro lado, todo el relato tiene el sabor y detalle de un testigo ocular.

Afirmaciones de Juan el Bautista en cuanto al Mesías

El autor del Evangelio de Juan da repetidas aclaraciones sobre Juan el Bautista en cuanto a su relación con Jesús y en cuanto a su propio rol en relación con él mismo.

"Este es aquel de quien dije: El que viene después de mí ha llegado a ser antes de mí, porque era primero que yo" (1:15).

"Yo no soy el Cristo" (1:20).

"Yo soy la voz de uno que proclama en el desierto: 'Enderezad el camino del Señor' como dijo el profeta Isaías' " (1:23).

"Yo bautizo en agua, pero en medio de vosotros está uno a quien vosotros no conocéis. Él es el que viene después de mí, de quien yo no soy digno de desatar la correa del calzado" (1:26, 27).

"¡He aquí el cordero de Dios que quita el pecado del mundo! Este es aquel de quien dije: 'Después de mí viene un hombre que ha llegado a ser antes de mí, porque era primero que yo. Yo no le conocía; pero para que él fuese manifestado a Israel, por eso vine yo bautizando en agua" (1:29-31).

"He visto al Espíritu que descendía del cielo como paloma, y posó sobre él. Yo no le conocía, pero el que me envió a bautizar en agua me dijo: 'Aquel sobre quien veas descender el Espíritu y posar sobre él, éste es el que bautiza en el Espíritu Santo'. Yo le he visto y he dado testimonio de que éste es el Hijo de Dios" (1:32-34).

"¡He aquí el Cordero de Dios!" (1:36).

"Ningún hombre puede recibir nada a menos que le haya sido dado del cielo. Vosotros mismos me sois testigos de que dije: 'Yo no soy el Cristo', sino que 'he sido enviado delante de él'. El que tiene a la novia es el novio; pero el amigo del novio, que ha estado de pie y le escucha, se alegra mucho a causa de la voz del novio. Así, pues, este mi gozo ha sido cumplido. A él le es preciso crecer, pero a mí menguar" (3:27-30).

—Rabí —que significa maestro—, ¿dónde moras?

39 Les dijo:

—Venid y ved.

Por lo tanto, fueron y vieron dónde moraba y se quedaron con él aquel día, porque era como la hora décima*.

40 Andrés, el hermano de Simón Pedro, era

---

*1:39 O sea, *como a las 4:00 p.m.* (si el cálculo es según el sistema judío); *como a las 10:00 a.m.* (si es según el sistema romano)

El término "discípulo" se usa unas 262 veces en el NT, a veces en el sentido general (aun los fariseos tenían sus discípulos), pero también en el sentido particular o limitado cuando se refería a los apóstoles. Significa un seguidor, un alumno, un aprendiz, uno que aprende con la intención de obedecer, uno que se somete a la autoridad e instrucción de su maestro.

Cuando el Bautista, acompañado por algunos de sus discípulos, vio a Jesús caminando cerca, exclamó: *¡He aquí el Cordero de Dios!* Con esto, estaba señalando a aquél del cual había hablado a sus discípulos. El día anterior lo había identificado como tal a las multitudes, pero ahora a sus propios discípulos.

En el v. 37 tenemos dos evidencias de la grandeza del Bautista. Primero, había preparado tan bien a sus discípulos, enseñándoles quién era él y quién era el Mesías, que, al aparecer éste, era natural que los dos le siguieran, dejando a su maestro. Segundo, no hay la más mínima evidencia de celos de parte del Bautista cuando sus discípulos le abandonaron y siguieron a Jesús. Ese fue precisamente el ministerio del Bautista, preparar el camino para que otros reconocieran a Jesús como el Mesías y le siguieran. *Siguieron* es un verbo conjugado en el aoristo, indicando una decisión definitiva, una vez para siempre, sin titubeos. En el NT, este verbo generalmente significa un compromiso personal para obedecer. Plummer, citando a Bengel, dice que este evento marca el origen de la iglesia cristiana.

Jesús abre la conversación con una pregunta natural (v. 38). Son sus primeras palabras en este Evangelio. Quería saber la intención de ellos, o darles la oportunidad de hacerle preguntas. La pregunta de Jesús es impersonal, "¿qué cosa?", pero la respuesta de ellos es personal, "dónde moras tú?". Realmente, ellos no contestaron la pregunta de Jesús, quizá por no saber qué decir, o por timidez. *Rabí* es un título arameo, que el autor mismo traduce como *maestro* (Mat. 23:8; gr. *didaskalos*[1320]). Proviene de una raíz hebrea que significa "grande", llegando a usarse con el sentido de "honorable señor" o "mi gran señor". A menudo Juan explica eventos y nombres (ver vv. 42, 44; 9:7).

Venid y ved, mejor "Venid y veréis". La contestación de Jesús es más que una invitación para comprobar su residencia; es una bienvenida a conversar con él. *Se quedaron con él aquel día*, indicando la disposición de él de responder a la búsqueda de ellos, por un lado, y la sinceridad de ellos de aprender de él, por el otro. *La hora décima*, indica las 4:00 de la tarde según nuestro método de marcar las horas (ver 11:9). Los judíos marcaban el tiempo desde la puesta del sol de un día hasta la del siguiente y luego dividían ese período de 24 horas en dos, desde la puesta del sol a la salida del sol el día siguiente y desde la salida del sol hasta la puesta en el mismo día. En cambio, los romanos medían el tiempo desde la medianoche hasta la medianoche siguiente para eventos legales, pero en el uso común seguían el sistema judío. El cuidado que Juan usa en notar el tiempo de ciertos eventos es otra evidencia de un testigo ocular (ver 4:6, 52; 18:28; 19:14; 20:19).

El nombre *Andrés* (v. 40) significa "varón" (*aner*[435]), y es identificado por su relación con su hermano, quien pronto llegó a ser el vocero de los 12 apóstoles.

uno de los dos que habían oído a Juan y habían seguido a Jesús. **41** Este encontró primero a su hermano Simón y le dijo:

—Hemos encontrado al Mesías —que sig-

nifica Cristo*—.

42 El lo llevó a Jesús, y al verlo Jesús le dijo:

—Tú eres Simón hijo de Jonás. Tú serás llamado Cefas* —que significa piedra—.

---

*1:41 O sea, *Ungido*
*1:42 *Cefas* viene del arameo *kefa*, como *Pedro* del griego *petros*; ambas palabras significan *piedra*.

Andrés es el primer discípulo mencionado por nombre, aunque poco se sabe de él después, pero si no hubiera sido por él, ¿habría llegado Pedro a la fe en Jesús? Es un ejemplo clásico de un discípulo humilde, poco conocido, a quien el Señor utiliza para conducir a otro a Cristo, y éste pronto sobrepasa a aquél y llega a ser un gigante en el reino de Dios. Andrés es integrante del primer grupo de cuatro, pero no contado en el círculo más allegado a Jesús (Pedro, Jacobo y Juan), a pesar de haber sido el primer discípulo.

Encontró primero implicaría que el otro discípulo, el apóstol Juan, luego encontró a su hermano, Jacobo, y lo llevó a Jesús. También, esta expresión podría indicar que Andrés encontró a su hermano antes de encontrar a otro para compartir las buenas nuevas. Este acto parece ser un impulso natural y espontáneo que surge del corazón de todo nuevo creyente. No hay evidencia de que Jesús, u otra persona, haya mandado, o ni siquiera insinuado, que Andrés debería hacer esto.

Probablemente, temprano en la siguiente mañana Andrés fue en busca de su hermano y declaró que había descubierto al largamente esperado *Mesías* (v. 41b). Este título se encuentra solamente dos veces en el NT, aquí y en 4:25. El reconocimiento de Jesús como el *Mesías* tan temprano en el Evangelio de Juan crea un problema cuando, según los Sinópticos, los discípulos demoraron mucho tiempo para reconocerlo como tal. El problema desaparece si recordamos que hubo muchos que pretendían ser un mesías y que el uso del título depende del contenido que se le daba en tal o cual momento. Indudablemente, Andrés, a esta altura, estaba lejos de com-

prender el significado cabal y las implicaciones del título. Jesús mismo iba a revelarlo paulatinamente a través de todo su ministerio terrenal. Morris presenta una lista de referencias que demuestra este desarrollo (1:45, 49; 3:22 ss.; 4:25 s., 29, 42; 5:45 s.; 6:15; 7:26 s., 31, 40-43; 9:22; 10:24; 11:27; 12:34; 17:3; 20:31).

Ciertamente la tarea más noble que un creyente puede realizar es llevar a alguien a Jesús. Describe la tarea por la cual Andrés es conocido. En tres ocasiones él llevó a alguien a Jesús: a su hermano, al niño con su comida (6:8), y a los griegos que querían ver a Jesús (12:22). Se ha desarrollado un método de evangelización en América Latina, llamado "El plan Andrés", que anima a los creyentes a testificar a sus familiares, siguiendo el ejemplo de Andrés.

Al verlo (v. 42) es el participio del verbo gr. *emblepo*[1689], usado también en el v. 36, que indica una mirada fija y penetrante. Jesús no solo miraba la apariencia exterior del hombre, sino que su mirada penetraba hasta el mismo corazón, lo cual es evidente por lo que sigue. Quizás Andrés ya le había hablado a Jesús acerca de su hermano antes de presentárselo. Jesús emplea la costumbre judía de identificar a una persona por el nombre de su padre.

Desde la antigüedad, el nombre de una persona representaba todo su ser, la suma de su personalidad. Morris comenta que el que cambiaba el nombre de otro, o le daba un nuevo nombre a otro, indicaba su autoridad sobre éste (2 Rey. 23:34; 24:17), pero, cuando Dios lo hacía, significaba un nuevo carácter en esa persona a partir de ese momento (Gén. 32:28).

43 Al día siguiente, Jesús quiso salir para Galilea y encontró a Felipe. Y Jesús le dijo:

—Sígueme.

44 Felipe era de Betsaida, la ciudad de An-drés y de Pedro. **45** Felipe encontró a Natanael y le dijo:

—Hemos encontrado a aquel de quien Moisés escribió en la Ley, y también los Profetas:

Cefas es un término arameo, usado en el NT sólo aquí y en los escritos de Pablo (1 Cor. 1:12; 3:22; 9:5; 15:5; Gál. 1:18; 2:9, 11, 14). En cambio, el término griego *petros*^{4074} significa a una piedra separada de una roca grande y maciza (*petra*^{4073}). Este nuevo nombre sería algo como un sobrenombre que se le da a una persona hoy día. No es tan evidente que Pedro haya hecho justicia a ese nombre, sobre todo durante el ministerio terrenal de Jesús, pues era impulsivo, vacilante e inestable (18:25; Gál. 2:11, 12). Sin embargo, después de Pentecostés llegó a ser como una roca fuerte ante la persecución que experimentaba la iglesia primitiva, según los caps. 2, 3, 4 de Hechos.

(2) Felipe y Natanael, 1:43-51. *Al día siguiente* marca el cuarto día de los eventos de la primera semana que Juan registra (ver vv. 19, 29, 35, 43), una indicación más de un testigo ocular. El número de los seguidores de Jesús aumenta con la aparición de Felipe y Natanael. *Jesús quiso salir para Galilea*, es decir, él determinó salir de Judea y dirigirse a Galilea donde iba a pasar la mayor parte de su ministerio público.

Encontró a Felipe, o mejor "encuentra a Felipe", ya que el verbo está en tiempo presente. Parece que Jesús mismo toma la iniciativa para buscar e invitar a Felipe a ser su discípulo. En el caso de Andrés y el otro discípulo que siguieron a Jesús, fue de ellos la iniciativa, en cambio aquí es de Jesús. No sabemos dónde ocurrió este encuentro, si en Judea, llegando a Galilea, o en la misma ciudad donde residía Felipe. Algunos comentaristas opinan que Felipe habría sido discípulo del Bautista, como fue el caso de Andrés. El nombre *Felipe* está compuesto de dos términos griegos (*fíleo*^{5368} e *ippos*^{2462}) y significa "amante de caballos". Aunque es un nombre gr., se

usaba comúnmente entre los judíos y algunos sospechan que habría sido nombrado en honor a Felipe, el tetrarca (ver Luc. 3:1), quien reconstruyó Betsaida Julia. Felipe figura en la lista de discípulos nombrados por los Sinópticos (Mat. 10:3; Mar. 3:18; Luc. 6:14). Este seguidor de Jesús se menciona varias veces en Juan, pero no como un líder destacado (6:7; 12:21 s.; 14:8 s.). Morris comenta que es interesante y animador notar que Jesús tomó cuidado para encontrar a Felipe, un hombre completamente sencillo y común, y lo incorporó a su grupo de discípulos.

Sígueme es un mandato en el tiempo presente, indicando una acción que se inicia y continúa. La fuerza del verbo sería "comienza y continua siguiéndome". Se usa en el sentido particular de ser un discípulo "a tiempo completo". Vincent sugiere que el verbo significa "prenderse fuertemente de uno y conformarse a su ejemplo". En los Evangelios esta expresión significa un llamado a ser un discípulo, o apóstol, con dos posibles excepciones (ver Mat. 8:22; 9:9; 19:21; Mar. 2:14; 10:21; Luc. 5:27; 9:59; Juan 21:19).

Dado que Felipe era de la ciudad de los primeros seguidores de Jesús, y que probablemente eran conocidos desde la niñez, ¿no sería probable también que Jesús haya ido buscando a Felipe a instancias de aquellos? Si fuera así, tendríamos una cadena de testimonio que sigue extendiéndose: Andrés - Pedro - Felipe - Natanael. Aprendemos que Andrés y Pedro también tenían una casa en Capernaúm durante el ministerio de Jesús (ver Mar. 1:16, 29). No se sabe a ciencia cierta dónde estaba ubicada Betsaida, ciudad cuyo nombre significa "casa de pesca", pero el nombre indicaría que estaba próxima a un lugar de pesca. En 12:21 se aclara que la ciudad de Felipe era "Betsaida de Galilea". Muchos entien-

a Jesús de Nazaret, el hijo de José.

46 Y le dijo Natanael:

—¿De Nazaret puede haber algo de bueno?

Le dijo Felipe:

—Ven y ve.

47 Jesús vio que Natanael venía hacia él y dijo de él:

—¡He aquí un verdadero israelita, en quien no hay engaño!

48 Le dijo Natanael:

---

den que era la misma ciudad que se conocía como "Betsaida Julia", ubicada al sur del mar de Galilea donde entra el río Jordán. Jesús denunció a Betsaida por su incredulidad ante los muchos milagros realizados allí (Mat. 11:20-22; Luc. 10:13, 14).

Felipe encontró a Natanael o, mejor, "Felipe encuentra...", estando el verbo en el tiempo presente, repitiendo el proceso de testificar. Godet decía "Una antorcha encendida sirve para encender a otra". Al decir *hemos encontrado*, Felipe ya se identifica con los discípulos de Jesús. El nombre Natanael significa "Dios ha dado" y es equivalente a Teodoro. No se sabe más de Natanael aparte de una referencia de él entre los pescadores en 21:2 , donde se establece que era de Caná de Galilea. Algunos piensan que Natanael es otro

Vista panorámica de Nazaret

nombre para el apóstol Mateo puesto que los dos nombres significan esencialmente lo mismo. Otros piensan que Natanael es otro nombre para Bartolomé, un apóstol que no se menciona en Juan, así como Natanael no se menciona en los Sinópticos. Otra evidencia a favor de esta identificación es que Bartolomé se menciona junto con Felipe en los tres Sinópticos (Mat. 10:3; Mar. 3:18; Luc. 6:14). El hecho de que Bartolomé no sea un nombre personal, significa meramente "hijo de Tolmai", indicaría que tendría otro nombre, p. ej., "Natanael".

Felipe da una descripción de *Jesús de Nazaret* como el cumplimiento de todo el AT, generalmente resumido como "la Ley y los Profetas" (ver Mat. 5:17), lo cual es otra manera de llamarlo el Mesías. *El hijo de José* no significa que Felipe negaba el nacimiento virginal de Jesús, pues José era conocido como el padre legal. Probablemente, a esta altura, siendo un nuevo seguidor de Jesús, Felipe ni siquiera había oído del nacimiento virginal. Juan, en cambio, sabía del nacimiento milagroso, pero es fiel en registrar lo que Natanael dijo.

La pregunta de Natanael (v. 46) probablemente no significa que Nazaret tenía mala fama, sino que era un pueblo remoto y de poca importancia. También es posible que la pregunta esté reflejando algo de rivalidad entre Caná, hogar de Natanael, y Nazaret, un pueblo cercano. Por otro lado, quizás en la mente de Natanael estaba el proverbio "de Galilea no se levanta ningún profeta" (7:52). *Ven y ve* es una excelente respuesta de Felipe, quizás tímido o de pocos recursos intelectuales, pero reflejando su firme convicción. No discutió con Natanael, sino lo invitó a comprobar por su cuenta la veracidad de su testimonio.

Al ver a Natanael, Jesús pudo discernir la

—¿De dónde me conoces?
Respondió Jesús y le dijo:

—Antes que Felipe te llamara, cuando estabas debajo de la higuera, te vi.

naturaleza de su carácter (v. 47). El término *israelita* se encuentra sólo aquí en Juan, aunque el término plural "los judíos" se usa frecuentemente. Una traducción sería "un israelita de pura cepa", sin ninguna contaminación. Se refiere no sólo a su descendencia, sino a su carácter en relación con la revelación de Dios. *Engaño* traduce el término gr. *dolos*, usado antiguamente para referirse a la carnada de pesca, con la idea de engaño, fraude o seducción (2 Ped. 2:14). Se usa en la Biblia en relación con Jacob antes de su "conversión", dando lugar a una versión que lee así: "¡He aquí un verdadero israelita, en quien no hay Jacob!".

¿De dónde me conoces? indica la sorpresa de Natanael; sin embargo, aceptó el elogio que Jesús le otorgaba. *Antes que Felipe te llamara... te vi* indica dos cosas: primera, Jesús se había fijado en este hombre en un momento preciso, probablemente sin que Natanael se diera cuenta, *cuando estabas debajo de la higuera*. Es una de las virtudes de Jesús que vemos a través de su ministerio, fijándose en personas dentro de las multitudes y aisladamente. Plummer sugiere que Jesús se refería a una ocasión cuando Natanael estaba debajo de una higuera en su propia casa, quizás orando o meditando. Era costumbre de los judíos meditar y orar debajo de la sombra de una vid o higuera. Según el testimonio de Agustín, él mismo estaba debajo de una higuera cuando oyó a un niño jugando al otro lado del muro que

---

Semillero homilético

Lo que Dios espera de nosotros
1:35-42

Introducción: La pregunta: ¿Qué espera Dios de nosotros en este tiempo y en este lugar? la hemos cambiado a: "¿Qué esperamos de Dios?". Sin embargo, Dios espera que nosotros llevemos a otros a Cristo para que lo conozcan como Salvador y Señor.

I. Salvo para servir.
   1. El mandato de Cristo (20:21).
   2. "Y me seréis testigos" (Hech. 1: 7, 8).
II. El mejor método para ganar a las personas para Cristo: El método personal.
   "Hemos encontrado al Mesías" (vv. 40-42).
III. Cómo llevar a otros a Cristo.
   1. Oración sincera.
      (1) Por la persona, para que Dios prepare su corazón.
      (2) Por nosotros, para que el Espíritu Santo sea nuestro guía, nos dé poder y confianza.
   2. Un plan efectivo.
      (1) Es sencillo y profundo: Arrepentirse y tener fe en Cristo (3:16, 17).
      (2) La Palabra de Dios es nuestra espada.
   3. Ser un testigo personal (vv. 40, 46).
      (1) Ejemplos de los discípulos.
      (2) Señal de una persona salva: Lleva a otros a Cristo.
   4. El mejor sermón: el testimonio personal.
IV. Por qué debemos ganar a otros para Cristo.
   1. Es el mandato de Cristo.
   2. Da gozo aquí y en el cielo (Luc. 15:10, 32).
   3. Es nuestra responsabilidad (Eze. 33:7-9).
Conclusión: Dios espera que nosotros seamos sus testigos ante nuestros familiares, amigos, vecinos y el mundo en general. ¿Dónde va a empezar usted?

49 Le respondió Natanael:

—Rabí*, ¡tú eres el Hijo de Dios! ¡Tú eres el rey de Israel!

50 Respondió Jesús y le dijo:

—¿Crees porque te dije: "Te vi debajo de la

higuera"? ¡Cosas mayores que éstas verás!

51 Y les dijo:

—De cierto, de cierto os digo que veréis* el cielo abierto y a los ángeles de Dios que suben y descienden sobre el Hijo del Hombre.

---

*1:49 O: *Maestro*
*1:51 Algunos textos tardíos aquí incluyen *de aquí en adelante.*

---

decía: "toma y lee". Segunda, es muy probable que Felipe haya hablado a Jesús acerca de Natanael aun antes de encontrarlo y llevarlo a él, pues se implica en el v. 45 que eran conocidos desde antes.

En el v. 49 Natanael emplea el título *rabí* (ver v. 38) que no había usado en su primera respuesta (v. 48). Fue tan impresionado por la respuesta de Jesús que, según Barclay, "se entregó para siempre a un hombre que leyó, comprendió y satisfizo su corazón". El conocimiento milagroso de Jesús le convenció que delante de él estaba *el Hijo de Dios*, el mismo Mesías, como fue el caso con la mujer samaritana (4:29) y Tomás (20:28). El título *rey de Israel* es muy raro en el NT, encontrándose sólo aquí, en 12:13, Mateo 27:42 y Marcos 15:32. Este título encerraba la esperanza de un libertador nacional quien volvería a reinar con la gloria y poder de David, un concepto popular durante el ministerio público de Jesús. Al usar este título, Natanael estaba reconociendo a Jesús como su propio rey y señor.

El Hijo del Hombre
(1:51)

En el Evangelio de Juan, Jesús usa 12 veces el término "Hijo del Hombre" para referirse a sí mismo. Se usa una vez más en los labios de las personas que le citan a él (12:34). (En los Evangelios Sinópticos se usa este título 67 veces). Este título no se refiere a la humanidad de Jesús, sino a su divinidad. Es una expresión que se encontraba en el libro de Daniel y en algunos libros apócrifos y apocalípticos. En los tiempos de Jesús se entendía que se refería al Mesías.

Jesús indica que Natanael había llegado a creer en él como Mesías porque lo había visto sentado *debajo de la higuera.* Crees puede ser una afirmación o una pregunta, aunque en el texto griego de las Sociedades Bíblicas Unidas figura como pregunta. Recordamos que no había signos de puntuación en los mss. originales, sino que fueron agregados paulatinamente a través de los siglos. Natanael es señalado como el primero del cual este Evangelio dice explícitamente que cree (ver vv. 7, 12). Natanael había creído en Jesús por su conocimiento milagroso que Jesús tenía de su carácter, pero Jesús en efecto le dice "tú no has visto nada hasta ahora, cosas más grandes vendrán". *¡Cosas mayores que éstas verás!* Los seguidores de Jesús fueron sorprendidos una y otra vez durante su ministerio por las manifestaciones de su conocimiento y su poder para obrar milagros.

De cierto, de cierto os digo es lit. "amén, amén te digo", una expresión que Jesús empleó frecuentemente para enfatizar la importancia de algo que estaba por decir. Amén es el participio de un verbo que significa "confirmar o afirmar", dando el sentido de "firme, digno de crédito". Generalmente se usa para expresar aprobación o ascenso a lo que otro ha dicho o hecho. El uso doble de "amén" se encuentra unas 25 veces exclusivamente en este Evangelio, siempre pronunciado por Jesús; el uso singular de "amén" se repite unas 30 veces en Mateo, 14 en Marcos y 7 en Lucas. Jesús se vuelve de Natanael y se dirige a todo el grupo con *Os digo.*

La mención del cielo y de los ángeles que suben y descienden probablemente se re-

Jesús en la boda de Caná

2 Al tercer día se celebró una boda en Caná de Galilea, y estaba allí la madre de Jesús.

2 Fue invitado también Jesús con sus discípulos a la boda. 3 Y como faltó el vino, la madre de Jesús le dijo:

---

fiere a la visión que Jacob tuvo una noche, lejos de casa, cuando huía de la ira de su hermano Esaú (Gén. 28:10-22). Hay por lo menos dos referencias al *cielo abierto* en el NT: en el bautismo de Jesús (Mat. 3:16) y en la visión de Pedro (Hech. 10:11; ver Apoc. 19:11). Parece que la visión tendría que ver con la comunicación libre y continua entre el Padre y su Hijo antes de la ascensión y, después, entre el Padre y la iglesia. *Suben y descienden* parece indicar que los ángeles estaban en la tierra, pues su primera acción es subir. Si la referencia es a la visión de Jacob, Jesús mismo tomaría el lugar de la escalera, el vínculo entre los cielos y la tierra (ver 3:13). Su ministerio sería el de revelar a Dios, su voluntad y las realidades celestiales a los habitantes de la tierra. Varios comentaristas llaman la atención al tiempo perfecto del verbo *abierto*, el cual significa una acción cumplida, pero cuyos resultados permanecen. Basado en esta observación, Strachan entiende que este versículo es la clave para el concepto cabal que Juan tenía de Jesús. Dicho autor dice que "el cielo abierto de par en par y los ángeles subiendo y descendiendo simbolizan todo el poder y amor de Dios, ahora al alcance de los hombres, en el Hijo del Hombre".

Una manera de resumir de este capítulo sería mencionar los distintos títulos dados a Jesús: el Verbo y Dios (v. 1), la vida y la luz de los hombres (v. 4), la luz verdadera (v. 9), el unigénito del Padre (v. 14), uno mayor que Juan el Bautista (vv. 15, 26 s., 30), Jesucristo (v. 17), el Dios único (v. 18), el Señor (v. 23), el Cordero de Dios (vv. 29, 36), el que bautiza en el Espíritu Santo (v. 33), el Hijo de Dios (vv. 34, 49), Rabí (vv. 38, 49), el Mesías (v. 41), aquél de quien escribieron Moisés y los Profetas (v. 45), el Rey de Israel (v. 49).

III. LAS SEÑALES Y LOS DISCURSOS PÚBLICOS DE CRISTO, 2:1—12:50

Habiendo llamado a sus primeros discípulos, Jesús ahora está pronto para iniciar su ministerio público. Esta sección abarcará unos tres años de eventos que incluyen siete señales y siete discursos, llevándonos al cierre de su ministerio público y al principio de la semana de la pasión.

1. La primera señal: el agua hecha vino, 2:1-11

El escenario cambia abruptamente de la zona de Betania, al otro lado del Jordán, a Caná de Galilea, un pueblo situado a pocos kilómetros de Nazaret. Hovey calcula que de Betania a Caná habría una distancia de unos 100 km, lo cual demandaría por lo menos tres días caminando. Borchert comenta que la posición de esta señal es de crucial importancia, no solo como la primera por número, sino porque funciona como la cabecera o la clave de todas las que Juan registra.

Al tercer día marca el tiempo desde el último evento registrado cuando Jesús llamó a Felipe y tuvo el encuentro con Natanael. Este sería el séptimo día de la primera semana iniciada en la sección anterior. Jesús había prometido a Natanael que vería "cosas mayores" y no demoró en comenzar a cumplir esa promesa, y lo hizo en el mismo pueblo de donde era Natanael (21:2). *Y estaba allí la madre de Jesús*, indicando la probabilidad de la cercanía de Caná a Nazaret y de que fuera en la casa de parientes o de amigos íntimos. Raymond Brown cita una tradición apócrifa en la cual María aparece como la tía de novio. El verbo en el tiempo imperfecto *estaba*, contrastando con el verbo en el tiempo aoristo *se celebró*, podría significar que ella estaba pasando tiempo en ese hogar.

—No tienen vino.

4 Jesús le dijo:

—¿Qué tiene que ver eso conmigo y contigo, mujer*? Todavía no ha llegado mi hora.

5 Su madre dijo a los que servían:

—Haced todo lo que él os diga.

6 Había allí seis tinajas de piedra para agua, de acuerdo con los ritos de los judíos para la

---

*4:4 Un apelativo respetuoso en el tiempo de Jesús; comp. 4:21; 8:10; 19:26; 20:13, 15

Su proceder con los siervos y sentido de responsabilidad cuando faltaba el vino apoyan esta conjetura. No se menciona el nombre de *la madre de Jesús*, pero no hay duda de que fuera María. José no se menciona en este Evangelio, excepto en la expresión "hijo de José" (1:45), y no aparece en el grupo invitado a la boda; muchos suponen que había fallecido en el ínterin desde Lucas 2:51, unos 17 años antes. En cambio, algunos creen que 6:42 indica que José vivía aún.

Por primera vez, los seguidores de Jesús son llamados *sus discípulos* (v. 2). Algunos sugieren que Jesús sabía de la boda y por eso dejó la zona de Betania a tiempo para llegar para este evento. Probablemente sus discípulos fueron invitados por su vínculo con Jesús y no porque fuesen conocidos por los dueños de casa.

Y como faltó el vino describe una situación embarazosa para los dueños de casa y la interrupción de la fiesta. Morris comenta que tal situación se consideraría como una falta grave y quizá metería a los padres del novio en un pleito legal. La fiesta de boda podría durar hasta una semana entera (ver Gén. 29:27; Jue. 14:15). La falta de vino podría indicar que los padres del novio eran de pocos recursos, o que llegaron muchos no invitados. Quizá la presencia de los discípulos de Jesús contribuyó a la falta. Hasta este momento Jesús no había realizado ningún milagro (v. 11); sin embargo, es evidente que María sentía cierta responsabilidad por encontrar una solución al problema, por un lado, y, por el otro, creía que Jesús podría colaborar en alguna manera. Lo que dijo María (v. 3) es más que mera información, es una indirecta a su hijo para hacer algo. Su madre tendría una convicción ya de que su hijo era el Mesías, pues recordaba el mensaje del ángel, el nacimiento virginal y el escenario en el templo cuando Jesús tenía apenas 12 años de edad. No hay indicación de que ella esperaba un milagro, pero es posible que pensaba que en alguna manera él podría dar pruebas de que era el Mesías.

Literalmente, Jesús responde a María: "¿qué a ti y a mí, mujer?". Podemos decir con absoluta confianza que no hay nada despectivo en llamar a su madre *mujer* (ver 4:21; 19:26; 20:13, 15). Quizá María pensaba que las relaciones íntimas

---

"Mi hora"

Cristo habla en varias ocasiones en el evangelio de "su hora", que significaba la hora de su sacrificio (2:4; 4:21; 7:30; 8:20; 12:27). La hora determinada por su Padre sería la hora de su muerte. Nadie excepto él podía controlarla. Él había venido para cumplir el plan de Dios, para dar salvación a las personas. Solamente lo podría hacer cumpliendo también la hora determinada por el Padre.

Paradójicamente, la hora de la muerte de Jesús fue también la hora de su glorificación: "Ha llegado la hora para que el Hijo del Hombre sea glorificado... ¿Qué diré: 'Padre, sálvame de esta hora'? ¡Al contrario, para esto he llegado a esta hora! Padre, glorifica tu nombre" (12:23, 27). La gloria de Cristo se hace realidad frente al mundo, para que todos puedan ver su sacrificio al llegar "su hora". Éste es el verdadero corazón del Evangelio de Juan: el sacrificio de Cristo es la demostración del amor de Dios para el mundo, y por medio de este sacrificio y glorificación podemos ser hechos "sus hijos/as" al creer en su Hijo.

purificación. En cada una de ellas cabían dos o tres medidas*. **7** Jesús les dijo:

—Llenad de agua las tinajas.

Y las llenaron hasta el borde. **8** Luego les dijo:

—Sacad ahora y llevadlo al encargado del banquete.

---

*2:6 O sea, aprox. de 40 a 75 litros por tinaja, ya que esta clase de medida tenía entre 20 y 25 litros

---

de madre-a-hijo que había gozado con Jesús en el hogar en Nazaret todavía estaban en pie. Con esta pregunta, Jesús quería aclarar a su madre que, a partir de este momento, y en el cumplimiento de su misión, tendría que obedecer la voluntad de su Padre celestial (ver Luc. 2:49) por encima de la de su madre. *Todavía no ha llegado mi hora* daría la idea de que se negaba a "tomar cartas" en el asunto. Por lo menos, María no lo entendió como una negativa categórica. En varias ocasiones a través de su ministerio público Jesús expresó esto o el autor dijo algo semejante (ver 7:6, 8, 30; 8:20), pero poco antes de su crucifixión dijo "ha llegado la hora" (12:23; ver 12:27; 13:1; 16:32; 17:1). Quizá en esta ocasión se refería solo a la manifestación de su poder milagroso o a la revelación de que era el Mesías, pero Morris opina que ya, en el mismo comienzo de su ministerio, estaba pensando en su culminación.

María se dirige a los sirvientes y les ordena. Tal orden de ella indica a lo menos dos cosas: tenía cierta responsabilidad y autoridad en el hogar, la cual los sirvientes reconocían y, a pesar de la aparente negativa de Jesús, ella esperaba que al fin él haría algo para solucionar la falta de vino. *A los que servían* no es un verbo, ni un participio en el texto griego, sino un sustantivo que se traduce "a los sirvientes" (*diakonos*[1249]). Nuestro término "diácono" es la transliteración de este vocablo gr. y normalmente se refiere al que servía la mesa o que realizaba otra tarea humilde en la casa. Raymond Brown, un católico romano, tiene razón cuando rechaza el concepto de algunos escritores católicos que prácticamente atribuyen el milagro a María, indicando que fue ella la que empujó a Jesús a adelantar el momento de realizar milagros.

Las seis tinajas eran *para la purificación*, según un rito judío (ver Mat. 15:2; Mar. 7:1-4; Luc. 11:39). No era asunto de higiene, sino una costumbre ritual que las autoridades judías exigían antes de comer. *En cada una de ellas cabían dos o tres medidas*. Todos los detalles indican el reportaje de un testigo ocular; p. ej., el número, tamaño y material de las tinajas. Una medida (*metretes*[3355]) era equivalente a unos 30 litros, así que en cada tinaja cabrían unos 60 a 90 litros. Este

---

Las bodas en los tiempos de Jesús

En el tiempo de Jesús la pareja que quería casarse tenía que desposarse el uno con el otro, por regla general con mucha antelación. Aunque similar a los compromisos de nuestros tiempos, era aún más obligatorio que ahora. Se daban regalos y tomaban votos de compromiso. Al cumplir el acto de su compromiso ya se consideraban como pareja y los dos se pertenecían el uno al otro aunque todavía no vivían juntos.

La boda venía después. No había una ceremonia como hoy día. Se llevaba a la novia de la casa de su padre a la casa de su novio. El novio, juntamente con sus amigos, iba a la casa de la novia a buscarla, y con gran celebración, cantos e instrumentos musicales el novio llevaba a la novia a su casa. Los invitados se juntaban a la procesión en el camino.

Había una comida especial preparada en la casa del novio o de sus padres y todos los amigos y vecinos eran invitados a la gran fiesta. Muchas veces la fiesta duraba de siete hasta catorce días, donde se celebraba con comida, bebida y con gran regocijo. Al finalizar las celebraciones, el novio llevaba a la novia a su cámara nupcial y el matrimonio era consumado.

Se lo llevaron; **9** y cuando el encargado del banquete probó el agua ya hecha vino, y no sabía de dónde venía (aunque los sirvientes que habían sacado el agua sí lo sabían), llamó al novio **10** y le dijo:

—Todo hombre sirve primero el buen vino;

---

número multiplicado por seis daría entre 400 y 500 litros, una cantidad impresionante.

Las palabras de Jesús son un mandato que constituye el primer paso en el milagro que iba a realizar. Jesús frecuentemente involucraba a sus discípulos u otros en la realización de milagros. En relación con esta observación, Ryle comenta que "los deberes son nuestros, los eventos son de Dios. Es nuestro deber llenar las tinajas; es el de Cristo convertir el agua en vino". En esta ocasión, los sirvientes de la casa cooperan, obedeciendo al pie de la letra el mandato. *Y las llenaron hasta el borde*, una acotación importante, indicando que no había lugar para agregar otra sustancia y que, en el momento de realizar el milagro, las tinajas contenían solamente agua.

El verbo *sacad* (v. 8), juntamente con el adverbio *ahora*, es un mandato con énfasis en una obediencia inmediata, como dicen en Chile: "al tiro". *Encargado del banquete* es lit. "el principal de la sala de fiesta", un término usado en el NT sólo aquí y en el v. 9. Algunos sugieren que se trata de un sirviente que tendría el deber de probar la comida y la bebida antes de ofrecerla a los demás. Otros opinan que se refiere a uno de los huéspedes seleccionado para presidir en el banquete, según la costumbre de los griegos y los romanos.

El texto no aclara el momento preciso cuando se realizó el milagro, pero se implica que fue un acto instantáneo. Si toda el agua fue hecha vino, además de satisfacer la falta del momento, Jesús estaba proveyendo un regalo valioso para los recién

Caná de Galilea

y cuando ya han tomado bastante, entonces saca el inferior. Pero tú has guardado el buen vino hasta ahora.

11 Este principio de señales* hizo Jesús en Caná de Galilea, y manifestó su gloria; y sus discípulos creyeron en él. **12** Después de esto,

*2:11 Ver 4:46-54; 5:1-9; 6:1-13; 6:16-21; 9:1-41; 11:1-44

---

casados, pues seguramente el grupo no podría consumir tanto vino en lo que faltaba de la fiesta. Algunos comentaristas opinan que el milagro sucedió en los utensilios mientras llevaban el vino a la sala y no en las tinajas. En todo caso, el milagro revela la superabundancia de las provisiones de Cristo para los suyos. *El encargado no sabía de dónde venía* el agua hecha vino, pero sí sabía que era de muy buena calidad, lo que le sorprendió. En cambio, los sirvientes *sí lo sabían*, pero habían guardado el secreto.

> ### Joya bíblica
> **Este principio de señales hizo Jesús en Caná de Galilea, y manifestó su gloria; y sus discípulos creyeron en él (2:11).**

El encargado, sorprendido por el buen gusto del vino, explica la costumbre de las fiestas (v. 10) y porqué estaba sorprendido por el procedimiento inusual del dueño de casa. *Cuando han tomado bastante* traduce un verbo subjuntivo (*methuo*[3184]) del tiempo aoristo, voz pasiva, que significa "se hayan emborrachado" o "estén bien intoxicados", incapaz de distinguir entre el buen vino y o "el peor". *El buen vino* indica la excelente calidad del agua hecha vino y motivando la sorpresa expresada. La indicación es que el grupo no había tomado tanto hasta ese momento como para no distinguir el buen vino. Lo que Cristo provee soporta la comparación con lo que el mundo ofrece, y siempre sale ganando.

El que escribe ha leído y escuchado la afirmación de pastores y otros líderes quienes, deseando comprobar que la Biblia prohíbe el uso de bebidas alcohólicas, insisten que Jesús no podría haber hecho algo que dejaría intoxicadas a las personas. Sugieren que quizá lo que hizo sería una cierta mezcla de jugo de uva de buen gusto. Dejamos dos evidencias en contra de esa clase de interpretación: primera, el término *oinos*[3631] significa precisamente lo que nosotros conocemos como vino, una bebida que puede intoxicar. Segunda, la sorpresa del encargado, el cual no fue sorprendido por no ser vino, sino por ser vino de excelente calidad, indica que él estaba convencido de lo que probaba. Obviamente, él y los demás asistentes podrían distinguir entre buen vino y jugo. Por cierto, no abogamos en favor de la práctica de parte de los creyentes, de tomar bebidas alcohólicas; por otro lado, no debemos tergiversar el sentido del texto bíblico en nuestro afán de defender la abstinencia del alcohol. Hay otros argumentos válidos para eso.

Muchos han cuestionado la historicidad de este evento y otros han criticado el uso del poder divino para solucionar la falta de vino en una fiesta como "milagro de lujo". Tales críticas dejan de ver el propósito y el resultado de los milagros o señales. No es sólo la primera señal en este Evangelio, sino la primera de su ministerio, descontando los supuestos milagros realizados por Jesús durante su niñez, registrados en los Evangelios apócrifos. *Señales* es la traducción correcta del término griego *semeion*[4592]. Una señal es más que un milagro o un hecho sobrenatural, que puede provocar asombro. La señal tiene la cualidad de apuntar a los espectadores a una realidad más allá del hecho sobrenatural en sí. Las señales realizadas por Jesús eran como flechas luminosas apuntándole a él e identificándole como el Mesías. Por medio de las señales, *Jesús manifestó su gloria; y sus discípulos creyeron en él.* Borchert llama la atención al hecho de que *gloria* en Juan se deriva del AT, donde se refiere al poder milagroso de Dios manifestado en obras sobrenaturales (p. ej., Éxo. 16:6-10; 24:15-17; 33:18-23; 40:34). Las señales en Juan apuntan al lector a esa realidad de que el Dios del AT está actuando de nuevo en Cristo Jesús. La intención expresada por Juan al escribir el Evangelio fue la de señalar a Jesús como el Cristo (20:31). Se implica, pues, que cuando dice que *creyeron en él* se refiere a una creencia definida en él como el Mesías. El texto dice que Natanael creyó en él (1:50), y los demás discípulos ciertamente creyeron en él hasta cierto nivel, hecho indicado por haber dejado sus tareas y comenzado a seguirlo. Pero hay niveles de creencia y cada señal que Jesús realizó confirmó, ahondó, amplió y maduró la fe de los discípulos.

Es interesante que el autor no menciona el impacto que esta obra estupenda habrá tenido en los demás invitados a la fiesta, quienes seguramente se enteraron de lo que había pasado. ¿Qué efecto habrá tenido en el encargado de la fiesta, en el novio, en sus padres, en todos los invitados y especialmente en María? ¿Ninguno de ellos había captado que este carpintero

---

Grupos sociopolíticos y religiosos

En los tiempos del Nuevo Testamento habían varios grupos que se mencionan frecuentemente en los Evangelios y que tenían contacto con el ministerio de Cristo.

1. Los escribas. Eran personas que sabían leer y escribir; y por tener estos conocimientos cumplían una función esencial en la sociedad. Como parte de su trabajo, escribían contratos, cartas y copiaban documentos. Había escribas en todos los niveles de la sociedad, desde la corte real, el Sanedrín, hasta el pueblo más remoto. Parece que la enseñanza de la Torá era también una de las funciones de los escribas, como es el caso de Esdras en el Antiguo Testamento.

En los evangelios, los escribas tienen una relación con el gobierno en Jerusalén, donde parece que ayudaban a los sacerdotes en los procedimientos judiciales y en la función del Sanedrín.

2. Los fariseos. Eran un grupo que tenía como meta implementar en la vida de sus miembros las enseñanzas de la Torá, incluyendo toda la tradición oral. No hay mención de ellos en el Antiguo Testamento. A pesar de ser mencionados frecuentemente en los Evangelios, no era el grupo más influyente en los tiempos de Jesús. El historiador Josefo, quien era fariseo, dice que eran los intérpretes más exactos de la Ley, y tenían la posición de la secta más importante de la sociedad, especialmente entre las masas.

Los fariseos querían estructurar al judaísmo según una interpretación estricta de la Torá y las interpretaciones que se habían transmitido oralmente. Parece que para ellos la observación estricta de la enseñanza legalista de los escribas era aún más importante que la Ley misma. Sus ideas siempre tenían una perspectiva política y social, juntamente con su perspectiva religiosa. Se preocuparon mayormente por la pureza ritual y, aunque no eran sacerdotes, hicieron interpretaciones de la Torá que les dio una autoridad única por su conocimiento preciso de ella y la práctica exagerada de sus ordenanzas, especialmente en cuanto a la pureza y la forma legalista de seguir la Ley. Nicodemo y Saulo de Tarso eran fariseos, entre otros que llegaron a ser creyentes en Jesús.

Después de la destrucción de Jerusalén parece que los fariseos como grupo desapareció, pero sus enseñanzas e influencia continuaba por medio de las enseñanzas de los rabinos. Al no tener el templo, la práctica de la Ley llegó a ser aún más importante.

3. Los saduceos. Eran miembros del estrato social más alto; tenían entre sus integrantes a muchos de los sacerdotes, y en los tiempos de Cristo al sumo sacerdote. No se sabe mucho de ellos, pero sí que no creían en la resurrección. Existían desde la segunda mitad del segundo siglo antes de Cristo hasta la destrucción de Jerusalén en el año 70 d. de J.C. Durante el tiempo que duró el control romano, probablemente compartían la idea de la clase gubernamental de que debían aceptar la autonomía parcial que Roma les ofrecía y no esforzarse por lograr la independencia nacional. En un sentido, esto es fácil de entender porque ellos querían mantener el status quo. Aunque eran rivales de los fariseos, en muchas ocasiones trabajaron juntos en el Sanedrín, como lo vemos en su determinación por eliminar a Jesús.

(Continúa en la pág. siguiente)

él descendió a Capernaúm con su madre, sus hermanos y sus discípulos; y se quedaron allí no muchos días.

Jesús purifica el templo*

13 Estaba próxima la Pascua de los judíos, y

*2:13t Comp. Mat. 21:12, 13; Mar. 11:15-17; Luc. 19:45, 46

---

de Nazaret era más que un mero hombre? Parece que el interés del autor del Evangelio corría en otra dirección, la de los discípulos.

La presencia de Jesús en la fiesta de la boda y la primera señal que realizó allí revelan dos cosas más: él aprobó la práctica del casamiento del hombre con la mujer de por vida, y aprobó la práctica de festejarlo con comida y bebida. Plummer observa que en este evento vemos también el contraste entre los milagros del AT, que mayormente eran de juicio, y los del NT, que mayormente eran de bendición. Por ejemplo, Moisés convirtió el agua en sangre, pero Jesús la volvió en vino.

2. La visita a Capernaúm, 2:12

Después de esto es una expresión que Juan emplea frecuentemente cuando desea llamar la atención a un nuevo episodio sin especificar la duración del intervalo. *Descendió* indica el descenso de la planicie de Nazaret y Caná a las playas del mar de Galilea. Probablemente los discípulos (pescadores) querían visitar sus propios hogares. También algunos opinan que María y sus hijos dejaron Nazaret y se establecieron definitivamente en Capernaúm. *Se quedaron allí no muchos días*, sin embargo, podría indicar lo contrario, o quizás se refiere sólo a Jesús y sus discípulos. La breve visita a Capernaúm en esta ocasión podría indicar solamente su apuro de llegar a Jerusalén para la Pascua (v. 13). Según los Sinópticos, Jesús consideró que Capernaúm era "su propia ciudad" (Mat. 9:1) y el centro de su ministerio público. *Sus hermanos* aparentemente se refiere a sus hermanastros, o sea, hijos de José y María después del nacimiento de Jesús. A pesar de la enseñanza católica romana al contrario, la interpretación más natural de tales pasajes como "no la conoció hasta que ella dio a luz un hijo" (Mat. 1:25) y "dio a luz a su hijo primogénito" (Luc. 2:7) indican que, luego de nacer Jesús, María sí tuvo hasta cuatro hijos y también hijas (Mat. 13:55, 56). Los que insisten en el dogma de la virginidad perpetua de María argumentan que los "hermanos de Jesús" serían los hijos de José provenientes de un matrimonio anterior a su casamiento con María, o "hermanos espirituales", o "primos hermanos", o quizás hijos adoptivos de José y María. Sin embargo, no hay la más mínima base en las Escrituras para tales conjeturas. Esta es la última mención de la madre de Jesús hasta que llegamos a la semana de la pasión.

(Continúa de la pág. anterior)

4. El Sanedrín. Era el concilio aristocrático de Jerusalén, el mayor cuerpo judicial. En el "juicio" de Jesús ante este grupo se menciona al sumo sacerdote, a los principales sacerdotes, a los ancianos y a los escribas. Los principales sacerdotes eran los más influyentes en Jerusalén, y provenían de las familias más prominentes. Los ancianos eran los ciudadanos más importantes, probablemente el varón de más edad en la familia. Aunque la mayoría de ellos eran saduceos, Gamaliel, un fariseo "honrado por todo el pueblo", salva la vida de los apóstoles en Hechos 5:33-42. Más tarde, Pablo ante el Sanedrín se declara que es fariseo y que por su creencia en la resurrección está ante ellos. Se produjo tal disensión entre ellos, que los soldados temían por la vida de Pablo. En esta forma vemos la carga emocional que se producía por las posiciones cerradas que mantenían, aun dentro del juzgado nacional más importante.

Jesús subió a Jerusalén. **14** Halló en el templo a los que vendían vacunos, ovejas y palomas, y a los cambistas sentados. **15** Y después de hacer un látigo de cuerdas, los echó a todos del

---

3. La limpieza del templo y la reacción, 2:13-17

Entramos ahora en el segundo evento del ministerio público de Jesús, cuando él desafió por primera vez a las autoridades del judaísmo. Los cuatro Evangelios registran una limpieza del templo, pero hay una aparente discrepancia entre los Sinópticos y Juan, aquellos ubicándola al fin del ministerio público y este al principio. Hay dos posibles soluciones: primera, el evento tuvo lugar al fin del ministerio de Jesús, pero Juan, por motivos especiales y dejando de lado la cronología, la ubica al principio; o, segunda, hubo dos limpiezas distintas, una al principio y otra al fin del ministerio público. Hay razones importantes para optar por la segunda solución; en particular, las diferencias marcadas entre el relato en los Sinópticos comparado con el de Juan. Por ejemplo, Morris menciona unas 10 diferencias importantes en los términos usados para describir los eventos y las acciones de Jesús en ambas limpiezas. Corroborando esta posición está el hecho de que, aparte del ministerio del Bautista, nada de lo relatado en los primeros cinco capítulos de Juan se encuentra en los Sinópticos.

Las fiestas religiosas de los judíos eran importantes para Juan y sirven como puntos clave en el desarrollo del Evangelio: Pascua, 2:13; Pascua o Purim, 5:1; Pascua, 6:4; Tabernáculos, 7:2; Dedicación, 10:22; Pascua, 11:55. El número de las Pascuas celebradas durante el ministerio público de Jesús sirve también para determinar su duración. Fueron tres o cuatro

---

La humanidad de Jesús
(2:13-17)

El énfasis de la divinidad de Jesús que hace Juan en su Evangelio, no anula su humanidad. Es céntrico al propósito de Dios. Jesús es "verdaderamente hombre y verdaderamente Dios", como afirmaron los primeros concilios de la iglesia.

Jesús es presentado por Juan como un hombre en acción que revela su carácter como hijo obediente a su Padre. Jesús se relaciona con las personas, y las señales/milagros que él hace, con la excepción de andar sobre el agua, resultan de su compasión por las personas.

Aunque en el Evangelio de Juan encontramos el conflicto creciente entre Jesús y sus oponentes, hallamos también muchas actividades que demuestran y afirman su humanidad. Un dato interesante son dos comidas muy familiares y gozosas que Juan ha puesto al principio y al final de su Evangelio. En la boda en Caná encontramos una actividad muy humana y familiar; podemos ver a Jesús y sus discípulos gozándose de la fiesta donde toda una comunidad celebraba y festejaba al nuevo matrimonio.

En el desayuno que Jesús prepara para sus discípulos, podemos imaginar la alegría de éstos al estar con su Maestro de nuevo. Habían perdido la esperanza pero ahora podían renovar su relación con Jesús, quien hizo una cosa muy humana al prepararles y compartir la comida para ellos.

En adición, vemos ejemplos de la humanidad de Jesús en lo siguiente: el enojo de Jesús contra las actividades comerciales e injustas en el templo (2:13-17); su cansancio mencionado en 4:6; su sensibilidad hacia la mujer sorprendida en adulterio frente a la voracidad de sus acusadores (8:1-11); sus lágrimas frente al dolor de María y Marta ante la muerte de su hermano Lázaro (11:1-44); su comprensión del amor de María que ungió sus pies (12:1-8); el sufrimiento de su pasión (caps. 18 y 19).

El autor de Hebreos afirma la humanidad de Jesús cuando dice: "Porque no tenemos un sumo sacerdote que no puede compadecerse de nuestras debilidades, pues él fue tentado en todo igual que nosotros, pero sin pecado. Acerquémonos, pues, con confianza al trono de la gracia para que alcancemos misericordia y hallemos gracia para el oportuno socorro" (Heb. 4:15, 16).

templo, junto con las ovejas y los vacunos. Des-   —¡Quitad de aquí estas cosas y no hagáis más
parramó el dinero de los cambistas y volcó las   de la casa de mi Padre casa de mercado!
mesas. **16** A los que vendían palomas les dijo:

Pascuas, dependiendo de la clasificación de la fiesta mencionada en 5:1.

El v. 13 es una referencia de la primera *Pascua* realizada durante el ministerio público de Jesús. El término español *Pascua* es la transliteración del vocablo gr. *pasca^{3957}*. De los judíos se ha interpretado en dos sentidos: como una explicación para los lectores gentiles, o como una indicación de una fiesta cristiana distinta de la de los judíos. Westcott, Barrett y otros se inclinan por la segunda opción, pero la mayoría de los comentaristas apoyan la primera. La Pascua judía era una celebración para conmemorar la intervención milagrosa de Dios para rescatar a su pueblo de la esclavitud egipcia (Éxo. 12). Juan enfatiza la Pascua más que los Sinópticos, probablemente por el significado mesiánico: por ejemplo, la relación entre la liberación que Jesús vino a efectuar de la esclavitud del pecado y la liberación de Egipto, bajo Moisés.

La Pascua fue la más importante de las seis fiestas judías anuales: Pascua, Pentecostés, Tabernáculos, Asamblea Sagrada, Trompetas y Expiación. La Pascua era una de las tres fiestas anuales que, según la ley (Deut. 16:16), era obligación asistir a todo varón judío que estaba físicamente apto y ritualmente limpio. Las otras eran Pentecostés y Tabernáculos. Estas fiestas se realizaban en Jerusalén.

Y Jesús subió a Jerusalén indica un cambio de escenario de Galilea a la capital del judaísmo y el centro de toda actividad religiosa importante. *Subió* puede significar que Jerusalén se situaba en un nivel más elevado que la mayoría de las ciudades en Palestina, pero también puede referirse a su importancia política y religiosa. Por lo tanto, era común hablar de subir a ella (ver 5:1; 7:8; 11:55; 12:20; Luc. 2:42 s.). Era apropiado también que Jesús comenzara su ministerio público en esta ciudad.

El término "templo" (*jieron^{2411}*) se refiere a todo el complejo de edificios, incluyendo todos los patios y el lugar santísimo. Otro término (*naos^{3485}*, ver 2:19), que también se traduce "templo", se refiere al santuario que incluía el lugar santo y el lugar santísimo, o sea, el recinto de más adentro, reservado para la entrada del sumo sacerdote una vez al año. El término "templo" aquí se refiere a uno de los patios, probablemente el de los gentiles. *Los que vendían* puede indicar una práctica común. *Vacunos, ovejas y palomas* eran los animales más usados en los sacrificios. A los más pobres se les permitía ofrecer dos palomas en lugar de una oveja (Lev. 5:7). Los que venían de cierta distancia difícilmente podían traer los animales para sacrificar, dando lugar a un negocio lucrativo para los que vivían cerca y podían proveer los animales para la venta. La demanda era muy grande, considerando que era la Pascua y los miles que asistían. *Los cambistas sentados*, lit. los que trataban con monedas de poco valor. El verbo se refiere a cortar en pedazos pequeños. *Sentados* es una observación interesante, pues algunos hacían su trabajo de pie, dando otra evidencia de un testigo ocular. Algunos de los adoradores querían hacer ofrendas con monedas, pero no se les permitía ofrecer monedas de las provincias romanas que tendrían imágenes paganas, haciendo necesaria una mesa de cambistas. En el relato de la segunda limpieza del templo, según los Sinópticos (Mat. 21:13; Mar. 11:17; Luc. 19:46), Jesús les acusa de ser "cueva de ladrones", indicando que los cambistas explotaban a los adoradores, dando un tipo de cambio muy desfavorable.

Un látigo de cuerdas no se menciona en los Sinópticos, una evidencia a favor de aceptar la realidad de dos limpiezas y de un testigo ocular presente en la ocasión, o

17 Entonces se acordaron sus discípulos que estaba escrito: *El celo por tu casa me consumirá**.

18 Los judíos respondieron y le dijeron:

—Ya que haces estas cosas, ¿qué señal nos muestras?

19 Respondió Jesús y les dijo:

—Destruid este templo, y en tres días lo levantaré.

20 Por tanto los judíos dijeron:

—Durante cuarenta y seis años se construyó este templo, ¿y tú lo levantarás en tres días?

---

*2:17 Sal. 69:9

---

sea, uno de los discípulos. No hay evidencia de que Jesús haya lastimado a alguien, ni aun a los animales, con el látigo, pero el solo hecho de levantarlo infundiría un santo temor en los que habían profanado el templo. No sólo el látigo, sino la mirada airada de Jesús habría sido más que suficiente para asustar a cualquiera. Aparentemente nadie se atrevió a resistir la orden de Jesús. El hecho de que un solo hombre haya infundido temor en una multitud, y ésta con la autorización de la jerarquía judía, revela algo de la indignación y autoridad del Hijo del Hombre. *Desparramó el dinero... y volcó las mesas*, habiendo huido ya los encargados. Es la única ocasión cuando Jesús haya recurrido a la fuerza física o amenazado de herir en su ministerio.

Después de estas acciones sorprendentes y aun violentas, todavía indignado, Jesús dio dos órdenes, una positiva y una negativa (v. 18). El primer mandato *quitad* ("levantad, cargad, removed") es un imperativo en el tiempo aoristo que significa acción inmediata. El segundo mandato es más bien "dejad de hacer", la prohibición con un imperativo en el tiempo presente, demandando la cesación de una acción en marcha en vez de prohibir el comienzo de algo. Jesús explica ahora el motivo que le llevó a actuar tan enérgicamente. En los Sinópticos el motivo de su acción parece ser el negocio deshonesto que practicaban, llamándoles "cueva de ladrones", pero aquí el motivo es la mera presencia de tales negocios que profanaba el templo que él llama *casa de mi Padre*. En la limpieza registrada en los Sinópticos, Jesús declara: "Mi casa será llamada casa de oración"

(Mat. 21:13), omitiendo la segunda parte de la cita "para todos los pueblos" (Isa. 56:7). Como observamos arriba, este negocio se realizaba en el único lugar reservado en el templo para los gentiles. Con tanto movimiento y ruido secular, ellos se encontraban privados de un lugar apropiado para orar, mucho menos para adorar. Los judíos se habían olvidado de las palabras de Isaías "para todos los pueblos".

La limpieza del templo realizada por Jesús sin lugar a dudas dejó a los discípulos con la "boca abierta". Habían observado un aspecto nuevo y sorprendente en su Maestro, su santa indignación. Se acordaron del Salmo 69:9 donde se describe el alma angustiada por la corrupción en las prácticas religiosas, resultando en la expresión "el celo por tu casa me ha consumido". Vieron este mismo sentimiento en su Maestro. Algunos comentaristas ven en este evento no solo la acción de un reformador radical, sino la señal de la llegada del Mesías. Juan no cita tan frecuentemente el AT como Mateo, pero Richard Morgan encuentra que el AT está presente en todo momento crucial de este Evangelio.

4. La destrucción y el levantamiento del templo, 2:18-22

Los judíos respondieron..., es decir, los líderes que habían observado la limpieza del templo y cuestionaban las pretensiones de Jesús. Es interesante que no le acusaron de haber ignorado la autorización dada a los negociantes en el templo. *¿Qué señal nos muestras?* es una pregunta que revela el interés del grupo. Los judíos esperaban que el Mesías venidero realizaría

21 Pero él hablaba del templo de su cuerpo
22 Por esto, cuando fue resucitado de entre

los muertos, sus discípulos se acordaron de
que había dicho esto y creyeron la Escritura* y

*2:22 Sal. 16:10

grandes señales (ver 1 Cor. 1:22). Querían saber si él podía realizar señales para autenticar su pretensión de ser el Mesías profetizado en el AT, ya que ellos tomaban la limpieza del templo en tal sentido. Jesús se negaba a realizar señales para los líderes judíos, pero en los Sinópticos apuntaba a la señal de Jonás, o sea, la resurrección como la única señal que recibirían (Mat. 12:39, 40; 16:4; Luc. 11:29).

La respuesta de Jesús seguramente los tomó de sorpresa: *Destruid este templo, y en tres días lo levantaré*. El mandato *destruid* traduce el verbo gr. *luo³⁰⁸⁹* que significa "desatar" o "desintegrar las distintas partes", y de allí la idea de "destruir" o "matar". Morris considera que el imperativo puede llevar el sentido condicional "si destruís...", pero algunos lo traducen como si fuera del tiempo futuro: p.ej., "destruiréis". El término *templo* (*naos³⁴⁸⁵*) aquí se refiere al lugar santo y es el término que se usa al referirse al cuerpo humano y al conjunto de miembros de la iglesia (1 Cor. 3:16; 6:19). Esta respuesta es a la vez una profecía de la "destrucción de su cuerpo" en la cruz y la resurrección después de tres días. Los judíos no captaron este sentido de la respuesta y luego la usaron para condenarlo en los juicios ante las autoridades judaicas y romanas (Mat. 26:60, 61; Mar. 14:57-59). Los que se burlaban de Jesús cuando estaba colgado en la cruz repetían esta acusación (Mat. 27:40; Mar. 15:29); también la usaron en contra de Esteban antes de apedrearlo (Hech. 6:14). Nótese que en las acusaciones cambiaron el término *levantaré* a "edificaré", tergiversando su respuesta. Es irónico que fueron los mismo judíos que instigaron la realización de la señal que pidieron a Jesús. Morris agrega que es irónico también que, al matar a Jesús, estaban proveyendo un sa-

crificio que realmente podría expiar el pecado y así eliminar el templo como lugar de sacrificio. Algunos encuentran una contradicción en el verbo *levantaré*, pues el NT enseña que es el Padre quien levantaría al Hijo de la muerte. Pero el NT también enseña que la acción de las personas de la Trinidad es inseparable (ver 5:19-22).

El templo que Herodes edificó para congraciarse con los judíos, los cuales no le tenían mucha simpatía, ya tenía 46 años de estar en construcción. Era una estructura magnífica que Herodes comenzó a reconstruir antes de nacer Jesús y que no se terminó sino hasta el año 64 d. de J.C., mucho después de su muerte, o sea, solamente seis años antes de la destrucción total de Jerusalén, incluyendo el templo. Este fue el tercer templo edificado en el mismo lugar: el de Salomón, destruido por Nabucodonosor; y el de Zorobabel, construido después del cautiverio babilónico. *¿Y tú lo levantarás en tres días?*, una pregunta que expresa la absoluta incredulidad de los judíos. *Cuarenta y seis años* es enfático en la frase anterior y *tú* está en una posición de énfasis en esta pregunta. ¡Cuántos miles de obreros trabajaron cuarenta y seis años y el templo todavía estaba en construcción y Jesús pretendía hacer lo mismo en tres días! ¡Una locura! ¡Un absurdo! ¡Una señal que ni ellos podían creer!

El autor del Evangelio inserta una explicación del sentido de la respuesta de Jesús (v. 12). Muchos comentaristas, aun algunos conservadores, tienen dificultad en aceptar la autenticidad de esta interpretación de las palabras de Jesús, pensando que él no se habría referido a su muerte en estos términos. Pero esto no sería extraño, pues ya había indicado su capacidad de leer hasta los pensamientos más íntimos del hombre (1:42, 47), y

las palabras que Jesús había dicho.

23 Mientras él estaba en Jerusalén en la fies-

ta de la Pascua, muchos creyeron en su nombre al observar las señales que hacía. **24** Pero

habría visto algo en los judíos que indicaba la intención final de ellos. Algunos opinan que Juan interpretaba *cuerpo* para referirse al "cuerpo de creyentes", o sea, la iglesia, que Pablo llama el "cuerpo de Cristo" (Ef. 1:23; 4:16; Col. 1:18), pero tal concepto surgió mucho después de Pentecostés. La expresión "tres días" es una clara referencia a la resurrección, pues casi siempre se usa en esa conexión. Es posible, según la costumbre de Juan de encontrar un doble sentido en muchos eventos, de ver en esta expresión una referencia a la destrucción literal del templo, con sus sacrificios, y la formación de un

templo espiritual, el cuerpo de creyentes en que el Espíritu de Dios mora (1 Cor. 3:16).

Los discípulos que estaban presentes no entendieron en ese momento el significado profundo de lo que Jesús había dicho. Después de la resurrección se acordaron de las palabras de Jesús y entendieron lo que él quiso decir en ese entonces. ¿Cómo podría haber dicho, o sabido, esto cualquiera que no hubiese sido discípulo? *Y creyeron la Escritura.* Siendo singular, probablemente *Escritura* se refiere a un pasaje particular y no al AT como un todo. No se sabe a ciencia cierta a qué pasaje se

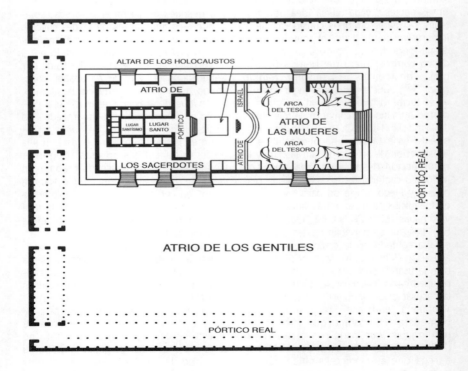

Plano del templo

Jesús mismo no confiaba en ellos, porque los conocía a todos, **25** y porque no tenía necesidad de que nadie le diese testimonio acerca de los hombres, pues él conocía lo que había en el hombre.

---

refería, pero la RVA señala, con una nota, el Salmo 16:10 (ver Hech. 2:31; 13:35) como una posibilidad; otra sería Isaías 53:12. *Creyeron* no significa que por primera vez hayan creído en ese pasaje bíblico, sino que la resurrección confirmó la verdad expresada. Con la resurrección, vino la luz reveladora del Espíritu (14:26), aclarando el significado profundo de las palabras de Jesús y afirmando su fe en ellas. No debemos dejar de notar que se ubican *las palabras* de Jesús al lado de *Escritura*, infiriendo igualdad de valor.

5. Jesús y los hombres, 2:23-25

Juan presenta un resumen del éxito del ministerio de Jesús en Jerusalén, indicando el impacto que hizo en muchas personas quienes "creyeron", pero manteniendo su independencia de los que profesaban fe en su nombre.

El v. 23 da un informe de las actividades de Jesús cuando estaba allí. *En Jerusalén*, sin embargo, es una expresión un tanto ambigua, pues es plural en el texto gr. Una posible traducción sería "entre los habitantes de Jerusalén", pero la RVA sigue a la mayoría de los traductores, optando por señalar a la ciudad como tal y no a sus habitantes. *En la fiesta de la Pascua* se refiere a toda la ceremonia relacionada con esta ocasión, o sea, la comida de la Pascua, más los siete días siguientes de Panes sin levadura. Con esa explicación en mente, Knox lo traduce "en la época de la Pascua". *Muchos creyeron* traduce un verbo en el tiempo aoristo, indicando una decisión definida, aunque el contexto da la idea de que esa decisión era superficial. Vincent compara las dos expresiones, "creer en su nombre" con "creer en él" (ver 8:30), y acota que ésta significa "echarse sobre él" en total confianza mientras aquélla sería "creer en él como aquél que pretendía ser", o sea, la diferencia en-

tre "apropiación" y "reconocimiento". *Al observar las señales que hacía* indica la base de su fe en Jesús. Las señales de Jesús servían para convencerles que de veras él era el Mesías, pero sin una entrega personal a él como Señor de su vida. Una traducción que capta esta idea sería: "muchos creían mientras observaban las señales", indicando que su fe duraba mientras que seguían las señales. Tal clase de fe sería apenas un comienzo, por cierto no para ser despreciada, mejor que nada (ver 6:26; 4:45, 48), pero faltando el elemento de entrega y compromiso (20:29). Lutero la llamaba "fe de leche", que podría crecer a algo más sólido. Juan menciona *señales*, pero no registra ninguna señal hecha en Jerusalén, a no ser la limpieza del templo. Él no pretende registrar todas las señales hechas por Jesús (20:30; 21:25). Tanto el plural *señales*, como el verbo *hacía*, en el tiempo imperfecto, con el significado de "estaba haciendo", indican que habría realizado varias señales a lo largo de toda la fiesta.

Pero Jesús mismo no confiaba en ellos emplea un juego de palabras entre dos verbos, *confiaba* y "creyeron" (ver vv. 22, 23, ambas del gr. *pisteuo*[4100]), que se capta en las siguientes traducciones: "muchos creyeron en su nombre pero Jesús no confió su persona a ellos" y "Jesús no tuvo fe en la fe de ellos". Jesús sí confió en sus discípulos cuando ellos creyeron en él, compartiendo los secretos del reino, pero no en estas personas. *Pero Jesús mismo* marca un agudo contraste entre él y los habitantes de Jerusalén. *Porque los conocía a todos*, es decir, podía "leer" sus mentes y corazones como un libro abierto. El verbo gr. *ginosko*[1097], traducido aquí *conocía*, sugiere un conocimiento adquirido como resultado de discernimiento. Vincent comenta que este conocimiento puede adquirirse de hechos externos (5:6; 6:15) o de discernimiento

Jesús y Nicodemo

3 Y había un hombre de los fariseos que se llamaba Nicodemo, un gobernante de los

judíos. **2** Este vino a Jesús de noche y le dijo:

—Rabí*, sabemos que has venido de Dios como maestro; porque nadie puede hacer estas

---

*3:2 O: Maestro

---

espiritual (10:14, 27; 17:25).

Testimonio es un tema dominante en este Evangelio, es decir, el testimonio a otros en cuanto a Jesús, pero no a la inversa. Nótense los verbos de tiempo imperfecto: "confiaba", "conocía" y "tenía", indicando una acción o condición continua. El pronombre *él* *v. 25b) es enfático, dando el sentido de "pues él mismo conocía...". El NT concuerda con el AT (ver 1 Rey. 8:39b) atribuyendo omnisciencia a Dios. Juan destaca firmemente este atributo sobrenatural de Jesús, una prueba más de su divinidad (ver 4:17, 18; 5:42; 6:61, 64; 13:1, 11; 18:4). Nótese el uso plural y singular en relación con el *hombre*. En el v. 24, "todos", un pronombre masculino plural (*pantas*[3956]), se refiere a todos los hombres, mientras en el v. 25 se usa el sustantivo singular "hombre" (*antropos*[444]). Basado en estas expresiones, Hovey sugiere que Jesús conocía tanto el corazón de todos los hombres como también la naturaleza más íntima del hombre individual.

6. El primer discurso: el nuevo nacimiento, 3:1-36

Sin lugar a dudas, el cap. 3 de Juan es uno de los más conocidos y citados en la Biblia y ¿qué creyente evangélico no puede repetir de memoria Juan 3:16? El propósito del evangelista, expresado en 20:31, es el de señalar a Jesús como el Hijo de Dios. Para lograrlo, emplea dos métodos: relata las señales que Jesús realizó y registra unos discursos que tuvo con individuos y grupos. A veces estos dos métodos se combinan en un episodio. En este primer discurso, Jesús presenta el requisito para entrar en el reino de Dios a una sola persona, quizá en privado, y Juan concluye con una serie de reflexiones.

Generalmente se considera que los vv.

1-15 constituyen la conversación de Jesús con Nicodemo y los vv. 16-21 las reflexiones del autor sobre el discurso. Brown nos ofrece dos maneras que los comentaristas han empleado para organizar el material en esta sección. Primera, hay tres preguntas de Nicodemo (vv. 2, 4, 9) y tres respuestas de Jesús (vv. 3, 5, 11), aunque la primera pregunta es implícita. Segunda, se organiza alrededor de la Trinidad: los vv. 3-8 se refieren a la función del Espíritu, los vv. 11-15 al Hijo del Hombre y los vv. 16-21 a Dios Padre.

Se observa que los discursos en Juan son muy distintos a los de los Sinópticos. Una posible explicación para este fenómeno, según Plummer, es la diferencia entre la audiencia de los discursos y los destinatarios de los Evangelios. Juan relata el ministerio de Jesús mayormente en Judea, entre los judíos más preparados, mientras que los Sinópticos registran el ministerio mayormente en Galilea, entre gente común y menos ilustrada. Además, los discursos relatados en Juan son más largos y más reflexivos, con excepción del Sermón del monte. Otro fenómeno que se observa es la dificultad de saber cuándo habla Jesús y cuándo Juan agrega un comentario o una reflexión.

(1) El nuevo nacimiento, 3:1-15. Desde el comienzo del Evangelio, Juan procura exhibir la incomparable excelencia de Jesús como el Hijo de Dios. Además, lo presenta como el que tenía un propósito definido a favor de los hombres: ofrecerles vida eterna (3:16; 20:31) que incluye vida abundante sobre el planeta tierra (10:10). En la conversación entre Jesús y Nicodemo, Juan enfatiza la verdad central en el evangelio de que esta vida eterna, o entrada en el reino de Dios, se alcanza, no por cumplir con reglas y ritos religiosos, sino

señales que tú haces, a menos que Dios esté con él.

3 Respondió Jesús y le dijo:

—De cierto, de cierto te digo que a menos

---

por una relación personal con Jesús. El conocimiento sobrenatural que Jesús tenía del corazón del hombre y la indisposición de él de confiar en los discípulos superficiales (ver 2:23-25) se manifiestan en su trato con Nicodemo.

Al iniciar esta sección con el uso poco común de la expresión *un hombre* (*antropos*[444]), Juan vincula lo que sigue con el conocimiento del hombre de parte de Jesús en 2:25. Los fariseos constituían el más influyente de los tres principales partidos religiosos (fariseos, saduceos y esenios) durante la vida de Jesús. El término "fariseo" significa "separado" o "separatista", posiblemente porque se dedicaban a distinguir en forma meticulosa entre lo santo y lo inmundo, basados en su interpretación de la ley de Moisés y, por esto, estaban identificados con los escribas. Eran tremendamente legalistas y nacionalistas, siendo muy reacios a los saduceos, quienes eran más políticos y dispuestos a formar alianzas con Roma. Los fariseos no estaban tan identificados con el templo como lo estaban los saduceos y, por lo tanto, no estarían tan ofendidos por la limpieza realizada por Jesús. Inclusive, quizá estaban contentos por el conflicto que éstos tuvieron con Jesús en el cual quedaron mal parados.

Nicodemo posiblemente era uno de los muchos que habían presenciado las señales de Jesús y que quedaron impresionados. Este personaje se menciona sólo en Juan. Algunos especulan que sería uno de los mencionados con ese nombre en escritos extrabíblicos después de la destrucción de Jerusalén. Algunas cualidades del carácter de este hombre son: amante de la verdad, sincero, sensible a los valores espirituales, tímido y temeroso de los hombres. Su nombre es una palabra gr. compuesta que significa "vencedor del pueblo". Una evidencia de la fuerte influencia griega en el primer siglo es que muchos judíos toma-

ron nombres griegos. A este personaje lo encontramos dos veces más en este Evangelio: tímidamente procurando defender a Jesús (7:50-52) y cooperando con José de Arimatea en la sepultura del cuerpo de Jesús (19:38-40). *Un gobernante de los judíos* indica que sería miembro del Sanedrín y representante de la religión judía ortodoxa que, como grupo, se opuso tenazmente a Jesús durante todo su ministerio, jugando un papel decisivo en su crucifixión.

Este vino a Jesús de noche, una nota que despierta varias conjeturas. Indicaría que tenía inquietudes espirituales y quizá sentía la falta de satisfacción en su propia religión, resultados de haber oído las enseñanzas y visto las señales que Jesús había realizado. La sinceridad de Nicodemo es evidente por la manera en que hace preguntas y responde a las palabras de Jesús. Siendo miembro del Sanedrín y sabiendo de su posición contraria a este nuevo "profeta", quiso tener la entrevista en secreto. Algunos conjeturan que su propósito al venir de noche se debe más bien a su timidez, o a su deseo de tener toda la atención de Jesús por un tiempo, sin las continuas interrupciones que sucedían durante el día. Meyer cree que los discípulos, o por lo menos Juan, estarían presentes durante esta entrevista. Muchos comentaristas ven en esta nota un simbolismo, esto es, Nicodemo salía de la "oscuridad de la noche" y entraba en la presencia de uno que dijo "Yo soy la luz del mundo" (8:12), lo opuesto a lo que hizo Judas (13:30).

Rabí, sabemos que has venido de Dios como maestro sirve como un saludo inicial y el reconocimiento de parte de algunos del impacto que Jesús había tenido en el pueblo, y quizá aun entre algunos fariseos. Hull organiza el encuentro de Nicodemo con Jesús alrededor de los tres intercambios entre los dos: el primero (vv. 2, 3), el

que uno nazca de nuevo* no puede ver el reino   de Dios.

---

*3:3 Otra trad., *de arriba*

---

segundo (vv. 4-8) y el tercero (vv. 9-15). El título *Rabí* es uno de respeto y gran honor y, al usarlo, uno reconocía el derecho del otro de ser oído como autoridad en asuntos de religión. Lo llamó *maestro*, aunque no había recibido la preparación oficial para esa función. Los discípulos de Nicodemo lo llamarían a él "Rabí" también. Entonces la entrevista era entre dos maestros, pues Nicodemo también era un "maestro de Israel" (v. 10). Pero, al agregar *has venido de Dios*, Nicodemo reconocía una autoridad inusual de Jesús, que era un profeta con una misión divina. El texto literalmente dice: "porque de Dios has venido (como) maestro", con énfasis en *de Dios*. Su autoridad no dependía de haber cursado los estudios largos e intensos para ser un maestro, sino de su procedencia divina. La expresión *has venido* tiene un eco mesiánico y quizá Nicodemo estaba reconociendo que Jesús era "Aquél que venía", según la esperanza de Israel. Luego Nicodemo revela las evidencias que le habían convencido de que Jesús era uno *venido de Dios*; las mismas *señales* que Jesús había hecho lograron su propósito de despertar que crean en él como el Mesías, el Hijo de Dios.

De cierto, de cierto te digo traduce la doble partícula gr. indeclinable de afirmación (*amen*[281], *amen*) que se usa en el NT con el verbo "decir". La repetición agrega fuerza a una solemne declaración. Tiene el significado de "¡atención, atención!" o "verdad, verdad...". Este término se encuentra en varios idiomas (hebreo, griego, latín y varios modernos), a veces antes de la declaración que se afirma, como aquí, pero en nuestros días normalmente después. Jesús responde abruptamente al saludo de Nicodemo, dejando de lado los títulos y elogios, yendo directamente al grano de su necesidad. *A menos que uno nazca de nuevo* introduce un concepto completamente nuevo para este fariseo. La frase está bien traducida como impersonal: "a menos que *uno* nazca de nuevo", pero es evidente que la aplicación es a Nicodemo. *De nuevo* traduce un término gr., *anothen*[509], que significa lit. "de arriba" o "desde el comienzo", dando de idea de "de nuevo". Ambas ideas se encuentran en el término y Barclay traduce las dos: "a menos que un hombre renazca de arriba". Morris acota que en una sola frase Jesús deja de lado toda la base de la religión de Nicodemo y demanda que él sea re-hecho por el poder de Dios. El que escribe conoció en el Uruguay a un hombre de más de 80 años, convertido cuatro años antes, quien cuando daba su testimonio insistía que tenía solo cuatro años de edad. Para él, la vida comenzó cuando recibió a Jesús como su Salvador. Por cierto, la metáfora "nacer de nuevo" o "de arriba" capta notable y simbólicamente lo radical y profundo de la experiencia de salvación; en Cristo uno llega a ser una nueva creación (2 Cor. 5:17).

No puede ver el reino de Dios constituye la segunda parte de una frase condicional, o sea, la apódosis. Si uno no cumple con la condición de la prótasis, no puede recibir el beneficio deseado. Jesús declara una imposibilidad moral, según la voluntad de Dios, y su palabra es "viva y eficaz, y más penetrante que toda espada de dos filos... discierne los pensamientos y las intenciones del corazón" (Heb. 4:12). Es una declaración tan categórica como, p. ej., "cualquiera que no reciba el reino de Dios como un niño, jamás entrará en él" (Mar. 10:15). Borchert llama la atención al juego de palabras entre Nicodemo ("...nadie *puede* hacer estas señales...", (v. 2; ver vv. 4, 5, 9) y Jesús ("...no *puede* ver el reino..."), entre lo que es posible según la mente finita de Nicodemo y lo que es realmente posible según Jesús.

4 Nicodemo le dijo:
—¿Cómo puede nacer un hombre si ya es viejo? ¿Puede acaso entrar por segunda vez en el vientre de su madre y nacer?

5 Respondió Jesús:
—De cierto, de cierto te digo que a menos que uno nazca de agua y del Espíritu, no puede entrar en el reino de Dios. **6** Lo que ha naci-

---

Ver el reino es equivalente a "entrar en" (v. 5) y ser miembro del reino y participante en él (ver "verá la muerte", 8:51). *El reino de Dios* es una expresión muy común en los Sinópticos, pero se encuentra sólo dos veces en Juan (3:3, 5). Tiene que ver con el reinado de Dios, expresado en la teocracia en el AT y en el reino mesiánico en la tierra que el Hijo de Dios vino a iniciar, compuesto de todos los creyentes en Cristo Jesús. El hecho de que Jesús haya exigido una transformación total a este miembro del gran Sanedrín, en vez de recibirlo gustoso y con brazos abiertos, indica lo radical del reino que estaba iniciando y que no bajaba los requisitos para ganar a "un gran pez".

Plummer afirma que la metáfora de renacer, con el significado de una regeneración espiritual, no sería desconocida para Nicodemo. Sin embargo, Borchert y muchos otros comentaristas dicen lo contrario, que Nicodemo era sincero, entendiendo la afirmación de Jesús en un sentido estrictamente lit., es decir, de un nacimiento físico. Sus preguntas parecen expresar lo absurdo que la exigencia de Jesús le parecía, sobre todo siendo él viejo. Godet sugiere que "Nicodemo no entendía la diferencia entre un *segundo* comienzo y un comienzo *diferente*".

El v. 15 amplía y aclara la exigencia inicial de Jesús. Otra vez Jesús introduce su respuesta con el doble *amén, amén*, indicando una afirmación solemne. Aclara que "nacer de nuevo" no se refiere, o por lo menos no se limita, a un nacimiento físico. La primera cosa que salta a la vista en el texto griego es que no hay un artículo definido ante *agua y Espíritu* y, por tanto, el énfasis debe recaer sobre la cualidad o el carácter de ambos términos. También se observa que Espíritu (*pneuma*[4151]) en la traducción de la RVA que inserta el artícu-

lo definido y lo escribe con mayúscula se justifica porque todos los comentaristas concuerdan en que se refiere a la obra regeneradora del Espíritu Santo.

Lo que ha dado lugar a grandes controversias es la expresión *nazca de agua*. Hay básicamente tres opciones para interpretar *nazca de agua*. Primera, puede referirse al rito de purificación (ver 2:6), o al bautismo de arrepentimiento que Juan el Bautista realizaba. Los fariseos, como grupo, rechazaron el bautismo de Juan (ver Luc. 7:30) y lo que estaba asociado con él, la identificación de Jesús como el Mesías de Dios. Tal paso sería harto difícil para un fariseo. Segunda, *agua* puede referirse a la procreación, un concepto muy extraño para nosotros, pero estudios de Odeberg y otros han demostrado que este término, junto con "lluvia" y "rocío", se usaba para referirse al semen del varón. Si este es el significado, "nacer de agua" se referiría al nacimiento físico. En línea con esta interpretación está el hecho de que el feto humano está en una bolsa de "agua" antes de nacer, haciendo comprensible la idea de "nacer de agua". Tercera, algunos entienden que "nacer de agua" se refiere al bautismo cristiano. Esta es la posición de los católicos y de los que enseñan que el bautismo en agua es esencial para la salvación. Por ejemplo, Brown discute largamente el significado de "nacer de agua" y confiesa que "no creemos que en el evangelio mismo haya base suficiente para establecer la relación existente entre el nacer del agua y el nacer del Espíritu a nivel de la interpretación sacramental". Sin embargo, el mismo autor católico termina diciendo que "es posible que Juan se refiera a la comunicación del Espíritu mediante el bautismo". En contra de esta posición está el hecho de que el bautismo cristiano no existía en el tiempo cuando

do de la carne, carne es; y lo que ha nacido del Espíritu, espíritu es. **7** No te maravilles de que te dije: "Os es necesario nacer de nuevo*". **8** El viento sopla de donde quiere, y oyes su sonido;

pero no sabes ni de dónde viene ni a dónde va. Así es todo aquel que ha nacido del Espíritu.

9 Respondió Nicodemo y le dijo:

—¿Cómo puede suceder eso?

---

*3:7 Otra trad., *de arriba*

Jesús tuvo la entrevista con Nicodemo. Brown, consciente de este hecho, sugiere que esta expresión no representaría las palabras de Jesús, sino que habría sido agregada posteriormente por un redactor cuando ya se practicaba el bautismo cristiano. El que escribe entiende que el versículo siguiente resuelve la discusión, apoyando la segunda opción mencionada arriba.

Parece que Jesús mismo quiso interpretar el v. 5 con las palabras del v. 6. Hay dos clases de nacimiento: el físico y el espiritual. El tiempo aoristo de los verbos (vv. 3, 4, 5, 7) establece el hecho del nacimiento, pero el tiempo perfecto aquí (v. 6) marca el estado existente y continuo de lo que nació. El término *carne* (*sarx*[4561]), que a veces se refiere a la condición pecaminosa del hombre, especialmente en los escritos paulinos, aquí se refiere solamente a la naturaleza humana. Jesús emplea una analogía para explicar lo que es necesario para entrar en el reino de Dios. El ser humano recibe un cuerpo adaptado para funcionar en el mundo material por el nacimiento físico de padres humanos. En una manera parecida, el ser humano que cree en Cristo recibe una naturaleza espiritual del Padre celestial, efectuada por el Espíritu Santo y adaptada para funcionar en el reino de Dios.

Jesús habría leído la sorpresa, o incredulidad, en el rostro de Nicodemo y le exhorta a no quedar paralizado en la contemplación de la maravilla del nuevo nacimiento (v. 7). El tiempo aoristo del verbo indica la cesación de una acción, por ejemplo, "deja de maravillarte". Nótese el cambio de número de persona, de singular (vv. 1-6) al plural *Os.* Jesús se dirige no solo a Nicodemo, sino también a sus ami-

gos. La exigencia para entrar en el reino de Dios es universal, para toda la humanidad, la única excepción siendo Jesús mismo. La evidencia de que Nicodemo estaría acompañado por asociados se ve aquí y en el v. 2 al decir "sabemos". *Necesario* es un verbo impersonal que expresa fuertemente un deber moral o una obligación.

Jesús emplea en el v. 8 otra analogía para explicar el nuevo nacimiento, aprovechando un juego de palabras. *Viento*, *Espíritu* y "aliento" son tres posibles traducciones de *pneuma*[4151]. Hay algo misterioso en la operación del viento: oímos su sonido, sentimos su movimiento y vemos el efecto que tiene en objetos, pero no podemos verlo, ni precisar de dónde viene, ni exactamente hacia dónde se dirige. Tampoco podemos ver al Espíritu Santo, ni saber cómo opera en el ser humano, pero podemos sentir su movimiento en nuestra vida y observar el efecto de su presencia y operación en la vida de personas que han nacido de nuevo. Puesto que el mismo término gr. significa "viento" y "espíritu", algunos traducen Espíritu en ambas posiciones: "El Espíritu sopla de donde quiere... ha nacido del Espíritu". Sin embargo, los términos *sopla* y *sonido* favorecen la traducción de *viento* en la primera referencia.

¿Cómo puede suceder eso? es una pregunta de Nicodemo que expresa su perplejidad ante la explicación de Jesús, sin un intento de refutarla. La traducción lit. sería: "¿Cómo es posible que estas cosas lleguen a suceder?". "Estas cosas" se refiere al nuevo nacimiento. El fariseo pide una explicación más comprensible de este gran misterio.

El Rabí se sorprende por la falta de co-

10 Respondió Jesús y le dijo:

—Tú eres el maestro de Israel, ¿y no sabes esto? **11** De cierto, de cierto te digo que hablamos de lo que sabemos; y testificamos de lo que hemos visto. Pero no recibís nuestro testimonio. **12** Si os hablé de cosas terrenales y no creéis, ¿cómo creeréis si os hablo de las celestiales? **13** Nadie ha subido al cielo, sino el que descendió del cielo, el Hijo del Hombre*. **14** Y como Moisés levantó la serpiente en el desier-

*3:13 Algunos mss. antiguos incluyen *que está en el cielo.*

---

nocimiento de otro rabí, representante de los más eruditos y de la suprema autoridad del judaísmo. Había exhortado a Nicodemo a dejar de maravillarse de sus enseñanzas (v. 7), pero ahora en el v. 10 él mismo se maravilla de la falta de conocimiento del *maestro de Israel* (ver Mar. 6:6). En el texto gr. hay un artículo definido ante *maestro*, traducido "el maestro de Israel", indicando que Nicodemo sería miembro del Sanedrín y tendría un puesto oficial de gran importancia. Con más razón, él tendría que haber comprendido que el hombre no podría obtener la justicia de Dios, o entrar en el reino de Dios, basado en su propio esfuerzo, méritos o justicia.

Por tercera vez Jesús emplea la doble exclamación, "de cierto, de cierto", para introducir una afirmación, ya no en relación con el nuevo nacimiento, sino acerca de otras verdades espirituales. El plural de los verbos puede ser retórico, dando el valor de un proverbio, pero el versículo siguiente tiende a confirmar el sentido literal. Inclusive, algunos comentaristas piensan que sus discípulos estaban presentes, o que Jesús incluía el testimonio de Juan el Bautista en lo que decía. Vincent, por otro lado, opina que Jesús incluía a todos los que han nacido del Espíritu. Plummer sugiere que Jesús y sus discípulos hablaban de cosas terrenales (v. 12a), pero solo él hablaba de las celestiales (v. 12b). Aquí Jesús declara que sus enseñanzas no son meras opiniones, sugerencias o datos de segunda mano, sino que están basadas en hechos objetivos y comprobables de un testigo ocular. *Pero no recibís nuestro testimonio* indica la respuesta no sólo de Nicodemo, sino también de sus compañeros y es una profecía del rechazo de los líderes judíos en general. Jesús emplea dos veces testimonio en este versículo, además de "saber" y "ver", tres términos clave en este Evangelio (ver 1:7). El verbo *recibís*, en el tiempo presente, enfatiza la actitud negativa y continua de los judíos. Las tradiciones y los prejuicios, unidos al celo religioso, cegaban la mente de la mayoría de los fariseos.

Lo que Jesús había dicho acerca del segundo nacimiento es terrenal y celestial: el poder para la regeneración es del cielo pero se efectúa en la tierra en el corazón del ser humano. *Cosas terrenales* se en-

Serpiente de bronce levantada en el desierto

to*, así es necesario que el Hijo del Hombre
sea levantado, **15** para que todo aquel que cree

en él* tenga vida eterna*.

---

*3:14 Ver Núm. 21:9
*3:15a Algunos mss. tardíos aquí incluyen *no perezca, sino que...*
*3:15b Algunas versiones terminan el parlamento aquí, o bien al final del v. 12.

---

tiende en sentido lit., como cosas que suceden en la tierra, y no en el sentido simbólico, como cosas pecaminosas. En los versículos siguientes Jesús habla de *las celestiales*. Tasker opina que *cosas terrenales* se refieren a verdades espirituales para las cuales existe una analogía, como distintas a cosas celestiales, para las cuales no existe un paralelo humano.

En el versículo anterior Jesús empleó la primera persona singular al hablar de cosas celestiales, no incluyendo a los discípulos (ver v. 11). La razón por qué sólo él podía hablar con absoluta autoridad de cosas celestiales es que sólo él tenía conocimiento personal de ellas. *Descendió del cielo* se refiere a su encarnación cuando el Hijo eterno de Dios llegó a ser el *Hijo del Hombre*. No sólo descendió del cielo, sino que mantenía una comunión íntima y continua con el Padre, capacitándole para hablar de *las celestiales*. *Nadie ha subido al cielo* no tiene que ver con los creyentes que han muerto y cuyos espíritus están con Dios. Jesús está afirmando que ninguna persona presente sobre la tierra, excepto el *Hijo del Hombre*, tenía conocimiento personal de las cosas celestiales.

Y como Moisés levantó la serpiente en el desierto introduce la conclusión de las palabras de Jesús, con una predicción de su muerte como plan de Dios para ofrecer vida eterna a la humanidad. Se refiere al episodio relatado en Números 21 cuando Dios envió serpientes ardientes para morder al pueblo como castigo por haberse rebelado en contra de Moisés, su líder divinamente aprobado. Dios instruyó a Moisés para que moldeara una serpiente de bronce y la levantara sobre un asta. Sólo los que miraban a la serpiente levantada, provista por Dios, se salvarían de la mordedura de las serpientes. El adverbio *así*,

de modo o manera, con el sentido de "en la misma manera", relaciona el acto de Moisés con el propósito de la vida y muerte de Jesús. Encontramos otra vez ese verbo impersonal *dei*[1163] (ver 3:7) que habla de una necesidad moral o espiritual, ordenada por Dios. *Levantado* seguramente se refiere a la crucifixión (ver 8:28;12:32), como parte del plan de Dios para la salvación de los creyentes, pero algunos sugieren que, como Juan suele incluir un doble sentido en algunas palabras, también podría referirse a la exaltación del Hijo del Hombre en la resurrección (ver Hech. 2:33; Fil. 2:9). En ambos casos los hombres estaban bajo la condenación de muerte, como sentencia de Dios por su pecado, y en ambos casos Dios provee el medio de liberación de esa sentencia para poder vivir.

En el caso de Moisés se trataba de muerte o vida física, pero en el caso de Jesús se trataba de muerte o vida espiritual y eterna. En el caso de Moisés la condición para obtener vida física fue el mirar con fe a la serpiente de bronce, pero en la enseñanza de Jesús la condición para obtener vida eterna era el mirar con fe al Hijo de Dios. La conjunción de propósito *para que* (*jina*[2443]) expresa la intención y voluntad de Dios. *Todo aquel* abre el beneficio de *vida eterna* a todo el mundo con una sola condición. El verbo "creer" es un participio griego en el tiempo presente con énfasis en una acción continua. No es la creencia superficial y pasajera que salva, sino la que es profunda, sincera y sostenida. Una traducción que capta este significado sería: "todo aquel que está creyendo y sigue creyendo en él...".

Tenga es otro verbo en el tiempo presente que habla de una posesión presente, es decir, tan pronto que uno ponga su fe

16 »Porque de tal manera amó Dios al mun-   do, que ha dado a su Hijo unigénito*, para que

---

*3:16 Otra trad., *único*, en el sentido de *único en su género*

---

en Cristo tiene ya la vida eterna. *Vida eterna* es una de las expresiones favoritas en este Evangelio, siendo aquí la primera de 17 referencias, comparadas con 8 en los Sinópticos y 6 en 1 Juan. Nótese cómo la vida espiritual que Dios ofrece se relaciona estrechamente con Cristo quien dijo: "Yo soy la... vida" (14:6; ver 1:4; Col. 3:3). Aparte de él no hay vida espiritual. El término *eterna* (*aionion*[166]) significa lit. lo que pertenece a una edad de tiempo, como p. ej., "la Edad Media". Según el concepto judío, *vida eterna* se refería a la vida que pertenece a la edad venidera. Morris opina que es un concepto escatológico (ver 6:40, 54). Así que los judíos pensaban que la edad venidera no tendría fin y por lo tanto sería eterna. El concepto de tiempo sin fin ciertamente está en la expresión *vida eterna*, y algunas versiones lo traducen "vida sin fin". Sin embargo, tal traducción pierde la otra dimensión, la que es aún más significativa. Es más que cantidad de tiempo; es la calidad de vida en ese tiempo, es la "vida abundante" que Cristo vino a traernos (10:10). La extensión de tiempo tendría poco valor en sí; lo que vale es la riqueza espiritual de esa vida. Westcott lo expresa así: "No es una duración sin fin del ser en tiempo, sino el ser del cual el tiempo no es una medida". Esta vida en Cristo es un regalo de Dios, no un logro humano, y eleva al hombre de la vida que es meramente física y terrenal a una nueva dimensión de existencia. La vida aquí en Cristo, dotada por el ministerio del Espíritu Santo, es un anticipo real de lo que será la vida en el más allá.

La mayoría de los eruditos conservadores del NT (p. ej., Westcott, Lightfoot, Bernard, Marcus Dods, Vincent, Hovey, Hull, Beasley-Murray, Carter, Gossip, Morris, Tasker, etc.) consideran que la conversación con Nicodemo termina con el v. 15, y que los versículos siguientes son reflexio-

nes de Juan. La RVA, siguiendo la opinión de otros eruditos, inclusive la de Raymond Brown, imprime los vv. 16-21 en rojo, indicando su opinión de que son palabras de Jesús. Borchert nos recuerda que no es tan importante distinguir quién habla, Jesús o Juan, pues el mismo Espíritu inspiró a ambos. Si se comprueba que los vv. 16-21 son reflexiones de Juan, por eso ¿tendrían menos peso que si fueran de Jesús?

Recordamos que en los textos originales no había signos de puntuación para indicar donde terminaba la conversación de uno y comenzaba la de otro. Sin embargo, hay evidencias que podrían indicar que los vv. 14 y 15 registran las palabra de Jesús, pero los siguientes no. Primera, el término "Hijo del Hombre" (v. 14) es un título que sólo Jesús usaba al referirse a sí mismo. Pero, en el v. 16, los verbos en el tiempo aoristo, "amó" y "dio", indicarían que se refería a eventos del pasado. Además, hay términos en los vv. 16, 18 y 21 que sólo Juan utiliza en sus propios comentarios sobre la vida de Jesús (p. ej. "unigénito", "creer en el nombre" y "el que hace la verdad"). Es curioso que Juan nos haya dejado "colgados en el aire" en cuanto a la reacción final de Nicodemo, si creyó en Jesús en esta ocasión o no. Por lo menos las dos referencias más adelante indicarían que en algún momento sí, este fariseo nació de nuevo (ver 7:50-53 y 19:39 s.).

(2) Reflexiones de Juan, 3:16-21. Esta sección abarca a lo menos cuatro temas. Borchert insiste en la necesidad de considerar los vv. 16-18 como una unidad con tres énfasis. El v. 16 sirve como una afirmación de que Cristo es el agente de Dios para traer la salvación al mundo. El v. 17 contempla la intención de Dios e identifica su propósito en enviar a su Hijo. El v. 18 provee una afirmación de la realidad definida en cuanto a la naturaleza actual del juicio. En los vv. 19-21 se presenta una explicación por el rechazo de la oferta de Dios en su Hijo.

Joya bíblica

Porque de tal manera amó Dios al mundo, que ha dado a su Hijo unigénito, para que todo aquel que en él cree no se pierda, mas tenga vida eterna (3:16).

Porque de tal manera amó Dios al mundo es una proclamación de la novedad grande y radical del reino que Cristo vino a establecer. Martín Lutero decía que Juan 3:16 es "el evangelio en miniatura"; otros lo llaman "el mismo corazón del evangelio". Probablemente es el versículo más conocido en toda la Biblia. Siendo así, merece un análisis detallado. Una manera de analizar el versículo sería el tomar cada frase que incluye un verbo *(amó, dio, pierda* y *tenga)* por separado. Ninguna religión pagana expresaba el concepto de un dios de amor. Los judíos afirmaban, sí, el amor de Dios, pero sólo para el pueblo judío, no para los gentiles. *Mundo (kosmos²⁸⁸⁹)* aquí se refiere a la toda la humanidad (ver comentario sobre 1:10 para distintos significados del término). El amor de Dios es tan ancho como para abarcar a toda persona que jamás ha vivido, que vive ahora y que ha de vivir. *Porque* traduce una conjunción causal *(gar¹⁰⁶³)*, expresando la razón por la acción de Dios de amar al mundo y dar a su *Hijo unigénito*. *De tal manera* traduce un adverbio demostrativo (joutos³⁷⁷⁹) que expresa el grado de la acción del verbo; en este caso es el grado del amor de Dios y ese grado es incalculable e infinito. *Amó* es un verbo en el tiempo aoristo, o pretérito indefinido, refiriéndose a una acción pasada en un momento dado. Se pregunta: ¿Cuándo amó Dios y dio a su Hijo? Podría ser en el momento de la encarnación, pero muchos opinan que Juan se refiere a la muerte de Jesús en la cruz; sin embargo, podría tener una doble aplicación. Si se refiere a la cruz,

Juan dice que es el Dios Padre quien expresó allí su amor, pero Pablo dice que la cruz es evidencia del amor de Cristo (Gál. 2:20). Esta es la primera vez que Juan emplea el término "amar" *(agapao²⁵)*, pero se encuentra 35 veces más en este Evangelio y 31 en 1 Juan, más que el doble de los otros libros del NT (13 veces en Luc. es el más próximo en número de referencias). De los tres términos griegos que expresan este sentimiento, éste es el más profundo y generalmente se refiere a la clase del amor de Dios que está dispuesto a sacrificarse a favor de las necesidades de otros.

Que ha dado a su Hijo unigénito expresa el grado incalculable del amor expresado por Dios a favor del mundo (ver Gén. 22:2). La conjunción *que* expresa el resultado de lo que antecede y tiene el significado de "de modo que" o "por lo tanto". La característica esencial del amor *agape* es el dar y lo que Dios hizo es la expresión suprema de ese amor. Algunas versiones traducen el verbo *ha dado* como "ha enviado" o "envió", pero tal traducción pierde el impacto del verbo "dar". Una cosa es enviar, pero otra muy distinta es dar. Es cierto que Dios envió a su Hijo al mundo, pero más importante para nosotros es que lo dio en la cruz para nuestra redención. Morris comenta que la expiación lograda en la cruz procede del corazón amante de Dios. No es algo impuesto a Dios, o forzado sobre él desde afuera. *Ha dado* traduce un verbo en el tiempo aoristo, como es el caso del verbo *amó*, y sería más consecuente traducirlo como *dio*, pues se entiende que ambos se refieren al mismo evento histórico. *Hijo unigénito* es un término que Jesús nunca usa al referirse a sí mismo, una indicación de que aquí Juan está ofreciendo sus reflexiones sobre la cruz de Cristo (ver 1:14). El amor de Dios no se quedó en una mera emoción, sino que se expresó en una acción definida y costosa. Jesús es el *Unigénito* de Dios, pero el "primogénito" de María (Mat. 1:25; Luc. 2:7), indicando que ella luego tuvo más hijos. Dios tiene muchos hijos, o

todo aquel que en él cree no se pierda, mas   tenga vida eterna. **17** Porque Dios no envió a

---

niños (*teknon*[5043]), pero un solo Hijo (*juios*[5207]).

Para que todo aquel que en él cree se introduce con la conjunción griega *jina*[2443] que expresa propósito. Dios *amó* y *dio* a su *Hijo* con un solo propósito que se expresa en la frase siguiente. *Todo aquél* expresa la amplitud del evangelio, pero *que... cree* es restrictivo (ver 1:12; 3:15). La Biblia no enseña una especie de universalismo, en el sentido de que finalmente todos, sin excepción, serán salvados. Dios ofrece la vida en Cristo a todos, sí, pero sólo los que cumplen la condición establecida por Dios, el creer en su Hijo, disfrutarán del beneficio ofrecido.

Tenga vida eterna (ver el v. 15) expresa el deseo eterno de Dios y el propósito de la encarnación y la crucifixión. También, expresa el propósito prioritario de este Evangelio que se repite varias veces y se subraya en una afirmación definida en 20:31.

Habiendo declarado en forma positiva el propósito que Dios tuvo en dar a su Hijo, ahora (v. 17) Juan declara la misma verdad en forma negativa, como aquí, para enfatizarla y eliminar toda posibilidad de error. Nótese la diferencia entre "enviar" (*apostello*[649], del cual viene "apóstol") en este versículo, que subraya la autoridad de una comisión divina, y "dar" en el anterior. Juan emplea otra vez la conjunción de propósito *para* (*jina*[2443]), indicando la intención primaria de Dios. Dios es amor y su intención es positiva para toda la hu-

---

Semillero homilético

El evangelio en un versículo
3:16

Introducción: No es fácil describir el gran amor de Dios en pocas palabras, pero lo encontramos en un versículo (Juan 3:16). Este solo versículo capta la visión de Dios; y lo hace en forma tan sencilla que todos pueden entenderlo y recibir la gran oferta de amor y la salvación de Dios. A la vez, es tan profundo que aun los eruditos bíblicos no pueden explicar todo su significado.

En Juan 3:16 encontramos tres grandes verdades y en 3:17 una posdata muy importante, que muchas veces pasamos por alto.

I. Dios amó.
   "Porque de tal manera amó Dios al mundo..." (1 Jn. 4:7-10).
   1. El amor de Dios es para todo el mundo. Su amor ha venido a nuestra vida. En respuesta nosotros amamos a otros.
   2. "El que no ama, no ha conocido a Dios". El amor es la característica básica de Dios. Cuando uno le conoce, ama.
   3. El amor de Dios es amplio; es para todo el mundo. "...de tal manera amó Dios al mundo". Su amor es incomparable.
   4. No hay temor en el amor. El amor es más fuerte que el temor y lo echa fuera (1 Jn. 4:18).
   5. El amor y el odio no pueden coexistir (1 Jn. 4:20).
   6. El amor se originó con Dios (1 Jn. 4:10, 19).

II. Dios dio.
   "...que ha dado a su Hijo unigénito..." (vv. 14, 17, 18; 1 Jn. 4:14).
   1. Dios ha enviado a su Hijo como el Salvador del mundo. Su Hijo unigénito; era Dios. Lo más precioso que Dios podía dar al mundo que tanto amaba.
   2. Dios dio "la gracia y la verdad" al dar a su Hijo al mundo. Estas cualidades (gracia y verdad) cambian a las personas.
   3. Con el regalo de Dios en Cristo podemos conocer al Padre (1:18).
   4. Dios dio a su Hijo para ser el Salvador del mundo.

(Continúa en la pág. siguiente)

su Hijo al mundo para condenar al mundo,   sino para que el mundo sea salvo por él. **18** El

manidad que cree en su Hijo, pero la intención positiva implica un resultado negativo, es decir, el juicio y la condenación, para los que no responden en fe. El verbo traducido *condenar* (*krino²⁹¹⁹*, lit. "separar") en la RVA es más bien "juzgar", pero el contexto implica el resultado de juzgar, o sea, la condenación. Llama la atención que Juan mismo no emplea el término gr. para condenar (*katakrino²⁶³²*), pero Jesús sí (ver 8:10, 11). El juicio es un tema céntrico en el AT y NT, pero la base y el que lo aplica se cambió con la venida de Cristo. En el AT es Dios quien juzga y condena, de acuerdo con la obediencia de la ley. En el NT vemos que el Padre entrega al Hijo la autoridad de juzgar y la base del juicio viene a ser la relación personal que cada persona tenga, o no, con él (5:30; 8:16, 26; 9:39). El verbo "juzgar" y el sustantivo "juicio" son términos que aparecen a lo largo del Evangelio, con más de 30 referencias. Nótese también el triple uso de *mundo*, siempre aquí con la idea de toda la humanidad.

Sino para que el mundo sea salvo por él expresa en forma positiva el propósito principal de la venida de Cristo al mundo. *Sino* es una conjunción adversativa que

---

(Continúa de la pág. anterior)

III. Dios redimió.

"...para que todo aquel que en él cree no se pierda, mas tenga vida eterna". (Rom. 5:8; Juan 10:10; 1 Jn. 4:14, 15).

1. El motivo de enviar al Hijo al mundo es para la salvación de las personas. A Dios no le interesa la perdición de nadie. Él nos busca constantemente (Luc. 15) y no está satisfecho hasta hallarnos.

2. Dios nos busca "aun siendo pecadores". No busca a las personas perfectas o "religiosas", pero sí busca a todas las personas que lo necesitan. Su interés es que se salven.

3. Hay que confesar que Jesús es el Hijo de Dios, el Salvador del mundo. Dios permanecerá en el corazón del que lo confiesa, y aquel puede permanecer en él (1 Jn. 4:14, 15).

4. La decisión de seguirle o de rechazarle está abierta para todos. Los que lo reciben, llegan a ser hijos de Dios (1:11, 12).

IV. El motivo es la salvación, no la condenación (v. 17).

El v. 17 es un posdata que la iglesia y el creyente deben recordar siempre.

1. El motivo de Dios es la salvación, no la condenación.

(1) Dios siempre ha querido que las personas lo busquen. Les ofrece dos caminos, pero les pide que escojan la vida (Deut. 30:19, 20).

(2) Dios probó muchas maneras para revelar su mensaje a las personas, pero fue rechazado vez tras vez por su propio pueblo (Heb. 1:1-3).

(3) Dios quiere salvar a todos; la fe en su Hijo Jesús es el único camino (Gál. 2:16).

2. Debemos seguir el plan de Dios en nuestros esfuerzos para compartir el evangelio.

(1) Imitar a Jesús en su forma de compartir las "buenas nuevas" (Hech. 10:38; Juan 4:1-42; 6:1-15; 8:1-11).

(2) Buscar la guía del Espíritu Santo para presentar el evangelio en formas que atraigan a las personas a la salvación, para no dejarlos en la condenación (14:16, 17, 26).

3. Pedir a Dios que la oración de Jesús sea contestada en nuestra vida y ministerio (17:20-23).

Conclusión: Juan 3:16, 17 son versículos que hablan del amor de Dios para todos, para salvación y no para condenación, y que nos comprometen a unirnos a su plan para el mundo. ¿Está dispuesto a participar en esta misión? ¿A consagrarse al plan de Dios? ¿A serle fiel, tanto en la manera en que vive el evangelio como en la forma en que lo comparte con otros? Hoy es el día para reflexionar sobre esta gran responsabilidad y para decidir hacerla suya.

que cree en él no es condenado; pero el que no cree ya ha sido condenado, porque no ha creído en el nombre del unigénito* Hijo de

Dios. **19** Y ésta es la condenación: que la luz ha venido al mundo, y los hombres amaron más las tinieblas que la luz, porque sus obras

---

*3:18 Otra trad., *único*, en el sentido de *único en su género*

---

marca un agudo contraste con lo que antecede.

Obsérvese el triple uso del verbo "creer" y el doble uso de "condenar", o "juzgar", en el v. 18. Juan es culpable de ser tremendamente redundante, repitiendo al "cansancio" ciertos conceptos que él considera de tremenda importancia, tanto en el Evangelio como en sus epístolas. Este fenómeno constituye una de las características distintivas de sus escritos. Dos veces el verbo "creer" se presenta en el tiempo presente, indicando acción continua de una relación personal. Como observamos antes, el creer que salva no es superficial y pasajero, sino es sostenido y perdurable, incluyendo también el elemento de compromiso personal. Para tal creyente, no hay temor en el juicio presente, ni en el final.

En un sentido, la incredulidad del que no cree ya lo ha juzgado y por lo tanto él queda condenado. Plummer acota que Cristo no tiene que juzgar a los incrédulos, pues su incredulidad en la autorrevelación del Mesías es en sí una sentencia. Ellos mismos quedan autocondenados. El verbo traducido *ya ha sido condenado* está en el tiempo perfecto el cual se refiere a una acción realizada en el pasado cuyo resultado continúa hasta el presente. El concepto sería: "fue juzgado y sigue bajo el juicio". Es necesario recordar que Dios creó al hombre a su imagen y semejanza (Gén. 1:26), lo cual significa, entre otras cosas, un ser con libre albedrío. No es un autómata, sino un ser moral con capacidad y libertad para escoger entre el bien y el mal. Siendo así, es también responsable por escoger el bien revelado por su Creador y la suprema revelación es su Hijo.

Juan repite la verdad expresada, pero aquí utiliza el título completo de Cristo,

subrayando la enormidad de la incredulidad ante la suprema revelación de Dios. No es que en un momento pasajero se negó a creer, sino que esa indisposición rebelde, iniciada en el pasado perdura aún.

Juan procede ahora (vv. 19-21) a explicar la razón por la incredulidad de los hombres. *Y ésta es la condenación* es la introducción de un resumen que explica en qué consiste *la condenación. Que la luz ha venido al mundo* es una referencia a la encarnación. El Hijo de Dios es la *luz* que vino al mundo, una metáfora usada por Juan (1:4-9; 3:19-21) y por Jesús (8:12; 9:5; 12:46). *Condenación (krisis[2920])* aquí se refiere al proceso de juzgar y no a la sentencia de condenación. Juan está explicando cómo opera el proceso de juicio que lleva a la condenación.

Los hombres amaron más las tinieblas que la luz es una de las notas trágicas que Juan suele emplear (ver también 1:5; 5:40) para señalar lo que parece una locura, contrario al sentido común, una verdadera realidad trágica. *Tinieblas* es otro de los temas favoritos de Juan para referirse a todo lo que se opone a Dios y todo lo que está bajo su condenación. En contraste, la *luz* se refiere a Cristo y todo lo que él representa. El contraste y antagonismo entre la *luz* y las *tinieblas* nos recuerda los Rollos del Mar Muerto donde la distinción se establece entre los hijos de luz y los hijos de tinieblas. *Los hombres* no se refiere a todos los seres humanos, sino a los incrédulos que optaron por orientar su afecto y pasión a *las tinieblas*. Usaron su facultad de libre albedrío, un don de Dios, para rebelarse contra su Creador y traer la sentencia de condenados sobre sí mismos.

Porque sus obras eran malas es una afirmación introducida por una conjunción

eran malas. **20** Porque todo aquel que practica lo malo aborrece la luz, y no viene a la luz, para que sus obras no sean censuradas. **21** Pero el que hace la verdad viene a la luz para que sus obras sean manifiestas, que son hechas en Dios.

Otro testimonio de Juan el Bautista

22 Después de esto, Jesús fue con sus discípulos a la tierra de Judea; y pasaba allí un tiempo con ellos y bautizaba. **23** Juan también

---

causal, explicando la razón por la cual los incrédulos aman *más las tinieblas que la luz*. *Tinieblas* y *malas* son compañeras inseparables. Los que realizan malas obras prefieren las tinieblas porque en ellas piensan encubrir su práctica. *Eran* es un verbo en el tiempo imperfecto, señalando la práctica continuada de sus malas obras.

El amor ágape
El padre de Ed McCully, uno de los misioneros asesinados por los indios huaoranis en el Ecuador, oró pocos días después de la muerte de su hijo: "Señor, te pido que me dejes vivir bastante tiempo para ver salvas a aquellas personas que mataron a nuestros hijos, para que yo pueda abrazarlos y decirles que yo los amo porque ellos aman a mi Cristo". Este es un ejemplo del amor ágape, el amor de Dios.

Practica lo malo (v. 20) traduce un verbo en el tiempo presente que habla de una acción continua, un hábito incesante. *Malo* traduce un término gr., distinto al del versículo anterior, que significaba originalmente "liviano" o "sin valor". Entonces, el que pasa la vida haciendo cosas triviales y sin valor, pierde su tiempo, defrauda el propósito de Dios y será juzgado por ello. El verbo *aborrece* es un término fuerte que Juan emplea 12 veces, generalmente expresando la actitud del mundo incrédulo hacia Dios.

La luz no sólo revela la voluntad de Dios para los seres humanos, sino que reprende al que no obedece. El verbo "censurar" se traduce "convencer" en 16:8 y tiene la idea de "descubrir" o "exponer"; revela la verdadera naturaleza de nuestras obras. Si los obras son malas o sin valor lo que menos uno quiere es que esa situación se traiga a la luz.

La expresión *hace la verdad* (v. 21) es una manera inusual para hablar, pero quizá el autor la utiliza como lo opuesto de "hacer lo malo". Ciertamente uno puede practicar o hacer la verdad (ver 1 Jn. 1:6), tanto como decir la verdad. *El que hace la verdad* significa, por lo menos, el que vive honesta y consecuentemente según la verdad que Dios ha revelado en Jesucristo. Todo lo contrario al "que practica lo malo", el que hace o practica la verdad no tiene temor de que sus obras sean expuestas a la luz porque se verá que son inspiradas por Dios y de acuerdo a su voluntad. *En Dios* significa que las obras se hacen en el poder de Dios y bajo su supervisión. En este Evangelio hay una relación muy estrecha entre el ser y el hacer, es decir, entre el carácter de una persona, por un lado, y la práctica de hacer lo bueno o lo malo, por el otro. El creer, requisito para entrar en el reino de Dios, no es una mera afirmación intelectual, sino que además involucra un compromiso de vida (ver Stg. 2:14-26).

(3) Jesús y Juan el Bautista, 3:22-36. En este pasaje encontramos el último testimonio de Juan el Bautista a favor de Jesús. Se lo puede dividir en tres secciones, todas relacionadas con Juan el Bautista y su testimonio de Jesús: una pregunta acerca de la purificación (vv. 22-26), la respuesta de Juan el Bautista (vv. 27-30) y reflexiones del autor (vv. 31-36). Algunos comentaristas encuentran un problema en la ubicación de este pasaje, o parte de él, recomendando que se ubique después de 2:12 o después de 3:36. Sin embargo, considerando el propósito del autor, no hay razones convincentes para tal traslado.

a. Una pregunta acerca de la purificación, 3:22-26. *Después de esto* o "de estas cosas" se refiere a los eventos registrados cuando estuvieron en Jerusalén: la limpieza del templo, las señales realizadas y la conversación con Nicodemo. *Sus discípulos*, a esta altura, probablemente incluían a Andrés y Pedro, Juan y Jacobo, Felipe y Natanael, los seis que le siguieron desde el Jordán a la boda en Caná y de allí a Jerusalén. *A la tierra de Judea* se refiere a la zona de Judea como distinta de Jerusalén, probablemente cerca del Jordán donde bautizaban. Plummer observa que el ministerio de Jesús se extendió primero en el templo (2:14), luego en Jerusalén (2:23), después en Judea y finalmente en Galilea (4:45; 6:1). *Y pasaba allí un tiempo con ellos*. Se piensa que este ministerio en Judea duró unos seis o siete meses, quizás extendiéndose desde mayo, después de la fiesta (2:13), hasta la cosecha en noviembre o diciembre (ver 4:35). *Y bautizaba*, un verbo imperfecto que indica acción extendida; da la idea de que Jesús

mismo administraba el bautismo, pues su nombre figura como sujeto del verbo. Sin embargo, luego se aclara que él encomendó esta tarea a sus discípulos (4:2). Sus discípulos bautizaban en nombre de, bajo las instrucciones de y con la autoridad de Jesús. Con este ministerio, Jesús estaba identificándose con el Bautista y aprobando el rito que éste administraba. Este bautismo tendría esencialmente el mismo significado que el de Juan el Bautista, es decir, una señal de arrepentimiento y limpieza de corazón en preparación para el reino que Jesús vino a inaugurar.

El significado de Enón (v. 23) es "fuentes" y de Salim es "paz". Algunos preguntan: ¿Por qué seguía bautizando Juan después de identificar a Jesús como el Hijo de Dios? ¿No estaría en competición con Jesús? Se contesta que no, en absoluto. No todo el pueblo estaba preparado para la venida del Mesías y, además, Jesús no había tomado su oficio

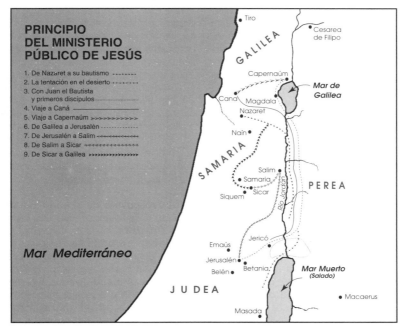

Principio del ministerio público de Jesús

estaba bautizando en Enón, junto a Salim, porque allí había mucha agua; y muchos venían y eran bautizados, **24** ya que Juan todavía no había sido puesto en la cárcel. **25** Entonces surgió una discusión entre los discípulos de Juan y un judío* acerca de la purificación.

26 Fueron a Juan y le dijeron:

—Rabí*, el que estaba contigo al otro lado del Jordán, de quien tú has dado testimonio, ¡he aquí él está bautizando, y todos van a él!

27 Respondió Juan y dijo:

—Ningún hombre puede recibir nada a me-

*3:25 Algunos mss. antiguos dicen *los judíos*.
*3:26 O: *Maestro*.

en un acto público como Juan probablemente esperaba. No se sabe la ubicación exacta de los pueblos mencionados, pero muchos opinan que estaban en la proximidad de Jericó. Se necesitaba mucha agua para la inmersión de los candidatos, el modo bíblico del bautismo. *Y muchos venían y eran bautizados*, con dos verbos en el tiempo imperfecto, pinta un cuadro de grandes números que seguían viniendo y siendo bautizados.

El autor no nos cuenta nada del encarcelamiento del Bautista, aparte de esta breve mención (v. 24). De los Sinópticos (Mat. 4:12; Mar. 1:14) concluiríamos que Juan fue encarcelado inmediatamente después de las tentaciones y antes del comienzo del ministerio público de Jesús. Sin embargo, parece que los eventos relatados en los primeros tres capítulos de Juan tuvieron lugar antes de Mateo 4:12.

Entonces es una conjunción continuativa o de consecuencia, "por lo tanto", que sirve para relacionar la *discusión* con el bautismo, como un resultado lógico. Una dificultad de interpretación es que no se identifica al *judío*, si era creyente, un enemigo, un esenio, etc. Aprendemos de los rollos de Qumrán que había una secta de los esenios que enfatizaba sobremanera las purificaciones ceremoniales. Basados en este hecho, algunos suponen que el Bautista había tenido contacto con ese grupo y lo había refutado, dando lugar en esta ocasión a una discusión entre los discípulos de Juan y un representante de esa secta. Otros sugieren que se trataba de una discusión en que los discípulos de Juan defendían la práctica continuada de su maes-

tro, habiendo Jesús iniciado su ministerio, o la relativa eficacia del bautismo de ambos, como rito de *purificación*. El texto indica que los discípulos de Juan tomaron la iniciativa en la discusión.

Rabí, el que estaba contigo... de quien tú has dado testimonio suena como una queja, reflejando el celo que los discípulos de Juan tenían por su maestro. De la discusión con "un judío", corren a su maestro para informarle y quejarse de algo alarmante. Les parecía una falta de ética, o de reconocimiento, de parte de Jesús, pues éste estaba compitiendo con Juan. *¡He aquí él está bautizando, y todos van a él!* Los verbos en el tiempo presente pintan un cuadro gráfico de una acción desarrollándose en ese momento. Según los discípulos de Juan, Jesús no solo estaba compitiendo con su maestro sino que éstos estaban alarmados porque las multitudes dejaban a su maestro y corrían tras este nuevo "profeta". *Todos* es una exageración que revela el grado de indignación de ellos. Además, es posible que los pronombres *el que* y *quien* reflejan un tono despectivo. Nótese que no usan el nombre propio de Jesús.

b. La respuesta de Juan el Bautista, 3:27-30. Una traducción más lit., reflejando el énfasis de la doble negación, sería: "no puede un hombre recibir ni una cosa...". Juan calma la excitación celosa de sus discípulos con la declaración de un principio espiritual universal. En efecto, dice que sólo Dios otorga la autoridad para ministrar, sea con el bautismo o con cualquier otra actividad religiosa. No se sabe si Juan estaba pensando en la autori-

nos que le haya sido dado del cielo. **28** Vosotros mismos me sois testigos de que dije: "Yo no soy el Cristo", sino que "he sido enviado delante de él". **29** El que tiene a la novia es el novio; pero el amigo del novio, que ha estado de pie y le escucha, se alegra mucho a causa de la voz del novio. Así, pues, este mi gozo ha sido cumplido. **30** A él le es preciso crecer, pero a mí menguar.

31 El que viene de arriba está por encima de

---

dad para su propio ministerio, para el de Jesús o para el de ambos (ver Heb. 5:4).

En efecto Juan los paró en medio de su informe, diciendo, en otras palabras: "¡UN MOMENTO! ¿No os acordáis de lo que yo os expliqué meses atrás, cuál es mi relación con Jesús?". *Vosotros mismos* es enfático. Juan apela al testimonio de sus discípulos respecto a su testimonio de Jesús (1:15, 20, 30). *Sino que "he sido enviado delante de él"* (1:6). Primero, Juan niega ser *el Cristo* en los términos más claros y enfáticos; luego, declara cuál es la naturaleza de su misión, un *enviado delante de él* para ser el precursor y preparar el camino para su venida (ver 1:23).

El Bautista sigue explicando a sus adeptos cuál es la naturaleza de su misión y cuál su inmenso gozo. *Se alegra* traduce un hebraísmo que lit. es: "con gozo se goza". El informe de ellos produjo una reacción opuesta a lo que esperaban en su maestro: gozo en vez de tristeza. Juan ilustra su relación con Jesús con una analogía en la que Cristo mismo era el novio y la novia es el pueblo de Israel (ver Isa. 54:5; 62:4, 5; Jer. 2:2; 3:20; Eze. 16:8; Ose. 2:19, 20; Mal. 2:11), o la iglesia cristiana, el nuevo Israel de Dios (ver 2 Cor. 11:2; Ef. 5:32). Juan se consideraba meramente como un amigo del novio, el cual tenía funciones importantes en el enlace, sí, inclusive era él el que llevaba la novia al novio, pero luego desaparece del foco de atención. El tiempo perfecto del verbo *ha sido cumplido* indica que los resultados continúan. Cuando oyó que las multitudes iban a Jesús, entendió que había cumplido su misión y en este hecho sintió una gran alegría. No hay rastros de celo en su contestación.

Juan termina la respuesta a sus discípulos, afirmando una doble necesidad divina.

El verbo impersonal *es preciso* (*dei*[1163], ver vv. 7 y 14) habla de una necesidad divina arraigada en el propósito eterno de Dios. Quizá Juan tenía en mente el famoso pasaje mesiánico de Isaías 9:7. Nótese el contraste enfático entre *a él* y *a mí*, entre Jesús el "novio" y Juan el "amigo" del novio. Este debe desaparecer del escenario y toda la intensidad del foco divino debe iluminarlo a aquél. Por varias evidencias, inclusive el cambio abrupto de estilo, muchos opinan que estas palabras doradas constituyen las últimas del Bautista en este Evangelio, aunque Murray cree que el Bautista sigue hablando hasta el final del capítulo y otros sugieren que es Jesús mismo quien habla.

c. Reflexiones de Juan, 3:31-36. La sección anterior presentó a Jesús en relación con Juan el Bautista; esta sección lo presenta en su relación con el Padre y con el mundo.

El que viene de arriba está por encima de todos establece dos verdades: la procedencia de Cristo y la preeminencia en relación con los seres humanos. *De arriba*, que a veces se traduce "de nuevo" (ver 3:3), claramente aquí se refiere al descenso del Hijo de Dios del cielo en la encarnación. *Encima* es un adverbio compuesto de una preposición y un adverbio, ambos con el significado de "arriba" o "sobre", y aquí connota "sobre" en el sentido de superior, supremo o preeminente (ver Col. 1:18). *Todos* es un pronombre masculino plural, pero se refiere a todos los seres humanos, varones y mujeres. El autor afirma dos cosas en cuanto a los seres humanos: su procedencia y sus limitaciones. *Procede de* traduce una preposición (*ek*[1537]) que establece el origen de algo. Nótese la triple mención de *tierra* (no mundo) que señala la naturaleza humana y material de toda

todos. El que procede de la tierra es terrenal, y su habla procede de la tierra. El que viene del cielo está por encima de todos*. **32** Testifica de lo que ha visto y oído, y nadie recibe su testimonio. **33** El que recibe su testimonio atesti-

gua que Dios es veraz. **34** Porque el que Dios envió habla las palabras de Dios, pues Dios no da el Espíritu por medida. **35** El Padre ama al Hijo y ha puesto todas las cosas en su mano **36** El que cree en el Hijo tiene vida eterna; pe-

---

*3:31 Algunos mss. antiguos no incluyen *está por encima de todos*, de manera que se entiende *El que viene del cielo testifica de lo que ha visto y ...*

---

persona. Todo ser humano está limitado por su procedencia y porque no tiene el conocimiento y comunión directa con el Padre que el Hijo tiene. El hombre terrenal puede hablar de realidades celestiales, pero no por experiencia propia. No significa que puede hablar solamente de cosas terrenales, sino, como dice Knox, "su lenguaje es el de la tierra". *El que viene del cielo está por encima de todos*. Se observa otra vez la repetición y redundancia del autor para enfatizar sus verdades. El autor repite la primera frase de este versículo, sólo sustituyendo *del cielo* por *de arriba*, lo cual es un sinónimo.

Testifica de lo que ha visto y oído se refiere a la misión del Hijo de Dios quien procedió del cielo y quien habla a los hombre de lo que sabe por experiencia propia. Este hecho asegura que sus palabras sean seguras y dignas de toda confianza. Sin embargo, *nadie recibe su testimonio*, lo cual constituye otra nota trágica que Juan inserta con frecuencia. Lo trágico se ve en el hecho de quién da el testimonio, el mismo Hijo de Dios, y que su testimonio es auténtico porque se basa en lo que él mismo ha experimentado por vista y oído. *Nadie* no es absoluto, sino que habla de la mayoría de los hombres que rechazan el testimonio del Hijo (ver 1:11, 12).

El v. 33 limita *nadie* del versículo anterior, pues algunos sí creyeron en el testimonio de Juan y Jesús, pero eran una muy pequeña minoría. *Recibe* y *atestigua* son verbos en el tiempo aoristo y connotan una acción decisiva del pasado. Una traducción que capta este sentido sería: "el que recibió... atestiguó...". *Atestigua* traduce un término gr. que significa "fijar un

sello". Aquí se usa en el sentido figurado de ratificar, confirmar o declarar solemnemente una verdad. El sello se usaba antiguamente en documentos importantes para verificar que venían de tal o cual persona, dando autenticidad al documento. Uno que recibió el *testimonio* en efecto está ratificando el hecho de que *Dios es veraz*. Dios ha dicho que Jesús es su Hijo unigénito y el Salvador del mundo. El que lo recibe, pues, está reconociendo que lo que Dios ha dicho es cierto, que Dios ha dicho la pura verdad.

Nótese el cambio de "el que viene de arriba" (v. 31) a "el que Dios envió". En el v. 32 el autor indica que las palabras de Cristo son dignas de absoluta confianza porque él "testifica de lo que ha visto y oído", pero aquí agrega otra razón por la veracidad de sus palabras, porque el Espíritu ha sido dado sin medida al Hijo. Se pregunta: ¿quién es el que da el Espíritu? Dos interpretaciones surgen de esta expresión: el Padre da el Espíritu sin limites a su Hijo, lo cual asegura que sus palabras sean verdaderas; o el Hijo da el Espíritu sin medida a los creyentes. La primera opción cabe mejor en el contexto, pero la segunda es una posibilidad, pues el término *Dios* no está en el texto griego, en la segunda cláusula. Apoyando la segunda opción, Vincent desarrolla un largo argumento para comprobar que es Cristo quien da el Espíritu a los creyentes. Sin embargo, puesto que el nombre de *Dios* figura dos veces en la primera cláusula y es el sujeto del versículo siguiente, los traductores de la RVA lógicamente entendieron que se refiere a él en la segunda cláusula.

El Padre ama al Hijo es una declaración

ro el que desobedece al Hijo no verá la vida, si-   no que la ira de Dios permanece sobre él.

---

posiblemente basada en la voz del cielo que Juan el Bautista había oído cuando Jesús fue bautizado: "Este es mi Hijo amado, en quien tengo complacencia" (Mat. 3:17). Juan emplea el mismo término (*agapao*[25]) cuando habla del amor del Padre al mundo (v. 16) y de su amor al Hijo. El que escribe ha oído y leído de otros que, procurando enfatizar el gran amor de Dios al mundo, afirman que el Padre amó más al mundo que al Hijo cuando lo dio para morir en la cruz. No es exactamente así, pues el Padre sabía que su Hijo resucitaría. Lo que sí significa es que le permitió sufrir lo indecible antes y durante la crucifixión, como sustituto por nuestros pecados, demostrando el alto grado de su amor por el mundo. El amor mutuo entre el Padre y su Hijo, resultando en una comunión íntima y una perfecta armonía, se afirma a través del Evangelio. Una evidencia de este incomparable amor es que el Padre *ha puesto todas las cosas en su mano*. Jesús mismo anuncia esta verdad en varias ocasiones (13:3; Mat. 11:27; Luc. 10:22).

El que cree en el Hijo traduce un participio en el tiempo presente y habla de una actitud de confianza que perdura (ver 1:12). *Hijo* se usa en el sentido absoluto y único. Dios tiene muchos "hijos", o más bien niños (*teknon*[5043]), pero un solo Hijo (*juios*[5207]). El verbo *tiene* en el tiempo presente habla de una posesión o experiencia actual, ahora (ver 3:15). Las versiones que lo traducen "tendrá vida eterna" pervierten el sentido el verbo y crean confusión. La *vida eterna* comienza cuando uno mira a Cristo con fe, que incluye compromiso, y continúa para la eternidad. Es una vivencia con larga duración, trascendiendo la muerte física, y extendiéndose en el futuro para siempre. Sin embargo, el énfasis bíblico no está en la duración de vida, sino en la calidad espiritual que se adquiere al nacer de nuevo, incluyendo paz y comunión íntima con Dios.

Pero el que desobedece al Hijo no verá la vida constituye un mecanismo típico de Juan. Después de afirmar una verdad en forma positiva, expresa lo opuesto con una frase de contraste. *Pero* es una conjunción disyuntiva o adversativa que marca el contraste. Hubiéramos esperado "el que no cree" como lo opuesto a *el que cree* y así lo traducen algunas versiones, pero el no creer podría ser causado por la ignorancia y la falta de oportunidad; pero *desobedece* connota voluntad contraria, un rechazo, "el no querer" (ver 5:40). *Desobedece* es un participio en el tiempo presente, como *el que cree*, indicando una actitud que perdura. No se refiere a un acto de desobediencia en un momento dado, sino a una disposición continua. La desobediencia continua constituye la conducta, o sea, es una conducta desobediente. Para Juan, el creer en Jesús como el Hijo de Dios se manifiesta en una conducta obediente. *No verá la vida* (eterna) es lo opuesto de *tiene vida eterna*, y una declaración categórica del resultado de la desobediencia. En los vv. 3 y 5 hemos visto que "ver" y "entrar" en el reino son términos sinónimos.

La frase final del v. 36 se inicia con una conjunción adversativa muy fuerte, estableciendo un agudo contraste con el que *tiene vida eterna*. El que se rebela contra el Hijo de Dios sufrirá dos consecuencias de incalculables dimensiones: se privará de la vida abundante y eterna, y tendrá una existencia miserable bajo la ira de Dios. La expresión *ira de Dios* no aparece otra vez en los Evangelios, pero, como observa Plummer, es un complemento necesario del amor de Dios. Si Dios ama a los que creen en su Hijo, también debe haber *ira* para los que desobedecen (ver Mat. 3:7; Luc. 3:7; Rom. 1:18; 9:22; 12:19; 1 Jn. 3:14) . *Permanece* es otro verbo del tiempo presente y connota continuidad. Como el que cree en el Hijo *tiene vida eterna* que permanece, así *el que desobedece* vive bajo *la ira de Dios* que permanece.

Jesús y la mujer samaritana

4 Cuando Jesús se enteró de que los fariseos habían oído que Jesús hacía y bautizaba más discípulos que Juan **2** (aunque Jesús mismo no bautizaba, sino sus discípulos), **3** dejó Judea y se fue otra vez a Galilea. **4** Le era

---

Los términos tales como "pecado", "ira de Dios", "condenación" e "infierno" chocan con los conceptos modernos de un Dios de amor, incapaz de enojarse y, mucho menos, de condenar a una persona, por más vil que sea, a un castigo eterno. Algunos teólogos y predicadores sencillamente hacen caso omiso de tales términos, otros procuran suavizarlos. Es cierto que algunos han pervertido estos conceptos con descripciones crudas de un Dios vengativo, lo cual rechazamos, pero son términos bíblicos y si los rechazamos, mutilamos la Biblia, distorsionamos el evangelio y creamos a un dios amoral. Hubo un famoso teólogo en el segundo siglo llamado Marción quien recortaba las porciones de las Escrituras que no le agradaban. No se justifica lo que él hizo, pero con todo su acción no fue tan grave como lo es hoy en día, pues él aplicó sus "tijeras" antes del concilio donde se estableció el canon del NT.

El v. 36 constituye algo como un breve resumen de todo el cap. 3 de Juan, captando la esencia del evangelio, tanto la faz positiva como la negativa, tanto su amplitud como su estrechez.

7. El segundo discurso: el agua de la vida, 4:1-45

Toda esta sección es particular a Juan, dando también evidencia de un testigo ocular. Además, Juan presenta una nueva dimensión de la amplitud del reino; no se excluye absolutamente a nadie, excepto por su propio rechazo de la oferta de Dios en Jesús. Sólo Lucas (9:52; 17:16) de entre los Sinópticos, el autor del "evangelio universal", menciona un intercambio de Jesús con los samaritanos.

(1) Jesús sale de Judea para Galilea, 4:1-3. Los primeros versículos del cap. 4 constituyen una sección de transición. Jesús estuvo algunos meses en Judea y

ahora sale para Galilea, un cambio de escenario que Juan explica en este pasaje.

La RVA omite una conjunción continuativa (*oun³⁷⁶⁷*) que sirve para unir este pasaje con algo anterior. Una traducción sería "entonces" o "por lo tanto". Podría referirse a todo el capítulo anterior, o más precisamente a 3:22 s., donde el autor comenta sobre los bautismos realizados por Juan y por Jesús. Se lee en muchas versiones "Cuando el Señor...", en vez de *Cuando Jesús*, pero la RVA sigue la lectura preferida del texto gr. Aparentemente, los fariseos no sintieron gran alarma por lo que Juan hacía, pues él había negado ser el Mesías y no realizaba milagros. Sin embargo, se supone que ellos tomaron ofensa por el ministerio de Jesús porque ya daba evidencias de ser el Mesías. Su autoridad, su desafío a las instituciones religiosas establecidas y los milagros que realizaba corroboraron esa sospecha. Con razón los fariseos comenzaban a mirarle con sospecha y alguien informó a Jesús de esta situación.

(*Aunque Jesús mismo no bautizaba, sino sus discípulos*) es una explicación del autor para corregir un malentendido que iniciaron los celosos discípulos del Bautista (ver 3:22, 26). Existe un axioma que dice: "lo que uno hace por medio de otro, él mismo lo hace" y este principio se ve en otras ocasiones (p. ej., ver Mat. 20:20 ss. con Mar. 10:35 ss.). Se han sugerido tres conjeturas para explicar el hecho de que Jesús mismo no bautizaba: porque bautizar en agua era un acto propio de un ministro y no del Señor; porque Jesús quería evitar las consecuencias violentas que podrían recaer sobre personas tan íntimamente identificadas con él; porque quería dejar en claro que el bautismo no salva y que el valor del bautismo no depende del agente que lo administra.

Jesús había venido de Galilea a Judea

necesario pasar por Samaria; **5** así que llegó a   una ciudad de Samaria llamada Sicar, cerca del

para estar presente en la Pascua (2:13) y *otra vez* viajó a Galilea. La razón por dejar Judea se expresa en el v. 1. Aún no había llegado el tiempo para ser glorificado y quiso evitar otra confrontación con los líderes religiosos quienes tenían más autoridad y control sobre Judea. Dos de los Sinópticos (Mat. 4:12; Mar. 1:14) indican que la razón inmediata de su regreso a Galilea sería el encarcelamiento del Bautista. El verbo *dejó* significa literalmente "despedir", o "despachar" y se usa con el concepto de perdonar ofensas (ver Mat. 6:12; Stg. 5:15), o de "dejar de molestar" (ver Mat. 19:14), o "abandonar" como aquí y en 16:28. Plummer dice que "primero dejó el templo, luego Jerusalén y ahora tiene que abandonar Judea porque no pudo obtener una bienvenida allí".

Llama la atención el hecho de que, a partir de este momento, los Evangelios no registran otro caso del bautismo practicado por Juan, Jesús o sus discípulos; hasta después de la resurrección se inició otra vez, pero ahora con un significado distinto. Si seguían la práctica, sería una gran coincidencia que no se haya registrado ninguna mención. Varios han sugerido motivos para el abandono de una práctica que ocupaba mucha atención en el principio del ministerio de Juan y de Jesús. ¿Sería para evitar el choque con los líderes religiosos?, pues había fariseos en Galilea también, pero no tenían tanta autoridad allí como en Judea.

(2) Agua viva, 4:4-14. Esta sección introduce el segundo discurso de Jesús realizado en un territorio hostil al judaísmo, con una sola persona y en una situación inesperada, con resultados dramáticos. El encuentro de Jesús con la mujer samaritana constituye el modelo por excelencia de cómo realizar la obra personal o la evangelización, y es la ocasión de la enseñanza más explícita en el NT, de parte de Jesús, sobre la adoración que agrada a

Dios. Nótese el agudo contraste entre Nicodemo, con el cual Jesús tuvo el primer discurso, un líder respetado de los fariseos, la secta más estricta en su práctica del judaísmo ortodoxo; y la mujer samaritana, el polo opuesto en todo sentido, excepto que ambos tenían inquietudes espirituales.

Le era necesario pasar por Samaria emplea otra vez el verbo impersonal *dei*[1163] (ver 3:7, 14, 30) que habla de una necesidad moral o espiritual. Juan no nos explica directamente el porqué de la necesidad. Algunos sugieren que se refiere sólo al hecho de que era la ruta más directa, aunque fue evitada por muchos de los judíos por prejuicios y quizá por temor a la violencia. Estos cruzarían el río Jordán e irían por el lado este hasta Galilea, evitando así totalmente a Samaria. Otros opinan que la necesidad se refiere a un fuerte sentido de dirección divina y que Jesús quería que la luz de Dios brillara también entre los samaritanos.

Samaria era el nombre para la provincia y también su ciudad capital. Este territorio separaba Judea de Galilea. Era la zona que las diez tribus, bajo Jeroboam, habían ocupado cuando se dividió el reino al morir Salomón. Jeroboam, deseando evitar que sus súbditos volvieran a Jerusalén para adorar en el templo, mandó construir centros de adoración en Samaria. El amargo antagonismo entre los judíos y los samaritanos se intensificó cuando Asiria tomó posesión de Samaria, deportando grandes números de los habitantes y reemplazándolos con paganos de todo su imperio (2 Rey. 17:24 ss.), los cuales trajeron sus ídolos y dioses. Surgió entonces una raza mestiza y una religión sincretista. Esta nueva religión aceptaba el Pentateuco, pero rechazaba los libros proféticos. Cuando los judíos regresaron del cautiverio babilónico, los samaritanos ofrecieron ayudarles a reedificar el templo en Jerusalén, pero su oferta fue rechazada.

campo que Jacob había dado a su hijo José*. 6 Estaba allí el pozo de Jacob. Entonces Jesús cansado del camino, estaba sentado junto al pozo. Era como la hora sexta*. 7 Vino una

*4:5 Ver Jos. 24:32 y Gén. 33:19
*4:6 O sea, *como a las 12:00 horas de mediodía* (si es según el sistema judío); o, *como a las 6:00 p.m.* (si es según el sistema romano)

Construyeron su propio centro de adoración en el monte Gerizim (400 a. de J.C.) y se negaban a adorar en Jerusalén. Cuando los judíos quemaron el templo en Gerizim en 128 a. de J.C. ese viejo antagonismo se ahondó y siguió en forma más o menos intensa hasta el primer siglo y aún después.

Juan construye muchos de los verbos en el tiempo presente, comenzando con el verbo *llegó*, que realmente debe ser "llega", y siguiendo en este encuentro, lo cual sirve para traer un evento del pasado lejano al momento presente. Algunas versiones respetan el tiempo presente en sus traducciones. Hay dos teorías populares en cuanto a Sicar. Muchos opinan que se refiere a Askar, una ciudad ubicada cerca de Siquem, un nombre que significa "porción" (Gén. 33—34). Hay una referencia a la compra por Jacob de un terreno en esta zona (Gén 33:19), que él dio una tierra a José (48:22; 49:22). José fue sepultado allí (Jos. 24:32). Otros sugieren que Sicar sería la misma ciudad de Siquem, siendo una corrupción irónica de ésta, pues Sicar quiere decir "una ciudad borracha" o "una ciudad mentirosa". Según Borchert y otros, la que se llamaba Siquem en el AT, ahora lleva el nombre de Tell Belatah, no Nablus como antes se pensaba.

Estaba allí el pozo de Jacob, ubicado entre dos montañas, Ebal y Gerizim, a unos 60 km al norte de Jerusalén. El término traducido *pozo* (*pege*[4077], vv. 6 y 14) es más bien una "fuente" o "manan-

---

Los samaritanos

Los samaritanos son los habitantes de Samaria, región céntrica de Israel alrededor del monte Gerizim, al norte de Judá y al sur de Galilea. Samaria era la capital de Israel, el Reino del norte, y fue edificada por el rey Omri. Fue destruida por los asirios en 722-721 a. de J.C. Los asirios entonces deportaron a 27.290 habitantes a otras partes y trajeron a personas cautivas de otras naciones para repoblar la nación (2 Rey. 17). Esto trajo como resultado una raza mezclada. Sin embargo, los samaritanos insisten en decir que son descendientes de israelitas que no fueron deportados y que son los verdaderos descendientes de las tribus de José (Efraín y Manasés).

En los tiempos de Jesús había una antipatía entre los judíos y los samaritanos, y en verdad evitaron todo tipo de contacto el uno con el otro (4:7-10). Hay que notar que esto no limitó la misión de Jesús para compartir el evangelio con la mujer samaritana y por medio de ella con todo su pueblo. Su misión era traer vida a todos los que creyeran en él.

Llamar a alguien "samaritano" era una muestra de desprecio (8:48). Los samaritanos eran considerados como "extranjeros" por los judíos (Luc. 17:18). Así, podemos notar la ironía usada por Jesús en su parábola del "buen samaritano", quien fue puesto como ejemplo de uno que era un verdadero prójimo para con otro; mientras los judíos religiosos pasaron de largo, sin importarles la situación del hombre herido que necesitaba ayuda.

Los samaritanos edificaron su propio templo en el monte Gerizim entre el año 335 y el 330 a. de J.C., que luego fue destruido por los judíos en el año 129-128 a. de J.C. Los samaritanos habían desarrollado su propia versión de la Torá para reflejar su versión de su historia, y para comprobar la apostasía de los judíos. Hoy día siguen como un grupo pequeño dentro de Israel e insisten en que se los reconozca como "observadores de la Torá".

Al dar su última comisión a sus discípulos antes de ascender al Padre, Jesús los manda a ser sus testigos en Samaria, como en el resto del mundo; y pronto en el libro de los Hechos vemos a Pedro, Juan y Felipe testificando allá (Hech. 8:14, 25, 40).

mujer de Samaria para sacar agua, y Jesús le dijo:
—Dame de beber.

8 Pues los discípulos habían ido a la ciudad a comprar de comer. **9** Entonces la mujer samaritana le dijo:

---

tial". Sin embargo, el término traducido "pozo" (*frear*[5421]) en el v. 11 habla de un hoyo profundo, lo cual indica que los dos términos se usan en forma intercambiable en este pasaje. La distancia que había caminado desde Jerusalén explicaría su cansancio. Seguramente, ese viaje les habría llevado quizás dos días y medio, considerando que *era como la hora sexta*, o sea, al mediodía. Juan enfatiza la divinidad de Jesús, pero no pierde la oportunidad para enfatizar también su humanidad: se cansaba, tenía hambre y sed, necesitaba dormir de noche, etc. La RVA omite la traducción del adverbio griego *joutos*[3779] que significa "así". Crisóstomo, del cuarto siglo d. de J.C., aprovechando la expresión *estaba sentado* "así", dice que Jesús *estaba sentado* "no sobre un trono, ni sobre una almohada, sino sencillamente, y como él era, sobre la tierra".

La mujer era de la provincia de *Samaria*, pero no de la ciudad de ese nombre. Normalmente, las mujeres salían de los pueblos para cargar agua temprano en la mañana o al atardecer, evitando así el calor del mediodía. Por lo tanto, el venir al mediodía era una práctica muy poco común. Quizás la explicación es que esta mujer haya querido más evitar los insultos de los conciudadanos por su malvivir que evitar el calor del mediodía. Pocos son los que sugieren que Juan seguía aquí la hora romana, la cual se marcaba a la medianoche y al mediodía, quizá estableciendo este evento a la salida o a la puesta del sol. *Y Jesús le dijo: "Dame de beber"*. Detrás de esta solicitud hay dos consideraciones: Jesús realmente tenía sed y aparentemente no tenía un utensilio para sacar el agua. A la vez, y como Godet comenta, "él no ignoraba el hecho de que la manera

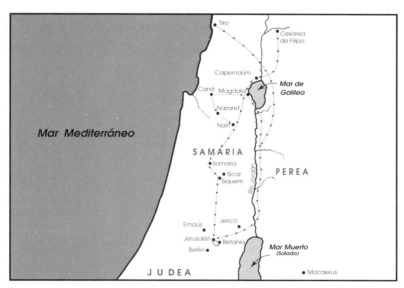

Caminos a Jerusalén

—¿Cómo es que tú, siendo judío, me pides de beber a mí, siendo yo una mujer samarita- na? —porque los judíos no se tratan con los samaritanos*—.

---

*4:9 Algunos mss. antiguos omiten *porque los judíos no se tratan con los samaritanos*.

---

para ganar a una persona es, a menudo, el pedirle un servicio".

Juan inserta la frase del v. 8 para explicar porqué Jesús estaba sentado solo al lado del pozo. Lo que parece una coincidencia era en realidad el diseño divino. Es muy probable que si los discípulos, todavía con profundos prejuicios, hubieran estado con Jesús, este intercambio no habría sido posible.

La mujer expresa (v. 9) su total sorpresa ante la solicitud de Jesús. Ella reconoció las barreras que Jesús estaba ignorando y derrumbando con su pedido. En primer lugar, estaba prohibido que un rabí hablara en público con una mujer a solas, sobre todo siendo ella desconocida. Más extraño aún es que un judío hablara así con samaritanos desconocidos, fueran hombres o mujeres. También, la consideración de la contaminación ceremonial estaba de por medio si Jesús bebiera de un utensilio usado por un samaritano. El comentarista Vincent agrega que ella probablemente era pobre, pues una mujer de posición no saldría así a sacar agua. *Porque los judíos no se tratan con los samaritanos*, pero había excepciones, pues para comprar comida los discípulos tuvieron que tener un trato con ellos. La referencia sería a tratos sociales o aun comerciales, excepto en caso de extrema necesidad. La

---

Semillero homilético

Jesús, el agua de vida
4:1-14

Introducción: ¿Ha tenido verdadera sed en alguna ocasión? No hay nada que pueda saciar la sed como el agua. A todos nos hace falta agua para vivir, y sabemos que sin el agua no podríamos vivir por mucho tiempo.

Jesús nos ofrece el agua de vida, el agua que satisface la sed del alma. Él es el único que puede hacerlo.

I. Jesús se encuentra con una persona triste y amargada.
   1. Había tenido cinco maridos (v. 18).
   2. Se sentía obligada a salir sola y al calor del día para buscar agua (vv. 6, 7).
II. La conversación con Jesús.
   1. La petición de agua para beber (v. 7).
   2. Él le ofrece agua viva (vv. 10-13).
   3. La duda humana (v. 15).
   4. Cristo sabe todo (vv. 16-18).
   5. La confesión de la mujer.
      (1) Profeta (vv. 19-21).
      (2) El culto verdadero (vv. 21-24).
      (3) Gozo de conocer al Salvador, vv. 25, 26.
   6. Los resultados.
      (1) Ella testifica con sus vecinos.
      (2) Muchos creen en Cristo.
      (3) Él permanece en el pueblo por dos días.
III. Jesús satisface nuestra sed.
   1. Agua viva para toda la eternidad (7:37, 38).
   2. Hay que confiar la vida en sus manos. Él nos da perdón y paz en el corazón. (14:27; 8:36).

Conclusión: Si tiene sed en su vida, venga a Cristo. Él es el único que puede saciarla. Él le espera.

10 Respondió Jesús y le dijo:
—Si conocieras el don de Dios, y quién es el que te dice: "Dame de beber", tú le hubieras pedido a él, y él te habría dado agua viva.
11 La mujer le dijo:

—Señor, no tienes con qué sacar, y el pozo es hondo. ¿De dónde, pues, tienes el agua viva? **12** ¿Acaso eres tú mayor que nuestro padre Jacob quien nos dio este pozo y quien bebió de él, y también sus hijos y su ganado?

---

iniciativa del antagonismo entre los dos pueblos partía de los judíos que se consideraban superiores a los samaritanos en todo sentido y, sin embargo, aquí hay un judío quien toma la iniciativa para el trato con la mujer samaritana.

> **Joya bíblica**
> **Si conocieras el don de Dios, y quién es el que te dice: "Dame de beber", tú le hubieras pedido a él, y él te habría dado agua viva (4:10).**

En el griego hay cuatro clases de frases condicionales y aquí tenemos un ejemplo de la segunda clase que expresa una condición contraria a la realidad. *El don* (*dorea*[1431]) *de Dios* se refiere a la salvación, o "agua viva", que Jesús estaba ofreciéndole, pero que ella no tendría manera de entender hasta que él se la clarificara. La palabra *don* habla de un regalo abundante y gratuito, lo que es la salvación, no de un premio basado en logros humanos o méritos propios. *Y quién es el que te dice* presenta el segundo elemento de la ignorancia de la mujer. Ella no entendía lo que Jesús quería darle, ni tampoco la identidad real de él, pero lo iría comprendiendo paso a paso. El pronombre personal *tú* es enfático e introduce la apódosis de la frase condicional. *Hubieras pedido* traduce un verbo que normalmente se usa de una persona inferior que pide algo a otra superior. *Don de Dios* es sinónimo de *agua viva*, dos figuras que expresan distintos aspectos de la gracia de Dios en Cristo. La segunda de las dos figuras presenta la idea de un manantial o fuente (ver v. 14) que se desborda de agua fresca y refrescante en un flujo interminable. En el AT el *agua viva* es un símbolo de Jehová (ver Sal.

36:9; Isa. 55:1; Jer. 2:13; 17:13; Eze. 47:1-12). Más adelante, Jesús identifica el *agua viva* con el Espíritu Santo (7:38 s.).

La sorpresa y falta de comprensión de la mujer sigue manifestándose (v. 11). Como en el caso de Nicodemo, esta mujer interpretaba literalmente las palabras de Jesús. El título *Señor*, usado aquí, tendría sólo el significado de respeto, muy parecido al uso en nuestros días. Durante el ministerio de Jesús, y especialmente después de la resurrección, el mismo título iba cobrando un significado cada vez más profundo hasta la exclamación de Tomás: "¡Señor mío, y Dios mío!" (20:28). Durante su ministerio público, los discípulos normalmente se referían a Jesús con el título "Rabí" y con menos frecuencia "Señor". Sin embargo, después de la resurrección usaban casi exclusivamente "Señor", con el significado de plena deidad. *Pozo es hondo* indica que no era un manantial a flor de tierra, como la palabra "fuente" indicaría, y en este versículo el término gr. significa *pozo* y no fuente, aunque es posible que el pozo fuera alimentado por una fuente subterránea. Morris sugiere que el pozo tendría unos 30 m de profundidad, haciendo imprescindible una larga cuerda y un balde para sacar el agua, y Jesús no tenía ninguno de los dos.

El pronombre personal *tú* (v. 12) es enfático y podría indicar sorpresa o, por otro lado, desdén. La construcción emplea una partícula de interrogación que anticipa una contestación negativa, por ejemplo: "¿Tú no eres mayor que nuestro padre Jacob, verdad?". *Nuestro padre Jacob* era el orgullo de los samaritanos, quienes sostenían ser descendientes de José por medio de las tribus de Efraín y Manasés. Como señalamos arriba, los samaritanos, en su sincretismo, aceptaban sólo el Pentateuco del

13 Respondió Jesús y le dijo:
—Todo el que bebe de esta agua volverá a tener sed. **14** Pero cualquiera que beba del agua que yo le daré, nunca más tendrá sed, sino que el agua que yo le daré será en él una fuente de agua que salte para vida eterna.

15 La mujer le dijo:
—Señor, dame esta agua, para que no tenga sed, ni venga más acá a sacarla.

16 Jesús le dijo:

AT, no los libros proféticos. La pregunta de la samaritana, a esta altura, expresa duda en cuanto al poder de Jesús para proveer lo que promete.

> **Joya bíblica**
>
> **Pero cualquiera que beba del agua que yo le daré, nunca más tendrá sed, sino que el agua que yo le daré será en él una fuente de agua que salte para vida eterna (4:14).**

Jesús interrumpió la línea de pensamiento de la mujer, señalando las limitaciones del agua del pozo de Jacob, por más eficaz que fuera. Afirma una verdad obvia; el agua de ese pozo calmaría la sed por un tiempo breve, no más.

Hay un contraste entre "todo el que bebe", del versículo anterior, y *cualquiera que beba*, de v. 14. Aquella expresión emplea un participio griego en el tiempo presente que habla de una práctica habitual, algo que se repite; en cambio, ésta emplea un aoristo subjuntivo que habla de una sola experiencia definida del pasado, tal como cuando uno recibe a Cristo como Salvador. El pronombre personal yo es enfático, contrastando el origen del agua del pozo con el que Jesús ofrece. *Nunca más tendrá sed* es lit. "no, no tendrá sed para siempre". Nótese la doble negación, la forma gr. más fuerte para enfatizar el concepto. En un sentido el "agua" que Cristo provee no elimina la sed espiritual; por lo contrario, despierta sed por la justicia de Dios (ver Mat. 5:6), pero "el agua viva" es de una naturaleza tal que apaga la sed tan pronto que uno la siente y busca la provisión de Dios. Jesús aclara más adelante que el "agua viva" es realmente el Espíritu Santo (7:38 s.; ver Isa. 58:11) y, tal como una fuente viva, fluye incesante-

mente en el creyente. Este concepto se aclara en la frase que sigue. La conjunción adversativa *sino* contrasta el agua del pozo con "el agua viva" que es como una fuente manantial que salta, o se desborda, dentro del creyente. *Será* traduce el verbo que significa "llegará a ser", el cual, según Vincent, expresa la riqueza creciente y la energía fresca del principio divino de la vida. Como vimos anteriormente, la metáfora de *la fuente* pinta un cuadro de un manantial a flor de tierra que produce agua fresca, pura, dinámica, vivificante e inagotable.

(3) La samaritana y sus esposos, 4:15-19. Si la mujer hubiera sido judía, probablemente habría entendido la referencia al agua viva, pues la metáfora se repite en los libros proféticos con referencia a Dios (ver Isa. 12:3; 44:3; Jer. 2:13; Eze. 47:1-12; Zac. 13:1; 14:8). Los samaritanos rechazaban estos libros, reteniendo sólo el Pentateuco. Así la samaritana no entendía la enseñanza de Jesús, pero tampoco tenía una mente cerrada. Era sincera y expresaba la disposición de aprender; Jesús aprovechó esa apertura.

Nótese que la mujer ahora usa las mismas palabras con que Jesús inició la conversación. Aún no entendiendo cómo Jesús podría darle agua misteriosa que apagaría para siempre su sed, ella se la pide. Se imaginaba cómo sería el no tener que venir todos los días para cargar agua, pero no se imaginaba que Cristo le ofrecía algo infinitamente más eficaz.

Abruptamente Jesús cambia el tema del "agua viva" que, según ella, era impersonal, para abordar un asunto que era íntimo y personal (v. 16). Ella quería el "agua viva" pero, como condición previa, Jesús tuvo que convencerla de pecado y guiarla al arrepentimiento. Él sabía lo que estaba

—Vé, llama a tu marido y ven acá.

17 Respondió la mujer y le dijo:

—No tengo marido.

Le dijo Jesús:

—Bien has dicho: "No tengo marido"; **18** por-

que cinco maridos has tenido, y el que tienes ahora no es tu marido. Esto has dicho con verdad.

19 Le dijo la mujer:

—Señor, veo que tú eres profeta. **20** Nues-

---

en el corazón del hombre (2:25), y también en el de esta mujer, pero era necesario que ella se diera cuenta y confesara su condición espiritual. La idea de algunos, menos convincente por cierto, es que el propósito de Jesús fue el de dar la oportunidad también al esposo de escuchar las buenas nuevas.

La respuesta (v. 17) fue un intento de la mujer de desviar la dirección de la conversación. Lo que dijo era técnicamente correcto, pero no fue toda la verdad y ésto es lo que Jesús quería. Ella naturalmente deseaba evitar la exposición de una realidad triste y dolorosa de su vida personal. Pero, tal como un cirujano con bisturí en mano, Jesús hábil y cuidadosamente sigue la "operación" para llegar al grano del mal en la vida de esta sedienta mujer.

Jesús reconoce que la respuesta de la mujer era correcta, pero había algo más, ¡mucho más! Su respuesta fue fulminante para la mujer; barrió con todas sus defensas. Expuso los secretos más tristes de esta pobre mujer, por cierto doloroso para ella, pero necesario para la sanidad espiritual desde adentro. Los cinco matrimonios, con sus divorcios, representan un fracaso doloroso y humillante, pero peor todavía, ahora estaba viviendo en adulterio. Así, su vida conyugal y moral era un desastre.

Poco a poco esta mujer iba reconociendo la identidad de Jesús (v. 19); primero, lo consideraba como un judío extraño y poco ortodoxo (v. 9), "fuera de serie", luego se interesó en su oferta de esa agua misteriosa (v. 11), luego un malentendido en cuanto a su oferta (v. 15), entonces lo reconoce como un hombre de Dios, un profeta (v. 19; ver 1 Sam. 9:9) y finalmente como el Mesías (v. 29). El conocimiento sobrenatural que Jesús manifestó lleva a la samaritana a esta conclusión.

(4) La samaritana y la verdadera adoración, 4:20-26. Esta sección es de tremenda importancia, no sólo por la enseñanza sobre la salvación, sino porque en los vv. 20-24 el término "adoración" se repite nada menos que diez veces y constituye la enseñanza más amplia de Jesús sobre el tema en todo el NT. Es curioso que una enseñanza tan importante se diera a una sola persona, siendo mujer, siendo samaritana y, sobre todo, siendo adúltera (ver el libro del autor: *La Adoración que Agrada al Altísimo* [El Paso: Casa Bautista de Publicaciones, 1999]). Plummer describe este pasaje en los términos más elocuentes, comparándolo con la sublime calidad del Sermón del monte.

Nuestros padres se refiere a Abraham (Gén. 12:7) y Jacob (Gén. 33:20) quienes adoraron en la zona de Gerizim. Dios había prometido bendiciones para el pueblo en Gerizim (Deut. 11:29; 27:12), mandó edificar altares allí (Deut. 27:4 ss.) e, inclusive, ellos sostenían que Abraham llevó a Isaac a Gerizim para sacrificarlo. Parece que con esta respuesta la mujer quiso involucrar a Jesús en una discusión apasionada, entre judíos y samaritanos, sobre el lugar más apropiado donde adorar (ver el comentario sobre 4:4 referente al origen de la controversia). Quizás ella quería saber la opinión de Jesús quien, aunque era judío, había violado algunas costumbres judías para entablar la conversación con ella. Algunos opinan que sería otro intento de desviar la conversación de su problema personal y penoso. Por lo menos es la táctica de muchos incrédulos cuando un creyente los confronta con las demandas del evangelio.

Es de notar que Jesús aprovecha el giro en la conversación, dado por la samaritana, para enseñarle la naturaleza de la

tros padres adoraron en este monte*, y vosotros decís que en Jerusalén está el lugar donde se debe adorar.

21 Jesús le dijo:

—Créeme, mujer, que la hora viene cuando

ni en este monte ni en Jerusalén adoraréis al Padre. 22 Vosotros adoráis lo que no sabéis; nosotros adoramos lo que sabemos, porque la salvación procede de los judíos. 23 Pero la hora viene, y ahora es, cuando los verdaderos

---

*4:20 El monte Gerizim donde antes tenían su centro de culto los samaritanos

---

adoración que agrada a Dios, antes de identificarse como el Mesías y llevarle a creer en él como tal. El término "adorar" (*proskuneo*[4352]) significa lit. "arrodillarse" o "postrarse" ante una persona de eminencia. Es la postura correcta en la adoración que rendimos a Dios, sea la posición del cuerpo o la humillación del corazón. Los judíos insistían en la adoración en el templo en Jerusalén; en cambio, los samaritanos designaron el monte Gerizim como el lugar aprobado por Dios. La primera lección que Jesús enseña sobre la adoración que agrada al Altísimo es que el lugar donde se realiza no es de vital importancia. Nuestros edificios y centros de adoración pueden facilitar el acto, pero por más cómodos y mejor adornados que sean, no aseguran ni la presencia de Dios, ni el agrado de él en nuestro culto. Además, la adoración debe dirigirse a Dios como *Padre*, un término que habla de la confianza y dependencia hacia Dios y de la hermandad hacia los demás creyentes. Jesús enfatizó y practicó el concepto de la paternidad de Dios y de la hermandad de los creyentes.

Si Jerusalén hubiera sido ya destruida (sucedió en 70 d. de J.C.), con el templo, antes de escribirse este Evangelio, uno esperaría por lo menos alguna mención en este pasaje de tal tremendo evento. Cuando sucedió, ya se terminó la controversia entre Jerusalén y Gerizim como lugar donde adorar a Dios. Jesús profetizó que vendría la hora cuando la adoración ya no se realizaría en ninguno de los dos lugares y esa hora llegó cuando Roma arrasó con Jerusalén.

Jesús declara explícitamente (v. 22) que la adoración en Gerizim no estaba basada en toda la verdad revelada de Dios y, por lo tanto, no llevaba la aprobación de Dios. Recordamos que ellos aceptaban sólo el Pentateuco como inspirado por Dios, rechazando el resto del AT. Así, su conocimiento de Dios era parcial y por eso su adoración era deficiente. Una explicación por la deficiencia en la adoración en toda generación es el conocimiento parcial de Dios, por no estudiar toda la Biblia. *Nosotros adoramos lo que sabemos* se refiere a un conocimiento que, comparado con la revelación limitada que los samaritanos

---

El pozo de Jacob

Juan localiza el encuentro de Jesús con la mujer samaritana al lado del pozo cerca de Sicar "cerca del campo que Jacob había dado a su hijo José" (4:5).

Cuando Jacob regresó de Harán donde había vivido por unos veinte años en la casa de su tío Labán, él compró una parcela en este lugar, cerca al monte Gerizim y el monte Ebal. Más tarde traen el cuerpo de José a este lugar para enterrarlo (Jos. 24:32). Se cree que éste es el pozo que Jacob cavó allá.

Este pozo ha sido de mucho interés para los peregrinos durante los siglos. Tenía un 1,2 m de ancho; y en el año 670 d. de J.C., un viajero escribió que el pozo tenía 70 m de profundidad. En 1697, otro dijo que tenía una profundidad de 32 m, y en 1861 sólo llegaba a 22 m. La explicación para esta diferencia es que a través de los siglos, los peregrinos tiraron piedras en el pozo, y poco a poco cambiaron su profundidad. Sin embargo, aún en nuestros tiempos se puede sacar agua de este pozo.

adoradores adorarán al Padre en espíritu y en verdad; porque también el Padre busca a tales que le adoren. **24** Dios es espíritu; y es nece-sario que los que le adoran, le adoren en espíritu y en verdad. **25** Le dijo la mujer:

---

aceptaban, era completo. No quiere decir que los judíos conocían y obedecían toda la verdad de Dios. El AT enseñaba que el Mesías vendría por el pueblo de Dios, como "simiente de David" y por él la salvación. Se considera que el artículo definido *la* que precede a *salvación* se refiere a la única salvación verdadera. El Mesías tendría que ser un judío; sin embargo, los samaritanos abrigaban una esperanza de la venida de un mesías, semejante a Moisés.

Con la llegada de Jesús, el Mesías de Dios, se inició el reino del cielo que sería esencialmente un reino nuevo y espiritual. La hora que vendría (v. 23) ya llegó y con su llegada se inició una nueva era. En un sentido la nueva era sería la continuación de la anterior; por ejemplo, es el mismo Dios y es su plan eterno que sigue desarrollándose. Pero, en otro sentido, sería una que era radicalmente nueva y esa novedad estaba centrada en la persona de Jesucristo. *Los verdaderos adoradores adorarán* al Padre implica que había ado-

---

El Evangelio de Juan visto como documento relacional

Una forma de interpretar el Evangelio de Juan es ver cómo Jesús, el principal protagonista, se relacionó con las distintas personas presentadas. Mientras algunas de las personas son mencionadas, otras son anónimas. En adición a estos individuos, se presentan grupos que demuestran su apertura o su rechazo hacia Jesús. En cada encuentro podemos aprender más del Evangelio de Juan y más de cómo Jesús se relacionaba con personas y grupos de todo estrato social y posición religiosa.

El Evangelio de Juan no es un relato cronológico, ni tampoco da cabida para que se formulen eventos no relacionados. El autor enfatiza el propósito de la composición del Evangelio (20:30, 31); así vemos eventos, personajes, conversaciones cuidadosamente seleccionados para lograr su propósito que es tener "vida en su nombre".

Una de las formas de hacerlo es cuando el evangelista presenta cuidadosamente a dos personajes y sus relaciones en contraste, para profundizar nuestro conocimiento del mensaje de Jesús. Veamos a continuación dos ejemplos de estos contrastes.

Nicodemo, el fariseo y miembro del Sanedrín, viene a Jesús de noche porque ha sido atraído por sus señales (cap. 3). A pesar de ser un maestro de Israel, no puede entender el mensaje y decide no seguir a Cristo. En contraste, la mujer samaritana viene a la fuente donde Jesús está descansando (cap. 4). Jesús inicia la conversación con ella, y es a ella a quien le revela qué él es el Mesías. Como resultado de esta relación, ella sale al pueblo y testifica del Mesías; esta mujer llega a ser la primera evangelista en el Evangelio de Juan. En estos dos encuentros tan distintos, tenemos enseñanzas muy profundas de la misión de Cristo y de su obra salvífica.

Hay dos personas anónimas que son contrastadas en Juan: el paralítico (cap. 5) y el ciego de nacimiento (cap. 9). Jesús demuestra su compasión por estas dos personas desafortunadas y los sana. Sin embargo, el resultado no es idéntico en ambas, porque el primero, a pesar del gran milagro del que fue objeto, continuó en su esclavitud al pecado: "He aquí, has sido sanado; no peques más, para que no te ocurra algo peor" (5:14). En contraste, se ve en el ex ciego una conversación progresiva con Jesús hasta que llega a creer en Cristo y dice: "¡Creo, Señor!" (9:38). En la fiesta de los Tabernáculos Jesús se había proclamado como la luz del mundo y el Mesías; ahora desafía a los fariseos, quienes insistían que veían y que no tenían necesidad de una nueva vista ni de la luz que Cristo ofrece, y les dice: "Si fuerais ciegos, no tendríais pecado; pero ahora porque decís: 'Vemos', vuestro pecado permanece" (9:41).

Jesús había venido para dar vida abundante y eterna a las personas. Al relacionarse con ellas, Jesús tuvo la oportunidad de compartir no solamente su vida, sino también las enseñanzas de su reino.

—Sé que viene el Mesías —que es llamado el Cristo—. Cuando él venga, nos declarará todas las cosas.

26 Jesús le dijo:

—Yo soy, el que habla contigo.

---

radores que no eran verdaderos, es decir, que no agradaban a Dios en su adoración. Los que agradan a Dios le adoran en *espíritu*, lo cual significa que la adoración surge y se expresa por medio del espíritu humano. Esta adoración nace en el recinto más interior del alma y se rinde a Dios como un servicio espiritual (Rom. 1:9; 12:1). Ciertamente el Espíritu Santo nos ayuda en nuestra debilidad y nos guía en la adoración (Rom. 8:26), pero *espíritu* aquí se refiere al espíritu humano. Lo exterior y lo material pueden facilitar la adoración, pero lo que importa a Dios es la condición del corazón y espíritu del adorador. Templos y lugares "sagrados", como Jerusalén y Gerizim, juntamente con los utensilios, altares y ritos religiosos, no son esenciales para la adoración que agrada a Dios. Inclusive, todo esto puede distraer de la verdadera adoración. *Verdad* en el NT se refiere a lo que es realidad en contraste con la mera apariencia o a lo opuesto a la falsedad. La verdad es un atributo esencial de Dios y Jesús pudo decir "yo soy... la verdad" (14:6). Además, en el AT el término llevaba el sentido de fidelidad, confiabilidad y seguridad. En este contexto, Jesús se refería a la revelación de Dios que se manifestó principalmente en la persona de su Hijo. Para nosotros, *verdad* es la revelación de la persona de Dios y de su voluntad para el hombre y ésta se encuentra en la Biblia. Para agradar a Dios en la adoración, uno debe conocerle tal cual se revela en la Biblia y debe saber cuál es su voluntad general y particular.

Porque también el Padre busca a tales que le adoren. Esta frase presenta un concepto completamente nuevo de Dios. Los dioses paganos esperaban pasivamente que sus súbditos se acercasen para rendirles culto, pero el Dios revelado en las Escrituras sale buscando de entre la humanidad una clase particular de adoradores, los que adoran *en espíritu y en verdad*.

En el v. 24 se repite lo expresado arriba, pero se agrega una explicación por la demanda de adoración *en espíritu y en verdad*. La naturaleza de Dios, que es espíritu, determina la clase de adoración que le agrada. La segunda lección de Jesús sobre la adoración que agrada al Altísimo es que debe realizarse de acuerdo con la naturaleza de Dios, es decir, *en espíritu y en verdad*, pues Dios es ambas cosas. La adoración es un asunto del corazón, de comunicación entre el espíritu del hombre y el Espíritu de Dios, basado en la *verdad* de Dios revelada en Jesucristo y ahora en las Escrituras. Siendo así, la adoración que agrada a Dios requiere una disciplina diaria en el estudio bíblico. Cuando la adoración se determina por lo que agrada al hombre, desconociendo lo que Dios ha revelado, uno puede estar bien seguro que no agrada a Dios y no será aceptada.

Con la respuesta del v. 25, la samaritana termina su diálogo con Jesús. Algunos opinan que este es otro, y el último, intento de desviarle de su propósito de conducirle a la "fuente de agua viva". Como mencionamos anteriormente, los samaritanos tenían una especie de esperanza mesiánica. Por ejemplo hay una promesa que dice: "Les levantaré un profeta como tú, de entre sus hermanos. Yo pondré mis palabras en su boca..." (Deut. 18:18). Odeberg, basado en este pasaje, en la tradición samaritana de Taheb (nombre samaritano para "Mesías") y en comentarios de Josefo, concluye en que sí, había una esperanza mesiánica a la cual esta mujer se refiere. Basándose sólo en el Pentateuco, su mesías sería meramente un maestro o profeta, según el estilo de Moisés, muy lejos por cierto del concepto judío que se basaba en los libros proféticos del AT.

27 En este momento llegaron sus discípulos y se asombraban de que hablara con una mujer; no obstante, ninguno dijo: "¿Qué buscas" o "¿Qué hablas con ella?". **28** Entonces la mujer dejó su cántaro, se fue a la ciudad y dijo a los hombres:

En palabras breves y muy sencillas (v. 28) Jesús declara su identidad en forma categórica e inequívoca. Esta, y quizás Marcos 9:41, son las únicas afirmaciones explícitas de parte de Jesús de que él era el Mesías antes de su juicio y crucifixión. Él era plenamente consciente de esta verdad, pero si la hubiera afirmado entre los judíos fanáticos quienes esperaban un mesías que los libraría de Roma, habría despertado una revolución y precipitado su muerte antes del tiempo establecido. *Yo soy* puede ser una simple afirmación, pero más probablemente es una declaración identificándose en la manera que Dios lo hizo ante Moisés (Éxo. 3:14). Corroborando esta interpretación, el pronombre personal Yo es enfático en el texto griego. Algunos comentaristas entienden que, además de ser una afirmación de su deidad, la respuesta de Jesús constituye una invitación a creer en él (ver Mat. 11:28 s.). Es significativo que lo haya hecho, no en Judea ni Galilea, sino en Samaria.

(5) El testimonio de la samaritana, 4:27-30. El regreso de los discípulos marca el fin del intercambio entre Jesús y la mujer. Entonces Juan prosigue a relatar dos cosas: la sorpresa de los discípulos y la invitación evangelizadora de la mujer entre sus conciudadanos. Tan impactante era el testimonio de la mujer que produjo una salida masiva del pueblo en busca de Jesús.

Nótese el cambio en el tiempo de los verbos en el v. 27: *llegaron* es aoristo, indicando una acción puntual, mientras que *se asombraban* es un imperfecto, indicando acción continuada. El cuadro es gráfico: llegaron y quedaron asombrándose por un tiempo. Casi podemos verlos sacudiendo su cabeza y conversando entre sí sobre la situación. Primero, la mujer se asombró (v. 9) y ahora son los discípulos los que *se asombraban* y todo por el mismo motivo.

Era inconcebible que un hombre hablara en público con cualquier mujer, máxime siendo él un maestro y ella una samaritana. Ni siquiera era apropiado que un hombre hablara con su propia esposa en público. Un dicho corría así: "Un hombre no estará a solas con una mujer en una posada, ni aun con su hermana o su hija, debido a lo que otros puedan pensar. Un hombre no hablará con una mujer en la calle, ni aun con su propia esposa, y sobre todo si es otra mujer, a causa de lo que los hombres puedan pensar". Otro dicho común revela la inferioridad de la mujer: "Mejor quemar las palabras de la ley que enseñarlas a una mujer". Probablemente fue la primera vez que los discípulos habían observado a Jesús en la "infracción" de este criterio social. Juan incluye dos preguntas que no se hicieron: "*¿Qué buscas?*" o "*¿Qué hablas con ella?*". La primera pregunta estaría dirigida a la mujer, la segunda a Jesús. A pesar de su asombro, los discípulos se "tragaron" su curiosidad. En otras ocasiones pasaron vergüenza por sus preguntas impulsivas.

Juan emplea en el v. 28 el mismo verbo *dejó*, y para describir la partida de Jesús de Judea (v. 3). Quizá fue la mirada de sorpresa e incredulidad en el rostro de los discípulos lo que motivó la partida apurada de la mujer. El dejar *su cántaro* puede indicar que estaba tan absorta en las palabras de Jesús que no cabía otro pensamiento en su mente, o podría indicar que estaba tan apurada para compartir su testimonio que no quería una carga que demoraría su apresuramiento. Su primera misión, la de buscar agua para tomar, quedó postergada mientras atendía un asunto más apremiante. De todos modos, volvería a buscar el cántaro, a su tiempo. Morris comenta que ella abandonó el llevar el agua para poder llevar a los hombres a Jesús. Otra vez el autor pone en contraste

29 —¡Venid! Ved un hombre que me ha dicho todo lo que he hecho. ¿Será posible que éste sea el Cristo?

30 Entonces salieron de la ciudad y fueron hacia él.

---

*4:31 O: *Maestro*

Campos blancos para la siega

31 Mientras tanto, los discípulos le rogaban diciendo:

—Rabí*, come.

"Agua de vida"

El misionero Bob Caperton llevaba "agua de vida" a muchas personas en la Guajira, la seca península al noreste de Colombia. Allí viven los guajiros, uno de los grupos indígenas más grandes del país; muchos de ellos viven en pequeñas rancherías donde no había agua. Muchos pasaban varias horas, día tras día, buscando agua para poder llevarla a sus casas.

Los misioneros Caperton trabajaban para responder a las necesidades de las personas; fue así como vieron que al proveerles de agua y mejor salud, a la vez que les compartían el evangelio, era donde podrían hacer una diferencia en las vidas de los guajiros. De este modo el mismo Caperton, con la ayuda de los hombres de la ranchería, cavó pozos para traer el agua al pueblo; mientras tanto su esposa, quien era enfermera, visitaba las casas de los guajiros para atender a sus necesidades físicas. En la noche tenían cultos para hablar del "agua de la vida". Una presentación completa del evangelio.

En el Campamento Bautista Regional para los Embajadores del Rey participaron varios niños del área, entre ellos participó por primera vez, un niño guajiro. Alrededor de la fogata, el director pidió a los niños que relataran la cosa más grande que les había pasado en sus vidas. Hubo las respuestas usuales: un viaje, una bicicleta, etc.; pero cuando le llegó el turno al niño guajiro, él dijo: "¡El día que Caperton trajo agua a nuestra ranchería!".

dos verbos de tiempos opuestos: *se fue* es un aoristo, pero *dijo*, en el texto gr., es un verbo del tiempo presente. El primero marca su partida de Jesús y llegada a la ciudad como un evento puntual, pero el segundo señala la acción que cubrió un buen tiempo, "hablando y hablando" con los hombres. Llama la atención el hecho de que haya hablado *solo a los hombres.* Algunos opinan que lo único que significa es que ella hablaba a los que veía en el camino, pero es tentador pensar que esta pobre mujer adúltera tendría más conocidos entre los hombres que entre las mujeres.

La invitación que hace la mujer nos hace recordar las palabras de Jesús (1:39) y de Felipe (1:46). No solamente extendió la invitación con una exclamación imperativa, sino que dio el motivo para despertar su interés y moverlos a responder. Literalmente ella dice que "me dijo todas cuantas cosas que hice". Es una exageración, pero lo que él había dicho era suficiente para que ella estuviera segura de que no quedaba nada en su vida oculto a sus penetrantes ojos.

La pregunta que hace la samaritana, según la construcción en el texto gr., anticipa una contestación negativa con duda. La RVA capta el sentido correcto expresando una opinión tentativa. Morris reconoce que normalmente una negativa se contemplaría en la pregunta de la mujer, pero el contexto indica que ella esperaba una respuesta positiva. En esta manera la mujer despierta la curiosidad de los hombres y los mueve a la acción sin dar la apariencia de mandarlos y sin revelar la convicción que ya se concretaba en su corazón.

En el v. 30 otra vez el autor pinta un cuadro con palabras: "Entonces los hombres salieron (aoristo) de la ciudad y seguían llegando (imperfecto descriptivo) hacia él". S. D. Gordon comenta sobre este pasaje así: "Los discípulos recién habían estado en la ciudad, los que conocían mejor al Señor y por más tiempo. Ellos trajeron de vuelta unos panes, nada más.

32 Pero les dijo:

—Yo tengo una comida para comer que vosotros no sabéis.

33 Entonces sus discípulos se decían el uno al otro:

—¿Acaso alguien le habrá traído algo de comer?

34 Jesús les dijo:

—Mi comida es que yo haga la voluntad del que me envió y que acabe su obra. **35** ¿No de-

---

La mujer fue a la ciudad; ella trajo de vuelta algunos *hombres*".

(6) Los campos blancos para la siega, 4:31-38. El autor interrumpe el resultado del testimonio de la mujer para registrar la conversación entre los discípulos y Jesús, en el ínterin entre la salida de la mujer y la llegada de los hombres de la ciudad. Jesús aprovecha la ocasión para enseñarles dos lecciones: cuáles eran sus prioridades y cuál la misión urgente que les esperaba.

Probablemente, los discípulos estaban sinceramente preocupados por la salud de su maestro, pues había pasado mucho tiempo sin probar comida. Por otro lado, ellos mismos desearían comer, pero no querrían adelantarse a él. No estaban preparados para la contestación que siguió.

La conversación con la mujer samaritana le había dado tanta satisfacción interior como si hubiera comido un banquete suculento. Jesús había hablado a la mujer acerca de "agua viva" que salta en el interior del hombre, satisfaciendo su sed espiritual; ahora habla a sus discípulos acerca de una nutrición espiritual (v. 32) que satisface el hambre interior. Nótese el contraste enfático entre *Yo* y *vosotros*. Los discípulos estaban en "ayunas" en cuanto al significado de las palabras de Jesús.

Los discípulos, así como otros (ver 2:20; 3:4; 4:11, 15), entendieron mal la respuesta de Jesús, limitados ellos a conceptos literales y materiales. La mujer no entendió lo de "agua viva" y los discípulos no entendieron lo de la "comida". Informes como este, que dejan mal parados a los discípulos, aumentan nuestra confianza en la autenticidad de las Escrituras. La pregunta de los discípulos anticipa una contestación negativa. Literalmente sería así: "¿No le habrá traído alguien algo a comer, verdad?". Su entendimiento literal y mate-

rial da lugar a una enseñanza importante de parte de Jesús.

El adjetivo *Mi* (v. 34) es enfático. Sin importar la experiencia de otros, Jesús afirma cuál es la suya. Esta frase nos hace recordar la respuesta de Jesús en dos ocasiones: al tentador le dijo: "No sólo de pan vivirá el hombre..." (Mat. 4:4); y a sus padres: "¿No sabíais que en los asuntos de mi Padre me es necesario estar?" (Luc. 2:49). Estas palabras hablan de la profunda satisfacción y renovación de energías que el hacer la voluntad de Dios produce en el Hijo y en sus seguidores. Jesús vivía y ministraba en la consciencia de que era "el enviado de Dios" para hacer su voluntad. Hay numerosas referencias a este hecho que corren a través de este Evangelio (ver 5:30; 6:38; 7:18; 8:50; 9:4; 10:37 s.; 12:49 s.; 14:31; 15:10; 17:4). *Y que acabe su obra*. El obedecer la voluntad divina fue la prioridad número uno para Jesús. Nótese el énfasis en *la voluntad del que me envió*, por un lado, y *su obra*, por otro. El verbo *acabe* es el mismo que Jesús pronunció desde la cruz cuando dijo: "Consumado es". Jesús acabó perfectamente cada etapa de la voluntad de su Padre, pero la consumación final le esperaba en la cruz.

Plummer y otros procuran establecer la fecha del evento por la referencia a la cosecha (v. 35). La época de la cosecha sería abril, indicando que el evento habría tenido lugar en diciembre. Sin embargo, la mayoría opina que se trata de un proverbio que se usaba para postergar una acción. Inclusive, la introducción *¿No decís vosotros...?* parece apuntar a un dicho o proverbio que sería común y comprensible en ese entonces. Knox, siguiendo este criterio, lo traduce así: "¿No es un dicho de vosotros:...?". Entre la siembra y siega

cís vosotros: "Todavía faltan cuatro meses para que llegue la siega"? He aquí os digo: ¡Alzad vuestros ojos y mirad los campos, que ya están blancos para la siega! **36** El que siega recibe salario y recoge fruto para vida eterna, para que el que siembra y el que siega se gocen juntos. **37** Porque en esto es verdadero el dicho: "Uno es el que siembra, y otro es el que siega".

---

había un período de inactividad, es decir, en la siembra lit. de semillas, pero en el reino de Dios no existe tal período de inactividad. Los discípulos estarían pensando que Samaria sí necesitaba el evangelio, pero los habitantes aún no estaban prontos para recibirlo. Para ellos, no había apuro ni para sembrar, ni para segar.

Cómo destruir a los enemigos

Le preguntaron a Abraham Lincoln el por qué de su actitud hacia sus enemigos. "¿Por qué procura hacerlos sus amigos? Debiera procurar destruirlos".

Lincoln respondió apaciblemente: "¿No estoy destruyendo a mis enemigos cuando los hago mis amigos?".

Joya bíblica
¡Alzad vuestros ojos y mirad los campos, que ya están blancos para la siega! (4:35).

Jesús recién había comprobado que la siega estaba pronta. La samaritana sería el primer fruto de la cosecha. Vendría pronto una multitud de hombres para escuchar sus enseñanzas y quizá ya se veían en el horizonte acercándose. Todo apuntaba a una cosecha pronta para ser recogida. Faltaba solo el levantar la mirada de las cosas materiales y contemplar la oportunidad que pronto pasaría, como sucede con la época de la cosecha. *Blancos para la siega* es una descripción intrigante, pues pocos granos están blancos en el tiempo de la cosecha. Trigo era el grano más común en Palestina y es dorado cuando está pronto para cosechar. Varios comentaristas piensan que lo que Jesús veía y quería que los discípulos viesen era la multitud de hombres que venían vestidos en blanco, como un campo de trigo meciendo en el viento. El adverbio ya está ubicado en el texto gr. entre los vv. 35 y 36 y no hay consenso en cuanto a si pertenece al primero o al segundo. Plummer y otros mantienen que pertenece al v. 35, como en la RVA, pero igual número de eruditos y el texto griego de las Sociedades Bíblicas Unidas lo asignan al v. 36.

Si ubicamos el adverbio ya en el comienzo de la frase del v. 36, se leería así: "El que siega recibe ya salario y...", es decir, no tiene que esperar. Esta enseñanza de Jesús anuncia tanto una recompensa como un resultado por la labor en el evangelio. Alford y otros intérpretes entienden que la recompensa se encuentra en el mismo resultado. Otros opinan que el premio para el que siega es doble, en el presente y en el futuro: recibe un *salario* ahora y produce *fruto para vida eterna*. En resumen, parece que Jesús está motivando a los discípulos a dedicarse a la tarea urgente de compartir el evangelio ya. ¡La siega está pronta, el "salario" está disponible, nada falta, pues manos a la obra!

No debe haber competencia, sino plena cooperación, entre *el que siembra* y *el que siega*. El segador realiza una tarea tan importante como la del sembrador, pues aquél completa lo que éste comenzó y cuando ambos realizan su obra se gozan juntos, es decir, simultáneamente. En este caso, probablemente Jesús mismo es el sembrador y los discípulos serían los segadores. Hay cuatro meses entre la siembra y siega del trigo, pero en el evangelio ambas tareas pueden ser realizadas sin esa demora. También, ambas tareas pueden realizarse por la misma persona.

En esto se refiere al versículo anterior. Aquí Jesús cita otro proverbio o dicho comprobado por el v. 36. Casi siempre lo que uno cosecha en términos de almas para vida eterna depende de una siembra

38 Yo os he enviado a segar lo que vosotros no habéis labrado. Otros han labrado, y vosotros habéis entrado en sus labores.

39 Muchos de los samaritanos de aquella ciudad creyeron en él a causa de la palabra de la mujer que daba testimonio diciendo: "Me dijo

---

anterior realizada por otros. A veces esta realidad es más evidente que en otras. El que escribe llegó a apreciar la verdad de este dicho cuando llegó al Uruguay en 1954. Muchos de los que fueron ganados para el reino de Dios, bajo su ministerio, habían recibido en tiempos anteriores un testimonio escrito o verbal de otros siervos del Señor.

> ### El agua
>
> El agua es central a muchos de los eventos de la Biblia. En la creación "Y la tierra estaba sin orden y vacía. Había tinieblas sobre la faz del océano, y el Espíritu de Dios se movía sobre la faz de las aguas" (Gén. 1:2). En el segundo día de la creación, Dios separó las aguas por una bóveda (cielos) y había agua sobre la bóveda y debajo de la bóveda. En el tercer día separa las aguas de la tierra.
>
> Los israelitas consideraban como bendición de Dios las "lluvias tempranas" y las "lluvias tardías" (Deut. 11:14). Sin éstas no habría cosecha y tendrían hambre.
>
> Se usaba el agua en las ceremonias religiosas para la purificación de las personas después de su contaminación por tener ciertas enfermedades o por tocar algo impuro.
>
> En su encuentro con la mujer samaritana, con la multitud que le seguía después de la alimentación de los cinco mil y en la fiesta de los Tabernáculos, Jesús usa el agua como símbolo de la nueva vida que él da. Jesús asegura a sus seguidores fieles, que creen en él, que "ríos de agua viva correrán de su interior" (7:38).
>
> El simbolismo tan importante del agua se ve en la visión de Juan de un río lleno de agua que da vida "que fluye del trono de Dios y del Cordero" (Apoc. 22:1).

En el v. 38 Jesús está aplicando el proverbio del versículo anterior a la misión que encomendaba a los discípulos. El pronombre *Yo* es enfático y *os he enviado* traduce un verbo (*apostello*[649]) en el tiempo aoristo; se refiere probablemente al llamado inicial, pues los discípulos no habían iniciado aún su obra de *segar*.

El tiempo perfecto del verbo *han labrado* subraya la continuación de los resultados. Estas palabras tenían el propósito de animar a los discípulos. No tendrían que entrar en un campo virgen, sin un testimonio previo. No hay consenso en cuanto a quiénes se refiere la expresión *otros han labrado*. Por lo menos se refiere a Jesús mismo, quizá también a Juan el Bautista y sus seguidores. Godet, Bernard y otros incluirían a la mujer samaritana quien estaba sembrando en ese momento entre sus conocidos. Otros señalan a los profetas del AT como los que habían preparado el terreno en que los discípulos iban a ministrar. *Vosotros habéis entrado en sus labores* presenta la dificultad de que, hasta la fecha, no había evidencia de que los discípulos habían entrado personalmente en su misión, excepto en la etapa de preparación. En un sentido la preparación es parte integral del ministerio en su concepto cabal. Una cosa bien clara en toda esta sección es que Jesús esperaba que sus discípulos fueran segadores.

(7) Los creyentes de Samaria, 4:39-42. El autor retoma el tema del ministerio de Jesús en Samaria, subrayando el efecto del testimonio de la mujer y la estadía extendida de Jesús. Nótese que dos de los temas favoritos de Juan se encuentran en esta breve sección: el "testimonio" y el "permanecer" o "quedarse".

Lo que Jesús había anticipado con la expresión campos "blancos para la siega" (v. 35) se demuestra como una profecía acertada (ver los comentarios sobre *creyeron en él* en 1:12). ¡Con cuánta prontitud los samaritanos aceptaron a Jesús como el Mesías! Sin embargo, faltaba aclarar y ampliar en sus mentes la identidad de Jesús y lo que significaría creer en él. Dios acepta la fe del hombre, basada en

todo lo que he hecho". **40** Entonces, cuando   los samaritanos vinieron a él, rogándole que se

---

una comprensión limitada y superficial de su Hijo, si es que hay una disposición de seguir ampliando su conocimiento.

Juan revela la causa y la base de la fe de los samaritanos: las palabras de la mujer que "estaba testificando", una expresión que traduce un participio griego del tiempo presente, indicando una acción que se repetía. Ella sencillamente no pudo frenar el testimonio que brotaba de su corazón al experimentar por primera vez la profunda satisfacción del agua viva que Jesús le dio a beber. La evidencia que le había convencido de que Jesús era el Mesías es lo que ella repetía en la ciudad: *"Me dijo todo lo que he hecho"*. Es notable que un mensaje tan breve y limitado haya producido en los samaritanos una fe en este "judío" a quien nadie conocía (ver Jon. 3:4b). Revela la tremenda sed espiritual de ellos, ciertamente un campo "blanco para la siega".

Los recién convertidos a la fe en Jesús no querían separarse de su Señor (v. 40). Tendrían muchas preguntas sobre su nueva fe, preguntas que sólo él podría contestar. "Seguían rogándole" (ver v. 31) sería una traducción que capta la acción del verbo en el tiempo imperfecto. Pinta un cuadro de varios samaritanos rodeándole e insistiendo que él permaneciera en su medio, si no para siempre, por lo menos por algunos días. ¡Cuán distintos los samaritanos en contraste con los judíos de Jerusalén quienes habían visto tantas señales y escuchado sus enseñanzas (2:18) y con los propios familiares y conocidos de Nazaret (Mat. 13:58, Luc. 4:29), y aún con los gadarenos (Mat. 8:34)! Hubo otros casos de una actitud favorable de los samaritanos para con Jesús (Luc. 10:25-37; 17:16 s.). *Se quedó allí dos días* es la respuesta de la plegaria de los samari-

---

El niño que llevó agua a África

Ryan Hreljac, un niño canadiense de seis años que estaba en el primer grado de la primaria, cuando llegó a su casa le dijo a su mamá que necesitaba setenta dólares para ayudar a las personas en el África que no tenían agua. La profesora les había dicho que muchos africanos tomaban agua contaminada de los ríos y por eso se enfermaban y morían, y que ¡con setenta dólares podrían cavar un pozo y así dar agua a un pueblo entero!

La mamá del niño respondió que podían hablar sobre eso durante la cena, pensando que él lo olvidaría. Pero Ryan no lo olvidó, y en el momento de dar gracias por los alimentos oró: "Que haya agua potable para todas las personas en el África". Los padres del niño decidieron que podían pagarle por algunos trabajos en la casa, y así él podría aprender sobre el valor del dinero y de su regalo.

Por fin, después de hacer toda clase de trabajos para sus vecinos y de recibir donaciones especiales, logró juntar el dinero que necesitaba, y lo entregó a una organización cristiana que cavaba pozos en el África. Cuando entregó el dinero, le dijeron que hacía falta dos mil dólares para comprar la máquina para cavar el pozo. ¡Los setenta dólares era para la bomba de mano!

Ryan no se desanimó, sino que al contrario empezó otro fondo. Pronto había personas en otras partes del Canadá que se enteraron del asunto. Los periódicos y la televisión hablaban de este niño y su proyecto, y contribuían al fondo. Por fin, cavaron el pozo cerca de una escuela en Uganda. Después los niños africanos que iban a esa escuela empezaron a tener correspondencia con los niños de la clase en el Canadá, donde se había empezado este proyecto.

Como resultado de esta correspondencia, Daniel Igali, un nigeriano que ganó, a brazo partido, la medalla de oro en los Juegos Olímpicos como luchador, pidió que Ryan lo ayudara a conseguir donaciones para cavar más pozos para su país y para construir una escuela en su pueblo. De esta forma, Nigeria recibió dinero para cavar más pozos y ahora otros pueblos tienen agua potable.

Con la ayuda de grupos filantrópicos ¡Ryan Hreljac ha podido conseguir más de 400.000 dólares para llevar agua al África!

quedase con ellos, se quedó allí dos días. **41** Y muchos más creyeron a causa de su palabra. **42** Ellos decían a la mujer:
—Ya no creemos a causa de la palabra tuya,

porque nosotros mismos hemos oído y sabemos que verdaderamente éste es el Salvador del mundo*.

---

*4:42 Algunos mss. tardíos tienen *Salvador del mundo, el Cristo.*

---

tanos. Con una estadía de dos días Jesús realizó tres cosas: pudo confirmar a los nuevos creyentes en su fe, demostró total falta de prejuicio racial y seguramente fue un ejemplo inolvidable para sus discípulos quienes en varias ocasiones dejaban ver sus propios prejuicios.

Nótese el contraste entre "a causa de la palabra de la mujer" (v. 39) y *a causa de su palabra*, de Jesús (v. 41). La fe de ellos, basada en la palabra de la mujer, fue confirmada y madurada por las palabras de Jesús. Nótese que Jesús optó por no realizar milagros en este caso porque ya los hombres habían manifestado una fe segura en Jesús. *Muchos más creyeron* parece indicar que algunos vinieron de la ciudad sin haber llegado a la fe en Jesús, sólo como curiosos, pero fueron convencidos al escucharle a él. A esta altura el decir *creyeron* es suficiente, sin mencionar un objeto de la creencia, pues era evidente que se refiere a la persona de Jesús o al evangelio.

La fe de estos hombres, basada solo en la palabra de la mujer, era en efecto una fe basada en la fe de otro, o sea una fe secundaria. Mientras que sea tal clase de fe, no es una auténtica fe cristiana. Debe haber un conocimiento personal de Cristo y un encuentro personal con él, resultando en una relación personal con él, que es la esencia de la salvación. La creencia basada en la palabra de ella era un comienzo, pero faltaba la relación personal con Cristo. Vincent destaca la diferencia entre *la palabra* (*lalia*[2981], v. 42) de la mujer aquí, su testimonio dado a los conciudadanos, por un lado, y "la palabra" (*logos*[3056], vv. 39, 41) de Jesús, por otro. En el v. 39 "palabra", desde el punto de vista de Juan, se refiere a su testimonio de Cristo. En cam-

bio, aquí los samaritanos distinguen entre la palabra (*logos*) más autoritativa y dignificada de Jesús, y la charla (*lalia*) de la mujer. La experiencia directa y personal con Jesús les convenció de que él era el Mesías prometido a los judíos, no el "mesías" esperado por los samaritanos. ¿Es ésta una comprensión nueva a la que ellos habían llegado, o es que la mujer les había dado esta idea y aquí confirmaron lo que ya sospechaban? La expresión *Salvador del mundo* se encuentra solo dos veces en todo el NT, aquí y en 1 Juan 4:14. La palabra *Salvador* se usa tanto en las Escrituras como en la literatura secular. Se refiere al Padre (Luc. 1:47; 1 Tim. 1:1) y al Hijo dos veces, como se mencionó antes. Los griegos se referían a una multitud de divinidades con el mismo término. Cuando el término se aplica a Jesús, tiene por lo menos las dos ideas de redentor y libertador. Salva al creyente, librándole de la condenación eterna. No sólo *es el Salvador* de cada creyente como individuo, o de algunos individuos en particular, sino *del mundo*, de todos los que creen en su nombre (1:12).

(8) Interludio en Galilea, 4:43-45. El escenario se traslada de Samaria a Galilea y Juan inserta estos versículos para explicar cómo sucedió. Además, registra un refrán que Jesús usaba y describe la buena recepción que tuvo en Galilea. Estos versículos sirven como una introducción a la sección que sigue, tal como Juan acostumbra organizar su material (ver 2:13 y 4:1-4).

Juan repite la duración de la estadía de Jesús en Galilea (ver v. 40). Siguió camino a Galilea, el destino que tuvo al salir de Judea (4:3).

Juan no se hubiera atrevido a aplicar el

Jesús sana al hijo de un oficial*

43 Pasados los dos días, salió de allí para Galilea, **44** porque Jesús mismo dio testimonio de que un profeta no tiene honra en su propia tierra. **45** Luego, cuando entró en Galilea, los galileos le recibieron, ya que habían visto cuántas cosas había hecho en Jerusalén en la fiesta; porque ellos también habían ido a la fiesta.

*4:43t Comp. Mat. 8:5-13; Luc. 7:1-10

proverbio a Jesús, pero es Jesús mismo el que lo hace y Juan meramente lo registra. El proverbio se basaba en una observación común. Parece que Jesús dejó Judea para evitar la confrontación con los fariseos (4:1-3) y fue a Galilea para estar lejos de Jerusalén. Pero ¿no era Galilea *su propia tierra*? Parece que se establece una contradicción. Brown comenta que estos tres versículos "son una cruz para los comentaristas del cuarto Evangelio". Basado en el proverbio, parecería que evitaría ir a su tierra donde no tendría honra. Se han ofrecido varias posibilidades para resolver la dificultad. Algunos procuran comprobar que *su propia tierra* se refería a Judea (Orígenes, Westcott, etc.), o a Jerusalén (Hoskyns), pues él nació en Belén; también esta provincia se conocía como la tierra de los judíos; esta posición se confirma en el hecho de que ningún apóstol provino de allí. Borchert opina que podría ser una referencia general a Israel, tomando en cuenta una expresión en el prólogo (1:11). Lightfoot sugiere que se refiere al cielo, su "hogar" original. Otros dicen que se refiere a Nazaret y no a Galilea. Por ejemplo, los Sinópticos (Mat. 13:57; Mar. 6:4; Luc. 4:24) indican que salió de Nazaret, su propia tierra, por razón de este proverbio. Todavía otros entienden que la conjunción causal "porque" significa que iba a Galilea "a pesar de" este proverbio, es decir, sabiendo que sería un campo duro y que no tendría honra allí. Pero, contra esta interpretación, está el hecho de que fue bien recibido cuando entró en Galilea.

El término Galilea (v. 45) es una expresión heb. que significa "círculo de los gentiles". Este territorio, anteriormente la parte norteña de Palestina, había sido tomado y controlado por los gentiles hasta 103 a. de J.C. cuando fue recuperado por los judíos. Aun así, los judíos de Judea miraban con cierto desdén a sus compatriotas que vivían en Galilea. Es irónico que a medida que Jesús se alejaba más y más de Judea, yendo hacia campo gentil, era mejor recibido. En Judea su recepción había sido limitada y superficial (2:20-25; 3:10). Hull observa que, al regresar a una cultura mayormente secular con su concentración de gentiles, Jesús estaba cumpliendo el rol asignado a él por los samaritanos como "el Salvador del mundo" (v. 42). El término *recibieron* traduce un verbo griego (*decomai*[1209]) que normalmente indicaba una "bienvenida" extendida a las visitas. Lo recibieron de buena gana, aun con entusiasmo. Marcus Dods piensa que Jesús fue tomado de sorpresa por tan buena recepción, pues no anticipaba una respuesta favorable.

Las mismas obras que habían provocado indignación entre los líderes religiosos en Judea tuvieron una respuesta opuesta entre los judíos de Galilea. Juan no registró cuáles serían las *cuántas cosas*, pues entre todas las señales que Jesús hizo, seleccionó sólo siete para cumplir su propósito en el Evangelio (20:30). La buena recepción que tuvo en Galilea se debía a los milagros que Jesús realizó en su breve estadía en Jerusalén, además de la limpieza del templo. Con todo, la recepción que le dieron no estaba bien basada, sino dependía solamente de la observación de milagros. Al señalar los milagros como base de su fe, Juan estaba preparando a los lectores para la "diagnosis" que Jesús pronunció en el v. 48. Morris comenta que le dieron honra (*time*[5092]) de cierta espe-

46 Vino, pues, Jesús otra vez a Caná de Galilea donde había convertido el agua en vino*. Había un oficial del rey cuyo hijo estaba enfermo en Capernaúm. **47** Cuando éste oyó que Jesús había salido de Judea y estaba presente en Galilea, fue a él y le rogaba que descendiese y sanase a su hijo, porque estaba a punto de morir. **48** Entonces Jesús le dijo:

---

*4:46 Ver 2:1 ss.

---

cie, pero no la honra que le correspondía (*doxa*[1391], "gloria"). Por ejemplo, no hay evidencia de que lo hayan reconocido como el "Mesías de Dios" o el "Salvador del mundo".

8. La segunda señal: la sanidad del hijo del oficial del rey, 4:46-54

Esta sección concluye lo que se conoce como el "ciclo de Caná", volviendo al mismo lugar de la primera señal para realizar la segunda. Algunos procuran identificar este evento con la sanidad del siervo del centurión (Mat. 8:5-13; Luc. 7:2-10). Aunque hay una leve similitud entre los dos eventos, por ejemplo los paralelos verbales y la sanidad a distancia, existen demasiadas diferencias para tomar en serio tal conjetura.

Al referirse a la primera señal realizada en Caná, Juan indica que no fue una alegoría. Jesús vuelve a segar donde había sembrado. *Había un oficial del rey cuyo hijo estaba enfermo en Capernaúm.* Dos preguntas surgen de esta frase: ¿quién fue el oficial y quién el rey? *Oficial del rey* traduce un adjetivo (*basilikos*[937] = "real") que significa "uno relacionado con el rey". Algunos opinan que era un gentil, quizá un romano, como el centurión en otro caso de sanidad (Mat. 8:5 ss.), pero Morris sugiere que probablemente sería un judío. Él menciona dos evidencias que apoyan esta conclusión: nada en el relato infiere que sería gentil y parece que se encuentra entre un grupo de judíos curiosos que buscaban una señal (v. 48). El rey sería Herodes Antipas quien no fue realmente un rey, sino un tetrarca que gobernó sobre la cuarta parte del reino de su padre, Herodes el Grande. Este Herodes gobernó sobre Galilea y Perea entre 4 a. de J.C. y 39 d. de J.C. Es el mismo que mandó matar a Juan el Bautista (Mat. 14:1-12) y a quien Pilato mandó a Jesús (Luc. 23:7-12). La enfermedad del hijo se describe sólo como una fiebre (v. 52). La expresión *estaba enfermo* traduce un verbo que significa "estar débil" o "deficiente en fuerza", pero se usaba comúnmente para describir a una persona enferma. La debilidad física es una posible indicación de un cuerpo enfermo.

La distancia entre Capernaúm y Caná sería unos 30 km y parece que este oficial, habiendo dejando a su hijo enfermo, hizo el viaje en un día, llegando al mediodía o poco después (v. 52b). Ya la fama de Jesús había corrido por Galilea, quizá por la noticia de la primera señal hecha en Caná, pero fue aumentada por los que habían estado en Jerusalén para la fiesta (v. 45). Así que, el oficial habría oído de varias fuentes de los poderes milagrosos que Jesús demostraba. El verbo *rogaba*, que se usa en el v. 46 está en el tiempo imperfecto, describe una acción repetida. El padre estaba desesperado y, aun siendo una persona importante, de una posición de cierto poder, en efecto se puso a los pies de Jesús pidiendo socorro. Frente a la crisis de un ser querido moribundo, el más poderoso se humilla ante la posibilidad de una curación. *A punto de morir* traduce un verbo auxiliar que connota inminencia y certeza, y explica la urgencia del oficial. No había duda en su mente de que su hijo iba a morir si no fuera por la intervención inmediata y divina. El camino de Caná, en las sierras al oeste, hasta Capernaúm, ubicada ésta sobre la orilla del mar de Galilea, era descendiente.

Parece cruel que Jesús le contestara al oficial en esta forma tan tajante, pero se

—A menos que veáis señales y prodigios, jamás creeréis.

49 El oficial del rey le dijo:

—Señor, desciende antes que muera mi hijo.

50 Jesús le dijo:

—Ve, tu hijo vive.

El hombre creyó la palabra que Jesús le dijo y se puso en camino. **51** Mientras todavía descendía, sus siervos salieron a recibirle di-

---

nota que no se dirige sólo a él sino a todos los curiosos que meramente querían ver otro milagro. *A menos que* traduce una partícula condicional de tercera clase que anticipa un resultado más probable, es decir, Jesús anticipaba como más probable que ellos creerían, pero sólo basados en milagros. Jesús estaba buscando una creencia más sólida en él, no sólo como obrador de milagros sino como el "Salvador del mundo". Con todo, Jesús aceptaba la fe superficial, basada en milagros (ver 6:26; 14:11). *Jamás* traduce un doble negativo, algo como "no, no", o "de ninguna manera", la manera más fuerte para expresar una afirmación negativa. *Señales* y *prodigios* traducen dos términos gr. que se refieren a milagros: el primero a un milagro que señala a una realidad más allá del evento en sí y el segundo que tiene el efecto de crear maravilla o asombro en los espectadores, algo realmente espectacular. Es la única ocasión que Juan emplea este término (*terata*[5059]) para prodigios; generalmente se refiere a milagros como señales y obras (*ergon*[2041]).

El oficial no discute la diagnosis de Jesús, ni procura defenderse. El tiempo apremiaba y él estaba desesperado. Una sola cosa ocupaba su mente: la sanidad de su hijo. El término "Señor" (v. 48) aquí significaría algo más que un título de respeto y menos que un reconocimiento cabal de la divinidad de Jesús. Plummer observa que su plegaria revela tanto su fe como su debilidad. El oficial creía que Cristo podría sanar al hijo, pero sólo estando presente. Jesús y Juan usaban el término griego más formal para "hijo" (*juios*[5207]), mientras que el padre usa el término más cariñoso (*paidion*[3813]), algo como "hijito" o "niñito".

Si la respuesta anterior de Jesús (v. 48) fue sorprendente e inesperada, la registra-

da en el v. 50 más. El padre esperaba que Jesús fuera con él, camino de unos 30 km, pensando que su presencia sería necesaria para la curación. Recordamos el contraste entre este padre y la actitud del centurión que no se sentía digno de que Jesús fuese a su casa y pedía sólo que pronunciara la palabra (Mat. 8:8). Con esta afirmación Jesús quería animar la fe del oficial, pero a la vez sería una dura prueba para su fe. Lo único que dio al padre fue una afirmación de que su hijo vivía y eso fue suficiente. El verbo *vive* puede traducirse "está viviendo", por ser de tiempo presente. No es un verbo de tiempo futuro, no es una profecía o una esperanza "ojalá", es la palabra poderosa y creativa de Jesús (ver Gén. 1:3, 6, 9, 14, etc.). Es la señal que apunta a Jesús como el Hijo de Dios. El padre respondió al desafío de su fe, confió en la palabra de Jesús y se fue a casa. Pero el camino era largo y uno sólo puede imaginarse las emociones que debatían en su mente durante el viaje de vuelta, quizás caminando o andando a caballo toda la noche, llegando hasta el día siguiente (ver v. 52). Plummer comenta que *creyó la palabra* no es tanto como "creer en él", pero es más que "desciende antes que muera mi hijo".

Sus siervos no tenían manera de saber cómo se había producido la curación, si fue una mera coincidencia o si ese "obrador de milagros" lo hizo. Tan contentos estaban que no podían esperar la llegada a casa de su amo para compartirle la buena noticia. El verbo *vivía* en este versículo es idéntico al que Jesús pronunció (v. 50) y sería mejor traducirlo como "vive", o "está viviendo". Nótese el énfasis que Juan hace del concepto de la "vida", uno de los términos básicos en el desarrollo de su Evangelio.

¿Por qué quería el padre saber la hora

ciendo que su hijo vivía*. **52** Entonces él les preguntó la hora en que comenzó a mejorarse, y le dijeron:

—Ayer, a la hora séptima* le dejó la fiebre.

53 El padre entonces entendió que era aquella hora cuando Jesús le había dicho: "Tu hijo vive". Y creyó él con toda su casa. **54** También hizo Jesús esta segunda señal cuando vino de Judea a Galilea.

---

*4:51 Algunos mss. tienen... *a recibirle diciendo: Tu hijo vive*
*4:52 O sea, *la 1:00 p.m.* (si se calcula con el sistema judío) o, *las 7:00 p.m.* (si se calcula con el sistema romano)

---

en qué comenzó a mejorarse? ¡Quería asegurarse de que no fuera una mera coincidencia! ¡Los milagros de Dios pueden soportar la investigación científica! Por otro lado, Dios no necesita la exageración, la invención humana, ni testimonios de supuestos milagros no comprobados para extender su reino.

Quizá quedaba una pequeña duda en la mente del padre y quería verificar la autenticidad del milagro. *Comenzó a mejorarse* parece indicar que el padre esperaba que la palabra de Cristo produjera una mejoría gradual. Sin embargo, la noticia de los siervos aseguró al padre que no se trataba de una mejoría gradual, sino de una sanidad instantánea. Si seguimos el método judío de medir las horas, *la hora séptima* sería aproximadamente la una de la tarde.

Con esta información, todas la dudas se disiparon y el padre comprendió la magnitud de la obra que Jesús había realizado. No era una coincidencia, sino un verdadero milagro, una señal que apuntaba directa e inequívocamente a Jesús como el Hijo de Dios. *Y creyó él con toda su casa*. Esta breve frase nos dice dos cosas importantes. Primera, su creencia iba dirigida a la persona de Jesús, no meramente a una palabra pronunciada por él, logrando el propósito para el cual Juan escribió su Evangelio (ver 20:30, 31). El verbo *creyó* se usa aquí en el sentido absoluto; sin especificar un objeto, es evidente que se refiere a Jesús como el Mesías, el Hijo de Dios (ver v. 42; 6:36; 11:15). Segunda, su fe había crecido a tal punto que se volvió contagiosa, motivando a *toda su*

casa a creer en Jesús. Esta es la primera ocasión cuando toda una casa se convierte a la fe en Jesús, pero otras vendrían (ver Hech. 10:24; 16:15, 34).

Con el v. 54, Juan concluye el "ciclo de Caná" y la segunda etapa del ministerio en Galilea. También distingue claramente las dos visitas de Jesús a Galilea. Entre estas dos, Jesús realizó muchos milagros en Judea y probablemente también en Galilea, pero Juan elige de entre todos ellos estos dos que demuestran más claramente su divinidad, llamándolos señales. En ambas hemos visto personas con una fe imperfecta, basada en señales, llevadas a una fe más madura en él como el Mesías, primero los discípulos (2:11) y ahora toda una casa. Se destaca el desarrollo de la fe del padre así en tres etapas: primera, basada sólo en señales y prodigios (v. 48), luego entendida como confianza obediente a la palabra de Jesús (v. 50) y, finalmente, en el sentido absoluto de confianza en él como el Salvador del mundo (v. 53).

9. La tercera señal: la sanidad del paralítico de Betesda, 5:1-18

El cap. 5 inicia una sección extendida de seis capítulos donde se desarrollan dos temas que fueron introducidas en la sección anterior (4:43-54): el conflicto con los líderes religiosos y el ministerio de sanidad. Hull destaca el énfasis en los caps. 5 a 10 así: Cristo, la autoridad de vida (cap. 5); el pan de vida (cap. 6); el agua de vida (cap. 7); el juez de vida (cap. 8); la luz de vida (cap. 9) y el pastor de vida (cap. 10). El tema central del cap. 5 es la autoridad divina de Jesús y se resume así: habiendo

Jesús sana al paralítico en Betesda

5 Después de esto había una fiesta de los judíos, y Jesús subió a Jerusalén. **2** En Jerusalén, junto a la puerta de las Ovejas, hay un estanque con cinco pórticos que en hebreo se llama Betesda*. **3, 4*** En ellos yacía una

---

*5:2 Algunos mss. antiguos tienen *Betzata* o *Betsaida* en vez de Betesda.
*5:4 Algunos mss. antiguos incluyen, aunque con variantes: *paralíticos que esperaban el movimiento del agua. ⁴ Porque un ángel del Señor descendía en ciertos tiempos en el estanque y agitaba el agua. Por tanto, el primero que entró después del movimiento del agua fue sanado de cualquier enfermedad que tuviera.*

---

sido reclamada su autoridad en los vv. 1-9a, es cuestionada en los vv. 9b-18 y clarificada en los vv. 19-29, luego es corroborada en los vv. 30-47.

El pasaje inicial introduce dos problemas difíciles en cuanto a su interpretación: primero, la discusión sobre el significado de "una fiesta" (v. 1), si se refiere a la Pascua o a otra fiesta; segundo, la ubicación de los caps. 5 y 6, cuál viene primero y si no deben ubicarse en otra sección del Evangelio. Estos dos problemas están relacionados entre sí. Los que afirman que la "fiesta" se refiere a la Pascua utilizan este dato como importante para calcular la duración del ministerio de Jesús. Por ejemplo, al identificarla como la Pascua, esto podría indicar una duración total del ministerio terrenal de Jesús de más de tres años, pero si se refiere a la Pascua, sería más lógico ubicar el cap. 5 después del cap. 6, pues en 6:4 el autor dice: "Estaba cerca la Pascua". El otro problema de esta tesis es que se basa en un variante de dudosa autenticidad en el texto gr. que se lee "la fiesta", cuando los mejores manuscritos omiten el artículo definido, dejando la lectura con énfasis en una ocasión festiva, sin definirla. Ahora tenemos la corroboración de los papiros 66 y 75 de Bodmer, con fecha cerca del año 200 d. de J.C., los cuales omiten el artículo definido. Sería una de las siete fiestas anuales de los judíos. Plummer opina que sería la de Purim.

Si aceptamos que 5:1 se refiere a una fiesta que no es la Pascua, no sería necesario considerar otra ubicación. Además, como observa Hull, Morris y muchos otros, Juan no se preocupaba tanto de la secuencia topográfica de eventos como del desarrollo de su tesis. Los caps. 5 y 6, con su descripción del conflicto y confrontación con los líderes religiosos, constituyen una parte de la sección más extendida (caps. 5—10) que trata de la autoridad de Jesús.

Los caps. 5 y 6 presentan, en más detalle que los Sinópticos, las razones por el firme rechazo que Jesús recibió. Además de conocerse este como "El Evangelio de la creencia", también se conoce como "El Evangelio del rechazo". Ambos capítulos comienzan con el relato de una gran demostración de poder divino en relación con una fiesta judía, primero en Judea y luego en Galilea, y en ambos casos hubo una

El pozo de Betesda

multitud de enfermos, ciegos, cojos y paralíticos.

5 Se encontraba allí cierto hombre que había estado enfermo durante treinta y ocho años. **6** Cuando Jesús lo vio tendido y supo que ya había pasado tanto tiempo así, le preguntó:

—¿Quieres ser sano?

---

reacción negativa de parte de los líderes. Tasker comenta que la ofensa causada por su enseñanza dada en una sinagoga en Capernaúm antes de la Pascua (cap. 6) fue uno de los factores que llevó al rechazo de Jesús en la Pascua final. Hasta ahora ha habido poca oposición expresada a Jesús y su ministerio, aunque el autor nos ha insinuado que vendrá (1:11; 2:18-20; 3:18, 19, 26; 4:44). En el capítulo cinco tenemos el primer ejemplo de la hostilidad implacable que Jesús enfrentó, pero de aquí en adelante irá intensificándose cada vez más, hasta la confrontación final y la cruz.

(1) La sanidad, 5:1-9a. El autor introduce una nueva sección del Evangelio y una transición de lugar con la expresión *Después de esto*. La RVA emplea la mejor crítica textual al traducir *una fiesta de los judíos*, en vez de "la fiesta". Si fuera una referencia a la Pascua, la más importante entre las fiestas judías, seguramente el autor hubiera dicho "la fiesta". Al agregar *de los judíos*, Juan tenía en mente los lectores gentiles. *Jesús subió a Jerusalén* se refiere a su traslado desde Galilea con sus discípulos. El viaje a Jerusalén siempre era una "subida", no por su altura sobre el nivel del mar, sino por su importancia en la ubicación del templo y por ser la sede de la nación judía.

Nótese cómo el autor, tal como un testigo ocular, describe (v. 2) en detalle el escenario del evento que está por realizarse. *La puerta de las Ovejas* es lit. "en la de las ovejas", pero se sobrentiende *puerta*. Existía una puerta de las ovejas en el muro cerca del templo (ver Neh. 3:1, 32; 12:39). Hay traduce un verbo en el tiempo presente y puede ser una indicación indirecta de que aún existía cuando Juan escribió su Evangelio. En tal caso, el

Evangelio fue escrito antes de la destrucción de Jerusalén en 70 d. de J.C. *Estanque* traduce un término (*kolumbethra*[2861]) que significa una piscina como para nadar, cuya raíz es "zambullirse". *En hebreo* quizás explica la confusión en el nombre *Betesda*; sería fácil que los que hablaban en gr., al copiar el texto, se equivocaran en los varios nombres parecidos. Es muy probable que *en hebreo* realmente significa *en arameo*, el lenguaje hablado comúnmente por los judíos en el primer siglo. Hay por lo menos cinco o seis nombres parecidos que se encuentran en los distintos manuscritos, pero muchos opinan que el descubrimiento de un rollo de cobre en la cueva de Qumrán confirma que *Betesda* es el nombre correcto. El nombre significa "casa de misericordia", muy apropiado para el escenario en que Jesús mostró misericordia a un hombre físicamente impotente.

En ellos (v. 3) se refiere a los "pórticos" que estaban al lado del estanque y que daban cierta protección contra el viento, sol y lluvia. Los vv. 3b y 4 forman una explicación antigua de cómo se producían las sanidades: "que esperaban el movimiento del agua. Porque un ángel del Señor descendía en ciertos tiempos en el estanque y agitaba el agua. Por tanto, el primero que entró después del movimiento del agua fue sanado de cualquier enfermedad que tuviera". Sin embargo, esta explicación no se encuentra en los manuscritos más antiguos; fue introducida muy posteriormente (ver nota al pie de página en la RVA). La descripción es una de total desesperación, gente impotente esperando un milagro de Dios.

Entre los muchos enfermos había un hombre que había estado enfermo treinta y ocho años; lit. "treinta y ocho años

7 Le respondió el enfermo:

—Señor, no tengo a nadie que me meta en el estanque cuando el agua es agitada; y mientras me muevo yo, otro desciende antes que yo.

8 Jesús le dijo:

—Levántate, toma tu cama y anda.

9 Y en seguida el hombre fue sanado, tomó su cama y anduvo. Y aquel día era sábado.

---

teniendo en su enfermedad". No es que el hombre había estado allí todo ese tiempo, ni que esa era su edad.

¿Cómo sabía Jesús los detalles de este hombre? (v. 6). Fue por su conocimiento sobrenatural, como en el caso de la mujer samaritana, o quizás alguien le habría informado de entre los que estaban al lado. *Lo vio tendido* indicaría que el hombre sería un paralítico o un cojo. Es contra este trasfondo de una multitud de desesperados y uno en particular con tantos años de impotencia física y esperanzas fracasadas que Jesús se prepara para demostrar otra vez su poder y misericordia. *¿Quieres ser sano?* sería una pregunta cruel si no hubiera tenido el propósito de sanarlo. Nótese que en esta ocasión Jesús mismo toma la iniciativa. Morris llama atención al hecho de que es Jesús quien toma la iniciativa en todos los milagros registrados en este Evangelio, excepto en el del hijo del oficial del rey (4:43-54). Este caso es aún más dramático y triste porque el hombre no se sentía apoyado, ni por familiares, ni por amigos, que le extendieran una mano. Casi podemos oír el tono patético en su voz cuando dice *no tengo a nadie que...* Se cree que el estanque era alimentado por una fuente que movía el agua periódicamente, explicando *cuando el agua es agitada*. El paralítico no conocía a Jesús, ni mucho menos que tenía poder para sanarlo directamente (ver v. 13). El título *Señor* es uno de respeto, nada más. El hombre se concentraba en las aguas para ser el primero en ver el movimiento e intentar llegar a las aguas "curativas" primero; su única esperanza, pensaba él.

Toma (v. 8) es un verbo en el tiempo aoristo, indicando una acción puntual e inmediata; en cambio, *anda* está en el tiempo presente, indicando acción que con-

tinúa. Este mandato sale del "cielo azul" y resuena en los oídos del hombre como algo demasiado bueno para creer. No sólo es que Jesús toma la iniciativa, sino que no demanda una señal de fe en el paralítico para realizar el milagro. Así que, aunque normalmente la fe es una condición para los milagros, hay excepciones. *Cama* traduce un término que significa mejor una colchoneta o una alfombra liviana que era fácil enrollar y cargar en el hombro.

Otra vez los verbos que describen lo sucedido son gráficos: *tomó* está en el tiempo aoristo, reforzado con el adverbio *en seguida*, describiendo una acción puntual e inmediata; mientras que *anduvo* está en el tiempo imperfecto, indicando acción continuada y se capta su significado con "y estaba andando". No es que dio apenas uno o dos pasos con las piernas temblando, sino que caminaba normalmente. Los treinta y ocho años de parálisis hacen destacar aún más lo maravilloso de este milagro.

(2) La controversia sobre el sábado, 5:9b-18. De repente hay un giro radical en el relato. Plummer comenta que Jesús se había declarado el "Señor" del templo y ahora el "Señor" del sábado. El rito debe ceder al amor compasivo. "Acuérdate del día del sábado para santificarlo" (Éxo. 20:8) era el mandamiento que los fariseos agitaban como la bandera de religiosidad. Lo que Dios dio para el bien de la humanidad, ellos lo habían convertido en una carga penosa e imposible para la persona común. Jesús no vino para abrogar la ley, sino para dar la interpretación correcta y volverla a su propósito original, como "nuestro tutor para llevarnos a Cristo" (Gál. 3:24). Él sabía muy bien el celo de los fariseos por la estricta observancia del sábado, con la infinidad de prohibiciones meticulosas que ellos habían inventado. La

10 Entonces los judíos le decían a aquel que había sido sanado:

—Es sábado, y no te es lícito llevar tu cama.

11 Pero él les respondió:

—El que me sanó, él mismo me dijo: "Toma tu cama y anda".

12 Entonces le preguntaron:

—¿Quién es el hombre que te dijo: "Toma tu cama y anda"?

13 Pero el que había sido sanado no sabía quién había sido, porque Jesús se había apartado, pues había mucha gente en el lugar.

---

realización de esta "obra" en el día de descanso sería un escándalo para los fariseos y Jesús seguramente sabía que la reacción vendría. Inclusive, algunos piensan que Jesús escogió este día para realizar el acto de misericordia a fin de dejar en claro hasta qué punto los fariseos habían perdido la noción del valor del hombre sobre las reglas de ellos.

El sábado

"El propósito del Shabat (el sábado) no ha sido sólo recuperar las fuerzas físicas, sino también refrescar el alma. Así que fuera de su importancia social, el Shabat ha servido también para el desarrollo de la cultura, porque si el hombre no tiene un día para el descanso, tampoco puede preocuparse por la cultura y el desarrollo personal".

Rabino Esteban Veghazi

La expresión *los judíos* en el v. 10 no es una referencia étnica, pues tanto Jesús, como el paralítico y casi seguro los demás enfermos eran judíos. En cambio, es el término que Juan usará a través del Evangelio para referirse a los líderes y especialmente a los fariseos que se oponían a Jesús. El término *sábado* es enfático, como si el hombre no lo supiera. Con un tono de superioridad religiosa le sentenciaron con *no te es lícito llevar tu cama*, para ellos una grave infracción de la ley. Probablemente, tenían en mente pasajes del AT tales como Nehemías 13:15 y Jeremías 17:21-23 donde los profetas prohibían trabajos comunes en el día sábado. Morris comenta que el Talmud incluye una lista de 39 clases de trabajos prohibidos en el sábado, algunos llegando a lo ridículo.

De repente, en el día más feliz de su vida, día de la liberación de su "esclavitud", se encuentra una vez más en una "esclavitud", la de la ley. El paralítico curado apela a la autoridad de uno que tenía la compasión y el poder para sanarlo instantáneamente como suficiente para superar la supuesta autoridad y prohibición de los fariseos. *Él mismo* (v. 11) traduce el pronombre demostrativo "aquél" que lo hace enfático, tal como "aquél y nadie más".

El adverbio *entonces* no está en el texto gr., pero sirve para conectar esta frase con la anterior, como una consecuencia natural y esperada. Los "judíos" estaban tan tomados en su misión de imponer las prohibiciones del sábado que no se fijaron en que este pobre hombre había experimentado una completa sanidad divina (ver Luc. 8:37) o peor, no les interesaba. Para ellos, la ley era más importante que los intereses del hombre. La preocupación de ellos era descubrir al culpable y sentenciarlo. Su referencia a *el hombre* refleja un cierto desprecio y, según Plummer, un contraste desdeñoso con la ley de Dios.

El v. 13 revela a lo menos dos cosas: al llamar a Jesús "Señor", usaba el término sólo en el sentido de respeto; el paralítico no sabía el nombre ni la identidad de Jesús, ni mucho menos tenía fe en su palabra. Al traducir la frase *pues había mucha gente*, la RVA interpreta un participio griego en el sentido causal, es decir, dando la causa de la salida de Jesús. Igualmente, podría traducirse así: "se apartó de la multitud que estaba en el lugar". Es intrigante que Jesús haya escogido un solo hombre, entre todos los enfermos al lado del estanque, para sanarlo. Juan no explica este acto de elección soberana. ¿Es que Jesús no se compadecía de los demás, o

14 Después Jesús le halló en el templo y le dijo:

—He aquí, has sido sanado; no peques más, para que no te ocurra algo peor.

15 El hombre se fue y declaró a los judíos que Jesús era el que le había sanado. **16** Por

esta causa los judíos perseguían a Jesús*, por que hacía estas cosas en sábado. **17** Pero Jesús les respondió:

—Mi Padre hasta ahora trabaja; también yo trabajo.

18 Por esta razón los judíos aún más procu-

---

*5:16 Algunos mss. antiguos incluyen *para matarlo*.

---

que los demás no merecían su atención, o que los demás no responderían finalmente con fe como lo hizo este hombre? La pregunta queda pendiente.

Es significativo que el hombre curado fue al templo, al parecer el mismo día, luego de su sanidad, para expresar gratitud a Dios. Jesús también, retirándose de las multitudes, se halla en el templo donde podría tener comunión con el Padre sin interrupción. *Has sido sanado* traduce un verbo del tiempo perfecto, el cual expresa la continuación de los resultados de un acto realizado en el pasado. Literalmente sería así: "has llegado a ser, y continuas siendo, sano". Las palabras de Jesús indican un conocimiento sobrenatural de que su parálisis fue el castigo de Dios por un pecado cometido, tal como conocía la vida pasada de la mujer samaritana. No se aclara la naturaleza del pecado, ni la enfermedad que sufría, pero la conciencia del hombre le diría a qué se refería Jesús. También es una advertencia de no continuar en ese pecado (8:11; 1 Jn. 3:6) porque el juicio de Dios podría ser aún más severo. Algunos opinan que *algo peor* se refiere al infierno, pero hay cosas peores en esta vida que la parálisis o impotencia física.

El verbo *declaró* puede traducirse "anunció" y algunos suponen que el hombre intentó testificar a los judíos con el propósito de persuadirlos. Es más probable que el hombre, sin malicia alguna, sencillamente les dio lo que ellos antes habían exigido, pensando que la obra que había realizado sería credencial suficiente para establecer la autoridad de Jesús. Nótese que ellos le habían preguntado quién era el

hombre que le mandó tomar su cama y andar, pero él responde con que *Jesús era el que le había sanado*. No menciona el tema de la cama o el mandato de caminar.

Otra vez en el v. 16 se nota el único interés de los fariseos, el "proteger" el sábado de cualquier infracción de sus reglas. Esta llegó a ser la causa mayor en las confrontaciones de los fariseos con Jesús durante todo su ministerio. *Perseguían* es un verbo en el tiempo imperfecto, indicando su acción persistente y así fue en su relación con Jesús. Esta es la primera declaración explícita de la hostilidad de los judíos y tan temprano en el ministerio terrenal de Jesús. Nótese el mismo tiempo de los verbos: ellos seguían persiguiéndole a él y él seguía haciendo *estas cosas en sábado*. Este curso de eventos llevaría irremediablemente a una confrontación definitiva y final.

El verbo *respondió* (v. 17) llama la atención, pues no es una respuesta directa a algo que ellos dijeron, pero quizá se refiere a lo que ellos estaban iniciando: la persecución del Hijo de hombre. Además, la conjugación del verbo es inusual. Morris observa que de 78 ocurrencias en este Evangelio del verbo "responder", sólo aquí y en el v. 19 se encuentra el aoristo de voz pasiva. Esta forma del verbo se usaba en tratos judiciales con el significado de "dio contestación a una acusación" o "presentó su defensa". Tal concepto cabe perfectamente en este contexto. Jesús estaba presentando su "defensa" ante el propósito de los fariseos de perseguirle. Su defensa descansa sobre su relación con el Padre y su participación en el trabajo que él está realizando. *Mi Padre hasta ahora trabaja*

raban matarle, porque no sólo quebrantaba el sábado, sino que también llamaba a Dios su propio Padre, haciéndose igual a Dios.

---

indica que desde la creación el Padre ha trabajado sin descanso para mantener el universo y redimir la humanidad, inclusive durante los sábados, pues esa es la cuestión en juego aquí. *También yo trabajo* o "y yo trabajo" es, a la vez, una afirmación de igualdad con el Padre y una identificación con su eterno plan de redención. Meyer observa que no es asunto de imitación, ni de ejemplo, sino de igualdad de voluntad y procedimiento. Westcott agrega que el verdadero descanso del hombre no es de la labor humana y terrenal, sino un descanso para la labor divina y celestial. En relación con esta defensa de Jesús por su obra de misericordia en el día sábado, recordamos lo que dijo en otra ocasión: "Así que el Hijo del hombre es Señor también del sábado" (Mar. 2:28). Con esta afirmación, Jesús se eleva por encima de los reglamentos e interpretaciones humanas en cuanto al día de descanso.

Los judíos entendieron demasiado bien lo que Jesús había hecho y dicho, y tan temprano en su ministerio decidieron eliminarlo, dando dos razones para su propósito funesto: *porque no sólo quebrantaba el sábado, sino que también llamaba a Dios su propio Padre, haciéndose igual a Dios.* El que escribe ha leído argumentos de supuestos eruditos de las Escrituras que sostienen que Jesús nunca declaró explícitamente su divinidad, ni su igualdad con el Padre. Es curioso que uno pueda pensar tal cosa, pues sus enemigos lo captaron y lo tomaron bien en serio. Los dos verbos *quebrantaba* y *llamaba* están en el tiempo imperfecto, indicando que él no retrocedía en su ministerio, aun sabiendo la intención de los líderes.

El sábado: prohibiciones

La palabra hebrea "sabbat" ha dado lugar en el idioma español para designar el último día de la semana, el día séptimo. Parece que la palabra está relacionada con la palabra hebrea "sabat" que quiere decir: "descansar". El cuarto mandamiento del Decálogo dice: "Acuérdate del día del sábado para santificarlo" (Éxo. 20:8). Para ser precisos en cuanto a su principio, los rabinos determinaron que el sábado debía empezar cuando aparecieran tres estrellas en el cielo, al anochecer del viernes; y terminar a la misma hora del sábado.

El sábado no tenía tantas restricciones en el período preexílico como en el período posexílico, cuando llegó a ser un símbolo de la lealtad al pacto. Después de la destrucción del templo y durante el exilio en Babilonia se había desarrollado todo un sistema de leyes para "santificar" el sábado. Los rabinos veían como una de sus responsabilidades definir lo que sería "trabajar" y en la Mishnah, un compendio de la enseñanza rabínica, se dan 39 clases de trabajo que no se podían hacer durante el sábado, y de éstas se derivaban aún más prohibiciones.

Entre las restricciones había toda una clase que tenía que ver con el caminar o viajar. Aunque uno podía andar por el pueblo, hacer un viaje de más de 2.000 codos (unos 900 metros) estaba prohibido. Otra cosa prohibida era la de hacer un nudo. Precisaban esta prohibición diciendo que anudar dos hilos o dos cuerdas con las dos manos era trabajar. Si podían hacerlo con una sola mano, ¡no era trabajo!

Trabajar incluía llevar una carga. Habían hecho una lista larga de lo que se consideraba una carga (básicamente era algo que pesaba más que "un higo seco"). Podían llevar a un niño en sus brazos, pero si el niño tenía una piedra en su mano, ¡no lo podían cargar! El paralítico que Jesús sanó y que cargó su camilla estaba quebrantando el sábado, porque cargaba más de lo permitido y lo transportaba de un sitio a otro, y ¡Jesús estaba trabajando porque había sanado en el sábado!

(Continúa en la pág. siguiente)

Jesús habla de su autoridad

19 Por esto, respondió Jesús y les decía:

—De cierto, de cierto os digo que el Hijo no puede hacer nada de sí mismo, sino lo que ve

hacer al Padre. Porque todo lo que él hace, esto también lo hace el Hijo de igual manera. **20** Porque el Padre ama al Hijo y le muestra todas las cosas que él mismo hace. Y mayores obras que éstas le mostrará, de modo que vo-

10. El tercer discurso: el Hijo de Dios, 5:19-47

A partir de este pasaje la atención se enfoca directamente en la persona de Jesucristo y su autoridad como el Hijo de Dios. Ryle comenta que "en ningún otro lugar en los Evangelios encontramos a Jesús haciendo una declaración tan formal, sistemática, ordenada y regular de su propia unidad con el Padre, su comisión y autoridad divinas, y las pruebas de su mesiazgo, como encontramos en este discurso". Por esta razón, es una sección de suma importancia en el desarrollo del Evangelio que pretende llevar a los hombres a creer en Jesús como el Hijo de Dios. Esta declaración de identidad y misión de parte de Jesús es lo que enfureció a los judíos. Fue un acto de extraordinaria valentía de su parte y dejó a los oyentes con sólo dos opciones: creer en él como el Hijo de Dios, tal cual él afirmó, o acusarlo de blasfemia y procurar su muerte.

(1) El Padre y el Hijo, 5:19-24. En esta sección Jesús responde a la acusación de los judíos de que él pretendía ser igual a Dios. *Por esto* traduce una conjunción que connota "secuencia" o "consecuencia", y frecuentemente aparece como "entonces". Para el significado técnico de *respondió*, véase el comentario en el v. 17.

Jesús inicia su "defensa" con la fuerte afirmación de *cierto, de cierto*, que traduce el gr. *amén, amén* (ver vv. 24, 25; 1:51), una expresión que llama la atención a algo de suma importancia que estaba por pronunciar. Nótese el empleo absoluto del título *Hijo*. Jesús era el Hijo del Padre en una relación sin igual; esta relación personal, íntima y única se expresa repetidas veces a través de esta sección. Jesús emplea cuatro veces en esta sección la conjunción causal "porque" (*gar*[1063]; ver vv. 19, 20, 21, 22) para explicar la dependencia del Hijo ante el Padre. El propósito de Jesús es convencer a los judíos, si estuvie-

---

(Continúa de la pág. anterior)

Las pohibiciones en cuanto a sanar o hacer curaciones eran complicadas. Si una persona estaba gravemente enferma se podía hacer algo para evitar que se empeorara. Podían ponerle una venda, pero no con ungüento. Podían poner algodón en el oído, pero no con ungüento. Si tenían dolor de muela, podían tomar un poco de vinagre, pero no pasarlo por los dientes, porque ¡esto sería trabajar!

Era un pecado escribir dos letras del alfabeto durante el sábado, pero esto ¡sólo si lo hacían en algo permanente o en la forma usual de escribir!

Con estos ejemplos, se puede ver que el sábado había llegado a ser una carga insoportable para el pueblo hebreo en el tiempo de Jesús. Los rabinos con su celo para guiar al pueblo y ayudarlos a santificar el sábado se lo habían esclavizado, y el sábado había perdido su razón de ser.

Por su deseo de librar al pueblo de esta esclavitud, Cristo recibió oposición constante de los fariseos que enseñaban y practicaban estas prohibiciones, y constantemente vigilaban su observación. Cristo enseñó que Dios había dado el sábado para bendecir a las personas, no para esclavizarlas. Para Cristo la relación de la persona con Dios era lo más importante, no un legalismo exagerado que quería la observación de la Ley al pie de la letra, y según interpretaciones humanas. Él había venido para darles vida. Librarlos del legalismo del sábado constituyó parte esencial de su ministerio.

sotros os asombréis. **21** Porque así como el Padre resucita a los muertos y les da vida, así

también el Hijo da vida a los que quiere. **22** Porque el Padre no juzga a nadie, sino que

---

El sábado: Día familiar y de gozo

El sábado era una fiesta familiar y de actividades gozosas. Antes de la hora que empezaba el sábado encendían las velas de la mesa, puesto que prender fuego era prohibido en el sábado. La celebración empezaba con la bendición (*kiddush*). Había cultos en la sinagoga el viernes en la noche donde leían los Salmos, y otra vez el sábado por la mañana, donde leían de la Torá. El resto del día era para el descanso, la relajación y el placer.

Servían tres comidas que se habían preparado el día anterior y muchas veces tenían visitas para compartir con ellos el gozo del sábado. Al finalizar el día, había una bendición especial.

Hay dos enseñanzas rabínicas que demuestran la importancia que los rabinos dieron a la observación correcta del sábado:

1. Enseñaban que la persona que observara correctamente el sábado, aunque fuera idólatra, tendría sus pecados perdonados.

2. Enseñaban que "si Israel guardaba un sábado como debía de ser guardado, vendría el Mesías. El sábado es igual a todos los otros preceptos de la Torá".

---

sen dispuestos a oírlo, de que sus obras estaban en perfecto acuerdo con las de Dios y de su voluntad eterna. Como Dodd observa, "aquí tenemos una parábola genuina. Es la descripción perfecta y realista de un hijo, como aprendiz de su padre, aprendiendo el oficio". No actúa independientemente, ni por iniciativa propia. Se limita a observar la operación del Padre y repite tal cual lo que el Padre hace. Esta relación íntima con el Padre y su subordinación a la voluntad de él, establece la autoridad de Jesús para sus enseñanzas y obras.

Jesús agrega dos elementos más en su defensa (v. 20): el amor del Padre y la revelación de *todas las cosas*. Hay dos términos griegos (*agapao*[25] y *fileo*[5368]), empleados en el NT y que comunican el concepto del amor. El término *ama* (*fileo*, 13 veces en este Evangelio) empleado aquí es el tema de comentarios abundantes, sobre todo cuando se compara con el otro término para amor (*agapao*, usado por Juan 36 veces en el Evangelio, más que el doble de otro libro en el NT, excepto 31 veces en sus Epístolas). Algunos niegan que haya gran diferencia entre los dos términos, pero generalmente *agapao* se refiere al amor profundo, espiritual, abnegado, dispuesto a sacrificios sin límite y sin apoyarse en los méritos de su objeto. En cambio, generalmente *fileo* se refiere al afecto natural, sentimental y espontáneo en que las emociones juegan un rol más evidente que el intelecto o la voluntad. Este término cabe mejor en las relaciones filiales, como en este versículo. La razón por la revelación al Hijo de *todas cosas que él mismo hace* es que el Padre ama al Hijo con el amor que no retiene nada para sí mismo.

Jesús anticipaba realizar *mayores obras* que las que ya había hecho precisamente porque el Padre, por su amor al Hijo, le mostraría la gama total de sus propias obras. El resultado de *mayores obras* es que ellos quedarían asombrados. *Vosotros* es enfático y se refiere a los que cuestionaban la autoridad de Jesús. Él no tenía el propósito de asombrarlos por el hecho en sí, sino para llevarlos a creer en él; sin embargo, a veces sus obras asombrosas fueron el medio para despertar la fe (ver 14:11). En el resto del Evangelio Juan describe las *mayores obras*, a partir de los versículos siguientes donde se menciona el resucitar muertos y juzgar a los incrédulos.

Los judíos no tendrían problema con la primera parte de la afirmación del v. 21, porque así se enseñaba en el AT (ver Deut. 32:39; 1 Sam. 2:6; 2 Rey. 5:7). Esta obra del Padre incluye la resurrección de alma y

todo el juicio lo dio al Hijo, **23** para que todos honren al Hijo como honran al Padre. El que no honra al Hijo, no honra al Padre que le envió.

24 »De cierto, de cierto os digo que el que oye mi palabra y cree al que me envió tiene vida eterna. El tal no viene a condenación*, sino que ha pasado de muerte a vida. **25** De

---

*5:24 Otra trad., *juicio*

---

cuerpo y el tiempo presente de ambos verbos indica tanto el poder para hacerlo como también la continuación de tal operación. *Resucita* y *da vida* son dos aspectos de la misma operación, la primera se refiere al cuerpo y la segunda al espíritu o al ánimo de vida. *Así también el Hijo da vida a los que quiere.* La segunda parte de la afirmación es lo que enfurecía a los judíos, porque entendían que sólo Dios puede realizar esta clase de obra. *Da vida* en este contexto seguramente se refiere a la vivificación espiritual. Es obvio que *da vida a los que quiere* sería casi ininteligible si se refiriera a la resurrección de la tumba. El Hijo ciertamente quiere dar vida espiritual a todos los que creen en él; por otro lado, su voluntad es negársela a los que rechazan su oferta y se niegan a creer en el como el Hijo de Dios y Salvador del mundo.

> **Joya bíblica**
>
> **De cierto, de cierto os digo que el que oye mi palabra y cree al que me envió tiene vida eterna. El tal no viene a condenación, sino que ha pasado de muerte a vida (5:24).**

El argumento prosigue a la consideración del juicio, un oficio más elevado aún que el dar vida; los judíos consideraban que estaba reservado sólo al Padre. Esta es una idea nueva y radical, por cierto chocante para los judíos, más aún que la idea de que el Hijo da vida a los que él quiere. La primera negativa *no* lleva la idea de "ni aun" y la segunda, *a nadie*, intensifica el concepto, dejando el sentido de "no en absoluto". La conjunción causal *porque* introduce la declaración como razón de la del versículo anterior. El Hijo tiene ambas autoridades,

la de dar vida y la de juzgar, los dos oficios estando íntimamente relacionados. Él no quiere y no propone dar vida a los que se niegan a creer en él y tales personas, por este hecho, ya son juzgadas y condenadas. En efecto, ellos ya están muertos espiritualmente y él no les dará vida. El Padre ha entregado toda la prerrogativa del juicio en manos de su Hijo (ver Hech. 17:31), otra indicación de su deidad e igualdad con el Padre.

En el v. 23, Jesús revela el *para que* o propósito por el cual el Padre le otorgó al Hijo el dar vida y juzgar, funciones que pertenecen sólo a Dios. El Padre deseaba que su Hijo recibiera la misma honra otorgada a él. La íntima relación entre el Padre y el Hijo, su representante personal, significa que el que honra a uno, honra también al otro, y el que deshonra a uno de los dos, deshonra al otro.

Nótese la doble afirmación *de cierto, de cierto* para iniciar este versículo (ver v. 19) con la que Jesús introduce aun otra verdad de suma importancia. Los verbos del tiempo presente, *oye, cree* y *tiene*, describen una actitud dinámica, relación personal y resultado vivificante que son actuales y perennes. La *vida eterna* que Jesús ofrece es una realidad que comienza ya en esta vida, y se extiende hasta la eternidad (ver 3:16, 36). Jesús sostiene que el oír su palabra y el creer en el Padre quien le envió son conceptos inseparables, casi sinónimos, y conducen a la vida eterna. Los dos destinos que el hombre escoge son condenación y muerte, por un lado, y vida, por otro; no hay un tercero. Jesús describe la salvación en otro lugar como nacer de nuevo o de arriba (cap. 3), pero aquí la misma experiencia se describe en términos de un traslado de la condenación

cierto, de cierto os digo que viene la hora y ahora es, cuando los muertos oirán la voz del Hijo de Dios, y los que oyen vivirán. **26** Porque así como el Padre tiene vida en sí mismo, así también dio al Hijo el tener vida en sí mismo. **27** Y también le dio autoridad para hacer juicio, porque él es el Hijo del Hombre. **28** No os asombréis de esto, porque vendrá la hora

---

y muerte a la vida, la cual se efectúa el instante que uno deposita su fe en el Hijo de Dios.

(2) El Hijo y el juicio, 5:25-29. Esta sección comienza con otro doble *amén, amén*, alertando a sus oyentes a todavía otra verdad que les conviene escuchar con atención. El término *hora* juega un rol importante en este Evangelio (ver 4:21, 23, etc.). Si no fuera por la expresión *y ahora es*, se pensaría que Jesús se refería a la resurrección física, después de la muerte física. Pero el contexto define que habla de los muertos espirituales quienes, cuando oyen la voz del Hijo de Dios y la aceptan con fe, entrarán en la vida eterna. En este Evangelio, Jesús se refiere a sí mismo solamente tres veces como el *Hijo de Dios* (ver 10:36; 11:4), pero Juan empleó la frase en el propósito del Evangelio (20:31) y sus enemigos la usaron al condenarlo por identificarse con este título (ver 19:7). Su título favorito es "Hijo del Hombre", encontrándose unas 13 veces en Juan.

El *porque*, que traduce una conjunción causal con que se inicia la afirmación del v. 26, explica cómo es que el Hijo puede dar vida a los que él quiere. Según el AT, Dios es la fuente de toda vida (Sal. 36:9) y es él quien infundió el aliento de vida a los hombres (Gén. 2:7). La traducción de Goodspeed capta bien el sentido de la declaración de Jesús: "el Padre es autoexistente". Su vida es inherente en su ser; vida es un aspecto esencial de su naturaleza. Por esta razón, los judíos no tendrían problema en la primera parte de esta declaración. Pero la segunda parte es lo que produjo cólera entre ellos. Entendieron que Jesús sostenía que el Padre había compartido con él la misma naturaleza de su ser (ver 14:6), una naturaleza que luego Jesús compartiría con los que creyeran en él (1 Jn. 5:11 s.). Este concepto los escandalizó.

El AT también describe a Dios como el juez de todas las naciones (ver Gén. 18:25; Jue. 11:27). Jesús repite lo dicho en el v. 22, pero agrega el concepto de *autoridad*. Antes la autoridad para juicio era exclusivamente la prerrogativa de Dios Padre, pero aquí ese derecho fue dado al Hijo. Por los elementos en esta sección (vv. 25-29) que repiten conceptos de la sección anterior (vv. 19-24), algunos sugieren que es esencialmente lo mismo dicho en otras palabras. Sin embargo, hay varios conceptos nuevos, inclusive la idea de derecho o de *autoridad* concedida. Puede ser, como afirman algunos, que esa autoridad fue dada a él por ser *Hijo del Hombre*, porque teniendo la naturaleza humana, además de la divina, estaría mejor equipado para juzgar a los hombres. Corroborando esta interpretación, en el texto griego se omite el artículo definido ante *Hijo*, resultando en un énfasis en su naturaleza como hombre. Sin embargo, más probable es que Jesús sólo está utilizando su título favorito que es equivalente al de "Hijo de Dios". Siendo así, cumple la visión de la figura celestial de Daniel (7:13 s.) a la cual "le fue dado el dominio, la majestad y la realeza...".

Esto (v. 28) incluye todo lo que les había dicho hasta el momento: su igualdad con el Padre, la autoridad dada a él por el Padre para juzgar al mundo y compartir vida a los que creen en él. Es como si Jesús dijera: "Lo más asombroso está aún en el futuro. ¡No habéis visto nada todavía!". *La hora* es la de la resurrección de los muertos del sepulcro, no la experiencia de salvación. Es una hora futura, indicando una resurrección literal; no dice "y ahora es" como en el v. 25. Siendo el juez de todos, buenos y malos, *todos... oirán su voz*.

cuando todos los que están en los sepulcros oirán su voz **29** y saldrán, los que hicieron el bien para la resurrección de vida, pero los que practicaron el mal para la resurrección de condenación. **30** Yo no puedo hacer nada de mí mismo. Como oigo, juzgo; y mi juicio es justo, porque no busco la voluntad mía, sino la voluntad del* que me envió.

Testimonio acerca de Jesús

31 »Si yo doy testimonio de mí mismo, mi testimonio no es verdadero. **32** El que da testimonio de mí es otro, y sé que el testimonio que da de mí es verdadero. **33** Vosotros enviasteis mensajeros a Juan, y él ha dado testimonio de la verdad. **34** Pero yo no recibo el testi-

---

La mejor prueba de que en el v. 29 se refiere a la resurrección literal, no la espiritual, es la expresión *resurrección de condenación*. Este pasaje y el de Hechos 24:15 son los únicos del NT que se refieren a la resurrección de los incrédulos. Este pasaje no enseña la salvación por buenas obras; *los que hicieron el bien* se refiere a los que confiaron en Jesús y recibieron vida eterna, la cual resultó en el hacer *el bien*, como este Evangelio enfatiza repetidas veces. El hacer *el bien* es la prueba de la integridad de los creyentes y llega a ser una consideración esencial en el juicio final cuando las ovejas serán separadas de los cabritos (Mat. 25:31-46; ver Apoc. 20:11-15). Godet observa que el artículo definido ante *bien* y *mal* indica el uso de ambos términos en sentido absoluto. La expresión *practicaron el mal* (ver 3:20) tiene como fondo el rechazar la vida que Jesús ofrecía, resultando en una vida inútil y mala. El término *mal* traduce una palabra griega (*faulos*5337) que aquí es lo opuesto al *bien*, pero en 3:20 lo opuesto es *verdad*, indicando que tiene la connotación de lo falso. Vincent llama la atención a la diferencia entre *hicieron el bien*, que puede referirse a un solo acto, y *practicaron el mal*, que describe una acción continuada.

(3) El testimonio del Hijo, 5:30-47. Uno de los temas predilectos de Juan es "el testimonio". Buena parte del primer capítulo gira alrededor del testimonio de Juan el Bautista (1:19-34) y el de los primeros discípulos (1:35-51). En esta sección es Jesús mismo quien presenta

testimonios para defender su reclamo de ser el Hijo de Dios y de tener autoridad divina. No pudo presentar credenciales como los líderes religiosos de su día quienes procedían de una familia de sacerdotes, o habían recibido una preparación para ser un rabí, o cumplían las demandas de la ley según la interpretación de las "autoridades". Como un abogado en una corte legal, Jesús presenta las evidencias (testimonios) de su reclamo de ser Hijo de Dios.

Jesús repite la esencia del v. 19, en ambos versículos enfatizando su dependencia del Padre: allí en tercera persona singular (el Hijo), pero aquí en primera persona (*yo*). Jesús afirma que su juicio es justo por dos razones: no se inicia en sí mismo, sino en la voz del Padre y, por lo tanto, está en perfecta armonía con la voluntad del Padre. La implicación es que su juicio, siendo justo, es también divino. Nadie puede cuestionar el juicio de Dios; tampoco debe cuestionar el de su Hijo.

El pronombre personal *yo* (v. 31) es enfático y *verdadero* es lo opuesto de falso. Jesús afirma lo obvio, que ninguno puede dar un testimonio verdadero de sí mismo; debe proceder de otro. El testimonio que uno da de sí mismo podría ser verdadero, pero no válido, porque es subjetivo. Debe ser objetivo para ser válido. Inclusive, según la ley, dos o tres testigos son necesarios para establecer cualquier asunto (Deut. 19:15). Parece que 8:14 contradice lo que Jesús expresa aquí, pero allí el testimonio que él da es verdadero porque es corroborado por el Padre (ver 8:18).

El *otro* que da testimonio no es Juan el

monio de parte del hombre; más bien, digo esto para que vosotros seáis salvos. **35** Él era antorcha que ardía y alumbraba, y vosotros quisisteis regocijaros por un poco en su luz. **36** »Pero yo tengo un testimonio mayor que el de Juan; porque las obras que el Padre me ha dado para cumplirlas, las mismas obras que hago dan testimonio de mí, de que el Padre me ha enviado. **37** »Y el Padre que me envió ha dado testimonio de mí. Pero nunca habéis oído su voz, ni habéis visto su apariencia, **38** ni tenéis su palabra permaneciendo en vo-

---

Bautista, sino el Padre. Pero el problema radica en que nadie ha visto, ni oído, al Padre dando testimonio del Hijo. A continuación, Jesús presenta tres testigos quienes se unen para establecer su autoridad: Juan el Bautista (vv. 33-35), las obras milagrosas (v. 36) y las Escrituras (37-40). En efecto, es el Padre quien da testimonio del Hijo por medio de estos tres testigos, siendo las Escrituras la forma más clara y explícita.

El pronombre personal *vosotros* (v. 33) es enfático. Jesús les recuerda que Dios les había dado a un profeta quien dio testimonio de él como "el Cordero de Dios que quita el pecado del mundo" (1:29). Pero ellos no quisieron aceptar el testimonio que procedió del Padre por medio de Juan.

Ha dado testimonio traduce un verbo en el tiempo perfecto que connota resultados que continúan. Juan dio testimonio y ese testimonio permanece. *Testimonio de la verdad* se aclara más adelante como una referencia a la persona de Jesús quien es la verdad (14:6).

El v. 34 es algo como un comentario entre líneas. Otra vez el pronombre personal *yo* es enfático; pone en contraste a Jesús, quien no depende del testimonio que procede del hombre, con los judíos quienes, si hubieran recibido el testimonio de Juan, habrían sido salvos. *De parte del* traduce una preposición que habla de origen o procedencia. Aunque el testimonio *de parte de* Juan era inferior, por ser humano, hubiera sido válido y suficiente para apuntarles a ellos a la verdad en Jesús.

Ahora es Jesús mismo quien da testimonio de Juan el Bautista. El verbo *era* podría indicar que Juan ya había sido encarcelado o martirizado. En el texto gr. hay un artículo definido ante *antorcha*, quizás indicando el cumplimiento de una profecía dada a Zacarías (ver Luc. 1:76-79). Jesús mismo era la luz, pero Juan prendió su lámpara a la luz de aquél. Los judíos, inclusive los escribas y fariseos, salieron de Jerusalén y los alrededores para escuchar el mensaje novedoso y llamativo de Juan. Al principio lo recibieron gustosos, pero pronto se cansaron, o se indignaron, por su insistencia en el arrepentimiento y su testimonio de Jesús como el enviado de Dios.

En los vv. 36-40 se destaca el testimonio del Padre: por las obras asignadas a Jesús y por la revelación en las Escrituras que ellos no estaban dispuestos a aceptar. Otra vez Jesús enfatiza su posición con el pronombre personal. Por más grande que fuera Juan, mensajero del Padre y elogiado por Jesús, su testimonio no logra establecer finalmente la autoridad de Jesús. También, otra vez Jesús aclara que no obraba independientemente del Padre. *Las obras* se refieren a sus milagros, pero también al perdón de pecados, el dar vida a los muertos espiritualmente y el juzgar a los incrédulos. *Las obras que el Padre me ha dado para cumplirlas* (ver 3:35) aclara la procedencia de todo su ministerio. Jesús recibía órdenes del Padre y procedía, como Hijo obediente, a cumplirlas. Las obras llevaban "la estampa" de divinas, no sólo por su procedencia, sino por su misma naturaleza. Por esta razón, Juan llama "señales" a los milagros porque apuntaban a Jesús como el Hijo de Dios.

Recién Jesús había enfatizado "las obras" del Padre que él realizaba, pero ahora (v. 37a) se refiere al Padre mismo. *Ha dado testimonio* traduce un verbo en el tiempo perfecto, indicando que ese testimonio del

sotros; porque vosotros no creéis a quien él envió. **39** Escudriñad* las Escrituras, porque os parece que en ellas tenéis vida eterna, y

ellas son las que dan testimonio de mí. **40** Y vosotros no queréis venir a mí para que tengáis vida.

---

*5:39 Otra trad., *Escudriñáis*

Padre sigue en pie (1 Jn. 5:9). El *testimonio* del Padre podría referirse a sus palabras cuando Jesús fue bautizado (ver 3:16 s.), pero sólo Jesús y quizás Juan las habrían oído. Más probable es que tendría en vista todo el testimonio del AT. Esta seguridad de ser el enviado del Padre sostenía a Jesús frente al rechazo y oposición de los judíos. Jesús señala dos razones por la ignorancia de los judíos (v. 37b) en cuanto a su persona: no habían oído la voz de Dios, aunque Moisés sí la había oído (Éxo. 33:11); y no habían visto la apariencia de Dios, pero Jesús dijo que "el que me ha visto, ha visto al Padre" (14:9). En efecto, les acusa de total ignorancia de Dios y su misión en el mundo por medio de su Hijo.

La tercera acusación que Jesús lanzó a los judíos es que la palabra de Dios no moraba en ellos. Ellos pretendían ser los únicos custodios e intérpretes de las Escrituras. La tenían en su mente, quizás, pero no en su corazón (Sal. 119:11). Podían citar largos pasajes de memoria, pero erraban en la interpretación y aplicación. La prueba de esta afirmación es que no creían en el representante personal que el Padre había enviado; más bien lo habían rechazado y ya habían decidido eliminarlo. Hovey comenta que esta acusación a los judíos habrá caído como la de Natán a David: "Tú eres aquel hombre" (2 Sam. 12:7).

Jesús se ubica en la posición del maestro quien manda a los alumnos a volver al texto para encontrar la lección céntrica que ninguno había captado en la preparación para la clase. El verbo *escudriñad*, interpretado aquí como un imperativo, tiene dos opciones: o imperativo (escudriñad) o indicativo (escudriñáis). En el gr. las dos formas se escriben igual y el contexto nor-

malmente determina cuál corresponde, pero aquí se admite cualquiera de los dos. No estaban equivocados en pensar que el camino para la vida eterna se encontraba en las Escrituras; su error fatal era el de pensar que la lectura y aprendizaje de ellas, de por sí, aseguraba la vida eterna. Plummer comenta que los escribas hacían un estudio meticuloso de la palabra escrita, pero dejaron de ver la "Palabra viviente" revelada en ella. El mandato no es leerlas, ni aprenderlas de memoria, ni aún estudiarlas, sino escudriñarlas. Duele pensar en el enorme tiempo que los escribas dedicaban a la lectura, sin captar la verdad. Ese peligro también existe hoy en día.

Encontramos en el Evangelio de Juan lo que se llama "tonos trágicos", como aquí (v. 40) y en 1:11. El gran Médico presenta su diagnosis del grave mal que afectaba al pueblo judío en general, comenzando con los mismos líderes religiosos. No era falta de revelación, ni falta de oportunidad, sino de su "no querer". En el fondo de toda persona que rechaza a Jesús y su mensaje, habiendo tenido la clara presentación del evangelio y la oportunidad de responder, está el eterno "no querer", la voluntad contraria. La tragedia consiste en que Dios ha provisto todo lo necesario para que toda persona tenga vida eterna y abundante en su Hijo y, sin embargo, la mayoría la rechaza, resultando en su propia condenación. La situación se compara con el caso de un médico que ofrece a un moribundo una medicina para una cura instantánea, y el moribundo la rechaza. Aquí se muestra la voluntad del hombre como libre para aceptar o rechazar la oferta de Dios. El hombre tiene sólo dos opciones: creer en y obedecer a Cristo; o no creer en Cristo y desobedecerlo.

41 »No recibo gloria de parte de los hombres. **42** Al contrario, yo os conozco que no tenéis el amor de Dios en vosotros. **43** Yo he venido en nombre de mi Padre, y no me recibís. Si otro viene en su propio nombre, a aquél recibiréis. **44** ¿Cómo podéis vosotros creer? Pues recibiendo la gloria los unos de los otros, no buscáis la gloria que viene de parte del único Dios.

Jesús introduce otro elemento que comprueba su reclamo de ser el Hijo de Dios. *Gloria* (v. 41) significa algo como "estima" o "alabanza". No era guiado por el deseo de congraciarse con la gente y recibir su aplauso. Antes había dicho que no recibía el testimonio de parte de los hombres (v. 34), pero ahora rehúsa la gloria. Parece que él está anticipando la objeción de que su queja con ellos tenía que ver con su deseo del aplauso del hombre. Ellos sí buscaban la gloria de los hombres, pero él no la quería, no la necesitaba, no la buscaba y no la recibiría.

El verbo *conozco* (v. 42) está en el tiempo perfecto y significa: "he conocido" y, por eso, "sigo conociendo". Jesús conocía lo que estaba en sus corazones, como en el caso de la mujer samaritana y de muchos otros (ver 1:47, 50; 2:24, 25; 4:17, 18, 48; 5:14). Les había acusado de ignorar el mensaje central de las Escrituras, siendo ellos los encargados de guardarlas, enseñarlas e interpretarlas. Tampoco tenían la palabra permaneciendo en ellos (v. 38). Avanza a un paso más serio; antes les acusaba de ser carentes de "querer" (v. 40), aquí carentes del amor de Dios. *Amor de Dios* en el gr. puede ser objetivo o subjetivo. Puede ser el amor de ellos dirigido a Dios (objetivo), o el amor que procede de Dios y se manifiesta en ellos (subjetivo), o puede incluir ambos énfasis. De cualquier manera es una acusación fuerte para personas que dedicaban sus vidas a lo que pensaban era obediencia de las Escrituras y el servicio a Dios. Seguramente esta acusación les tocó hondo, al pensar en el mandato de "amar a Dios con todo el corazón..." (Deut. 6:5).

Jesús había presentado sus credenciales: el testimonio de Juan el Bautista, de sus obras y del mismo Padre, Creador del universo y la última autoridad y, a pesar del peso de estas evidencias, todavía lo rechazaban (ver 1:5; 8:42; 10:25). El tono trágico del v. 40 sigue a través de esta sección. *En su propio nombre* se refiere a otros que pretendieron ser el Mesías de Dios. Plummer comenta que hubo por lo menos 64 falsos mesías que se han contado, cada uno recibiendo la bienvenida de seguidores. El énfasis en la construcción del texto gr. con el doble artículo es interesante: "si otro viniera en el nombre que es el suyo propio...". Jesús no vino en su propio nombre, con promesas exageradas, procurando su propia gloria, sino simplemente en el nombre y para la gloria de su Padre.

Jesús presenta otra vez su diagnosis de la condición espiritual de los líderes religiosos (v. 44): un sostenido y profundo orgullo personal. Para ellos, los que buscaban su propia gloria, que es al fin vanagloria, el creer en aquél que buscaba sólo la gloria del Padre (ver 17:1-5) sería imposible. El orgullo sería una barrera eficaz a la fe en Jesús. Ellos se habían encerrado en su propia incapacidad de creer. Para poder creer en Jesús, tendrían que experimentar un cambio radical en su manera egoísta de ver las cosas. Una de las características más destacadas de los líderes religiosos, manifestada en los cuatro Evangelios, es su afán para la vanagloria.

En los vv. 45-47 Jesús, en efecto, arranca de las manos de los judíos la base de su autoridad y confianza: el testimonio de Moisés. *Acusaré*, siendo un verbo en el tiempo futuro, parece referirse al juicio final. Hay dos razones por las cuales Jesús no tendría que ser el acusador en ese entonces: 1) el acusador será Moisés y 2) Jesús será el juez (vv. 22, 23, 30), no el acusador. Los escribas habían dedicado

45 »No penséis que yo os acusaré delante del Padre. Hay quien os acusa: Moisés, en quien habéis puesto la esperanza. **46** Porque si vosotros creyeseis a Moisés, me creeríais a mí; pues él escribió de mí. **47** Pero si no creéis a sus escritos, ¿cómo creeréis a mis palabras?

toda su vida al estudio e interpretación de la ley de Moisés, agregando una infinidad de reglas a base de esos escritos. Por otro lado, los fariseos eran ultraconservadores y celosos hasta la médula en imponer esas reglas legalistas al pueblo. En vez de ser su defensor, como ellos pensaban, Moisés sería su acusador. ¡Qué sorpresa para ellos y qué reacción violenta produciría esta afirmación de Jesús!

El v. 46 confirma el versículo anterior y explica la razón por la cual Moisés será el acusador de los judíos en el juicio final. El término *porque* traduce una conjunción causal que a su vez introduce la frase.

Las profecías de Moisés (ver Deut. 18:18) se cumplieron en Jesús (ver Luc. 24:27, 44) y ellos, pretendiendo ser los intérpretes oficiales de Moisés, ignoraban el mensaje central de sus escritos. En efec-

DIFERENCIAS Y SEMEJANZAS DE LA ALIMENTACIÓN DE LOS "CINCO MIL" Y LA DE LOS "CUATRO MIL"

Juan 6:1-15	Mateo 15:29-39
Sucedió al otro lado del mar de Galilea (v. 1)	Sucedió junto al mar de Galilea (v. 29)
La gente había venido a Jesús ese día (v. 5)	La gente estaba con Jesús por tres días (v. 32)
Jesús toma la iniciativa (v. 5)	Los discípulos toman la iniciativa (v. 33)
La pregunta fue por existencia de dinero para comprar (v. 5)	La pregunta fue por ausencia de pan (v. 33)
Un muchacho tenía cinco panes de cebada y dos pececillos (v. 9)	Los discípulos tenían siete panes y pocos pececillos (v. 34)
Hicieron recostar a la gente (v. 10)	Hicieron recostar a la gente (v. 35)
Eran cinco mil varones (v. 10)	Eran cuatro mil varones (v. 38)
Jesús dio gracias (v. 11)	Jesús dio gracias (v. 36)
Los discípulos repartieron (v. 11)	Los discípulos repartieron (v. 36)
La gente se sació (v. 12)	La gente se sació (v. 37)
Recogieron 12 cestas de pedazos (v. 13)	Recogieron 7 canastas (v. 37)
Jesús se retiró para que no le hagan rey (v. 15)	Despidieron a la gente (v. 39)

Jesús alimenta a cinco mil*

6 Después de esto fue Jesús a la otra orilla del mar de Galilea, o sea de Tiberias, **2** y le seguía una gran multitud, porque veían las

señales que hacía en los enfermos. **3** Jesús subió a un monte y se sentó allí con sus discípulos. **4** Estaba cerca la Pascua, la fiesta de los judíos.

*6:1t Comp. Mat. 14:13-21; Mar. 6:30-44; Luc. 9:10-17

---

to, Jesús les acusa de no creer lo que Moisés escribió. Con esta afirmación, Jesús reconoce la autoridad del Pentateuco como escrito por Moisés e inspirado por Dios y acepta las profecías mesiánicas como refiriéndose a sí mismo.

El v. 47 establece una comparación y relación estrecha entre *sus* y *mis*, entre lo escrito (de Moisés), y lo dicho (de Jesús), pues Jesús no dejó escritos. El Pentateuco, que incluye la ley de Moisés, tenía el propósito de despertar en los hombres una conciencia de sus pecados y así prepararlos para buscar el perdón en Cristo (Gál. 3:24). Sin embargo, no tuvo ese efecto en los que rechazaban a Jesús.

11. La cuarta señal: la alimentación de cinco mil, 6:1-15

Pasamos ahora de un escenario en Jerusalén a dos señales notables realizadas en Galilea. En ambos lugares vemos la manifestación de una incredulidad general entre los judíos con respecto a Jesús. En Jerusalén, él fue rechazado porque no guardó la interpretación rabínica de las prohibiciones sabáticas. En cambio, en Galilea veremos que la gente, afanosa por el pan material, manifestó poco interés en el "pan" espiritual que Jesús les ofrecía. El cap. 6 es el más largo en este Evangelio, incluyendo, además de las dos señales, un largo trato de la metáfora de "pan" que sostiene la vida espiritual del creyente. Plummer observa que en el cap. 5 Jesús se presenta como la "fuente de la vida", pero en el cap. 6 como el "sostén de la vida". Siguiendo esta idea, Hull emplea el título "El pan de vida" para este capítulo. En el cap. 5, la idea central es la relación del Hijo con el Padre, pero en el cap. 6 es la relación del

Hijo con los verdaderos creyentes.

Cabe notar que por alguna razón Juan omitió, entre los caps. 5 y 6, uno de los períodos más largos y repletos de actividades en la vida de Jesús. Se calcula que este período duró entre 10 y 12 meses. Felizmente, los eventos de este período están registrados en los Sinópticos. Hovey, citando la obra de Robinson, hace una lista de los ministerios realizados por Jesús durante este año. Es evidente que Juan no tuvo interés en presentar una cronología de la vida de Jesús, sino que escogió cuidadosamente una serie de escenarios y eventos para poder cumplir su propósito (ver 20:31).

Entre el último versículo del cap. 5 y 6:1 hay, como hemos señalado, no sólo un salto del lugar geográfico, de Jerusalén a Galilea, sino un salto de un año de ministerio que Juan omite. Con la expresión *Después de esto*, Juan conecta dos eventos, separados por tiempo y geografía, como si fuesen continuados el uno del otro. Juan no indica el motivo de este traslado, pero los Sinópticos señalan el martirio de Juan el Bautista (Mat. 14:13) y la curiosidad de Herodes respecto a la obra de Jesús (Luc. 9:9) como eventos que hicieron aconsejable este paso. Tiberias, no mencionada en los Sinópticos, era el nombre de la ciudad construida sobre la orilla sudoeste del mar de Galilea por Herodes Antipas durante la vida terrenal de Jesús. El nombre "mar de Tiberias" se aplicaba a la zona sur del mar, pero también a todo el mar de Galilea. Se piensa que esta obra, iniciada en el año 20 d. de J.C., se hizo con el fin de congraciarse con el emperador Tiberio. La mención del nombre, no necesario para judíos de Palestina, podría

5 Cuando Jesús alzó los ojos y vio que se le acercaba una gran multitud, dijo a Felipe:

—¿De dónde compraremos pan para que coman éstos?

6 Pero decía esto para probarle, porque Jesús sabía lo que iba a hacer. **7** Felipe le respondió:

—Doscientos denarios* de pan no bastan, para que cada uno de ellos reciba un poco.

---

*6:7 El denario era una moneda romana que equivalía al salario de un día para un obrero o soldado; ver Mat. 20:2.

---

indicar que el Evangelio fue escrito fuera de esa provincia, como es generalmente sostenido. *La otra orilla* se refiere a la orilla oriental y la mención de Betsaida (Luc. 9:10) y Capernaúm (vv. 17, 24) indicaría que se refiere a una zona al nordeste del mar.

Joya bíblica

Cuando Jesús alzó los ojos y vio que se le acercaba una gran multitud, dijo a Felipe: —¿De dónde compraremos pan para que coman éstos? (6:5).

Según los Sinópticos, Jesús cruzó el mar en una barca (ver v. 17), pero aparentemente la multitud rodeó el mar caminando. *Seguía, veían* y *hacía*, tres verbos en el tiempo imperfecto, presentan un cuadro gráfico de los que formaban una columna de curiosos y de lo que Jesús realizaba. Nótese que el interés en Jesús se debía a sus milagros, no a sus enseñanzas. Cuando Juan el Bautista, estando en la cárcel, envió mensajeros a Jesús para preguntar si era el Mesías, él contesta citando las obras que el Mesías realizaría (Mat. 11:5). Pero los curiosos que seguían a Jesús en esta ocasión no estaban buscando una confirmación de él como el Mesías, sino más milagros.

Parece ser que la intención de Jesús fue la de retirarse de las multitudes, descansar y enseñar a los discípulos en un ambiente de tranquilidad (Mar. 6:31; Luc. 9:10). Si ese fue su plan, quedó truncado por las multitudes. *Se sentó* describe la postura de un rabí para enseñar. De los Sinópticos aprendemos que el lugar estaba cerca de Betsaida, una ciudad ubicada en la orilla oriental del mar.

Juan desarrolla su Evangelio alrededor de las fiestas judías (ver 2:13; 5:1, etc.). Algunos comentaristas observan que este apóstol, al tratar las señales, discursos y las ideas religiosas asociadas con las fiestas, apunta a un significado más elevado y absoluto. Por ejemplo, Jesús mismo es el "agua" que apaga la sed espiritual y el "pan de vida" que nutre la vida espiritual del hombre. La explicación de que la *Pascua* era *la fiesta de los judíos*, innecesaria para todo judío de Palestina, es otra indicación de que este Evangelio fue escrito en un territorio gentil. Plummer sugiere que la breve mención de la Pascua podría explicar la presencia de la multitud (v. 5) que estaba en camino a Judea para esa ocasión, o que acudía a él como sustituto por ir a Jerusalén. Jesús daría a la multitud lo que la Pascua no lograba dar, una realidad a la que la fiesta sólo señalaba (ver 1 Cor. 5:7). También, la mención de la Pascua puede ser solo una referencia a la época del año, el mes de abril.

La conjunción *cuando* (v. 5) podría llevar la idea de "luego", "entonces" o "por lo tanto", conectando así este versículo con el anterior como una consecuencia. El término *compraremos* traduce un verbo en el modo subjuntivo potencial, más bien que en el tiempo futuro, lo que lleva la idea de "compremos" o "podamos comprar". Felipe sería la persona indicada para averiguar dónde comprar pan, pues él era de Betsaida, una ciudad cercana en la orilla oriental del mar de Galilea (ver 1:44). De los Sinópticos, aprendemos que la iniciativa en esta ocasión viene de los discípulos (ver Mat. 14:15; Mar. 6:36; Luc. 9:12).

8 Uno de sus discípulos, Andrés, el hermano de Simón Pedro, le dijo:

9 —Aquí hay un muchacho que tiene cinco panes de cebada y dos pescaditos. Pero, ¿qué es esto para tantos?

10 Entonces Jesús dijo:

—Haced recostar a la gente.

Había mucha hierba en aquel lugar. Se recostaron, pues, como cinco mil hombres.

11 Entonces Jesús tomó los panes, y habien-

Parece que Jesús respondió a esta iniciativa con la pregunta de este versículo.

La alimentación de los cinco mil debe de haber sido una señal extraordinaria, dado el hecho de que es el único milagro relatado en los cuatro Evangelios (Mat. 14:13-21; Mar. 6:30-44; Luc. 9:10-17 y aquí). Hull comenta que este milagro continuó siendo importante en la iglesia primitiva por su vínculo con los milagros de alimentación en el AT (ver 2 Rey. 4:42-44) y con la celebración de la Cena del Señor. También, sigue siendo popular en la enseñanza y predicación del evangelio por subrayar la suficiencia de Jesús para satisfacer las necesidades humanas cuando nuestros recursos son insuficientes.

Jesús quería en esta ocasión (v. 6) probar y fortalecer la fe de Felipe y de los demás discípulos y, como era su costumbre, enseñarles una lección inolvidable a medida que realizaba otro ministerio. Felipe, no dándose cuenta de este propósito, se puso a calcular lo que costaría alimentar a tantas personas. Felipe no lo sabía, pero lo que importa es que *Jesús sabía lo que iba a hacer*, una verdad que nos conviene recordar cuando somos probados. El verbo *probar* (*peirazo*[3985]) se emplea en referencia a una prueba, pero también a una tentación. Dios nunca tienta a nadie (Stg. 1:13), sino prueba al creyente con el fin de fortalecerlo y comprobar lo genuino de su fe. Satanás, en cambio, tienta a las personas con el fin de hacerlas caer en algo prohibido por Dios y destruirlas. El contexto determina cuál de los dos significados se le asigna al término en cada pasaje.

La suma de dinero que Felipe menciona puede representar la totalidad de los recursos que había entre los discípulos. Un denario era el valor de un jornal de un obrero común, siendo la suma equivalente a unos ocho o nueve meses de trabajo de un obrero. Felipe había contemplado la dimensión de la necesidad y la de sus recursos, y su matemática le indicaba que era una misión imposible. Casi podemos oír el lamento de Felipe: "Señor, aunque gastáramos todos nuestros recursos, todavía no llegaría, ni se acercaría a cubrir la necesidad, ni para que cada uno de ellos reciba un poquito".

Mientras Felipe investigaba los recursos de los discípulos, Andrés recorría la multitud haciendo lo mismo. Lo único que encontró fue la merienda de un niño. Por esto, los discípulos, según los Sinópticos, querían despedir a la gente en ayunas. Estos *panes* serían trozos relativamente pequeños, quizás redondos y chatos como tortillas mexicanas, y los *pescaditos* serían pequeños peces en escabeche, es decir, lo suficiente para el sustento diario de un muchacho, nada más. No cabía en la mente de Felipe otra fuente de recurso. La *cebada* era un cereal barato que comía la gente más pobre. Algunos de los escritores judíos decían que el pan de cebada era comida para bestias.

Dos cosas notamos en el breve mandato de Jesús del v. 10. Él quería ubicar la multitud en orden para poder contarlos (ver Mar. 6:40; Luc. 9:14) y para evitar un motín en la distribución de la comida. En el conteo, determinaron que había 5.000 hombres, quizá una indicación de la separación de los hombres de las mujeres. Mateo menciona específicamente, sin dar números, la presencia de mujeres (14:21). Más la presencia de niños implicaría la presencia de mujeres. También, con este mandato Jesús involucraba a los discípulos en la realización de un milagro que estaba a punto de efectuarse.

do dado gracias, los repartió entre los que estaban recostados. De igual manera repartió

de los pescados, cuanto querían. **12** Cuando fueron saciados, dijo a sus discípulos:

El v. 11 revela el plan y el proceso del ministerio de Jesús en ese entonces y ahora. Habiendo recibido una "confesión" de total carencia de lo necesario para la vida, Jesús acepta lo poco que tenemos, humanamente visto como insuficiente, agradece a Dios por esa entrega y la multiplica para que alcance y sobre. Los Si-

nópticos agregan dos datos que Juan omite: que Jesús partió los panes y los entregó a los discípulos y éstos los distribuyeron a las multitudes. Ni Juan, ni los Sinópticos aclaran cuándo sucedió el milagro: si en las manos de Jesús o en las de los discípulos. Plummer observa que en Caná el milagro fue un cambio de calidad,

---

Jesús, fuente del agua de vida y la luz de vida

Jesús va a Jerusalén para celebrar la fiesta de los Tabernáculos (Succot). En esta fiesta, que duraba una semana, las calles estaban llenas de peregrinos, y la gente vivía fuera de sus casas en enramadas que habían construido previamente; así conmemoraban la protección de Dios en el desierto durante el período del éxodo. En el primer siglo se celebraba no solamente la provisión de Dios en el pasado, sino que también se miraba al futuro cuando en el día de Jehovah, él establecería a Israel en Jerusalén bajo el liderazgo de su Mesías. (Véase Zac. 7, 14 donde se puede entender mejor algunos de los eventos descritos en Juan 7).

El primer diálogo entre Jesús y los judíos ocurrió a la mitad de la fiesta. Algunos cuestionan su autoridad para enseñar; sin embargo, varios de ellos entendían la base de su enseñanza y su afirmación de haber sido enviado por Dios y empiezan a preguntar entre sí sobre la posibilidad de que fuera el Cristo.

En el último día de la fiesta hay dos diálogos con los judíos, cada uno enfatizando un aspecto de la fiesta para grabar aún más fuerte el simbolismo en las mentes de sus oyentes. El primero tiene que ver con el rito del agua de libación. Cada día de la fiesta el sacerdote iba desde el templo a la fuente de Guijón donde se llenaba un jarrón de oro con agua, mientras el coro repetía Isaías 12:3. Entonces llevaban al agua al templo donde era derramada como libación. En el último día de la fiesta los sacerdotes caminaban alrededor del altar siete veces, dando así aún más importancia a este ritual.

Los judíos creían que cumplir esta ceremonia tenía mucho que ver con la llegada de las lluvias del otoño, tan necesarias para su supervivencia ("lluvias tempranas"); pero también sabían de la profecía de Zacarías 14:8 donde dice que en aquél día "de Jerusalén saldrán aguas vivas". En este momento de la ceremonia Jesús se puso de pie y alzó su voz e invitó a aquellos que tuvieran sed a venir y beber de él. Además, aseguró que los que creían en él "como dice la Escritura, ríos de agua viva correrán de su interior" (7:37, 38). Jesús sabía lo que hacía. Él está aprovechando del simbolismo de la fiesta para proclamar que era él era el Mesías.

La reacción de la gente es mezclada, y hasta los guardas que tenían que prenderlo no lo hacen porque "¡Nunca habló hombre alguno así!" (7:46).

El segundo discurso ocurrió en el Templo donde habían puesto cuatro grandes lámparas para iluminar el área para las actividades nocturnas durante esta fiesta. Otra vez, las personas conocían las palabras del profeta Zacarías (14:7) que hablaba del tiempo mesiánico cuando habría luz al anochecer. Jesús, conocedor de esta profecía, se proclama como "la luz del mundo" que da "la luz de vida" (8:12). Otra vez la reacción es mezclada. Algunos quieren recibirlo, pero no quieren comprometerse, y por fin procuran apedrearlo.

Una mayor comprensión de los rituales de la fiesta aumenta su significado y abre la posibilidad de entender mejor la metodología empleada por Jesús en su predicación y enseñanza.

—Recoged los pedazos que han quedado, para que no se pierda nada.

13 Recogieron, pues, y llenaron doce canastas de pedazos de los cinco panes de cebada que sobraron a los que habían comido.

14 Entonces, cuando los hombres vieron la señal que Jesús había hecho, decían:

—¡Verdaderamente, éste es el profeta* que ha de venir al mundo! **15** Como Jesús entendió que iban a venir para tomarle por la fuerza y hacerle rey, se retiró de nuevo al monte, él solo.

---

*6:14 Ver Deut. 18:15, 18

---

agua a vino; aquí es un cambió de cantidad. *Cuanto querían* indica que hubo más que suficiente para satisfacer el apetito de todos.

En el v. 12 Juan enfatiza lo dicho en el versículo anterior al decir *cuando fueron saciados*, o literalmente "completamente llenos". ¡Comieron hasta no poder más! Sólo Juan indica que fueron los discípulos los que recogieron los restos, aunque los Sinópticos afirman que fueron recogidos. *Pedazos* es literalmente "lo roto", es decir "los pedazos partidos de pan". Es interesante que el que podía multiplicar los panes y los peces se cuidaba de no perder nada, una lección para muchos en el siglo 21 que acostumbran echar a la basura montones de restos que tendrían valor para otros.

El comentario en el v. 13 presenta un cuadro de una abundancia increíble. Algunos llaman la atención al número *doce*, indicando simbólicamente una canasta para cada una de las doce tribus de Israel. Sólo Marcos menciona las sobras de los pescados (6:43). Las *canastas*, fabricadas de tejidos de mimbres, serían de tamaño más bien pequeño, en que las personas llevaban comida para uno o dos días de viaje. No se aclara qué hicieron con las *canastas* de comida. ¿Cada uno de los doce discípulos se habrá llevado una de las canastas para su alimentación?

Si eliminamos lo milagroso de este evento, como algunos procuran hacer con explicaciones ingeniosas, ¿cómo explicamos la reacción entusiasta de la multitud? (v. 14). Fueron impactados por lo que habían visto y comprobado. *Decían* es un verbo en el tiempo imperfecto, describiendo una acción repetida y continuada. No paraban de repetir su conclusión. *El profeta*, no "un profeta" cualquiera, probablemente se refiere a la profecía de Moisés (Deut. 18:15; ver 1:21 y 11:27) de que Dios levantaría a otro como él. Quizás la multiplicación de los panes y peces les habrá recordado del maná que Dios dio por medio de Moisés en el desierto. Esta expectativa estaba lejos del concepto del Mesías, Hijo de Dios, que Jesús reclamaba para sí.

El verbo *iban*, v. 15, significa literalmente "estaban a punto de", indicando una acción inminente. Mateo dice que se apartó "a solas" (14:23); Mateo y Marcos (6:46) agregan que fue para "orar". En el primer siglo había una expectativa mesiánica, nacionalista y candente, entre los judíos que deseaban librarse del yugo romano. Su concepto del Mesías era el de una figura libertadora, un tipo de Moisés quien guió al pueblo de Dios de la esclavitud desde Egipto a la Tierra Prometida. Muchos pensaban que la multiplicación de los panes y los peces apuntaban a Jesús como el asignado para librar a Palestina del dominio romano. Procuraron forzarlo a un rol que él decididamente rechazaba. Ellos tenían la intención de "usarlo" para lograr sus propios fines. En cambio, él vino para establecer un reino basado en una liberación espiritual, no en una política, militar y nacional. En realidad, Jesús ya era rey, pero no como ellos deseaban. A medida que su identidad se aclaraba y la naturaleza de su reino se definía, el entusiasmo popular iba enfriándose. Morris entiende que este relato es otra indicación de que el Evangelio fue escrito en una fecha temprana, pues cerca del fin del siglo, cuando el cristianis-

Jesús camina sobre el agua*

16 Cuando anochecía, sus discípulos descendieron al mar, **17** y entrando en una barca

iban cruzando el mar hacia Capernaúm. Ya había oscurecido, y Jesús todavía no había venido a ellos. **18** Y se agitaba el mar porque soplaba un gran viento. **19** Entonces, cuando ha-

---

*6:16t Comp. Mat. 14:22-33; Mar. 6:45-52

---

mo entraba en conflicto con el imperio romano, no habría sido conveniente mencionarlo. Es importante notar que ni Jesús, ni Juan, llaman a este episodio una "señal". Tampoco Jesús ofrece un discurso, ni Juan una lección moral, dejando al lector que saque su propia conclusión.

Borchert llama la atención al uso de números en este capítulo. Parece que en ellos hay un significado teológico. En la alimentación de los 5.000 el número de recursos disponibles a Jesús sumaba "siete" (cinco panes y dos pescaditos). En la alimentación de los 4.000 (Mat. 15:29-38; Mar. 8:1-9), los recursos también eran "siete" panes y "pocos" peces, dejando de contar después de llegar al número simbólico. El mismo tipo de simbolismo se ve en el número de canastas de comida que sobró. En la alimentación de los 5.000, fueron "doce" canastas; en la de los 4.000, fueron "siete" canastas. Generalmente se entiende que el número siete, la suma de tres y cuatro, se refiere a la absoluta perfección terrenal (cuatro esquinas del mundo) y celestial (la Trinidad). El resultado de multiplicar cuatro por tres, dando doce, es el número de tribus de Israel y el número de los discípulos escogidos por Jesús. Por el uso y abuso de los números en la interpretación de las Escrituras, muchos ni mencionan este fenómeno. Pero en un Evangelio como el de Juan, con el frecuente uso de metáforas y términos místicos y simbólicos, sería un error no prestar atención al simbolismo de los números.

12. La quinta señal: caminando sobre el agua, 6:16-21

El evento de Jesús caminando sobre el agua se encuentra también en Mateo

(14:22-32) y en Marcos (6:45-52), pero con algunas diferencias. En Mateo y Marcos los discípulos se asustaron, pensando que Jesús era un fantasma y sólo Mateo relata el intento de Pedro de ir hacia Jesús caminando sobre el agua. Estos dos Sinópticos también revelan el propósito de Jesús de apartarse de la multitud para orar, mientras que Juan indica que su motivo fue de evitar que lo tomaran por la fuerza para ser rey. Dichas diferencias no representan contradicciones, sino datos adicionales que cada autor pensaba que eran importantes y que son fáciles de armonizar.

Con una muy breve y condensada descripción, Juan inicia el siguiente episodio. Aprendemos de Mateo y Marcos que fue Jesús quien mandó a sus discípulos a entrar en las barcas y cruzar el mar mientras que él despedía a la gente.

Nótese el lujo de detalles en la descripción del evento (v. 17), lo cual evidencia la mano de un testigo ocular en el relato. Probablemente, Jesús había instruido a los discípulos a seguir adelante en la barca hacia Capernaúm, manteniéndose cerca a la costa. Entonces, después de despedir a la gente y orar, él vendría caminando por la orilla del mar y subiría en la barca con ellos en algún punto. Alford sugiere que los discípulos iban despacio, esperando en cualquier momento ver a Jesús. *Ya había oscurecido* podría tener un significado teológico (ver 13:30). Estando separados de Jesús, estaban expuestos a peligros inminentes que no tardaron en manifestarse.

En el v. 18 el tiempo imperfecto del verbo pinta el cuadro de un peligro inminente y creciente: "Iba agitándose". Otra explicación por la lentitud del viaje sería un

bían remado como veinticinco o treinta estadios*, vieron a Jesús caminando sobre el mar
y acercándose a la barca, y tuvieron miedo.
20 Pero él les dijo:

—¡Yo soy! ¡no temáis!
21 Entonces ellos quisieron recibirle en la
barca, y de inmediato la barca llegó a la tierra
a donde iban.

---

*6:19 Un total de 5 o 6 km., ya que el *estadio* equivalía aprox. a 180 m.

---

viento en contra. Juan dice literalmente
que el mar "se despertaba" como un gigante de su sueño, el resultado de un
fuerte viento. Los Sinópticos agregan
detalles gráficos de la crisis. Marcos (6:48)
dice que era la cuarta vigilia de la noche, o
sea, desde las 03:00 h a las 06:00 h.
Mateo (14:24) agrega: "La barca ya quedaba a gran distancia de la tierra, azotada
por las olas, porque el viento era contrario". Varios escritores han descrito las tormentas violentas que se desatan rápidamente sobre el mar de Galilea.

Marcos agrega al v. 19: "y quería pasar-
los de largo" (6:48). El estadio era una
medida de unos 180 m; entonces sería un
total de distancia de unos cinco o seis km.
No hay evidencia de que el viento recio o
las olas que caían fueran la causa del miedo de los discípulos. Tampoco, si Jesús
hubiera venido caminando sobre la orilla
del mar, como dicen algunos, los discípulos
se hubieran asustado. Además, Mateo dice
que la barca estaba a gran distancia de la
costa. Al ver a Jesús caminar sobre el
agua, cosa nueva y extraña, la única conclusión de ellos, según los Sinópticos, sería
que era un "fantasma". ¿Quién no tendría
temor y quién no llegaría a esa conclusión
en tales circunstancias? Es completamente
comprensible.

Marcos, Mateo y Juan registran las mismas palabras de Jesús, evidentemente
porque se habían grabado en sus mentes.
Yo soy es una expresión que nos recuerda
de la manera en que Dios se identificó con
Moisés (Éxo. 3:14) y que Juan emplea
repetidas veces (ver 8:24, 28, 58; 13:13,
19; 18:5, 6, 8). "Yo soy" es la traducción
del término heb. para Jehovah. Al decir *Yo
soy*, Jesús estaba afirmando su deidad. El
pronombre personal *yo* es enfático y el

verbo *soy* del tiempo presente enfatiza el
eterno ser de Dios. El autor de la carta a
los Hebreos lo declara en otros términos:
"¡Jesucristo es el mismo ayer, hoy y por
los siglos!" (13:8). El mandato *¡no temáis!*
sigue la afirmación identificadora. Este imperativo está en el tiempo presente y,
siendo así, manda la terminación de una
acción en progreso. Una traducción que
capta este sentido sería "no continuéis
temiendo". Juan omite la reacción de
Pedro quien se invitó a caminar sobre el
agua hacia Jesús. Ese evento, relatado en
los Sinópticos, revela el carácter impulsivo
y audaz de Pedro, pero también su debilidad en medio de una crisis.

La RVA traduce un verbo en el tiempo
imperfecto como si fuera un aoristo.
Quisieron (v. 21) debería ser "estaban
queriendo", expresando un deseo que continuaba, pero dejando inconcluso el objeto
de su querer. Pero esta traducción presenta el problema de que sugiere que Jesús
no subió en la barca. Quizás esta es la razón por la manera en que fue traducido el
verbo en la RVA. Sabemos que ciertamente subió, pues Marcos (6:51) y Mateo
(14:32) lo afirman explícitamente; además, Mateo indica que cuando subió a la
barca los discípulos vinieron y "le adoraron
diciendo: ¡Verdaderamente eres Hijo de
Dios!" (14:33). El milagro de caminar
sobre el agua fue una verdadera señal que
logró el propósito anunciado por Juan
(20:31). Nótese la insinuación de la expresión *y de inmediato la barca llegó* al destino; con Jesús en la barca el viaje se
cumplió feliz, seguro y rápido, cosa que no
sucedía cuando ellos estaban remando sin
él. Hull sugiere que el contexto pascual del
cap. 6 hace apropiado este relato del cruce
del mar, el viento recio y la llegada a la

Jesús: el pan de vida

22 Al día siguiente, la multitud que había estado al otro lado del mar se dio cuenta de que no había habido allí sino una sola barca, y que Jesús no había entrado en la barca con sus discípulos, sino que éstos se habían ido solos. 23 (Sin embargo, de Tiberias habían llegado otras barcas cerca del lugar donde habían comido el pan después que el Señor había dado gracias). 24 Entonces, cuando la multitud vio que Jesús no estaba allí ni tampoco sus discípulos, ellos entraron en las barcas y fueron a Capernaúm buscando a Jesús.

25 Cuando le hallaron al otro lado del mar, le preguntaron:

—Rabí*, ¿cuándo llegaste acá?

---

*6:25 O: *Maestro*

---

otra orilla. En el éxodo de Egipto, los vientos recios abrieron el mar Rojo (Éxo. 14:21-29) y ese evento fue unido al del maná que Dios proveyó (Sal. 78:13, 24). A continuación aquí Juan relata el discurso de Jesús sobre "el pan del cielo".

13. El cuarto discurso: el pan de vida, 6:22-66

La multitud quiso agarrar a Jesús físicamente y forzarlo a ser su rey, tipo Moisés. Ante esta perspectiva, Jesús "desapareció". Entre tanto, él se había manifestado a sus asustados discípulos como el rey soberano sobre la naturaleza, calmando la tormenta y caminando sobre el agua.

(1) La multitud sigue a Jesús, 6:22-25. Juan explicó en la sección anterior cómo Jesús y los discípulos cruzaron el mar de Tiberias, llegando a Capernaúm. Este breve pasaje tiene el propósito de explicar el traslado de las multitudes, ubicando a todos de nuevo en el lado occidental del mar.

El v. 22 en el texto griego es complicado y tiene varias posibles variantes. El verbo traducido por la RVA, *había habido*, debería ser sólo "estaba", dando la idea de que esa barca no había partido. En este caso, originalmente habría habido dos barcas en la orilla, los discípulos tomaron una de ellas y la otra todavía estaba allí. La noche había pasado, Jesús y sus discípulos habían arribado a Capernaúm, pero las multitudes se despertaron perplejas, todavía en la orilla oriental del mar donde ocurrió la alimentación de los 5.000. No encontraron a Jesús y sabían que no estaba con los discípulos en la única barca que había cuando ellos partieron la tarde anterior. Probablemente, se sentían frustradas, pues aún tendrían la intención de convencerlo a aceptar la propuesta de ser su rey.

Parece que el único motivo de incluir esta nota entre paréntesis (v. 23) sería el de explicar cómo las multitudes cruzaron de vuelta el mar para llegar a Capernaúm. Uno se pregunta por qué Juan agrega *después que el Señor había dado gracias*. Plummer sugiere que la razón es que ese acto de "dar gracias" fue el momento clave cuando se produjo el milagro de la multiplicación de los panes y los peces. Algunos opinan que es una referencia a la liturgia de la Cena del Señor. Todavía otros opinan que esta expresión es una variante de poco peso y que no figuraba en el texto original.

Las barcas mencionadas son las que llegaron a la zona aparentemente después de partir los discípulos. ¿Cómo sabían que se había ido a Capernaúm? Puede ser que supieron que los discípulos se habían dirigido a esa ciudad; también era de conocimiento general que Capernaúm era la sede del ministerio de Jesús, lo cual es confirmado por los Sinópticos.

La multitud finalmente alcanzó a Jesús en la orilla occidental del mar (v. 25), en Capernaúm, en la sinagoga (ver v. 59). Normalmente *al otro lado del mar* toma, como punto de referencia, el lado oeste del mar, pero en esta ocasión el punto de referencia es el lado oriental donde Jesús

26 Jesús les respondió diciendo:

—De cierto, de cierto os digo que me buscáis, no porque habéis visto las señales, sino porque comisteis de los panes y os saciasteis. **27** Trabajad, no por la comida que perece, sino por la comida que permanece para vida eterna, que el Hijo del Hombre os dará; porque en éste, Dios el Padre ha puesto su sello.

28 Entonces le dijeron:

—¿Qué haremos para realizar las obras de Dios?

---

había alimentado a los cinco mil. Lo llaman *Rabí*, un título común para cualquier maestro de la ley, a pesar de haber presenciado y probado el milagro que hizo el día anterior. Además habían intentado coronarle como su rey. No percibieron en esa notable demostración de poder divino la mano de Dios operando. La pregunta *¿cuándo?* implica también "¿cómo?". Quizás estaban pensando en otro milagro, aunque no sabrían de su caminata sobre el agua.

(2) El pan de vida, 6:26-51. El relato continua sin interrupción, pero con el v. 26 se inicia otro discurso extenso, tomando como base el milagro de la alimentación de los cinco mil el día anterior. Tasker comenta que Jesús, habiendo insistido con Nicodemo que tendría que nacer otra vez y con la mujer samaritana que sólo él ofrecía agua que satisface plenamente la sed del alma, ahora hace ver a los galileos insensibles la verdad del alimento espiritual que sólo él es y puede proveer.

Otra vez Jesús inicia una declaración solemne con la doble partícula afirmativa griega *amén, amén*. Como un perito cirujano, Jesús presenta su diagnóstico del motivo de su búsqueda. No era como él hubiera esperado, que ellos lo buscaran por haber discernido que él era el Mesías basados en la señal realizada el día anterior. No, el motivo de la búsqueda era más materialista y egoísta. ¡Querían más comida gratis! Por eso querían hacerle rey. ¡Qué conveniente!

El foco de la vida de ellos, con todo su esfuerzo para mantenerla, estaba en lo material, en lo que no tiene permanencia. El mandato *trabajad* (v. 27), un imperativo en el tiempo presente, describe una acción continuada, es decir, lo que debe ocupar toda la vida. Jesús establece el contraste entre lo perecedero y lo permanente, lo material y lo espiritual, y exhorta a establecer como prioridad número uno el procurar la segunda de las dos alternativas. Juan se conoce como el "Evangelio de vida", es decir, vida espiritual y eterna, la cual sólo Jesús ofrece. El tiempo futuro del verbo *dará* no significa que hasta después de la cruz él daría esa vida, sino que se refiere a los galileos tan pronto que ellos lo reconocieran como el Hijo de Dios. Al enfatizar lo espiritual, Jesús no descuidaba las necesidades materiales, lo cual se ve en la alimentación de las multitudes y la sanidad de los enfermos. *Ha puesto su sello* (ver 3:33) es realmente un verbo en el tiempo aoristo; "selló" sería la traducción más literal al traducirlo con un verbo en el tiempo perfecto, los traductores procuraron enfatizar la vigencia permanente del sello, lo cual es bíblico. Se pregunta ¿cuándo fue sellado por el Padre? La ocasión más explícita fue en su bautismo cuando el Padre habló desde el cielo. Además, las mismas Escrituras daban testimonio de él como Hijo de Dios y cada señal llevaba el sello de aprobación y autenticación del Padre. Ciertamente Jesús tenía credenciales auténticas y más que suficientes para los que estaban dispuestos a oír y ver objetivamente.

Literalmente la pregunta del v. 28 es: "¿Qué podamos hacer para que obremos las obras de Dios?". Los dos verbos están en el modo subjuntivo potencial. Los términos "hacer" y "obrar" podrían indicar que ellos estaban pensando en un esfuerzo personal necesario para merecer lo que Jesús ofrecía, un concepto equivocado, pero muy popular en toda generación. Al decir *las obras de Dios*, es probable que

29 Respondió Jesús y les dijo:

—Esta es la obra de Dios: que creáis en aquel que él ha enviado.

30 Entonces le dijeron:

—¿Qué señal, pues, haces tú, para que veamos y creamos en ti? ¿Qué obra haces? **31** Nuestros padres comieron el maná en el desierto,

como está escrito: *Pan del cielo les dio a comer**.

32 Por tanto Jesús les dijo:

—De cierto, de cierto os digo que no os ha dado Moisés el pan del cielo, sino mi Padre os da el verdadero pan del cielo. **33** Porque el pan de Dios es aquel que desciende del cielo y da vida al mundo.

---

*6:31 Ver Éxo. 16:4 y Sal. 78:24

---

estaban pensando en las demandas de la ley: diezmos, sacrificios, etc. Sin duda, estaban comenzando a entender que Jesús se refería a algo más allá de lo material, quizás algo moral y espiritual, y manifiestan interés.

La *obra* que Dios demanda no requiere un esfuerzo físico, ni ofrendas materiales. Tampoco son "las obras de Dios" (v. 28), sino *la obra de Dios*, es decir, lo que Dios quería que hicieran. La demanda básica de Dios para que uno alcance la vida eterna no es plural, sino singular, es creer en su Hijo. *Creáis* es un verbo en el modo subjuntivo y el tiempo presente, lo cual enfatiza dos cosas: acción potencial y continua. El creer que salva es una disposición de confianza personal para con Jesús, como Hijo de Dios, y un compromiso con él que perdura. *Aquél* se refiere al Padre y el *enviado* es uno de los títulos más comunes que identifica a Jesús como el Hijo de Dios. *Enviado* traduce el verbo del cual se deriva el término "apóstol". Jesús es literalmente y absolutamente "El Apóstol", el enviado del Padre como su representante personal y con una misión específica.

El pronombre personal *tú* (v. 30) es enfático. Parece que ellos ahora entienden que Jesús está reclamando ser "el enviado de Dios", el Mesías, y demandan pruebas para convencerles que es así como él dice. Nos sorprende que, los que habían visto y comprobado el milagro de la alimentación de los cinco mil el día anterior, ahora están pidiendo todavía otra señal. Quizá lo que tenían en mente era algo todavía más espectacular. Los Sinópticos relatan que

"para probarle le pidieron que les mostrara una señal del cielo" (Mat. 16:1; ver Mar. 8:11; Luc. 11:16) y esto luego de la alimentación de los cuatro mil. *Creamos en ti* traduce una construcción sin la preposición gr., que se traduce mejor "creamos **a** ti"; en cambio, la construcción usada por Jesús incluye la preposición griega *eis*[1519] y se traduce "creer **en** el que" (v. 29). El verbo "creer" se encuentra 98 veces en Juan y cuando se omite la preposición significa más bien "creer en algo hecho o dicho por una persona"; en cambio, cuando se emplea la preposición gr. *eis*, significa confianza en, y compromiso con, la persona.

Los galileos relacionan la multiplicación de los panes y los peces con el maná que comieron los israelitas durante 40 años en el desierto, entre Egipto y la Tierra Prometida. Parece que lo que estaba en sus mentes era la posibilidad de que Jesús sería otro profeta como Moisés, quien les daría ya no el pan de cebada que habían comido el día anterior, sino el maná que cae del cielo, ¡y eso todos los días! Tal expectativa se encuentra en varios de los escritos judíos extrabíblicos. En comparación, según ellos, Jesús habría hecho menos que Moisés: Jesús les alimentó una vez, Moisés 40 años; Jesús les dio pan común, Moisés dio pan del cielo; Jesús alimento a unos cinco mil, Moisés a una nación entera. Si Jesús cumpliera con esta expectativa, entonces ellos serían sus seguidores. Si esa fue su intención, Jesús no accede a sus demandas.

Nótese en el v. 32 la antítesis establecida

34 Le dijeron: —Señor, danos siempre este pan.

---

entre *Moisés* y *mi Padre*, y entre los verbos *ha dado* y da. La versión RVR-1960 traduce el verbo de tiempo perfecto ha dado como si fuera un aoristo ("dio"), lo cual aumenta el contraste, pero no es fiel al texto original. Con todo, hay un claro contraste entre los dos verbos *ha dado* y *da*, este describiendo una acción perpetua. Jesús no demora en responder con una corrección y una afirmación, subrayando la importancia de las dos ideas con esa doble partícula afirmativa gr. *amén, amén*. Parece que ellos atribuían a Moisés el milagro del maná en el desierto. Jesús les corrige diciendo que Moisés fue meramente el medio, no el autor de ese milagro. Algunos comentaristas sugieren que el pensamiento central de este capítulo se encuentra en la segunda parte de este versículo: *Mi Padre os da el verdadero pan del cielo*. A continuación Jesús debe mostrar que él mismo es el pan verdadero que desciende del cielo no visible, mientras que el maná que sus antepasados comieron era pan terrenal que descendió del cielo visible. *Al mencionar el verdadero pan del cielo*, por primera vez Jesús comienza a distinguir claramente entre el maná y lo que él ofrece.

Jesús comienza a identificar lo que es "el verdadero pan": es de Dios, es personal, desciende del cielo invisible y provee vida para todo el mundo, no sólo al pueblo judío. Este solo versículo encierra todo un curso de teología. El término *aquel*, traduce una sola letra griega (*o*) que es el artículo definido, masculino, singular, nominativo. Aquí se usa como un relativo, acompañando el participio griego *desciende* y puede referirse al pan o al Hijo de Dios. La RVA lo traduce como que se refiere al pan, omitiendo el acento personal en *aquel*, y esto concuerda con el antecedente (*pan*) y con el versículo siguiente donde todavía los judíos hablaban de pan material.

El título *Señor* usado en el v. 34 llevaría meramente el sentido de respeto, pero un respeto creciente; faltaba todavía la dimensión de fe y compromiso. Dos cosas

---

El pan

(6:35)

El pan siempre ha sido importante para el pueblo de Dios; fue su provisión en el desierto, en forma de "maná" (Éxo. 16:4), que literalmente quiere decir: "¿Qué es esto?".

Hacer pan era un acto diario de las mujeres y las niñas de la familia. Se hacía de trigo o de cebada que había sido previamente molido entre dos piedras; la harina se mezclaban con agua y un poco de la masa del día anterior; luego la amasaban y dejaban que se "hinche". Después se formaban los panes y los cocinaban en los hornos de barro que tenían afuera de sus casas.

Para la gente pobre el pan era primordial en su dieta, y muchas veces tenían que comer pan de cebada que era considerado muy inferior al pan de trigo. En verdad, los rabinos lo consideraban comida para los animales, y uno de los castigos para el soldado romano era el de darle a comer pan de cebada. Sin embargo, éste es el pan mencionado en 6:9; y el milagro que Jesús hizo recobra un mayor significado, al saber que el dueño de los panes era un niño muy pobre, pero que puso todo lo que tenía en las manos de Jesús, quien de este "poco" dio de comer a más de 5.000 personas.

Jesús nos enseñó a pedir a Dios "nuestro pan de cada día" (Mat. 6:11), símbolo de lo necesario para sostener nuestra vida de hoy, de mañana y de los días que siguen. Tan esencial para la vida es el concepto del pan que Jesús lo usa como una de las definiciones de su persona: "Yo soy el pan de vida" (6:35). Jesús va más allá con esta verdad diciendo que cualquiera que recibe y come este pan no tendría hambre jamás, porque él es el verdadero pan que ha descendido del cielo.

35 Jesús les dijo:
—Yo soy el pan de vida. El que a mí viene nunca tendrá hambre, y el que en mí cree no tendrá sed jamás. **36** Pero os he dicho que me habéis visto, y no creéis. **37** Todo lo que el Padre me da vendrá a mí; y al que a mí viene, jamás lo echaré fuera. **38** Porque yo he descendido del cielo, no para hacer la voluntad

---

de la explicación de Jesús habrían captado la atención de los espectadores la referencia al pan descendiendo del cielo y su poder vivificador. *Desciende del cielo*, siendo un participio griego en el tiempo presente, comunica la idea de algo que está descendiendo en forma ininterrumpida. El imperativo aoristo *danos* expresa la súplica por una acción inmediata y urgente. Querían asegurarse de una provisión diaria y para siempre, como el maná de antaño. Con todo, era una súplica egoísta, como la de la mujer samaritana que quería una fuente permanente de agua (4:15).

> **Joya bíblica**
>
> **Jesús les dijo: 'Yo soy el pan de vida. El que a mí viene nunca tendrá hambre, y el que en mí cree no tendrá sed jamás"** **(6:35).**

Nótese la expresión mesiánica *Yo soy*, y el cambio de la tercera persona en el v. 33 a la primera en el v. 35. El pronombre *Yo* es enfático y el verbo en el tiempo presente *soy* expresa el eterno ser divino. Tres veces en este pasaje Jesús repite esta afirmación (vv. 41, 48, 51; ver 4:26). También es la primera de siete afirmaciones distintas "yo soy", unidas con una metáfora (8:12; 10:7, 9, 11, 14; 11:25; 14:6; 15:1, 5). Cada metáfora revela un aspecto importante y distinto de la vida y el ministerio de Jesús. ¿Sería simbólico el número siete? Muchos comentaristas opinan que sí, que llama la atención a Jesús en el cual se encuentra la absoluta perfección de la unión de lo terrenal (cuatro) con lo celestial (Trinidad). En esta ocasión él se presenta como el *pan*, una metáfora que se emplea como símbolo del sustento básico de la vida. Lo que el pan material es para la vida física, Jesús lo es para la vida espiritual, completamente esencial para su existencia.

Además del pan, el agua es el otro elemento esencial para la vida. En el sentido espiritual, Jesús satisface completamente y para siempre ambas necesidades. Las expresiones "venir a Jesús" y "creer en él" son sinónimas. Hay distintas maneras de expresar la conversión; aquí Jesús usa la idea de venir a él (ver vv. 37, 44, 45, 65), implicando el dar la espalda al mundo con la vida vieja, y la unión vital con la misma fuente de la vida. *En mí cree* emplea la preposición griega que connota la confianza personal en él, y el compromiso obediente con él (ver v. 29). *No* y *jamás* traducen, cada término, una doble negación griega enfática que significa algo como "no, no tendrá sed jamás, jamás" o "no tendrá sed en absoluto, en ningún momento, para siempre jamás". Es la forma más categórica para expresar una negación.

La conjunción adversativa *Pero* del v. 36 expresa un contraste fuerte y marcado. El contraste estaría relacionado con la respuesta que él deseaba recibir de ellos y que no se produjo. *He dicho* es más bien "dije", pero no sabemos cuándo lo dijo, a menos que fuera una referencia general al planteamiento que estaba en progreso. Otra vez observamos lo que se llama el "tono patético o trágico" (ver 5:40) en este Evangelio. No sólo que habían visto al Hijo de Dios en persona, sino que habían presenciado y probado un notable milagro y, contrario a lo que se esperaría (ver 20:29-31), no estaban dispuestos a creer en él como el Mesías.

Nótese como Jesús va agregando, v. 37, conceptos nuevos en el desarrollo del intercambio con los galileos. Plummer llama a los vv. 37-40 una digresión en que Jesús presenta la bienaventuranza de los que creen en él. *Todo lo que* es un neutro

mía, sino la voluntad del que me envió. **39** Y ésta es la voluntad del* que me envió: que yo no pierda nada de todo lo que me ha dado, sino que lo resucite en el día final. **40** Esta es la voluntad de mi Padre: que todo aquel que mira al Hijo y cree en él tenga vida eterna, y que yo lo resucite en el día final.

41 Entonces los judíos murmuraban de él porque había dicho: "Yo soy el pan que descendió del cielo". **42** Y decían:

---

*6:39 Algunos mss. tardíos incluyen *Padre*.

---

inclusivo en el texto griego, abarcando la totalidad de las cosas, pero seguramente incluyendo a los seres humanos (ver 3:35). Hay dos nuevos conceptos en este versículo: la soberanía del Padre en mover hacia su Hijo, por medio del Espíritu Santo (16:8-11), a todos los que han de creer en él; y su promesa de que jamás echará fuera a los tales. *Viene* es un participio griego en el tiempo presente, indicando un proceso en marcha: "el que está viniendo a mí". *Jamás* traduce el doble negativo griego *ou me*, la forma más enfática de expresar una negación. El hecho de "venir a Jesús" es un sinónimo de "creer en Jesús" (ver v. 35). Ambos conceptos implican un cambio de mente y orientación en la vida, lo que es la esencia de una conversión espiritual.

> ### Joya bíblica
> **Si alguno tiene sed, venga a mí y beba. El que cree en mí, como dice la Escritura, ríos de agua viva correrán de su interior (7:37b, 38).**

Un nuevo concepto es ahora añadido en el v. 38: Jesús afirma cuatro veces en este pasaje que ha descendido del cielo (vv. 38, 50, 51, 58), lo cual se implica tres veces más (vv. 33, 41, 42). Este versículo explica dos razones por las cuales no echará a ninguno que el Padre le da: ha descendido del lado del Padre, enviado por él como su represente personal y en perfecta armonía con él; también ha venido explícitamente para hacer la voluntad del Padre, eso es, guardar a los que el Padre le da. El tiempo perfecto del verbo *he descendido* indica que el resultado de la acción sigue vigente.

La seguridad eterna del creyente en Cristo se apoya en dos verdades: es la voluntad del soberano Padre y él ha encomendado el cumplimiento de esa voluntad a su amado Hijo (ver 10:28-30). Plummer comenta que el cuidado que Jesús tuvo con los pedazos de comida después de la alimentación de los cinco mil no sería mayor que el cuidado de las almas de los creyentes. *Que yo no pierda* es una cláusula que se introduce con una conjunción que expresa propósito: "para que". El Padre envió al Hijo para realizar esa misión, de no perder nada de lo que él le había entregado. Esa misión termina cuando resucite todo lo que el Padre le ha dado. El objeto del ministerio de Jesús se expresa otra vez, no en términos masculinos, como se esperaría, sino como neutro: *todo lo que... lo resucite*. Parece que el uso del neutro en todo este pasaje contempla a todos los salvados como constituyendo un cuerpo (*soma*[4983] es neutro), o una unidad. La expresión *en el día final* es peculiar a Juan, encontrándose en varios pasajes (vv. 40, 44, 54; 11:24; 12:48). Dicha expresión se refiere a la segunda venida de Cristo para efectuar el juicio y resurrección de vida (ver 5:29) para los creyentes.

Nótese la repetición de *la voluntad de mi Padre* en los vv. 38-40, la cual Jesús estaba cumpliendo y la que sigue en marcha hoy y seguirá hasta que él venga en gloria. *Mira* traduce el verbo (*theoreo*[2334]) que lleva la idea de "contemplar detenidamente", no el verbo más común "ver" (*jorao*[3708]). Los galileos estaban viendo a Jesús, pero no lo contemplaban para discernir su identidad divina. La contemplación seria y detenida llevará a uno a creer en él. *Mira* y *cree* son verbos del

—¿No es éste Jesús, el hijo de José? ¿No conocemos a su padre y a su madre? ¿Cómo es que ahora dice: "He descendido del cielo"? **43** Jesús respondió y les dijo:

tiempo presente, enfatizando acción continuada.

Por primera vez notamos una reacción negativa de los "judíos" (v. 41), el término usado por Juan para referirse especialmente a los líderes religiosos. No sólo demandaban otras señales y tenían interés únicamente en lo material, y eran indiferentes a las enseñanzas espirituales que Jesús les anunciaba, sino que aquí comienzan a criticar y oponerse. Esta crítica muy pronto se volvería más cáustica. El verbo *murmuraban*, en el tiempo imperfecto indicando acción descriptiva y continuada, es lo que se llama una onomatopeya. En el griego la pronunciación suena como la acción de los judíos. Estaban hablando en voz baja y el sonido era como el gorjear de las palomas. Hay tres motivos de ofensa en la cita: ellos habrán tomado la expresión *Yo soy*, el eterno ser divino, como una pretensión de divinidad (ver Éxo. 3:14). También, al afirmar que era "el pan que descendió del cielo", estaba reclamando ser el cumplimiento de lo que simbolizaba el maná que descendió del cielo y que sus antepasados comieron en el desierto. Al decir que "descendió del cielo", estaba afirmando un origen distinto al de los demás seres humanos.

Aunque no es esencial, la RVA omite un pronombre personal "nosotros" que es enfático en la pregunta *¿No conocemos...?* (v. 42) Nazaret y Caná eran pequeños pueblos no lejos de Capernaúm y no es ilógico pensar que, sobre todo con la fama que Jesús estaban adquiriendo, los líderes religiosos conocieran a los padres de Jesús. Esta referencia implica que José, el padre de Jesús, vivía todavía. El adverbio ahora indica que ellos estaban perplejos o incrédulos porque, después de vivir tantos años en esa zona, y de ser conocido por tantas personas, él pudiera a esta altura pretender tales cosas. Para ellos, ¡su pretensión era absurda! En el v. 38 Jesús dice

"he descendido del cielo", usando una preposición (*apo575*) que indica "separación de", pero ellos, en los vv. 41 y 42 usan otra preposición (*ek1537*) que connota "origen". Aunque es una verdad, su origen era en el cielo como el eterno Hijo de Dios, no fue exactamente lo que él dijo, sino la interpretación de ellos.

Ellos no pensaban que él les había oído en sus murmuraciones. Jesús interrumpe sus expresiones de descontento con *no*

Semillero homilético

La pregunta que no tiene respuestas

6:47-52, 58-69

Introducción: La vida es un mar de preguntas. ¡Ay de la persona que no pregunta nada a nadie, que no siente curiosidad de saber nada! Para los niños el mundo es una maravilla, por eso preguntan constantemente: "¿Qué es esto?". "¿Por qué hacen esto?".

I. Debemos preguntar.
  1. Hacer las grandes preguntas:
    (1) "¿Existe Dios?".
    (2) "¿Es Cristo realmente el Hijo de Dios?".
    (3) "¿Cómo ha obrado un sacrificio para nuestro perdón?".
  2. Los que preguntan aprenden (Mat. 7:7).
II. Cristo satisface todas las necesidades.
  1. Él ofrece el Pan de vida.
    (1) Satisface el hambre espiritual.
    (2) El pan que ofrece vida eterna.
  2. Muchos se contentan con el pan de la tierra.
    (1) Cristo dio comida a cinco mil.
    (2) Querían hacerle rey, vivir de sus milagros.
    (3) Multitudes hoy en día piensan lo mismo.
    (4) Muchos no se preocupan por lo espiritual:
      "Eso vendrá más tarde"; "otro día pensaré en Dios".

(Continúa en la pág. siguiente)

—No murmuréis más entre vosotros.

44 Nadie puede venir a mí, a menos que el Padre que me envió lo traiga; y yo lo resucite

en el día final. **45** Está escrito en los Profetas: *Y serán todos enseñados por Dios**. Así que, todo aquel que oye y aprende del Padre viene a

*6:45 Isa. 54:13

---

murmuréis, un mandato que exige la cesación de una acción que estaba en marcha.

En el v. 37 Jesús había afirmado positivamente: "Todo lo que el Padre me da vendrá a mí". Ahora en el v. 44 presenta la misma verdad, pero en forma más fuerte y negativa. En ese versículo la acción del Padre es "dar"; aquí es "traer". Jesús ni por un momento se olvida de su misión como el enviado del Padre. *Nadie puede* expresa una imposibilidad moral y espiritual. Describe la disposición natural del hombre pecador, *a menos que el Padre... lo traiga*. Como alguien ha dicho: "El pecador no busca a Dios por su iniciativa por la misma razón que un criminal no busca a la policía". La iniciativa divina en la salvación del hombre es una de las doctrinas céntricas de la Biblia. Barclay, Bernard, Morris y otros opinan que el verbo *traiga* lleva la idea de resistencia de parte del hombre quien prefería seguir en su pecado. Calvino habla del movimiento eficaz del Espíritu Santo, cambiando el carácter renuente e indispuesto en uno dispuesto. Jesús repite tres veces la bendita promesa de Dios y esperanza cristiana: la resurrección *en el día final* (ver vv. 39, 40).

Jesús cita Isaías 54:13 directamente del texto heb., no del gr. (LXX), indicando probablemente que el autor manejaba el heb. Pablo se refiere a los enseñados "por el Espíritu" (1 Cor. 2:13; ver 1 Tes. 4:9). La cita explica por lo menos uno de los métodos que el Padre emplea para traer a los hombres: la enseñanza de su Palabra. La experiencia del que escribe y de los creyentes a través de los siglos es que la manera más eficaz para llevar a los incrédulos a los pies de Jesús, y luego edificarlos en su gracia, es por la enseñanza fiel, sistemática y comprensible de las Escrituras.

(Continúa de la pág. anterior)
III. La pregunta de Pedro:
1. Muchos volvieron atrás, dejaron a Cristo.
"¿Queréis acaso iros vosotros también?".
2. Pedro captó la importancia de la pregunta.
"¿A quién iremos? Tú tienes palabras de vida eterna" (6:68).
(1) El mundo ofrece lo provisional, lo temporal.
(2) La vida que Cristo ofrece es la verdadera vida.
(3) Cristo no nos ofrece tiempo; él nos ofrece la victoria sobre el pecado, la paz como el mundo no puede darnos nunca y vida abundante en el alma.
IV. La forma de obtener esta vida (6:69).
1. Creer.
(1) Confiar y depender de Dios totalmente.
(2) La salvación no es creer solamente con la mente (Mat. 11:1-6; Sal. 34:8).
2. Conocer.
(1) Conocerlo íntimamente para experimentar personalmente que Cristo es el Hijo de Dios.
(2) Conocerlo como Salvador para experimentar su gran amor hacia sus seguidores.
3. Saber.
Él nos conoce y nos cuida (10:14).
4. Tener.
Conocer a Dios y a Cristo y así tener vida eterna (17:3).
Conclusión: La pregunta de Pedro: "¿A quién iremos?", no tiene respuesta fuera de Cristo. Jesús quiere que todos vengan a él para recibir la vida. ¿Qué respuesta le da usted?

mí. **46** No es que alguien haya visto al Padre, sino que aquel que proviene de Dios, éste ha visto al Padre. **47** De cierto, de cierto os digo: El que cree* tiene vida eterna. **48** Yo soy el pan de vida. **49** Vuestros padres comieron el maná en el desierto y murieron. **50** Este es el pan que desciende del cielo, para que el que coma de él no muera. **51** Yo soy el pan vivo que descendió del cielo; si alguno come de este pan, vivirá para siempre. El pan que yo daré por la vida del mundo es mi carne.

*6:47 Algunos mss. antiguos incluyen *en mí*.

Ellos, en esa ocasión, podrían haber oído y aprendido del Padre por el Maestro por excelencia, si tan solamente hubieran abierto sus mentes y corazones. La RVA traduce dos participios griegos (*oye* y *aprende*) en el tiempo aoristo en el texto griego como si fuesen en el tiempo presente. Una traducción más lit. sería: "todo aquel que habiendo oído y habiendo aprendido...". La idea es que el oír y el aprender preceden en un espacio indefinido de tiempo el venir a Jesús.

La enseñanza bíblica del v. 46 es clara: ningún ser humano ha visto al Padre (1:18). Aquel que proviene de Dios era con el Padre en íntima comunión durante la eternidad pasada y le veía cara a cara (1:1, 18; 16:27, 28; 17:5). La única manera de ver a Dios es verlo en la persona de su Hijo, pues el que ha visto al Hijo ha visto al Padre (14:9).

Jesús resume en muy breves palabras la esencia del discurso, introduciéndolo con la doble afirmación gr. *amén, amén*. Una traducción lit. del verbo *cree* sería "el que está creyendo", enfatizando una acción continua. El verbo "creer" se emplea en el sentido absoluto, sobreentiendo que el objeto es Jesucristo. La *vida eterna* llega a ser una posesión, o más bien una relación personal, en el momento de creer. No es algo que recibiremos después de la muerte, sino que es una realidad y una calidad de vida experimentada ya. Existe una variante en algunos textos griegos de menor importancia que se lee: "El que cree **en mí**...". La parte del hombre, guiado por el Espíritu Santo, es creer; la parte de Dios es proveer *vida eterna* basado en el sacrificio de su amado Hijo.

Vemos otra vez esa declaración del eterno ser divino *Yo soy* (Éxo. 3:15). También repite la afirmación de que él, y únicamente él, es el sustento absolutamente esencial para la vida espiritual (v. 35). El término *pan*, en su uso general, representa toda la nutrición necesaria para la salud del cuerpo físico. Aquí se usa como metáfora para representar todo el sustento necesario para la vida espiritual.

Por más notable y milagroso que fuera, el maná que caía del cielo (de las manos de Dios) seis días a la semana durante 40 años únicamente podía sustentar la vida física. Luego todos, sin excepción, murieron.

El pan que Jesús describe (v. 50) tiene su origen en el cielo. *Del* traduce esa preposición gr. (*ek*^{1537}) que enfatiza fuente u origen. Jesús aclara que no está hablando del pan hecho de trigo, de origen terrenal. *Para que* traduce una conjunción de propósito; Jesús descendió del cielo con ese propósito. El verbo *coma*, en el tiempo aoristo, probablemente se refiere a la experiencia inicial de salvación, aunque el creyente debe seguir nutriéndose del "pan" que es Cristo durante toda su vida.

El *Yo soy* se destaca otra vez como un sello de su divinidad. Literalmente el texto es: "Yo soy el pan el viviente...". Lo que es implícito, llega a ser explícito. Aunque Jesús lo había insinuado en otros pasajes, dos veces declara en la forma más clara y categórica: "Yo soy el pan de vida" (vv. 35 y 48). Aquí agrega que es el *pan vivo* (ver 1:4; 5:26), haciendo una clara distinción entre él y el pan muerto (trigo). El concepto de *pan vivo* no sólo se refiere a Jesús como *vivo*, sino también al carácter del

52 Entonces los judíos contendían entre sí, diciendo:

—¿Cómo puede éste darnos a comer su carne?

53 Y Jesús les dijo:

—De cierto, de cierto os digo que si no coméis la carne del Hijo del Hombre y bebéis su sangre, no tenéis vida en vosotros. **54** El que

---

pan que produce y sustenta la vida espiritual en el creyente. El verbo *descendió*, un participio griego aoristo bien traducido como tal por la RVA, probablemente se refiere a la encarnación. La RVR-1960 traduce el verbo *come* tal cual un aoristo ("comiere") , como lo es. *Yo daré*, con el pronombre personal, es enfático, estableciendo un contraste con lo que Moisés "dio". Moisés era meramente el medio o instrumento para distribuir el maná que descendió del cielo. En cambio, Jesús mismo es el "pan", interpretado como su carne, que él dará. Lo que Moisés hizo no representó un sacrificio personal; lo que Jesús hizo representa una entrega de su propia carne a la muerte en la cruz. La expresión *por la vida del mundo* emplea una preposición griega (*juper5228*) que significa "en lugar de" o "a favor de", dando la idea de "sustituto". Él se ofreció a sí mismo en lugar de los pecadores, recibiendo en su propia carne la sentencia de muerte que correspondía a ellos. *Vida del mundo* rechaza el concepto limitado de que el Mesías vendría sólo para beneficio del pueblo judío. Por lo tanto, la cruz viene a ser la provisión de Dios para la vida espiritual de toda y cualquier persona que cree en Jesucristo. En este sentido, el evangelio es universal. Plummer comenta que este pasaje no se refiere a la Cena del Señor porque aquí se usa el término griego "carne" (*sarx4561*), mientras que en todos los pasajes donde claramente se refiere a la Cena se usa el término "cuerpo" (*soma4983*).

(3) El comer su carne y beber su sangre, 6:52-59. La declaración de Jesús de que daría su "carne", y el comerla sería esencial para tener la vida que él ofrecía, fue el colmo de escándalo para los líderes judíos. Los próximos versículos tratan de este escándalo, en parte por haber entendido mal lo que Jesús estaba diciendo. Jesús empleaba metáforas, esto es, términos que apuntaban a realidades más allá del significado literal. Les costaba a los judíos captar el significado simbólico de dichos términos. Además, el concepto de uno que daría su vida por la salvación del mundo era nuevo y extraño a sus expectativas mesiánicas; de allí la perplejidad de los judíos. Muchos comentaristas insisten que este pasaje confirma su tesis de que Jesús se refería a la Eucaristía o Cena del Señor, pero el vocabulario no la apoya.

El hecho de comer carne humana era un concepto terminantemente prohibido por la ley y repulsivo a la mente de los judíos (ver Gén. 9:4; Lev. 3:17; 17:10-14; Deut. 12:23). El verbo *contendían* se deriva del término "espada" y, por eso, algunos sugieren que se refiere a un intercambio muy agitado, casi a "puños". La reacción negativa de los judíos a las enseñanzas de Jesús pasó de "murmurar" (v. 41) a "contender". Otros sugieren que la contienda implica que había algunos a favor y otros en contra de las enseñanzas de Jesús, pero si hubo algunos a favor, serían una pequeña minoría. El pronombre *éste* refleja un tono despectivo, algo como "¿quién es éste que pretende tales cosas?".

Jesús llama la atención solemne (ver vv. 26, 32, 47, etc.) a un resumen de lo que viene diciendo, esta vez (v. 53) expresándolo en forma negativa: *si no coméis... no tenéis...* Esta expresión excluye toda otra posibilidad de obtener la vida eterna. Además de comer su *carne*, agrega la idea más repugnante aún de beber *su sangre*, ambas prácticas prohibidas (ver v. 51). *Si no coméis...*, o "comiereis", introduce una cláusula condicional de tercera clase que expresa una acción futura más probable, indicando una puerta abierta y el deseo de Jesús de que ellos la aprovecharan.

come mi carne y bebe mi sangre tiene vida eterna, y yo lo resucitaré en el día final. **55** Porque mi carne es verdadera comida, y mi sangre es verdadera bebida. **56** El que come mi carne y bebe mi sangre permanece en mí, y yo en él. **57** Así como me envió el Padre viviente, y yo vivo por el Padre, de la misma manera el que me come también vivirá por mí.

Ahora expresa la misma verdad del versículo anterior, pero en forma positiva. Claramente Jesús estaba hablando simbólicamente, pero de una realidad literal. Para tener vida espiritual y eterna uno tiene que apropiarse de Jesús por la fe, con todo lo que él es y representa: el Hijo de Dios, Salvador del mundo y Señor soberano de todo creyente verdadero. Él emplea otro término griego, menos común, para "comer" en este pasaje. *Vida eterna* implica la resurrección, pero Jesús lo especifica con yo (enfático) *lo resucitaré en el día final* (ver vv. 39, 40, 44).

En el v. 55 Jesús afirma la eficacia absoluta y lo genuino de lo que él ofrece, implicando que toda otra carne y otra bebida es ineficaz y falsa. Es *verdadera comida* porque produce y sustenta la vida eterna, a la vez asegurando la resurrección "en el día final".

Dos verdades de suma importancia surgen de este versículo. Comiendo y bebiendo de Cristo, dos participios griegos en el tiempo presente, describen una partici-

pación continua, sin interrupción, en la vida del Hijo de Dios, explicando ese mutuo permanecer, que también es un verbo en el tiempo presente. El concepto de "permanecer", sugiriendo compañerismo espiritual, se destaca en los escritos de Juan (15:4 ss.; 17:26; 1 Jn. 3:24; 4:16).

Nótese la frecuencia con que Jesús menciona que él es el enviado por el Padre, y del Padre. Con cada frase Jesús amplia lo dicho antes y agrega nuevos conceptos. La expresión *Padre viviente* (v. 56) no se encuentra otra vez en el NT. El Padre es la fuente de toda vida, porque él vive en el sentido más absoluto (ver Mat. 16:16; 2 Cor. 6:16; Heb. 7:25). *Yo vivo por el Padre* es una frase que emplea la preposición que expresa "por causa de", o "por razón de". Como Jesús vivía por causa del Padre, en la misma manera también los que se apropian de él por la fe vivirán por causa de él.

Jesús resume toda la sección a partir del v. 22, dejando la discusión sobre su carne y sangre, y volviendo al tema principal del

---

La señal de la multiplicación de los panes y los peces

Este es el único milagro de Jesús mencionado por los cuatro evangelistas (Mat. 14:13-21; Mar. 6:30-44; Luc. 9:10-17 y Juan 6:1-15). Sin embargo, en el Evangelio de Juan, a diferencia de los "Evangelios sinópticos", este milagro se relaciona con la celebración de la Pascua. Esto tiene un significado especial porque en la cena que se tenía se daba una explicación de la fiesta y de los ritos que se observan (Éxo. 12:26, 27).

Entonces se contaban los eventos del éxodo, incluyendo las historias del cruce del mar Rojo, la provisión de comida en el desierto, especialmente del maná. Durante el período de la Pascua, en el templo y en las sinagogas, daban especialmente énfasis a la provisión especial que Dios les había dado. Sin embargo, muchos creían que era Moisés quien lo había hecho. Jesús declara que es Dios quien les ha dado aquel pan y que además él es el verdadero pan del cielo. "Porque el pan de Dios es aquel que desciende del cielo y da vida al mundo" (6:32).

Jesús lleva a sus oyentes a un nivel aún más profundo, el verdadero pan que viene del cielo dará vida eterna a todos los que lo reciben. Los israelitas en el desierto vivían por el pan dado diariamente por Dios, pero ellos murieron. El creyente en Cristo vivirá eternamente por haber recibido este don de Dios, por haber comido del pan que es Cristo; y como resultado, el creyente permanece en Cristo y Cristo en él (6:56).

58 Este es el pan que descendió del cielo. No como los padres que comieron* y murieron, el que come de este pan vivirá para siempre.

59 Estas cosas dijo en la sinagoga, cuando enseñaba en Capernaúm.

---

*6:58 Algunos mss. tardíos incluyen *el maná*.

Palabras de vida eterna

60 Entonces, al oírlo, muchos de sus discípulos dijeron:

—Dura es esta palabra; ¿quién la puede oír?

61 Sabiendo Jesús en sí mismo que sus discípulos murmuraban de esto, les dijo:

---

pan de vida. Establece un contraste entre *el pan que descendió del cielo* y el que sus antepasados comieron, señalando la superioridad de aquel. El maná servía para sustentar la vida por un día o, en el mejor de los casos, por 40 años, pero el pan que *descendió del cielo* provee un sustento que durará eternamente. Nótese el contraste entre los verbos *comieron* y *come* (v. 58). *Comieron* es un hecho histórico, completado en el pasado y sin una promesa, pero *come* es una realidad presente con una promesa futura.

La RVA inserta, como en otras versiones, el artículo particular *la* ante *sinagoga* (v. 59), pero falta en el texto gr. Por lo tanto, podría traducirse como "una sinagoga" o meramente "una asamblea". Vincent describe las ruinas de una sinagoga descubierta al excavar en un sitio de Capernaúm, entre las cuales encontraron un bloque de piedra con la figura de un recipiente de maná y un racimo de uvas. Es posible que ése sea el sitio donde ocurrieron los acontecimientos de este pasaje. En este versículo Juan registra el lugar específico en una ciudad donde Jesús presentó este largo discurso, desde el v. 26 en adelante. Es otro ejemplo de pequeños datos que sugieren la mano de un testigo ocular.

(4) Las palabras que son espíritu y vida, 6:60-66. Hasta ahora el discurso de Jesús se dirigía principalmente a los líderes judíos indiferentes y a veces hostiles. Ahora Jesús trata con algunos de los simpatizantes no comprometidos.

El v. 60 ha creado grandes problemas por los que entienden que el término *discípulos* se refiere a los Doce. Debemos re-

cordar que en la primera parte del ministerio público de Jesús, muchos, por distintos motivos, se juntaban a él y se consideraban sus seguidores. A medida que él iba aclarando la naturaleza de su reino y las demandas sobre los miembros, muchos de los seguidores se desilusionaron y lo abandonaron. En el discurso previo, Jesús había aclarado más que nunca su identidad y la naturaleza de su reino. Indudablemente, el término *discípulos* aquí se refiere a ese grupo compuesto de personas con distintos niveles de comprensión y de compromiso. La palabra *dura* (*skleros*[4642]) se refiere a la demanda de Jesús de que, para obtener la vida eterna, tendrían que comer su carne y beber su sangre. Sin embargo, *esta palabra* (*logos*[3056]) probablemente se refiere a todo el discurso. No era asunto de falta de comprensión, sino falta de disposición de aceptar las demandas de Jesús. Hovey opina que la palabra *dura* no se refiere a comer su carne y beber su sangre, pues estos discípulos entenderían que él hablaba simbólicamente, sino que sus palabras presuponen la muerte de Cristo, el Cordero de Dios. Tal idea era ofensiva y un escándalo para su concepto del Mesías. El verbo *oír* en la pregunta final lleva la idea de "aceptar" e implica "obediencia". Ellos oyeron las palabras pero no las aceptaron con el propósito de obedecerlas. El obedecer es la prueba final de los verdaderos discípulos, no el mero oír.

Jesús sabía lo que ellos hablaban en voz baja, sin oír sus palabras (ver v. 41). *En sí mismo* indica un conocimiento perfecto, independiente y sobrenatural. El verbo *escandaliza* (ver 16:1) deriva de un térmi-

—¿Esto os escandaliza? **62** ¿Y si vierais al Hijo del Hombre subir a donde estaba primero? **63** El Espíritu es el que da vida; la carne no aprovecha para nada. Las palabras que yo os he hablado son espíritu y son vida. **64** Pero hay entre vosotros algunos que no creen.

---

no griego que significa trampa o el gatillo de una trampa. Se refiere a lo que hace que alguien tropiece y caiga. El NT emplea este término para describir el efecto de la tentación (p. ej., Mat. 18:7). Ellos "tropezaron" sobre la palabra dura de Jesús.

> **Joya bíblica**
>
> **Señor, ¿a quién iremos? Tú tienes palabras de vida eterna. Y nosotros hemos creído y conocido que tú eres el Santo de Dios (6:68).**

La pregunta, v. 62, hipotética que el autor hace, y deja que los oyentes provean la contestación. Ha habido varios intentos de arreglar la pregunta como para tener más sentido. Ofrecemos dos posibilidades. Algunos sugieren que se coloque un interrogante en el comienzo de la pregunta como por ejemplo: "¿Y qué pensaríais si...?". Parece que la idea es que si lo que él había dicho los escandaliza, ¿qué pensarían si vieran al Hijo ascender al cielo? Este sería un mayor escándalo, porque ellos estaban esperando a un Mesías que

> **Todos los que tengan sed**
>
> Juan 7:37
>
> Todos los que tengan sed
> Beberán, beberán;
> Vengan cuantos pobres hay:
> Comerán, comerán.
> No malgasten el haber;
> Compren verdadero pan.
> Si a Jesús acuden hoy,
> Gozarán, gozarán.
>
> T.M. Westrup. Himnario Bautista Núm. 162.

reinaría desde Jerusalén y los libraría del dominio romano. Al *subir a donde estaba primero*, arruinaría todas sus expectativas mesiánicas. Otros interpretan la pregunta en la siguiente manera: "Si vierais al Hijo del Hombre subir al cielo, ¿esto os convencería a creer en mí?". *Donde estaba primero* implica su preexistencia con el Padre.

El v. 63 es complicado y ha dado lugar a muchas y variadas interpretaciones. En el texto griego los términos *Espíritu* y "Espíritu Santo" no llevan mayúscula; los traductores tienen que decidir a qué se refiere por el contexto. Por esta razón algunos traductores lo escriben con minúscula aquí. Inclusive, algunos sugieren que el término podría referirse al espíritu del hombre o al espíritu de Jesús. Sin embargo, es casi seguro que Jesús tenía en mente la persona del Espíritu Santo que había sido dado sin medida (ver 3:34). El Espíritu Santo es el que efectúa la vida eterna en el creyente (ver 3:6; Rom. 8:2). Parece que Pablo tenía este concepto en mente cuando dice: "Porque la letra mata, pero el Espíritu vivifica" (2 Cor. 3:6). *La carne* tendría una referencia al discurso recién completado. El hecho de comer de la carne física no tendría ningún beneficio. Agustín comenta: "La carne es como una vasija; uno debe poner la atención en lo que ella contiene, no en lo que ella es". Jesús aclara que su lenguaje es simbólico: *son espíritu* y *son vida*. Lo que él había hablado, y que causó escándalo entre los oyentes, significa espíritu y vida para los que creen.

Jesús otra vez presenta su diagnóstico de la condición espiritual de los que estaban murmurando (v. 61), iniciándolo con la fuerte conjunción adversativa *Pero* (v. 64). Pretendían ser sus seguidores y probablemente sostenían una creencia en él.

Pues desde el principio Jesús sabía quiénes eran los que no creían y quién le había de entregar, **65** y decía:

—Por esta razón os he dicho que nadie puede venir a mí, a menos que le haya sido

concedido por el Padre.

66 Desde entonces, muchos de sus discípulos volvieron atrás, y ya no andaban con él.

67 Entonces Jesús dijo a los doce:

—¿Queréis acaso iros vosotros también?

El texto dice literalmente "pero hay de entre vosotros algunos que no están creyendo". No acusó a todos de falta de fe, sino sólo la de *algunos* de entre el grupo. La simpatía y curiosidad de ese grupo no se traducía en la clase de fe profunda y sostenida que Jesús demandaba para la salvación.

El autor del Evangelio introduce una frase explicativa que se inicia con *pues* o mejor "porque", indicando cómo pudo Jesús saber lo que había declarado. *Desde el principio* se refiere, por lo menos, al momento en que estos faltos de fe comenzaron a seguir a Jesús. No sólo pudo diagnosticar la condición espiritual de los que estaban presentes, sino que ya Jesús sabía que Judas lo entregaría (ver 2:24, 25).

En el v. 65 Jesús repite lo que les había dicho en el v. 44 (ver v. 37), enfatizando la imposibilidad de que uno llegue a la fe en él aparte de una operación milagrosa de la gracia de Dios. Él explicó en el versículo anterior cómo él sabía quienes no iban a creer en él; aquí explica por qué algunos de los presentes no creían en él. *Por el Padre* podría indicar que el Padre es el instrumento para concedérselo, pero el texto gr. aclara que es "del Padre", como fuente. La conversión del pecador se inicia en el corazón del Padre como un acto de gracia.

Otra vez el autor del Evangelio describe (v. 66) el impacto del diagnóstico de Jesús en la multitud que le rodeaba. ¡Hubo un éxodo masivo! Pero Jesús no corrió tras ellos para rogarles que no le abandonaran, ni quiso rebajar sus demandas, o cambiar su diagnosis. Literalmente el autor dice: "Desde esto, muchos de sus discípulos se fueron a las cosas de atrás y ya no con él estaban caminando". Vemos claramente que algunos que se consideraban discípulos

no lo eran; eran más bien desertores. Teniendo delante la oportunidad de contarse entre los verdaderos discípulos de Jesús, optaron por volver a la vida de antes (ver 2 Tim. 4:10).

14. La confesión de Pedro, 6:67-71

Roberto Coleman, en su libro *Plan supremo de evangelización*, dice que a Jesús no le interesaba tanto las multitudes de los curiosos, ni los muchos que volvieron atrás. Su atención estaba puesta en los doce, pues había enfocado su ministerio mayormente en ellos y dependía de ellos para llevar adelante su reino en la tierra. Él no tenía otro plan si ellos fracasaban. Por eso, Coleman dice que ese fue el momento más dramático y crítico en todo el ministerio terrenal de Jesús. En esta ocasión, parece que quedaban pocos alrededor de Jesús y él se dirige a los doce, que incluía a Judas Iscariote. Les dio la oportunidad de irse con los demás supuestos discípulos; la puerta estaba abierta. La pregunta se inicia con la partícula gr. de negación (me^{3361}) que anticipa una contestación negativa: "¿No también vosotros deseáis iros, verdad?". *Vosotros* es enfático, como si Jesús estuviera señalándoles con la mano.

La magnífica confesión de Pedro se compara con sus palabras en Cesarea de Filipo (Mat. 16:16; ver Mar. 8:29; Luc. 9:20). La confesión incluye tres razones lógicas por las cuales los doce no le iban a abandonar, siendo Pedro el vocero del grupo. Primera, dice en efecto, "Señor, no hay opciones, no hay otro como tú a quien podríamos ir". Segunda, confiesa que las enseñanzas de Jesús tienen todo lo que necesitan, pues conducen a la vida eterna. Tercera, confiesa que ellos habían comprobado que Jesús es el Mesías, el Hijo de

68 Le respondió Simón Pedro:
—Señor, ¿a quién iremos? Tú tienes palabras de vida eterna. **69** Y nosotros hemos creído y conocido que tú eres el Santo de Dios*.
70 Jesús les respondió:

—¿No os escogí yo a vosotros doce, y uno de vosotros es diablo?
71 Hablaba de Judas hijo de Simón Iscariote*; porque éste, siendo uno de los doce, estaba por entregarlo.

---

*6:69 Algunos mss. antiguos dicen *tú eres el Cristo, el Santo de Dios* o *tú eres el Cristo, el Hijo del Dios viviente*; comp. Mat. 16:16.
*6:71 Algunos mss. antiguos dicen *Judas Iscariote, hijo de Simón*.

Dios. Los dos verbos en el tiempo perfecto, *hemos creído* y hemos *conocido*, hablan de una acción cumplida en el pasado, pero cuyos resultados siguen en pie. El pronombre personal *nosotros* es enfático, en contraste con los que habían vuelto hacia atrás. Plummer llama la atención al orden de la experiencia: primero creyeron y, por haber creído, llegaron a conocer. En otros pasajes el orden se invierte (ver 17:8 y 1 Jn. 4:16).

La pregunta del v. 70 emplea una partícula griega de negación (*ouk*[3756]) que anticipa una contestación positiva. El pronombre personal yo es enfático: "a pesar de que yo mismo os escogí". Literalmente se lee: "y de vosotros uno diablo es", con el énfasis recayendo en *de vosotros*. El término *diablo* es una palabra compuesta (*dia*, "a través de" y *ballo*, "yo lanzo"). En el NT significa "calumniador, traidor, delator". Muchos preguntan por qué Jesús escogió a Judas, sabiendo que le iba a entregar. Parece incompatible que Jesús, con perfecto conocimiento del corazón del hombre, haya escogido a Judas para ser uno de los doce. Pero ese misterio se aplica también al nacimiento de personas malas que han de matar y destruir, tal como Hitler. En esta vida no tendremos la contestación definitiva a esta enigma. Lo que sí podemos afirmar es que Dios suele sacar algo bueno de lo peor de los seres humanos y, en este caso, empleó a Judas, sin que él se diera cuenta, para realizar una etapa crucial en su plan eterno de redención.

Jesús sabía ya que Judas sería quien le entregaría, pero no lo reveló sino hasta en la cena la noche antes de la crucifixión. La RVA ha seguido la mejor variante en el texto gr. al traducirlo *Judas hijo de Simón Iscariote*. Algunas versiones lo traducen "Judas Iscariote, hijo de Simón". Se piensa que Iscariote se refiere a un pueblo en Judá (Queriot, Jos. 15:25) o quizás en Moab (Jer. 48:24). Siendo así, Judas sería el único de los doce que no era galileo. Tal hecho crearía una distinción, y quizá sospecha, entre él y los demás.

15. El quinto discurso: el Espíritu vivificador, 7:1-52

Si el cap. 5 presenta la relación del Hijo con el Padre y el cap. 6 su relación con los verdaderos discípulos, uno de los temas dominantes del cap. 7 es el del Espíritu Santo. Los eventos relatados en el cap. 6 tuvieron lugar en Galilea durante los días de la fiesta de la Pascua (ver 6:4), pero los del cap. 7 en Jerusalén, unos seis meses y medio después, en relación con la fiesta de los Tabernáculos. Juan omite los eventos que tuvieron lugar en este ínterin. Al volver a Jerusalén, la oposición a Jesús se intensificaba. Uno pensaría que las señales de Jesús, más sus enseñanzas y su vida intachable, hubiesen convencido a muchos de que él era el Mesías esperado. Pero todo esto no sirvió para contrarrestar las expectativas mesiánicas equivocadas y los celos de los líderes religiosos. En los caps. 7 y 8 notamos los argumentos que los enemigos de Jesús usaban para rechazarlo y, últimamente, condenarlo.

Una manera de analizar este capítulo sería la de bosquejarlo alrededor de los distintos grupos que se le oponían. Por

Jesús en la fiesta de los Tabernáculos

7 Después de esto, andaba Jesús por Galilea. No quería andar por Judea, porque los judíos le buscaban para matarlo. **2** Estaba próxima la fiesta de los Tabernáculos de los judíos. **3** Por tanto, le dijeron sus hermanos:

---

ejemplo, Hull ofrece la siguiente manera de seguir el proceso de polarización de tres grupos: 1) sus hermanos, porque no podían compartir su gloria pública, vv. 1-9; 2) las multitudes, porque no estaban convencidas de sus credenciales teológicas, vv. 10-44; y 3) los líderes religiosos, porque tenían temor de la popularidad y enseñanza de Jesús que desviarían a las multitudes de la ortodoxia judía, vv. 45-52.

(1) Jesús en la fiesta de los Tabernáculos, 7:1-36. La fiesta de los Tabernáculos sirve de trasfondo para las enseñanzas de los caps. 7 al 9. Esta fiesta era muy popular y alegre, siendo una de las tres anuales cuando todo varón adulto tenía la obligación de hacer acto de presencia en Jerusalén (Éxo. 23:14-17; Deut. 16:13-17). Se realizaba en el mes de octu-

Fiesta de los Tabernáculos
Tomado de *A Picture Book of Palestine*
Por Ethel L. Smither
Ilustrado por Ruth King

bre en relación con dos eventos históricos: cuando recogían las cosechas, siendo llamada también "la fiesta de la cosecha" (ver Deut. 16:16); y conmemorando la experiencia en el desierto durante el éxodo, cuando vivían en cabañas de paja (Lev. 23:39-43). Por esta razón se llamaba comúnmente la fiesta de los Tabernáculos o de las Cabañas. Uno de los ritos celebrados durante esta fiesta era la libación de agua, lo cual sirve de trasfondo para la enseñanza sobre la venida del Espíritu Santo (7:37-39).

a. Jesús discute con sus hermanos, 7:1-9. Los líderes religiosos en Jerusalén no se habrían olvidado de la confrontación con Jesús meses atrás cuando entró en el templo y echó fuera a los vendedores y su mercadería, los cuales tenían la autorización de la jerarquía (2:13-17). Resentidos por el desafío de su autoridad, por las enseñanzas que no armonizaban con la interpretación "oficial" de la ley, pero más por su reclamo de ser el Hijo de Dios, habían acordado eliminarlo.

Jesús sabía el peligro de volver a Jerusalén abiertamente. Su ministerio en Galilea le había creado muchos enemigos (ver 6:41, 52, 60, 66), pero todavía no había amenaza de muerte allí. Por esto era menos peligroso ministrar en Galilea, lejos de Jerusalén donde *los judíos*, probablemente miembros del Sanedrín, tenían más control y autoridad para poner gente presa. Este dato indicaría que tampoco fue a Jerusalén para la Pascua anterior (6:4). No le faltaba valentía para enfrentar a los que habían decidido matarlo pero, consciente de que no había cumplido su misión en la tierra, quería evitar una provocación que precipitaría su muerte antes del tiempo señalado. *Después de esto* se refiere a un período indefinido, pero sabemos que se refiere a unos seis a siete meses, desde la fiesta de

—Sal de aquí y vete a Judea, para que también tus discípulos vean las obras que haces. **4** Porque nadie que procura darse a conocer

hace algo en oculto. Puesto que haces estas cosas, manifiéstate al mundo. **5** Pues ni aun sus hermanos creían en él.

---

la Pascua a la de los Tabernáculos. Juan no pretende desarrollar una cronología de la vida y ministerio de Jesús. Su Evangelio es selectivo, presentando sólo los episodios y enseñanzas que sirven para completar su propósito (20:30, 31). Los verbos imperfectos *andaba*, *quería* y *buscaban* describen una acción continuada. Esta es la segunda mención del propósito de *los judíos* de matar a Jesús (5:18).

La mención de la proximidad de esta fiesta indicaría el movimiento de grandes multitudes de las provincias a Jerusalén y un tiempo de mucho interés religioso. Era un verdadero festejo que duraba siete días en que la gente salía de sus casas cómodas y pasaban la noche en cabañas construidas en las plazas y jardines. Querían revivir la situación precaria e incómoda que experimentaron sus antepasados en el desierto durante 40 años, para luego agradecer a Dios por la prosperidad que gozaban en la actualidad. El agregado *de los judíos* otra vez indicaría que el autor del Evangelio estaba escribiendo para gente fuera de Palestina, de otro modo sería redundante para los judíos en su propio territorio.

Surge la pregunta: ¿quiénes eran los hermanos de Jesús? Se mencionan por primera vez en este Evangelio en 2:12 y sus nombres aparecen en Mateo 13:55. Algunos sugieren que la posición de autoridad para "mandar" a Jesús, podría indicar que fueran mayores, por ejemplo, hijos de José antes de casarse con María, pero esto no es seguro. Podrían ser también hijos de José y de María, después del nacimiento de Jesús (ver Mat. 1:25), la teoría más popular en la iglesia primitiva. Los hermanos de Jesús pensarían que cualquiera que pretendiera ser un profeta, o más todavía si fuera el Mesías, tendría que presentar sus credenciales en Jerusalén. Brown comenta que la actitud de los hermanos de Jesús nos hace recordar la tentación del

diablo de que Jesús se lanzara del pináculo del templo para probar la fidelidad de Dios y obtener la atención de las multitudes (Mat. 4:6, Luc. 4:9). *Tus discípulos* sería una referencia general a todos los "alumnos" simpatizantes, tanto de Judea como también de Galilea, quienes estarían congregándose en Jerusalén en ese entonces. *Vean* es un verbo que connota una contemplación detenida y reflexiva. Los "discípulos" en Judea y Galilea habían visto milagros realizados por Jesús, pero la ocasión de la fiesta de los Tabernáculos sería una magnífica ocasión para demostrar ante todos a la vez sus *obras*, y en la misma capital del judaísmo.

Realmente Jesús no había obrado *en oculto* (v. 4), pero quizás los hermanos consideraban la obra hecha en Galilea, tan lejos de Judea, como si hubiera sido hecha en oculto. *Puesto que*, o "desde que" inicia una cláusula condicional que admite la realidad de la premisa. Parece que los hermanos no dudaban que Jesús hubiera obrado milagros pero, como muchos otros, tales obras no les convencía de que fuera el Mesías. *Mundo* se refiere a la multitud congregada en Jerusalén para la fiesta.

Los hermanos de Jesús creían que obraba milagros, pero no llegaron a confiar en él como el Mesías, el Salvador del mundo. La construcción que se traduce *creían en él* emplea la preposición griego *eis*[1519] que connota confianza y compromiso personal. De todos modos *sus hermanos* eran incrédulos (v. 5), llegando a confiar en Jesús hasta después de su resurrección. Inclusive, un hermano llegó a ser líder en la iglesia en Jerusalén (Gál. 1:19; ver Hech. 1:14; 1 Cor. 9:5).

Respondiendo a la exhortación-mandato de sus hermanos, Jesús se refiere a *su tiempo* (*kairos*[2540]), indicando que no había llegado (v. 6). Tenía en mente, no el tiempo para ir a Jerusalén, sino un tiempo

6 Entonces Jesús les dijo:
—Mi tiempo no ha llegado todavía, pero vuestro tiempo siempre está a la mano. **7** El mundo no puede aborreceros a vosotros; pero a mí me aborrece porque yo doy testimonio de él,

que sus obras son malas. **8** Subid vosotros a la fiesta. Yo no subo todavía* a esta fiesta, porque mi tiempo aún no se ha cumplido. **9** Habiendo* dicho esto, él se quedó en Galilea. **10** Pero cuando sus hermanos habían

---

*7:8 Algunos mss. antiguos no incluyen *todavía*.
*7:9 Algunos mss. antiguos dicen *habiéndoles dicho*.

---

especial para manifestarse, un tiempo de crisis, la crucifixión. El término griego *kairos* es común en los Sinópticos, pero se encuentra solo aquí en Juan. El término usado normalmente en este Evangelio es *jora*[5610], "hora", para referirse al tiempo. Al referirse a *vuestro tiempo*, en igual manera Jesús tiene en mente el tiempo siempre presto para ellos de manifestarse. Algunos comentaristas (p. ej., Morris, Hovey, etc.), sin embargo, piensan que Jesús se refería solamente a su ida a Jerusalén en esta ocasión.

Jesús sigue dirigiéndose a sus hermanos con una revelación sorprendente. *El mundo* en Juan normalmente se refiere a la humanidad incrédula. Ellos estaban tan identificados con el mundo que no habría motivo de conflicto, mucho menos el menosprecio (15:19). No sólo el *mundo* no los aborrecía, sino que era algo moralmente imposible. El tiempo estaba siempre presto para que ellos se manifestasen al mundo (v. 6) y recibiesen su aplauso de aprobación. No habían tomado una posición pública y contraria a las creencias y conducta de la religión oficial. Todo lo contrario con Jesús; él daba *testimonio* en contra de sus creencias y prácticas religiosas. *Yo* es enfático, en contraste con vosotros; *a mí me aborrece* y *doy testimonio* son verbos en el tiempo presente descriptivo que connotan acción continua, todos los días y a toda hora. Su *testimonio* era, en efecto, una denuncia de sus *obras... malas* (ver 5:42, 44, 47).

El pronombre personal *vosotros* que se usa en el v. 8 es enfático y en el texto griego se encuentra primero en la frase. El verbo *Subid* es un mandato en el tiempo

aoristo, indicando acción inmediata y al punto. Existe un problema textual en que el adverbio *todavía* no figura en los mejores mss. griegos, aunque sí en algunos mss. antiguos, incluyendo dos papiros del segundo y tercer siglos. Basándose en este apoyo documental, la RVA inserta *todavía*, lo cual evita una aparente contradicción. Meyer encuentra la solución del problema de la falta del adverbio, sugiriendo que Jesús cambió su parecer luego (ver v. 10). Es más coherente entender que Jesús estaba diciendo que no iba a subir a Jerusalén con las multitudes entusiastas, ni con sus hermanos incrédulos, sino aparte, probablemente con los doce y sin publicidad. Otra vez apela al hecho de que *mi tiempo aún no se ha cumplido*. Aquí también, entendemos que se refiere a su misión terrenal y la pasión final, lo cual concuerda con lo dicho en el v. 6.

La implicación del comentario de Juan en el v. 9 es que las multitudes y sus hermanos se habían ido sin Jesús.

b. La reacción de la multitud, 7:10-13. Algunos días después de irse sus hermanos con la multitud, Jesús fue a la fiesta, pero *no abiertamente* (ver 10:24), o en forma literal "manifiestamente". Juan emplea el mismo término que los hermanos usaron (v. 4), es decir, él no fue como ellos querían, sino de acuerdo con su propio programa. Si hubiera ido con las multitudes, corría el riesgo de otro intento de forzarlo a ser el rey o, habiendo llegado a Jerusalén rodeado por una multitud aclamándolo, hubiera sido apresado por las autoridades religiosas, tal como sucedió en la Pascua siguiente (12:12-19; ver 6:15). Jesús no accedió a la presión, ni de

subido a la fiesta, entonces él también subió, no abiertamente sino en secreto. **11** Los judíos le buscaban en la fiesta y decían:

—¿Dónde está aquél?

12 Había una gran murmuración acerca de él entre las multitudes. Unos decían: "Es bue-no". Pero otros decían: "No, sino que engaña a la gente". **13** Sin embargo, nadie hablaba abiertamente de él, por miedo de los judíos.

14 Cuando ya había pasado la mitad de la fiesta, subió Jesús al templo y enseñaba. **15** Entonces los judíos se asombraban diciendo:

---

las multitudes ni de su familia, como en el caso de las bodas de Caná (ver 2:3, 4). Al principio no obedeció, pero luego lo hizo a su manera. Es probable que, incluso, habrá tomado un camino directo por Samaria, en vez de cruzar el Jordán y bajar por la orilla oriental como lo hacían normalmente los judíos. *En secreto* traduce un término gr. que significa "lo escondido", del cual se derivan términos como "críptico" y "criptograma". *En secreto* es lo opuesto a "manifiestamente". Según el pasaje paralelo en Lucas (9:52-56), Jesús fue con sus discípulos, pasando por Samaria donde no le quisieron recibir.

Los verbos *buscaban* y *decían* (v. 11), en el tiempo imperfecto, describen una acción continua del pasado. *Los judíos* se refieren principalmente a los enemigos de Jesús (ver 1:19) y por eso el uso del pronombre *aquél*, en vez de su propio nombre, indicaría un tono despectivo. La fama de Jesús había corrido por toda Palestina y la gente curiosa anticipaba ver a *aquél* del cual todos hablaban. Algunos, sin duda, esperaban que se iba a proclamar públicamente como el Mesías. No lo encontraron en la caravana y la pregunta estaba en los labios de todos.

Pero otros decían: "No, sino que engaña a la gente". La multitud estaba dividida en cuanto a su concepto de Jesús. Algunos estaban convencidos de que las señales demostraban que era el Mesías esperado, según sus expectativas políticas y militares. Otros pensaban que era un mago que engañaba a la gente, un falso profeta quien desviaba a la gente de las tradiciones de los ancianos. El que era encontrado culpable de ser un "falso profeta" enfrentaría la pena capital (ver Deut. 18:20). Generalmente la *murmuración* (ver 6:41, 43;

7:32) se genera por el descontento pero aquí describe el enfrentamiento entre los de opiniones contrarias en cuanto a Jesús.

El temor de los judíos, es decir, de los líderes de los judíos, algunos de los cuales serían miembros del Sanedrín, se debía a la decisión de eliminar ya a Jesús por el desafío de su autoridad. *Abiertamente* traduce un término gr. (*parresia*[3954]) que significa literalmente "hablar libre y confiadamente". Este término se emplea nada menos que 13 veces en los escritos de Juan, pero una sola vez en los Sinópticos.

c. El juicio justo, 7:14-24. Plummer comenta que, a partir de esta sección y en medio de la fiesta, encontramos una discusión en la que toman parte tres grupos: los judíos (vv. 14-21); unos habitantes de Jerusalén (vv. 25-31); y los enviados del Sanedrín (vv. 32-36). Además, Juan incluye el discurso de Jesús en el último día de la fiesta (vv. 37, 38).

El v. 14 hace necesaria la inserción del adverbio "todavía" en el v. 8; por lo menos, se sobreentiende en el caso de que no estuviera en el texto original. Los pequeños detalles en el relato, por ejemplo, *pasado la mitad de la fiesta*, dan evidencia de un testigo presente en cada ocasión. Los discípulos que acompañaron a Jesús a Jerusalén sabrían exactamente cuándo viajó y cuándo llegó. Aunque subió secretamente, al llegar no demoró en aprovechar la ocasión para seguir su enseñanza sobre el reino que vino a establecer. Aparentemente, es la primera vez que se ubica en el templo para enseñar, pues se limitó a realizar la limpieza en la ocasión anterior (2:13-17). Nótese el cambio en el tiempo de los verbos *subió* y *enseñaba*, el segundo de los cuales indica acción extendida.

Con el v. 15 se inicia la sección del trato

—¿Cómo sabe éste de letras, sin haber estudiado?

16 Por tanto, Jesús les respondió y dijo:

—Mi doctrina no es mía, sino de aquel que me envió. **17** Si alguien quiere hacer su voluntad, conocerá si mi doctrina proviene de Dios o si yo hablo por mi propia cuenta. **18** El que habla de sí mismo busca su propia gloria;

---

con los judíos (vv. 14-24). El verbo *se asombraban*, en el tiempo imperfecto, se refiere a la reacción de *los judíos* ante todas las cosas que estaba diciendo. Hubo dos motivos de asombro: la presencia y enseñanza en un lugar tan público como el templo, a plena vista de la jerarquía judía; y el conocimiento cabal de la ley que él mostró en su discurso. Hovey entiende que el asombro de la gente se debía más a su manera de enseñar que al contenido de su discurso. "Por la manera en que él ahora estaba enseñando, Jesús se mostró como un maestro de lenguaje, interpretación y, quizás, la tradición rabínica... Fue la forma de su enseñanza, y no su sustancia, lo que atrajo su atención y despertó su asombro". Plummer concuerda al decir que la sustancia de su doctrina no produjo ninguna emoción en ellos, pero estaban asombrados de su conocimiento *sin haber estudiado*, es decir, sin haberlo obtenido en las escuelas rabínicas y bajo los maestros conocidos. El asombro de los judíos aquí es similar a la reacción de los miembros del Sanedrín ante el denuedo de Pedro y Juan, quienes tampoco gozaban de una preparación formal autorizada (Hech. 4:13). El término *letras* (*gramma*[1121]) se refiere a la literatura en general, incluyendo por cierto el AT. Casi se oye el tono desdeñoso de *los judíos* al referirse a Jesús con el pronombre *éste*, en vez de usar su nombre.

Los rabinos respaldaban sus enseñanzas con citas de los maestros conocidos, y apelaban a ellos por su autoridad. En cambio, Jesús sólo citaba el AT y sostenía que su autoridad no se basaba en maestros humanos, sino en el Maestro divino, Dios mismo (v. 16). Por eso sus doctrinas llevaban tal sello de autoridad que se autenticaban ellas mismas. Por no citar autoridades humanas, algunos lógicamente pensaban que Jesús estaba desarrollando sus propias doctrinas. En el gr., el término *doctrina* se basa en el verbo "enseñar" y significa sólo "enseñanza". Nótese la consciencia constante de Jesús de ser "el enviado" del Padre. Los rabinos consideraban a la gente común, es decir, los que no habían estudiado en sus escuelas, como incapaces de enseñar la ley de Dios. Borchert cita una fuente rabínica donde dice que tales personas eran consideradas como de poco más valor que el ganado.

Vincent llama la atención a lo que él considera un error de los traductores de tomar el verbo *quiere*, del v. 17, como un auxiliar, debilitando o perdiendo el significado que expresa su propia voluntad. Una traducción sería: "si alguien tiene la voluntad de hacer la voluntad de Dios...". El mero hecho de hacer mecánicamente, o por alguna presión exterior, la voluntad de Dios no es suficiente. *Su voluntad* se refiere a la de Dios. Nuestro querer, es decir nuestro deseo e inclinación hacia él, debe acompañar la obediencia. En otras palabras, nuestra conducta debe estar en armonía con nuestra profesión y doctrina. Plummer acota que el hecho de hacer la voluntad de Dios significa santidad personal, no mera creencia (ver 3:21). *Conocerá* significa "reconocer" o "discernir". Este verbo afirma un hecho y promete un resultado. Jesús promete que, en el curso de vivir de acuerdo a sus enseñanzas, los creyentes descubrirán pronto que éstas coinciden perfectamente con la voluntad de Dios.

Jesús establece un agudo contraste en el v. 18 entre el motivo de los rabinos quienes buscaban *su propia gloria*, y el suyo que buscaba la del Padre. Este mismo hecho, la total ausencia de egoísmo y vanagloria, por un lado, y la cuidadosa búsqueda de la gloria del Padre, debería con-

pero el que busca la gloria del que le envió, éste es verdadero, y en él no hay injusticia.

19 ¿No os dio Moisés la Ley? Y ninguno de vosotros la cumple. ¿Por qué buscáis matarme?

20 La multitud respondió:

—Demonio tienes. ¿Quién busca matarte?

21 Jesús respondió y les dijo:

—Una sola obra hice, y todos os asombráis.

---

vencer a los oyentes de que él es verdadero. Nótese que no dice que su enseñanza es verdadera, sino que él mismo es verdadero (ver 14:6). Este término se aplica a Dios en 3:33 y 8:26, los únicos otros lugares en este Evangelio donde se refiere a una persona. Si no hay injusticia en el que busca la gloria de Dios, la implicación es que la hay en los que buscan su propia gloria. Uno esperaría un contraste entre *verdadero* y falso, pero Jesús apunta a la *injusticia* que es la raíz moral de todo lo que es falso.

Los judíos consideraban que ellos, y solo ellos, eran los recipientes e intérpretes de la ley de Moisés. Este era su orgullo y motivo de jactancia (ver Rom. 2:17-24). Pero Jesús, como Pablo, señalaba la diferencia entre tener la ley y obedecerla. Jesús no negaba que Moisés había dado la ley, ni que la había dado a Israel, pero les acusa con *ninguno de vosotros la cumple*, literalmente "ninguno está haciendo la ley" (v. 19). El verbo en el tiempo presente describe el carácter que habitualmente desobedece la voluntad de Dios. El tenerla implica la responsabilidad de guardarla. Por más clara y frecuente que sea la revelación de Dios, hay más responsabilidad en guardarla y el juicio es más severo por no hacerla (ver Mat. 11:20-24). El hecho de tramar la matanza de Jesús era la evidencia más clara de que no "estaban haciendo" la ley (ver Éxo. 20:13). El verbo *buscáis* está en el tiempo presente descriptivo, indicando acción en marcha: "¿Por qué estáis buscando matarme?". Probablemente, los judíos no sospechaban que Jesús estuviera enterado de su plan.

Nótese es la *multitud* que responde, no "los judíos". Probablemente se compone de los peregrinos que habían venido de las provincias y no de los habitantes de Jerusalén. Pretenden ignorar la decisión de los judíos de matarlo (ver 5:18; 7:1, 25) y atribuyen las palabras extrañas de Jesús a la influencia de demonios. Sería equivalente a decir hoy en día que alguien sufre de paranoia o que "tiene un tornillo flojo". Morris comenta que los Sinópticos registran varios casos de exorcismo, realizado por Jesús, pero este ministerio está ausente en Juan. Este autor opina que esa omisión es deliberada, pues no avanzaría la tesis de Juan y, por otro lado, podría haber restado de su meta propuesta, clasificando a Jesús con los supuestos exorcistas de su día. La acusación de que Jesús obraba en el poder de los demonios aparecerá otra vez en este Evangelio (8:48-52; 10:20, 21).

Jesús sigue en el v. 21 el tema del complot para matarlo, mencionando *una sola obra*, o milagro, que realizó sin especificarla aquí. Sin embargo, la discusión que continúa aclara que se refiere a la sanidad del hombre paralítico al lado del estanque de Betesda, la cual se realizó en día sábado (5:1-18), llevando a algunos a procurar su muerte. Nótese el cambio en el tiempo de los verbos *hice* (pasado) y *os asombráis* (presente). Algunos se acordaban y seguían asombrándose del poder divino manifestado en esa ocasión. Jesús no tuvo problema en referirse al milagro como una *obra*, aun sabiendo que se prohibía realizar obras en el día sábado. Hull comenta que en contraste con la indiferencia de ellos en guardar el espíritu de la ley, Jesús ahora ilustra cómo él la había guardado en su intención más profunda.

Jesús prosigue en comparar la circuncisión con la obra que él había realizado en sábado. La circuncisión no estaba en los Diez Mandamientos de Moisés, sino que se originó con Abraham (Gén. 17:9-14). Los rabinos argumentaban que puesto que la circuncisión es superior al sábado, se per-

22 Por esto Moisés os dio la circuncisión (no porque sea de Moisés, sino de los padres), y en sábado circuncidáis al hombre. **23** Si el hombre recibe la circuncisión en sábado a fin de que la ley de Moisés no sea quebrantada, ¿os enojáis conmigo porque en sábado sané a un hombre por completo? **24** No juzguéis según las apariencias, sino juzgad con justo juicio.

¿Es Jesús el Cristo?

25 Decían entonces algunos de Jerusalén:
—¿No es éste a quien buscan para matarle? **26** ¡He aquí, habla públicamente, y no le dicen nada! ¿Será que los principales realmente han reconocido que él es el Cristo? **27** Pero éste, sabemos de dónde es; pero cuando venga el Cristo, nadie sabrá de dónde sea.

---

mite como una excepción a la ley sabática.

El verbo *enojáis*, usado en el v. 22, se deriva de un término griego (*colao*[5520]) que significa "hiel" o "bilis". Una traducción que capta este sentido sería "¿os amargáis...?". Según la ley, la circuncisión se realizaba en el octavo día del nacimiento de todo varón (Lev. 12:3). El hecho de postergar el cumplimiento, si cae en día sábado, sería equivalente a quebrantar la ley, un acto de tremendas consecuencias. Por lo tanto, una exigencia de la ley, considerada más urgente, supera y cancela otra. Moffatt traduce el versículo con una paráfrasis gráfica: "¿Os enojáis conmigo por curar, no cortar, el cuerpo entero en el sábado?". Beasley-Murray presenta el argumento, de menor a mayor, así: "Si la circuncisión que se hace en una sola parte (miembro viril) del varón se permite en el sábado, cuánto más se debe permitir la sanidad de todo el cuerpo del hombre". Jesús no tenía la intención de eliminar la observancia del sábado como día de descanso, sino de enseñar su verdadero propósito original.

Falta el artículo definido ante el término *apariencias* o "lo visible" en el texto griego. El verbo *juzguéis* traduce un mandato de no continuar una acción en marcha, por ejemplo "no continuéis juzgando según meras apariencias". Williams lo traduce "dejad de juzgar superficialmente". Ellos lo habían juzgado basados en conceptos falsos que llevaban a una conclusión equivocada. Mirando superficialmente, Jesús había violado la ley del sábado. Sin embargo, el justo juicio contempla el principio moral detrás de las leyes; en este caso sería el principio de compasión por los seres humanos que supera la ley del sábado. Jesús enseñó, después de señalar que el más grande mandamiento es amar supremamente a Dios y el segundo es amar al prójimo como a sí mismo, que "de estos dos mandamientos dependen toda la Ley y los Profetas" (Mat. 22:40). El *justo juicio* toma en cuenta estos dos mandamientos como superiores a la Ley cuando existe un conflicto entre ellos.

d. ¿Es Jesús el Cristo? 7:25-31. En la sección anterior (vv. 14-24), Jesús entró en conflicto con "los judíos" y respondió a la reacción de la multitud. En esta sección él responde a la reacción de algunos de los habitantes de Jerusalén, no incluyendo a "los judíos".

Los que vivían en Jerusalén estaban al tanto del propósito de "los judíos" de matar a Jesús y por eso estaban sorprendidos de que él se había atrevido a aparecer en el dominio de ellos (ver 5:18; 7:1). La pregunta *¿No es éste...?* está construida, en el texto griego, con una partícula de negación que anticipa una contestación positiva. El verbo *buscan* está en el tiempo presente, indicando acción continua.

Jesús no sólo se atrevió llegar a Jerusalén en medio de la multitud para la fiesta, cosa que sorprendió a los habitantes, sino que enseñó abiertamente y con toda confianza. La sorpresa aumentó al notar que los principales ni se aparecieron para refutarle. Tal actitud de los que habían jurado matarlo creó perplejidad entre los habitantes. Ellos pensaban: "Cómo podemos entender la inactividad de los lí-

28 Entonces Jesús alzó la voz en el templo, enseñando y diciendo:

—A mí me conocéis y sabéis de dónde soy. Y yo no he venido por mí mismo; más bien, el que me envió, a quien vosotros no conocéis, es verdadero. **29** Yo le conozco, porque de él provengo, y él me envió.

30 Entonces procuraban prenderle, pero na-

---

deres?". Una remota posibilidad sería que los principales habrían sido convencidos de que Jesús era el Mesías. Sin embargo, la pregunta *¿Será que...?* anticipa una contestación negativa: "¿No será que..., verdad?". *Los principales* serían los jerarcas judíos, miembros del Sanedrín, que también se contaban entre "los judíos". El término "principal" se deriva de un vocablo gr. que significa "el que gobierna o reina".

Otro factor en su perplejidad es que, aunque las señales que había hecho indicarían que quizás él sería el Mesías, su origen no concordaba con el concepto de algunos. Muchos pensaban que el origen del Mesías sería misterioso, repentino y sobrenatural (ver Dan. 9:25; Mal. 3:1), un concepto desarrollado en los libros apócrifos. Sin embargo, ellos sabían que se había criado en Galilea (vv. 41, 42). Por otro lado, los escribas (Mat. 2:1-6) y algunos de este mismo grupo sabían que tendría que nacer en Belén (v. 42).

La conjunción *entonces* (v. 28) relaciona la respuesta de Jesús a lo que ellos habían dicho: "Pero éste, sabemos de dónde es" (v. 27). Jesús aprovecha el comentario de ellos para enseñar cuál es su origen verdadero. *Alzó la voz* traduce un verbo que literalmente significa "gritar" y expresa la idea de volumen y emoción (ver v. 37; 1:15; 12:44). Generalmente introduce la afirmación de una verdad importante, casi como "de cierto, de cierto". Morris entiende que la respuesta de Jesús es irónica: "Así que, ¿pensáis que me conocéis y sabéis mi origen? Realmente conocéis solo en parte". Ellos tenían un conocimiento superficial de Jesús y su origen humano, pero él apunta a realidades más profundas, a su verdadera naturaleza y origen de los cuales ellos no sabían absolutamente nada. Jesús establece un contraste entre el concepto de sus opositores en cuanto al

origen de él y el concepto verdadero. *Por mí mismo* emplea una preposición que connota origen o fuente y se puede traducir así: "de mí mismo" o "desde mí mismo". Él niega ser un "autoenviado". Por lo contrario, apela otra vez a su origen eterno y a que es "el enviado personal" del Padre. Algunas versiones optan por colocar un signo de interrogación, en vez de un punto, después de *sabéis de dónde soy*. Al referirse al Padre como *verdadero*, Jesús describe el carácter de Dios como el Auténtico Ser (Williams), o la Persona Verdadera (Goodspeed). Los habitantes de Jerusalén no lo conocían así, porque, como Jesús dice, *vosotros no lo conocéis*. Esta es una declaración tremendamente audaz, estando en el mismo templo y hablando a los que pretendían ser los únicos que conocían a Dios.

En contraste con ellos que no conocían a Dios, Jesús afirma enfáticamente que él, y sólo él, lo conocía. *Yo* es doblemente enfático: por su ubicación en la frase y por el uso del pronombre personal, no siendo necesario, porque el verbo indica la primera persona singular. Explica la base de su conocimiento con dos evidencias: su procedencia y su misión. Literalmente dice "porque de su lado soy y aquél me envió". El término apóstol se deriva del verbo *envió*. Un apóstol es uno que ha sido enviado con una misión, pero hay sólo uno que puede pretender ser "el Enviado" o "el Apóstol". Jesús vivía y ministraba en la conciencia de ser "el Enviado".

La conjunción *entonces* (v. 30) introduce la reacción inmediata como consecuencia de la afirmación de Jesús. Se iba intensificando la hostilidad a medida que entendían lo que Jesús afirmaba. No sólo les acusaba de no conocer a Dios, sino que afirma que solo él lo conocía. El término que se traduce *prenderle*, en el texto gr. no se encuen-

die puso su mano sobre él, porque todavía no había llegado su hora. **31** Muchos del pueblo creyeron en él y decían: "Cuando venga el Cristo, ¿hará más señales que las que hizo éste?".

32 Los fariseos oyeron que la multitud murmuraba estas cosas acerca de él, y los principales sacerdotes y los fariseos enviaron guardias para tomarlo preso. **33** Entonces dijo Jesús:

---

tra en los Sinópticos, pero Juan lo emplea ocho veces. Se pregunta por qué *nadie puso su mano sobre él*, siendo él uno, y estando quizás con los doce entre una multitud numerosa. Parece que algo invisible los detenía de su propósito y Juan lo explica diciendo sencillamente que *todavía no había llegado su hora*. Dios está en control de los eventos y el hombre, por más poderoso y numeroso que sea, no puede impedir el desenvolvimiento de la voluntad divina. *No había llegado su hora* es una expresión que Juan emplea numerosas veces para referirse a la crucifixión (ver 2:4; 7:6, 8, 30; 8:20; 12:23, 27; 13:1; 16:32; 17:1). Jesús se identificó de tal manera que estamos obligados a tomar una posición ante dos opciones: a favor o en contra. Si él no es el Hijo de Dios, es el más falso y peligroso loco que jamás haya vivido, pero si es lo que afirma ser, debemos aceptarlo y dedicar nuestras vidas a servirlo.

> ### Joya bíblica
> **A mí me conocéis y sabéis de dónde soy. Y yo no he venido por mí mismo; más bien, el que me envió, a quien vosotros no conocéis, es verdadero (7:28).**

Literalmente se puede traducir el v. 31 así: "pero de entre la multitud muchos creyeron en él". La RVA omite la conjunción adversativa que establece un contraste entre estos que creyeron y los que querían prenderle (v. 30). La expresión *creyeron en él* emplea la preposición griega *eis*[1519] que normalmente describe una creencia y confianza sincera y salvadora. Este grupo había respondido correctamente a las señales que Jesús había realizado, las cuales estaban diseñadas para

despertar la fe en él como el Hijo de Dios. La pregunta *¿hará más señales...?* merece dos observaciones. Primera, emplea una partícula que anticipa una contestación negativa: "¿No hará más señales..., verdad?". La contestación anticipada sería: "No, no hará más señales". Segunda, *más señales* puede traducirse "mayores señales", es decir, mayores o mejores en calidad (Mat. 5:20; 6:25). No podían concebir algo más asombroso que aquello que Jesús había realizado. Las señales no son la mejor base para la fe, pero Jesús la acepta, esperando que avance a ser una fe basada en quién es él en vez de en qué hace él. Así, Jesús acepta la fe de este grupo.

e. Un intento de prender a Jesús, 7:32. Antes, algunos del pueblo habían intentado prenderle, pero fueron impedidos por una fuerza invisible (v. 30); ahora son las mismas autoridades que tomaron cartas en el asunto. La noticia de la discusión a favor y en contra de Jesús llegó a los oídos del Sanedrín y decidieron que no debían esperar más para poner en acción la determinación que habían tomado tiempo atrás, la de prenderlo y matarlo. El hecho de contar con algunos de la multitud que no apoyaban a Jesús quizá fue un factor favorable en la decisión de actuar sin demora. Los *fariseos* eran los líderes populares de la piedad judía quienes actuaban en las sinagogas, mientras que los *principales sacerdotes*, o sumos sacerdotes, pertenecerían a los saduceos quienes controlaban el templo en Jerusalén. El Sanedrín, el más alto tribunal judío, estaba compuesto de los ancianos, los principales sacerdotes y los escribas (ver Mat. 16:21; 27:41; Mar. 8:31; Luc. 9:22; etc.). Había un equilibrio de poder entre los fariseos, más populares, y los saduceos, más aristocráti-

—Todavía estaré con vosotros un poco de tiempo; luego iré al que me envió. **34** Me buscaréis y no me hallaréis, y a donde yo estaré vosotros no podréis ir.

35 Entonces los judíos se decían entre sí:

—¿A dónde se ha de ir éste, que nosotros no le hallemos? ¿Acaso ha de ir a la dispersión entre los griegos para enseñar a los griegos?

---

cos. El Sanedrín tenía la jurisdicción sobre asuntos religiosos y civiles, con poder para sentenciar a la pena capital, pero no la aplicaba sino con la anuencia del procurador romano.

> **Joya bíblica**
> **Todavía estaré con vosotros un poco de tiempo; luego iré al que me envió (7:33).**

f. El regreso al Padre, 7:33-36. En el v. 32 Juan nos introduce al grupo de enviados del Sanedrín que viene al encuentro con Jesús con el propósito de prenderle. A partir del v. 33 tenemos la descripción de la confrontación que se produjo.

Jesús se dirige a los enviados del Sanedrín y lo que tenemos es un breve resumen de lo que él dijo. *Entonces* es una conjunción continuativa, mirando atrás a la llegada de la delegación del Sanedrín. La manera más sencilla de entender estas palabras sería que Jesús les dice que ellos habían venido para prenderlo y matarlo, pero no podrían por ahora, porque "todavía no ha llegado mi hora. Pero vendrá un tiempo cuando me mataréis y en ese entonces iré al Padre" (versión libre del autor). *Un poco de tiempo* se refiere a unos seis meses de tiempo entre la fiesta de los Tabernáculos y la Pascua final cuando Jesús fue crucificado. *Iré al que me envió*, indica que la decisión de ir a la cruz fue por iniciativa de Jesús, un acto completamente voluntario (ver 10:11, 15, 17). *Al que me envió* es un concepto siempre en la mente de Jesús, consciente de su relación con el Padre y la misión que vino a cumplir.

Jesús sigue el planteamiento diciendo que cuando le mataran y él hubiera ido al Padre, "me buscaréis pero no me hallaréis, porque estaré con el Padre a quien vo-

sotros no conocéis y, por lo tanto, donde no podréis ir" (versión libre del autor). *Me buscaréis* en ese entonces será una búsqueda muy distinta; no será para prenderle sino para pedir socorro. En cambio, Hovey entiende que esta expresión indica que, después de matar a Jesús, estos líderes seguirán buscando al Mesías de su expectación, pero no lo hallarán porque el tal no existe. Los verbos *estaré* y *podréis*, en el texto gr., no están en el tiempo futuro, sino en el presente, y se traducen mejor así: "yo soy" y "no podéis". La RVR-1960 y la RVA los traducen en el tiempo futuro porque se refiere a un evento futuro, pero al hacerlo se pierde el énfasis en la expresión. En cambio, otras versiones (KJ y NIV, en inglés) los traducen tal cual en el tiempo presente. Nótese el eterno ser divino en las palabras "yo soy". Ciertamente Jesús estará con el Padre, pero era, es y será eternamente (ver Heb. 13:8). El mismo verbo gr. (*eimi*[1510]) se traduce "estar" y también "ser".

Los líderes quedaron en "ayunas", no entendieron nada de lo que Jesús quería decir. Otros piensan que se dirigían unos a otros con la pregunta, burlándose de Jesús. La segunda pregunta del v. 35 indica que ellos no tenían una explicación coherente para las palabras de Jesús y estaban adivinado su posible significado. Entre los griegos, pensaban, ellos no podrían encontrarlo, ni siquiera irían allí para buscarlo. Borchert llama la atención al hecho de que pronto los griegos vendrían, deseando ver a Jesús (12:20), y que luego sobre la cruz de Jesús sería colocada su causa escrita en hebreo/arameo, griego y latín (19:20). Muy pronto después de la cruz el evangelio se extendió por las provincias griegas y el cristianismo recibió tanta influencia griega que el NT fue escrito en ese idioma. Sin saberlo,

36 ¿Qué significa este dicho que dijo: "Me buscaréis y no me hallaréis, y no podréis ir a donde yo estaré"?

37 Pero en el último y gran día de la fiesta,

Jesús se puso de pie y alzó la voz diciendo:

—Si alguno tiene sed, venga a mí y beba*.

38 El que cree en mí, como dice la Escritura, ríos de agua viva correrán de su interior.

*7:37 Ver Isa. 55:1

entonces, los líderes estaban más acertados en sus adivinaciones de lo que pensaban.

El *dicho* del v. 36 probablemente se expresó con tono desdeñoso. En el texto griego, los verbos *buscaréis* y *hallaréis* están en el tiempo futuro, pero *podréis* y *estaré* están en el tiempo presente (ver v. 34). Literalmente, la pregunta es así: "¿Qué es la palabra ésta que dijo?". Es evidente que los líderes judíos quedaron perplejos, no sabiendo si Jesús se burlaba de ellos, o si había algo en sus palabras que ellos no habían captado.

(2) La profecía sobre la venida del Espíritu Santo, 7:37-39. Jesús habrá esperado al último día de la fiesta para pronunciar una de las verdades más importantes para los creyentes. Debemos recordar que el trasfondo del evento es la celebración de la fiesta de los Tabernáculos, rica en simbolismos relacionados con la vivencia en el desierto en cabañas. *Último y gran día* probablemente se refiere al octavo día de la fiesta (Lev. 23:36, 39; Núm. 29:35; Neh. 8:18), por cierto un evento solemne. Jesús se puso de pie para que todos lo vieran y escucharan en su proclamación. En cambio, la postura para enseñar era estar sentado. Estando de pie y observando la celebración en su derredor, *alzó la voz* (ver v. 28) con gran volumen y profunda emoción. *Si alguno tiene sed*, en el texto gr., es una frase condicional de tercera clase que expresa un futuro más probable. *Tiene sed* describe un profundo sentido personal de necesidad espiritual (ver Sal. 42:1; Isa. 12:2, 3). Los que viven en zonas áridas saben de la desesperación que uno siente estando bajo los rayos del sol cuando no hay agua disponible. Es casi seguro que

Jesús tenía en mente la costumbre, durante los siete días de la fiesta, de traer agua cada día de la fuente de Siloé y derramarla en el templo, al lado oeste del altar. Sin embargo, no se cumplía esta costumbre en el octavo día. Lo que Jesús hizo vino a suplir esta falta, aunque la analogía no es completa en que la gente no bebía el agua traída de Siloé. Algunos sugieren que Jesús aludía a la "roca espiritual que los seguía" en el desierto y que de ella brotaba agua para el pueblo (1 Cor. 10:4). *Venga a mí y beba* es, a la vez, una invitación y un mandato. Los dos verbos *venga* y *beba* son imperativos en el tiempo presente que describen acción continua. Como la sed física debe ser satisfecha diariamente y aun varias veces en el día, así también el creyente debe acudir a Jesús y satisfacer su sed espiritual todos los días.

La expresión *cree en mí* del v. 38 emplea la preposición griega *eis*[1519], que comunica la idea de confianza en y compromiso o entrega a alguien. El hecho de *creer en él*, venir a él y beber del agua que él ofrece son términos sinónimos. El verbo traducido *dice* es un aoristo; "dijo" sería la traducción más literal. Evidentemente Jesús se refiere a lo que sigue, pero el problema es que no hay una cita igual en el AT; sólo algunas similares (ver Éxo. 17:6; Isa. 44:3; 55:1; 58:11; Eze. 47:1 ss.; Zac. 13:1; 14:8). El término *ríos* es enfático por su posición en la frase. Hay dos expresiones que describen la cantidad y calidad superior del agua mencionada en comparación con el agua traída de la fuente de Siloé: la cantidad, o abundancia de agua, se describe como *ríos* corriendo y la calidad se expresa con el término *viva* o "viviente" o literalmente "agua que está viviendo". El término *interior* es literalmente

39 Esto dijo acerca del Espíritu que habían de recibir los que creyeran en él, pues todavía no había sido dado* el Espíritu*, porque Jesús aún no había sido glorificado.

40 Entonces, cuando algunos de la multitud oyeron estas palabras, decían: "¡Verdaderamente, éste es el profeta*!".

41 Otros decían: "Este es el Cristo". Pero

---

*7:39 Los mss. más antiguos dicen solamente *era* (o sea, *se daba* o *venía*) en lugar de *había sido dado*.
*7:39 Algunos mss. antiguos dicen *Espíritu Santo*.
*7:40 Ver Deut. 18:15, 18

"estómago". Resumiendo: el que tiene sed, viene a Cristo, cree en él, satisface su sed y, luego, se convierte en una fuente de la cual fluyen ríos de agua viva para satisfacer la sed de otros. La expresión *ríos de agua viva* se refiere a la totalidad del testimonio cristiano, incluyendo ministerios especiales. Es obvio que aun la fuente última del agua que fluye del creyente es Cristo, implicando la absoluta necesidad de mantener una relación íntima y verdadera con él. El creyente llega a ser un conducto por el cual el agua espiritual procede de su fuente, Cristo mismo, y satisface la sed de la humanidad. Muchas veces se ha usado la ilustración del mar Muerto, tan salada que ninguna vida es posible en él, para advertir lo que sucede cuando el creyente recibe y recibe, pero no comparte su bendición con otros.

Juan agrega, en el v. 39, una breve explicación de las palabras crípticas pronunciadas por Jesús. Los "ríos de agua viva" describen la operación del Espíritu Santo en la vida del creyente. *Habían de recibir* traduce un verbo auxiliar que connota la idea de algo inminente: "estaban a punto de recibir". Este don de Dios estaba disponible sólo para los que *creyeran en él*, empleando otra vez la preposición gr. *eis* (ver v. 38) que describe una creencia profunda que resulta en vida eterna. Luego Juan relaciona dos eventos futuros: la crucifixión y Pentecostés, el momento histórico cuando el Espíritu Santo bautizó a todos los creyentes y estableció su morada en ellos. Campbell Morgan sugiere que la referencia al Espíritu Santo en 20:22 es un "soplo profético" y que los discípulos no lo recibieron en ese momento. La veni-

da en plenitud del Espíritu Santo tuvo que esperar hasta después de que Jesús fuera glorificado, porque su ministerio principal se basaría en la obra completada de Jesús (16:7; Hech. 2). El Espíritu Santo estaba presente y participó en la creación del mundo y durante toda la historia de la humanidad él siguió obrando, pero en forma limitada y ocasional. A partir de Pentecostés, él tomó morada permanente en el verdadero creyente, capacitándole para ser testigo de Jesucristo.

(3) La división entre los oyentes, 7:40-44. Al terminar Jesús su discurso sobre el "agua viva", se produjo una cuádruple división de la gente común que estaba en el templo sobre la identidad verdadera de Jesús.

La conjunción continuativa *Entonces*, tan frecuente en este Evangelio, conecta el pasaje anterior con este versículo. *Algunos de la multitud* se refiere a gente común y no a los líderes. La multitud responde positivamente a la enseñanza de Jesús sobre el *agua viva*, aunque es de dudar que hayan entendido el significado profundo de lo que dijo. Quizás lo que les impresionó más fue, no tanto el contenido, como la manera solemne y autoritativa con que hablaba. *El profeta* sería una referencia a la promesa de Moisés al pueblo de Israel de que Dios levantaría a otro profeta como él (ver Deut. 18:15, 18). Algunos judíos pensaban que "el profeta" y el Mesías serían la misma persona, especialmente desde que Moisés sacó agua de la peña y Jesús hablaba de "agua viva". Sin embargo, este pasaje hace una clara distinción entre ambos personajes (ver 1:21; 6:14).

Otros de entre la multitud, sabiendo la

otros decían: "¿De Galilea habrá de venir el Cristo? **42** ¿No dice la Escritura que el Cristo vendrá de la descendencia de David y de la aldea de Belén, de donde era David*?". **43** Así

que había disensión entre la gente por causa de él. **44** Algunos de ellos querían tomarlo preso, pero ninguno le echó mano.

---

*4:42 Ver Miq. 5:2

---

distinción entre *el profeta* y el Mesías, fueron mucho más lejos al afirmar que Jesús era más que profeta, era el Mesías, un título derivado del término en heb. para "el Ungido". *Cristo*, derivado del verbo en gr. para ungir, significa lo mismo. Quizás algunos habían visto las señales que Jesús había realizado, pero parece que llegaron a esta conclusión, no basados en las señales, sino en las enseñanzas de él. *Pero otros decían: "¿De Galilea habrá de venir el Cristo?"*. Este es el tercer grupo de oyentes de entre la multitud, los cuales tenían dudas de su identidad, pues sus datos personales no concordaban con lo que ellos esperaban. La pregunta "¿De Galilea...?" vendría de gente sincera que se acordaba de la profecía en cuanto a Belén, o sencillamente algunos, probablemente de Judea, dirían con un tono despectivo que nada bueno podría salir de Nazaret, un pueblo en Galilea (ver 1:46). La pregunta anticipa una contestación negativa.

La pregunta del v. 42 se construye con una partícula griega de negación (*ouk*[3756]) que anticipa una contestación positiva. Este tercer grupo se refería a varios pasajes del AT (Miq. 5:2 [Mat. 2:6]; ver 1 Sam. 16:1) para fundamentar sus dudas. No estarían al tanto de que Jesús era de *la descendencia de David* y que nació en *Belén*, pero que se crió en Nazaret.

La cuádruple división, o mejor *disensión*, entre la gente común de entre la multitud se expresa concretamente aquí. Una división no necesariamente significa discordia, pero *disensión* sí. El término *disensión* traduce un vocablo gr. del cual viene nuestra palabra *cisma*.

El v. 44 presenta al que sería el cuarto grupo de entre la multitud, el cual adoptó una posición más intransigente, aunque

algunos creen que este es el tercer grupo que progresó de la duda al deseo de tomar acción. No creían que sería "el profeta", ni el Mesías, ni se quedaban meramente con dudas, sino que estaban deseando ponerle fuera del contacto con las multitudes. Estos serían de la multitud, no los guardias (vv. 32, 45 s.) que fueron enviados por el Sanedrín. Otra vez parece que hubo un impedimento invisible e inexplicable frenando su deseo de acción. ¡Todavía su hora no había llegado!

(4) Las autoridades se oponen a Jesús, 7:45-52. En esta sección notamos por primera vez la unión de las dos sectas principales en su oposición a Jesús y su deseo de eliminarlo. Los sumos sacerdotes eran de la secta de los saduceos. Existía un conflicto constante entre la secta muy liberal y con simpatías romanas, y los fariseos, secta ortodoxa y muy legalista. Sin embargo, estos dos grupos se unieron para tramar la muerte de Jesús.

Los guardias quedaron tan impresionados con Jesús y sus enseñanzas que decidieron, por cuenta propia, no cumplir las órdenes de los principales sacerdotes, por cierto una decisión audaz. *Los principales sacerdotes* se refiere al sumo sacerdote titular y a los que habían sido sumos sacerdotes de su familia. Anás, el patriarca de la familia, había elaborado un sistema por el cual él controlaba las decisiones del Sanedrín por medio de sus familiares que heredaban ese puesto. R. Brown sugiere que el solo artículo definido *los* en el texto griego ante "principales sacerdotes y fariseos" indica que Juan consideraba a estos dos grupos como unidos para oponerse a Jesús. *¿Por qué no le trajisteis?* es una demanda de una explicación por la falta de obedecer sus órdenes (ver v. 32).

Las autoridades se oponen a Jesús

45 Luego los guardias regresaron a los principales sacerdotes y a los fariseos, y ellos les dijeron:

—¿Por qué no le trajisteis?

46 Los guardias respondieron:

—¡Nunca habló hombre alguno así*!

47 Entonces los fariseos les respondieron:

—¿Será posible que vosotros también hayáis sido engañados? 48 ¿Habrá creído en él alguno de los principales o de los fariseos? 49 Pero esta gente que no conoce la ley es maldita.

*7:46 Algunos mss. antiguos incluyen *como habla este hombre.*

En vez de traer a Jesús como preso, según la orden de los líderes, los guardias trajeron un testimonio preocupante y alarmante para sus superiores. El adverbio *así* indicaría que fue la manera de hablar de Jesús lo que impidió la realización de la misión de los guardias. Quizás fue la autoridad con que Jesús enseñaba, o el contenido de su palabras, o ambas cosas que impactaron tanto a los guardias. Confesaron que en toda su vida no habían escuchado ni a un solo hombre hablar como Jesús hablaba. Hovey cita a Agustín quien dijo: "Su vida es relámpago; sus palabras trueno" (ver Mat. 7:28 s.). Marcus Dods observa dos cosas importantes en la respuesta de los guardias: la respuesta es notable porque normalmente los guardias darían un informe mecánico y sin opiniones personales, dejando la responsabilidad por sus acciones a sus superiores; y es notable también en que todo el grupo, de unos cuatro a seis, estaba de acuerdo en la respuesta.

La reacción de los que se consideraban "guardianes de la ley" (v. 47) fue inmediata, revelando su actitud de superioridad autoritativa. La interpretación de la ley, según ellos, era la única oficial y los que no la aceptaban fueron clasificados como malditos (v. 49). En el texto griego el pronombre *vosotros* es enfático y la partícula negativa *meti*³³⁶¹ anticipa una contestación negativa: "¿No habéis sido engañados también vosotros, verdad?". (Nota del Editor: una posibilidad es que se puede tratar de una pregunta que expresa duda, pues la partícula podría ser *metis*³³⁸⁷).

Estaban seguros de que absolutamente ninguno del Sanedrín, el cuerpo de suprema autoridad en asuntos teológicos y civiles, había creído en Jesús. Ese hecho en sí cerraba el asunto para ellos; su autoridad tenía más peso que cualquier evidencia contraria. Lo que ellos creían, lo podían creer los del pueblo, pero nada más. Los que hablaban no estaban enterados de que, en realidad, uno de su grupo, inclusive uno que era fariseo, había ido a Jesús de noche con inquietudes espirituales. *Los principales* se distinguen de los fariseos, indicando que se trata de los sumos sacerdotes quienes serían saduceos.

Vemos en la afirmación del v. 49 dos cosas: la arrogancia de los fariseos y el desprecio que sentían hacia la gente común del pueblo (ver Jer. 5:4). La implicación es que si conocieran la ley no serían "engañados" por Jesús. *No conoce la ley* quiere decir "en la manera que ellos la interpretaban". Los fariseos habían elaborado 613 mandatos que se derivaban de la ley de Moisés. Ellos procuraban guardar los 613 mandatos, e imponérselos a los demás, como camino para obtener el favor de Dios y su salvación. Plummer comenta que, en los escritos rabínicos, abunda el desprecio por la "gente de la tierra". Es interesante que Jesús condenó a los fariseos con los términos más fulminantes (ver 9:39-41; 10:7-15; Mat. 23:1 ss.), pero trató a la gente común con misericordia.

El fariseo no pudo guardar silencio más; se sentía obligado a levantar su voz, tímidamente sí, pero con el riesgo de ser condenado por sus colegas del Sanedrín. Él también había quedado impactado por las palabras de Jesús y parece que estaba con-

50 Nicodemo, el que fue a Jesús al princi-
pio* y que era uno de ellos, les dijo:
51 —¿Juzga nuestra ley a un hombre si
primero no se le oye y se entiende qué hace?

52 Le respondieron y dijeron:
—¿Eres tú también de Galilea? Escudriña y
ve que de Galilea no se levanta ningún profeta.

---

*7:50 Algunos mss. antiguos tienen *fue a Jesús de noche y* ...; ver 3:1 ss.

---

templando unirse con sus seguidores (ver
3:1 ss.). La pregunta (v. 51) anticipa una
contestación negativa, literalmente: "¿No
la ley de nosotros juzga..., verdad?". Estas
autoridades de la ley estaban olvidándose
de un principio básico de su propia ley: no
se juzga a un hombre sin escuchar su
defensa (Deut. 1:16, 17; 17:2-5, 8;
19:15-19). Esta disposición de la ley era y
es de suma importancia en asuntos religiosos, pues uno fácilmente puede, por
ignorancia o por prejuicio, representar mal
lo que otro haya dicho si éste no tiene
oportunidad de defenderse.

Sorprendidos y alarmados, sus colegas
no respondieron al desafío de Nicodemo,
sino apelaron a otra evidencia que valía
más para ellos (v. 52). Cambiar el tema es
una táctica que algunos grupos religiosos
emplean cuando no quieren, o no pueden,
responder directamente a un concepto
presentado por otro. Otra vez estos arro-
gantes profesores de la ley estaban equivocados, o deliberadamente dejaron de
lado una evidencia para imponer su juicio.
Tendrían que saber que el profeta Jonás
era el hijo de Amitai quien moraba en Gat-
jefer (2 Rey. 14:25; Jon. 1:1), un pequeño pueblo en Galilea a pocos kilómetros al nordeste de Nazaret.

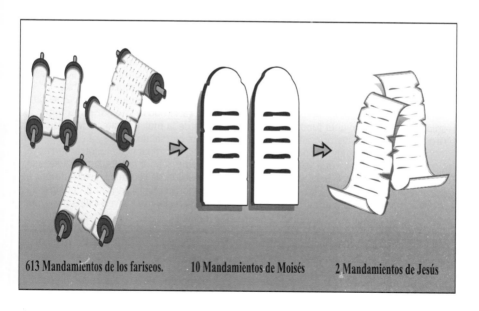

613 Mandamientos de los fariseos.   10 Mandamientos de Moisés   2 Mandamientos de Jesús

Relación de los mandamientos de los fariseos, Moisés y Jesús

La mujer sorprendida en adulterio

8 53 * [Y se fue cada uno a su casa.
1 Pero Jesús se fue al monte de los Olivos,
2 y muy de mañana volvió al templo. To-

do el pueblo venía a él, y sentado les enseñaba.
3 Entonces los escribas y los fariseos le trajeron una mujer sorprendida en adulterio; y
poniéndola en medio, 4 le dijeron:

—Maestro, esta mujer ha sido sorprendida

---

*7:53 Algunos mss. antiguos no incluyen los vv. entre corchetes (7:53—8:11); en otros, el pasaje
aparece después de Luc. 21:38 o 24:53 o después de Juan 8:36.

{Jesús perdona a la adúltera, 7:53—8:11}

Existe un gran volumen de argumentos a favor y en contra de lo genuino de este pasaje y de la ubicación en el Evangelio de Juan de la historia de la mujer adúltera traída a Jesús. No aparece en los mss. más antiguos y, cuando luego aparece, se ubica en distintos lugares en el Evangelio: después del v. 36, después del v. 44 en este capítulo, al fin del Evangelio o al fin del Evangelio de Lucas. Por esta razón algunos comentaristas lo omiten por completo, Borchert lo ubica al fin del cap. 11, Morris lo asigna al apéndice de su comentario.

Plummer observa que, a pesar de las opiniones muy variadas sobre este pasaje, una cosa es cierta: todos están de acuerdo de que no estaba en el ms. original, ni procedió de la pluma del apóstol Juan. Los argumentos para apoyar este veredicto son varios y convincentes. No concuerda el estilo, el vocabulario, ni el tono con los escritos juaninos. Esta historia interrumpe el desarrollo del Evangelio, separando dos afirmaciones de Cristo que están relacionadas (ver 7:37, 38 con 8:12). Además de esta evidencia interna, existe abundante evidencia externa en contra de la aceptación de este pasaje como parte del Evangelio. Por ejemplo, el ms. más antiguo que incluye este pasaje es el uncial identificado con la letra "D" que data de los siglos V o VI, pero este tiene la fama de varios agregados no auténticos. Así, las evidencias interna y externa se unen para asegurarnos que este pasaje no estaba en el texto original.

Si esta historia no pertenece al Evangelio

original de Juan, ¿cómo debemos tratarlo? La opinión de muchos comentaristas conservadores es que debe ser considerada como una porción genuina de la historia bíblica. El estilo del texto es similar al de los Sinópticos, especialmente al de Lucas, lo cual explica por qué algunos mss. lo ubican al fin de este Evangelio. Además, el texto está totalmente de acuerdo con la conducta y las enseñanzas de Jesús en otras ocasiones similares. El comentarista Lange dice que "es una reliquia apostólica" y Meyer agrega que "es una escritura de la edad apostólica". Agustín sugirió que quizá este relato fue omitido de los mss. antiguos para no dar la idea de que Jesús trataba livianamente el adulterio. Por estas razones, aun reconociendo que el pasaje no constituye una parte original de Juan, la RVA sigue la tradición más popular de ubicarlo aquí, pero entre corchetes.

El v. 53 y también los del 8:1, 2 se omiten en casi todos los mss. que omiten la historia de la mujer adúltera. Morris opina que este versículo indica que la historia perteneció originalmente a otra narrativa, pero nadie sabe cuál. Es lamentable que, en la división de capítulos, realizada por el arzobispo Stephen Langton en el siglo XI, y la numeración de los versículos, realizada por Estienne en 1551, este versículo fuera ubicado en el cap. 7. Si este versículo corresponde aquí, se refiere a los miembros del Sanedrín quienes se separaron, desilusionados por el fracaso de su plan y alarmados porque uno de los suyos no estaba de acuerdo con su proceder.

El monte *de los Olivos* se menciona diez veces en los Sinópticos, pero no se encuentra en otra parte de este Evangelio (ver

en el mismo acto de adulterio. **5** Ahora bien, en la ley Moisés nos mandó apedrear a las tales*. Tú, pues, ¿qué dices?

6 Esto decían para probarle, para tener de qué acusarle. Pero Jesús, inclinado hacia el suelo, escribía en la tierra con e l dedo. **7** Pero

---

*8:5 Ver Lev. 20:10; Deut. 22:22

18:1). El término gr. que se traduce *se fue* tampoco se encuentra en Juan, pero es frecuente en los Sinópticos. Jesús tenía la costumbre, estando en Jerusalén, de pasar la noche en Betania en la casa de Lázaro, Marta y María. Los Sinópticos indican que Betania estaba en, o al lado de, el monte de los Olivos (ver Mar. 11:11 s.; Luc. 21:37 y 22:39).

La expresión *muy de mañana* (v. 2) traduce un término griego que no se encuentra otra vez en Juan, pero frecuentemente en el NT. El verbo *volvió*, lit. "otra vez se fue", sirve para unir este episodio con su ministerio en el templo el día anterior. Nótense los verbos en el tiempo imperfecto *venía* y *enseñaba* que describen acción continua. *Sentado* era la postura común para uno que enseñaba.

La expresión *los escribas* y *los fariseos* (v. 3), refiriéndose a los que Juan llama "los judíos", es común en los Sinópticos, pero sólo aquí en este Evangelio. Tampoco Juan menciona en otra parte *a los escribas*, pero los Sinópticos se refieren a ellos frecuentemente (22 veces en Mateo, 21 en Marcos y 14 en Lucas). Los dos términos no se refieren al mismo grupo. Los escribas normalmente eran fariseos, pero no todos los fariseos eran escribas. Los escribas eran miembros de un grupo profesional que copiaban los textos a mano y los analizaban, contando la frecuencia de letras y palabras, y cosas semejantes. Puesto que los fariseos dedicaban mucho tiempo estudiando la ley de Moisés, tenían un interés común con los escribas. El texto del ms. "D" tiene "una mujer tomada en pecado" en vez de *en adulterio* y también omite el objeto indirecto del verbo *le trajeron* que se refiere a Jesús. Probablemente, la mujer vivía en Jerusalén. Muchos preguntan por qué no trajeron

también al hombre culpable de lo mismo. Es posible que el hombre se haya escapado, o es más probable que los escribas y fariseos no tenían tanto interés en los culpables como en atrapar a Jesús en una falta que ellos podrían usar para condenarlo. La mujer, sin el hombre, serviría perfectamente para sus propósitos. *Poniéndola en medio* describe un acto carente de toda decencia humana, exponiendo a la mujer a la mirada de los congregados allí. Con este acto la mujer fue doblemente humillada. No hay evidencia de que los acusadores estuvieran actuando como una embajada oficial del Sanedrín.

Se dirigen a Jesús con el título *Maestro*, fingiendo respeto. El verbo *ha sido sorprendida* es literalmente "ha sido agarrada". Probablemente estos hombres habían presenciado el mismo acto de adulterio, requisito para acusarla, según algunos comentaristas, y habían echado mano de ella, interrumpiendo el acto. También, todos los testigos no sólo tendrían que presenciar el acto, sino estar de acuerdo en los detalles del evento para fundamentar su acusación. Esto indicaría la probabilidad de una trampa puesta deliberadamente para poder producir la "carnada" necesaria para otra trampa que iban a tender a Jesús. El grupo de acusadores sería numeroso, otra evidencia de que dejaron escapar al hombre por no tener interés en la presencia de él en su encuentro con Jesús.

Morris observa que los acusadores manipulan el texto de la ley que dice "apedrear a los tales", que incluye tanto el hombre como la mujer y no se especifica cómo serán castigados, sólo que morirán (ver Lev. 20:10; Deut. 22:22). La ley especifica el modo de matar en el caso de una virgen desposada con un hombre (Deut. 22:23 s.). La Mishna enseñaba que

como insistieron en preguntarle, se enderezó y les dijo:

—El de vosotros que esté sin pecado sea el primero en arrojar la piedra contra ella.

8 Al inclinarse hacia abajo otra vez, escribía en tierra. 9 Pero cuando lo oyeron*, salían uno por uno, comenzando por los más viejos*. Sólo quedaron Jesús y la mujer, que estaba en medio. 10 Entonces Jesús se enderezó y* le preguntó:

---

*8:9a Algunos mss. antiguos incluyen *censurados por sus conciencias*.
*8:9b Algunos mss. antiguos incluyen *hasta los últimos*.
*8:10 Algunos mss. antiguos tienen *y cuando no vio a nadie más que la mujer,...*

---

los adúlteros serían estrangulados. Parece que lo que ellos tenían en mente era matar a la mujer sin juicio oficial. Habiendo presentado la evidencia en contra de la mujer y recordado a Jesús del castigo que correspondía, según su interpretación, demandan una decisión de Jesús. El pronombre *tú* es enfático. Carson, Morris y otros encuentran evidencia para indicar que los judíos, en el tiempo de Jesús, raramente apedreaban a los culpables de adulterio.

El v. 6 revela por primera vez, y en forma explícita, la intención de los escribas y fariseos. *Probarle* traduce un verbo que significa "tentar" o "probar" con el fin de causar una caída. Habían fracasado en los intentos anteriores de prender a Jesús, ahora querían tener una base sólida y legal para acusarle. Se piensa que lo que ellos tenían en mente era una trampa diseñada de tal manera que, sin importar cómo contestara, sería culpable. Si él hubiera aprobado el apedreamiento, se hubiera expuesto al juicio romano, pues la ley romana no asignaba la pena capital para el adulterio. Además, en los casos de pena capital, las autoridades romanas tendrían que dar su anuencia, si no ejecutar ellas mismas la sentencia. Ellos gustosamente le hubieran acusado ante las autoridades romanas. Si hubiera contestado que no, se hubiera pronunciado en contra de la disposición de la ley de Moisés. Una trampa perfecta, sin salida, según ellos. No anticipaban la respuesta silenciosa de Jesús. Muchos han observado que es la única ocasión relatada en el NT cuando Jesús escribió algo, y eso en la arena que pronto se borró. Es inútil especular sobre el contenido de la escritura. Es posible que no haya escrito palabras, sino meras marcas en la tierra, esperando una reacción de los acusadores. El verbo compuesto traducido *escribía*, encontrado sólo aquí en el NT, puede significar "dibujar o trazar una línea".

Quizás ellos pensaban que el silencio de Jesús se debía a su inhabilidad de contestar, dándose cuenta de que estaba encerrado en una trampa sin salida. Ellos no aceptaron la respuesta de silencio de Jesús y seguían insistiendo en una respuesta directa e inequívoca. Les daría una respuesta, sí, pero no como ellos esperaban, ni jamás podrían haber anticipado. Según la ley (ver Deut. 17:7), los testigos oculares serían los primeros en tirar las piedras.

Algunas versiones insertan en el v. 8: "como si no los oyera", pero esta expresión no está en el texto gr. Otra vez Jesús aplica la prueba de silencio, dejándoles perplejos y con sus conciencias activándose y acusándoles de sus propias faltas. Ahora la atención se cambia de la mujer tirada en el suelo a los acusadores, que a esta altura quizás estarían pálidos y manifestando un agudo ataque de nervios. Nótese que Jesús no les acusa de pecados, sino les deja solos con su conciencia.

Ellos intentaron probarle a él para declararle culpable, pero con su respuesta les probó a fondo y fueron ellos los que salieron culpables. Jesús convirtió la trampa perfecta de ellos en una prueba perfecta para ellos. El verbo del tiempo imperfecto *salían*, indicando acción continua, describe gráficamente la procesión de los acusadores saliendo redargüidos y vencidos. *Los más viejos* serían los que eran

—Mujer, ¿dónde están*? ¿Ninguno te ha condenado?
11 Y ella dijo:
—Ninguno, Señor.

Entonces Jesús le dijo:
—Ni yo te condeno. Vete y desde ahora no peques más].

---

*8:10 Algunos mss. antiguos incluyen... *los que te acusaban?*

---

más conscientes de las faltas en sus vidas que los descalificaban para tirar piedras, pero al fin todos, sin excepción, se fueron, *uno por uno.* Por un lado, es loable que su salida significa un reconocimiento de sus propias faltas. Es también probable que ellos tendrían la sensación de que Jesús podía leer sus corazones como libro abierto y no se atrevían a pretender inocencia.

Por primera vez (v. 10) Jesús se dirige a la mujer, seguramente con una mirada de compasión. Esta mujer sí era culpable de una grave falta moral, pero ahora se daba cuenta de que estaba en la presencia de uno que la había rescatado de una muerte segura y que la miraba, ya no como los curiosos o los que le habían tratado como un objeto sin valor, sino como uno que la amaba a pesar de su miseria. Se habrá sorprendido por la huida de sus acu-sadores. El término *Mujer,* contrario a lo que podría sonar a nuestros oídos, no expresa falta de respeto. Es el mismo término con que Jesús se dirigió a su madre cuando él estaba colgado en la cruz (19:26).

La respuesta de Jesús (v. 11) *Ni yo te condeno* no significa que Jesús aprobara el adulterio. Agustín comenta que "Jesús perdona al pecador, pero condena el peca-do". Es que Jesús podía leer la maldad en el corazón de los escribas y fariseos y tam-bién el espíritu penitente en el corazón de esta mujer (ver Mat. 9:2). Actuó en una manera con ellos, y otra manera distinta con esta mujer. El mandato *desde ahora no peques más* indica la actitud de Jesús hacia toda clase de pecado, incluyendo el adulterio. El verbo *no peques más* es un imperativo en el tiempo presente que sig-

---

PROBLEMA TEXTUAL DE JUAN 7:53—8:1

Manuscritos que no contienen el texto		Manuscritos que contienen el texto	
p66	Año 200	D	Siglo V
א	Siglo IV	G	Siglo IX
B	Siglo IV	Muchos otros manuscritos posteriores	
Muchos otros manuscritos posteriores			
		Versiones que contienen el texto	
Algunos manuscritos posteriores ubican el texto en diferentes partes del Evangelio de Juan o de Lucas.		Cóptica	Siglos III-IV
		Vulgata	Siglos IV-V
		Siríaca	Siglos IV-V
El vocabulario usado en el texto es muy diferente al del resto del Evangelio.		Antigua Latina	Siglo VI

Testimonio de Jesús sobre sí mismo

12 Jesús les habló otra vez a los fariseos diciendo:

—Yo soy la luz del mundo. El que me sigue nunca andará en tinieblas, sino que tendrá la luz de la vida.

13 Entonces los fariseos le dijeron:

---

nifica la cesación de una acción en progreso: "Desde este momento en adelante no continúes pecando". Un comentarista lo traduce "deja ahora tu hábito pecaminoso". Jesús exige la cesación del adulterio, pero mucho más al mandar *no peques más*. Es interesante que él no demanda el arrepentimiento por el adulterio, sino que apunta a una vida completamente nueva, transformada, de santidad, lo cual implica arrepentimiento.

Joya bíblica

Yo soy la luz del mundo. El que me sigue nunca andará en tinieblas, sino que tendrá la luz de la vida (8:12).

La luz del mundo

En el prólogo de Juan se da énfasis al hecho de que Jesús vino a traer luz a la humanidad. El era "la luz verdadera que alumbra a todo hombre" (1:9). La luz está íntimamente relacionada con la vida que él vino a traer a todos los que creyeran en él.

"Yo soy la luz del mundo. El que me sigue nunca andará en tinieblas, sino que tendrá la luz de la vida" (8:12). La luz de Cristo ilumina nuestros pasos y nuestro camino a fin de que podamos seguirlo a él, y vivir según sus enseñanzas. La luz de Cristo quita de nosotros la ceguera que tenemos en cuanto a nuestra espiritualidad, en cuanto a nuestras acciones éticas, en cuando a nuestra mayordomía, en cuanto a nuestro deber para compartir el evangelio. Quita la ceguera y da claridad de visión para proseguir según las enseñanzas de Cristo. A la vez, la luz de Cristo penetra y expone la oscuridad en la vida del creyente como en la vida del que no cree en Cristo. Cada uno tiene que decidir cómo responder a ella. Cristo, hablando con los fariseos dice: "Si fuerais ciegos, no tendríais pecado; pero ahora porque decís: 'Vemos', vuestro pecado permanece" (9:41).

16. El sexto discurso: la luz del mundo, 8:12-59

Juan continua el planteo de Cristo como la fuente de verdad y luz, tema que abarca los caps. 7 y 8. Por ejemplo, el énfasis en el concepto "verdad" se observa en la frecuencia del uso del término. En los vv. 12 al 46 del cap. 8, el sustantivo "verdad" (*aletheia*[225]) y sus derivados se encuentran nada menos que 14 veces. En la fiesta de los Tabernáculos, el simbolismo del agua y la luz era importante y Jesús aprovecha estos símbolos para describir quién era él y qué ofrecía a la humanidad (7:38; ver 4:10). En este pasaje Jesús sigue su diálogo con los fariseos. Parece que la fiesta se había terminado y la multitud se había ido, y no aparece otra vez hasta 11:42. Tampoco los escribas se mencionan más (ver 8:3). Hull emplea el título "Cristo, el juez de la vida" para este capítulo.

(1) El testimonio del Padre, 8:12-20. En esta sección, Jesús declara que él es la luz del mundo, lo cual produce una reacción vigorosa de parte de los fariseos quienes rechazan la afirmación, considerando que su testimonio es inválido. Entonces el diálogo gira alrededor de lo verdadero o no de su testimonio.

Si omitimos la sección anterior, 7:53 a 8:11, entendiendo que no corresponde a este lugar, o no es integrante auténtico de este Evangelio, entonces el v. 12 sería la continuación de 7:52. El adverbio *otra vez* sería la indicación de la continuación del diálogo con los fariseos. Aparece otra vez, y en una posición enfática, esa expresión tan céntrica en este Evangelio: *Yo soy* (*ego*[1473] *eimi*[1510]; *JHWH*[3068], "Yahweh" o "Jehovah"), que expresa el "Eterno Ser" de la divinidad (ver Éxo. 3:14). Seguramente los fariseos no perdieron el significado de ese término tan sagrado; sin

—Tú das testimonio de ti mismo; tu testimonio no es verdadero.

14 Jesús respondió y les dijo:

—Aun si yo doy testimonio de mí mismo, mi testimonio es verdadero, porque sé de dónde vine y a dónde voy. Pero vosotros no sabéis de

---

embargo, ellos lo consideraban como el colmo de egotismo y arrogancia. Además, afirma ser *la luz del mundo*, no sólo del pueblo judío, indicando la misión universal de su ministerio.

La luz y la oscuridad

La luz y la oscuridad son elementos muy importantes en el Evangelio y en las Epístolas de Juan. En el Antiguo Testamento, las primeras palabras de Dios en Génesis 1 son: "Sea la luz", y siguen las impactantes palabras: "y fue la luz" (1:3). La palabra "luz" es usada para describir a Dios o la palabra de Dios. La oscuridad se refiere a la oposición a Dios. En Juan 1:4-9 se presenta a Cristo como la luz que ha venido al mundo, y que brilla en medio de la oscuridad que no tiene ningún poder para vencer la luz.

Esta dicotomía es típica de las enseñanzas de Juan, donde su propósito incluye aclarar las opciones abiertas frente al evangelio.

Conviene recordar la prominencia de la luz en la fiesta de los Tabernáculos. En el primer día se prendían grandes candelabros en el patio de las mujeres en memoria de la columna de fuego que guió al pueblo durante los 40 años de peregrinaje en el desierto. Estos fueron esparcidos por las cabañas para iluminar a todos los congregados para la ocasión. Se piensa que estas luces no seguían encendidas durante todo el curso de la fiesta, de modo que se terminaba sin luz. Jesús, al afirmar *Yo soy la luz del mundo*, quiso decir que él mismo supliría la luz que faltaba para orientar a todos los que creyesen en él, ya no por pocos días, sino para siempre. Plummer acota que "La Luz", según la tradición judía, era uno de los nombres del Mesías esperado. El hecho de que Jesús estaba hablando en el "lugar de las ofrendas" (ver 8:2), o sea el patio de las mujeres, el lugar donde se prendían los candelabros, es otra

indicación de que se refería a esa tradición. Sin embargo, MacGregor y otros opinan que esta referencia a la *luz* se refiere al prólogo de este Evangelio (1:4). Morris observa que aparentemente Jesús emplea tres referencias consecutivas al peregrinaje en el desierto para describir su misión: "pan del cielo" en el cap. 6, "agua" en el cap. 7 y "luz" en este capítulo. Juan declara que "Dios es luz" (1 Jn. 1:5) y Jesús mismo dijo que sus discípulos eran "la luz del mundo" (Mat. 5:14).

La luz es necesaria para ver y el ver es necesario para conocer. En esta declaración, Jesús afirma ser la fuente última y exclusiva de la luz que revela el conocimiento de Dios. El mundo se refiere a toda la humanidad.

Como Dios iba delante del pueblo durante el peregrinaje, en la columna de fuego, así Jesús ofrece guiar a los que le siguen ahora. El verbo *sigue* está en el tiempo presente que describe una acción continua: "el que está siguiéndome". El concepto es esencialmente lo mismo que "creer en él", excepto que aquí enfatiza el liderazgo y la iluminación de Cristo, por un lado, y la obediencia del creyente, por el otro. *Nunca* traduce el doble negativo gr. que es enfático. Andar en *tinieblas* es un término empleado exclusivamente en los escritos juaninos para describir el mal moral y todo lo opuesto a Cristo y su reino. El antagonismo irreconciliable entre la luz y las tinieblas se destaca en los Rollos del Mar Muerto. Nótese la relación entre *luz* y *vida*, ambos términos opuestos a las tinieblas (ver 1:4, 5). *La luz* no sólo revela *la vida* y conduce a ella, sino que es la fuente de la vida. Plummer nos recuerda que en la iglesia primitiva los candidatos al bautismo miraban primero al oeste, renunciando a Satanás y sus obras, y luego se volvían al este y profesaban fidelidad a Cristo como la luz del mundo.

dónde vengo ni a dónde voy. **15** Vosotros juzgáis según la carne, pero yo no juzgo a nadie. **16** Y aun si yo juzgo, mi juicio es verdadero; porque no soy yo solo, sino yo y el Padre que me envió. **17** En vuestra ley está

escrito que el testimonio de dos hombres es verdadero. **18** Yo soy el que doy testimonio de mí mismo, y el Padre que me envió también da testimonio de mí.

19 Entonces le decían:

Los fariseos apelan a un principio básico de su ley: el testimonio de uno mismo no es válido. Su reacción a Jesús es cada vez más fuerte, interrumpiendo su discurso a cada paso. Los fariseos seguramente estaban enterados del testimonio del Bautista (ver 1:7, 29) y habían oído que Jesús reclamaba la validez del testimonio de su Padre, de sus obras, de Moisés y de las Escrituras (cap. 5). Morris comenta que los fariseos no estaban diciendo que su testimonio era falso, sino no válido o no legal. Sin embargo, el término verdadero es lo opuesto a lo que es falso. Ellos apelaban al hecho de que Jesús no reunía las condiciones para un testimonio válido y legal, por no acompañarlo con dos testigos, pero también lo rechazaban como falso.

Jesús admite en el v. 14 que estaba testificando de su propia persona, pero lo que daría validez a ese testimonio es un conocimiento de su procedencia y su destino final. El procedió de Dios quien es la luz del mundo (1:4) y volvería pronto a su morada eterna con el Padre. El conocimiento de estos dos hechos toma el lugar de dos testigos y da validez de su testimonio. Es una manera de resumir su identidad y su ministerio. *Pero vosotros no sabéis de dónde vengo ni a dónde voy*. Así que, los fariseos rechazaban estos "dos testigos" como cosa ficticia porque los ignoraban.

Jesús les acusa de emitir un juicio limitado, humano y carnal, no teniendo conocimiento de lo espiritual y eterno. Ellos juzgaban a Jesús como si fuera un mero hombre, solo basados en la apariencia exterior, su forma visible. El término "juzgar" (*krino²⁹¹⁹*) en el v. 15, como frecuentemente en Juan, significa "condenar" y en ambos caso está en el tiempo presente: "Vosotros estáis condenando...",

"pero yo no estoy condenando...". *Pero yo no juzgo a nadie* es una manera negativa de expresar cuál es la misión esencial de Jesús; todo lo contrario, él vino para salvar y bendecir (ver 3:17, 18; 12:47). Nótese la posición enfática de los dos pronombres *vosotros* y *yo* con los cuales se inician dos frases contrarias. La conjunción adversativa *pero* no está en el texto gr., ni en la RVR-1960, aunque se sobreentiende. Su inserción aquí resta del impacto del contraste y de la posición enfática del pronombre *yo*. Godet entiende que la segunda frase debe traducirse así: "Yo solo no juzga independientemente de mi Padre" (ver v. 16; 5:30).

A pesar de que su misión no era la de condenar, a veces resulta siendo una condenación, como en este momento y especialmente como será en el juicio final. Cuando sucede que juzga o condena su juicio es válido; no es un juicio carnal como el de los fariseos, porque no es independiente, sino respaldado por la compañía y autoridad del Padre (ver v. 29; 16:32). Jesús agrega otro elemento que respalda lo válido de su juicio, es "el enviado" (ver 3:17) del Padre y su juicio se realiza en el cumplimiento de la misión encomendada por él. En el texto gr., dos mss. y dos versiones de un peso relativo omiten *el Padre*, pero el nombre se sobreentiende.

Nótese el énfasis en *vuestra ley* (v. 17) o vuestra interpretación de la ley. Morris comenta que es la misma expresión que los gentiles usaban al hablar de la ley rabínica, indicando que no les correspondía a ellos. Es posible que Jesús haya enfatizado *vuestra ley* porque los fariseos eran legalistas al extremo, o qué él se elevaba por encima de la ley, o por lo menos de la interpretación rabínica. La expresión *está escrito* traduce un verbo en el tiempo perfecto

—¿Dónde está tu Padre?

Respondió Jesús:

—Ni a mí me conocéis, ni a mi Padre. Si a mí me hubierais conocido, a mi Padre también habríais conocido.

20 Estas palabras habló Jesús enseñando en el templo en el lugar de las ofrendas; y nadie le prendió, porque todavía no había llegado su hora.

---

indicando su valor continuado. La ley exigía dos testimonios, no necesariamente *dos hombres* (ver Núm. 35:30; Deut.

Semillero homilético
Un hombre "especial"
8:12-30

Introducción: Se han hecho tantos "viajes al espacio" que ya no es noticia. Sin embargo, ¡es un logro científico! Hoy se habla más de abrir la posibilidad de viajar entre los planetas. ¿Cómo será? ¿Qué van a encontrar? Pero antes de pensar tanto en nuestros humildes esfuerzos, debemos escuchar qué hizo Jesús.

Podríamos afirmar que Jesús vino del espacio, del otro mundo, para revelar los secretos eternos del universo.

I. Cristo no es de este mundo (vv. 23, 24).
  1. Su testimonio: autoridad de su mensaje (v. 16).
  2. El eterno Cristo.
    (1) Estuvo con Dios en la creación del mundo (1:1-3).
    (2) Su estadía en el mundo fue temporal.
    Vino en forma humana (1:14).
    (3) La misión de Cristo (vv. 28, 29).
    Vino para revelar al Padre.
    Vino a darnos una prueba evidente del amor de Dios.
II. El pecador es de este mundo, vv. 23, 24.
  1. La vida humana es producto de este mundo.
    (1) La humanidad, creación de Dios, es capaz de tener comunión con él.
    (2) Jesús dejó la comunión con Dios para demostrar su amor a la humanidad.
  2. El mundo es la posesión del pecador.
    (1) Puede amarlo, cultivarlo, explotarlo.
    (2) Lucha para ganar "trozos" del mundo.
    (3) Es muy atractivo: la codicia, la envidia.

(Continúa en la pág. siguiente)

17:6; 19:15), pero se entendía que los dos testimonios vendrían de dos hombres.

Jesús introduce la declaración del v. 18 con *Yo soy*, el "Ser Eterno" que él repite numerosas veces en este Evangelio y que lo identifica como divino. Siguiendo con el tema de los dos testimonios para dar validez a un hecho, Jesús indica que su testimonio reúne la exigencia de la ley y mucho más: el suyo es de dos testigos divinos (ver 1 Jn. 5:9). Otra vez apela al hecho de ser "el enviado" del Padre.

Con razón los fariseos, que juzgaban según la apariencia física, no aceptaban el testimonio de Jesús porque los dos testigos que la ley exigía tendrían que ser distintos del acusado o del interesado. Además, no aceptaban que él fuera el enviado del Padre. Entonces, según ellos, Jesús ni tenía un testigo, mucho menos dos. La pregunta de los fariseos no es sincera, pues no estaban preguntando para obtener información; más bien, la pregunta fue formulada con tono despectivo. La referencia a Dios como su Padre era para ellos una tremenda blasfemia o la locura de un demente. Vincent comenta que el testimonio de un testigo invisible e inaudible no los satisfacía.

Jesús señala la ignorancia y ceguera de los fariseos, por un lado, y también la íntima relación entre el Hijo y el Padre, por el otro. El conocer a uno de ellos automáticamente conduciría al conocimiento del otro, siendo los dos de la misma naturaleza. La misión del Hijo era la de declarar o revelar al Padre al mundo (1:18). Los fariseos conocían a Jesús como un mero ser humano, pero no reconocían su naturaleza divina. Si lo hubieran conocido en la dimensión espiritual y divina, hubieran conocido al Padre (14:7-9; 16:3). Lo trágico de los fariseos es que estaban muy seguros de que

21 Luego Jesús les dijo otra vez:
—Yo me voy, y me buscaréis; pero en vuestro pecado moriréis. A donde yo voy, vosotros no podéis ir.

22 Entonces los judíos decían:

—¿Será posible que se habrá de matar a sí mismo? Pues dice: "A donde yo voy, vosotros no podéis ir".

23 Él les decía:

—Vosotros sois de abajo; yo soy de arriba.

---

ellos, más que todos los demás, conocían a Dios y, sin embargo, no lo conocían en absoluto.

Hovey observa que la mención del detalle del v. 20 es completamente natural si fue escrito por el apóstol Juan y si él hubiera estado presente en ese momento, pero inexplicable si fuera escrito por una persona no presente, mucho menos por un creyente desconocido del segundo siglo. Se piensa que el *lugar de las ofrendas* se refiere al patio de las mujeres (ver Mar.

(Continúa de la pág. anterior)

III. El pecador no puede ir a Dios, v. 21.
1. La persona va a morir: es inevitable.
2. El que gana el mundo no tiene nada.
   (1) Todo se queda aquí.
   (2) La burla de la vida: tiene todo, no tiene nada.
3. El pecador no puede ir a Dios (1 Jn. 2:15-17).
   (1) Cristo dijo: "A donde yo voy, no podéis ir", v. 21.
   (2) Ha puesto su afán en esta vida.
   (3) Nos hemos quedado cortos.
   (4) El evangelio nos advierte del peligro.
IV. Cristo abrió el camino a Dios (14:6).
1. Vino de Dios; volvió a Dios.
2. Nos invita a tener la vida abundante.
   (1) A confiar en él.
   (2) A reconocer nuestro pecado.
   (3) A entregarle nuestra vida a Dios.
3. Creer significa seguirle.
   (1) Jesús es el único camino a Dios.
   (2) Con Jesús el futuro ya no nos produce miedo (14:1-4).

Conclusión: No sé lo que podrían encontrar en el viaje al espacio, pero sí sé que el viaje de la persona que no ha confiado en Cristo será horrible. El viaje del creyente será al hogar de Dios para vivir eternamente con él. Hay que escoger desde ahora cómo quiere que sea su viaje. ¿Lo ha hecho ya?

12:41, 43; Luc. 21:1, 2). Se llamaba recinto o patio de las mujeres porque allí se admitían hombres y mujeres. Según los escritos rabínicos, había en ese lugar 13 cofres metálicos de ofrendas con una inscripción sobre cada uno indicando el destino del dinero depositado. Estos cofres también se llamaban "trompetas", quizá por la forma de embudo que se parecía a una trompeta. Cuando uno echaba monedas, éstas giraban hacia abajo, produciendo un fuerte sonido; quizá esto es lo que Jesús quiso decir en relación con las limosnas (ver Mat. 6:2).

La idea es que, a pesar de estar *enseñando en el templo*, un lugar público y sin defensa para Jesús, *nadie le prendió*, cosa inexplicable que dejaba perpleja a la gente que sabía que los líderes judíos deseaban tomarle preso. Juan explica por qué nadie le prendió: *todavía no había llegado su hora* (ver 2:4; 5:18; 7:30, 44), es decir, su hora de ser glorificado en la cruz y resurrección. Es como si Dios hubiera puesto su mano o una barrera invisible entre los enemigos y su amado Hijo. Entre tanto que falta tiempo para cumplir su ministerio terrenal era "el hombre intocable". Este principio sigue en pie para todos los verdaderos seguidores del Señor.

(2) La sentencia sobre los incrédulos, 8:21-24. Parece que hay un cambio en la audiencia. Los fariseos se habrán ido, pero Jesús se quedó en el patio de las mujeres hablando a los que estaban dispuestos a escucharle. Parece que hay un intervalo entre el v. 20 y el comienzo de esta sección, pero no hay manera de saber si se trata de una hora o más. Había un espacio de unos dos meses entre la fiesta de los Tabernáculos (7:37) y la de la Dedicación (10:22), pero no hay otra indicación de los días u horas. El tema dominante en los vv.

Vosotros sois de este mundo; yo no soy de este mundo. **24** Por esto os dije que moriréis en vuestros pecados; porque a menos que creáis que Yo Soy, en vuestros pecados moriréis.

25 Así que le decían:
—Tú, ¿quién eres?
Entonces Jesús les dijo:
—Lo mismo que os vengo diciendo desde el

21-30, según varios autores, es la relación única entre el Padre y el Hijo, quien es la suprema revelación de aquél. Este concepto constituye el mismo corazón del Evangelio.

> **Joya bíblica**
> **Vosotros sois de este mundo; yo no soy de este mundo (8:23).**

El término *luego* traduce una conjunción gr. continuativa que suele traducirse "entonces", indicando un episodio que sigue a lo anterior, pero sin especificar el ínterin entre los dos. Otra vez, Jesús habla de su salida del mundo (ver 7:31-36; 13:33), significando su muerte. Establece un contraste dramático entre su destino y el de ellos, indicando que ellos lo buscarían después de su partida pero no lo hallarían porque el destino de él es distinto al de ellos. *En vuestro pecado moriréis* significa que morirían culpables de pecados no perdonados. El término *pecado* es singular, indicando todos los pecados cometidos, pero especialmente el de incredulidad. En esta ocasión Jesús no describe cuál será el destino ni de los incrédulos, ni de él, excepto que serán distintos. Nótese el uso enfático y contrastante de los pronombres *yo* y *vosotros*.

Cuando Jesús habló de su salida y que ellos no lo encontrarían, en la ocasión anterior, especularon que iría a los griegos en la dispersión (7:35), pero en el v. 22 están llegando más cerca de la verdad. Significaba su muerte, pero no por suicidio. La pregunta se inicia con una partícula griega de negación que anticipa una contestación negativa: "¿No se matará a sí mismo, verdad?". El suicidio se consideraba uno de los pecados más graves, condenándole a uno a la región más baja del infierno.

Nótese el contraste enfático entre los pronombres *yo* y *vosotros* y también el uso de la expresión "yo soy". La preposición *de*, usada cuatro veces en este versículo, traduce el griego *ek*[1537] que significa origen o fuente. Ellos tienen un origen terrenal, pero Jesús uno celestial. Hovey acota que el carácter de los judíos tanto como el de Jesús depende de su procedencia o fuente, como una corriente de su fuente (ver Luc. 6:43 s.). Es cierto que todos los seres humanos son de la Tierra, pero al convertirse a Jesús siguen en el mundo pero ya no son "del mundo" (ver 15:19; 17:14, 15).

La condición para no morir culpable de sus pecados es el creer que Jesús es el *yo soy* (*ego*[1473] *eimi*[1510]), el "Ser Eterno", el Hijo de Dios (ver Éxo. 3:14; Isa. 41:4; 48:12; Heb. 13:8). Tantas veces los judíos preguntaban quién era Jesús y tantas veces, en una manera u otra, se identificaba con "Yo Soy" y como la única provisión de Dios para que el ser humano no muriera en sus pecados.

(3) El Padre y el Hijo, 8:25-30. Jesús continua el intercambio con el mismo grupo de judíos (v. 22), pero en esta sección comienza a enfatizar más un tema que hemos visto varias veces ya en este Evangelio: la relación estrecha y única del Hijo con el Padre y su muerte inminente.

El verbo *decían* en el v. 25 está en el tiempo imperfecto, indicando la repetición de lo mismo: "estaban diciéndole...". Puesto que eran de abajo, de este mundo (v. 23), sus mentes estaban ofuscadas, resultando en la incapacidad de comprender las verdades espirituales que Jesús les había dicho (ver 1 Cor. 2:14). Casi podemos oír un suspiro de frustración por parte de Jesús quien les había explicado una y otra vez quién era él. Morris comenta que lo que Jesús hablaba era misterio y "el

principio. **26** Muchas cosas tengo que decir y juzgar de vosotros. Pero el que me envió es verdadero; y yo, lo que he oído de parte de él, esto hablo al mundo.

27 Pero no entendieron que les hablaba del Padre. **28** Entonces Jesús les dijo:

—Cuando hayáis levantado al Hijo del Hombre, entonces entenderéis que Yo Soy, y que nada hago de mí mismo; sino que estas cosas hablo, así como el Padre me enseñó. **29** Porque el que me envió, conmigo está. El Padre no me ha dejado solo, porque yo hago siempre lo que le agrada a él.

30 Mientras él decía estas cosas, muchos creyeron en él.

---

misterio está abierta sólo a la fe". Plummer traduce la pregunta así: "Tú, ¿quién eres tú?", indicando el énfasis desdeñoso en el pronombre. El mismo autor hace un resumen de las varias posibilidades de traducción de la respuesta de Jesús, una construcción por cierto complicada. Básicamente las soluciones se dividen entre considerar la frase como una pregunta o una afirmación. Por ejemplo, el texto gr. de las Sociedades Bíblicas de 1983 coloca un signo de interrogación al fin del versículo, dejando esta posibilidad que aparece en varias traducciones recientes: "Para comenzar, ¿por qué hablo aún [o más] con vosotros?". La RVA sigue más o menos el arreglo del p⁶⁶, un mss. del segundo siglo: "Os dije al principio lo que también os digo ahora".

Nótese que Jesús no dice que tiene muchas cosas que decir a ellos, sino "acerca de ellos" (v. 26). Jesús les dice que, a pesar de su falta de comprensión y aun oposición, él tenía mucho que decir acerca de ellos. Ellos pueden ofenderse por su sentencia, pero seguiría hablando al mundo la verdad que había oído de parte del Padre. La indiferencia u oposición de parte de ellos no lo desviaría de su misión como "el enviado" de Dios. La misión de Jesús no estaba limitada a Israel, es universal. *Mundo* se refiere a la totalidad de la humanidad sobre la tierra.

Después de su afirmación en el v. 18, parece increíble que no hayan entendido que hablaba de Dios Padre (v. 27). Pero es probable que la audiencia había cambiado entre los vv. 20 y 21. Cuando recordamos la dificultad que los mismos discípulos tuvieron para comprender las enseñanzas de Jesús (ver 14:8-11), no debe extrañarnos que los incrédulos hayan sido lerdos en comprenderlas.

Los romanos llevaron a cabo la sentencia de muerte, pero fueron los judíos quienes insistieron en ese acto, a pesar de la resistencia de Pilato quien tres veces declaró inocente a Jesús. Bultmann nos recuerda que las palabras del v. 28 también tienen un significado para todos los seres humanos quienes se identifican con los judíos que rechazaron la revelación del Hijo de Dios. Así, al decir *cuando hayáis levantado...*, Jesús estaba dirigiéndose a los que tendrían su sangre en sus manos (ver 3:14; 6:62; 12:32; Hech. 3:13-15). Hunter comenta que "aquí tenemos una sugerencia funesta de que los judíos le ayudarían en su viaje hacia arriba, por matarlo". *Entonces* se refiere a un evento futuro, pero seguro, sin especificar cuándo. *Hijo del Hombre* es el título predilecto con el cual Jesús se identificaba en los Evangelios. *Entenderéis* significa una percepción o reconocimiento de la identidad verdadera de Jesús, la cual vendría después de su cruz y resurrección, dos eventos que demostrarían a las claras que él era el *Yo Soy* (ver v. 24). Además, entenderían la relación estrecha y única del Hijo con el Padre, manifestada concretamente en el hecho de que todo lo que el Hijo dice procede del Padre (ver v. 26; 7:16). El verbo aoristo *enseñó* indicaría que sucedió en la eternidad antes de la encarnación.

Varias veces Jesús se refiere a sí mismo como "el enviado del Padre", título mesiánico, pero aquí agrega el dato de la compañía constante del Padre. Enfatiza esta verdad con la afirmación positiva,

La verdad os hará libres

31 Por tanto, Jesús decía a los judíos que habían creído en él:

—Si vosotros permanecéis en mi palabra, seréis verdaderamente mis discípulos; **32** y conoceréis la verdad, y la verdad os hará libres.

33 Le respondieron:

—Somos descendientes de Abraham y jamás hemos sido esclavos de nadie. ¿Cómo dices tú: "Llegaréis a ser libres"?

34 Jesús les respondió:

—De cierto, de cierto os digo que todo aquel que practica el pecado es esclavo del pecado.

---

conmigo está, y la negativa, *no me ha dejado solo.* Nótese el contraste entre el verbo en el tiempo presente *está* y el del tiempo aoristo *ha dejado* (mejor, "dejó"): "conmigo está en todo momento" y "no me dejó en ningún momento". El nombre *Padre* se omite en los mejores mss., pero se sobreentiende. La conjunción causal *porque* explica la base de esa comunión íntima del Padre con el Hijo. La obediencia a la voluntad de Dios de parte del creyente sirve de base para la comunión con el Padre, y es evidencia de ella.

> **Joya bíblica**
> Y conoceréis la verdad, y la verdad os hará libres (8:32).

En forma muy escueta, Juan describe el resultado del largo discurso de Jesús. No sabemos quiénes eran los *muchos,* ni el número exacto de ellos, pero es importante observar que las palabras de Jesús (v. 30), cuales jamás el hombre ha pronunciado, tuvieron su efecto *en muchos.* Es posible que algunos de los que habían discutido con él, y también de entre los espectadores, hayan sido convencidos y decidieron unirse con el grupo de los creyentes. El verbo *creyeron,* con la preposición en (*eis*[1519]), significa normalmente una confianza y compromiso serio (ver 1:12). Sin embargo, la sección siguiente indica que su creencia dejaba mucho que desear, si el v. 31 se refiere a los del v. 30.

(4) La verdad que liberta a los hombres, 8:31-38. El cap. 8 comenzó con una discusión sobre la veracidad y legalidad del testimonio de Jesús (ver 8:14, 16). En esta sección, se vuelve al tema de la verdad de las enseñanzas de Jesús y la relación de éstas con la libertad. Jesús se dirige a los que creen en un nivel superficial y limitado. Morris comenta que el hecho de reconocer la verdad de las enseñanzas de Jesús y no hacer nada es, en efecto, equivalente a unirse con los enemigos del Señor. Significa también que existe una fuerza espiritual poderosa que retiene al creyente superficial de lo que se reconoce como el curso correcto de acción.

Además de los que habían creído en él (v. 30), había algunos que estaban dispuestos a creer sólo en sus enseñanzas. Habían comenzado a creer en él, pero no era una creencia profunda, lo cual se refleja en la construcción del verbo *habían creído* con el caso dativo que sigue, en vez de la preposición *eis*[1519]. En vez de traducirlo *creído en él,* para captar este énfasis sería mejor "los judíos que lo habían creído". Dándose cuenta de su fe superficial, Jesús advierte que para ser su discípulo sería necesario permanecer en su *palabra.* El término *palabra* traduce *logos*[3056], el mismo término que Juan usa en el Prólogo para el Cristo eterno. En un sentido, permanecer en su palabra (*logos*) es permanecer en él. Los pronombres *vosotros* y *mi* son enfáticos y la partícula si es de la tercera clase condicional, lo cual indica un futuro más probable. Permanecer en su palabra significa conocerla, dejar que moldee su mente y corazón y obedecerla. *Mi palabra* abarca la totalidad de sus enseñanzas (ver vv. 37, 43, 51, 52; 5:24; 14:23; 15:4-7). El verbo *seréis,* en el texto gr., no está en el tiempo futuro, sino en el presente: "sois". La condición del verdadero discipulado en ese entonces, y ahora, es permanecer constantemente en su palabra.

35 El esclavo no permanece en la casa para siempre; el Hijo sí queda para siempre. **36** Así que, si el Hijo os hace libres, seréis verdaderamente libres. **37** Sé que sois descendientes de

En la introducción a esta sección señalamos el énfasis en la verdad y su poder libertador. El término se menciona dos veces en el v. 32, luego en el v. 40, dos veces en el v. 44 y luego en los vv. 45 y 46. Plummer acota que *la verdad* se refiere a la doctrina divina (ver 1:17; 17:17) y a Cristo mismo (ver 5:33; 14:6). El verbo *conoceréis* está en un futuro porque se refiere a un proceso de estudio y aplicación que dura toda la vida. Habían comenzado ese aprendizaje, pero todavía estaban en "el jardín de infantes". El texto dice literalmente "la verdad os libertará". La verdad de Cristo libera al creyente obediente de la esclavitud del pecado en, a lo menos, dos maneras eficaces: revela la verdadera naturaleza del pecado, como algo ofensivo a Dios y destructivo para el creyente y la sociedad. También la *verdad* crea en el creyente la convicción y fuerza moral para resistir el pecado. Además, la verdad de Cristo sirve para sacar el disfraz de Satanás, revelándolo tal cual es, mentiroso y padre de toda mentira. Así que, la verdad de Cristo y la libertad moral y espiritual son conceptos inseparables. Plummer menciona enseñanzas relacionadas de dos filósofos griegos: Sócrates enseñó que el vicio es la ignorancia y los estoicos que sólo el hombre sabio es libre.

¿Quiénes son los que respondieron? ¿Serían los que lo habían creído u otros de los espectadores? (v. 33). Puesto que este versículo es la continuación del anterior, parece que se refiere a los que habían indicado meramente una simpatía con sus enseñanzas. ¡Pobres creyentes! ¡La reacción es inmediata y fuerte! Se ofendieron por la sugerencia de Jesús de que eran esclavos y necesitaban la libertad que su verdad ofrecía. Siendo "simiente" de Abraham, se consideraban libres basados en la promesa de Dios (Gén. 17:16; 22:17). Se ve la total falta de comprensión de ellos referente a lo que Jesús enseñaba. En su or-

gullo y celo afirmaban algo que distaba mucho de la verdad histórica y actual (ver 7:52). Varias veces Israel había sido subyugado como un estado vasallo: por ejemplo, de Egipto, Babilonia, Siria, Roma, etc. Seguramente ellos no ignoraban estos hechos y que la expectativa mesiánica en ese momento era de un rey quien los libertaría de Roma y los haría otra vez una nación libre y poderosa. Alguien ha comentado que es increíble el poder de la mente para "olvidarse" de hechos inconvenientes para la situación del momento.

Jesús corrige el curso del pensamiento de los espectadores, aclarando que se refería a una esclavitud peor que la política. Hovey comenta que "el peor tirano que uno puede servir es su propio corazón egoísta". Jesús introduce la declaración en el v. 34 con la doble exclamación griega *amén, amén*, lo cual llama la atención a algo de suma importancia que está por pronunciar. Señala una esclavitud que reside en el fondo del corazón del hombre y se expresa en el orgullo personal que lleva a la desobediencia y rebelión ante Dios, por un lado, y la sumisión y obediencia ante Satanás, por el otro. La drogadicción es una ilustración gráfica de la esclavitud que produce la práctica del pecado. En la adicción, finalmente se pierde todo control de las decisiones y se da rienda suelta a lo que finalmente destruye a la persona. *Practica el pecado* traduce una expresión griega que significa literalmente. "todo aquel que está haciendo el pecado...", lo cual es lo opuesto a "hacer la verdad" (ver 3:21). No es un solo acto pecaminoso que lleva a la esclavitud, sino el hábito continuo. La práctica del pecado es la manifestación de la esclavitud. La palabra *esclavo* traduce el griego *doulos*[1401] que se refiere a uno que pertenece a otro, sin ningún derecho personal. Es interesante que el apóstol Pablo emplea este término al describir su relación con Cristo (ver

Rom. 1:1; Fil. 1:1; Tito 1:1). Es una verdad profunda al decir que todos son esclavos de algún señor, o de Satanás, o de Cristo. Agustín decía que el esclavo que pertenece a otra persona puede, en algún caso, escaparse de su dueño, pero para el esclavo del pecado no hay esperanza de eludir a su dueño, porque reside adentro y le acompaña dondequiera que vaya.

La compra y venta de esclavos era una práctica común en el primer siglo. Jesús describe el contraste entre la situación de un esclavo y el hijo del dueño de la casa para ilustrar una verdad que desea comunicar. Estando en la casa, el hijo tiene acceso al padre y puede influir en sus decisiones, aun de librar a uno de sus esclavos.

Jesús es el Hijo que siempre está en contacto íntimo con el Padre celestial y puede lograr para los que creen en él la verdadera libertad. El Hijo, en obediencia al Padre, daría su vida para efectuar esa libertad.

Hay distintas clases de libertad: política, civil, doméstica, financiera, intelectual, etc. Sin embargo, la verdadera libertad es la que el Hijo otorga a los que creen en él. Pero en el evangelio hay otra verdad correlacionada: aquel al que el Hijo liberta llega a ser también uno de los hijos de Dios y coheredero con el mismo Hijo, con los privilegios y derechos que esta relación implica (ver 15:15). El adverbio *verdaderamente* (*ontos*[3689]) del v. 36 se en-

---

Semillero homilético

Libertad personal
8:31-36

Introducción: Una de las expresiones más conmovedoras sobre la necesidad del perdón del pecado se encuentra en el Salmo 51:1-13. Los verbos "borra", "lávame" y "quita", demuestran la profundidad del efecto destructor del pecado, y la necesidad del perdón. El perdón incluye también la necesidad de un principio nuevo: "Hazme oír gozo y alegría...". "Crea en mí, oh Dios, un corazón puro y renueva un espíritu firme dentro de mí...".

El Señor Jesús pronunció dos enseñanzas muy importantes en cuanto a la verdadera esclavitud y la verdadera libertad.

I. La esclavitud del pecado, v. 34.
   El pecado esclaviza al hombre. Domina al hombre (alcohol, mentira, codicia).
   1. El hombre que peca no hace lo que él quiere, sino lo que el pecado quiere.
      (1) Hábitos que no podemos dejar.
      (2) Un placer inocente que llega a dominarnos.
         Uno dice: "Yo haré lo que quiero", pero termino haciendo lo que el pecado quiere.
   2. El hombre ama y odia al mismo tiempo su pecado. Es incapaz de librarse.
   3. El esclavo no tiene derecho a la casa de Dios.
      (1) Un día Dios tendrá que negarlo; no es su hijo.
      (2) El hijo siempre tendrá un hogar a donde volver.
II. La libertad que Cristo nos da vv. 31, 32, 36.
   1. Cristo nos libra de las cadenas del pecado.
      (1) No podemos librarnos a nosotros mismos.
      (2) Cristo dice: "Hijo, tus pecados te son perdonados" (Mar. 2:5).
      (3) Él puede guiar nuestra vida y librarnos.
   2. Cristo nos libra del miedo (14:1-4).
      No estamos solos; no hay que andar solos.
   3. Cristo nos libra del "yo", nuestro peor enemigo.
   4. El poder de Cristo nos hace nuevas criaturas.
      Tenemos nueva vida, un nuevo nacimiento (1:12, 13).

Conclusión: En Juan 8:31-36 tenemos dos de los versículos más profundos del Evangelio de Juan. Jesús nos promete la libertad del poder del pecado. El Hijo de Dios, Jesús, es el único que puede hacerlo. ¿Quiere ser libre? Venga a Jesús. Él quiere hacerlo libre de verdad.

Abraham; no obstante, procuráis matarme, porque mi palabra no tiene cabida en vosotros. **38** Yo hablo de lo que he visto estando con el Padre*, y vosotros hacéis lo que habéis oído de parte de vuestro* padre.

Los verdaderos hijos de Dios

39 Respondieron y le dijeron:
—Nuestro padre es Abraham.

Jesús les dijo:

---

*8:38a Algunos mss. antiguos dicen *mi Padre*.
*8:38b Algunos mss. antiguos no incluyen *vuestro*.

---

cuentra varias veces en el NT, pero sólo aquí en Juan. Expresa la realidad en contraste con la mera apariencia.

¡Sigue leyendo!

En el alba de la Reforma en Inglaterra, pusieron en la catedral la recientemente traducida Biblia, pero por temor a que fuera robada la tuvieron que encadenar a un pilar. La gente llegaba en multitudes, y se quedaba de pie sobre el frío piso de piedra, para escuchar la lectura con atención, hora tras hora. Si el lector hacía una pausa, ellos gritaban: "¡Sigue leyendo! ¡Sigue leyendo!".

Jesús admite la afirmación de ellos de ser la "simiente" (*sperma*[4690]) de Abraham (v. 37), según la carne, pero en agudo contraste su espíritu y actitud no proceden de él. Es inconcebible que ese patriarca hubiera procurado la muerte del Hijo de Dios, pero los judíos sí (ver Luc. 3:8). Nótese el tiempo presente del verbo *procuráis*, indicando una actitud continua. Jesús explica la razón por su deseo de matarlo: *porque mi palabra no tiene cabida...* En vez de "permanecer en su palabra" (ver v. 31), no la admitían en su corazón, no había lugar allí, ni disposición de abrazarla. Su simpatía inicial por las enseñanzas de Jesús pronto se cambió en ofensa personal, luego en rechazo que llevaría finalmente a la demanda de su muerte. Fue un desenvolvimiento lento, pero con paso firme hasta el fin. En el fondo, ellos tenían una expectativa mesiánica completamente contraria a la que Jesús enseñaba y representaba: que el Mesías de Dios moriría por los pecados del mundo.

Nótense los contrastes en el v. 38: los pronombres enfáticos de *Yo* y *vosotros*; *visto* y *oído*; *hablo* y *hacéis*. Jesús se refiere a lo que "al lado del Padre ha visto", es decir antes de la encarnación, dando autoridad y validez a lo que dice. El verbo *he visto*, en el tiempo perfecto, connota su conciencia presente del conocimiento obtenido antes, estando con el Padre. En cambio, ellos están practicando lo que oyeron de su padre, el diablo. Sin embargo, hay diversas variantes en el texto griego, incluso una que da base para tomar el verbo *hacéis* como un imperativo. El término "padre" en el griego se escribe siempre como minúscula; así el contexto determina a quien se refiere. Si tomamos el verbo como imperativo, ambas referencias del padre serían a Dios: "Y vosotros haced lo que habéis oído de vuestro Padre". La solución más coherente, según el que escribe, sería la primera de las dos presentadas aquí.

(5) Los verdaderos hijos de Dios, 8:39-47. En esta sección, Jesús distingue entre los descendientes naturales de Abraham y los hijos de Dios. Los judíos no tomaron en cuenta el hecho de que tampoco todos los descendientes naturales de Abraham formaron parte del pueblo de Dios. Borchert nos recuerda que Ismael, además de Isaac, era de la simiente de Abraham (Gén. 21:9, 10; ver Gál. 4:21-23) y también Esaú, además de Jacob, era simiente de Isaac (Gén. 25:21-34; ver Rom. 9:6-13) y no todos estos formaron parte del pueblo de Dios. Además de esta evidencia, los profetas hablaban de un remanente, de entre el pueblo, que constituían los verdaderos descendientes de

—Puesto que sois hijos de Abraham, haced las obras de Abraham*. **40** Pero ahora procuráis matarme, hombre que os he hablado la verdad que oí de parte de Dios. ¡Esto no lo hizo Abraham! **41** Vosotros hacéis las obras de vuestro padre.

Entonces le dijeron:

—Nosotros no hemos nacido de fornicación. Tenemos un solo padre, Dios. **42** Entonces Jesús les dijo:

—Si Dios fuera vuestro padre, me amaríais; porque yo he salido y he venido de Dios. Yo no he venido por mí mismo, sino que él me envió. **43** ¿Por qué no comprendéis lo que digo? Por-

*8:39 Algunos mss. antiguos dicen *Si fuerais hijos de Abraham, haríais las obras de Abraham.*

Abraham (Isa. 10:22; Miq. 5:7; ver Rom. 2:28, 29; 9:27-29).

Los judíos entendieron que Jesús estaba negando que su padre fuera Abraham; por eso volvieron a afirmar *Nuestro padre es Abraham.* Toda su confianza de ser pueblo de Dios dependía de esa herencia física como simiente de Abraham y Jesús estaba cuestionándola. En efecto, Jesús les dice: "Pues, probad que sois sus hijos, no por reclamar una herencia física, sino por realizar las obras acordes con el carácter de Abraham".

Jesús les acusa de actuar en forma contraria a lo que Abraham hubiera hecho si estuviera presente. Abraham se destacó por su obediencia gustosa de la instrucción que recibió de Dios. Los judíos, en cambio y en contraste, no quisieron recibir, mucho menos obedecer, la *verdad* de Dios que Jesús enseñaba. Sólo en este pasaje Jesús usa el término *hombre* al referirse a sí mismo. Westcott sugiere que Jesús empleó este término para identificarse con ellos, como uno con simpatía humana.

Los judíos ahora (v. 41) entienden que Jesús no está hablando de una herencia física, como de Abraham, sino de una espiritual. Aceptan esta línea de argumento y afirman que ellos son los legítimos hijos de Dios. Nótense los pronombres doblemente enfáticos *Vosotros* y *nosotros* y también el

---

Semillero homilético

La verdadera libertad religiosa
8:31-51

Introducción: Es un privilegio el poder vivir en un país donde hay libertad religiosa. Sin embargo, hay una esclavitud peor que la esclavitud política y social. Jesús anuncia dos principios con respecto al pecado: uno negativo y otro positivo.

   I. La esclavitud del pecado.
      1. La idea moderna del pecado es falsa.
        (1) Un error: un acto que el hombre comete, una falta.
        (2) Podemos dejarlo en cualquier momento.
      2. El pecado esclaviza a la persona.
        (1) Es una actitud que tiene una fuerza increíble.
        (2) Domina la personalidad.
        (3) Cambia la dirección de la vida.
      3. No podemos librarnos del pecado.
        (1) Es un amo cruel.
        (2) Nuestra vida no es nuestra.
      4. El futuro es incierto.
        (1) El esclavo no es heredero porque no es hijo.
        (2) Hombre ("antropo") = "Ser con la cara elevada".
        (3) El pecado nos priva de toda capacidad de decisión.

(Continúa en la pág. siguiente)

que no podéis oír mi palabra. **44** Vosotros sois de vuestro padre el diablo, y queréis satisfacer los deseos de vuestro padre. Él era homicida desde el principio y no se basaba* en la verdad, porque no hay verdad en él. Cuando habla mentira, de lo suyo propio habla, porque es

---

*8:44 O: *no se mantuvo en*

---

verbo *hacéis* en el tiempo presente que connota acción continua: "estáis haciendo". Ellos niegan categóricamente la insinuación de un nacimiento ilegítimo. Puesto que la línea de argumentación está en el plano espiritual, la mención de fornicación probablemente se refiere a la idolatría (ver Éxo. 34:15, 16; Lev. 17:7; Isa. 1:21; Jer. 3:1, 9, 20; Ose. 1:2; 2:4, 13; 4:15). Esto explicaría la afirmación, seguramente con un aire de orgullo, de tener a *un solo padre, Dios.* Quizás en el fondo tenían en mente a los gentiles y aun a los samaritanos, con los cuales Jesús había mostrado claras simpatías. Hull sugiere que también podría inferir su sospecha de que Jesús tuviera un nacimiento ilegítimo (ver v. 19).

En la gramática griega existen cuatro clases de frases condicionales. *Si Dios fuera...* introduce la segunda clase condicional que es irreal, es decir, contempla una situación contraria a la realidad. El argumento es natural y lógico; uno que tiene

parentesco con Dios ciertamente amaría a su único y amado Hijo. Jesús insiste otra vez en su procedencia, *yo he salido* y *he venido de Dios,* y en su carácter de ser "el enviado de Dios", *él me envió.* En vez de refutar la insinuación del versículo anterior, Jesús se limita a afirmar otra vez estas verdades esenciales de su identidad como el Mesías de Dios, primero en forma positiva y luego en la negativa: *Yo no he venido por mí mismo.* Hovey lo resume así: "El Padre y el Hijo tienen el mismo objetivo, el mismo propósito, el mismo espíritu, el mismo mensaje".

Jesús hace una pregunta y luego la contesta (v. 43). Literalmente la pregunta es: "¿Por qué no conocéis mi discurso?". La verdad es que estaban comenzando a comprender lo que él decía, como se ve en su reacción. En vez de aceptar su mensaje, sin embargo, ellos se encerraron en su orgullo nacional. Su inhabilidad de oír la palabra de Jesús no se debía a una sordera

---

(Continúa de la pág. anterior)

II. La libertad que Cristo ofrece, vv. 31, 36.
   1. Uno solo no puede romper el poder del pecado.
     (1) Cristo vino para dar vida y romper las cadenas.
     (2) Cristo vino a buscar a los perdidos.
     Gran pregunta: ¿Quién tiene poder para perdonar el pecado?
   2. La libertad que Cristo da es:
     (1) Inmediata.
     (2) Completa.
     Vida Abundante (10:10).
      Paz (14:27).
      Gozo (16:22).
     (3) Vida eterna (6:39).
   3. ¿Cómo nos da la libertad Cristo?, vv. 31, 32.
     (1) Hay que permanecer en él.
     (2) Hay que conocer la verdad que es Cristo el Señor.
Conclusión: ¿Quiere ser libre de la esclavitud del pecado? Cristo le ofrece completa libertad. Acéptela hoy.

mentiroso y padre de mentira. **45** Pero a mí, porque os digo la verdad, no me creéis. **46** ¿Quién de vosotros me halla culpable de pecado? Y si digo la verdad, ¿por qué vosotros no me creéis? **47** El que es de Dios escucha las palabras de Dios. Por esta razón vosotros no las escucháis, porque no sois de Dios.

> ### "Tengo que librarlo"
>
> Se cuenta que un día Miguel Ángel vio un bloque de mármol cuyo dueño dijo que no tenía valor ninguno.
> "Tiene valor para mí", dijo Miguel Ángel. "Hay un ángel aprisionado en él, y tengo que librarlo". Dicen que de este bloque esculpió a su famoso David.

física, sino espiritual, reflejando ese eterno "no querer" (ver 5:40).

Al fin Jesús identifica por nombre al padre de ellos, algo implicado en los vv. 38 y 41, pero ahora especificado en el v. 44. El pronombre *vosotros* es enfático y la preposición *de* indica fuente u origen, lo cual, según Vincent, implica comunidad de naturaleza (ver v. 42). Ellos se jactaban de contar por padre a Abraham y a Dios, pero en un sentido espiritual eran hijos de otro padre muy distinto. El nombre, o título, *diablo* es la transliteración del término compuesto *diabolos*[1228], que significa lit. "lanzar a través de" y se traduce "calumniador, traidor o engañador". Parece concluyente que Jesús, con esta referencia, enseña la realidad de ese ser llamado "diablo" o "Satanás". La condición espiritual de "los judíos" es tal, según Jesús, que se deleitan en hacer lo que agrada al diablo. *Los deseos* traduce un término gr. que a menudo se refiere a "pasión" o "concupiscencia".

Parece que Jesús tenía en mente el engaño del diablo y la muerte espiritual resultante de la tentación en el Edén, al decir *desde el principio* (Gén. 3:1-4; ver Rom. 5:21). Desde ese momento en adelante la mentira y el homicidio han caracterizado a la raza humana (p. ej., Caín, Gén. 4:1-15). El término *homicida* traduce un vocablo gr. compuesto que significa "uno que mata al hombre". Jesús pone en contraposición *la verdad* y la *mentira*. Él mismo es la fuente de la verdad y lo que dice es verdad. En cambio, el diablo es la fuente de la mentira y lo que dice es mentira. Nótese la manera categórica y terminante con que Jesús describe al diablo: *no se basaba en la verdad... no hay verdad en él... habla mentira... es mentiroso y padre de mentira*. Uno de los temas centrales de este Evangelio es que "Jesús mismo es la verdad" (ver 14:6) y, por lo tanto, lo que dice es la verdad en el grado absoluto. La expresión *no se basaba* es lit. "no está parado en". Hull llama la atención a la expresión *padre de mentira*, un término genérico; no dice "padre de una mentira".

Dios dijo la verdad claramente a Adán y Eva en el Edén, prohibiendo el comer del fruto de un árbol y advirtiendo de las consecuencias de la desobediencia. El padre de mentira, el diablo, entró en el escenario y persuadió a los primeros padres a dudar de la palabra de Dios y confiar en la mentira que él proponía. Se repite ese escenario, trágicamente, en relación con la verdad que Jesús anunciaba y la disposición de "los judíos" de creer más bien la mentira del diablo.

Jesús desafía, en el v. 46, a los espectadores a señalar siquiera un solo pecado en su vida que justificara la actitud de ellos de no creerle. Nadie respondió al desafío, una admisión tácita de su inocencia. El verbo *halla culpable* es literalmente "convence" o "expone". El autor de la carta a los Hebreos dice que "él fue tentado en todo, igual que nosotros, pero sin pecado" (ver Heb. 4:15). Godet comenta, basado en este texto, que "la santidad y la verdad son hermanas"; y agregaríamos "hermanas mellizas". Además de las evidencias ya presentadas de que él era del Padre, que hablaba sólo lo que oía del Padre y que era el enviado del Padre, ahora agrega la evidencia de su vida santa para probar que

Cristo y Abraham

48 Respondieron los judíos y le dijeron:
—¿No decimos bien nosotros que tú eres samaritano y que tienes demonio?
49 Respondió Jesús:

—Yo no tengo demonio. Más bien, honro a mi Padre, pero vosotros me deshonráis. **50** Yo no busco mi gloria; hay quien la busca y juzga. **51** De cierto, de cierto os digo que si alguno guarda mi palabra, nunca verá la muerte para siempre.

---

hablaba la verdad. Lo que costaba a Jesús, y más a nosotros, es la explicación por la incredulidad cerrada y cristalizada de estos espectadores.

El verdadero creyente que vive en plena comunión con Dios se deleita en escuchar y obedecer las palabras de Dios (ver 1 Jn. 4:6). El verbo *escucha* significa "el oír con la intención de obedecer". Entonces, si ellos no oyen con la intención de obedecer es que no pertenecen a Dios. Con esta declaración, Jesús ha dado su diagnóstico de la incredulidad de los judíos, con la implicación de que ellos tendrían que experimentar un cambio radical de corazón para poder comprender, apreciar y obedecer la verdad que liberta. Barclay ilustra esta verdad diciendo que un hombre monótono de oídos no puede nunca apreciar la belleza de la música, ni tampoco un ciego las hermosas líneas y colores de una pintura. En igual manera, uno que no goza de una relación vital con Dios no puede apreciar la verdad que su Hijo pronuncia.

(6) La gloria que el Padre da al Hijo, 8:48-59. El hecho de avergonzar y deshonrar a una persona es una falta grave hoy en día, pero era más grave aun en los días de Jesús. El diálogo en esta sección final del cap. 8 gira alrededor de la honra o gloria y la deshonra. La tensión va en aumento a medida que Jesús aclara su propia identidad y la condición de sus oyentes, terminando en un intento de violencia en contra del Hijo de Dios.

Jesús no sólo había negado el parentesco espiritual de sus oyentes en relación con Abraham y con Dios, sino había declarado que ellos estaban en liga con el diablo y cumplían los deseos de él. Ellos reaccionaron con una doble acusación insultante.

El pronombre *tú* es enfático y fue dicho con desprecio. La referencia a *samaritano* ha dejando perplejos a muchos comentaristas. La solución más viable y que encuadra con el contexto se encuentra en el hecho de que los samaritanos, una raza mixta, no guardaban toda la revelación de Dios, sino sólo una parte, el Pentateuco. Por estas dos razones los judíos los despreciaban, procurando evitar todo contacto con ellos para no contaminarse ritualmente. La acusación *tienes demonio* se encuentra en varios pasajes (7:20; 8:52; 10:20) y también se relaciona con el pecado para el cual no hay perdón (ver Mat. 12:24-32). Las palabras de Jesús les habían ofendido profundamente y ellos querían "devolverle el favor".

Nótese otra vez los pronombres enfáticos y contrastantes *Yo* y *vosotros* en el v. 49. Algunos entienden que el *Yo* con énfasis implica "yo no, pero vosotros sí". Nótese también que Jesús ignora la acusación de ser samaritano. Ellos lo dijeron como insulto, pero él no tendría problema en ser identificado con los samaritanos, pues veía en ellos mayor disposición de aceptar su palabra que en los de su propio pueblo (ver 4:39-42; Luc. 10:33; 17:16). Al rechazar y despreciar las enseñanzas de Jesús, el enviado de Dios, ellos no sólo deshonraban al Hijo, sino también a su Padre.

En efecto Jesús estaba diciendo en el v. 50 que la deshonra que le habían dado no le molestaba sobremanera por dos razones: ese no era su propósito en vida, por un lado, y, por otro, el Padre le daría toda la gloria y, además, juzgaría (o condenaría) a los que no le daban gloria al Hijo. Los verbos *busco* y *busca* están en el tiempo presente y comunican la idea de

52 Entonces los judíos le dijeron:

—¡Ahora sabemos que tienes demonio! Abraham murió, y también los profetas; y tú dices: "Si alguno guarda mi palabra, nunca gustará muerte para siempre". **53** ¿Eres tú acaso mayor que nuestro padre Abraham quien murió, o los profetas quienes también murieron? ¿Quién pretendes ser?

54 Respondió Jesús:

—Si yo me glorifico a mí mismo, mi gloria no es nada. El que me glorifica es mi Padre, de quien vosotros decís: "Es nuestro* Dios". **55** Y vosotros no le conocéis. Pero yo sí le conozco. Si digo que no le conozco, seré mentiroso como vosotros. Pero le conozco y guardo su palabra. **56** Abraham, vuestro pa-

---

*8:54 Algunos mss. antiguos dicen *vuestro*.

---

acción continua: "Yo no estoy buscando... hay quien la está buscando". El sujeto de los verbos *busca* y *juzga* es el mismo Padre. La aprobación y gloria suprema que daría al Hijo sería su resurrección y ascensión al cielo.

Otra afirmación solemne se introduce con la doble exclamación griega *amén, amén*. Nótese la relación entre *guardar mi palabra*, "permanecer en mi palabra" (v. 31) y "oír mi palabra"(ver v. 43; 5:24), con la disposición de obedecer. La expresión *guardar mi palabra* se encuentra frecuentemente en los escritos juaninos y se compara con "guardar mis mandamientos" (ver 14:15, 21; 15:10, etc.). Todos estos conceptos apuntan a una relación vital con Dios que se manifiesta en la obediencia consciente de su revelación, resultando en la vida eterna. Tal persona nunca jamás tendrá que experimentar la muerte espiritual, porque ya ha pasado de la muerte a la vida (ver 5:24). La expresión *verá la muerte*, o mejor "verá muerte", no se encuentra otra vez en el NT.

Jesús se refiere otra vez a *los judíos* quienes, limitados por su mente carnal (1 Cor. 2:14), interpretan mal la promesa de que *nunca verá la muerte para siempre*. Pensaban ellos que los más grandes de Israel, Abraham y los profetas, murieron y desaparecieron. ¡Hablar de no morir nunca les parecía la imaginación de un demente! *¡Ahora..!* es un adverbio en una posición enfática. Ellos le había acusado antes de tener un demonio (v. 48), pero *ahora* están plenamente seguros. *Sabemos* es la traducción de un verbo gr. en el tiempo

perfecto que significa: "hemos conocido, y por eso ahora sabemos".

Los judíos siguen con su falta de percepción de la verdad espiritual que Jesús enseñaba. La pregunta *¿Eres tú...?* (v. 53) se inicia con la partícula de negación que anticipa una contestación negativa: "¿No eres tú mayor que..., verdad?" (ver 4:12). Ellos pensaban que no, pero en realidad Jesús era mayor que los mencionados. La segunda pregunta de ellos es literalmente "¿A quién estás haciéndote?".

Primero, Jesús contesta la insinuación de que él quería glorificarse a sí mismo, pretendiendo ser mayor que los más grandes de Israel; luego afirma ser más grande que los héroes de Israel. Jesús habló de la honra (*time*5092, v. 49) y luego de la gloria (*doxa*1391, vv. 50, 54), dos términos estrechamente relacionados. El Padre glorificó al Hijo por medio de los milagros que realizaba, por la voz del cielo que se oyó en el bautismo de Jesús y en el monte de la transfiguración, pero supremamente en la cruz y resurrección.

En el texto griego se nota un cambio importante en los dos verbos *conocéis* y *conozco* del v. 55. El primero está en el tiempo perfecto: "no habéis conocido" con la idea, según Plummer, de un conocimiento progresivo basado en una revelación de Dios. En cambio el segundo verbo *conozco* proviene de otro verbo gr. que se refiere a un conocimiento inmediato y esencial del Padre. Las dos veces Jesús emplea este verbo en relación con su conocimiento de Dios. La mención de *mentiroso* tiene en mente lo dicho en el v. 44. Toda la vida de

dre, se regocijó de ver mi día. Él lo vio y se gozó.

57 Entonces le dijeron los judíos:

—Aún no tienes ni cincuenta años, ¿y has visto a Abraham?

___

Jesús consistía en guardar *su palabra*, el ideal para todo creyente verdadero.

La oración del creyente

Señor, líbrame
del miedo al futuro;
de la ansiedad del mañana,
del rencor hacia cualquiera,
de la cobardía frente al peligro,
del fracaso frente a una oportunidad.

Después de tratar el tema de la gloria que él recibiría del Padre (vv. 54, 55), ahora trata el tema de Abraham que los judíos introdujeron (vv. 52, 53). Reconoció que Abraham era el padre de los judíos, pero solamente según la carne (v. 39). Contestando la pregunta de ellos, Jesús indica que Abraham reconoció la superioridad del Mesías por regocijarse de su día. *De ver mi día* expresa el objeto o propósito (*jina*^{2443}) de su regocijarse. *Se regocijó, vio* y *se gozó* son verbos en el tiempo aoristo indicando algo que sucedió en el pasado. Hay varias conjeturas en cuanto al significado y ocasión cuando esto ocurrió. Algunos, ignorando el tiempo de los verbos, contemplan a Abraham en el paraíso gozándose del ministerio terrenal de Jesús en ese momento. Otros opinan que Abraham se gozó al ver el nacimiento de Jesús. Todavía otros apuntan al momento cuando Abraham y Sara, en su vejez, recibieron la promesa de la concepción de Isaac y que, por fe, vieron en él la figura del Mesías que vendría (Gén. 17:17). Algunos rabinos han especulado que, en la visión del pacto que Dios estableció con Abraham, éste se gozó al anticipar que un descendiente suyo sería el Mesías (Gén. 17:17-21) Pocos intérpretes siguen atrás al llamado de Abraham y la promesa de que sería una bendición para las naciones por medio de sus descen-

dientes (Gén. 12:1-3). Morris concluye un repaso de estas conjeturas, sugiriendo que "puede significar que la actitud general de Abraham referente a este día era una de exultación, en vez de referirse a alguna ocasión específica en la vida del patriarca". En contra de esta posición está el tiempo aoristo de los verbos que sugieren un momento específico.

Parece que los judíos interpretaron las palabras de Jesús como significando que él vivía durante el tiempo de Abraham (v. 57). Plummer acota que los judíos citaron mal las palabras de Jesús. No es lo mismo decir que "Abraham vio el día de Jesús" y decir que "Jesús ha visto a Abraham".

La afirmación de que *Aún no tienes ni cincuenta años* no quiere decir que él necesariamente tendría más que 33 años, sino que constituye una categórica refutación de lo que Jesús había dicho. Mas la contestación tiene todas las indicaciones de una burla a carcajadas.

La burla de los judíos dio ocasión para una de las declaraciones más solemnes y categóricas que se encuentran en este Evangelio, introducida con la doble exclamación gr. *amén, amén*. La RVA hace bien en traducir el verbo como *existiera* en vez de "fuese" (ver RVR-1960). Nótese el contraste entre los verbos *existiera* y *Soy*. El primero, que se refiere a Abraham, traduce el verbo griego "llegar a ser", indicando un comienzo en tiempo y espacio. En cambio, el *Yo Soy* (*ego*^{1473} *eimi*^{1510}) incluye el pronombre personal enfático y ese verbo que expresa el "Ser eterno", sin principio ni fin. *Antes que Abraham existiera* señala a un punto en tiempo, la vida de Abraham, antes del cual Cristo era, lo cual también apunta a su carácter de eterno. Usando las mismas palabras con que Jehovah se identificó con Moisés, Jesús afirma en la manera más inconfundible su reclamo de ser divino y el

58 Les dijo Jesús:

—De cierto, de cierto os digo que antes que Abraham existiera, Yo Soy*.

59 Entonces tomaron piedras para arrojárselas, pero Jesús se ocultó y salió del templo*.

Jesús sana a un ciego de nacimiento

9 Mientras pasaba Jesús, vio a un hombre ciego de nacimiento, **2** y sus discípulos le preguntaron diciendo:

---

*8:58 Ver Éxo. 3:14
*8:59 Algunos mss. antiguos incluyen *Y atravesando por medio de ellos, se fue*; comp. Luc. 4:30.

Mesías de Dios (ver Éxo. 3:14).

Si los judíos no captaron muchas de las enseñanzas de Jesús, es evidente que entendieron su última afirmación. Para ellos sus palabras constituyeron una descarada blasfemia que merecía la muerte (ver Lev. 24:16). Su reacción, que había comenzado con cierta simpatía, pasó a la perplejidad, luego al rechazo y finalmente a una medida violenta (v. 59). Se pregunta: ¿cómo pudo Jesús evitar el apedreamiento de una multitud de personas? La contestación natural sería que sus discípulos lo rodearon y lo llevaron afuera antes de que los judíos pudieran juntar las piedras para llevar a cabo su intención, o que algunos de la multitud que no estaban de acuerdo con la reacción violenta lo escudaron. Sin embargo, la contestación más acorde con otros momentos de amenaza es que Dios puso una barrera invisible sobre su Hijo porque "aún no había llegado su hora" (ver 7:30; 8:20). También, la voz pasiva del verbo *se ocultó* (mejor "fue ocultado"), indica que fue ocultado por otro. Morris cita a MacGregor: "En este momento Jesús abandona simbólicamente a su propio pueblo (el templo) y sale a la humanidad (el hombre nacido ciego; cap. 9)".

Todos los elementos en la confrontación de Jesús con los principales sacerdotes, los escribas, los fariseos y otros de "los judíos", inclusive la reiterada apelación a su descendencia de Abraham y la reacción final, nos llevan a afirmar que el autor tendría que haber sido un judío de Palestina y uno muy allegado a Jesús, como sería el caso del apóstol Juan.

17. La sexta señal: la sanidad del ciego de nacimiento, 9:1-41

Los comentaristas discuten la ubicación y significado del cap. 9 en el plan general del autor. Beasley-Murray opina que los dos capítulos anteriores forman una unidad y que este capítulo sirve de introducción para el cap. 10. Hull lo llama el "interludio" en medio de las controversias de los caps. 5 al 10. Brown considera el cap. 9 como una consecuencia de la fiesta de los Tabernáculos. Otros lo consideran como una unidad independiente. Plummer, Tasker, Morris y otros entienden que en la señal de este capítulo encontramos una ilustración de Cristo como la fuente de la verdad y la luz. Hull emplea un título apropiado: "Cristo, la luz de la vida". Barrett opina que "este corto capítulo expresa quizá más vívida y completamente que cualquier otro el concepto juanino de la obra de Cristo". Por estas razones se explica por qué Juan dedica un capítulo entero a un solo episodio y sus resultados.

(1) La sanidad, 9:1-7. Llamamos la atención al hecho notable de que, entre todos los milagros del AT, no se registra la sanidad de un ciego, mucho menos de uno que nació en esa condición. En el NT tampoco se cuenta que un seguidor de Jesús haya dado vista a un ciego. El caso de Ananías quien oró por Saulo de Tarso para que recuperara su vista (Hech. 9:17, 18), no se compara con lo que Jesús hizo en esta ocasión. Morris comenta que hay más milagros de dar vista a los ciegos, entre las obras de Jesús, que de cualquier otra categoría de sanidad (ver Mat. 9:27-31; 12:22 s.; 15:30 s.; 21:14; Mar. 8:22-26;

—Rabí*, ¿quién pecó, éste o sus padres, para que naciera ciego?

3 Respondió Jesús:
—No es que este pecó, ni tampoco sus padres.

*9:2 O: *Maestro*

10:46-52; Luc. 7:21 s.). En el AT se afirma que sólo Dios tiene poder para dar vista a los hombres (ver Éxo. 4:11; Sal. 146:8) y se consideraba una dimensión de la obra del Mesías (Isa. 29:18; 35:5; 42:7; ver Luc. 4:18).

Así, la sanidad por Jesús de este ciego debería ser la señal más clara de su divinidad, apoyando el reclamo en los capítulos anteriores de que era el Hijo de Dios. Este episodio reúne los dos aspectos del ministerio de Jesús, el de ser la luz del mundo que ilumina a los que creen, pero a la vez el que resulta en juicio y ceguera espiritual para los que lo rechazan. También, enfoca otra vez el conflicto entre las tradiciones judías en cuanto al sábado y la interpretación de Jesús, resultando en el primer acto de persecución en contra de un seguidor de Jesús por parte de los judíos. El orden de los eventos llama la atención: Jesús lo sanó, lo dejó solo para discutir con los fariseos y, hasta después de que éstos hubieran tomado una medida para castigarlo, Jesús atendió a sus necesidades espirituales.

El autor no especifica el lugar donde sucedió este milagro, ni el tiempo del año, ni el nombre del ciego. Si relacionamos este capítulo con el anterior, probablemente se refiere a su salida del templo (8:59), o si se relaciona con el cap. 10 apuntaría a un tiempo próximo a la fiesta de la Dedicación (ver 10:22). *Vio a un hombre ciego* revela la atención constante de Jesús hacia personas en necesidad. Parece que Jesús tomó la iniciativa, se detuvo y estaba mirando con compasión al ciego que mendigaba (v. 8). Frecuentemente los ciegos se ubicaban al lado de la entrada al templo, como sucede hoy en día, apelando a los más compasivos (ver Hech. 3:2). El término *de nacimiento* se encuentra solo aquí en todo el NT y no hay

otro caso de sanidad de una persona con un defecto congénito. No se sabe cómo se enteraron de que era ciego de nacimiento, a menos que su caso fuera famoso y todos hablaban de ello, o que Jesús por percepción divina lo sabía.

Se pensaba comúnmente entre los judíos que toda enfermedad se debía a un pecado cometido, quizás una tradición basada en el Salmo 58:3. Morris cita al rabí Ammi quien dijo: "No hay muerte sin pecado, y no hay sufrimiento sin iniquidad". Aparentemente la curiosidad de los discípulos indica que ellos aceptaban esta tradición, pero estaban perplejos desde que se trataba de un defecto congénito. Para ellos, había solo dos alternativas (v. 2), las cuales expresaron en su pregunta. Algunos rabinos enseñaban que el feto podría pecar antes de nacer, basándose en Génesis 25:22 (ver Luc. 1:41-44). Algunos también enseñaban que los niños pueden ser castigados en diversas maneras por los pecados de sus padres (ver Éxo. 20:5; Núm. 14:18; Deut. 5:9). *Para que naciera...* traduce una conjunción gr. que expresa propósito o resultado.

Jesús contesta, dándoles una tercera alternativa y, a la vez, advirtiendo contra el presumir que toda adversidad humana es el resultado de un pecado (ver el diálogo entre Job y sus "amigos"). Por otro lado, no declara inocente ni al ciego, ni a sus padres. La conjunción traducida *Al contrario* es fuerte y marca un contraste agudo entre la especulación de los discípulos y la realidad. Jesús emplea la misma conjunción de propósito que los discípulos emplearon en el versículo anterior, pero señalando el propósito de Dios como explicación de la ceguera. El término *las obras*, en este Evangelio, frecuentemente se refiere a los milagros que Jesús realizaba con el poder y la autoridad *de Dios*. La

Al contrario, fue para que las obras de Dios se manifestaran en él. **4** Me* es preciso hacer las obras del que me᷈ envió, mientras dure el día. La noche viene cuando nadie puede trabajar.

5 Mientras yo esté en el mundo, luz soy del mundo.

6 Dicho esto, escupió en tierra, hizo lodo con la saliva y con el lodo untó los ojos del

---

*9:4 Algunos mss. antiguos dicen *nos*.

---

respuesta de Jesús parece indicar que Dios, con muchos años de anticipación y sabiendo que Jesús pasaría por ese lugar en ese día y en esa hora, preparó a un hombre ciego en quien Jesús podría demostrarse ser el Hijo de Dios. Richardson, Morgan y otros traducen la conjunción como expresando resultado en vez de propósito, considerándolo como un caso natural de ceguera que Jesús vio como una oportunidad para demostrar su poder.

> **Joya bíblica**
> Me es preciso hacer las obras del que me envió, mientras dure el día. La noche viene cuando nadie puede trabajar (9:4).

La mayoría de las traducciones optan por la lectura del pronombre *me* (v. 4) en el primer caso, mientras que el texto griego de las Sociedades Bíblicas (1983) y varios comentaristas prefieren la variante "nos", lo cual incluiría a los discípulos en la urgencia de realizar esta clase de obras. El término *preciso hacer*, que traduce el verbo griego impersonal *dei*[1163], nos recuerda que la misión no es meramente aconsejable sino una de deber moral y espiritual (ver 3:7, 14, 30; 4:4, 34, etc.). Otra vez Jesús recalca el hecho de ser "el enviado" de Dios con una misión específica (ver 3:17). *Las obras* se refieren al mismo término del versículo anterior. La urgencia de realizar las obras de Dios con diligencia es que muy pronto se acaba la oportunidad durante *el día* y llega la noche cuando ya no será posible trabajar. El contraste entre día y noche era más pronunciado cuando no existía luz eléctrica y el trabajo

terminaba al ponerse el Sol. Sin embargo, los términos *el día* y *la noche* no se refieren a los períodos de luz y oscuridad, sino a los períodos de oportunidad (*día*) y aquellos cuando las oportunidades han pasado (*noche*). Plummer comenta que a menudo en la literatura *el día* se refiere a la vida terrenal y *la noche* a la muerte física.

La expresión *mientras yo esté en el mundo* indica la conciencia de Jesús de que su tiempo de hacer las obras de su Padre estaba limitado. Plummer comenta que *mientras yo esté...* es una expresión comprensiva, indicando que su luz es irradiada en varios tiempos y grados, sea que el mundo escoge ser iluminado o no. En ese tiempo limitado sería la luz del mundo para los que estaban dispuestos a creer en él. Doblemente Jesús sería la luz del hombre nacido ciego, física y espiritualmente. Nótese el énfasis en su ministerio universal; su luz no estaba limitada a Israel (ver 8:12), sino que sale para todo el mundo. Toda su vida inmaculada, cada verdad que enseñaba y cada obra que realizaba servía como un rayo de luz iluminando al mundo por revelar la naturaleza y el propósito de Dios.

Nótese la iniciativa de Jesús en el v. 6. Aparentemente el ciego no había rogado nada de él y sus discípulos, sino quizá una limosna. Habría perdido ya muchos años atrás toda esperanza de ser una persona normal, con la capacidad de ver como los demás. Jesús procedió sin pedir permiso ni anunciar su intención. El relato es breve, sencillo, preciso y sin explicaciones, dando evidencia de un testigo ocular. Se pensaba antiguamente que la saliva de una persona, sobre todo al despertarse en la mañana,

ciego. **7** Y le dijo:

—Vé, lávate en el estanque de Siloé —que significa enviado—.

Por tanto fue, se lavó y regresó viendo. **8** Entonces los vecinos y los que antes le habían visto que era mendigo* decían:

---

*9:8 Algunos mss. antiguos dicen *ciego*.

---

tenía poderes curativos especialmente cuando se aplicaba a los ojos. También se usaba como un encantamiento, en actos mágicos. Muchos consideraban que la saliva comunicaba los poderes de la persona de la cual salía. Hull sugiere que el procedimiento fue altamente simbólico: la saliva representaba algo propiamente de Jesús, un don espontáneo, y la tierra recordaba de la creación de la primera pareja humana (Gén. 2:7). El hecho de mezclar estos dos elementos, aplicarlos a los ojos del ciego y mandarle lavarse en el estanque fue un medio diseñado para probar su fe, como en el caso de Eliseo y Naamán (2 Rey. 5:9-14). Aun el nombre del estanque, Siloé ("enviado"), es simbólico (ver Neh. 3:15; Isa. 8:6). Sacaban agua de este estanque para derramar sobre el altar durante la fiesta de los Tabernáculos (ver Isa. 12:3).

Sin embargo, la tradición judía prohibió expresamente la práctica de aplicar saliva a los ojos en el día sábado, por ser considerado un trabajo. El hecho de mezclar saliva con tierra en día sábado era también prohibido por la misma razón. Además de estas dos violaciones de las tradiciones, Jesús le mandó que se lavara, otro acto prohibido en día sábado. De modo que, el acto de Jesús violó las tradiciones judías en más de una manera.

El historiador Josefo describe el estanque de Siloé en el primer siglo como teniendo unos 47 m de largo, 6 de ancho y 6 de profundidad y ubicado en la parte sudeste de la ciudad de Jerusalén, no lejos del templo. Visitantes más recientes dicen que el estanque ahora tiene apenas medio metro de profundidad. Hovey sugiere que Juan menciona el significado del nombre Siloé porque quería relacionarlo con "el enviado de Dios".

El Evangelio visto con el motivo de los viajes de Jesús

Los análisis críticos del Evangelio de Juan han dado distintas formas de entender su forma literaria y el tema principal usado por el autor. Algunos han concluido que el Evangelio de Juan es del género biográfico del período grecorromano donde la biografía honraba al fundador de la comunidad y ofrecía una interpretación definitiva de sus enseñanzas, entre ellos Fernando Segovia quien ve el motivo de los viajes de Jesús y los patrones de repetición de éstos como la técnica literaria del autor.

Segovia ve una división triple en el desarrollo del Evangelio de Juan, "como una biografía de Jesús (la Palabra de Dios): una narración de sus orígenes (1:1-18); una narración de la vida pública o carrera de Jesús (1:19-17:26); y una narración de la muerte y su significado de eternidad (18:1-21:25)". El viaje cósmico de la Palabra de Dios da el marco conceptual para el argumento del evangelio de Juan, que se desarrolla en una serie de viajes geográficos repetidos.

Tomando la vida pública de Jesús, Segovia ve cuatro viajes a Jerusalén y tres viajes de vuelta a Galilea:

Primer ciclo Galilea/Jerusalén (1:19-3:36).

Segundo ciclo Galilea/Jerusalén (4:1-5:47).

Tercer ciclo Galilea/Jerusalén (6:1-10:42).

Cuarto y último viaje a Jerusalén (11:1-17:26).

El enfoque usado por Segovia del viaje de Jesús, el Hijo de Dios, da coherencia a su tesis.

Fernando F. Segovia, *The Journey (s) of the Word of God: A Reading of the Plot of the Fourth Gospel*. Semeia 53, 1991.

—¿No es éste el que se sentaba para mendigar?
9 Unos decían:
—Este es.
Y otros:

—No*. Pero se parece a él.
Él decía:
—Yo soy.
10 Entonces le decían:
—¿Cómo te fueron abiertos los ojos?

*9:9 Algunos mss. antiguos no incluyen *No*.

El verbo *lávate* (*nipto*³⁵³⁸), un imperativo en el tiempo aoristo, se refiere al lavado de una parte del cuerpo; en este caso sería el lavado de los ojos y quizás el rostro. Se usa otro verbo para el lavado de todo el cuerpo. El mandato tiene una nota de urgencia. Parece que el ciego no cuestionó el mandato, sino sencillamente obedeció sin ni siquiera una promesa de que recibiría la vista. Fue la voz de autoridad o el toque suave y compasivo de los dedos de Jesús sobre sus ojos, o ambas cosas, lo que infundió en el ciego la confianza necesaria en un hombre completamente desconocido como para obedecerle. Uno apenas puede imaginarse la explosión de emociones, el grito de gozo, al poder ver por primera vez en su vida. Brown y algunos otros encuentran en el acto de lavarse en el estanque una especie de bautismo simbólico, pero su argumento en este sentido es poco convincente. Lo que convence más es que la sanidad de la ceguera física simbolizaba y apuntaba a la sanidad de la ceguera espiritual, es decir, el pasar de la oscuridad espiritual a la luz gloriosa en el que dijo "Yo soy la luz del mundo".

(2) El efecto en los vecinos, 9:8-12.
Parece que el ciego curado regresó a su casa directamente desde el estanque donde recibió la vista. Es natural que haya querido mostrarse a los familiares y vecinos sin demora. Su aspecto había cambiado tanto, además de su nueva habilidad de caminar sin tropezarse, que los vecinos y otros dudaban de su identidad. ¡Era demasiado bueno para creerlo! Este cambio radical, esta nueva identidad, debe verse también en toda persona que experimente la conversión espiritual (ver 2 Cor. 5:17). Nótese que los vecinos se acordaban del ciego

más por ser mendigo que por faltarle la vista. ¡Ya no estaría sentado más para mendigar! Jesús lo había librado de su esclavitud y dependencia de las limosnas de otros. La pregunta de los vecinos se introduce con la partícula de negación que anticipa una contestación positiva.

Nótese el tiempo imperfecto de los verbos *decían* y *decía* (en el v. 9), indicando una repetición de las impresiones tanto de los vecinos, como de la respuesta del ciego sanado. Seguían hablando y hablando, probablemente sacudiendo las manos y cabezas, incrédulos. Toda la evidencia indicaba que era la misma persona que habían visto infinidad de veces sentado y mendigando. Por otro lado, el hecho de que nunca jamás en toda la historia se conoció un solo caso de un ciego que había sido sanado, llevaba a que algunos dudaran que pudiera suceder en su día y casi ante sus ojos. Estos no tomaban en cuenta que "Dios se especializa en lo imposible". Todo el tiempo el ciego sanado estaba afirmando y repitiendo *yo soy, yo soy, yo soy* (*ego*¹⁴⁷³ *eimi*¹⁵¹⁰). Es la misma expresión con que Jesús se identificaba, pero en este caso se sobreentiende el predicado: "yo soy el que era ciego". En cambio, en el caso de Jesús el "Yo Soy" se afirma en el sentido absoluto, sin predicado.

La duda de su identidad, ya aclarada, se cambia en una curiosidad en el cómo (v. 10). Para los que lo rodeaban, el hecho de ser ciego era lo mismo como tener los ojos cerrados, pero ahora sus ojos "estaban abiertos".

El ciego sanado presentó una explicación sencilla y escueta, pero elocuente. Se limitó a contar paso a paso lo que había sucedido, sin intentar una explicación del poder

11 Él respondió:
—El hombre que se llama Jesús hizo lodo, me untó los ojos y me dijo: "Vé a Siloé y lávate". Entonces cuando fui y me lavé, recibí la vista.

12 Y le dijeron:
—¿Dónde está él?
Él dijo:
—No sé.

---

que operó en la curación. No había visto a su benefactor y lo único que sabía de él es que era un *hombre* y que su nombre era *Jesús*. Sin duda, había oído el nombre de Jesús de parte de los discípulos, o de la multitud durante el intercambio. La expresión *recibí la vista* traduce un verbo que significa literalmente "mirar arriba" o "mirar otra vez".

La atención ahora se cambia del ciego curado a aquél que había realizado este gran milagro. Sería mejor traducir la pregunta como "¿Dónde está aquél?". El ciego curado era un hombre de pocas palabras; confiesa con dos palabras su ignorancia de la ubicación de Jesús.

(3) El ciego sanado y los fariseos, 9:13-34. Esta sección se divide naturalmente en tres partes: el examen del ciego sanado por los fariseos, vv. 13-17; el examen de sus padres por "los judíos", vv. 18-23; y el segundo examen por los "judíos" del ciego curado, vv. 24-34. Este notable milagro demuestra una vez más

Estanque de Siloé

Los fariseos interrogan al sanado

13 Llevaron ante los fariseos al que antes era ciego, 14 porque el día en que Jesús hizo lodo y le abrió los ojos era sábado. 15 Entonces, los fariseos le volvieron a preguntar de qué manera había recibido la vista, y les dijo:

—Él me puso lodo sobre los ojos; me lavé y veo. 16 Entonces algunos de los fariseos decían:

—Este hombre no es de Dios, porque no guarda el sábado.

Pero otros decían:

—¿Cómo puede un hombre pecador hacer tales señales?

---

que el hombre puede encerrarse en su orgullo de tal modo que nada logrará convencerle de la realidad en Jesús. En vez de despertar fe en "los judíos", entre los cuales figuraban los fariseos, la "obra" de Jesús produjo una oposición más tenaz que nunca de parte de ellos. Buscaban toda manera posible para negar o desacreditar el milagro innegable. Morris dice que "Juan evidentemente quiere que veamos que la actividad de Jesús como la luz del mundo inevitablemente resulta en juicio para aquellos cuya habitación es la oscuridad. Ellos se opusieron a la luz y por ese hecho son condenados".

Parece que el día después del milagro los vecinos y amigos llevaron al hombre ya vidente a los fariseos, probablemente sin ninguna mala intención, pero conscientes de que la obra se había hecho en día sábado. Los fariseos serían los más indicados para dar su interpretación de la ley del sábado, si era permisible hacer esa clase de obra o no (ver 7:47, 48). No se trata de una reunión del Sanedrín, que incluiría representantes de otros grupos y los sumos sacerdotes, ni de un grupo oficial, sino quizás un grupo de una de las dos sinagogas en Jerusalén (ver v. 22). Carson pregunta por qué lo llevaron *ante los fariseos* y no ante los saduceos. Los que asignan la fecha para este Evangelio al fin del primer siglo opinan que los saduceos desaparecieron después de la destrucción del templo. Por cierto, brilla por su ausencia total la mención de saduceos en el cuarto Evangelio, pero en otros lugares se refiere a los líderes y a los principales sacerdotes, es decir, los sumos sacerdotes quienes eran saduceos.

Los fariseos consideraban la estricta observancia del sábado, según sus múltiples reglas, como un asunto de tremenda importancia. Ellos se habían asignado la tarea de imponer todas esas reglas, juzgando severamente a los que no las cumplían. Además, era relativamente fácil imponer dichas reglas porque tenían que ver mayormente con las actividades realizadas al aire libre, a la vista de otros.

Plummer comenta que el hecho de sanar a un enfermo en el día sábado era especialmente agravante (ver 5:9, 10) y, sin embargo, Jesús realizó siete milagros de misericordia en el séptimo día de la semana (Mat. 12:9 ss.; Mar. 1:21 ss.; 1:29 ss.; Luc. 13:14 ss.; 14:1 ss.; Juan 5:10 ss.; 9:1 ss.). En cinco de estas siete ocasiones, los judíos acusaron a Jesús de violar la ley del sábado.

Falta la conjunción "también" en el texto de la RVA (v. 15), que debe incluirse después del verbo *preguntar* (ver la RVR-1960), la cual da sentido de la expresión *le volvieron a preguntar*. Es decir, los fariseos le preguntaron lo mismo que los vecinos y amigos habían preguntado antes (v. 10). El ciego curado responde a ellos también con pocas palabras, menos que antes, limitándose a describir los hechos objetivos. No ofrece ninguna explicación del significado religioso del milagro ni da su opinión sobre el que lo hizo. Quizá él se daba cuenta ya que los que le estaban interrogando tenían intenciones maliciosas.

Se ve que se produjo una división entre los mismos fariseos en cuanto a la condición espiritual de Jesús. Nótense los verbos en el tiempo imperfecto *decían... Decían* (v. 16), indicando la continuidad de la discusión. No podían ponerse de acuerdo entre sí, algunos abiertos a la posibili-

Había una división entre ellos. **17** Entonces volvieron a hablar al ciego:

—Tú, ¿qué dices de él, puesto que te abrió los ojos?

Y él dijo:

—Que es profeta.

18 Los judíos, pues, no creían que él había sido ciego y que había recibido la vista, hasta que llamaron a los padres del que había recibido la vista, **19** y les preguntaron diciendo:

—¿Es éste vuestro hijo, el que vosotros decís que nació ciego? ¿Cómo, pues, ve ahora?

20 Respondieron sus padres y dijeron:

—Sabemos que éste es nuestro hijo y que

---

dad de que Jesús era un enviado de Dios, pero otros clasificándole como un *pecador*. El pronombre demostrativo *Este* fue dicho con desdén. En vez de considerar el tremendo milagro realizado en un hombre ciego, una obra que sólo Dios podría efectuar, ellos estaban fijándose en sus reglas. ¡Este es el colmo del legalismo! Jesús no había hecho caso de la ley sabática, según su interpretación, y de allí concluyeron que tendría que ser pecador.

No pudiendo llegar a un acuerdo, los fariseos vuelven a interrogar al ciego curado, esperando obtener otros elementos de juicio que les ayudarían a llegar a un consenso (v. 17). Piden su opinión sobre la persona de su benefactor. Otra vez ofrece su parecer, con las palabras mínimas. Cuando los vecinos le preguntaron antes acerca de su benefactor él dijo que "era un hombre llamado Jesús" (v. 11); aquí avanza en su peregrinaje espiritual a considerarlo como un *profeta*. Quizá estaba pensando en el profeta Eliseo quien mandó al leproso Naamán a lavarse en el Jordán y salió completamente sanado (ver 2 Rey. 5:1-27). Con todo, Hull comenta que el título de "profeta" no es la designación más alta de fe en el NT. Pero el hombre no se quedó con este título, pronto daría otros pasos hacia una fe madura.

Frustrados en su interrogación del ciego curado, *los judíos* se vuelven a interrogar a sus padres (vv. 18-23), pensando que, o negarían que el hombre fuera su hijo o que hubiera sido ciego. Los opositores ahora se llaman *los judíos*, pero parece que son los mismos fariseos mencionados a partir del v. 13. Ellos prosiguieron en su investigación asumiendo que se trataba de una falsificación de identidad, pues *no*

creían que él había sido ciego. No les cabía en su mente, ni en su corazón, la remota posibilidad de que se había producido un milagro. El hecho de admitir un milagro en este caso les pondría en un gran dilema en cuanto a su concepto del sábado. *Hasta que...* anticipa que luego, sí, fueron obligados a reconocer que el hombre había sido ciego y que ahora veía.

Rápidamente los judíos, incluyendo a los fariseos, confrontaron a los padres con tres preguntas: si el hombre que "pretendía" recuperar la vista era en realidad su hijo, si en realidad nació ciego, y si la contestación a estas dos preguntas fuera positiva, cómo explicarían ahora que él ve. El pronombre enfático *vosotros* parece indicar que los judíos no creían que el hombre hubiera nacido ciego. La tercera pregunta, *¿Cómo, pues, ve ahora?*, revela más que una sana curiosidad. Estaban buscando elementos de juicio que pudieran usar para condenar a Jesús, además de lo que ya sabían. También, esta pregunta parece revelar que estaban cediendo a la realidad de que hubo un milagro de sanidad.

Las dos primeras preguntas fueron contestadas escuetamente y, como el hijo, se limitaron a lo esencial en la respuesta.

Ellos respondieron que no sabían cómo se produjo el milagro, pues no estuvieron presentes cuando ocurrió. Hasta cierto punto ellos dijeron la verdad. Sin embargo, y sin lugar a dudas, el hijo les había contado muchos más detalles del cómo y el nombre de quién lo hizo. Deseando librarse de la responsabilidad y posible compromiso, y de más preguntas, ellos mandan a los inquisidores a dirigirse a su hijo. Los pronombres *nosotros* y *él* son

nació ciego. **21** Pero cómo ve ahora, no sabemos; o quién le haya abierto los ojos, nosotros tampoco lo sabemos. Edad tiene; preguntadle a él, y él hablará por su cuenta.

22 Sus padres dijeron esto porque tenían miedo de los judíos, porque ya los judíos habían acordado que si alguno confesara que

Jesús era el Cristo, fuera expulsado de la sinagoga. **23** Por esta razón dijeron sus padres: "Edad tiene; preguntadle a él". **24** Así que por segunda vez llamaron al hombre que había sido ciego y le dijeron:

—¡Da gloria a Dios! Nosotros sabemos que este hombre es pecador.

---

enfáticos, dando el efecto de "nosotros no más", "él sí". Tomaron cuidado de no comprometerse a sí mismos, ni a Jesús, aunque no hay razón para pensar que ellos tenían un concepto de Jesús más allá de ser un profeta con poderes sobrenaturales.

El autor del Evangelio presenta la razón por la manera tan breve y sencilla que los padres respondieron a los judíos. Los fariseos, como inspectores religiosos, habían infundido un temor general entre el pueblo por su mera presencia, teniendo autoridad para juzgar y, en algunos casos, aplicar la sentencia sobre los culpables. Su actitud e interrogatorio pusieron nerviosos a los padres del hombre curado y con razón *tenían miedo de los judíos... ya... habían acordado* apunta a un acuerdo previo, pero no se sabe cuándo se logró, ni quiénes lo firmaron. Plummer opina que se trata de un acuerdo informal entre ellos mismos, confiando que luego una sinagoga o el Sanedrín le daría carácter oficial. El término *confesara* traduce el verbo *jomologeo*[3670], que significa lit. "decir lo mismo". La idea es que Dios ha declarado que Jesús es el Hijo de Dios y cuando nosotros lo afirmamos como tal, decimos lo mismo que Dios ya ha dicho.

Esta referencia a la expulsión de la sinagoga ha despertado bastante controversia entre los comentaristas en cuanto a la naturaleza de la medida, cuándo se estableció y a quiénes se aplicaba. Los judíos habían elaborado en la Mishna tres clases de expulsión para controlar y castigar a los que no obedecían a la ley, especialmente a los "herejes". Plummer resume las tres así: la primera, la menos severa, consistía en una expulsión por 30 días durante los cuales el

culpable, tal como un leproso, no podría llegar dentro de 2 m de otra persona; la segunda dictaba una excomunión que prohibía toda clase de intercambio y adoración pública por un período indefinido; y la tercera dictaba una exclusión absoluta e irrevocable. Se piensa que el acuerdo de los judíos al que se referían tenía en mente la primera clase de excomunión.

Habiendo explicado el motivo del temor y reserva de parte de los padres en el versículo anterior (la expulsión de la sinagoga), el autor repite la razón por la manera en que ellos contestaron a los judíos. Cuando entendemos que la sinagoga constituía no sólo el centro de las actividades religiosas, sino también de la vida social, el ser excluido cobra una dimensión de gran significado.

No habiendo logrado lo que querían de los padres, la comisión de investigadores vuelve a ahondar en su interrogatorio al ciego sanado, un encuentro que abarca los vv. 24-34. Ellos se dieron cuenta de que sería inútil seguir negando la realidad del milagro, por lo cual su línea de argumentación cambia. El mandato *¡Da gloria a Dios!* implica que el testimonio del ciego sanado, llamando a Jesús un "profeta" (v. 17) y atribuyéndole a él el milagro, había deshonrado a Dios. Estaban dándole la oportunidad de rectificarlo por decir la "verdad" y dar *gloria a Dios*, atribuyéndole a él el milagro y no a Jesús. Esperaban también que dijera que Jesús había violado el sábado y, por eso, era pecador. El término *Nosotros* es doblemente enfático: por su posición inicial en la frase y por el uso del pronombre cuando el mismo verbo *sabemos* indica que el sujeto es de primera persona plural. Antes estaban divididos en

25 Entonces él respondió:
—Si es pecador, no lo sé. Una cosa sé: que habiendo sido ciego, ahora veo.

26 Luego le dijeron:
—¿Qué te hizo? ¿Cómo te abrió los ojos?

27 Les contestó:
—Ya os dije, y no escuchasteis. ¿Por qué lo queréis oír otra vez? ¿Acaso queréis también vosotros haceros sus discípulos?

28 Entonces le ultrajaron y dijeron:

---

cuanto a la identidad de Jesús, pero ahora se unen como de una sola voz. Los fariseos, en manifestación de su ceguera espiritual y arrogancia religiosa, estaban absolutamente seguros de que ellos, y sólo ellos, tenían la verdad y podían diagnosticar la condición espiritual del hombre.

El ciego curado no discute si Jesús era pecador o no (v. 25), pero sus afirmaciones siguientes indican que pensaba que no. El que había experimentado el toque de la gracia de Dios limita su testimonio a una confesión concisa e irrebatible. Los fariseos, con toda su autoridad, su intento de intimidación y sus amenazas, no pudieron moverle de ese testimonio personal. No hay mejor y más convincente testimonio del creyente hoy en día que decir lo mismo cuando es atacado o ridiculizado por su fe en Cristo. El contraste *entre habiendo sido ciego* y *ahora veo* es tan marcado como la diferencia entre la noche y el día. Al relatar este testimonio, es casi seguro que Juan quería dar un doble sig-

nificado a los términos: *ciego* física y espiritualmente para luego ver física y espiritualmente, Jesús siendo la luz del mundo y el que puede iluminar a todos los que creen en él.

Fracasados en su intento de hacerle cambiar su testimonio, los fariseos vuelven con las mismas preguntas en la esperanza de encontrar siquiera una contradicción o un nuevo elemento de juicio con que podrían acusar a Jesús.

El ciego sanado se vuelve impaciente por la insistencia de los judíos y comienza una contraofensiva (v. 27). Les recuerda que ya había contestado esas mismas preguntas y que no tenía la intención de repetirlas. Además, insinúa que ellos son sordos o que no prestaron atención. La segunda pregunta se construye de tal modo que anticipa una contestación negativa. Él sabía que ellos no tenían la intención de ser discípulos de Jesús y por eso deducimos que hizo la pregunta en forma irónica. Morris dice que representa una "carnada" que les

---

El estanque de Siloé

La fuente Guijón se encuentra cerca de Jerusalén, al sur de la ciudad. Setecientos años antes de Jesús, el rey Ezequías fue amenazado por los Asirios. Él sabía que si este poder militar sitiaba la ciudad, el pueblo no podría sobrevivir sin la provisión de agua. Así que cavó un túnel desde la fuente Guijón siguiendo debajo de los muros de la ciudad y terminando en lo que llamaron el estanque de Siloé (2 Rey. 20:20). Cavar este túnel fue una de las grandes hazañas de la ingeniería de aquellos días.

En 1908 se descubrió una piedra con una inscripción que describía la manera como se encontraron los trabajadores que venían desde la fuente de Guijón y los que venían desde el pozo de Siloé. La inscripción decía: "Cada uno de los excavadores labró hasta encontrar a su compañero, hacha contra hacha y las aguas empezaron a correr desde la fuente hacia el estanque". ¡Un milagro para la ciudad!

Desde aquel entonces las personas han podido llegar al pozo de Siloé a sacar agua para su uso personal y para sus animales. Todavía hoy día el túnel de Ezequías trae agua a la ciudad de Jerusalén.

En los tiempos de Jesús el estanque debe haber servido para bañarse también, puesto que Jesús le indicó al ciego (cap. 9) que fuera al estanque de Siloé para lavar sus ojos, hecho que selló el milagro de recuperar la vista.

—¡Tú eres discípulo de él! ¡Pero nosotros somos discípulos de Moisés! **29** Nosotros sabemos que Dios ha hablado por Moisés, pero éste, no sabemos de dónde sea.
30 Respondió el hombre y les dijo:

—¡Pues en esto sí tenemos una cosa maravillosa! Que vosotros no sepáis de dónde es, y a mí me abrió los ojos. **31** Sabemos que Dios no oye a los pecadores; pero si alguien es temeroso de Dios y hace su voluntad, a ése oye.

---

tiró para ver si la tomarían. La conjunción *también* (*kai*[2532]) se interpreta en dos maneras: sería "también como los demás seguidores de Jesús"; o "también como yo". Morris se inclina por la primera alternativa, y Plummer agrega que todavía este hombre no podría considerarse discípulo de Jesús a quien ni había visto, ni había entendido todavía que él era el Mesías. *¿Queréis... haceros?* tiene el significado de "¿Estáis deseando llegar a ser...?".

> **Joya bíblica**
>
> **Sabemos que Dios no oye a los pecadores; pero si alguien es temeroso de Dios y hace su voluntad, a ése oye (9:31).**

La pregunta irónica del ciego curado despierta una fuerte indignación de parte de los judíos, indicando que aun la mención de tal cosa les ofendía. Cuando los argumentos lógicos faltan, ellos recurren a palabras injuriantes. El verbo *ultrajaron* no se encuentra otra vez en los Evangelios y aparece un total de cuatro veces en el NT (ver 1 Ped. 2:23) y significa "denigrar, vilipendiar, escarnecer, o mofarse de". Nótese el contraste enfático entre los pronombres *Tú* y *nosotros*. Para ellos, el ser discípulo de Jesús y de Moisés eran conceptos mutuamente exclusivos, pero para Jesús existía una perfecta armonía entre los dos (ver 5:46). Le clasifican de ser discípulo de él, o mejor "de aquél", seguramente con espíritu desdeñoso, sin darse cuenta de que estaban pronunciando una profecía. ¡Si no lo era ya, pronto lo sería!
Antes dijeron con absoluta certeza "Nosotros sabemos que este hombre es pecador" (v. 24) y ahora afirman con el mismo tono de autoridad *Nosotros sabe-*

mos que... Ha hablado (v. 29) traduce un verbo en el tiempo perfecto, lo que expresa el resultado permanente de la acción que tuvo lugar en el pasado y se refiere a la ley que Moisés recibió directamente de Dios (Éxo. 33:11; Núm. 12:6-8). *Pero éste*, refiriéndose a Jesús, fue dicho con escarnio. Ellos dijeron con orgullo que *no sabemos de dónde sea*, pensando que ese hecho sería una prueba más de que Jesús no podría haber procedido de Dios (ver 7:27). Filson comenta que "este fue su error básico: Jesús había venido a ellos de Dios, y ellos no reconocieron ese hecho".
Vemos la agilidad mental y quizás un toque de picardía en la respuesta del ciego curado (v. 30). ¡No era un tonto! Ellos pensaban que su ignorancia de la procedencia de Jesús era una prueba que apoyaba su posición, pero este hombre lo interpreta al revés. En efecto dice: "Vosotros no conocéis a mi benefactor, ni sabéis de dónde es, y él ha realizado uno de los milagros más grandes de toda la historia. ¡Pobres de vosotros!". Aunque había sido mendigo toda la vida, sin una preparación formal, pudo ver claramente la posición insostenible de estos "eruditos".
El que había sido sanado había comenzado las sesiones de investigación con cierta timidez o reticencia. Al reflejar sobre lo que había pasado y lo que los judíos estaban haciendo, se volvió cada vez más audaz y firme en sus respuestas. Pero, ahora (v. 31) deja de responder a preguntas y comienza a predicarles a los "predicadores de la ley", dándoles una buena lección de teología práctica con un agregado de aplicación histórica. Los judíos habían dicho varias veces "nosotros sabemos" y este hombre responde con un "sabemos" suyo. Expresa una verdad, primero en forma negativa y luego positiva, que todos acep-

32 Desde la eternidad nunca se oyó que alguien abriese los ojos de uno que había nacido ciego. **33** Si éste no procediera de Dios, no podría hacer nada.

34 Le contestaron diciendo:

—Tú naciste sumido en pecado, ¿y tú quieres enseñarnos a nosotros?

Y lo echaron fuera.

El ciego sanado cree en Jesús

35 Jesús oyó que lo habían echado fuera; y cuando lo halló, le dijo:

—¿Crees tú en el Hijo del Hombre*?

36 Él respondió y dijo:

—Señor, ¿quién es, para que yo crea en él?

37 Jesús le dijo:

*9:35 Algunos mss. antiguos dicen *Hijo de Dios*.

---

tarían. *Dios no oye a los pecadores; pero...* Uno puede a esta altura de la argumentación adivinar hacia dónde iba, y seguramente los fariseos lo sabrían también, pero no lo interrumpieron. Estarían pasmados por la valentía y la lógica con que el hombre les hablaba (ver Hech. 4:13). La expresión *Dios no oye a los pecadores*, abierta a una interpretación errónea en el sentido de que Dios no puede o no quiere oír la oración de pecadores, pronto se aclara. Para realizar su obra Dios no emplea a personas que estén encerradas en su orgullo y desobediencia, tales como los fariseos.

> **Joya bíblica**
> **¿Crees tú en el Hijo del Hombre? (9:35).**

El hombre curado sigue con su argumentación, haciendo una aplicación a su propia experiencia. Nadie sabría mejor que un ciego que nunca jamás hubo un caso de un hombre nacido ciego que hubiera recobrado la vista. El hombre habría repasado esa historia mil veces, buscando un rayo de esperanza, y siempre volviendo a resignarse a la miseria de su impotencia. La inferencia es que la sanidad de un ciego tendría que ser obra de Dios.

En el v. 32, llega a la conclusión lógica de su línea de argumentación. Nótese el doble negativo: *si... no procediera... no podría...* El argumento se expresa enfáticamente en forma negativa, pero con una

clara afirmación positiva implicada. Si sólo Dios puede dar vista a un ciego y si Jesús realizó precisamente esa obra, se deduce lógicamente que Dios obró por medio de él, lo cual prueba también que no es pecador. Su argumento fue breve y sencillo, ¡pero contundente!

Los judíos no pudieron responder con argumentos lógicos y, en efecto, reconocieron su derrota al recurrir a las "armas" a su disposición: más insultos y la expulsión de su presencia. Parece que la referencia a su nacimiento *sumido en pecado* indica la creencia de que él había pecado antes de nacer (ver v. 2). Ciegos a su inconsistencia y furiosos por la lección del hombre, se burlan de quien, según ellos, era nada más que un ignorante, mendigo y pecador. La expresión *lo echaron fuera* es ambigua. Puede referirse meramente a la expulsión de su presencia en ese momento o a la expulsión de la sinagoga (ver v. 22). El ciego sanado no había confesado explícitamente la fe en Jesús como el Cristo todavía, pero es posible que los judíos hayan interpretado sus argumentos como tal. También, movidos por su furia e inhabilidad de forzar al hombre a dejar su defensa de Jesús, quizás tomaron esa medida drástica sin tener los elementos necesarios para una sentencia oficial.

(4) El ciego sanado expresa su fe en Jesús, 9:35-38. En esta sección vemos el cuadro del Hijo del Hombre quien toma la iniciativa, busca a uno que había sido burlado y "echado fuera" por su integridad y defensa de Jesús, y completa la obra que

—Le has visto, y el que habla contigo, él es.   —¡Creo, Señor!
38 Y dijo: Y le adoró.

---

había iniciado en la sanidad de su ceguera física, sanándole de su ceguera espiritual.

No sabemos cómo Jesús se enteró de la manera que los judíos habían tratado al que había sido ciego. El hecho de que la noticia haya llegado a oídos de Jesús indicaría que se conocía entre el pueblo y que la medida habría sido más fuerte que la mera expulsión de una casa o de una reunión. *Y cuando lo halló* indica el resultado de una búsqueda iniciada por Jesús. Borchert comenta que lo halló como halló a los primeros discípulos (ver 1:41, 45, 5:14).

La pregunta que Jesús le hizo lo probó hasta la "médula": *¿Crees tú en el Hijo del Hombre?* Se nota el énfasis en el uso del pronombre y en la posición inicial en la pregunta en el texto gr.: "¿Tú crees...?". También, el uso de la preposición *eis*[1519] después del verbo *crees* indica una actitud de confianza y compromiso. Plummer lo traduce así: "¿Crees tú , aunque otros blasfeman y niegan?". La forma de la pregunta indica una firme expectativa de una contestación afirmativa. Vincent lo traduce: "¿Ciertamente tú crees, verdad?". Algunos mss. tienen la variante "Hijo de Dios", pero *Hijo del Hombre* es el título favorito de Jesús y recibe una clasificación de [A] en el aparato crítico del texto griego de Sociedades Bíblicas, la más segura, entre las variantes. Recordamos que el hombre curado no había visto a Jesús antes de este encuentro y como tal es un ejemplo de los creyentes que vendrían (ver 20:29) y que experimentarían persecución después de la resurrección (ver 15:18—16:4; Mat. 10:17, 18).

El término *Señor* en el v. 36 es un título de respeto, y de algo más, pero no necesariamente de reverencia. Es casi seguro que el hombre reconocería la voz de este hombre como el mismo que había puesto lodo en sus ojos y le había mandado a lavarse en el Siloé, pues los ciegos normal-

mente cultivan un agudo sentido del oído que les permite distinguir el timbre de las voces. Por eso, su actitud hacia Jesús sería más que respeto. Sin embargo, no había relacionado la persona de Jesús con el "Hijo del Hombre" mencionado en la pregunta de Jesús. Está bien dispuesto a creer en él, si tan solamente supiera *quién* era. No pregunta por curiosidad, sino para determinar el objeto de su creer. Como en la pregunta de Jesús, se emplea la preposición griega *eis*[1519] después del verbo *crea*, indicando una fe de compromiso.

El verbo en el tiempo perfecto (v. 37) *has visto* indica una experiencia del pasado indefinido. ¿Cuándo sucedió? No le había visto, por lo menos en el sentido físico, en el primer encuentro. Quizás se refiere al pasado inmediato o, según Hovey, a la percepción por el oído que sería casi equivalente a verlo. El verbo *has visto* traduce el griego que significa "observar con una mirada detenida y reflexiva". Entonces, en un momento dramático y emocionante, Jesús se identifica como "el Hijo del Hombre". ¡Qué sorpresa y qué revelación!

Con tremendo gozo y profunda gratitud, no demorando ni un momento, confiesa su fe en Jesús como el "Hijo del Hombre", el Salvador del mundo. Esta vez el término *Señor* se expresa con el sentido cabal y absoluto, equivalente a Dios.

Este es el paso final de cuatro etapas por las cuales había pasado en su estimación de Jesús: un "hombre" (v. 11), un "profeta" (v. 17), uno que ha venido de Dios (v. 33) y el Hijo de Dios (vv. 35-38). Nótese que el primer acto del hombre, después de profesar su fe en Jesús como el Hijo de Dios, fue la adoración. El término "adorar" significa literalmente "arrodillarse y rendirle homenaje a una persona de eminencia" (ver 4:20-24). Uno sólo puede imaginarse las emociones y expresiones de gratitud de este pobre hombre, ahora enriquecido doblemente por el toque de la

39 Y dijo Jesús:

—Para juicio yo he venido a este mundo; para que vean los que no ven, y los que ven sean hechos ciegos.

40 Al oír esto, algunos de los fariseos que estaban con él le dijeron:

—¿Acaso somos nosotros también ciegos?

41 Les dijo Jesús:

—Si fuerais ciegos, no tendríais pecado; pero ahora porque decís: "Vemos", vuestro pecado permanece.

---

gracia de Dios. Por naturaleza parece que era un hombre de pocas palabras y, aunque Juan registra muy pocas aquí de él, seguramente el Espíritu de Dios soltó su lengua y llenó su boca con expresiones de alabanza que corrían como un río. Dios busca verdaderos adoradores que le adoren en espíritu y en verdad (ver 4:23 s.) y aquí encontró por lo menos a uno que reunía perfectamente esas condiciones.

(5) Jesús condena a los fariseos, 9:39-41. Los últimos tres versículos del cap. 9 constituyen, según Tasker, una parábola de acción que destaca la fe y la incredulidad y, por lo tanto, el juicio; un tema que no desaparece por mucho tiempo en este Evangelio. Cuando Jesús habla, sus palabras son verdad y juicio, vida y muerte, luz y oscuridad. Su misma presencia en el mundo resulta en una separación entre los que creen en él como el Hijo de Dios y los que lo rechazan. La luz ilumina a los que la admiten en su vida, pero los que la rechazan quedan en la oscuridad.

El verbo *he venido* es un aoristo y se traduce mejor "vine". El pronombre *yo* es enfático. Esta afirmación de Jesús parece contradecir lo que había dicho anteriormente (ver 3:17; 8:15; 12:47; etc.), pero aquí el término se refiere, no al acto de juzgar (*krisis*[2920]), sino al resultado de juzgar (*krima*[2917]). Este término se usa una sola vez en Juan. La expresión *para que* traduce una conjunción que introduce un propósito. La prioridad y la esencia de su misión era la de traer luz y vida a los hombres, pero no obligó a nadie a aceptar su oferta. El resultado de su venida al mundo es una separación entre los que lo aceptan y los que lo rechazan. El ciego que recibió la vista es una ilustración perfecta

de esta verdad. Uno tiene que reconocer que es "ciego" y recurrir con fe al que tiene poder para curar el mal y obedecerle, si no seguirá en su ceguera. *Y los que ven sean hechos ciegos* se refiere a los que "piensan" que ven, a los orgullosos y autosuficientes, a los que no sienten necesidad de nada (ver 3:18, 19). Estos llegarán a ser ciegos; los fariseos son una ilustración perfecta de esta actitud. Bultmann llama este doble efecto "la paradoja de la revelación".

Los fariseos observaron, sin interrumpir, cuando el hombre adoraba a Jesús como el Hijo de Dios. Pero cuando oyeron la afirmación de Jesús, registrada en el versículo anterior, no pudieron guardar silencio más. Algo les "picaba" y percibieron que él hablaba de ellos. La apariencia *de los fariseos* en este momento sugiere que serían algunos de entre esa secta que todavía estaban indecisos, o que se consideraban sus simpatizantes. La pregunta emplea una partícula de negación que anticipa una contestación negativa. Una traducción literal sería: "¿No también nosotros ciegos somos, verdad?". No podían creer la implicación de sus palabras. Ellos se consideraban los más inteligentes e iluminados del pueblo y seguramente no serían ciegos, como la gente común (ver 7:49).

La partícula condicional *Si* (v. 41) introduce una frase irreal, es decir, contraria a la realidad. Morris entiende que *ciegos* se refiere a ser carentes de la revelación de Dios y el conocimiento de Jesús como su Hijo y el Salvador del mundo. Esa carencia, que no es el caso de ellos, los exoneraría de culpa por no creer en Jesús. En cambio, Plummer, Hovey, etc., entienden que *ciegos* se refiere a una condición humilde que

Jesús: el buen pastor

10 "De cierto, de cierto os digo que el que no entra al redil de las ovejas por la puerta, sino que sube por otra parte, ése es ladrón y asaltante. **2** Pero el que entra por la puerta es el pastor de las ovejas. **3** A él le abre el portero, y las ovejas oyen su voz A sus ove-

reconoce su necesidad y procura solucionarla, lo opuesto a la condición de los fariseos. Si esa fuera su condición, de ser *ciegos*, habrían creído en Jesús y no tendrían el pecado de la incredulidad. Puesto que afirman que no son ciegos, sino que ven, satisfechos con la revelación y el conocimiento que tienen, el pecado de la incredulidad permanece (ver 3:36).

18. El séptimo discurso: el buen pastor, 10:1-42

(1) La parábola del buen pastor, 10:1-6. El cap. 10 constituye el último discurso público de Jesús y el último enfrentamiento con los dirigentes judíos, introducido con una alegoría del buen pastor que ama y se sacrifica por sus ovejas. Este pasaje está relacionado con la fiesta de la Dedicación (ver 10:22), celebrada en el mes de diciembre, a los dos meses y medio de la fiesta de los Tabernáculos. Plummer presenta una manera lógica para ligar los caps. 5 al 11: la sanidad del paralítico y la alimentación de los cinco mil formaron la introducción al discurso de Cristo como la fuente y sostén de la vida en los caps. 5 y 6, y el discurso de Cristo como la fuente de la verdad y la luz de los capítulos 7 y 8 se ilustra en la sanidad del ciego en el cap. 9, así en el cap. 10 tenemos un discurso que presenta a Cristo como amor en que el pastor da su vida por sus ovejas, ilustrado en la resurrección de Lázaro en el cap. 11.

Jesús emplea la figura del buen pastor para señalar un contraste marcado entre su propio ministerio y el de los falsos pastores. Los judíos, y especialmente los fariseos, presentados en los capítulos anteriores como opositores hostiles a Jesús, se describen aquí como los falsos pastores. Este capítulo debe leerse con el trasfondo de varios pasajes en el AT donde Dios es considerado como el buen pastor (Sal.

23:1; 80:1, Isa. 40:10 s.) y algunos de los profetas como falsos maestros y pastores (ver Isa. 56:9-12; Jer. 23:1-4; 25:34-3; Eze. 34; Zac. 11). En este capítulo Jesús se presenta como el cumplimiento de la profecía de Ezequiel 34:23: "Yo levantaré sobre ellas un solo pastor, mi siervo David; y él las apacentará. Él las apacentará y así será su pastor." También, hay varias referencias al pastor de ovejas en los Sinópticos (Mat. 18:12 s.; Luc. 15:3-7).

A pesar de que la enseñanza principal del cap. 10 es clara y poderosa, hay algunas dificultades. No todos están de acuerdo con la secuencia dentro del capítulo, ni cómo se relaciona con el resto del Evangelio (ver Beasley-Murray y Brown). La misma clasificación de la literatura se discute. ¿Es una parábola, una alegoría, una similitud o un proverbio? Borchert usa el término *mashal*, traducción del término heb. que abarca todos los términos mencionados, para describir su naturaleza. Juan emplea el término griego *paroimia*[3942] (10:6) que significa "imagen, figura, enigma, similitud o parábola". La verdad es que no se encuadra en la definición tradicional de ninguna de estas clasificaciones. Por ejemplo, Cristo se presenta como el buen pastor y la puerta, lo cual lleva a Brown a determinar que se trata de más que una parábola (p. ej., 1-3a y 3b-5). También sus opositores son presentados como ladrones y asaltantes.

Sin una introducción, ni descripción del escenario, Jesús inicia su discurso, aparentemente una continuación del cap. 9. Una indicación de esto es que *De cierto, de cierto*, traducción de la doble exclamación griega, nunca se usa para introducir un nuevo escenario ni comenzar un nuevo discurso. El *redil* era un lugar seguro contra las fieras, los ladrones y las tempestades. Normalmente consistía de un círculo o

jas las llama por nombre y las conduce afuera. **4** Y cuando saca fuera a todas las suyas, va delante de ellas; y las ovejas le siguen, porque conocen su voz. **5** Pero al extraño jamás segui-

---

cuadro, rodeado por un muro de piedras y con una sola entrada. Los pastores metían sus ovejas dentro de ese corral para las horas de la noche y uno de ellos, el portero, se acostaba en la abertura. Los pastores, y los que ellos conocían, podían entrar y salir con el permiso del que guardaba la entrada, pero éste resistiría a un ladrón hasta la muerte si fuera necesario. La única manera segura que el ladrón tenía para entrar sería saltando por el muro. El hecho de subir *por otra parte*, y no por la puerta, lo identificaría como *ladrón* y *salteador*. El primero usaría sutilidad, astucia, engaño y el elemento de sorpresa para ser inadvertido, mientras que el segundo emplearía violencia como un asaltante y bandido.

Joya bíblica

A sus ovejas las llama por nombre y las conduce afuera (10:3).

El pastor, cuyos ovejas se guardaban en el redil, tendría acceso libre por la puerta. Jesús, en esta afirmación, sólo establece la rutina que era conocida generalmente en el medio oriente.

Cuando el verbo traducido *oyen* es seguido por el caso genitivo (v. 3), el significado es que "oyen con comprensión y aprecio" (ver 5:25). Borchert describe su experiencia en Palestina y cómo los pastores de ovejas las guiaban, yendo adelante y cantando o silbando. Las ovejas aprenden a distinguir el timbre de la voz de su dueño y lo siguen en fila, aun por calles transitadas por autos. Observó como los pastores van de mañana al redil donde están las ovejas mezcladas de varios pastores. Uno por uno, los pastores se ubican en el portón del redil y comienzan a cantar y silbar. Todas las ovejas suyas se levantan de entre las otras y comienzan a seguirle,

dejando a todas las demás en su lugar y esperando su turno. *Las llama por nombre* indica un valor especial e individual que el buen pastor asigna a cada oveja. En una alegoría, como en una parábola, erramos si procuramos asignar un significado a cada detalle. Por ejemplo, ¿qué representa el redil, el portero y el pastor? El redil no puede representar la iglesia local, ni el reino de Dios, pues en el cuadro las ovejas salen afuera. Plummer opina que en esta alegoría la "puerta" a veces representa a Cristo, pero luego a las oportunidades de servicio. El "pastor" representa a Cristo y/o sus fieles seguidores. No hay una interpretación satisfactoria para la figura del *portero*, a menos que sea el Espíritu Santo.

Este cuadro (v. 4) que describe la manera de conducir las ovejas difiere grandemente de la costumbre en la mayoría de los países hoy en día. En vez de ir por delante de las ovejas, abriendo camino y enfrentando cualquier peligro, los dueños o pastores van detrás muchas veces a caballo, o con perros que asustan y aun muerden las piernas para obligarlas a moverse en cierta dirección. El verbo *saca fuera*, literalmente "echa fuera", es el mismo que se emplea para describir la medida que los judíos aplicaron al hombre ciego (ver 9:34 s.). Quizá se refiere a la fuerza que el pastor tiene que usar con algunas ovejas rebeldes, siempre para el bien de ellas. Plummer dice que los falsos pastores las echan afuera para deshacerse de ellas, pero el buen pastor las lleva afuera para alimentarlas. El buen pastor quiere sacarlas del "redil rígido" de la ley e introducirlas en la pastura libre del evangelio. Hovey comenta que el ciego sanado luego reconoció la voz de Jesús como la de su pastor y "le siguió", pero se negó a atender la voz de los fariseos. La expresión *las suyas* o "las suyas propias", traduce un pronombre posesivo enfático que indica que las ovejas

rán; más bien, huirán de él, porque no conocen la voz de los extraños".

6 Jesús les dijo esta figura, pero ellos no

entendieron qué era lo que les decía. **7** Entonces Jesús les habló de nuevo: "De cierto, de cierto os digo que yo soy la puerta de las ove-

---

son su propiedad y que gozan de una relación íntima con el pastor. Beasley-Murray opina que el uso repetido de este término en los vv. 3 y 4 implica que habrá otras ovejas que no son las suyas y que no salen tras el pastor. *Conocen su voz* es una expresión que no sólo habla de la habilidad de distinguir un sonido, sino de confianza en la orientación sabia de su dueño, sabiendo que las quiere y las guiará a lugares de buen pasto y agua. Hay una anormalidad inexplicable en el texto gr. en que el sujeto "las ovejas", siendo de género neutro, correctamente rige verbos en la persona singular. Sin embargo, en este pasaje hay excepciones en que el mismo sujeto rige verbos en la persona plural: por ejemplo, el verbo griego traducido *siguen* está en singular, pero *conocen* está en plural.

La descripción de la conducta de las ovejas es fiel a la experiencia común. Los términos *extraño* y *extraños* (v. 5) traducen el mismo sustantivo gr. y se refieren a cualquier desconocido, o extranjero, no necesariamente al "ladrón y asaltante". El léxico griego indica que este término es el opuesto al pronombre traducido "suyas propias" (ver vv. 3 y 4). El término *jamás* traduce un doble negativo griego, expresando una fuerte negación. Se cuenta que en una ocasión un hombre se vistió de la ropa de un pastor para determinar si sus ovejas le seguirían, pero cuando quiso imitar el llamado del pastor, las ovejas levantaron la cabeza y corrieron, no hacia él, sino en la dirección opuesta. En esta manera se comprobó que las ovejas siguen más bien por el timbre de la voz y no por la vista, pues la vista puede engañar.

Parece que ellos no entendieron cómo *esta figura* se relacionaba con el episodio del hombre ciego que fue curado. El término traducido *figura* (*paroimia*[3942]), literalmente "algo al costado del camino", significa o "algo trivial, de poco valor o un

dicho fuera de lo común". Así se refiere a la alegoría o similitud del pastor y sus ovejas. Es de notar que los Sinópticos nunca usan este término, pero usan frecuentemente "parábola", que es la transliteración del griego. Por otro lado, Juan nunca usa el término "parábola". Plummer observa que, en la LXX, ambos términos se usan para traducir el término heb. *mashal*.

(2) La aplicación a Jesús, 10:7-18. En esta sección, Jesús se identifica en la alegoría como "la puerta" y "el buen pastor". Ambas figuras tienen que ver con la salvación: "la puerta" da acceso a la seguridad espiritual de la salvación y "el buen pastor" conduce, alimenta y utiliza las ovejas para su propósito. Como el buen pastor, Jesús se compara con los falsos pastores en que ellos roban y matan las ovejas, mientras que él voluntariamente expone su vida a la muerte por ellas.

Dado que los oyentes no habían entendido el significado de las figuras que Jesús estaba utilizando, *les habló de nuevo*, es decir, aclaró y amplió lo que ya había dicho. Emplea otra vez la doble exclamación gr. *amén, amén*, con la cual llama la atención a la importancia de lo que va a decir. También, emplea otra vez el *yo soy* (*ego*[1473] *eimi*[1510]) y el predicado *la puerta de las ovejas*. La metáfora "puerta" se usa en varios pasajes del NT (ver Luc. 13:24; Hech. 14:27; 1 Cor. 16:9). Al decir enfáticamente *yo soy*, implica que no hay otra puerta. Aprovechando la descripción que había hecho de la costumbre de los pastores, Jesús revela la naturaleza de su misión. *La puerta de las ovejas* es la puerta de acceso "para" las ovejas. Vincent, basado en este versículo, dice que no es "la puerta del corral", sino "de las ovejas"; el pensamiento se relaciona con la vida y no simplemente con la organización. La figura o metáfora de *la puerta* sirve para revelar la identidad y la misión de Jesús, la única

jas. **8** Todos los que vinieron antes de mí eran ladrones y asaltantes, pero las ovejas no les oyeron. **9** Yo soy la puerta. Si alguien entra por mí, será salvo; entrará, saldrá y hallará pastos. **10** El ladrón no viene sino para robar, matar y destruir. Yo he venido para que tengan vida, y

---

provisión de Dios para admitir a los hombres en la seguridad de su salvación (ver 14:6).

El v. 8 presenta un serio problema de interpretación. Muchos traductores han buscado la manera para suavizar el impacto de *Todos los que vinieron antes de mí*, pero no hay una salida convincente. Algunos mss. de menor valor omiten *antes de mí*, pero el verbo en el tiempo aoristo, traducido *vinieron*, igual apunta a un tiempo antes de él. Por otro lado, seguramente el término *Todos* no se refiere a Abraham, Moisés, Isaías, etc. Considerando el contexto y el conflicto que Jesús había tenido con los líderes religiosos, y especialmente los fariseos, es más que probable que se refiere a ellos. La RVA traduce un verbo en el tiempo presente, "son", como si fuera imperfecto, *eran*, para corresponder al verbo aoristo *vinieron*. Sin embargo, la mayoría de las traducciones y comentaristas lo traduce "son". Esta traducción ("son"), más fiel al texto gr., corrobora la referencia a los opositores contemporáneos de Jesús, los cuales estaban viviendo y realizando su

Joya bíblica

Yo he venido para que tengan vida, y para que la tengan en abundancia (10:10b).

obra precisamente en ese tiempo. Los líderes religiosos eran como los falsos profetas del AT quienes tenían interés solo en lograr su propia ventaja y defender sus privilegios, olvidándose de las necesidades del pueblo (ver Mar. 12:40; Luc. 16:14). Las ovejas les oyeron el sonido de sus voces, pero *no les oyeron* para obedecerles (el significado del verbo cuando rige el caso genitivo). Así, los

verdaderos creyentes perciben que la voz de tales maestros es extraña y no les siguen.

Se repite (v. 9) la afirmación enfática *Yo soy la puerta*, implicando que no hay otra entrada en absoluto. Pedro tendría este concepto en mente cuando dijo: "Señor, ¿a quién iremos? Tú tienes palabras de vida eterna" (6:68; ver Sal. 118:20). Se discute si este versículo se refiere a las ovejas o a los pastores. Hovey, citando la referencia del versículo anterior y el pronombre singular *alguien*, opina que se refiere a los pastores. Además, *hallará pastos* es la tarea de los pastores y no de las ovejas. Sin embargo, Hull, Morris y casi todos los comentaristas opinan que se refiere a las ovejas o a ambos grupos. *Entra por mí* es enfático en el texto griego, con el cual se inicia la frase: "Por mí si alguien...". *Será salvo* es un verbo empleado más frecuentemente en los Sinópticos que en Juan (ver Mateo, 15 veces; Marcos, 15 veces; Lucas, 17 veces), pero es evidente que en este Evangelio se refiere a la salvación espiritual para la cual Jesús vino (ver 3:17; 5:34; 11:12; 12:27, 47). No es necesario encontrar un significado especial para *entrará, saldrá y...*, más allá de indicar libre acceso. Knox lo traduce así: "él vendrá y saldrá a voluntad". Otra vez conviene recordar que el intentar dar significado a cada detalle de una alegoría lleva a interpretaciones incoherentes.

Otra vez Jesús pone (v. 10) en el contraste más agudo la misión de los opositores con la suya (ver vv. 1 y 8): la de ellos es la destrucción y muerte, la de él es vida abundante. Nótese el contraste enfático entre *El ladrón...* y *Yo...*, pero sin una conjunción adversativa. Las tres acciones de los enemigos tienen la meta de ganancia para ellos que resulta en total pérdida para las ovejas. El verbo *matar*, significa "sacri-

y para que la tengan en abundancia. **11** Yo soy el buen pastor; el buen pastor pone* su vida por las ovejas. **12** Pero el asalariado,que no es el pastor, y a quien no le pertenecen las ovejas, ve que viene el lobo, abandona las ovejas y huye; y el lobo arrebata y esparce las ove-

---

*10:11 Algunos mss. antiguos dicen *da*.

---

ficar". En cambio, la misión de Jesús es la de proveer vida y ganancia para las ovejas que resultaría en la "total pérdida" de sí mismo, o sea su muerte. *En abundancia* traduce un adjetivo comparativo, usado como adverbio, que significa "lo que excede por mucho lo necesario" o "en grado extraordinario". Plummer lo resume así: Jesús da la vida, en vez de robarla. Este versículo sirve de transición entre la metáfora de "la puerta" (vv. 1-9) y la de "buen pastor" (vv. 10-18) que se inicia en el versículo siguiente.

El enfático *Yo soy* excluye a todos los demás que pretenden ese título, por lo menos en el sentido absoluto. El adjetivo atributivo *buen* describe una cualidad del sujeto que modifica. El término tiene varios aspectos que incluyen: "hermoso, noble, agradable, útil y bondadoso" en contraste con "corrupto, malo, inútil e inicuo". Borchert sugiere que en este contexto el término implica "auténtico o genuino" y se aproxima al significado de "verdadero". La descripción incluye todas las cualidades del *pastor* ideal que tienen que ver con el interés y beneficio de las ovejas: amor, cuidado, protección, cariño, coraje y disposición de poner *su vida por las ovejas*. Esta es la evidencia suprema de que es el *buen pastor*, en contraste con los falsos pastores. La expresión *pone su vida* es particular a Juan, pero este autor la emplea varias veces (ver 10:11, 15, 17; 13:37, 38; 15:13; 1 Jn. 3:16). La preposición traducida *por* (*juper*[5228]) significa literalmente "en lugar de" (ver 6:51). Basada en el significado de esta preposición se construye la doctrina de la muerte sustitutiva de Jesús, es decir, que Jesús tomó nuestro lugar en la cruz. Morris comenta que la muerte del pastor en Palestina representaba desastre para sus ovejas, pero la muerte del buen pastor significaba vida para sus ovejas.

Jesús presenta otro contraste, v. 12, entre él y los líderes religiosos de su día, los cuales son "asalariados", no dueños, y se describen como más interesados en protegerse que en exponerse para defender las ovejas de las fieras. El término *asalariado* se encuentra en el NT sólo aquí

Vida Abundante

Juan 10:10

Coro:
Vida abundante Jesús ofrece,
Vida triunfante de día a día;
Él es la fuente de vida eterna
que brota siempre en mi corazón.

En la cruz murió mi Jesús;
Con su muerte vida me dio;
Por su gracia me transformó
y la vida abundante me concedió.

La mujer que fue y tocó
El vestido del Señor;
Por su fe salud recibió
Y la vida abundante Jesús le dio.

En la cruz pidió el malhechor
De su alma la salvación;
Vida eterna pudo alcanzar,
Pues la vida abundante Jesús le dio.

Rafael Enrique Urdaneta,
Vida abundante, # 178 Himnario Bautista
(Casa Bautista de Publicaciones).

jas. **13** Huye* porque es asalariado, y a él no le importan las ovejas. **14** Yo soy el buen pastor y conozco mis ovejas, y las mías me conocen. **15** Como el Padre me conoce, yo también conozco al Padre; y pongo mi vida por las ovejas.

16 "También tengo otras ovejas que no son de este redil. A ellas también me es necesario traer, y oirán mi voz. Así habrá un solo rebaño y un solo pastor. **17** Por esto me ama el Padre, porque yo pongo mi vida, para volverla a to-

---

*10:13 Algunos mss. antiguos tienen *El asalariado huye...*

---

y en Marcos 1:20 (traducido como *jornaleros*). Ellos "cuidan" las ovejas, no por el bien de éstas, sino por el sueldo que reciben. ¡Son auténticos mercenarios! Su prioridad es cuidarse a sí mismos antes de cuidar a las ovejas. Por esto, y porque las ovejas no son suyas propias, no están dispuestos a exponerse al peligro cuando aparece. En un sentido son peores que los ladrones, pues defraudan la confianza puesta en ellos por el dueño. La Mishna establece la responsabilidad legal de los pastores a sueldo; si ataca un lobo, ellos deben defender a las ovejas, pero si dos o más atacan no son responsables por la defensa. La figura del *lobo* se referiría a toda persona o poder que intenta frenar o destruir el reino de Dios.

El v. 13 establece explícitamente lo que es implícito en el versículo anterior. Presenta dos razones por las cuales el siervo abandona las ovejas cuando aparece el lobo: siendo un siervo a sueldo, y no el dueño, no tiene interés o compasión por las ovejas indefensas.

Como Jesús repitió "Yo soy la puerta...", por segunda vez afirma ser *el buen pastor*, pero agrega otra dimensión de su título además de ser bueno: el conocimiento mutuo con las ovejas. El *buen pastor* se interesa por el bienestar individual de las ovejas, las considera *mías*, en contraste con "el asalariado", y las conoce individualmente y por nombre (v. 3). Dándose cuenta de este trato cariñoso, las ovejas responden, aprendiendo a reconocer la voz de su pastor (v. 4).

La RVA coloca un punto al fin del v. 14, lo cual establece una ruptura en el flujo del pensamiento del versículo anterior, dejándolo como una idea independiente. Parece

más lógico colocar un punto y coma en lugar del punto y considerar este versículo como una descripción del conocimiento mutuo entre el buen pastor y las ovejas; es decir, es como el conocimiento mutuo, íntimo y personal entre el Padre e Hijo. Es una ilustración, pero lógicamente no significa el mismo grado o la misma naturaleza de relación (ver 14:20; 15:10; 17:8, 10, 21). Repite el concepto de poner su *vida por las ovejas*, pero en el v. 11 se expresa en tercera persona, mientras que aquí en primera persona singular. Aquí describe la obediencia desinteresada de parte del Hijo en su relación con el Padre. Morris sugiere que quizás Jesús expresa la parte final del versículo al pensar en el amor que existía antes entre él y el Padre.

Hemos mencionado el marcado concepto universal que se encuentra en este Evangelio al usar frecuentemente "mundo" (ver 1:29; 3:16, 17, 19; 4:42, etc.). La expresión *otras ovejas que no son de este redil* (v. 16) recalca aún más el concepto universal. La interpretación más natural es que *redil* se refiere al judaísmo y *otras ovejas* a los gentiles, no a los judíos en territorios gentiles como algunos sugieren. Hovey opina que con esta expresión Jesús responde a la pregunta desdeñosa de 7:35 donde los enemigos especulan que él iba a la dispersión para enseñar a los griegos. Al decir *tengo otras ovejas...*, Jesús anticipaba la conversión de los gentiles y los consideraba ya parte de su rebaño.

Me es necesario traer emplea el verbo impersonal *dei*[1163] que expresa un deber moral y el verbo *traer* significa más bien "guiar o conducir". No los traería obligados, sino los conduciría suavemente por el

mar. **18** Nadie me la quita, sino que yo la pongo de mí mismo. Tengo poder* para ponerla,

y tengo poder* para volverla a tomar. Este
mandamiento recibí de mi Padre".

---

*10:18 Otra trad., *autoridad*

Espíritu Santo. Tampoco lo haría personalmente, excepto a medida que él habitaría
en la vida de sus mensajeros en generaciones venideras. En la misma manera que
las ovejas oyen y reconocen la voz del
buen pastor, y que los verdaderos creyentes oyeron y obedecieron la voz del
buen pastor, así en generaciones siguientes los verdaderos creyentes oirían y obe-
decerían las palabras de Jesús pronunciadas por su siervos. El resultado de este
proceso es que *así habrá un solo rebaño* y
un solo pastor. El verbo *habrá* es más bien
"llegará a haber", indicando un proceso.
Varias versiones antiguas emplean el término "redil" en vez de *rebaño*, creando
confusión y llevando a una interpretación
errónea. Las traducciones pierden el juego
en las palabras griegas: *mia*^{3391}
poimne^{4167}, *eis*^{1520} *poimen*^{4166}. Nótese
que hay una coma, no una conjunción,
entre *un rebaño, un pastor*.

Este pasaje refleja la visión profética del
AT de que la bendición del Mesías se des-
bordaría de la nación judía, alcanzando a
las naciones gentiles (ver Gén. 12:1-3; Isa.
52:15; Miq. 4:2). En los Sinópticos esta
visión se amplía y se afirma (ver Mat.
8:11; 13:24-30; 28:19; Luc. 13:29).
Plummer comenta que el reclamo de los
judíos de ser la primera nación para recibir
el evangelio se afirma, pero su reclamo de
exclusividad se niega.

El texto del v. 17 dice literalmente "por
esta causa me ama...". La pregunta natural
que surge de este versículo es si el amor
del Padre para con el Hijo depende de su
muerte en la cruz. Beasley-Murray contesta diciendo: "Este evento no se representa
naturalmente como el origen de ese amor
sino como su manifestación suprema".
Ciertamente el Padre ama al Hijo por ser
su único, de su misma naturaleza, y por la

coexistencia eterna de los dos. Borchert
evita el problema con esta traducción:
"Porque el Padre me ama, esa es la razón
que pongo mi vida". Notamos aquí la estrecha relación entre la muerte y la resurrección del Hijo para la salvación del
mundo, la una no siendo completa sin la
otra. Él pone su vida con el fin, o propósito (*jina*^{2443}), de *volverla a tomar*. La expresión *pongo mi vida* se repite tres veces
(vv. 11, 15, 17), enfatizando el hecho de
que fue por su propia voluntad, en perfecta armonía con la del Padre. Morris cita a
Strachan y Hoskyns quienes afirman que
en el NT Jesús nunca se representa como
levantándose de la muerte por su propio
poder, sino que es el Padre quien lo levanta, excepto aquí y en 2:19. Sin embargo,
hay otros pasajes que indican, o más bien
implican, que Jesús mismo se levanta (ver
Mar. 8:31; Luc. 24:7; Hech. 10:41; 17:3;
1 Tes. 4:14). Jesús contempla su muerte y
resurrección como un hecho ya realizado,
o en el proceso de realizarse.

Nada es más claro en el NT que el hecho
de que la muerte de Jesús fue un acto voluntario de su parte. Del punto de vista de
Dios, la cruz no fue un accidente, ni el fruto del odio de los líderes religiosos, aparte
del control y la voluntad divina. Nótese el
contraste entre *Nadie* y *yo* (v. 18). Jesús
estuvo siempre en control de su vida, aun
en la cruz. *Poder* traduce el sustantivo
griego que significa "autoridad, derecho,
libertad, poder, habilidad". En los escritos
juaninos abundan las referencias al término *mandamiento*: 11 veces en el Evangelio
y 18 en las epístolas. Toda la vida de Jesús
se realizaba bajo la dirección y en perfecta
obediencia de la voluntad, o mandamiento,
del Padre. La cruz y resurrección fueron la
culminación gloriosa de una vida obediente
al propósito redentor del Padre.

19 Hubo división otra vez entre los judíos a causa de estas palabras, **20** y muchos de ellos decían:

—Demonio tiene y está fuera de sí. ¿Por qué le escucháis?

21 Otros decían:

---

(3) La reacción de los judíos, 10:19-21. Las palabras, acciones y obras de Jesús despertaron no solo hostilidad y violencia hacia él, de parte de algunos, sino crearon perplejidad y divisiones entre otros del pueblo. Sin embargo, ni el pueblo, ni las autoridades religiosas, pudieron ignorarlo. Fueron obligados a reconocer que realiza-

---

Semillero homilético

Jesús es nuestro buen pastor
10:1-18

Introducción: El pastor de ovejas vigila a sus ovejas tanto en la lluvia como en los días de sol. Él expone su vida para protegerlas. Jesús tomó este ejemplo de su propio entorno y comparó su ministerio con el trabajo que hace un pastor bueno, en contraste con el trabajo del pastor malo al que él llama asalariado.

I. Las características del asalariado (10:12-14).
  1. No es el pastor.
  2. No tiene relación con las ovejas.
  3. Huye frente al ataque del lobo o del ladrón.
  4. No le importan las ovejas.
II. Las cualidades del buen pastor (10:11, 14, 15).
  1. Ama a sus ovejas.
  2. Las ovejas saben que su pastor las ama.
  3. Las lleva a lugares de reposo y las cuida durante todas las horas del día.
  4. Las ovejas tienen una lealtad absoluta hacia su pastor. Lo siguen día y noche a cualquier parte.
  5. Les da vida en abundancia (10:9-11).
    Esto consiste en tener el gozo y la paz que da la presencia constante del pastor, y saber que si fuera necesario él daría su vida por sus ovejas.
  6. En el momento oportuno, en el momento de crisis, él lucha para proteger a sus ovejas. El buen pastor da su vida por las ovejas (10:11-15).
  7. Ni la muerte puede triunfar sobre él y su misión, v. 28.
    Él les da vida eterna y no perecerán jamás. Nadie puede quitarlas de su mano. Él dijo: "Yo y el Padre uno somos" (10:30).
    Su protección se extiende aún más allá de la muerte. Cristo acompaña a los suyos por el valle de la muerte y los conduce a un mundo mucho más hermoso y feliz.
III. El único requisito para tener a Jesús como su buen pastor.
  1. Confianza absoluta en él. Debemos confiarle la vida, el alma y el cuerpo, y aceptar su dirección total.
  2. Jesús como el buen pastor (Sal. 23).
  3. Reconocer que él nos conoce mejor de lo que nosotros nos conocemos (2:24, 25).
  4. Dejar el egoísmo y aceptar su cuidado.
  5. Reconocer que su amor lo llevó a dejar la gloria del cielo, descender a esta tierra, llevar nuestra culpa y morir una muerte cruel y horrible, para que podamos obtener su perdón y pudiéramos gozar de vida nueva y abundante.
  6. La fe es el único requisito para poder disfrutar de esta nueva vida.
Conclusión: Debemos confiar en él y seguirlo. Él cuida de nosotros las 24 horas del día, los siete días de la semana. Y nos recibirá en el cielo cuando termine nuestra vida en este mundo. Jesús es el buen pastor; él quiere ser su buen pastor. Él quiere proveerle una relación de amor y cuidado constante. ¿La acepta?

—Estas palabras no son las de un endemo- niado. ¿Podrá un demonio abrir los ojos de los ciegos?

---

ba milagros cual nadie jamás había obrado, pero con todo Jesús no se conformaba a su expectativa mesiánica, ni a sus costumbres religiosas.

El verbo *hubo* del v. 19 es más bien "llegó a suceder" o "surgió" una *división*, indicando un proceso que resultó en la división. El término *división* traduce *scisma⁴⁹⁷⁸*, el resultado de una rotura en dos, como el velo en el templo cuando Jesús fue crucificado. No es la primera vez que esto sucede y Juan no pierde la oportunidad para mencionarla (ver 6:52, 60, 66; 7:12, 25 ss.; 8:22; 9:16, 17; 10:19, 24). La causa explícita de esta *división* fueron las palabras de Jesús, especialmente su reclamo de ser el Hijo de Dios, destinado a morir y luego resucitar. Tales ideas no concordaban con la expectativa de un mesías, tipo rey-militar, que libraría al pueblo del yugo romano.

No pocos de los que formaban una parte de la división estaban diciendo, o repitiendo, su explicación por el poder con que Jesús obraba. Todavía tenían en mente la sanidad del hombre nacido ciego. No podían negarlo, ni ignorarlo. No estando dispuestos a reconocer que procedía de Dios; la otra alternativa sería que obraba con el poder del *demonio*, una acusación que

habían usado varias veces antes (ver 7:20; 8:48, 52) o tal vez demente. Morris comenta que las únicas ocasiones en los Evangelios cuando se menciona *demonio* son cuando otros acusan a Jesús, o cuando él se defiende de esas acusaciones. La expresión *está fuera de sí* traduce un verbo griego que se encuentra solo aquí en Juan y un total de cinco veces en el NT. Significa "estar desordenado en sus pensamientos, o incoherente". Desde que, según ellos, él tenía un demonio o era incoherente en su hablar, no valía la pena escucharle. No tomaron en cuenta las evidencias objetivas.

La otra parte de la división, no tan atada al legalismo de los fariseos y más dispuesta a reflexionar sobre los eventos, cuestionaba la explicación de la otra parte. Usan una lógica sencilla y directa. Presentan dos evidencias para defender su posición: ni las palabras de Jesús, que para ellos eran coherentes y convincentes, ni sus obras, que siempre resultaban para el bien de las personas, representaban la presencia de un demonio. Se negaron a condenar a Jesús, pero tampoco indicaron una creencia en él. La mención del milagro de *abrir los ojos de los ciegos* parece indicar que los eventos de los caps. 9 y 10

"Os expulsarán de las sinagogas"

Aunque no sabemos la localidad precisa de la comunidad a la cual este Evangelio es dirigido, sabemos con certeza que su comunidad incluía creyentes judíos que habían sido expulsados de las sinagogas por su fe en Jesús (véase 9:22, 34; 12:42; 16:2). La sinagoga significaba para ellos más que solamente un lugar de culto; era el centro social y comunitario para todos los vecinos. Ser expulsado de ella era experimentar la deslocalización de sus vidas. Ellos habían sido desplazados de su hogar espiritual y se ven reflejadas sus heridas en las fuertes palabras en contra de los judíos a través del libro.

Tal vez es difícil para nosotros entender su dolor porque actualmente no hay persecución aguda en los países de habla castellana, pero al leer cuidadosamente la señal del hombre nacido ciego (cap. 9) se puede entender mejor esta verdad.

La realidad ahora en muchas partes del mundo es que las personas son perseguidas, muchas veces hasta la muerte, por su fe. Se dice que hay más mártires hoy que durante cualquier época de la iglesia. La realidad de las palabras de Jesús por la persecución, expulsión y muerte que van a experimentar sus seguidores se ve en 16:3: "Esto harán, porque no conocen ni al Padre ni a mí".

tuvieron lugar más o menos en el mismo período. El plural de *ciegos* podría indicar otros eventos de sanidad que Juan no menciona, o sólo una referencia general a ese tipo de milagro.

(4) El rechazo final de los judíos, 10:22-42. Esta sección abarca tres divisiones que incluyen un discurso sobre la unidad del Padre y el Hijo, la respuesta de Jesús a las acusaciones de blasfemia y el retiro de Jesús más allá del Jordán. Al-

gunos consideran que los eventos relatados hasta ahora en el cap. 10 tuvieron lugar inmediatamente después de la fiesta de los Tabernáculos. Si ese es el caso, hubo un período de silencio de unos dos o tres meses, o sea, desde mediados de octubre hasta fines de diciembre. Se discute si Jesús permaneció en Jerusalén durante este período, o si salió y ahora regresa para la fiesta de la Dedicación. Algunos comentaristas opinan que en ese

---

Las fiestas religiosas en Juan

Para entender los capítulos 5 al 12 del evangelio de Juan hay que conocer bien las fiestas religiosas de los judíos y su significado. De esta forma se puede entender mejor la enseñanza que Jesús da en relación a la fiesta y el propósito de ella.

Los judíos tenían muchas fiestas, tres de las cuales requerían a todo judío varón hacer el peregrinaje a Jerusalén para celebrarla. Estas son: Tabernáculos, Pascua y Pentecostés (fiesta de las Semanas). Cada una de estas fiestas tenían sus rituales especiales y conmemoraban eventos significantes en la vida del pueblo. (Véase Lev. 23 y Deut. 16).

Tabernáculos (Succot) que empieza el decimoquinto día del séptimo mes (Tishri) es una fiesta de toda una semana que celebra la cosecha del otoño y los cuarenta años del éxodo cuando anduvieron en el desierto antes de entrar en la tierra prometida por Dios. Se construyen cabañas (Succot) y la gente vive en ellas durante esta semana. Es una fiesta de mucha alegría.

Pascua (Pesaj) y la fiesta de los Panes sin Levadura empieza el decimocuarto día del primer mes (Nisan) y conmemora la noche cuando el ángel del Señor mató a los primogénitos de los egipcios pero pasó de largo por las casas de los hijos de Israel y así libró a su pueblo. Se comen durante siete días panes sin levadura para recordar aquella noche cuando el pueblo salió en forma tan rápida que el pan no había tenido tiempo para levadarse.

Pentecostés (Shabuot) es la fiesta de la cosecha de la primavera, el día de las primicias, de los primeros frutos. A la vez se celebra para conmemorar que Dios los había librado de la esclavitud de Egipto y los había traído a la tierra que podría suplir todas sus necesidades. Esta fiesta empieza siete semanas después de la fiesta de la Pascua, y así es llamada la Fiesta de las semanas o Pentecostés (50 días).

Había otras fiestas que no requerían el peregrinaje a Jerusalén, pero que eran de gran importancia para el pueblo. La fiesta de las Trompetas (Rosh Hashanah) que celebra el Año Nuevo (el primer día de Tishri y el pacto hecho entre Dios y su pueblo en el Sinaí.

La gran fiesta sagrada del día de la Expiación (Yom Kippur) cuando la gente pide el perdón de Dios por sus pecados. Se pasa el día en ayunas, y en los tiempos bíblicos sacrificaban animales tanto por el pecado del sumo sacerdote como por el pueblo. A la vez se dejaba a un macho cabrío suelto en el desierto como símbolo de que éste llevaba todas las iniquidades del pueblo. En la celebración de este acto, el cordero había cumplido su función de ser la Expiación. Es para los judíos un día de gran solemnidad y de los más sagrados del año.

La fiesta del Templo o de la Dedicación (Hanukkah) se celebra el vigésimo quinto día del mes de diciembre (Kislev) cuando durante una semana se celebran la rededicación del templo por Judas Macabeo en el año 164 a. de J.C., después de su profanación por los seléucidas, especialmente Antíoco IV Epífanes. Es un tiempo de gran alegría cuando se dan regalos a los familiares y amigos y se celebra con comidas especiales. Se menciona esta fiesta en Juan 10:22 como la fiesta de la Dedicación.

La fiesta de Purim se celebra el decimotercer día del duodécimo mes (Adar). Esta fiesta celebra los eventos relatados en el libro de Ester, cuando ella ayudó a evitar la conspiración de Amán contra los judíos en Persia. Hoy día es una fiesta especial para los niños cuando, con alegría, se visten con disfraces y hacen representaciones de estos eventos.

Jesús declara ser Hijo de Dios

22 Se celebraba entonces la fiesta de la Dedicación* en Jerusalén. Era invierno, **23** y

Jesús andaba en el templo por el pórtico de Salomón. **24** Entonces le rodearon los judíos y le dijeron:

—¿Hasta cuándo nos tendrás en suspenso?

*10:22 Fiesta anual originada en el período intertestamentario; cae en diciembre.

ínterin tuvieron lugar los eventos relatados en Lucas 10:17—11:12, inclusive el envío de los setenta.

a. La unidad del Padre y el Hijo, 10:22-30. Los líderes volvieron a insistir en que Jesús se identificara claramente y contestara si en realidad se consideraba como el Mesías de Dios. Jesús se refiere otra vez a sus obras como prueba de su identidad como Hijo de Dios y agrega que sus ovejas oyen su voz, le siguen y que les promete seguridad para siempre, culminando con una afirmación de la unidad entre él y el Padre.

La fiesta de la Dedicación, llamada también la fiesta de las Luces, se celebraba en memoria de la rededicación del templo por Judas Macabeo en 164 a. de J.C., después de haber sido profanado por Antíoco Epífanes, rey de Siria. Este rey mandó sacrificar un cerdo sobre el altar en el templo, derramando los jugos del sacrificio sobre los rollos sagrados. Este sacrilegio tan repugnante para los judíos sirvió para despertar en ellos en vivo anhelo de derrocar a Epífanes (el ilustre), llamado por los judíos "Epímanes" (el loco). La fiesta de ocho días se celebraba a partir del 25 del mes de Kislev (nuestro noviembre/diciembre). La figura de luces, que se destacaba como parte integral del festejo, no miraba hacia atrás a la dirección divina en el tiempo de Moisés, sino hacia adelante a un nuevo y glorioso día que el Mesías inauguraría, asegurando una independencia nacional y prosperidad material. Jesús aprovechó la esperanza mesiánica, especialmente intensa durante la fiesta, para presentarse. Quizás el dato *era invierno* se agregó para el beneficio de los gentiles, aunque el término gr. se puede traducir "mal tiempo". Algunos consideran que la

La fiesta de la Dedicación (Hanukkah)

La fiesta de la Dedicación o Hanukkah celebra la restauración del templo después de su profanación por Antíoco IV Epífanes. Solamente se menciona en la Biblia en Juan 10:22, pero el período en que tiene su origen se relata en los libros apócrifos llamados "Macabeos".

Antíoco había procurado completar la helenización del pueblo judío, y al ver su resistencia, prohibió todo acto religioso judío. ¡Para colmo implantó un ídolo (Zeus) en el templo e hizo sacrificios paganos en el altar! Estos hechos eran inconcebibles para los judíos ortodoxos. En el año 164 a. de J. C., y después de una larga revuelta contra sus opresores, Judas Macabeo guió al pueblo a la victoria sobre ellos.

La ceremonia de la Dedicación del templo fue empezada por Judas Macabeo. Él mandó que se repitiera cada año en memoria de la libertad del pueblo y la dedicación de nuevo de su templo. Puesto que una de las ceremonias más importantes era la de encender las lámparas del templo, es conocida también como "La fiesta de las Luces". Josefo dice: "Supongo... porque esta libertad que era más allá de nuestras esperanzas se apareció a nosotros;... así el nombre de Luces" (*Antigüedades*, 12.7.7).

Hannukah tenía que ser como Tabernáculos, una fiesta de gran alegría, de ocho días de celebración que incluiría la recitación diaria del Hallel (Sal. 113—118), pero especialmente 118:27. Desde la destrucción del Templo en el año 70 d. de J.C., han encendido un candelero de ocho brazos (la menorah) para conmemorar la milagrosa provisión del aceite para las lámparas del templo, el mismo que debía durar durante ocho días. Actualmente es una fiesta muy alegre, que incluye celebraciones familiares y comunitarias, aun con regalos a los niños y otros seres queridos.

Si tú eres el Cristo, dínoslo abiertamente.

25 Jesús les contestó:

—Os lo he dicho, y no creéis. Las obras que

yo hago en nombre de mi Padre, éstas dan testimonio de mí. **26** Pero vosotros no creéis, porque no sois de mis ovejas*. **27** Mis ovejas

---

*10:26 Algunos mss. antiguos incluyen *como os he dicho.*

---

expresión es simbólica: "la tormenta" de persecución que estaba por desatarse o que "las nubes del invierno pesaban sobre el escenario" (ver 13:30).

Plummer comenta que es posible considerar *la fiesta de la Dedicación* como una referencia a la dedicación del templo de Salomón, la cual se celebraba durante la fiesta de los Tabernáculos (ver 1 Rey. 8:2; 2 Crón. 5:3). Sin embargo, pocos eruditos favorecen esta posibilidad.

El verbo en el tiempo imperfecto *andaba* (v. 23) describe la acción observada por un testigo, como también el lugar específico en el templo. El pórtico de Salomón (ver Hech. 3:11) estaba ubicado en el lado este del templo. Según Josefo, permaneció intacto durante la destrucción por los ejércitos de Nabucodonosor.

Mientras Jesús "andaba en el templo", los judíos lo detuvieron, insistiendo que se identificara claramente. Las preguntas implican, según los judíos, un intento de parte de Jesús de engañarlos o jugar con ellos, por no hablar más claramente. El verbo *dijeron*, estando en el tiempo imperfecto, se traduce mejor como "decían", describiendo acción continua de ellos, repitiendo insistentemente las demandas. *Nos tendrás en suspenso* literalmente es "levantas nuestra alma". El verbo está en el tiempo presente y admite varias interpretaciones: "¿Hasta cuándo nos molestas?" o "¿Hasta cuándo nos quitas la vida?". *Si tú eres el Cristo* es una frase condicional que asume la realidad del caso, por ejemplo: "Desde que tú eres...". Si este es el sentido del caso, la pregunta vendría de oyentes sinceros que deseaban una aclaración para decidir su relación con Jesús. Pero el diálogo que sigue indica lo contrario, o que por lo menos un grupo de ellos estaba buscando motivos para acusarle más bien que

para creer en él. La demanda *dínoslo abiertamente* traduce un término que significa "con confianza, valentía o libertad" (ver 7:13).

Se pregunta ¿cuándo se identificó claramente Jesús? Es cierto que no les había dicho a ellos "Yo soy el Mesías de Dios" o "Yo soy el Hijo de Dios", pero lo había insinuado varias veces y en distintas maneras, inclusive citando testimonios de Juan, Moisés, el Padre y sus obras. Los que tenían la mente abierta pudieron percibir en sus palabras y hechos que reclamaba ser el Hijo de Dios. En cambio, se había identificado claramente en su conversación con la mujer samaritana (4:26) y con el hombre ciego (9:35 ss.). Nótese el cambio en el tiempo de los verbos: *Os lo he dicho* es más bien "os dije", un verbo de tiempo aoristo, en contraste con *creéis*, un verbo en el tiempo presente. El énfasis se observa en esta traducción: "Os dije, no estáis creyendo". Las palabras pueden engañar o interpretarse de distintas maneras, pero no así las obras que son evidencias objetivas e irrebatibles. Por eso, Jesús apunta a ellas otra vez como el testimonio más convincente (ver 5:20, 36). El pronombre en la expresión *yo hago* es enfático. *En nombre de mi Padre* indica que Jesús era el mensajero y representante personal de Dios y que su obra estaba en perfecto acuerdo con la voluntad de él.

Jesús afirma otra vez, en el v. 26, la incredulidad de los judíos y da la razón, introducida con la conjunción causal *porque*. Esta referencia a la alegoría presentada en la primera parte de este capítulo significa cierto problema para los que entienden que lo dicho antes del v. 22 describe eventos sucedidos durante la fiesta de los Tabernáculos, más de dos meses antes. Por lo menos algunos de

oyen mi voz, y yo las conozco, y me siguen. **28** Yo les doy vida eterna, y no perecerán jamás, y nadie las arrebatará de mi mano. **29** Mi Padre que me las ha dado*, es mayor que todos; y nadie las puede arrebatar de las manos del Padre*. **30** Yo y el Padre uno* somos.

*10:29a Algunos mss. antiguos dicen *Lo que mi Padre me ha dado es mayor...*
*10:29b Algunos mss. antiguos dicen *de mi Padre.*
*10:30 Lit., *una misma cosa*

---

los oyentes en esta ocasión habían estado presentes cuando Jesús pronunció la alegoría del buen pastor y, aunque uno o dos meses hubieran pasado, ellos no se habrían olvidado.

> **Joya bíblica**
>
> **Mis ovejas oyen mi voz, y yo las conozco, y me siguen. Yo les doy vida eterna, y no perecerán jamás, y nadie las arrebatará de mi mano (10:27, 28).**

En contraste con los que no creen y no le siguen, sus ovejas oyen con comprensión y compromiso. Estas tres afirmaciones son parecidas a lo que había dicho antes (ver vv. 14-16). Hay un mutuo conocimiento: las ovejas oyen su voz (conocimiento o reconocimiento implicado) y el Pastor las conoce a ellas. Basadas en este mutuo conocimiento, las ovejas siguen a su pastor.

Varias verdades importantes surgen del v. 28. *Yo* es enfático y el verbo *doy* está en el tiempo presente, no futuro, indicando una realidad actual. *Vida eterna* es una dádiva para todos los que creen (ver 3:15; 5:24). A menudo enfatizamos la calidad de *vida eterna*, ciertamente una enseñanza bíblica, pero aquí el énfasis es otro, es una vida que se proyecta hacia el futuro infinito. La afirmación siguiente es redundante, pues *vida eterna* implica que *no perecerán jamás*, pero Juan frecuentemente declara una verdad en el sentido afirmativo y negativo. Los términos *no... jamás* traducen un doble negativo griego que es la forma más enfática de expresar la negación. *Nadie las arrebatará de mi mano* es otra expresión redundante, pero se usa para cerrar toda posibilidad de la pérdida de la vida que Jesús provee, siempre y cuando la fe sea genuina (ver 11:26; Rom. 8:38, 39). El verbo *arrebatará* describe una acción violenta (ver v. 12). La *mano* de Jesús sana, protege, sostiene, acaricia y guía.

Hay una serie de variantes en el v. 29, llevando a distintas traducciones. El texto griego escogido por las Sociedades Bíblicas lee literalmente así: "Mi Padre el que ha dado a mí de todos mayor es". Si insertamos una coma después del segundo *mí*, salimos con la traducción de la RVA, excepto que falta el cumplimiento directo (*las* está ausente de los mejores mss.) del verbo *ha dado*. Esta falta lleva a algunos traductores a esta traducción: "Lo que el Padre me ha dado es mayor que todos". Aquí, Jesús agrega otro elemento en la ecuación de la seguridad de los verdaderos creyentes; son una dádiva del Padre al Hijo. Luego agrega que también son una dádiva al mundo como testigos de Cristo (ver 17:21). *Ha dado*, estando en el tiempo perfecto, indica una acción realizada en el pasado cuyos efectos siguen en pie. Algunos intérpretes encuentran aquí una base para la doctrina de predestinación. Beasley-Murray y otros nos advierten del peligro de usar este versículo como texto de prueba. El NT mantiene en sano equilibrio la tensión entre la gracia de Dios y la responsabilidad humana. Como si esto no fuese suficiente, Jesús les recuerda que el Padre es mayor o más poderoso que todos y otra vez una expresión redundante: *nadie las puede arrebatar de las manos del Padre.* Si él es más poderoso que todos, es obvio que nadie puede arrebatárselas.

El pronombre personal *Yo* es enfático en

Los judíos rechazan a Jesús

31 Los judíos volvieron a tomar piedras para apedrearle. **32** Jesús les respondió:

—Muchas buenas obras os he mostrado de parte del Padre* ¿Por cuál de estas obras me apedreáis?

33 Los judíos le respondieron:

---

*10:32 Algunos mss. antiguos dicen *de mi Padre*.

---

el v. 30. Un énfasis en esta sección es la vida eterna que Jesús ofrece a los que le son dados por el Padre, y la seguridad que éstos tienen, estando en la mano de Jesús, encerrados además en las manos del Padre y con la confianza que estos dos forman una unidad. Jesús ha indicado que la mano suya y la del Padre están unidas en la protección de los creyentes, implicando que los dos son uno. Son "una misma cosa" (ver nota de la RVA) en poder, voluntad y acción. Se implica también que son de la misma esencia. Hull llama la atención al equilibrio teológico reflejado en esta breve frase. El Padre y Jesús son dos personas, una verdad expresada en el verbo plural *somos*, y por lo tanto no son idénticas. Sin embargo, son *uno*, que es singular, y por lo tanto inseparables y también iguales. Agustín observa que esta sencilla frase efectivamente refuta a Sabelio, quien negaba la distinción entre el Padre y el Hijo, y a Arrio, quien negaba la igualdad entre las dos personas.

b. Jesús responde a la acusación de blasfemia, 10:31-39. Los judíos habían insistido en una declaración clara de la identidad de Jesús. Como nunca antes él satisfizo su demanda, identificándose en obra y esencia con el Padre. Para los líderes de los judíos, tal declaración era "la madre" de blasfemias. No demoraron en levantar piedras para cerrar la boca y vida del culpable. Su hostilidad había llegado al punto de "hervir", o más.

El verbo *volvieron* traduce el adverbio "otra vez" y literalmente el texto dice: "Cargaron (o levantaron) otra vez piedras..." y se refiere a la ocasión anterior cuando hicieron lo mismo (ver 8:59). La ley indicaba que el castigo para la blasfemia sería el apedreamiento (Lev. 24:16;

ver 1 Rey. 21:10). Estaban tan indignados que no iban a esperar el fallo del Sanedrín, ni una sinagoga para ejecutar la sentencia.

Antes de comenzar a "llover" las piedras, Jesús frenó por el momento la intención de ellos, desafiándoles a reflexionar sobre la justicia de sus propósitos. Él apela otra vez a las obras como la evidencia más convincente de su identidad como Hijo de Dios. Ciertamente, Jesús había realizado *muchas buenas obras*, siendo la más reciente la sanidad del hombre nacido ciego. Sin embargo, los judíos descartaron esa obra porque fue hecha en día sábado, violando así las restricciones establecidas por su interpretación de la ley de Moisés. El término *obras* se refiere a las obras sobrenaturales o los milagros. La expresión *os he mostrado* indica que las obras tenían el propósito de constituir una señal apuntando a Jesús como el Hijo de Dios. Este verbo, sin embargo, está en el tiempo aoristo y se traduce como "os mostré". Nótese la insistencia de que sus obras se realizaban en obediencia del Padre de tal modo que pudo decir que eran *de parte del Padre*. Es difícil traducir el significado "¿por cuál...", pero el término en griego significa más bien cualidad, además de distinción. Por ejemplo, "¿qué es el carácter de la obra por la cual...?". En realidad las obras de Jesús tenían un carácter o cualidad de bueno y divino que los judíos no lo percibieron, o no querían percibir.

Ellos no contestan el desafío de Jesús, pero vuelven al tema de la blasfemia, ofensa mucho más grave que la violación de las reglas del sábado. Esta es la primera vez que lo acusan directamente de blasfemia, aunque se implica antes (ver 8:59). Los judíos entendieron muy bien en la declaración de Jesús de que sostenía ser

—No te apedreamos por obra buena, sino por blasfemia y porque tú, siendo hombre, te haces Dios.

34 Jesús les respondió:

—¿No está escrito en vuestra ley, *"Yo dije: Sois dioses**"? **35** Si dijo "dioses" a aquellos a quienes fue dirigida la palabra de Dios (y la Escritura no puede ser anulada), **36** ¿decís vo-

---

*10:34 Sal. 82:6

---

igual al Padre (v. 30). Este cargo ignoraba por completo la evidencia de los milagros que Jesús había realizado, los cuales lo certificaban como el Mesías de Dios. Ellos lo consideraban meramente como un *hombre* cualquiera. No podían ver más allá de su apariencia física.

El término *ley* se usa en el v. 34 en el sentido más amplio, refiriéndose a todo el AT (ver 12:34; 15:25). Jesús cita de memoria una parte del Salmo 82:6, donde el salmista se refiere a los jueces de Israel como "dioses" en que ellos ejercían su oficio sagrado en nombre y bajo la dirección de Dios. Eran considerados como representantes personales de Dios, tal como Jesús, excepto en su caso su relación con Dios era única y eterna.

Jesús sigue desarrollando su línea de argumento, indicando la base de ese título *dioses* que fue aplicado a los jueces: es porque a ellos *fue dirigida la palabra de*

Pastor y ovejas
Tomado de *A Picture Book of Palestine*
Por Ethel L. Smither
Ilustrado por Ruth King

sotros: "Tú blasfemas" a quien el Padre santificó y envió al mundo, porque dije: "Soy Hijo
de Dios"? **37** Si no hago las obras de mi Padre,
no me creáis. **38** Pero si las hago, aunque a mí

no me creáis, creed a las obras; para que
conozcáis y creáis* que el Padre está en mí, y
yo en el Padre.

---

*10:38 Algunos mss. muy antiguos dicen *comprendáis*.

Dios. Nótese que el término *palabra de Dios* (*logos*3056) es equivalente a la *Escritura*. *Ser anulado* significa literalmente "ser soltada" o "ser desatada", y de allí la idea de "anulada". Jesús había afirmado desde el principio que él hablaba palabras que procedían del Padre y obraba conforme a su voluntad, acreditándole el derecho de ser igual a Dios. *La Escritura* (singular) probablemente aquí se refiere a un pasaje dado, porque se usa el plural del término al referirse a la totalidad de las Escrituras. Nótese el alto concepto que Jesús tenía del AT, como palabra de Dios y no sujeta a la manipulación o anulación de parte del hombre.

Jesús presenta otra pregunta que probaba el corazón y la conciencia de los oyentes. Establece una comparación entre los jueces quienes, siendo mortales y temporales, fueron llamados "dioses", y él mismo *a quien el Padre santificó y envió al mundo*. Comparados, Jesús tenía mucho más derecho al título de "Dios" que cualquiera de los jueces u otro ser humano.

Vuelve a referirse a *las obras* en el v. 37, la evidencia más convincente de su divinidad y de su derecho de llamarse Hijo de Dios (ver v. 25). Había comprobado que eran de Dios, pues jamás un hombre había hecho obras tan estupendas como las de Jesús. Esos milagros eran precisamente lo que uno esperaría de un Dios compasivo y omnipotente. *No me creáis* emplea el verbo con el caso dativo, indicando fe en su testimonio, más bien que en su persona. Siendo un mandato con el verbo en el tiempo presente, el significado es de "no seguir creyendo en él". La idea es así: "Suponiendo que no hago las obras... no sigáis creyendo en mis palabras". Jesús

vuelve a recalcar el hecho de que sus obras son las de su Padre (ver 9:3).

Habiendo presentado una hipótesis negativa en el versículo anterior, ahora presenta el caso positivo *Pero si las hago* o "Pero puesto que las hago". Aunque no habían sido convencidos por sus palabras y su vida inmaculada para creer en él, Jesús apela a la fuerza de las obras como evidencia en la que deben creer. En ambos casos el verbo "creer" es seguido con el caso dativo, indicando una simple creencia, no una fe profunda en su persona. Sin embargo, esta creencia en sus obras les llevaría a un conocimiento importante: la unión del Hijo con el Padre. *Para que* traduce la conjunción que indica el propósito del mandato anterior: *para que conozcáis...* Los verbos *conozcáis* y *creáis* traducen el mismo verbo "conocer", pero en tiempos distintos. El primero está en el tiempo aoristo subjuntivo que significa "para que lleguéis a conocer", en un momento dado; el segundo en el tiempo presente "para que continuéis conociendo". Para la traducción *creáis*, en la segunda cláusula, la RVA se apoya en el testimonio de mss. de menor valor. Morris entiende que Jesús esperaba que ellos tuvieran un momento de iluminación y, después, que siguieran permanentemente en ese conocimiento. El hecho es que unos cuantos de los judíos fueron impresionados o "creyeron" en Jesús momentáneamente, pero pocos perduraron en esa creencia y la maduraron. Ante la resistencia de los judíos para creer en él, Jesús no rebajaba su declaración de ser el Mesías, gozando de una relación íntima y única con el Padre. Las obras que él realizaba, siendo de la calidad que uno esperaría únicamente de Dios, deberían llevar a las personas no sólo a creer en él, sino a

39 Procuraban otra vez tomarle preso, pero   él se salió de las manos de ellos. **40** Y volvió

---

percibir una relación estrecha entre él y el Padre.

Borchert sugiere que la meta del Evangelio es conducir a los hombre a creer en Jesús sin ver milagros (ver 20:29, creyendo por el testimonio de las palabras), pero en las primeras etapas de lograr una comprensión de la relación entre Jesús y el

Padre, las obras eran necesarias (ver 10:37). Entonces el Evangelio tiene el propósito de servir como una transición de obras a palabras como base de la creencia.

No es la primera vez que intentaban echarle mano o prenderle (ver 7:30, 32, 44). En vez de apedrearlo, ahora desean prenderlo, pero quizá aun este intento

---

El trasfondo histórico y político del Nuevo Testamento

Con la conquista del imperio Persa, Alejandro Magno trajo todo un nuevo mundo al área (336-323 a. de J.C.). Alejandro había sido enseñado por Sócrates y aunque era de Macedonia, la cultura y perspectiva que traía hacia el mundo era helenista. El idioma común llegó a ser el griego, los sistemas educativos y legales también eran griegos.

Cuando Alejandro murió, sus generales dividieron sus grandes conquistas entre sí. Ptolomeo tomó a Egipto incluyendo la región de Palestina. Muchos judíos fueron a vivir en Alejandría. Más tarde, es allí donde se traduce la Biblia al griego. En el Nuevo Testamento esta versión (la Septuaginta, conocida como LXX) es la que se cita, porque era la que más se usaba en las sinagogas, a pesar de los esfuerzos de los Hasidim ("piadosos") y más tarde los fariseos de mantener el uso de los textos en hebreo.

En el año 200 a. de J.C., Palestina cayó bajo el poder de Antíoco el Grande que era de la línea de los Seleúcidas, pero pronto por su deseo de ver la expansión de su poder, él mismo cayó frente a Roma en el año 190. Más tarde, su sucesor Antíoco Epífanes procuró terminar la helenización de Palestina y quitar toda influencia de la religión de los judíos. Fue él quien levantó, en el templo, un altar a Zeus, y también sacrificó cerdos. La historia de los Macabeos relata el esfuerzo que puso fin a esta situación porque fueron expulsados del área.

Sus descendientes, que tomaron el nombre de Asmoneos, reinaron hasta el año 63 a. de J.C. cuando el general Pompeyo de Roma ocupaba Jerusalén, a la que puso bajo la provincia romana de Siria. Más tarde, los romanos nombran a Herodes el Grande como rey de los judíos. Su largo reinado (37-4 a. de J.C.) está marcado con intriga, atrocidades, matanzas, así como también por sus grandes construcciones. Para los creyentes, el evento más importante durante su reinado es el nacimiento de Jesús.

Cuando Herodes murió, el territorio de su reino fue dividido entre tres de sus hijos. Su hijo Herodes Arquelao, a quién pertenecía el territorio de Samaria y Judá, fue depuesto por los romanos y el territorio puesto bajo los procuradores o gobernadores romanos, quienes tenían que responder al gobernador romano de Siria.

En todo este período, Palestina era un país bajo control de extranjeros y había frecuentes movimientos de resistencia. Muchos esperaban que Dios iba a darles un Mesías político y que podrían expulsar a los romanos. Entre otras formas de resistencia, los miembros del partido de los zelotes se resistían a pagar impuestos a Roma. Había personas que decían que ellos mismos eran el Mesías esperado y procuraban iniciar una rebeldía contra sus opresores.

Por otro lado, los sumos sacerdotes y los saduceos que les seguían colaboraron con Roma. Había muchos que buscaban empleo y posiciones como los "publicanos" que recolectaban los impuestos romanos y aumentaban sus propios ingresos cobrando más de lo que debían.

Parece que muchos esperaban que Jesús, que había hecho grandes señales (dar comida a más de 5.000 personas), podría ser su rey (Juan 6:15) y ayudarles a terminar con la ocupación de Roma. Jesús rechazaba esta idea, la misma que es usada contra él en su juicio y, por fin, es la causa de la decisión de Pilato de crucificarlo. Pilato temía ser acusado de dejar vivir a uno que sería una amenaza para Roma y la estabilidad del imperio.

al otro lado del Jordán al lugar donde al principio Juan había estado bautizando, y se quedó allí. **41** Y muchos fueron a él y decían:

"Juan, a la verdad, ninguna señal hizo; pero todo lo que Juan dijo de éste era verdad".

42 Y muchos creyeron en él allí.

---

tenía el propósito de llevarlo afuera para apedrearlo. En vez de la conjunción adversativa *pero*, el texto gr. emplea una continuativa que se traduce "y"; sin embargo, se sobreentiende el concepto adversativo. También en el texto griego el sustantivo es singular y debe traducirse "mano", no *manos*, aunque no cambia mucho el sentido de la expresión. Otra vez es casi como si una mano invisible se interpusiera para evitar la realización de su propósito "porque aun no había llegado su hora". Con todo, no hay evidencia de que su salida se haya logrado con un milagro.

> **Joya bíblica**
> **Y muchos creyeron en él allí (10:42).**

c. El retiro de Jesús más allá del Jordán, 10:40-42. Los Sinópticos registran unos cuatro retiros de Jesús con sus discípulos para descansar y para enseñarles, (ver Mat. 8:28-34; 15:21-39; 16:5 ss. y el indicado aquí). Estos tres versículos sirven para cerrar los ciclos de milagros y discusión con los líderes religiosos (ver especialmente caps. 5—10) y marcar la transición del ministerio público al privado. Había hecho su intento final de convencer a los líderes religiosos de su identidad como Hijo de Dios y, ante la hostilidad creciente de ellos, optó por dejarlos en su incredulidad y entrar en la etapa final de su ministerio: la preparación concentrada y final de los discípulos.

Es imposible establecer con precisión la ubicación geográfica del retiro, pero *Y volvió al otro lado del Jordán*, es decir al lado este, indica que había estado allí antes. Inclusive, algunos opinan que estuvo en esta región entre la fiesta de los Tabernáculos y la de la Dedicación. Más proba

blemente, se refiere a la ocasión cuando fue bautizado por Juan cerca de la Betania o la Betábara en Perea (ver 1:28) y donde había tenido mucho éxito (ver 3:26). Hull sugiere que quizás Jesús permaneció allí desde la fiesta de la Dedicación en diciembre (10:22) hasta el comienzo de la fiesta de Pascua en marzo (11:54, 55). En ese lugar remoto, lejos de Jerusalén, estaría fuera de la mira y el poder de los líderes religiosos.

La fama de Jesús a esta altura de su ministerio era tal que atraía a la gente desde lejos a un lugar remoto y poco habitado. Comparaban el ministerio de Juan y el de Jesús y concluyeron que Juan no hizo milagros pero había dado un testimonio verdadero acerca de Jesús (ver 1:7). El texto emplea dos partículas de contraste (*men*[3303]... *de*[1161]) que se traducen así: "Juan, por un lado, ninguna señal hizo; por otro lado todo lo que Juan...". El nombre de Juan no se ha mencionado desde 5:36, hasta este momento, pero se describe la continuación de su testimonio, manifestándose en la vida de Jesús.

Juan había preparado bien el terreno, sembrando el testimonio de Jesús. La cosecha estaba esperando la aparición de "Cordero de Dios" que Juan había identificado (1:29). Hovey cita a Bengel quien dice que "Jesús estaba cosechando el fruto póstumo de la obra del Bautista". *Creyeron en él* (v. 42) emplea la preposición griega *eis*[1519] que normalmente indica confianza y compromiso. Es irónico que Jesús haya tenido muy limitado éxito en la capital del judaísmo, pero en esta zona remota la gente respondió positivamente. Al agregar el adverbio *allí*, al fin de la frase, Juan establece un contraste entre el ministerio que Jesús tuvo en Jerusalén y Judea. ¡Aquí no tuvo mucho éxito, *allí* sí lo tuvo!

La muerte de Lázaro

11 Estaba entonces enfermo un hombre llamado Lázaro, de Betania, la aldea de María y de su hermana Marta. **2** María era la que ungió al Señor con perfume y secó sus pies con sus cabellos. Y Lázaro, que estaba enfermo, era su hermano. **3** Entonces sus her-

19. La séptima señal: la resucitación de Lázaro, 11:1-57

El Evangelio de Juan se conoce como "El libro de señales", nombre dado por Brown al referirse a los caps. 2—12. La señal relatada en este capítulo constituye la séptima y última, si es que no contamos la resurrección de Jesús. Aparentemente Juan escogió esta señal como el broche de oro de las obras de Jesús, las cuales sirven para identificarlo como el Mesías de Dios. De todos los milagros, este ha sido el objeto del ataque más acérrimo por parte de los críticos por ser el más dramático, aún más estupendo que la sanidad del ciego de nacimiento. Algunos lo consideran como una alegoría, basándose en la lógica expresada por Hamilton quien afirma que sencillamente "esta clase de cosas no pueden suceder". Otros relacionan este milagro con la parábola del rico y Lázaro (Luc. 16:19-31), por el solo hecho de que los dos personajes se llaman Lázaro, llevándoles a la hipótesis de que la resurrección de Lázaro es una fabricación de la iglesia primitiva. Todavía otros sostienen que Lázaro realmente no murió, sino que sólo tenía la apariencia de un muerto y luego fue "resucitado", como de un desmayo.

Algunos rechazan el milagro como un hecho histórico por otra razón. Opinan que el hecho de que no se menciona en los Sinópticos, siendo un evento tan notable, es un obstáculo demasiado grande para superar. Por lo menos el apóstol Mateo habrá estado presente para ver los acontecimientos o si no, se hubiera enterado por sus compañeros. La ausencia del relato en los Sinópticos cobra más sorpresa al notar que, para Juan, este evento produjo o por lo menos contribuyó directamente a la confrontación final con los líderes religiosos y la crucifixión. En cambio, los Sinópticos sugieren que fue la entrada triun-

fal de Jesús en Jerusalén lo que precipitó los juicios y la crucifixión. Plummer responde a este problema, diciendo que los Sinópticos relatan pocos eventos ocurridos en Jerusalén y los alrededores antes de la entrada triunfal. En cambio, Juan dedica la mayor parte de su Evangelio al ministerio en Judea. Por otro lado, Juan omite las dos resucitaciones realizadas fuera de Judea y relatadas en los Sinópticos (ver Mat. 9:18 ss.; Luc. 7:11 ss.).

No faltan los comentaristas que señalan todavía otro problema que pone en tela de juicio la inclusión de este capítulo en el Evangelio. Beasley-Murray, Borchert y otros hacen un resumen del problema de forma/estructura/escenario que ha ocupado mucho espacio en los escritos de eruditos tales como Dodd, Bultmann, Fortuna, Becker y Wilkens. Estos escritores opinan que el texto de este capítulo es el producto de un desarrollo redaccional de tal modo que la forma original de la historia se ha ampliado y embellecido por la introducción de tramas y subtramas. Para estos eruditos, la estructura de este capítulo es distinta a lo demás del Evangelio. En vez de seguir el plan visto en los capítulos anteriores de una narrativa seguida por un discurso sobre su significado, aquí tenemos una narrativa intercalada con elementos de diálogo que expresan su significado. Dodd considera que "la historia de Lázaro... no es una creación alegórica original". En contraste con la forma y estructura de los capítulos anteriores, éste se parece a la misma clase de literatura como las dos narrativas de Marcos (5:21-43; 9:14-27). Otro tema que da lugar a mucha especulación es la falta de datos que ayuden a precisar el tiempo cuando ocurrió el milagro. Se discute si se realizó cerca a la fiesta de la Dedicación, en relación con la fiesta de la Pascua, o si se ubica temáticamente.

manas enviaron para decir a Jesús: "Señor, he aquí el que amas* está enfermo".**4** Al oírlo,

Jesús dijo:

—Esta enfermedad no es para muerte, sino

---

*11:3 Otra trad., *el que quieres*

Hull señala la diferencia radical entre la resurrección de Lázaro y la de Jesús, a tal punto que él sugiere que el episodio de Lázaro era una señal (v. 47) que tenía el propósito de fortalecer la fe de los creyentes (v. 15), más bien que la prueba irrebatible que serviría para "obligar" a los incrédulos a creer. El mismo autor concluye que Lázaro fue sólo una señal de la resurrección, mientras que Jesús fue la realidad misma, la primera persona en ser levantada realmente de la muerte para no morir otra vez (ver 1 Cor. 15:20).

(1) La muerte de Lázaro, 11:1-16. Sin una introducción que describe el escenario, Juan inicia el relato de un milagro en que los amigos de Lázaro le informan a Jesús de su enfermedad, pero él sorprende a sus discípulos por demorar dos días antes de iniciar el viaje de socorro. Cuando anuncia su decisión de volver a Judea, los discípulos deciden acompañarlo, a pesar del peligro de muerte que esto representaba para todo el grupo.

La expresión *estaba... enfermo* traduce un verbo que significa "estar débil, o falto de energía" y de allí la idea de *enfermo*. El nombre *Lázaro* se deriva del nombre "Eleazar", que significa "Dios es mi ayudador". Este Lázaro no se menciona en los Sinópticos, pero sus hermanas sí (ver Luc. 10:38-42). El hombre enfermo se identifica en dos relaciones: con su lugar de residencia y que en ese lugar vivían María y Marta. Esta Betania es distinta de la ciudad cerca de donde Juan estaba bautizando al este del Jordán, en Perea (ver 1:28). El hogar de María y su hermana Marta estaba en la Betania de Judea, pequeña aldea ubicada solamente a unos tres kilómetros de Jerusalén. Dado que las preposiciones que se traducen en *de Betania* y *de María... son distintas (apo*[575] *y ek*[1537]*)*, algunos opinan que Juan está refiriéndose a

dos lugares distintos. Sin embargo, en otros lugares en el NT (Hech. 23:34; Apoc. 9:18) no existe diferencia entre los dos. La última cláusula es sólo una explicación de la anterior, Betania siendo identificada como la aldea donde residían María y Marta. Estas dos hermanas se mencionan sólo aquí, el cap. 12 y en Lucas 10:38 ss. Se piensa que Marta era la mayor de las dos, siendo la persona responsable por la hospitalidad en el pasaje de Lucas, pero María tendría más interés en asuntos espirituales (ver Luc. 10:39). Quizá esta característica de María explica por qué se la menciona primero en este pasaje y como única más adelante en este capítulo (v. 45).

La RVA omite la conjunción (*de*[1161]) con que se inicia el v. 2 y que lo une con el anterior. Es interesante que Juan interrumpe el relato para identificar a María como la que había realizado el ungimiento de los pies de Jesús antes de su crucifixión. Por este hecho algunos consideran este versículo como un "entre-paréntesis", aunque la conjunción inicial indica lo contrario. Seguramente el acto se hizo famoso tal cual Jesús había prometido cuando sucedió el caso, aunque Mateo no menciona su nombre (Mat. 26:6-13). Este acto está de acuerdo con el carácter espiritual de María mencionado antes. Se agrega otro dato importante: Lázaro era hermano de las dos, pero aquí es identificado sólo como hermano de María.

La conjunción *entonces* del v. 3 es otra indicación de que el v. 2 no es un "entre-paréntesis". El hogar de estos tres hermanos servía como lugar favorito donde Jesús se hospedaba cuando estaba en la zona de Jerusalén, hecho comprobado por su estadía allí durante las noches de la última semana de su ministerio terrenal. Así, existía una relación especial entre ellos y

Jesús, de modo que las hermanas mandaron informar a Jesús que su amado amigo estaba enfermo, con plena confianza de que él vendría rápidamente a socorrerlo. El verbo que se traduce *amas* (*fileo*[5368]) significa un cariño especial de amigo. Plummer observa que, de los siete milagros con que Juan ilustra el ministerio del Señor, el último, como el primero, tiene como escenario el círculo familiar. También, como María (ver 2:3), las her-

manas informan del problema y dejan el resto a él; aquí, como allí, al principio parece que se niega a actuar, pero luego responde con hechos más allá de la expectativa. Quizá las hermanas estaban al tanto del peligro que la venida de Jesús representaría para él y sus discípulos.

La expresión *no es para muerte* que se usa en el v. 4 no significa que Lázaro no moriría, pues luego afirmó que había muerto (v. 14), sino que la muerte no

---

Semillero homilético

Palabras de poder en un ministerio de inclusión
(Un sermón para mujeres... y para hombres).
10:10; 11:25; 12:7

Introducción: Para las mujeres que vivían en los tiempos de Jesús la vida era sumamente limitada. En verdad no eran tratadas como personas, sino como una propiedad más. No tenían la protección de la ley en cuanto a sus derechos humanos porque no eran consideradas como dignas de tales derechos. Pero, en la presencia de Jesús, el Cristo, todo esto cambiaba. Para él ellas eran personas de dignidad, personas hechas a la imagen y semejanza de Dios, personas por las cuales él había venido para darles vida. Sus vidas cambiaron radicalmente gracias a la vida y ministerio de Jesús.

Al leer el evangelio de Juan encontramos varios encuentros y conversaciones de Jesús con mujeres, que demuestran no solamente este respeto y consideración por ellas, sino también cómo él las incluía en su ministerio. En las palabras poderosas que Jesús usó cuando habló con mujeres, en su época, vemos un ministerio de inclusión que puede alentar a la humanidad hoy.

I. "Yo soy, el que habla contigo" (4:26).
La revelación del Mesías, ¡a una samaritana!
1. La conversación al lado del pozo.
2. La posibilidad de tener agua viva.
3. El Mesías esperado por los samaritanos: "Cuando él venga, nos declarará todas las cosas" (v. 25).
4. La revelación del Mesías.
5. El resultado: La samaritana, creyente y evangelista.

II. "Ni yo te condeno. Vete y desde ahora no peques más" (8:11b).
La compasión y firme orientación de Jesús.
1. Acusaciones con el propósito de atrapar a Jesús.
2. La mujer, persona sin valor; ¡prescindible!
  (1) Jesús escribe en la tierra. ¿Sería para ocultar su enojo hacia estas personas, por su actitud acusadora hacia la mujer?
  (2) El pronunciamiento de verdadero juicio dice: "El de vosotros que esté sin pecado sea el primero en arrojar la piedra contra ella".
  (3) Por la conversación con Jesús, la mujer pasó a la libertad y a una vida nueva.

III. "Yo soy la resurrección y la vida. El que cree en mí, aunque muera, vivirá" (11:25).
El significado eterno de creer en Jesús, compartido con Marta.
1. La muerte de Lázaro y el dolor de Marta y María.
2. La llegada tarde de Jesús, él único que hubiera podido sanarle.
3. La conversación con Marta. Creer en Jesús significa tener la vida eterna; no habrá muerte, ni para Marta, ni para nosotros.
4. ¡Tú eres el Cristo, el Hijo del Dios viviente! (Mat. 16:16). La confesión de fe hecha por Pedro es convincente.

(Continúa en la pág. siguiente)

para la gloria de Dios; para que el Hijo de Dios   sea glorificado por ella.

---

sería el resultado final (ver 9:3, 4). La preposición griega *pros*[4314] indica "no es con vista de la muerte". También la preposición en la expresión *para la gloria de Dios* (*juper*[5228]) significa, según Barrett, "para la revelación de la gloria de Dios". Esta confianza de Jesús ante la muerte se ve en relación con la hija de Jairo (ver Mar. 5:39). Notamos la relación estrecha e inseparable entre la gloria de Dios y la del Hijo. Posiblemente Juan tenía

en mente dos fases de la gloria del Hijo. Su gloria y la del Padre sería revelada en la resurrección de Lázaro, pero también la glorificación de Jesús suele referirse a la crucifixión y este milagro conduce directamente a este evento final (ver v. 50).

Antes, al referirse al amor de Jesús por Lázaro, Juan empleó el término de cariño y afecto emocional (v. 3), pero en el v. 5 se emplea el verbo *agapao*[25] que generalmente se refiere a una emoción más pro-

---

(Continúa de la pág. anterior)

IV. "Para el día de mi sepultura ha guardado esto" (12:7).

La sensibilidad de Jesús al acto de devoción.

1. La tensión creada por las fuerzas que quieren matar a Jesús.

2. La comida honrando a Jesús, el que ha dado vida a Lázaro.

3. María unge los pies de Jesús con un perfume muy costoso.

4. Judas censura la acción de María como extravagante, algo que hubiera podido ser vendido para darlo a los pobres.

5. Jesús, ya pensando en su próxima muerte, reconoce esto como un acto de devoción "para el día de mi sepultura". En el Evangelio de Marcos, Jesús agrega: "...dondequiera que sea predicado este evangelio en todo el mundo, también lo que ésta ha hecho será contado para memoria de ella" (Mar. 14:9).

V. "...ve a mis hermanos y diles: 'Yo subo a mi Padre y a vuestro Padre, a mi Dios y a vuestro Dios'" (20:17).

"La apóstol de las buenas nuevas de la tumba vacía". La misión entregada: ¡Somos colaboradores con Dios!

1. La devoción de María Magdalena: "muy de madrugada" la hace ir a la tumba.

2. Encuentra la tumba vacía e informa a los apóstoles.

3. Emociones mezcladas de los apóstoles: asombro y miedo; creen, pero falta la acción; falta compartir estas "buenas nuevas".

4. María espera llorando. ¿Qué piensa hacer?

5. Jesús se le aparece a ella y la envía como mensajera (la apóstol a los discípulos). Jesús le encarga compartir el mensaje más importante del mundo: ¡Jesús vive! Ahora va al Padre. "A mi Padre y vuestro Padre" (20:17).

6. "¡He visto al Señor!" (20:18). El mensaje del testigo ocular que ha cambiado al mundo.

Conclusión: Cada una de estas mujeres diría que su encuentro con Jesús cambió su vida; que él no solamente les había dado vida, sino vida abundante (Juan 10:10). ¡Habían conocido al Mesías! ¡Podían comunicarse con Dios! Ya no eran personas insignificantes en sus familias ni en la comunidad; ahora sabían que fueron creadas a la imagen y semejanza de Dios; que en Jesús habían encontrado vida, una vida abundante y eterna.

En estas cinco experiencias con mujeres, que aparecen en el Evangelio de Juan, vemos no tan sólo el amor y la consideración de Jesús por ellas, sino también como él reconoce los valores que ellas tienen como personas, y cómo las involucra en su misión. Jesús no temía incluirlas, él no quería ser exclusivista. Pronunció palabras de poder para ellas, y sus vidas jamás fueron iguales. Hoy él continúa pronunciando palabras de poder a todo aquel que quiere oírle. El evangelio es para toda persona; la misión es para todo creyente; la vida abundante puede ser suya. ¡Escuche sus palabras de poder aplicadas para usted!

5 Jesús amaba a Marta, a su hermana y a Lázaro. **6** Cuando oyó, pues, que estaba enfermo , se quedó aún dos días más en el lugar donde estaba; **7** y luego, después de esto, dijo a sus discípulos:

—Vamos a Judea otra vez.

---

funda y desinteresada. Los eruditos están divididos sobre el significado de estos dos verbos en este contexto: algunos entienden que hay una clara distinción, mientras que otros opinan que no. En algunas referencias parece que hay una distinción (p. ej., 21:15-19), pero debemos recordar que aun Juan emplea ambos términos cuando se refiere al amor del Padre para con el Hijo (ver 3:35; 5:20; 10:17). Habiendo mencionado antes a María primero, aquí se refiere a Marta y a Lázaro por nombre, pero a María sólo como *su hermana*. En todo caso, se aclara que Jesús amaba a los tres por igual. Quizá Juan menciona este hecho para minimizar la sorpresa de sus lectores al leer el versículo siguiente.

La conjunción traducida *pues* o "entonces" (v. 6), establece una relación y continuidad entre lo dicho en el versículo anterior y este. Uno esperaría que a continuación Juan dijera: "al oír que Lázaro

estaba enfermo, inmediatamente Jesús emprendió viaje a Betania", o "en el momento pronunció la palabra y Lázaro se sanó", pero hizo exactamente lo contrario. El amor por los tres hermanos, aunque parece contradictorio, se manifestó en su demora en el mismo lugar dos días. Esa demora aseguraría a las hermanas, a la multitud y a generaciones sucesivas que no era una mera resucitación de un desmayo, sino una verdadera obra sobrenatural al infundir vida en un cuerpo muerto que ya estaba en pleno proceso de descomposición (ver v. 39). Es probable que Lázaro haya muerto pronto después de salir los mensajeros de Betania para ir hasta donde estaba Jesús. De todos modos, cuando llegaron a Jesús con las noticias, Lázaro ya estaría en la tumba, pues cuando Jesús llegó a Betania, había estado muerto cuatro días.

No había pasado mucho tiempo desde que Jesús y sus discípulos habían salido de

---

"Discípulo"

La palabra "discípulo" aparece 78 veces en el Evangelio de Juan, más que en cualquiera de los Evangelios sinópticos. Interesantemente, solamente en Juan los discípulos llaman a Jesús "Rabino" (1:38, 49; 4:31; 9:2; 11:8). Así podemos confirmar que en la comprensión del discipulado, Juan es el más original de los Evangelios. Un discípulo es llamado por Jesús para: 1) estar con él, 2) ser testigo a sus señales maravillosas, y 3) para continuar su obra en el mundo. La relación entre el discípulo y Jesús es una de amor personal y apego, y que en cuanto corresponde al discípulo tiene su raíz en una fe creciente en Jesús.

En Juan, Jesús revela a sus discípulos la profundidad de su relación con el Padre, una relación disponible al seguidor de Jesús por medio de él (17:26). El verdadero discípulo se caracteriza por el amor mutuo (13:34, 35; 17:26), la oración de fe (14:12-14), la paz (14:27), el gozo (17:13) y la producción de fruto (15:1-11).

Juan, más que los Evangelios sinópticos, usa a otros personajes para ilustrar cómo respondía la gente a Jesús, y las características del verdadero discípulo. La lista es larga: Juan el Bautista, Nicodemo, la mujer samaritana, el oficial real, el ciego, María Magdalena y el discípulo amado. Por ejemplo, Nicodemo y la mujer samaritana están contrastados en Juan 3 y 4. Nicodemo es un líder religioso judío varón que no se compromete con Jesús. La mujer samaritana era un paria, aún entre su propio pueblo; era moralmente sospechosa, pero su experiencia con Jesús la llevó a ser una testigo audaz ante su propios conciudadanos.

Como en el Evangelio de Lucas, una persona considerada socialmente como un paria tiene una acogida abierta hacia Jesús, mientras, en muchas ocasiones, aquellos que aparecen como líderes religiosos no llegaron a seguirlo. Walter Crouch, *Jesús en relación con sus seguidores*.

8 Le dijeron sus discípulos: —Rabí*, hace poco los judíos procuraban
                                                     apedrearte, ¿y otra vez vas allá?

*11:8 O: *Maestro*

Judea, eludiendo la hostilidad creciente que se manifestó por causa de la sanidad del ciego. La demora habrá sido una sorpresa para los discípulos, pero el anuncio de un viaje a *Judea* infundiría temor en ellos.

El temor de los discípulos se expresa en el recuerdo de la hostilidad y en la pregun-

---

Semillero homilético

La unidad del cristianismo según Juan
10:16 y 17:20-23

Introducción: A menudo nos preguntan: ¿Por qué hay divisiones en el cristianismo? ¿Cuándo van a unirse los diferentes grupos de seguidores de Jesús? ¿Qué dice la Escritura en cuanto a estas preguntas?

I. La unidad es la meta de Cristo.
   1. Él es el buen pastor que da su vida por las ovejas.
   2. Cristo tiene otras ovejas.
      (1) Los judíos han sido exclusivistas y no han proclamado el amor de Dios por todas las personas como él ha querido.
      (2) La compasión de Cristo para todos es grande. La fe del soldado romano (4:43-54).
      (3) Enseñó y evangelizó en Samaria (4:1-42).
      (4) Dio el mandamiento de predicar al mundo (Hech. 1:8).
      (5) Él desea atraer a todos (12:32).
II. Sólo por medio de Cristo el mundo puede llegar a ser uno.
   1. El amor de Cristo rompe barreras (Ejemplos de las misiones internacionales, interraciales).
   2. El amor de Cristo sana heridas profundas (Ejemplos de ministerios entre los enfermos de SIDA).
   3. El amor de Cristo promueve la unidad (Esfuerzos ecuménicos, campañas evangelísticas, de ayuda a damnificados, inválidos, promoción de la Biblia, etc.).
III. Un solo pastor (10:16).
   1. No habla de una sola iglesia, sino de un solo pastor.
   2. No es una unidad eclesiástica, sino la unidad de la lealtad a Jesucristo.
   3. La Comunidad Británica de Naciones no es unidad de gobierno o administración, cada país es independiente. Lo que los une es la lealtad a la Corona.
IV. La unidad de una relación personal (17:20-23).
   1. Unidad como la que hay entre Cristo y su Padre.
      No de administración ni de organización, sino la unidad de una relación personal, unidad de amor y obediencia.
   2. No esperamos la unidad de organizaciones. La unidad cristiana supera las diferencias y une a la gente por medio del amor. Las personas se aman porque todos aman a Dios.
   3. Problema: Mucha gente ha amado más su credo, su organización, sus ideas, su ritual o su propia libertad más que a otras personas. Si realmente amamos a la gente y a Cristo, nadie debería estar excluido; ninguna iglesia excluiría a otra.

Conclusión:: Cristo ora por la unidad para que seamos uno en él y en Dios. Esto será la prueba frente al mundo, que el Padre ha enviado al Hijo. La unidad de los cristianos es el deseo de nuestro Señor, y sería la evidencia mayor de su amor que cambia los corazones y la mente de las personas. Cada creyente debe tomar en serio su parte en promover este amor y aceptación a todo hermano/a en Cristo. Hacerlo en el nivel personal es la base para una mayor comprensión, más amor, más aceptación entre grupos más grandes. Hacerlo traerá bendición al reino de Dios, tanto a los creyentes como a los que van a creer en Cristo como resultado de esta unidad de espíritu y de compromiso.

9 Respondió Jesús:

—¿No tiene el día doce horas? Si uno camina de día, no tropieza, porque ve la luz de este mundo. **10** Pero si uno camina de noche, tropieza porque no hay luz en él.

11 Habiendo dicho estas cosas después les dijo:

---

ta. Todavía tenían una memoria fresca y vívida del odio reflejado en el rostro de los líderes religiosos en Jerusalén (ver 10:31). Nótese que se refieren a ellos como *los judíos*, pero no todos *los judíos* estaban implicados, sino sólo los que se oponían a Jesús y a sus enseñanzas. El verbo *dijeron* está en el tiempo presente y se traduce más bien "le dicen" o "le estaban diciendo". Más de uno expresó su preocupación y la expresaron varias veces. Estarían preocupados por la seguridad de su maestro, pero también sabían que sus propias vidas estarían expuestas a la muerte (ver v. 16).

El cayado del pastor

Un viajero le preguntó a un pastor de ovejas en Palestina cómo era que el cayado podía proveer aliento a las ovejas. El pastor respondió que durante el día siempre llevaba el cayado sobre su hombro para que cuando las ovejas lo vieran, tuvieran la seguridad de la presencia del pastor, y de esta forma el cayado era un símbolo de consuelo.

Para cuando llegaba la noche, o si se encontraban en un lugar montañoso, o si había niebla, y las ovejas no podían ver el cayado, entonces, él se lo bajaba del hombro y al caminar tocaba el suelo con el cayado; de esta manera, aun cuando no podían verlo, el escucharlo también las consolaba, porque les aseguraba de la presencia del pastor.

En aquel entonces la gente no tenía una manera precisa de medir las horas, pero consideraban que había doce horas de luz en cada día. Por supuesto, la duración de una hora, según este sistema, variaría de acuerdo con la estación del año. Al ponerse el Sol, y no habiendo buena luz artificial, la gente dejaba de caminar y trabajar y se encerraba en sus casas. En el v. 9, Jesús está presentando un principio del tiempo limitado para realizar trabajos y este principio sirve de ilustración. *La luz de este mundo* se refiere al Sol, pero es casi seguro que Juan quiera dar un doble significado a *la luz* (ver 1:5, 8; 3:19; 5:35; 8:12; 9:5). La pregunta emplea una partícula de negación que anticipa una contestación positiva.

En el v. 10, Jesús comienza la aplicación de la ilustración presentada en el versículo anterior. La "noche" de su vida pronto llegaría, pero hasta ese tiempo sería necesario continuar realizando la obra del Padre, incluyendo el regreso a Judea. Al principio, parecía que Jesús no estaba contestando la pregunta de los discípulos (v. 8), pero ahora la contestación está implícita en esta afirmación. Es casi equivalente a decir "mi hora aún no ha llegado". Además, el principio se aplica a todos sus seguidores, de trabajar mientras tengamos la oportunidad (ver Col. 4:5), o como cantamos "Pronto la noche viene, tiempo es de trabajar". La expresión *no hay luz en él* señala que el significado se mueve de lo literal a lo figurado. En el versículo nuevo la luz se refiere al sol de los cielos, pero aquí se cambia a lo simbólico, a la luz espiritual que proviene de Jesús.

Literalmente el texto del v. 11 dice: "Estas cosas dijo, y después esto les dijo". El pronombre demostrativo *esto*, omitido por la RVA, puede referirse a lo que dijo antes, o puede ser el cumplimiento directo del verbo *dijo. Amigo* se deriva del verbo "amar" (*fileo*[5368], ver v. 3). El *sueño* se ha usado desde la antigüedad como figura de la muerte, en parte porque un muerto tiene la apariencia de estar dormido y en parte porque el término es menos chocante (ver Mat. 9:24). En el NT, el término no sueño se refiere literalmente al sueño físico sólo cuatro veces, pero se refiere a la muerte 14 veces. En este caso Lázaro estaba "durmiendo" para luego "desper-

—Nuestro amigo Lázaro duerme, pero voy para despertarlo.

12 Entonces dijeron sus discípulos:

—Señor, si duerme, se sanará.

13 Sin embargo, Jesús había dicho esto de la muerte de Lázaro, pero ellos pensaron que hablaba del reposo del sueño. **14** Así que, luego Jesús les dijo claramente:

—Lázaro ha muerto; **15** y a causa de vosotros me alegro de que yo no haya estado allá, para que creáis. Pero vayamos a él.

16 Entonces Tomás, que se llamaba Dídimo*, dijo a sus condiscípulos:

—Vamos también nosotros, para que muramos con él.

*11:16 O sea, *Mellizo*

---

tar" cuando el Autor de la vida se hacía presente. Tal es la relación entre el sueño y la muerte que nuestro término "cementerio" proviene de una raíz gr. que significa "lugar de los dormidos". Los que afirman la doctrina del "sueño del alma" citan este versículo, entre otros, como base bíblica para esa creencia. Con este término describen la condición, según ellos, de los que mueren en el Señor, es decir, el alma duerme hasta que Cristo vuelve. Los discípulos tendrían que haber entendido que Jesús hablaba de la muerte y no literalmente del sueño al decir que iba a despertarlo.

La respuesta de los discípulos indica que no entendieron los términos metafóricos (*duerme... despertarlo*) que Jesús estaba usando. Ellos tendrían la fe para creer que Jesús tendría una manera sobrenatural para saber que Lázaro dormía y, si fuera así, significaría que había pasado el peligro de la enfermedad y estaba en vías de recuperación.

Al darse cuenta Jesús de que los discípulos no habían captado el sentido figurado de sus términos, les dijo claramente que *Lázaro* había muerto. El sustantivo *claramente*, usado como adverbio, a veces se traduce "con valentía" o "con libertad". La expresión *ha muerto* traduce el verbo en el tiempo aoristo que literalmente sería "murió", pero la RVA sigue la tendencia de muchos quienes lo traducen como si fuera del tiempo perfecto, enfatizando así el resultado continuado.

Jesús expresa alegría o placer, no por la muerte de Lázaro, sino por causa de los discípulos. Si hubiera estado, se implica que no habría permitido que Lázaro muriera y en ese caso, los discípulos no habrían presenciado el milagro. Pero como fue el caso, ellos verían el milagro y su fe sería fortalecida. Llama la atención el hecho de que a esta altura de su ministerio Jesús todavía estaba procurando mover a los discípulos a una fe más sólida y madura. No es que ellos no habían creído antes y por primera vez iban a depositar su fe en Jesús. Su fe, como la nuestra, necesita ampliarse, profundizarse y madurarse en cada etapa de la vida. Los discípulos rogaron a Jesús en otra ocasión: "Auméntanos la fe" (Luc. 17:5). Hovey comenta que ningún otro milagro fue más anticipado y preparado que este. La conjunción de propósito *para que* expresa la intención de Jesús: "con el intento de que creáis". Jesús dio el mandato que los discípulos no querían oír, que era tiempo de volver a Judea. No expresa su intención de ir para consolar a María y a Marta, sino que irían a Lázaro, como si estuviera todavía con vida. Vincent comenta que "la muerte no había roto la relación personal del Señor con su amigo".

El nombre Tomás, del hebreo, y Dídimo, del griego, significan lo mismo: "mellizo"; pero las Escrituras no nos revelan el nombre de su hermano mellizo. Algunos especulan que Mateo fue su mellizo porque se mencionan juntos en las tres listas de apóstoles en los Evangelios. Este personaje se destaca más en Juan (11:16; 14:5; 20:24-28; 21:2) que en los Sinópticos. La historia ha juzgado severamente a Tomás

Jesús: la resurrección y la vida

17 Cuando llegó Jesús, halló que hacía ya cuatro días que Lázaro estaba en el sepulcro. **18** Betania estaba cerca de Jerusalén, como a quince estadios*, **19** y muchos de los judíos habían venido a Marta y a María para consolarlas por su hermano. **20** Entonces cuando oyó que Jesús venía, Marta salió a encontrarle, pero María se quedó sentada en casa.

---

*11:18 O sea, aprox. 3 km., ya que el *estadio* equivalía aprox. a 180 m.

---

por sus dudas, pero la valentía revelada en este pasaje y la confesión incomparable en la visión del Cristo resucitado (20:28) más que compensan por las dudas pasajeras que tuviera. Es de notar que no fue el impulsivo y valiente Pedro, sino el tímido Tomás quien afirmó su disposición de morir con Cristo, si fuera necesario. Morris acota que Tomás miró a la muerte en la cara y prefirió la muerte con Jesús que vida sin él. La sugerencia de que *muramos con él* se refiere a morir con Lázaro es pura especulación.

(2) Jesús recibido por Marta y María, 11:17-32. Al no saber con precisión a dónde se había retirado Jesús con sus discípulos, no podemos estimar el tiempo que les llevó para regresar a Betania en Judea. Lo único que sabemos es que estaba en Perea, provincia al este del río Jordán, donde Juan estuvo bautizando (ver 10:40). Sabemos que Juan bautizaba en el río Jordán, el cual entraba en el mar Muerto directamente al este de Jerusalén, a una distancia de unos 30 km.

En un salto, abarcando varios días, Jesús y sus discípulos pasan de Perea a Betania, sin detalles del viaje. Si Jesús estaba en la zona de la desembocadura del Jordán, le habría llevado un día entero para llegar caminando a Betania, pero si estaba más al norte, lo cual es más probable, habría llevado todavía más que un día. Los mensajeros salieron de Betania a donde estaba Jesús cuando aún estaba enfermo. Después de recibir la noticia de la enfermedad, Jesús demoró dos días, al fin de los cuales anunció la muerte de Lázaro. Si salió en seguida, el viaje habría llevado cuatro días. Algunos suponen que la mención de *cuatro días* se debe más bien a la

superstición de que el espíritu de un muerto se quedaba tres días al lado del cuerpo con la esperanza de que resucitaría. Después de los tres días, el espíritu se retiraba definitivamente, habiendo perdido toda esperanza de poder reincorporarse al cuerpo. Al mencionar cuatro días, Juan estaría indicando que sólo un gran milagro de Dios lograría la resurrección.

El verbo *estaba* en el v. 18 indica, según Plummer, que cuando el Evangelio fue escrito la aldea habría sido destruida, como sucedió en el año 70 d. de J.C. Sin embargo, el mismo autor y Morris consideran que no es una evidencia convincente. La mención de *quince estadios* de distancia de Jerusalén, o sea unos tres kilómetros, explicaría la presencia de muchas personas que habían llegado para expresar condolencias, pero la proximidad también indicaría el peligro que representaba para Jesús y sus discípulos si volvieran.

Generalmente la expresión *los judíos*, en este Evangelio, se refiere a los opositores de Jesús, pero en el v. 19 sería una excepción. Sin embargo, es posible que algunos de los mismos que simpatizaban con María y Marta serían hostiles a Jesús. Se supone que los *muchos* habían venido de Jerusalén. El tiempo del verbo *habían venido* podría indicar que ellos habían llegado antes de la aparición de Jesús y que tenían la intención de quedarse más que un día, una costumbre general entre los judíos. Edersheim describe la costumbre entre los judíos así: tres días de llorar; luego un lamentarse profundo cuatro días más; y un lamentarse más liviano por el resto del mes.

Se nota una diferencia entre la actitud de Marta y María (v. 20) en contraste con el

21 Marta dijo a Jesús:
—Señor, si hubieses estado aquí, mi hermano no habría muerto. **22** Pero ahora también sé que todo lo que pidas a Dios, Dios te lo dará.

23 Jesús le dijo:
—Tu hermano resucitará.
24 Marta le dijo:
—Yo sé que resucitará en la resurrección en el día final.

---

episodio relatado en Lucas 10:38-42. Aquí es Marta quien salió a recibir a Jesús, María quedándose en casa, pero allí es María que se echa a los pies de Jesús para escucharle mientras que Marta hacía las tareas de la casa. Sin embargo, se puede "pintar" otro escenario: puesto que Marta fue la mayor y la encargada de las actividades, ella habría sido avisada de la venida de Jesús y, sin mencionárselo a María, salió a recibirlo. La familia del difunto se sentaba en el suelo o en bancos bajos, para recibir a los que venían a compartir el dolor (ver Job 2:13).

Marta recibe a Jesús con el título *Señor* y con el sentido pleno de la palabra, y expresa su fe en el poder de él para evitar la muerte, pero no se atreve a abrigar la esperanza de una resurrección, especialmente después de "cuatro días". La expresión *si hubieses estado aquí* es una frase condicional de segunda clase que connota una situación irreal. En el episodio de Lucas 10:38-42 Marta reprochó a Jesús por no mandar a María a ayudarle en las tareas de la casa, lo cual lleva a algunos a encontrar en estas palabras un leve reproche o acusación indirecta. No sabemos si ella recibió noticia de la demora de dos días, pero aun si hubiera venido sin demora, según nuestros cálculos, no habría llegado a tiempo para evitar la muerte. Debemos recordar, sin embargo, que él podía sanar de lejos, no estando presente físicamente (ver Luc. 7:1-10). Entendemos que las palabras de Marta expresan más bien lamento que reproche.

La confianza que Marta expresa en Jesús puede entenderse en dos maneras: que aun ahora él podría detener el desarrollo natural del cuerpo muerto e infundirle vida de nuevo, lo que no parece ser el caso (ver v. 39); o que ella estaba expresando

una confianza absoluta en la relación íntima que Jesús gozaba con Dios y que en alguna manera aseguraría el futuro de Lázaro. Hovey opina que Marta sí abrigaba la esperanza de que Jesús lo levantaría, pero tal concepto no concuerda con lo que ella misma dijo luego (v. 39). Vincent nos recuerda que hay dos palabras en griego para pedir, una (*aiteo*[154]) cuando se trata de un inferior que pide algo a otro superior, pero otro (*erotao*[2065]) cuando los dos son iguales. Marta emplea el primero de los dos verbos, indicando quizás que aún no consideraba a Jesús igual a Dios. Se supone que Marta no hablaba en griego, pero Juan igual expresa lo que entendió que ella quería decir, lo que Jesús toleró bondadosamente.

Sea cual fuere la esperanza de Marta, Jesús interrumpe (v. 23) para darle buenas nuevas, pero sus palabras son ambiguas. No aclara si se trata de una resurrección en ese tiempo o en el día final. Parece más lógico tomarlo como una referencia a una acción inmediata, pues la promesa de una resurrección en el día final no sería una novedad para ella y no resolvería su tristeza del momento.

La respuesta de Marta refleja su entendimiento de que Jesús no hablaba de una resurrección inminente. Los fariseos enseñaban una resurrección en el día final para los verdaderos israelitas, pero los saduceos negaban la realidad de esa esperanza. Probablemente, muchos de los que habían venido a consolar a las dos hermanas habían hablado de la esperanza de la resurrección en el día final.

La respuesta de Marta da lugar a una de las declaraciones más importantes en el cuarto Evangelio (v. 25). Juan registra siete afirmaciones "Yo soy" (*ego*[1473] *eimi*[1510]; ver Éxo. 3:14), la primera en

25 Jesús le dijo:
—Yo soy la resurrección y la vida. El que cree en mí, aunque muera, vivirá. **26** Y todo aquel que vive y cree en mí no morirá para siempre. ¿Crees esto?

6:35 y la séptima aquí. La expresión es enfática por su ubicación en la frase y por el empleo del pronombre personal. Describe el "ser eterno" de Cristo, quien es "el Alfa y la Omega... el que es, y que era y que ha de venir" (Apoc. 1:8). Este escrito de Juan se llama "Evangelio de la vida" por el énfasis del tema y por sus 36 referencias. Así el tema de "la vida" corre a través del Evangelio como un hilo dorado, pero es la primera vez que Jesús declara explíci-tamente que él es la vida, aunque luego lo repite (14:6). Nótese que no dice que la resurrección es una realidad o que él resucita a los muertos, sino que él mismo, su persona, es la fuente, poder y autoridad para ella. Nótese también que *la vida* sigue a *la resurrección* tanto en el sentido físico como el espiritual. *La vida* se refiere a la vida eterna que sólo Cristo ofrece a los que creen en él. El verbo *creen* es seguido por esa preposición griega *eis*[1519] que cali-

---

Semillero homilético

Jesús la resurrección y la vida
11:1-45

Introducción: Cerca de un cementerio había un letrero: "El fin del camino". Para muchos la muerte es la pérdida irreparable. Pero realmente, ¿qué es? ¿Es el fin o la continuación de la vida? En Juan 11, Jesús nos da una enseñanza clave en cuanto a la muerte y la vida.

I. La tragedia irrevocable de la muerte.
   1. La muerte representa el fin de la vida.
   2. Lázaro era un amigo íntimo de Jesús. Su casa era el hogar de Jesús en Betania (6 km de Jerusalén).
   3. Jesús esperó hasta que estaba seguro de que Lázaro había muerto. Tenía algo muy importante que enseñarle a sus discípulos, a María, a Marta y a los demás.
   4. La prueba de la muerte es muy dura. Es difícil perder a un ser amado.
II. Uno necesita tiempo para recuperarse de la pérdida de un ser muy querido.
   Lo más triste es que a veces hubo la posibilidad de salvar a la persona. Marta y María tuvieron esta tristeza.
   1. Marta, la activa (11:20-24).
   2. María, la tranquila (11:20).
III. La afirmación más grande jamás hecha sobre la muerte.
   1. Marta sabía lo que creyeron los fariseos y otros (Sal. 16:9-11; 73:23, 24; Dan. 12:2, 3).
   2. La frase célebre de Juan 11:25, 26, es más importante que todos los dichos de César, Napoleón, Washington, Bolívar, San Martín y otros.
   3. Cristo afirmó la victoria y la vida.
      (1) Él es la Resurrección; no la promete para el más allá. Él lo es en la actualidad.
      (2) Podemos vivir con la certeza de una vida más allá de la muerte. Puede ser buena o mala, feliz u horriblemente infeliz. Eso no depende de Dios. ¡Depende de nosotros y exclusiva-mente de las decisiones que tomemos antes de morir!
      (3) No hay que vivir con el miedo de la muerte. No vamos solos; Jesús dijo que viene a recibirnos y acompañarnos mientras pasamos por esta puerta.
   4. Hay solamente dos clases de personas en nuestro mundo.
      (1) Los que creen en Jesús y confían plenamente en sus promesas. Estos van a estar con él eternamente.
      (2) Los que no creen en Jesús y confían en cosas sin importancia como: su iglesia, su bautismo, sus méritos; ellos tienen cierta esperanza, pero no tienen una total seguridad.

(Continúa en la pág. siguiente)

27 Le dijo:

—Sí, Señor; yo he creído que tú eres el

Cristo, el Hijo de Dios, el que había de venir al mundo.

---

fica el verbo, dando el significado de una confianza personal y compromiso de vida. La implicación es que en el momento en que una persona *muera*, al instante *vivirá*, es decir, su alma no quedará en la tumba hasta el fin del siglo, como enseñaban los fariseos y como algunos hoy en día hablan del "sueño prolongado del alma".

> **Joya bíblica**
>
> **Yo soy la resurrección y la vida. El que cree en mí, aunque muera, vivirá (11:25).**

Jesús amplía su declaración, prometiendo vida eterna no sólo a "el que cree" (v. 25) sino a *todo aquel que vive y cree*, es decir, el evangelio es para todos los que cumplen con la condición establecida. *Cree en mí* emplea la preposición *eis*[1519], como en el versículo anterior. La promesa no es que no morirá físicamente, sino que *no morirá para siempre*, refiriéndose a la muerte eterna. La expresión *no morirá...* traduce el doble negativo griego, la forma más enfática de expresar la negación: "no

morirá en absoluto para siempre". Luego, Jesús le dirige una pregunta personal a Marta: *¿Crees esto?* Las verdades eternas que Jesús estaba anunciando no eran meras doctrinas abstractas para discutir en el sillón cómodo del filósofo o teólogo, sino eran realidades de vida que uno debe abrazar, atesorar y aplicar a la vida diaria.

Marta no demora (v. 27) en contestar afirmativamente la pregunta sobre su creencia en la resurrección que sólo Cristo ofrece, pero sigue mucho más adelante al confesar su fe en Jesús mismo. No era una fe superficial, sino una fe que abarcaba tres de los títulos mesiánicos más sublimes. En la expresión *yo he creído*, el pronombre es enfático y el verbo griego, en el tiempo perfecto, indica que había comenzado a creer en algún momento en el pasado, pero que esa creencia sigue en pie. Lo identifica como *el Cristo* o el Mesías, que significa "El Ungido" de Dios (ver 1:20, 41); *el Hijo de Dios*, que expresa su plena divinidad; y *el que había de venir al mundo* (ver 6:14; Mat. 11:3; Luc. 7:19; Deut. 18:15), que expresa su misión redentora (ver 3:17, 31; 10:36; 12:47,

---

(Continúa de la pág. anterior)

 IV. El hecho que comprobó la afirmación de Cristo.
   1. Dos órdenes.
       (1) A los afligidos: "¡Quitad la piedra!".
       (2) Al muerto: "¡Lázaro, ven fuera!".
   2. El resultado.
       Fe por parte de muchos; incredulidad por parte de algunos.
 V. Nuestra actitud.
   1. La resurrección ya no es una promesa; es una realidad.
   2. Estas son las "buenas nuevas" que Jesús trajo al mundo, y todavía son "noticia".
   3. Jesús dice: "¡Ven fuera!". Fuera de tu miedo, de tu duda, de tu pecado. Ven a la vida; confía en mí. Jesús vuelve a decir: "Yo he venido para que tengan vida, y para que la tengan en abundancia".

Conclusión: La peor muerte no es la muerte física. La muerte que debe entristecernos más es la muerte de la esperanza, de la voluntad, del deseo de superarse; la muerte de una vida entregada al pecado. Jesús puede sacarlo de esa tumba oscura y estrecha y darle otra oportunidad para una vida nueva. ¡Tome la determinación! "¡Ven fuera!". ¡Siga a Jesús!

Semillero homilético
"¡Sorbida es la muerte en victoria!"
11:1-45

Introducción: El significado del bautismo es muy importante para el creyente. El ser puesto debajo del agua simboliza que muere al pecado (sepultado con Cristo). El ser levantado del agua simboliza que resucita para andar en novedad de vida.

I. La muerte, el enemigo final.
1. Luchamos por salvar la vida. Todo es posible mientras haya vida (p. ej., cirujanos, medicinas, vacunas, etc.).
2. Mientras haya vida, hay esperanza.
3. Después de la muerte no hay más oportunidad.
No se puede cambiar ni rectificar las decisiones. Es el fin de las aspiraciones, los deseos, los planes y el poder.
4. Motivo de miedo. Lo que viene después de la muerte física es un gran misterio para muchos, y viven con miedo o resignación.

II. La muerte espiritual (muertos en vida).
1. Cadáveres que andan y trabajan. El pecado es muerte. No tienen gozo, ni esperanza, ni propósito.
2. La vida implica lucha. Hay problemas; no hay seguridad. El futuro no promete mucho.
3. Muertos en pecado. Reconocemos nuestra culpa.
(1) Algunos procuran salir del pecado por ellos mismos.
(2) La culpa se hace más grande cada día.
(3) Lejos de Dios y del perdón que él ofrece.
(4) Las consecuencia del pecado atacan con más intensidad cada momento (Rom. 7:17, 18).

III. Los muertos pueden vivir.
1. Dios tiene un propósito aun en lo triste (11:4).
2. La falta de fe en Dios nos hace dudar y pensamos: "Dios no me cuida"; "Dios no me escucha" (11:21).
3. El plan de Dios.
(1) Cristo lloró por la falta de fe.
(2) Si creyeras, verías "la gloria de Dios", v. 40.
(3) "¡Lázaro, ven fuera!", v. 43.
4. Cristo tiene el mismo poder sobre la muerte.
Él es Señor de la vida y de la muerte; él reina sobre todo.
(1) Estamos muertos en nuestros pecados (Ef. 2:5).
(2) Cristo triunfó sobre la muerte y la maldad en la cruz. El pecado no pudo atarle; la tumba no pudo retenerlo.
(3) Nos llama: "¡Ven fuera!", v. 43.
(4) Nos ofrece nueva vida.
a. A pesar del pecado (5:24).
b. Todo es hecho nuevo (2 Cor. 5:17; Rom. 6:4).
c. Un milagro que no se puede explicar.

IV. Los vivos no tienen que morir (11:26).
1. El creyente tiene nueva vida desde el momento de aceptar a Cristo (5:24).
2. El creyente tiene dificultades: enfermedades, angustias, preocupaciones. Puede soportarlo todo porque Cristo está con él.
3. La diferencia entre muerte y vida depende de su decisión: Vida con o sin Cristo; vida con o sin perdón; vida con o sin crecimiento; vida con los redimidos o con los perdidos.
4. "¡Sorbida es la muerte en victoria!" (1 Cor. 15:54).
Pablo afirma esta gran verdad y la proclamamos hoy.

Conclusión: Cristo conquistó la victoria sobre la muerte. Él quiere darle vida ahora y por la eternidad. Arrepiéntanse de su pecado y acepte su oferta de perdón y vida. ¿Desea hacerlo ahora?

28 Y cuando hubo dicho esto, fue y llamó en secreto a su hermana María, diciendo:

—El Maestro está aquí y te llama.

29 Ella, cuando lo oyó, se levantó de prisa y fue a donde él estaba; **30** pues Jesús todavía no había llegado a la aldea, sino que estaba en el lugar donde Marta le había encontrado.

31 Entonces, los judíos que estaban en la casa con ella y la consolaban, cuando vieron que María se levantó de prisa y salió, la siguieron, porque pensaban* que iba al sepulcro a llorar allí.

32 Luego, cuando María llegó al lugar donde estaba Jesús y le vio, se postró a sus pies diciéndole:

—Señor, si hubieras estado aquí, no habría muerto mi hermano.

*11:31 Algunos mss. antiguos dicen *cuando... salió, la siguieron diciendo que...*

49; 17:18). Jesús prefería el título "Hijo del Hombre" cuando se refería a sí mismo, señalando su humanidad e identidad con la raza humana (ver 9:35), pero Juan prefería "Hijo de Dios" como se ve en la triple referencia en esta sección del Evangelio (10:36; 11:4, 27).

Con su corazón rebosando de emoción por la presencia de Jesús y sus palabras consoladoras, Marta no pudo esperar más para avisar a su hermana de la presencia de Jesús y que él quería verla. El adverbio *en secreto* puede modificar el verbo *llamó* o el verbo *diciendo*. En ambos casos parece que Marta quería evitar que otros oyeran lo que decía. Dos posibles motivos del "secreto" se han mencionado: para evitar que los opositores de Jesús se enteraran de que él estaba presente, o para que María pudiera ir hasta donde estaba Jesús y tener un tiempo tranquilo con él sin el apretón de la multitud. Quizás los dos motivos estaban en juego.

Parece que el título más común que los discípulos y los amigos íntimos de Jesús usaban era *Maestro*, porque él cumplía esa función con ellos. Además, algunos sugieren que ella usaría este título para no identificar a la persona que estaba afuera deseando ver a María. La expresión *te llama* parece indicar que fue Jesús quien tomó la iniciativa para llamar a María y quizás fue él quien mandó a Marta a buscarle.

La reacción inmediata y rápida (v. 29) indicaría que hasta ese momento no estaba enterada de la llegada de Jesús. Nótese el tiempo de los verbos: *oyó, se levantó... y fue...*, literalmente "e iba hacia él". Los dos primeros están en el tiempo aoristo, pero el tercero es un imperfecto que describe acción en progreso. Jesús fue detenido por Marta antes de entrar en la aldea. Se quedó allí conversando y, aun cuando ella fue a avisar a María, permaneció en ese lugar quizá con el fin de poder conversar con María sin la interrupción de la multitud que se había congregado en la casa.

Si la intención de Jesús era el poder conversar con María sin la presencia de la multitud, no lo logró (v. 31). Se implica que el lugar donde Jesús se detuvo estaba en la dirección, si no en la proximidad de la tumba, pues cuando María se levantó para salir a Jesús algunos pensaban que iba *al sepulcro a llorar*. En vez del verbo *pensaban*, en varios mss. griegos aparece la variante "decían" o lit. "estaban diciendo". Sin embargo, sea cual fuere el original, no cambia sustancialmente el significado.

La actitud de María al llegar a Jesús, *se postró a sus pies* (v. 32), revela su profundo dolor, pero también el grado de su amor y dedicación. Marta expresa su fe, articulándola con conceptos teológicos acertados y profundos. En cambio, María expresa su fe en un sencillo acto de adoración. La especulación de algunos de que Marta tenía más fe que María en el poder de Jesús para resucitar a Lázaro, aún después de cuatro días en la tumba, es completamente infundada. Cada una de las

33 Entonces Jesús, al verla llorando y al ver a los judíos que habían venido junto con ella también llorando, se conmovió en espíritu y se turbó. **34** Y dijo:

—¿Dónde le habéis puesto?

Le dijeron:

—Señor, ven y ve.

---

hermanas actuó de acuerdo con su personalidad para expresar su amor y confianza en Jesús. El hecho de que las dos hermanas, en distintos momentos, dijeron lo mismo (*Señor, si hubieras...*) indicaría que lo habrían repetido muchas veces en los días cuando esperaban la venida de Jesús.

(3) Jesús llama a Lázaro de la tumba, 11:33-44. El escenario cambia de un lugar indefinido en las proximidades de Betania al sepulcro, lugar definido también ubicado fuera de la aldea, donde Jesús demostraría en sumo grado su autoridad sobre la vida y la muerte. Jamás se había levantado una persona después de estar cuatro días en la tumba y, a pesar de la gran fe que las hermanas tenían en Jesús, hasta el momento nadie, ni los discípulos, sospechaba el glorioso evento que iban a contemplar.

Probablemente María estaba llorando cuando fue al encuentro con Jesús, pero aquí se menciona explícitamente. El verbo traducido *llorando* describe un "llorar a gritos" o con fuerte clamor. La gente acos-

Tumba de Lázaro según la tradición

35 Jesús lloró. **36** Entonces dijeron los judíos:

—Mirad cómo le amaba*.

37 Pero algunos de ellos dijeron:

—¿No podía éste, que abrió los ojos al ciego, hacer también que Lázaro no muriese?

---

*11:36 Otra trad., *le quería*

---

tumbraba dar rienda suelta a sus emociones ante la muerte de un ser querido, unos con más sinceridad que otros, produciendo un ruido espantoso que se oía de lejos. Este versículo ha creado grandes problemas para los traductores a raíz del verbo *se conmovió* (ver v. 38; Mat. 9:30; Mar. 1:43; 14:5) con que se describe la reacción de Jesús. La RVR-1960 lo traduce "se estremeció en espíritu" y en la versión de Phillips se lee "fue profundamente movido", omitiendo "en espíritu". Algunos describen elocuentemente cómo Jesús, al ver a otros llorando, se identificó plenamente con ellos y compartía su dolor (ver Heb. 4:14-16).

> **Testimonio**
>
> "Tenemos ocho hijos. Todos están vivos: uno está en el cielo, y siete aquí en la Tierra".
>
> (Testimonio del padre de Chet Bitterman, asesinado por terroristas en Colombia, marzo 1981).

Plummer, siguiendo otra "pista", insiste que en todos los casos en el griego clásico y en la LXX, el verbo no se refiere a la tristeza, sino a la indignación. Es un término que se usaba para describir el bufido o resoplido, expresión de enojo de animales y, en el caso de seres humanos, significaría también enojo o indignación. Pero ¿a qué o de qué se enojaba? La expresión *en espíritu* lleva a algunos a suponer que se indignaba de su propio espíritu o de la emoción humana que le dominaba en ese momento, pero tal concepto no concuerda con lo que sabemos de la persona de Jesús. Una conjetura popular es que se indignaba de la incredulidad de las hermanas y demás judíos, pero no hay indicio

de esto en el texto. Morgan comenta que es un descubrimiento notable del corazón de Jesús, quien se identifica voluntariamente con la tristeza que proviene del pecado; fue la reacción de la justa ira contra el pecado lo que causó la tristeza. Todavía otros suponen que se indignaba del triunfo momentáneo del mal, representado en la muerte, pero él sabía que a los pocos minutos la muerte tendría que ceder a su autoridad. Más de acuerdo con el texto, quizás, es que Jesús se indignaba en su espíritu al ver la lamentación sentimental e hipócrita de sus enemigos que se entremezclaban con los amigos de Marta y María quienes con sinceridad deseaban consolarlas (ver 12:10). Hull combina los dos conceptos del verbo, diciendo: "Es un terrible momento de angustia indescriptible: aflicción causada por la pérdida de un ser querido mezclada con la ira causada por el escepticismo rebelde de sus propios compatriotas. Si *se conmovió en espíritu* se refiere a una emoción interna, la expresión externa sería *se turbó*, una descripción de alguien que se sacude o se agita visiblemente. (ver 14:1). Ambos verbos están en el tiempo aoristo, indicando acción puntual en un momento dado.

El v. 34 indica que Jesús no estaba en el sepulcro cuando primeramente conversó con Marta y luego con María, o por lo menos no estaba al lado de la tumba de Lázaro. Sin embargo, no quita el hecho de que haya estado en la proximidad del sepulcro, pero no sabiendo aún dónde exactamente estaba la tumba de Lázaro (ver v. 31). Nótese que Jesús, con poderes sobrenaturales para saber y hacer cosas insospechables, no emplea esos poderes para saber dónde estaba la tumba; o quizá quería involucrar a las hermanas desde ya

Lázaro es resucitado

38 Jesús, conmovido otra vez dentro de sí, fue al sepulcro. Era una cueva y tenía puesta una piedra contra la entrada. **39** Jesús dijo:

—Quitad la piedra.

Marta, la hermana del que había muerto, le dijo:

---

en la obra que pensaba realizar. Probablemente fueron las dos hermanas las que invitaban a Jesús a seguirles hasta la tumba. ¡Nótese que el Guía divino se deja guiar por sus "seguidores"! ¡Qué cuadro para no olvidar jamás!

Dos cosas importantes se revelan en las dos palabras del v. 35. Primero, el término *lloró* traduce el verbo *dakruo*[1145], en el tiempo aoristo, que se refiere a un acto puntual, no continuado. También, el verbo es distinto del que se emplea en los versículos anteriores donde se refiere a un "llorar a gritos". En cambio, el verbo que describe la acción de Jesús significa un derramar de lágrimas en silencio. Inclusive, el término para "lágrima" (*dakru*[1144]) se deriva de este verbo. Vincent cita a Godet quien comenta sobre este versículo: "El mismo Evangelio en que se afirma más claramente la deidad de Jesús es también el que nos revela el lado más profundamente humano de su vida". Otra vez procuramos ahondar en el motivo de las lágrimas. ¿Serían de compasión y simpatía con las hermanas y por la pérdida de un fiel amigo, o lágrimas de indignación por la incredulidad de los judíos quienes, a pesar de que había presenciado tantas señales y escuchado tantas enseñanzas, todavía lo rechazaban y, más, estaban tramando su muerte? O, quizás ambas emociones estaban expresándose por medio de las lágrimas. En todo caso, las mismas lágrimas revelan la naturaleza humana, compasiva y sensible del Mesías.

Es interesante que el verbo griego en el v. 5, refiriéndose al afecto de Jesús por las hermanas, es *agapao*[25] (ver 5:20), que normalmente se refiere al amor profundo y desinteresado, mientras que en el v. 36 se emplea *fileo*[5368], que generalmente describe la amistad sincera entre dos o más personas. Era el conocimiento de todos que Jesús consideraba a Lázaro un buen amigo. Por eso, algunos de ellos, no todos (ver v. 37), interpretaban las lágrimas como expresión sincera y profunda de esa amistad. Sin embargo, parece que nadie percibía que habría otras emociones expresándose en esas lágrimas (ver v. 33).

Los comentaristas están divididos en cuanto a los motivos detrás de esta pregunta. Morris opina que *algunos de ellos* eran tan sinceros como Marta y María, creyendo que quizá hubiera podido evitar la muerte de Lázaro si hubiera estado mientras todavía vivía. Inclusive, la pregunta se construye en el texto gr. de tal modo que anticipa una contestación positiva, lo cual corrobora la posición de Morris. Adoptando una posición opuesta, Plummer afirma que la pregunta es una burla de los opositores, los que en ese mismo momento estaban tramando la muerte de Jesús. Ellos, según este autor, mencionan el milagro del hombre ciego que Jesús sanó, no creyéndolo, sino en un tono burlón.

Se repite la fuerte emoción que Jesús experimentó (ver v. 33). El v. 38 daría base para la interpretación que Plummer dio al anterior. Calvino comenta que Jesús fue a la tumba "como un campeón que se prepara para el conflicto". El verbo traducido *fue*, está más bien en el tiempo presente y se traduciría "va" o "viene al sepulcro", dando una nota más descriptiva. Podemos imaginarnos una procesión: las hermanas abriendo camino, Jesús detrás de ellas, luego los discípulos y, finalmente, la multitud. Pero sólo uno sabía lo que les esperaba en el sepulcro. Juan describe la tumba de acuerdo con las prácticas de aquel tiempo. Los que han visitado el lugar en años recientes dicen que la tumba señalada como la de Lázaro no concuerda con la descripción en este texto, ni las costumbres de aquel entonces.

—Señor, hiede ya, porque tiene cuatro días.

40 Jesús le dijo:

—¿No te dije que si crees verás la gloria de Dios?

41 Luego quitaron la piedra, y Jesús alzó los ojos arriba y dijo:

—Padre, te doy gracias porque me oíste.

42 Yo sabía que siempre me oyes; pero lo dije por causa de la gente que está alrededor, para que crean que tú me has enviado.

43 Habiendo dicho esto, llamó a gran voz:

—¡Lázaro, ven fuera!

Jesús sigue la costumbre de involucrar a sus discípulos y fieles seguidores en la realización de los milagros (ver v. 34; 6:10-13, etc.). El principio es que Dios espera que nosotros hagamos lo que esté dentro de nuestras posibilidades y él agrega la dimensión sobrenatural. El mandato *quitad la piedra* (v. 39) emplea un verbo en el tiempo aoristo que parece indicar "levantad la piedra" de la boca de la tumba. Dado que se menciona específicamente "cueva" en el versículo anterior, quizá la piedra estaba puesta en una zanja y que sería necesario levantarla para removerla. Sin embargo, Brown opina que la tumba habrá sido más bien un pozo en la tierra, sobre el cual se colocaba una loza para impedir la entrada de animales. La expresión *del que había muerto*, literalmente "del que había llegado al fin de su vida", emplea el participio perfecto que habla de una acción del pasado cuyo estado continúa. Con esta construcción, Juan enfatiza la realidad de la muerte de Lázaro, además de la mención de los cuatro días.

Marta protesta ante el mandato de Jesús, indicando la total sorpresa de su proceder. No podía tolerar el pensamiento de abrir esa tumba y ver el cuerpo de su amado hermano desfigurado por el proceso natural de la muerte. Es posible que ya el olor de muerte salía de la tumba, o que ella sabía por experiencia que al cuarto día ya el cuerpo comenzaba el proceso de descomposición. Hasta este punto, todos pensaban que Jesús tenía solo la intención de visitar la tumba, quizá llorar allí, y volver a casa con el mismo grupo con el que había venido. Es típico de Jesús el hacer a menudo lo que menos pensamos, nos imaginamos o creemos que sea posible.

La pregunta de Jesús del v. 40 anticipa una contestación positiva, aunque no había dicho precisamente esas palabras. Sin embargo, la sustancia de lo que les había dicho se encuentra en los versículos anteriores (ver vv. 4, 23-26). Parece que la pregunta representa un reproche suave por la falta de fe de Marta. Aunque la resurrección de Lázaro sería un milagro estupendo, resultando en el asombro de todos y la consolación indescriptible de las dos hermanas, la meta primaria de Jesús era otra: *la gloria de Dios*.

A pesar de la protesta de Marta, y quizás de otros, aparentemente fueron los discípulos los que obedecieron el mandato del Señor, "levantando" o removiendo la piedra de la boca de la tumba, exponiendo la oscuridad y corrupción de la muerte. Crisóstomo sugiere que fueron los judíos a quienes Jesús mandó levantar la piedra y luego desatar a Lázaro, dando evidencia tal que luego no podrían negar la realidad del milagro. Plummer comenta que ellos levantaron la piedra, pero Jesús levantó los ojos (ver 6:5; 17:1), pues se emplea el mismo verbo griego en ambos casos. El Hijo reconoce que el omnipotente y eterno Dios es su Padre, empleando el término favorito en su referencia a él (ver 12:27s.; 17:1). Es a la vez un término de sumo respeto y de confianza, que Jesús enseñó a sus seguidores a usar al dirigirse a Dios (Mat. 6:9). El verbo en el tiempo aoristo *oíste* parece referirse a una oración en particular, que el Padre contestó, pero que no se registra aquí. Morris opina que se refiere a la oración del momento.

El pronombre *Yo* del v. 42 es enfático. No sólo en un caso dado (v. 41), sino que Jesús agradece el hecho de que su Padre siempre estaba atento a sus oraciones. Vincent considera que el uso del término *la*

44 Y el que había estado muerto salió, atados los pies y las manos con vendas y su cara envuelta en un sudario. Jesús les dijo:
—Desatadle y dejadle ir.

Acuerdo para matar a Jesús*

45 Muchos de los judíos que habían venido a María y habían visto lo que había hecho Jesús,

---

*11:45t Comp. Mat. 26:1-5; Mar. 14:1, 2; Luc. 22:1, 2

---

gente, y no "los judíos" (ver vv. 19, 31, 36), podría indicar la llegada de que un "grupo misceláneo". Sería un error entender que Jesús estaba orando mayormente para el beneficio de la multitud, lo que sería hipócrita. Jesús mantenía una comunión íntima y constante de oración con el Padre, pero lo expresaba aquí en voz alta para que la gente pudiera contemplar la relación estrecha que gozaba con el Padre, especialmente en preparación para el milagro que estaba a punto de realizar. Tal expresión de íntima relación y comunión, manifestada en el milagro que sigue, convencería a muchos de que en realidad Jesús era "el enviado del Padre" (ver 3:17). Juan consideraba que este es el propósito básico de los milagros (20:31).

El escenario estaba listo para la sorpresa de los siglos. La gente curiosa se había reunido, las hermanas perplejas estaban cerca, los discípulos expectantes lo rodeaban, la piedra había sido removida y faltaba sólo la intervención dramática de Dios. Con la misma voz de autoridad con que mandó calmar las tormentas del mar y reprendió a los demonios, el Autor de la vida clamó con fuerte voz (ver Mat. 15:22), oída por todos los presentes y también por los oídos de Lázaro, muertos por cuatro días, que oyeron y respondieron. El verbo *llamó* describe un fuerte clamor, un concepto reforzado e intensificado por la expresión *a gran voz*. Lo llama por nombre, le ordena salir y todos, con boca abierta de asombro, miraban atentamente para ver si habría algún movimiento dentro de esa cueva. ¡Pero la espera duró solo un segundo!

Nótese la relación entre el mandato *¡ven fuera!* (v. 43) y la respuesta *salió* (v. 44). ¡Aún los muertos oyen y obedecen! Es un anticipo de la resurrección cuando Cristo vuelva (ver 5:25). Nótese también que Jesús no tuvo que tocarlo; sólo dijo y se hizo; pronunció "la palabra de vida" y revivió el muerto. Habrá sido un espectáculo indescriptible el ver a Lázaro, envuelto en vendas, dando los primeros pasos. Las piernas de Lázaro no estarían envueltas juntas, sino separadas, permitiéndole caminar. Otra vez Jesús involucra a los discípulos y quizás a las hermanas en la culminación del milagro, desatando las vendas. Algunos contrastan la resucitación de Lázaro con la resurrección de Jesús, indicando que Jesús traspasó las vendas, mientras que otros tuvieron que desenvolverlas de Lázaro. Jesús no se olvidaba de las necesidades personales de los que fueron curados (ver Mar. 5:43).

(4) La reacción dividida de la gente, 11:45-57. En esta sección Juan describe primero la reacción favorable al milagro de la resurrección de Lázaro (v. 45), pero luego dedica la mayor parte a la reacción negativa (vv. 46-57). La presencia personal de Jesús, quien es la encarnación de la verdad divina, como también sus enseñanzas y obras, obligan a la gente a tomar una posición: a favor o en contra. La decisión es libre, pero las consecuencias inevitables. Este sería el último milagro de Jesús en su ministerio terrenal, una culminación apropiada para el Hijo de Dios.

Llama la atención la referencia sólo a María, sin mencionar a Marta. Se ofrecen distintas explicaciones: la omisión fue sin querer y sin intención, o que María tenía un círculo grande de amigos, mayor que el de Marta (ver 11:31, 32), o que es evidencia de que el personaje de Marta fue agregado al relato original y que el redactor se olvidó de incluirla.

creyeron en él. **46** Pero algunos de ellos fueron a los fariseos y les dijeron lo que Jesús había hecho.

47 Entonces los principales sacerdotes y los fariseos reunieron al Sanedrín y decían:

—¿Qué hacemos? Pues este hombre hace muchas señales. **48** Si le dejamos seguir así, todos creerán en él; y vendrán los romanos y destruirán nuestro lugar y nuestra nación.

49 Entonces uno de ellos, Caifás, que era

Existe un problema importante de traducción en este versículo, resultando en una división entre los intérpretes. El problema gira alrededor de una interpretación según las reglas estrictas del griego o, por otro lado, una adaptación a lo que parece ser el contexto del Evangelio. Por ejemplo, el texto griego indica que los dos verbos *habían venido* y *habían visto* están en aposición con *Muchos de los judíos*, es decir, las tres expresiones se refieren al mismo grupo. El texto griego se traduce literalmente así: "Muchos de los judíos, (es decir) los que habían venido a María y habían visto..., creyeron en él". El texto no dice: "Muchos de los judíos de los cuales habían venido...". Parece que Juan está afirmando que todos los que habían venido y visto terminaron creyendo en él. En cambio, unos cuantos opinan que Juan está hablando de dos grupos distintos, es decir, sólo algunos de entre los que habían venido a ver a María fueron los que creyeron. Lo que lleva a esta segunda opción es la actitud de algunos de los judíos reflejada en el versículo siguiente y, por otro lado, la oposición tenaz de la mayoría de "los judíos" a través del Evangelio. La expresión *creyeron en él* incluye la preposición *eis*[1519] que expresa una creencia de confianza personal y compromiso de vida. Si este es el caso, la resurrección de Lázaro, como ningún otro milagro, logró finalmente doblegar la resistencia más acérrima de los judíos presentes, manifestada hasta el momento.

La interpretación del v. 46 depende en gran parte de la del anterior. Si se adopta la primera opción, entenderemos que *algunos de ellos* fueron para avisar a los fariseos del hecho, pero sin ninguna malicia, quizá aun pensando en convencerlos, o sintiendo que era su deber informar a los líderes religiosos de un evento tan notable como la resurrección de un muerto. Si se adopta la segunda opción, los que presenciaron el milagro pero que no creyeron en Jesús son los que fueron a los fariseos para expresar su alarma y pedir su intervención. Sea cual fuere el motivo, el anuncio cayó como una bomba en el Sanedrín y precipitó una decisión drástica.

El cuadro descrito en el v. 47 es interesante: los líderes máximos de los judíos frotando las manos y preguntándose unos a otros cuál sería la solución al problema que un solo hombre había creado. Habían intentado la intimidación y las amenazas, pero no habían dado el resultado deseado. El primer grupo mencionado, *los principales sacerdotes*, son los sumos sacerdotes, los cuales eran saduceos y los que tomaron las medidas más decisivas en contra de Jesús (ver Mat. 26:3, 14). A menudo se mencionan en combinación con los fariseos. Aunque los fariseos eran los más estrictos en la aplicación de la ley, varios de ellos mostraron cierta simpatía con Jesús y sus enseñanzas (ver 3:1 ss.; 7:50; 19:39; Hech. 5:34; 23:6). Parece que la reunión del Sanedrín fue más bien informal. Varios autores comentan el fenómeno de la mucha actividad hostil de los fariseos en contra de Jesús hasta este momento, pero que luego son los principales sacerdotes los que toman la iniciativa, como aquí, en los juicios y en la crucifixión. Sólo aquí en este Evangelio se menciona el Sanedrín, el cuerpo que servía como la corte suprema entre los judíos.

La frase condicional (v. 48) en el griego es de la tercera clase, indicando un futuro más probable de que así sucedería como temían. Su gran temor era que todos terminarían confiando en Jesús y comprometiéndose con él. Si eso no fuera sufi-

sumo sacerdote en aquel año, les dijo: —Vosotros no sabéis nada; **50** ni consideráis

---

ciente, tal movimiento masivo daría lugar a la intervención violenta de los romanos. El Sanedrín tenía la tarea de mantener orden en el pueblo, pero bajo la supervisión de los romanos. Si el Sanedrín perdía el control del pueblo, perdería también su puesto de autoridad con el prestigio, poder y privilegios que sus miembros gozaban. La ubicación y énfasis del pronombre *nuestra* en griego parece indicar que el temor principal de los líderes era el perder su lugar, estrechamente rela-

cionado con el mismo "lugar santo". El verbo *destruirán* significa literalmente "levantarán" o "quitarán" y *lugar* probablemente significa "el lugar santo" o el "templo" (ver Mat. 24:15; Hech. 6:13 s.; 21:28). Los saduceos especialmente tenían ciertas simpatías con Roma y querían a toda costa mantener buenas relaciones con ese imperio. Este temor de los miembros del Sanedrín se convirtió en realidad en el año 70 d. de J.C.

Caifás es un sobrenombre de un sumo

El Sanedrín

El Sanedrín era el concilio mayor de los judíos. Tenía setenta y un miembros y tenía su sede en Jerusalén. Se cree que se originó durante el período persa (539-333 a. de J.C.). Al volver del exilio en Babilonia, los judíos fueron gobernados por un gobernador nombrado por los persas juntamente con el concilio de líderes de la aristocracia judía, algunos sacerdotes y otros terratenientes. Este concilio es el que llegó a ser posteriormente el Sanedrín.

En la era romana, el Sanedrín tuvo cambios. Lo formaban el sumo sacerdote quien era el presidente del concilio, además de otros miembros de la aristocracia; se incluyeron también como miembros a algunos escribas, expertos en la interpretación de la Torá. Los sacerdotes y la aristocracia eran miembros del grupo conocido como los saduceos, y los escribas eran fariseos. Con una rara excepción, los saduceos eran el grupo predominante en el Sanedrín hasta el tiempo de la destrucción del templo por los romanos (70 a. de J.C.). Después de esta fecha, el Sanedrín fue reorganizado bajo la dirección de los rabinos, y ellos eran los únicos miembros.

Durante el período romano, antes del 70 a. de J.C., el Sanedrín trabajaba con los poderes que gobernaban el país, sea la familia de Herodes o el gobierno romano. El poder del concilio dependía de la posición del gobierno. Herodes mantenía un control estricto, mientras los romanos daban mucha independencia como era su costumbre con grupos religiosos en los países bajo su control. Solamente limitaron su poder si mostraban algún acto o enseñanza en contra de Roma.

El Sanedrín tenía poder legislativo, judicial y ejecutivo tanto en los casos de la ley criminal como de la civil. Tenía su propia guardia y podía detener a las personas como quería. Los integrantes supervisaron el calendario religioso, los eventos en el templo y el sacerdocio. Probablemente no llegó a ser un centro académico hasta después de la destrucción del templo en 70 a. de J.C., y cuando el grupo rabínico llegó a ser dominante.

Legalmente el Sanedrín solamente tenía jurisdicción sobre los judíos que vivían en la provincia de Judea. Sin embargo, tenemos el ejemplo de Saulo que lleva cartas del Sanedrín para llevar presos a Jerusalén a cualquier persona que fuera creyente en Jesús, a los del Camino (Hech. 9:1, 2).

No hay claridad en cuanto a la autoridad del Sanedrín para ordenar el castigo capital (muerte). Parece ser que no lo tenían (18:31) en el caso de Jesús; pero sí vemos en el caso de Esteban (Hech. 6:12—8:2) donde amenazan con matar a cualquier gentil que violara la santidad del templo (Hech. 21:27-31), y en la orden del sumo sacerdote de matar a Santiago, el hermano de Jesús, evidencia de esta autoridad.

No hay duda de que el Sanedrín vio en Jesús y sus seguidores una amenaza a su poder, e hicieron todo lo que podían para eliminarlo. Pero a pesar de su determinación de eliminar a Jesús, él resucitó y su poder llegó a ser el gran impulso de sus seguidores (Ver Hech. 4:19 y ss.).

que os* conviene que un solo hombre muera por el pueblo, y no que perezca toda la nación.

51 Pero esto no lo dijo de sí mismo; sino que, como era el sumo sacerdote de aquel año,

profetizó que Jesús había de morir por la nación; **52** y no solamente por la nación, sino también para reunir en uno a los hijos de Dios que estaban esparcidos. **53** Así que, desde aquel

---

*11:50 Algunos mss. antiguos dicen *nos*.

---

sacerdote cuyo nombre verdadero era José. Parece ser que Caifás es la forma siriaca de "Cefas", que significa "roca". Algunos críticos de la historicidad del NT encuentran en este versículo un argumento en su favor por creer erróneamente que el puesto del sumo sacerdote, según la ley de Moisés, era de por vida. Ellos ignoran que Valerius Gratus había cancelado el sistema judío por el cual el sumo sacerdocio pasaba de padre a hijo, deponiendo a Anás e iniciando un sistema en que él mismo los nombraba. Inclusive, Josefo nos recuerda que hubo 28 sumos sacerdotes en 107 años. La expresión *en aquel año* podría indicar un nombramiento anual, pero seguramente se refiere a ese año como el de la suprema revelación de Dios en la muerte y resurrección de su Hijo, y no que Caifás ocupó el puesto sólo en ese año. En realidad Caifás, el yerno de Anás, recibió el puesto en el cual sirvió unos 18 años, desde el 18 al 36 d. de J.C. Sin embargo, en alguna manera su suegro, Anás, siguió ejerciendo cierto poder en el Sanedrín. Le tocó a Caifás el cuestionable honor de presidir el juicio y condenación de Jesús *en aquel año*. Este sumo sacerdote tenía la fama de ser rudo en su trato con otros y aquí justifica esa descripción llamando a los demás miembros del Sanedrín ignorantes: *no sabéis nada*. Ante la ignorancia de ellos, él sí, como buen político, sabía perfectamente lo que tenía que hacer.

El tono despectivo de parte de Caifás sigue al hablar de lo que les convenía a los fariseos en su trato con Jesús. La expresión *que un solo hombre muera...* se inicia con la conjunción de propósito, favorita de Juan, que se traduce mejor "para que un solo hombre muera...". Plummer comenta que con esta expresión Caifás señala al

"macho cabrío" (Lev. 9:3) que moriría por los pecados del pueblo. Nótese que no hablaba de lo que era correcto y justo, sino lo que les convenía a ellos como clase privilegiada y, en segundo lugar, lo que convenía a la nación. Sería mejor que un hombre inocente muriera y que ellos no perdieran su puesto. Pero, según la perspectiva de Juan, la muerte de Jesús condujo precisamente a la pérdida del puesto de ellos y la destrucción de la nación en el año 70 d. de J.C.

El comentario de Juan del v. 51 se inicia con la conjunción adversativa *Pero*, indicando un contraste con lo que el lector pensaría. *No lo dijo de sí mismo* no significa que Caifás fuera llevado a decir algo en contra de su voluntad, o algo sobre lo cual no tenía control, o que el Espíritu puso estas palabras en su boca. Él lo había pensado muy bien y llegó a una conclusión conforme a su mente carnal, pero no podría imaginarse que Dios iba a tornar el curso de eventos para dar un significado profundo a sus palabras. Por eso, Juan dice que Caifás *profetizó*, al sugerir esta solución a su dilema. La profecía estaba asociada con la función del sumo sacerdote basado en una interpretación dudosa de un texto bíblico (Núm. 27:21). Godet comenta que este "juicio" de Caifás se hace todavía más notable por el contraste entre la verdad divina de su contenido y los propósitos diabólicos del que lo pronunció. Recordamos que Balaam profetizó de mala gana (Núm. 22), pero Caifás profetizó sin darse cuenta de los resultados finales de lo que decía. La preposición *por* (v. 52), cuando rige el genitivo en el texto griego, significa "en lugar de". El término nación, cuando era usado en singular, se refería a la nación de Israel, pero el plural

día resolvieron matarle. **54** Por lo tanto, Jesús ya no andaba abiertamente entre los judíos, sino que se fue de allí a la región que está junto al desierto, a una ciudad que se llama Efraín; y estaba allí con sus discípulos. **55** Ya estaba próxima la Pascua de los judíos, y muchos subieron de esa región a Jerusalén antes de la Pascua para purificarse. **56** Busca-ban a Jesús y se decían unos a otros, estando en el templo:

—¿Qué os parece? ¿Que tal vez ni venga a la fiesta?

57 Los principales sacerdotes y los fariseos habían dado órdenes de que si alguno supiese dónde estaba, lo informara para que le tomaran preso.

---

del mismo término se refería a las naciones gentiles. Los judíos esperaban que la venida del Mesías serviría para reunir a los judíos esparcidos entre las naciones, pero Juan aplica esta expectativa a los seguidores de Cristo (ver 10:16; 17:21).

La irritación (v. 53) y el resentimiento de los líderes, manifestados temprano en el ministerio público de Jesús, iban intensificándose día a día en una hostilidad sostenida, con varios intentos de apedrearle, hasta que decidieron que tenían que deshacerse de él definitivamente, en alguna manera. Las palabras proféticas de Caifás sirvieron anticipadamente como una sentencia de muerte para Jesús. Desde *aquel día* fatal no había más duda en su mente acerca de lo que tenían que hacer; lo único que faltaba era determinar cuándo y cómo llevarlo a cabo. El largo proceso de confrontación entre Jesús y la religión establecida, rígida y legalista, llegaba a su culminación.

Nótese el tiempo del verbo *andaba* o "estaba andando" (v. 54), describiendo gráficamente su ministerio activo, ya no entre *los judíos* habitantes de Jerusalén y los alrededores. El adverbio *abiertamente* a menudo se traduce "con confianza" o "con valor". El término *desierto*, no significa zona árida, como en nuestro idioma, sino un lugar no habitado. No hay acuerdo entre los eruditos en cuanto a la ubicación de Efraín, pero muchos lo identifican con la ciudad del AT por el mismo nombre, ubicada a unos 15 a 20 km al norte de Jerusalén (ver 2 Crón. 13:19, Efrón en la RVA), o con Ofra (ver Jos. 18:23; 1 Sam. 13:17). Josefo opinaba que estaba cerca de Betel, que está en la misma zona. Pro-bablemente su estadía en esta zona no pasaría de pocas semanas. Desde allí, pasando por Perea y Jericó, Jesús llegaría a Jerusalén para la confrontación final con los líderes (ver Mat. 19:1; Mar. 10:1).

Juan agrega el detalle del v. 55 para explicar la presencia de las multitudes en Jerusalén durante varios días, quizás una semana, antes de la Pascua, con el fin de realizar la purificación allí. La contaminación ceremonial los descalificaría para participar en la fiesta de la Pascua (ver Éxo. 19:10, 11; Núm. 9:10 ss.; 2 Crón. 30:17, 18). Así, llegaban temprano a Jerusalén con el fin de la purificación; allí se limpiaban de cualquier contaminación del viaje.

Los verbos *buscaban* y *decían* (v. 56), en el tiempo imperfecto, describen la acción continua de la gente que había llegado temprano. La resurrección de Lázaro y la decisión del Sanedrín de matar a Jesús, seguramente de conocimiento público, eran los temas que corrían a través de las multitudes como una corriente eléctrica. La expectativa y curiosidad se conjugaban para crear una atmósfera de extrema rareza. Phillips traduce la segunda pregunta así: "¿Seguramente él no vendrá a la fiesta?". Moulton afirma que el uso de las dos partículas de negación *ou* y *me*[3364] en la pregunta indican una fuerte duda de que suceda lo que está en consideración. Sabiendo que los judíos lo buscaban para matarlo, no podían imaginarse que Jesús tendría el valor de presentarse. Con todo, tenían gran interés de verlo y quizá tener la dicha de ver otro milagro.

Dos de los elementos principales del Sanedrín eran *los principales sacerdotes*, o

Jesús es ungido en Betania*

12 Seis días antes de la Pascua, llegó Jesús a Betania, donde estaba Lázaro*,

a quien Jesús resucitó de entre los muertos.
2 Le hicieron allí una cena. Marta servía, y Lázaro era uno de los que estaban sentados a la mesa con él.

*12:1t Ver Mat. 26:6-13; Mar. 14:3-9
*12:1 Algunos mss. antiguos incluyen *quien había estado muerto*.

---

sumos sacerdotes, y *los fariseos*. El verbo *habían dado...*(v. 57), en el tiempo pluscuamperfecto, indicaría que la orden que habían dado seguía en pie. Siendo así, cualquier persona que tuviera conocimiento de la presencia de Jesús, y que no avisara a los líderes, sería considerado un cómplice. Juan siempre emplea el término *órdenes* o "mandamiento" (que traduce el vocablo griego *entole*[1785]) cuando se refiere a los mandatos de Jesús, excepto en este caso. El uso del plural *órdenes* podría indicar la repetición de la misma orden.

20. El cierre del ministerio público, 12:1-50

Hovey representa a los comentaristas que intentan armonizar los eventos en este capítulo con los de los Sinópticos, sugiriendo que Jesús habrá caminado con sus discípulos desde Efraín (ver 11:54) hacia el norte por parte de Samaria, Galilea y luego al este hasta Perea (ver Luc. 17:11; Mat. 19:1; Mar. 10:1). Lo más seguro es que Jesús pasó de Efraín por Jericó en camino a Betania. Muchos opinan que la tarea de armonizar los Sinópticos con este capítulo de Juan es difícil, si no imposible, excepto en una relación muy general. Por ejemplo, Hull encuentra en este capítulo varios paralelos y alusiones indirectas a enseñanzas y eventos esparcidos por los Sinópticos (p. ej., la transfiguración, Getsemaní, ungimientos, parábolas de semillas y los dichos sobre la vida y la muerte).

El cap. 12 está estrechamente unido con el anterior por las referencias a la resurrección de Lázaro y los efectos que este evento tuvo en amigos y enemigos. Constituye tanto la conclusión del ministe-

rio público de Jesús y su conflicto con los líderes, como también la introducción a su pasión. Incluye el ungimiento de Jesús en Betania, la entrada triunfal en Jerusalén, la búsqueda de los griegos, la profecía acerca de Jesús y una exhortación a creer.

(1) Jesús es ungido en Betania, 12:1-8. Se calcula que Jesús y sus discípulos, y quizás con otros peregrinos, salieron de Jericó temprano el viernes de mañana y llegaron a Betania de tardecita ese mismo día cuando, a la puesta del Sol, comenzaba el sábado. La distancia de unos 25 km, caminando un promedio de 3 km por hora, llevaría de 9 a 10 horas.

La RVA y otras versiones omiten la conjunción continuativa "entonces" con que se introduce el v. 1, y que relaciona este capítulo con el anterior. Nótese la precisión de tiempo y lugar con que Juan describe los eventos. Se presume que el 14 de Nisán, cuando se iniciaba la fiesta de la Pascua, haya caído en el día viernes de ese año. Habiendo llegado a Betania el viernes de noche, el grupo pasaría el día sábado descansando y preparándose para la semana siguiente. El tema de conversación seguramente giraba alrededor de la resurrección de Lázaro. Esta Betania se distingue de otra por el mismo nombre ubicada al este del Jordán (ver 1:28) y se identifica aquí como el lugar *donde estaba Lázaro, a quien Jesús resucitó*. Los peregrinos que acompañaban a Jesús naturalmente tendrían la curiosidad de ver y conversar con este hombre en cuyo cuerpo se hizo un milagro tan grande. Varios mss. agregan "el que había estado muerto" después de *donde estaba Lázaro*, pero se piensa que es un agregado explicativo de los escribas y que no figuraba en el texto original.

3 Entonces María, habiendo traído una libra*   de perfume de nardo puro de mucho valor,

---

* 12:3 La libra romana de 12 onzas equivalía aprox. a 340 gramos.

¿Quiénes fueron los que *le hicieron allí una cena?* (v. 2). Probablemente se refiere a los vecinos de la aldea de Betania que fueron impresionados por la resurrección de Lázaro, pero podría referirse a los dueños de casa. Brown sugiere que la cena se hizo probablemente en la tarde del sábado, después de la puesta del Sol, que sería el comienzo el primer día de la semana según la costumbre de los judíos. Marta se menciona primero quizás porque estaba encargada de las actividades, de acuerdo con la descripción de ella en otro lugar (ver Luc. 10:40). El verbo *servía* en el

---

La fiesta de Pascua (Pesaj)

El ritual de la cena de Séder incorpora elementos formales y una cierta informalidad que puede sorprender a aquellos no familiarizados con la liturgia de Pesaj. La lectura de la Hagadá (la "narración" de la historia de Israel desde su esclavitud en Egipto, la libertad, la liberación espiritual, la revelación de Dios en el monte Sinaí y el retorno a la Tierra prometida) juntamente con la liturgia de Séder requieren que cada persona participe de lleno y exprese su fervor espiritual en las lecturas antifonales, las canciones y todo aquello que hace del ritual una experiencia compartida de espiritualidad comunitaria. Esta participación se hace más familiar con el trascurso del tiempo y el ahondamiento del significado de Pesaj, pero aun la primera experiencia puede transmitir al individuo y a la comunidad la emoción de la celebración pascual.

La celebración del Séder de Pesaj recuerda el éxodo de Egipto, la redención de Dios, la liberación de Israel de la esclavitud y la miseria espiritual. La ceremonia empieza con el encendido de dos velas, tradicionalmente hechas por la madre o la dueña de casa.

Cada persona en la mesa tiene un plato con cinco símbolos que hacen recordar la experiencia de la esclavitud y la liberación. Hay el hueso de cordero (*zeroa*), que representa simbólicamente el cordero que se ofrecía en el templo y recuerda igualmente que Dios pasó por alto las casas del pueblo judío en Egipto (Éxo. 12:26, 27). Hay un huevo cocido (*beitzá*) que recuerda el huevo cocido que se ofrecía en el templo de Jerusalén durante la fiesta de Pesaj. Hay un poco de hierbas amargas (*maror*), que recuerda la amargura de la esclavitud. Hay una mezcla de manzanas ralladas, canela y nueces (*jaroset*) que recuerda la arcilla usada por los esclavos judíos en los trabajos forzados durante su esclavitud en Egipto. Hay la verdura (*karpas*), generalmente apio o perejil, que recuerda la primavera cuando se celebra la fiesta de Pesaj en Israel. Es un símbolo de gratitud a Dios por la bondad de la tierra, por el pan y la comida.

También en la mesa hay agua salada que significa que el pueblo de Israel sufrió en la esclavitud. Se usa para remojar la verdura (*karpas*). Hay un plato con tres panes sin levadura (*matzot*); estos panes representan a los tres patriarcas de Israel. Se comparten cuatro copas de vino o jugo de uva que recuerdan las cuatro etapas de la liberación de Israel de la esclavitud de Egipto (Éxo. 6:6, 7). El vino o jugo es generalmente rojo, cuyo color recuerda la sangre con la cual los judíos salpicaron los umbrales de sus casas y salvaron a sus primogénitos de la décima plaga (Éxo. 12:21-28).

En el centro de la mesa hay una copa de vino especialmente separada y a la que se le llama "La copa de Elías". Se refiere a la quinta expresión de redención de Éxodo 6:8. Es un símbolo de esperanza, la esperanza profética de la venida del reinado de Dios sobre el mundo.

Finalizan la cena con una bendición especial: "Pedimos a Dios que nos inspire en esa espiritualidad del desierto y del monte Sinaí, renovando nuestra vida interior y compromiso de fe, diariamente, año a año. Y en este sentido de intensa y acrecentada vivencia espiritual repetimos todos juntos la frase milenaria, la esperanza mesiánica que sostuvo y sostiene el llamado y la vocación de Israel. Todos decimos con el corazón regocijado: '¡El año próximo de Jerusalén!' (*¡Leshana habaa Birushalaim!*)".

Tomado del documento preparado para un Séder ecuménico en Cali, Colombia.

ungió los pies de Jesús y los limpió con sus cabellos. Y la casa se llenó con el olor del perfume. **4** Pero uno de sus discípulos, Ju-

das Iscariote*, el que estaba por entregarle dijo:

5 —¿Por qué no fue vendido este perfume

---

*12:4 Algunos mss. antiguos incluyen *hijo de Simón.*

---

tiempo imperfecto describe una actividad prolongada. Morgan comenta que en la ocasión anterior Marta se quejaba porque tenía que servir a un grupo pequeño de cuatro o cinco, pero aquí atiende cuatro veces ese número y no se queja. Quizás había aprendido una lección valiosa del gozo de servir. La mención de Lázaro como *uno de los que estaban sentados a la mesa* indicaría que la cena se hizo en otra casa, no en la suya. Si la cena se hubiera hecho en su casa, es natural que él estuviera sentado a la mesa con Jesús, sin necesidad de mencionarlo.

El ungimiento de Jesús por María ha sido motivo de mucha discusión por razón de la referencia a un evento similar en los Sinópticos. El primer caso se relata en Marcos 14:3-9 (ver Mat. 26:6-13) y describe el ungimiento de Jesús en Betania, en casa de Simón el leproso, por una mujer no nombrada. Hay notable similitud entre este evento y el descrito en Juan. Bernard, Temple, Bailey, Strachan, Tasker,

Dods, Hovey, Beasley-Murray, Brown y otros opinan que por lo menos Marcos, Mateo y Juan relatan el mismo evento. El segundo caso de ungimiento fue realizado en Galilea, en casa de Simón el fariseo, por una mujer pecadora (ver Lucas 7:36-50). Pocos de los mencionados dirían que es probable que los cuatro Evangelios describan el mismo evento y que los distintos detalles se deben a la mezcla de datos durante el período de la transmisión oral. Para llegar a esta conclusión, uno tendría que identificar a María de Betania con la mujer pecadora a quien presumiblemente Jesús había rescatado de una vida inmoral. Por ejemplo, Bernard opina que Lucas describe un episodio distinto y anterior en que la misma mujer apareció, identificando así a María de Betania y María Magdalena con la mujer pecadora. Morris rechaza categóricamente la identificación de María de Betania con la mujer pecadora, mencionada por Lucas, señalando las diferencias de escenario, tiempo y discusión.

Juan describe en detalle tanto el perfume y su alto costo, como también la manera en que María lo aplicó. La cantidad del perfume es importante; *una libra* pesaba unos 327 gramos. El *nardo puro* era un aceite perfumado con que se ungía la cabeza en ocasiones festivas. No tenía valor curativo pero sí monetario, al describirlo como *de mucho valor.* Plummer cita a una referencia antigua donde Horacio ofrece dar un barril de vino por una pequeña caja de este perfume. Con esta descripción de la cantidad y lo valioso del perfume, Juan señala la devoción y desbordante amor de María.

La manera en que aplicó el perfume también revela el hermoso espíritu de María. En vez de ungir la cabeza, como se acostumbraba, ella *ungió los pies de Jesús.* El ungir o lavar los pies de una persona era la

---

Evidencia inesperada de amor y compasión

Booker T. Washington, el gran científico negro, en su autobiografía, *De la esclavitud,* escribe un gran acto de amor de parte de su hermano mayor durante los días de la esclavitud. La ropa que les daban a los esclavos, aun a los niños, que trabajaban en los campos incluía una camisa de un lino sumamente áspero. Cuando era muy niño, esta tela le causaba mucha irritación y dolor; su hermano mayor, dándose cuenta de esto, usó la camisa nueva de él hasta que la tela se había suavizado, para evitarle tanto dolor.

Washington dijo que fue uno de los actos más grandes de verdadera compasión y bondad que había visto entre los esclavos de la plantación donde él vivió. ¡Una evidencia inesperada de amor y compasión!

por trescientos denarios* y dado a los pobres?
6 Pero dijo esto, no porque le importaban los
pobres, sino porque era ladrón, y teniendo la

bolsa a su cargo sustraía de lo que se echaba
en ella. **7** Entonces Jesús dijo:
—Déjala. Para el día de mi sepultura ha

---

*12:5 El denario era una moneda romana que equivalía al salario de un día para un obrero; ver Mat.
20:2.

---

tarea del esclavo más humilde. Con este
acto, María expresaba la profundidad de
su amor y devoción a Jesús en dos maneras: al ofrecerle algo de gran valor y al humillarse a sus pies. En el texto griego se
emplea dos veces el término pies, quizás
otra manera con que Juan quiso indicar la
humildad de María (ver 13:5 ss.). Calvino
opina que el ungimiento comenzó con la
cabeza y se extendió hasta los pies. Hay
dos consideraciones en la expresión *los
limpió con sus cabellos*. Primero, se cuestiona su acción de limpiar los pies después
de ungirlos con el perfume tan costoso. En
el relato de Lucas, la mujer pecadora primero lloró sobre los pies, los limpió con
sus cabellos y luego los ungió con el perfume, pero aquí no se menciona el lloro de
María. Considerando el peso del nardo con
que ungió los pies, posiblemente era necesario secar el exceso. Por otro lado, el hecho de limpiar los pies *con sus cabellos*
hacía necesario soltar los cabellos. Ninguna
mujer judía decente soltaría sus cabellos en
público, pues el cabello suelto era señal de
las prostitutas. Pero aun este acto indicaría el extremo de humillación a que
María estaba dispuesta a ir para expresar
su amor. La expresión *Y la casa se llenó
con el olor del perfume* tiene la estampa
de un testigo ocular. La fragancia del olor
llamaría la atención a todos en la casa del
acto realizado e indicaría la calidad y valor
del perfume. Morris sugiere que esta
expresión tendría en mente además un
dicho rabínico: "El perfume de un buen
aceite se extiende del dormitorio al come-
dor, mientras que el buen nombre se extiende de un extremo al otro del mundo".
En esta forma, la fama del ungimiento se
extendería a los fines del mundo, cumpliendo la profecía de Jesús (Mar. 14:9).
Marcos registra la indignación de algunos

(14:4) y Mateo los identifica como discípulos (26:8), pero sin mencionar nombres.
En cambio, Juan (v. 4) lo identifica en tres
maneras, evitando toda posibilidad de confusión: como *uno de los discípulos*, como
Judas Iscariote y *como el que estaba por
entregarle* (ver 6:71).

La protesta de Judas revela el enorme
valor estimado del perfume. Los *trescientos denarios* representarían el jornal de
casi un año de un obrero, cada denario
siendo una moneda de plata que representaba el jornal de un día (ver 6:7; Mat.
20:2). Uno puede imaginarse la atención
que Judas, el tesorero, puso a esta extra-
vagancia, a esta "perdida irrecuperable".
Allí estaba sacudiendo la cabeza en incredulidad de que Jesús permitiera tal cosa.

El v. 6 es el único lugar en los Evangelios
donde se describe a Judas como traidor y
ladrón antes de entregar a Jesús. ¿De
dónde recibió Juan esta descripción de
Judas? Probablemente, después de la
muerte de Judas, la resurrección de Jesús
y antes de su ascensión, el Maestro compartió este dato y muchos otros con los
discípulos. Otra pregunta: ¿Por qué permitió Jesús que Judas robara de la bolsa, sabiendo que *sustraía* de ella? Se ofrecen dos
posibles contestaciones: Jesús quería dar
libertad a sus seguidores en ese entonces,
como lo hace hoy en día, de enfrentar las
tentaciones y vencerlas con su ayuda o caer
si dejaban de confiar en él. También, el caso
de Judas es un llamado de atención a esta
debilidad del hombre y la probabilidad de
que, aun de entre los líderes más destacados y de mayor confianza, algunos cederían
a la tentación de sustraer fondos destinados
a extender el reino de Dios.

Judas quería aparentar simpatía por los
pobres, pero en su corazón avaro otro
motivo lo dominaba y lo movía a protestar

guardado esto. **8** Porque a los pobres siempre los tendréis con vosotros, pero a mí, no siempre me tendréis.

9 Entonces mucha gente de los judíos se enteró de que él estaba allí; y fueron, no sólo por causa de Jesús, sino también para ver a

---

por la acción de María. Como un auténtico hipócrita, estaba jugando un "papel" que no representaba su carácter. El verbo *sustraía*, en el tiempo imperfecto, indica que era su costumbre robar de *la bolsa*. El término *bolsa* traduce un vocablo griego que originalmente se refería a la cajita en que llevaban la boquilla de la trompeta, pero con el pasar del tiempo llegó a referirse a la cajita o bolsa en que llevaban el dinero.

Jesús no demoró en salir a la defensa de María ante la protesta/crítica que Judas lanzó a ella y a él. Según Judas, ella era culpable por la "pérdida" y Jesús por permitirla. El mandato *Déjala* (v. 7) en una sola palabra representa una fuerte reprobación a Judas y una tierna aprobación a María. El verbo *Déjala* es un imperativo de mandato en el tiempo aoristo que indica la terminación inmediata de una acción. Aparentemente este mandato ocurrió mientras que María cumplía su acto de amor, con lo cual Jesús la autorizó a continuar y completar lo que había iniciado. Jesús percibía que el ungimiento estaba de acuerdo con el propósito divino, pero es casi seguro que María no lo entendía en esos términos. El cuerpo de Jesús no fue ungido cuando fue sepultado, de acuerdo con la costumbre entre los judíos, pero este acto de María anticipaba ese evento y, en efecto, cumplía la costumbre con una semana de anticipación. La palabra *sepultura* traduce un término que se refiere más bien a la preparación del cuerpo para la sepultura y no al acto en sí de sepultarlo (ver 19:40). El verbo *ha guardado* traduce un aoristo subjuntivo que sería más bien "guardó" o "guardara", es decir, lo había guardado hasta ese momento. Normalmente en una cena como ésta, el ungimiento representaría un espíritu festivo, pero Jesús le daba un significado opuesto.

Nótese el contraste entre *a los pobres* y *a mí* (v. 8). Jesús sigue la reprensión de

Judas y la aprobación de María, indicando que ella aprovechó una oportunidad que muy pronto pasaría y no volvería. En cambio, siempre habría la oportunidad de socorrer a los pobres. Este versículo se encuentra en casi idéntica forma en Marcos y en Mateo. Juan revela el nombre de María quien realizó este acto, pero Mateo agrega la promesa de Jesús de que el testimonio de este acto se extendería a los fines de la tierra (26:12, 13; ver Mar. 14:9). Marcos agrega que "ella ha hecho lo que podía" (14:8). Sabiendo de la prioridad que Jesús asignaba a los pobres durante su ministerio terrenal, difícilmente un escritor inventaría lo que él dijo en esta ocasión. Este versículo asigna el deber de expresar nuestra amor y devoción a él en dos maneras: por ofrendas generosas a él para la extensión de su reino y por socorro a los pobres.

¿Sería posible que esta represión pública haya contribuido a la decisión de Judas de entregar a Jesús a las autoridades? Por lo menos, el resentimiento que este evento produjo en su corazón habrá precipitado la decisión que había contemplado desde muchos días atrás.

(2) La entrada triunfal en Jerusalén, 12:9-19. Esta sección constituye el preludio a la Pascua y la crucifixión. Juan se une a los Sinópticos para relatar la entrada triunfal, omitiendo varios datos que ellos proveen, pero también agregando datos que ellos omiten: por ejemplo, que el evento sucedió en el domingo previo a la Pascua; las ramas de palmera y la referencia de la resurrección de Lázaro.

Brown, Morris y otros llaman atención a la construcción gramatical torpe en el v. 9, que da lugar a varias variantes en los mss. del griego. A pesar de que normalmente Juan emplea el término *los judíos* para referirse a los enemigos de Jesús, parece que aquí y en el v. 11 son más bien simpa-

Lázaro, a quien él había resucitado de entre los muertos. **10** Pero los principales sacerdotes resolvieron matar también a Lázaro, **11** porque por causa de él muchos de los judíos se apartaban y creían en Jesús.

La entrada triunfal en Jerusalén*

12 Al día siguiente, cuando oyeron que Jesús venía a Jerusalén, la gran multitud que había venido a la fiesta **13** tomó ramas de palmera y salió a recibirle, y le aclamaban a gritos:

*12:12t Comp. Mat. 21:1-11; Mar. 11:1-11; Luc. 19:28-40

tizantes. Esta referencia podría indicar que algunos de los que antes habían sido enemigos de Jesús, debido a la resurrección de Lázaro estaban ahora aflojando esa hostilidad. Algunos comentaristas, basados en una variante en el texto, en lugar de *mucha gente* lo traducen "el pueblo común" (ver Mar. 12:37). Este término establece un claro contraste con los líderes religiosos. El verbo *se enteró* tiene la idea de "llegaron a conocer" y se refiere al hecho de que Jesús *estaba allí*. Sin embargo, fueron a Betania no solo para ver a Jesús, sino para satisfacer su curiosidad en cuanto a Lázaro. Las numerosas referencias a la resurrección de Lázaro (ver 11:45, 47; 12:1, 9, 10, 17) sirven para establecer el evento como un hecho comprobado y de suma importancia en el propósito de Juan.

Fueron los sumos sacerdotes, quienes serían saduceos, los que determinaron eliminar no sólo a Jesús (ver 11:53), sino *también a Lázaro*, un hombre completamente inocente. Los fariseos no se mencionan aquí, pero compartían la decisión de los sumos sacerdotes. Los saduceos tendrían un motivo adicional para eliminar a Lázaro, pues ellos sostenían que no había resurrección de muertos (Hech. 23:8). Querían eliminar la "evidencia" que amenazaba su doctrina. En vez de uno, según la profecía de Caifás (11:50), tendrían que matar a dos.

El movimiento masivo hacia Jesús, en parte por la noticia de la resurrección de Lázaro, alarmó a los líderes y los empujó a tomar medidas drásticas. Su posición privilegiada estaba en juego y estaban dispuestos a hacer cualquier cosa para evitar lo que parecía inevitable. *Muchos de los judíos* (v. 11) se refiere a los que antes eran enemigos de Jesús, llegaron a ser simpatizantes y ahora comienzan a creer en él. Habrían pasado por varias etapas para llegar finalmente a convencerse. El verbo *se apartaban*, en el tiempo imperfecto, describe una acción que continuaba y también connota la idea de abandonar

---

El precio de la humildad

Alan Patton, en su novela histórica *Ah But Your Land Is Beautiful* (Ah, pero su tierra es hermosa), relata la historia de un juez sudafricano blanco, Jan Christian Oliver. Un pastor negro lo había invitado a su iglesia para el servicio del Jueves Santo. Era la época de la segregación racial, y aceptar la invitación sería arriesgar su carrera, pero Oliver era un hombre bueno y decidió asistir al culto. Cuando llegó, se dio cuenta de que se trataba de un culto donde iban a lavar los pies de algunas personas de la congregación.

Desde el púlpito, el pastor invitó a Oliver a venir y lavarle los pies a una mujer llamada Marta Fortuin, la misma que había trabajado en casa de Oliver durante treinta años. Al arrodillarse frente a ella, Oliver se dio cuenta del cansancio que esos pies revelaban, por aquellos treinta años de servicio fiel a él y a su familia. Profundamente emocionado, tomó los pies en sus manos y los besó. Marta prorrumpió en lágrimas, como muchos en la congregación.

¡Esto era noticia! Los periódicos lo publicaron y el juez Oliver perdió su carrera política, pero encontró y ejemplificó el camino de Cristo.

"¡Hosanna! ¡Bendito el que viene en el nombre del Señor, el Rey de Israel*!".

14 Habiendo encontrado Jesús un borriquillo, montó sobre él, como está escrito:

15 No temas, hija de Sion.
¡He aquí tu Rey viene,
sentado sobre una cría de asna*!

16 Sus discípulos no entendieron estas cosas

*12:13 Sal. 118:25, 26
*12:15 Zac. 9:9

---

una lealtad y aferrarse a otra. *Se apartaban* de la lealtad a los líderes religiosos y se comprometían con Jesús. La expresión *creían en Jesús* emplea en el texto griego la preposición *eis*[1519] que apunta a una fe de confianza personal y compromiso de vida.

Otra vez Juan presenta una referencia precisa en cuanto al tiempo (v. 12). *Al día siguiente* se refiere al primer día de la semana, tomando como punto de referencia 12:2 donde se menciona la cena que, según nuestro cálculo, se realizó el sábado después de la puesta del Sol. Entonces, según Juan, la entrada en Jerusalén se realizó el día siguiente de la cena, pero en Marcos y Mateo, que no siempre siguen un orden cronológico, la cena se realizó después de la entrada en Jerusalén. *La gran multitud*, una expresión traducida por algunos como "el pueblo común" (ver 12:9), se refiere a judíos que habían venido de las provincias y, por lo tanto, no serían enemigos de Jesús como los líderes. Entre este grupo muchos serían galileos quienes habían procurado hacer rey a Jesús (ver 6:4, 15). Durante la Pascua la ciudad de Jerusalén se desbordaba de gente. Josefo estimaba que la multitud llegaría a 2.700.000 durante la celebración de la Pascua, cifra que probablemente sea una exageración. Esta gente se enteró de que Jesús venía de Betania y salió a recibirle.

Jesús no había accedido al deseo de los galileos de hacerle rey durante la Pascua anterior, ni se había declarado como el Mesías. Pero su hora estaba llegando y esta vez no desanima el entusiasmo de la multitud y acepta la aclamación que lo identificaba como el Mesías. Nótese el verbo *aclamaban a gritos*, en el tiempo imperfecto, que describe una acción que se repetía. Varios comentaristas opinan que el verbo *a recibirle* o "a una recepción", se refiere a una recepción oficial, término que se usaba cuando se trataba de una persona de eminencia. Las *ramas de palmera* se usaban en las fiestas judías (ver Lev. 23:40) y eran un símbolo de victoria (ver Apoc. 7:9), muy apropiadas en esta ocasión para gente que pensaba que al fin se libraría del domino romano. Nótese la descripción mesiánica en los términos *el que viene en el nombre del Señor* (ver Sal. 118:26), *Hosanna* y *el Rey de Israel*. El término *Hosanna* es la transliteración del arameo o hebreo y significa "salva, te imploro"; Torrey lo traduce "Dios sálvalo". Brown acota que la exclamación *hosanna* se usaba para recibir triunfalmente a los reyes (ver 2 Sam. 14:4; 2 Rey. 6:26). Jesús acepta esta aclamación, pero entró en la ciudad montado en un asno que simbolizaba un Mesías distinto al que ellos esperaban. Lo aclamaban como un rey mesiánico con la idea de un jefe militar, pero él venía como el "Príncipe de Paz".

Juan no menciona las instrucciones detalladas que Jesús dio a sus discípulos para buscar y traer el animal de carga sobre el cual se montaría (ver Mat. 21:1-9; Mar. 11:1-10; Luc. 19:29-35). El término *borriquillo* (v. 14) traduce una palabra griega que no se encuentra otra vez en el NT. La forma diminutiva de la palabra indicaría un animal joven. Marcos (11:2) y Lucas (19:30) agregan que ningún hombre jamás había montado este animal, lo cual indicaría que era joven.

El término Sion (v. 15) se refiere a

al principio. Pero cuando Jesús fue glorificado, entonces se acordaron de que estas cosas estaban escritas acerca de él, y que estas cosas le hicieron a él.

17 La gente que estaba con él daba testimonio de cuando llamó a Lázaro del sepulcro y le resucitó de entre los muertos. **18** Por esto también la multitud salió a recibirle, porque

---

Jerusalén, o la colina sobre la cual estaba construida la ciudad. Aquí y en otros lugares *hija de Sion* se refiere colectivamente a los habitantes de esa ciudad. Juan entendió que lo que sucedía era un cumplimiento de la profecía mesiánica en Zacarías 9:9. La cita es un resumen abreviado del sentido de ese texto en Zacarías. Las palabras de esta profecía son distintivamente mesiánicas y apuntan a una clase determinada de mesías. Este animal no se usaba en una procesión de un jefe militar, sino de un hombre de paz o quizá de un sacerdote, pero siempre con la idea de humildad. Jesús mismo arregló el uso del borriquillo con el fin de manifestar qué clase de rey/mesías era él.

Barrett y otros críticos encuentran una contradicción en el v. 16 que parece indicar que los discípulos no entendieron lo que la multitud entendió (ver v. 13). Sin embargo, tales intérpretes se equivocan al atribuir a la multitud una correcta evaluación de la persona y misión de Jesús al aclamarle "Mesías". En realidad, la multitud lo consideraba como un rey militar quien venía para cumplir las expectativas de ellos. Al decir que *sus discípulos no entendieron estas cosas...*, Juan se refería a una comprensión correcta de la persona y misión de Jesús. Luego el Espíritu Santo les aclararía el significado correcto de estos eventos, tal como Jesús había prometido (ver 14:26; 16:13). La expre-

"Puerta de Oro" de Jerusalén. Según la tradición Jesús hizo su entrada triunfal por aquí.

oyeron que él había hecho esta señal.

19 Entonces los fariseos dijeron entre sí:

—Ved que nada ganáis. ¡He aquí, el mundo se va tras él!

Ciertos griegos buscan a Jesús

20 Había ciertos griegos entre los que habían subido a adorar en la fiesta. **21** Ellos se

---

sión *cuando Jesús fue glorificado* se refiere a la crucifixión y resurrección. Plummer entiende que la triple referencia a "estas cosas" tiene en mente especialmente la colocación de Jesús en el borriquillo, pero es más probable que la referencia es a todos los acontecimientos relacionados con la procesión de entrada.

La atención en el relato se enfoca ahora (v. 17) en el grupo que le acompañaba y que había presenciado la resurrección de Lázaro. Nótese el verbo en el tiempo imperfecto *daba testimonio* que indica acción que se repetía. La manera en que lo hizo, llamando *a Lázaro del sepulcro*, aparentemente dejó una profunda impresión en ellos. Se consideraban dichosos por haber visto con sus propios ojos esta increíble demostración del poder divino y, aun en medio del bullicio de la procesión, compartían con todos su testimonio.

Otro grupo entra en el escenario de la procesión (v. 18). Además de los discípulos y los que le acompañaban desde Betania, los cuales habían presenciado la resurrección de Lázaro, sale de Jerusalén otra multitud *por esto*, es decir, por causa de la noticia del milagro realizado. Entre este grupo habría peregrinos que habían llegado a Jerusalén para la Pascua, como también habitantes de la ciudad y algunos de los líderes religiosos.

El v. 19 es un breve versículo que contiene una doble confesión: fracaso y victoria; fracaso para los fariseos y victoria para Jesús. El verbo *ved* o "contemplad", se traduce aquí como un imperativo en el tiempo presente, que significa un mandato de continuar una acción que está en progreso. En el griego, el verbo en el presente activo tiene la misma forma del imperativo, como en este caso. El contexto determina cual de los dos corresponde, indicativo o imperativo. Por lo tanto

algunos lo traducen así: "veis" o "estáis viendo". Varios comentaristas opinan que esta opción cabe mejor aquí. Todo el esfuerzo del Sanedrín de frenar la obra e influencia de Jesús había fracasado, no había adelantado nada. Por lo contrario, los fariseos tenían la impresión de que *¡el mundo se va tras él!* (ver Hech. 17:6). Es una exageración que expresa la frustración total de los fariseos, seguramente lamentando que no hubieran actuado más decididamente en contra de él antes de esta hora, según la profecía de Caifás (ver 11:50). Brown opina que *¡el mundo...!* es una expresión semítica y sería equivalente en castellano a decir "todos".

(3) Los griegos buscan a Jesús, 12:20-36a. El relato de la llegada de los griegos cierra los eventos relacionados con la resurrección de Lázaro y su efecto en las multitudes lo que, según Juan, lleva directamente a una confrontación final entre Jesús y los líderes. La búsqueda por parte de los griegos señala a Jesús que su hora había llegado. Los Sinópticos no mencionan el caso y raras veces los griegos aparecen en Jerusalén, especialmente en una fiesta tan importante como la Pascua. Sin embargo, Juan tendría un motivo especial en incluirlo en relación con su propósito general, el cual se aclarará en el comentario que sigue.

Es importante distinguir este grupo de *griegos* (ver 7:35; Hech. 14:1; 16:1; Rom. 1:14), gentiles puros, de los "helenistas" (ver Hech. 6:1; 9:29; 11:20), judíos nacidos en provincias gentiles y que hablaban el idioma griego. Se cree que estos *griegos* eran prosélitos, o por lo menos "temerosos de Dios", como el caso del etíope (Hech. 8:26 ss.) o quizás de Cornelio (Hech. 10:1-48). Estos no se sometían a la circuncisión, un requisito para ser considerados prosélitos. Josefo men-

acercaron a Felipe, que era de Betsaida de Galilea, y le rogaban diciendo:

—Señor, quisiéramos ver a Jesús.

22 Felipe fue y se lo dijo a Andrés. Andrés y Felipe se lo dijeron a Jesús. **23** Y Jesús les respondió diciendo:

—Ha llegado la hora para que el Hijo del Hombre sea glorificado. **24** De cierto, de cierto os digo que a menos que el grano de trigo caiga en la tierra y muera, queda solo; pero si muere, lleva mucho fruto. **25** El que ama su vida, la pierde; pero el que odia su vida en este

---

ciona el hecho de que los griegos se sentían atraídos al judaísmo por su monoteísmo y elevadas normas morales. Ellos habrían subido a Jerusalén con los miles de peregrinos, aunque siendo griegos no podían participar en algunos aspectos de la celebración, por ejemplo, el comer el cordero pascual. Sin embargo, Morris llama la atención al hecho de que el término traducido *griegos* (*Ellen*[1672]) a veces se refiere a la gente culta en contraste con los ignorantes (ver Rom. 1:14). Juan no menciona dónde se produjo el encuentro de los griegos con Jesús, pero probablemente fue en el "Patio de los gentiles" porque no se les permitiría entrar más adentro en el templo. Es llamativo que Jesús haya tenido contacto con los gentiles magos en su nacimiento (ver Mat. 2:1 ss.) y otra vez con gentiles en los umbrales de su muerte. Nótese el propósito de la presencia de los griegos: *habían subido a adorar*. El verbo *adorar*, que se encuentra 12 veces en Juan (ver 4:20-24; 9:38), significa literalmente postrarse ante una persona de eminencia. La mención de la fiesta sirve para unir esta sección con el contexto general a partir de 11:55.

Joya bíblica
Señor, quisiéramos ver a Jesús (12:21).

No sabemos si los griegos se enteraron de Jesús, y las señales que realizaba, antes de llegar ellos a Jerusalén y que este fuera uno de los motivos de su venida, o si se enteraron al llegar. Tampoco sabemos por qué *se acercaron a Felipe*, a menos que le hayan conocido antes en Betsaida, una ciudad helenista, o que el nombre *Felipe*, siendo de origen griego, les haya atraído.

Ese nombre, que significa "amante de caballos", era común entre gentiles y judíos, y por eso Juan lo identifica con más precisión, indicando de dónde era (ver 1:44; 6:5; 14:8). El verbo *rogaban* está en el tiempo imperfecto, indicando repetición de la solicitud. Se dirigen a Felipe con el título de gran respeto *Señor*; además de lo acostumbrado, reconocían que era discípulo de Jesús y que él podría presentárselo. Su deseo era más que ver a Jesús, pues todos tenían esa oportunidad. Aparentemente ellos querían una entrevista con Jesús con el fin de confirmar las buenas noticias que habían oído de él. En todo caso, es más que seguro que Juan aparentemente vio en este pequeño grupo de gentiles representantes de todos los gentiles, de todo el mundo, y que la misión universal de Jesús se iniciaba con ellos.

Hay muchas especulaciones de por qué Felipe no llevó a los griegos directamente a Jesús (v. 22). ¿Sería por el peligro que representaría para Jesús el recibir a los gentiles, bajo la mira de los fariseos, o que Felipe dudaba de la disposición de Jesús de recibir a estos desconocidos, o que él mismo todavía abrigaba prejuicios? En todo caso, quiso consultar con Andrés, quien acostumbraba llevar personas a Jesús (ver 1:42; 6:8 s.). Basándose en este evento, se ha desarrollado el plan de evangelización llamado "Plan Andrés". Aquí tenemos el hermoso cuadro de dos discípulos llevando a un grupo de interesados a Jesús. Juan no tenía tanto interés en registrar el resultado de la entrevista de los griegos con Jesús, sino solo establecer que los gentiles estaban viniendo y siendo recibidos.

Jesús "les responde" (verbo en el tiempo presente), dirigiéndose a los discípulos, a

mundo, para vida eterna la guardará. **26** Si alguno me sirve, sígame; y donde yo estoy, allí también estará mi servidor. Si alguno me sirve, el Padre le honrará.

> **Joya bíblica**
>
> De cierto, de cierto os digo que a menos que el grano de trigo caiga en la tierra y muera, queda solo; pero si muere, lleva mucho fruto (12:24).

la multitud y quizás a los griegos (v. 23). No sabemos si esta respuesta siguió a la entrevista con los griegos o la precedió. No es concebible que Jesús haya ignorado la solicitud de ellos, menos que los haya rechazado. Barrett observa que "aquí Juan no representa a Jesús en conversación directa con los griegos; esto, sin embargo, no es un asunto de descuido, porque el resto del capítulo lleva al fin del ministerio de Jesús a los judíos para que la 'conversación' verdadera y espiritual de Jesús con los griegos pueda comenzar: al otro lado de la crucifixión". Lo seguro es que Jesús reconoció en la llegada de este grupo de gentiles la señal de que su hora había llegado. Tantas veces Jesús había dicho que su hora no había llegado (ver 2:4; 7:30; 8:20; ver también 13:1; 17:1). Se refiere a la hora de la crucifixión y resurrección, una tragedia según la perspectiva de los hombres, pero como un triunfo glorioso según la perspectiva de Dios. Su gloria se vería en la victoria sobre el último enemigo, la muerte, y su retorno a la gloria que tenía antes de la encarnación (ver 7:39; 11:4). La conjunción de propósito *para que*, tan frecuente en Juan, apunta al propósito divino para el cual el *Hijo del Hombre* había venido al mundo.

Jesús presenta en el v. 24 una declaración de un principio espiritual de gran importancia con la doble exclamación griega *amen, amen*. Emplea una verdad muy conocida del proceso de siembra y cosecha para ilustrar una verdad espiritual: una semilla que se siembra, muere y germina, luego produce gran número de granos.

Así, el camino para la fructificación de la vida pasa por la muerte. Si no hay muerte, no habrá fruto espiritual. Jesús dijo esto para explicar la necesidad de su propia muerte inminente, pero el principio tiene aplicación general a todo creyente. Plummer observa que la forma más elevada de la existencia se logra sólo por la extinción de la forma inferior que la precedió.

En el v. 25 Jesús aplica la analogía del versículo anterior a la vida del hombre. Parece que hay un juego de palabras en el texto gr. que se pierde en la traducción. Las dos primeras menciones de vida (*psuque*[5590]) se refieren a la vida del individuo, a su alma como un ser viviente, a veces llamada "vida animal", mientras que la tercera mención (*zoe*[2222]) se refiere a la vida abstracta y espiritual. Siempre se usa este segundo término al referirse a la vida espiritual y eterna. Uno esperaría que Jesús hubiera usado un verbo en el tiempo futuro "la perderá" en vez del tiempo presente. Con este tiempo del verbo él querría enfatizar el hecho de que el que ama su vida está perdiéndola ahora. Una traducción que capta este énfasis sería: "el que está amando su vida, a la vez está perdiéndola". Es una existencia contraproductiva. El hecho de amar u odiar la vida tiene que ver con las prioridades por las cuales uno vive. *El que ama su vida* es egoísta y materialista, busca su provecho, vive para sí, no toma en cuenta los intereses ni las necesidades de otros. Al vivir en esta manera se destruye. En cambio, *el que odia su vida en este mundo* o "está odiando su vida", es aquel cuyas prioridades le llevan a preocuparse por los valores espirituales y los intereses de otros, descuidando los suyos propios a tal punto que da la impresión que odia su vida. Jesús pronunció esencialmente la misma verdad en más de una ocasión (ver Mar. 8:34, 35; Mat. 6:24; 16:24; Luc. 14:26, 27; 16:13).

El Hijo del Hombre será levantado

27 »Ahora está turbada mi alma. ¿Qué diré: "Padre, sálvame de esta hora"? ¡Al contrario, para esto he llegado a esta hora! **28** Padre, glorifica tu nombre.

Entonces vino una voz del cielo: "¡Ya lo he glorificado y lo glorificaré otra vez!".

Jesús mismo es el grano de trigo que cae en el suelo y muere y la personificación perfecta del hombre que *odia su vida en este mundo*. Para seguir este curso de vida es imprescindible confiar en Cristo, tomar su cruz, morir a sí mismo y ser levantado con novedad de vida; el resultado es vida en el plano superior, vida abundante aquí y vida eterna que se proyecta hacia la eternidad. Jesús dio la receta en otras palabras cuando contestó la pregunta sobre cuál es el más grande mandamiento: amar supremamente a Dios y al prójimo como a sí mismo (ver Mat. 22:37; Mar. 12:30; Luc. 10:27).

Nótese el énfasis sobre *me/mi* que corre a través del versículo. En el v. 26 Jesús reveló el principio que orientaba su vida, el negarse a sí mismo a favor de otros, lo cual le llevaría a la muerte. El servirle y seguirle significaría entrar en el mismo camino en que él anduvo (ver Mar. 8:34-37). La frase condicional *Si alguno me sirve*, que se repite, es de la tercera clase y expresa un futuro más probable. La invitación se abre a todo el mundo; el evangelio es de alcance universal. Jesús confiaba que sus discípulos y muchos otros, incluyendo a los griegos, aceptarían su desafío. El verbo *sígame* es un imperativo en el tiempo presente que describe acción continuada. El seguirle requiere una actitud de obediencia constante, no seleccionada y esporádica. Por esta razón la expresión "seguidor de Jesús" es esencialmente un sinónimo de "creyente en Cristo". Frecuentemente, los mandatos de Jesús están acompañados con una promesa. Aquí la promesa es doble: el servidor de Jesús tendrá la dicha de la compañía de su Señor y la honra del Padre (ver Mat. 25:21, 23). Nótese el triple uso de sirve/servidor, términos que traducen una raíz gr. de la cual proviene nuestro término "diácono" (*diaconos*[1247]);

dicho término describe un servicio humilde. Todo seguidor verdadero de Jesús es un siervo-ministro.

Brown y otros consideran que el *alma* (*psuque*[5590], ver v. 25) es el asiento de las emociones naturales y humanas. Jesús revela, en el v. 27, la tensión entre su naturaleza física y la espiritual o, como Hovey lo describe, "un diálogo dentro de sí mismo, audible para los discípulos". Al contemplar el sufrimiento y la vergüenza de la cruz, su naturaleza humana sentía una fuerte reacción, una sacudida. El verbo *está turbada*, en el tiempo perfecto, es de la misma raíz que se emplea en 11:33 (ver 14:1; Sal. 42:6) y describe una condición que se inició en el pasado y sigue en pie. Sintiendo la fuerte emoción humana, el instinto natural de la preservación de la vida física, la reacción sería: "Padre, sálvame de esta hora". Aunque algunos comentaristas entienden que Jesús elevó esta oración al Padre, es mejor considerarla como una oración hipotética, contemplada sí, pero no elevada. Al instante somete sus emociones naturales a la voluntad del Padre, se niega a sí mismo, "toma su cruz" y se dirige decididamente al destino asignado a él desde la fundación del mundo. Ese es el sentido de "por causa de esto vine a esta hora", es decir, para proveer para la salvación del mundo. Strachan opina que el mejor comentario sobre esta expresión son las palabras de Bengel: "Horror de la muerte y ardor de la obediencia se funden juntamente". Juan no registra la oración de Jesús en Getsemaní, pero esta frase revela la misma agonía que sufrió en esa ocasión (ver Mat. 26:39; Mar. 14.36; Luc. 22:42).

Esta (v. 28) sí es una oración real que Jesús elevó al Padre, negándose a sí mismo y entregándose al propósito divino que glorificaría al Padre (ver Fil. 2:8). En

29 La multitud que estaba presente y escuchó, decía que había sido un trueno. Otros decían:
—¡Un ángel le ha hablado!

30 Jesús respondió y dijo:
—No ha venido esta voz por causa mía, sino por causa vuestra. **31** Ahora es el juicio de este mundo. Ahora será echado fuera el príncipe de

---

efecto Jesús dice al Padre: "Estoy pronto para morir, adelante pues con el plan acordado". El mandato de súplica en el tiempo aoristo, *glorifica*, se refiere a un evento definido en que el Padre glorificaría su nombre: ¡la cruz! El Hijo sería glorificado también en ese evento (12:23), pero ahora su propia gloria no se contemplaba. En respuesta al mandato de súplica de Jesús, el Padre responde: *Entonces vino una voz del cielo...* Jesús había oído, en forma audible, *una voz del cielo* en su bautismo (Mat. 3:17) y en el monte de la transfiguración (Mat. 17:5), dos momentos críticos de su ministerio. Este es otro momento semejante y la voz del Padre confirma la decisión del Hijo. La preposición en la expresión enfatiza el origen de la voz: "una voz procediendo del cielo". *¡Yo lo he glorificado...!* traduce un verbo en el tiempo aoristo constativo: "glorifiqué", que resume con un solo acto toda la vida obediente del Hijo. Casi todos los traductores, inclusive la RVA, lo traducen como si fuera un verbo en el tiempo perfecto, enfatizando así los resultados perdurables de la acción. El verbo final *lo glorificaré otra vez* se refiere a la cruz como otra ocasión, la última y culminante, en que el Padre glorificaría su nombre.

La voz del cielo era audible y comprensible para Jesús y quizás para los discípulos, pero para la multitud era un sonido parecido al trueno (v. 29). La multitud *decía*, repitiéndolo, *que había sido un trueno*. A menudo la condición espiritual de la persona determina si entiende las palabras habladas, o si solamente oye un sonido incomprensible (ver Hech. 22:9). Pero algunos en el grupo, con mejor percepción o interpretación, opinaban que sería la voz de *un ángel*, un mensajero celestial, no meramente el sonido de trueno. Bernard cuestiona si en las ocasiones cuando vino la

voz del cielo alguien, aparte de Jesús, haya entendido el mensaje. Sin embargo, esta opinión no encuadra con esta ocasión, ni con la ocasión de la transfiguración.

Indudablemente el mensaje del cielo tuvo valor para Jesús, confirmándole en su disposición de seguir adelante en el cumplimiento del plan eterno de redención. Si la voz fuera sólo para la multitud, la mayoría no lo entendió. Tasker comenta que la expresión es probablemente un ejemplo de la práctica semítica de expresar comparaciones, en vez de un estricto contraste, dejándolo así: "La voz es más bien para vosotros que para mí". La expresión *por causa vuestra*, o "para vuestro provecho", indica que la voz debería servir para llevar a la multitud a creer en Jesús como el Hijo de Dios (ver 11:42). Tanto los que no entendieron nada, como los que habían entendido, estaban equivocados: aquéllos porque pensaban que era trueno y éstos porque pensaban que era solo para Jesús. Lo que complica el análisis de este versículo es que no sabemos por cierto dónde estaban y si la composición de los oyentes había cambiado. Morris opina que quizás haya habido una interrupción entre los vv. 19 y 20, entrando en el escenario otras personas.

No es del todo claro cómo Jesús quiso relacionar el v. 31 con el anterior, excepto que aquí dirige la atención decididamente a la cruz. La expresión *el juicio* (*krisis*[2920]) se refiere más bien a la "condenación de este mundo" (ver 3:17-19 donde se usan distintas formas del mismo término). El mundo, o sea la totalidad de la humanidad, judíos y gentiles, se condena por no creer en Jesús como el Salvador provisto por el Padre. La expresión *el príncipe de este mundo* (14:30; 16:11; ver 2 Cor. 4:4; Ef. 2:2; 6:12) creó un problema para la iglesia primitiva en que los gnósticos la usaban

este mundo. **32** Y yo, cuando sea levantado*
de la tierra, atraeré a todos a mí mismo.
  33 Esto decía dando a entender* de qué

muerte había de morir. **34** Entonces la gente
le respondió:
  —Nosotros hemos oído que, según la ley, el

ʲ*12:32 O: *si soy levantado*; ver 3:14
*12:33 O: *decía señalando*

---

para referirse al creador y gobernador del
universo material, para ellos un ser malva-
do según el dualismo absoluto que sostenían. Inclusive, se cita este motivo para
explicar la demora en aceptar este Evangelio como parte del canon del NT. Sin
embargo, en los escritos rabínicos el término se usaba comúnmente para referirse
a Satanás, el gobernador de la humanidad
incrédula, sea judía o gentil. Sin lugar a
dudas, Juan usaba la expresión de acuerdo
con el concepto rabínico y no el gnóstico.
Jesús afirma que *ahora*, a partir de ese
momento, *será echado fuera* en el sentido
de que será desentronizado del corazón de
los incrédulos cuando aceptan a Cristo
como su legítimo "Príncipe" y Señor. Este
proceso de ser *echado fuera* (ver 6:37;
9:34, 35) continuará hasta que él regrese
por los suyos. La gran paradoja de la cruz
es que, siendo aparentemente derrota
para Jesús y victoria para Satanás, termina
siendo victoria decisiva para Jesús y derrota inequívoca para Satanás.
  El pronombre yo (v. 32) es doblemente
enfático, por su ubicación y por expresarse
cuando es innecesario, pues la persona que
habla se refleja en los verbos. La frase
condicional de tercera clase es literalmente
"y yo, si fuere levantado..." (RVR-1960),
pero puesto que anticipa un cumplimiento
futuro muchas versiones siguen el ejemplo
de la RVA y lo traducen *Y yo, cuando...* La
expresión *levantado de la tierra* se refiere
claramente a la cruz, pero Bengel comenta
que en la cruz ya estaba en camino a la
gloria, es decir, la ascensión. Muchos años
atrás, el pastor Guy Moore predicó un sermón inolvidable en una sesión de la Alianza
Bautista Mundial sobre este pasaje con el
título "La cruz magnética". La cruz llegaría
a ser como un imán que tiene un poder

atrayente, un poder magnético, que atrae
algunos objetos, pero no tiene efecto en
otros. En la cruz Jesús atraería a todos,
pero no todos responderían. Aún dos mile-
nios después de ser *levantado de la tierra*,
el Cristo crucificado sigue atrayendo mi-
llares a la fe en él como el Salvador del
mundo. El poder atrayente de la cruz se
debe al hecho de que es la suprema revelación de la persona de Dios y el supremo
ejemplo del amor redentor en su Hijo (ver
Rom. 5:8). El verbo *atraeré* enfatiza el
hecho de la iniciativa de Dios, no del hombre natural, en lograr la salvación. Lindars
comenta que Cristo atrae espiritualmente
y que a *todos* es otra referencia al alcance
universal del evangelio que incluye a los
gentiles.
  Una traducción más literal del v. 33
sería: "Y esto decía señalando con qué
clase de muerte estaba a punto de morir".
Juan explica que al referirse a "ser levantado de la tierra", Jesús estaba precisando
en qué manera iba a morir (ver 3:14;
18:32), glorificar al Padre y atraer a los
hombres, o sea, la crucifixión. Descartaba
otros métodos de muerte como apedreamiento (ver 10:32), azote y decapi-
tación. La enseñanza esencial del discurso
es que su muerte en la cruz es el medio
necesario para lograr la victoria sobre el
pecado y Satanás, y la salvación para los
que creerían en Jesús.
  La afirmación y preguntas del v. 34 revelan la ambigüedad y perplejidad de la multitud. Aparentemente ellos habían entendido correctamente que Jesús se identificaba
como el Hijo del Hombre y que iba a morir
(ver vv. 23, 32). Entonces, hay dos maneras de interpretar el versículo: como preguntas sinceras de gente que simpatizaban
con Jesús, o como preguntas despectivas

Cristo permanece para siempre. ¿Y cómo es
que tú dices: "Es necesario que el Hijo del
Hombre sea levantado"? ¿Quién es este Hijo
del Hombre?

35 Entonces Jesús les dijo:

—Aún por un poco de tiempo está la luz
entre vosotros. Andad mientras tenéis la luz,

para que no os sorprendan las tinieblas.
Porque el que anda en tinieblas no sabe a
dónde va. **36** Mientras tenéis la luz, creed en la
luz, para que seáis hijos de luz.

Estas cosas habló Jesús, y al apartarse, se
escondió de ellos.

---

con que se burlaban de él. Nótese el contraste entre *nosotros* y *tú*. Su concepto del
Mesías, basado en su ley, es decir, todo el
AT (ver Sal. 89:36 s.; 110:2-4; Isa. 9:6 s.;
Eze. 37:24 s.; Dan. 7:14), era de uno que
establecería su trono en Jerusalén y go-
bernaría sobre todas las naciones en un
reino eterno. Este concepto no concordaba
con la predicción de Jesús que, siendo el
Mesías, iba a sufrir y morir. Tampoco entendían la relación entre el Cristo y el Hijo
del Hombre; por eso, pidieron una aclaración. Una traducción literal de la segunda pregunta, con énfasis en *éste*, podría
reflejar una actitud de desprecio: "¿Quién
es éste el Hijo del Hombre?". Plummer
acota que no les ocurrió el cuestionar su
propia interpretación de las profecías.

Jesús no respondió directamente a las
inquietudes de la multitud, quizá una indicación de que él notaba un espíritu de desprecio en sus preguntas. Es como que él
no quería repetir verdades que recién
había presentado con claridad. Sin embargo, respondió con una advertencia y una
apelación. Les advierte del peligro de
seguir en las tinieblas de su incredulidad.
Estos dos versículos constituyen una
parábola en la que Jesús describe a una
persona andando por un camino tarde en
el día. Debe apurarse para llegar a su meta
antes de que la oscuridad le alcance, si no
se desorientará, no sabiendo donde está ni
cómo llegar al destino. La expresión *para
que no os sorprendan las tinieblas* hace
recordar la experiencia de los discípulos en
el mar (6:17; ver 1 Tes. 5:4). Lindars
comenta que es obviamente una parábola
de crisis, comparable a las parábolas de
vigilancia en Mateo 24:42-51. La luz que
está *entre vosotros* o "en vosotros" se

refiere principalmente a Jesús quien es la
luz del mundo (ver 1:5, 8; 3:19; 5:35;
8:12; 9:5), pero se refiere también a las
verdades solemnes que él había enseñado.
Estas constituyen "la luz" en que debemos
andar hoy en día.

El verbo en el presente imperativo *andad*
es un mandato de seguir andando y
describe todo el ciclo de la vida, una vivencia permanente en la luz, para que las
tinieblas no sorprendan. Las dos expresiones *Aún por un poco de tiempo... y
mientras tenéis la luz* señalan un límite de
tiempo y seguramente se refieren a la
inminencia de la crucifixión cuando la luz,
en su manifestación física, sería apagada.
Sin embargo, *la luz* del Cristo resucitado, a
través del Espíritu Santo y las Escrituras
inspiradas, sigue brillando en todo el
mundo. Jesús emplea cinco referencias a *la
luz* en estos dos versículos: dos veces en
este y tres en el siguiente, y cuatro de
éstas con el artículo definido, lo cual indica
la importancia que él asignaba al término.
Hay una similitud notable, aunque no idéntica, entre los dos caminos abiertos a los
hombres, luz y tinieblas, que Jesús presenta y los mismos conceptos que se describen en los documentos de Qumrán (ver
Isa. 50:10).

Jesús cambia la metáfora en el v. 36: antes era "andad en la luz" pero aquí *creed
en la luz*, dos expresiones íntimamente
relacionadas. Otra vez se emplea un verbo
en el presente imperativo *creed*, que significa "seguid creyendo". Morris comenta
que esta expresión establece una clara distinción entre el uso de la metáfora *de luz*
aquí en comparación con su significado en
los documentos de Qumrán. En estos documentos se habla mucho de "la luz" pero

Jesús confronta la incredulidad

37 Pero a pesar de haber hecho tantas señales delante de ellos, no creían en él; **38** para que se cumpliese la palabra del profeta Isaías que dijo: *Señor, ¿quién ha creído a nuestro mensaje? ¿A quién se ha revelado el brazo del Señor**? **39** Por eso no podían creer, porque

---

*12:38 Isa. 53:1 (LXX); comp. también Rom. 10:16

---

no se les exhorta a los hombres a ejercer un acto de fe para llegar a ser "hijos de la luz". La expresión *para que seáis hijos de luz* traduce un verbo en el aoristo subjuntivo que indica un momento definido en que llegamos a ser *hijos de luz*, esto es, el nacimiento espiritual. El término *hijos de* describe una relación íntima entre dos personas u objetos, uno llevando en sí las marcas o cualidades del otro, por ejemplo, "hijos de paz" o "hijos de Dios" (ver Luc. 10:6; 16:8; Ef. 5:8; 1 Tes. 5:5). Es cierto que los hombres tienen que creer *en la luz* para llegar a ser *hijos de luz*, pero es igualmente cierto que el "andar en la luz" revela en forma convincente que uno es realmente "hijo de luz".

(4) El testimonio de la profecía acerca de Jesús, 12:36b-43. Uno de los temas que corre en casi todas las páginas de este Evangelio, por no decir de los cuatro Evangelios, es la incredulidad persistente de los judíos. Algunos llaman a este hecho el escándalo del NT, es decir, el mismo pueblo escogido de Dios se negó a creer en la suprema revelación de su Dios en la encarnación de su Hijo Jesucristo. ¿Cómo se explica este fenómeno? Juan en efecto dice que ese hecho no debe sorprendernos, pues los profetas del AT frecuentemente denunciaban a los judíos que no querían creer en los mensajeros que Dios les enviaba. Inclusive, Dios castigaba a su propio pueblo con plagas, ataque de naciones enemigas y el exilio, especialmente por su práctica de idolatría que, en esencia, era incredulidad en cuanto a su Creador. En esta sección Juan cita dos pasajes del AT para explicar por qué los hombres no creen en Jesús y, más, que su incredulidad fue profetizada siglos antes.

Según Juan, los judíos que rechazaban a Jesús, a pesar de su vida inmaculada y sus notables señales y enseñanzas, no tienen excusa (ver 15:22; Rom. 1:20).

Jesús había terminado su discurso y, con él, su ministerio público. No volvería a discutir con las multitudes, ni realizar otras señales, ni apelar a los hombres a creer. Faltaba solamente un breve pero intenso período de preparación privada para los discípulos. Jesús sabía que su muerte se acercaba, pero hasta que llegara ese momento se retiraría para estar a solas con los discípulos (ver 11:54).

Cada una de las muchas señales tenía el propósito explícito de revelarle a él como el Mesías de Dios y el Salvador del mundo. Estas señales no fueron hechas en un rincón o en lugares remotos e inaccesibles, sino en la luz plena del día y *delante de ellos* (v. 37). Nótese las evidencias que Juan ha venido amontonando para comprobar que Jesús había hecho todo cuanto fuera posible para convencer a los hombres de su identidad divina y, *a pesar de todo esto, no creían en él*. El verbo *creían* está en el tiempo imperfecto que habla de acción continuada: "no estaban creyendo en él". Juan emplea la preposición *eis*[1519] después del verbo *creían* que indica una creencia de confianza y compromiso, pero se introduce con la partícula negativa *no*. Quizás algunos de ellos llegaron a sentir ciertas simpatías por Jesús, o creyeron intelectualmente en él, pero faltaba la confianza en su persona y el compromiso de vida con él.

Esta evaluación del ministerio de Jesús y el resultado limitado que tuvo en su propio pueblo nos recuerda que no hay enseñanza ni milagro, por más dramático que sea,

Isaías dijo en otra ocasión:
40 *El ha cegado los ojos de ellos*
   y endureció su corazón,

para que no vean con los ojos
ni entiendan con el corazón,
ni se conviertan, y yo los sane*.

---

*12:40 Los mss. más antiguos dicen *y los sanaré*; ver Isa. 6:10 (LXX)

---

que pueda convencer a los que tienen los ojos cerrados y un corazón rebelde. Lo que faltaba en ese entonces y hoy en día es una disposición honesta y abierta para considerar las evidencias que apuntan claramente a Jesús como el Hijo de Dios. Dios nunca exige una fe ciega, sin estar basado en evidencias objetivas y convincentes.

¡Parece increíble! El rechazo de Jesús por parte de su pueblo no significaba el fracaso del plan redentor de Dios, sino que sería orientado para el cumplimiento de su propósito eterno (v. 38). La incredulidad de los judíos ante el ministerio de Jesús sucedió en cumplimiento de la profecía de Isaías. Dios lo sabía siglos antes y lo anunció por su profeta. Este profeta primero predice el hecho de la incredulidad (Isa. 53:1), pero antes había provisto la razón por ella (Isa. 6:10). *Para que se cumpliese* es una fórmula que Juan emplea por lo menos ocho veces (ver 13:18; 15:25; 17:12; 18:9, 32; 19:24, 36) y Mateo unas 16 veces, con la cual explican eventos en su día como el cumplimiento de profecías del AT. Pablo cita el mismo pasaje para explicar el rechazo del evangelio en su día (Rom. 10:16). En un sentido real, toda la vida de Jesús fue en cumplimiento de la voluntad de Dios.

"Por causa de esto", más explícito que *por esto* (v. 39), se refiere a la actitud cerrada y rebelde que los judíos manifestaban ante el testimonio de Jesús. Sin embargo, algunos comentaristas entienden que *por eso* se refiere concretamente al versículo anterior. La imposibilidad moral de creer se debía a su propia actitud cerrada. Plummer comenta que la gracia puede ser rechazada tan persistentemente como para destruir el poder de aceptarla. "Yo no lo haré" conduce a "yo no puedo" (ver Rom. 9:6—11:32). Juan luego introduce otra

cita para explicar la condición de los judíos incrédulos.

El v. 40 interpretado fuera de contexto ha sido usado para describir a Dios como un soberano arbitrario, si no cruel e injusto. Interpretado en el contexto, establece ciertamente la soberanía de Dios, pero también la responsabilidad del hombre de responder positivamente a la iniciativa y esfuerzo amoroso y paciente de Dios para atraerle a la fe en Cristo, y a la vida eterna. Antes de cegarle los ojos y endurecerle el corazón, ellos mismos habían hecho precisamente eso. Dios sólo confirmó y cristalizó lo que ellos optaron por hacer. Esta profecía (Isa. 6:10) representa el paso final, no el primero, de Dios en su trato con el hombre quien ha rechazado todos los intentos de Dios de revelarse a él y atraerle a la fe en su Enviado especial. Es lo que se llama una sentencia de ceguera judicial que Dios aplica al hombre después de haber agotado toda manera posible de atraerle a su gracia, sin violar su libre albedrío. La incredulidad persistente finalmente se convierte en el pecado para el cual no hay perdón (ver Mat. 12:32; Rom. 1:24, 26, 28). Un beneficio del rechazo de Jesús por los judíos es que dio lugar a la oferta del evangelio a los gentiles (ver Hech. 28:26-28).

Algunos mss. griegos dicen "cuando" en lugar de *porque*, pero la RVA sigue la variante preferida por las Sociedades Bíblicas Unidas en su texto griego. La expresión *estas cosas* se refiere a la declaración del versículo anterior en que Isaías explicaba la acción judicial de Dios sobre su propio pueblo escogido. El concepto de Juan, de los otros apóstoles y de muchos de los comentaristas es que las teofanías del AT eran manifestaciones del Cristo preencarnado (ver 1 Cor. 10:4); así que *su gloria* y

41 Estas cosas dijo Isaías porque vio su gloria y habló acerca de él.

42 No obstante, aun de entre los dirigentes, muchos creyeron en él, pero por causa de los fariseos no lo confesaban, para no ser expulsados de la sinagoga. **43** Porque amaron la gloria de los hombres más que la gloria de Dios.

44 Pero Jesús alzó la voz y dijo: "El que cree en mí, no cree en mí, sino en el que me envió; **45** y el que me ve a mí, ve al que me envió. **46** Yo he venido al mundo como luz, para que

---

acerca de él se refieren a Cristo. Isaías describe la visión cuando *vio su gloria* en el cap. 6 de su profecía, pero la mención aquí podría referirse a todas las veces que recibió mensajes del cielo. Es obvio que Juan no hace una clara distinción entre Jehovah del AT y Cristo del NT. El mensaje de Isaías se cumplió en su día, pero tuvo un segundo cumplimiento, y más cabal, a partir de la vida y el ministerio de Jesús.

La expresión *no obstante* (v. 42), una de las adversativas más fuertes, traduce una combinación de términos que se encuentra solo aquí en el NT. Al enfatizar tanto a través del Evangelio la enemistad y hostilidad de "los judíos", y especialmente los miembros del Sanedrín, Juan no quería dejar la impresión de que ninguno en absoluto haya llegado a la fe en Jesús. El término *dirigentes* traduce el vocablo griego que significa uno investido de poder y dignidad, un jefe, un gobernador. Los únicos que conocemos por nombre de *entre los dirigentes* quienes hayan creído en Jesús fueron Nicodemo, miembro del Sanedrín (ver 3:1; 7:50), y José de Arimatea, un hombre con bienes materiales (ver 19:38 s.). La expresión *creyeron en él* significa un acto definitivo de fe que se expresa en confianza y compromiso. Juan tendría conocimiento de *muchos* que *creyeron en él* pero *no lo confesaban* abiertamente (ver Mat. 7:21-23; 10:32 s.; 18:7) por temor de *ser expulsados de la sinagoga* (ver 9:22; 16:2). Hay una aparente contradicción en que Jesús enseña que la fe verdadera se confiesa "delante de los hombres", aun si trae consecuencias adversas. Juan dice en un momento que muchos dirigentes creyeron en Jesús (v. 42), pero en seguida parece que dice lo contrario (v. 43). Quizás

muchos de estos confesaban fe en Jesús, pero no en lugares públicos.

El verbo *amaron* (v. 43) está en el tiempo aoristo, lo que podría indicar una acción en un momento determinado, o podría indicar un sentido constativo, resumiendo toda la actitud de ellos como un solo hecho. La segunda opción cabe mejor en este contexto. Juan hace una evaluación de la "fe" de los dirigentes en términos concisos y terminantes. Morris cita a Abbott, quien opina que tales personas no amaron en absoluto *la gloria de Dios*. Aquí la expresión *la gloria de Dios* significa su aprobación y alabanza. Calvino comenta que "los honores terrenales pueden ser llamados cadenas doradas que atan al hombre hasta que no pueda hacer libremente su deber".

(5) Una exhortación a creer, 12:44-50. Esta sección final constituye un resumen de los temas teológicos de este capítulo y, más de los caps. 1—12. No sabemos dónde estaba Jesús cuando pronunció estas verdades, ni si otros, además de los discípulos, componían su audiencia. En estos breves versículos Jesús enfatiza más que nunca la relación íntima entre el Hijo y el Padre y lo imprescindible de creer en él para obtener vida eterna y no venir a condenación. La apelación a creer demuestra dos cosas importantes: Dios no es un juez arbitrario que asigna a algunos a la condenación y a otros a la salvación, sino que es un Dios compasivo que apela a la consciencia de los hombres basado en la revelación de su amor manifestado en su Hijo. También, este pasaje demuestra claramente que el evangelio se ofrece a todo el mundo; es un evangelio universal.

Se piensa, basado en el v. 36, que Jesús pronunció estas palabras de los versículos

todo aquel que cree en mí no permanezca en las tinieblas. **47** Si alguien oye mis palabras y no las guarda, yo no le juzgo; porque yo no vine para juzgar al mundo, sino para salvar al

mundo. **48** El que me desecha y no recibe mis palabras tiene quien le juzgue: La palabra que he hablado le juzgará en el día final. **49** Porque yo no hablé por mí mismo; sino que el Pa-

---

44 y 45 en ocasiones anteriores y que Juan las inserta aquí como parte de su resumen y conclusión. Dado que la enseñanza uniforme del NT señala al Padre como el que envió al Hijo, el hecho de creer en el Hijo implica creencia en el que le envió. Jesús afirma que es el representante perfecto del Padre y, siendo el Mesías, la luz del mundo y el Salvador de los hombres, es inseparable del Padre en espíritu y en acción. Lindars opina que este versículo es el comienzo de un monólogo que establece la autoridad de Jesús, resumiendo el argumento de 5:19-47 pero teniendo con el versículo siguiente un paralelo estrecho en 13:20. Las tres veces que se repite la expresión *cree en* (una por implicación) se usa la preposición griega que significa una fe sincera y profunda. El creer en Jesús es un tema céntrico en el desarrollo y propósito del Evangelio (ver 20:31).

> **Joya bíblica**
>
> Si alguien oye mis palabras y no las guarda, yo no le juzgo; porque yo no vine para juzgar al mundo, sino para salvar al mundo (12:47).

Otra vez Jesús enfatiza, en el v. 45, la relación íntima entre él y el Padre, tanto en su naturaleza divina, como también en su acción (ver 1:18; 13:20; 14:9). El verbo traducido ve tiene el significado más bien de "contemplar". El que está contemplando al Hijo, contempla en él "la imagen misma" y "el resplandor de la gloria" del Padre (ver Heb. 1:3). También hay una correlación estrecha entre "el creer" y "el ver" en el Evangelio de Juan, vista en este versículo y el anterior.

Los términos *yo* y *luz* son enfáticos, indicando que "yo, y solamente yo soy la luz

del mundo". Una traducción literal sería: "Yo luz para el mundo he venido". El verbo *he venido*, en el tiempo perfecto, indica un resultado continuado. Jesús es la personificación de la metáfora de luz que ilumina moral y espiritualmente a todos los que creen, otro tema que se destaca en este Evangelio (ver 1:5; 8:12; 12:35 s.). El creer en Jesús es el requisito establecido por Dios para poder experimentar la iluminación divina que liberta al hombre de las tinieblas de error, pecado y muerte (ver 5:24).

La verdad del versículo anterior, expresada en forma positiva, ahora en el v. 47 se expresa en forma negativa y positiva. Con la partícula condicional de tercera clase *si*, que anticipa un cumplimiento más probable, y dos verbos en el aoristo subjuntivo *oye* y *guarda*, que se refieren a una acción en un momento dado, se establece la base para el argumento que sigue. No es suficiente "oír" las palabras de Jesús, el hecho de ponerlas en práctica, obedecerlas y permanecer en ellas, es imprescindible. El término *palabras* (*rema*[4487], ver 3:34; 5:47; 6:63, 68; 8:47; 12:47; 15:7) se emplea sólo en la forma plural en Juan y se refiere a expresiones separadas, como distintas de "Verbo" (*Logos*, ver 1:1) o "palabra" (ver 6:60; 8:43, 51), que se refiere a conceptos o verdades generales. El primer *yo* es enfático y *no le juzgo*, expresada dos veces en forma negativa, se refieren a la prioridad de su venida al mundo. Ciertamente hay un sentido en que Cristo juzga a los hombres (5:22, 27, 30; 8:16, 26; 9:39), por otro lado, hay un sentido en que los hombres se condenan a sí mismos (ver 3:18 s.; 8:15; 12:37). Otra vez Jesús enfatiza el propósito prioritario de su venida: para *salvar al mundo*.

Los verbos *desecha* y *recibe*, usados en el v. 48, son participios griegos en el tiempo

dre que me envió, él me ha dado mandamiento de qué he de decir y de qué he de hablar. **50** Y sé que su mandamiento es vida eterna.

Así que, lo que yo hablo, lo hablo tal y como el Padre me ha hablado".

---

presente y enfatizan acción continuada: "los que están desechando... y no recibiendo...". Nótese la diferencia entre la expresión *mis palabras* (*rema⁴⁴⁸⁷*), referencia a las enseñanzas particulares de Jesús, y *la palabra* (*logos³⁰⁵⁶*), que se refiere a todo el evangelio. Este versículo establece otro "agente" que participará en el juicio final de los hombres. Además de los dos mencionados en el versículo anterior, Jesús agrega otro aquí. La Palabra (*logos*) de Dios actúa como una "espada de dos filos" que separa entre lo verdadero y lo falso (ver Heb. 4:12). La expresión *en el día final* es particular a Juan (ver 6:39) y se refiere al día de la resurrección de los muertos y del juicio final. El hombre tiene la libertad en esta vida de escoger entre dos caminos, andar en la luz de Dios, o rechazarla, pero al escoger el camino en que decide andar, luego no tendrá la libertad de escoger el destino de ese camino. El camino y su propio destino forman una unidad inseparable.

La cláusula *por mí mismo* que se usa en el v. 49 es literalmente "fuera de mí mismo", enfatizando origen. Este versículo explica la razón de la afirmación anterior. Nótese el énfasis otra vez en la íntima relación entre el Hijo y el Padre en que todo lo que el Hijo dice procede últimamente del Padre. Jesús declara que no ha hablado independientemente del Padre. Establece un contraste enfático entre él y el Padre en cuanto a la procedencia de sus enseñanzas: *yo no... sino que el Padre...* El Padre le *envió* como su representante personal y luego habló por medio de él.

En el versículo anterior el término *mandamiento* se refiere a todo lo que Jesús recibió del Padre y lo que él hizo y enseñó, o sea, el mismo evangelio. En el v. 50 declara que la creencia en ese *mandamiento* da lugar a la *vida eterna*. Se dijo al principio de esta sección (12:44-50) que ella sirve

como un resumen de los caps. 1—12. En un sentido real este último versículo intenta sintetizar, en la forma más concisa, la esencia de esta sección final. Se nota otra vez el uso de la redundancia, método empleado a través del cuarto Evangelio, para enfatizar y grabar en la mente de los oyentes las verdades esenciales del evangelio. Con este versículo, Juan termina el relato del ministerio público de Jesús. A continuación entraremos en las sombras de la cruz.

IV. Los discursos de despedida, 13:1—17:26

Si fuéramos a dividir el Evangelio en sólo dos secciones, con el cap. 13 se iniciaría la segunda mitad, porque aquí entramos en la etapa final de la vida terrenal de Jesús. En esta segunda mitad, consideraremos los discursos con los doce discípulos (13:1—17:26), la crucifixión (18:1—19:42), la resurrección (20:1-29), el propósito del Evangelio (20:30, 31) y el Epílogo (21:1-25).

Se piensa que la última aparición de Jesús en la sección anterior tuvo lugar en el patio de los gentiles en el templo, en el día martes. Allí finalizó su ministerio público, se retiró de las multitudes (12:36) y aquí comienza la preparación final de los discípulos. Lo más probable es que pasó las últimas noches en la casa de Marta, María y Lázaro en Betania. Los Sinópticos relatan una serie de muchos eventos importantes que Juan omite (ver Mat. 24:1—26:19; Mar. 13:14—14:16; Luc. 21:5—22:12. Ver también Cecilio McConnell, *Los Evangelios en paralelo*, CBP Art. 04303). Este fenómeno ha dado lugar a muchas especulaciones: que sería un argumento en contra de la paternidad juanina de este Evangelio; que Juan no conocía los Sinópticos cuando escribió su

Jesús lava los pies a sus discípulos

13 Antes de la fiesta de la Pascua, sabiendo Jesús que había llegado su hora

para pasar de este mundo al Padre, como había amado a los suyos que estaban en el mundo, los amó hasta el fin.

El lavado de los pies

Hicieron una película documental acerca de una remota área de las montañas Apalaches, donde residen unos bautistas que practican el lavado de los pies.

Una señora, miembro de aquella congregación, sentada en el porche de su casa, al reflexionar sobre esta práctica afirmó: "Sabe, siempre tenemos el lavado de pies los domingos que celebramos la Cena del Señor. Y le digo la verdad; yo no participaría de la Cena si no pudiera lavarle los pies a alguien".

Tal vez esta mujer sabe más del Espíritu de Cristo que muchos de sus hermanos bautistas contemporáneos.

Evangelio; que Juan sí escribió el cuarto Evangelio, pero esos eventos no se consideraban esenciales en lograr su propósito de presentar a Jesús como el Hijo de Dios y el Salvador del mundo. Este último argumento concuerda con el método selectivo que Juan adoptó en el desarrollo de su Evangelio; por ejemplo, no pretendió incluir todas las señales, sino escogió unas pocas para lograr su propósito (ver 20:30 s.). Si bien Juan omitió muchos eventos importantes en el desarrollo de su Evangelio, también es cierto que incluyó mucho material que los Sinópticos omitieron: por ejemplo, todos los discursos de despedida.

Llama la atención especialmente el hecho de que Juan no mencione, ni indirectamente, la institución de la Cena del Señor en el aposento alto, mientras que los tres Sinópticos (Mat. 26:26-29; Mar. 14:22-25; Luc. 22:17-20) y 1 Corintios (11:23-26) la describen en términos casi idénticos. Ha habido muchos intentos de explicar este fenómeno, pero ninguno es totalmente satisfactorio.

1. Dos acciones sorprendentes, 13:1-30

La sombra de la cruz se proyecta sobre el camino que transitaban Jesús y los discípulos. El fin se acerca rápidamente. Jesús presenta una lección inolvidable de servicio humilde y luego sorprende a los discípulos con las referencias a uno de ellos mismos que le entregaría a los líderes para ser crucificado.

(1) Jesús lava los pies de los discípulos, 13:1-20. La expresión *antes de la fiesta de la Pascua* es indefinida en cuanto al día cuando sucedió y única en este Evangelio (ver Luc. 2:41), aunque se cree que tuvo lugar en el día jueves al ponerse el Sol, iniciando el 14 de Nisán.

Es de conocimiento general desde la formación del canon que la fecha de la última cena, como se la presenta en Juan (14 de Nisán), no parece concordar con la propuesta por los Sinópticos (15 de Nisán) en cuanto al día del mes. Juan proporciona cinco evidencias concretas en cuanto a los eventos en relación con la última cena: El lavado de los pies y los discursos presentados en la última cena precedieron la Pascua (13:1); la última cena no fue la fiesta de Pascua (13:29); temprano en el día de la crucifixión los judíos que entregaron a Jesús a Pilato no habían comido la Pascua todavía (18:28); los judíos no habían pospuesto la comida pascual por los asuntos urgentes del día, como alguno sugieren (19:14); el día de la crucifixión era la "preparación" para el sábado judío que comenzaba a la puesta del Sol y coincidía con la fiesta de la Pascua, o sea el 14 de Nisán (19:31). Basado en estas evidencias, Plummer concluye que Juan ubica la crucifixión en la preparación o víspera de la Pascua, en el día en que el cordero pascual se sacrificaba antes de ponerse el Sol. Por lo tanto, la última cena no pudo haber sido la cena pascual. Clemente de Alejandría (aprox. 150-215) concuerda con esta conclusión al decir expresamente que la última cena tuvo lugar en el día 13 de Nisán y que Jesús, siendo crucificado el día siguiente, fue él mismo la verdadera Pascua.

Los Sinópticos parecen indicar que la última cena y la cena pascual coincidieron (ver Mat. 26:2, 17-19; Mar. 14:14-16; Luc. 22:7, 11, 13, 15). Robertson, en *Una Armonía de los Cuatro Evangelios* (pp. 234-239), presenta una serie de argumentos para comprobar que los cuatro Evangelios concuerdan en que la última cena coincidió con la cena pascual, realizándose al fin del día 14 y al entrar en la noche del 15 de Nisán.

El sufrimiento y la muerte de Jesús iban a tener lugar con el trasfondo del evento histórico más importante de Israel, la Pascua, que conmemoraba la liberación de la esclavitud de Egipto. Al contrario de las otras ocasiones cuando Jesús mencionó que "su hora aún no había llegado" (ver 2:4; 7:30; 8:20), ahora era consciente de *que había llegado su hora* según el plan divino para su sacrificio voluntario (ver 12:23, 27; 17:1). Esa hora no le tomó a Jesús por sorpresa. Cuando "afirmó su rostro para ir a Jerusalén" (Luc. 9:51) sabía muy bien lo que le esperaba. El verbo *había llegado* está en el tiempo aoristo y connota acción puntual: "llegó". La hora se define como el momento de *pasar de este mundo al Padre*, pero su ida

sería muy distinta a su venida del Padre al mundo. Ahora pasaría por el trance de falsas acusaciones, trato humillante, burlas públicas y la muerte más cruel que el hombre haya inventado. Faltaba el acto culminante de amor obediente: *como había amado a los suyos... los amó hasta el fin*. Mirando hacia atrás, a los tres años de la vida terrenal de su Señor, Juan resume la relación entre él y los discípulos al decir que *los había amado*. Luego agrega la dimensión de ese amor en su muerte vicaria: *los amó hasta el fin*. Esta expresión es un tanto ambigua y se interpreta en dos maneras: los amó hasta su muerte, es decir, a pesar de y a través de los sufrimientos que culminaban en la crucifixión; también significa que los amó en el grado supremo (ver 15:13). El amor demostrado en su sufrimiento y muerte era aún más profundo que el que había manifestado durante su ministerio anterior. Dods llama atención al cambio de vocabulario en la sección que abarca los caps. 13—17 en comparación con los caps. 1—12. Por ejemplo, en los caps. 1—12 el término "amor" y sus derivados se encuentran sólo seis veces, pero en los caps. 13—17 nada menos que 31 veces.

El v. 2 presenta un desafío para los traductores e intérpretes, haciendo necesario determinar ambigüedades y evaluar variantes; también establece el origen de la traición por Judas. Las variantes en el texto tienen que ver más bien con el orden

---

El acto de lavar los pies

Un acto de cortesía en la casa de cualquier anfitrión era el de tener a un esclavo para lavar los pies de los invitados a su llegada a la casa. En la cena de la Pascua que Jesús celebró con los discípulos nadie quiso hacerlo porque eso hubiese significado que admitían su inferioridad, y ellos habían estado pensando en posiciones de autoridad en el reino de Cristo.

Jesús no tenía este problema porque él había "tomado la forma de siervo" a pesar de existir "en forma de Dios" (Fil. 2:6, 7). Así que tomó una toalla y una vasija y "comenzó a lavar los pies de los discípulos y a secarlos con la toalla" (13:5). Entonces, les dijo: "Si yo, el Señor y el Maestro, lavé vuestros pies, también vosotros debéis lavaros los pies los unos a los otros" (13:14).

Después de esta expresión de humildad y amor les da un nuevo mandamiento: "que os améis los unos a los otros. Como os he amado, amaos también vosotros los unos a los otros. En esto conocerán todos que sois mis discípulos...". (13:34, 35). Se repite este mandamiento en 15:12 y 15:17. En los discursos de despedida la palabra central es: "ágape", "amor". En la mente de Cristo el servicio humilde a otro y el amor expresado a él se interrelacionan en forma íntima.

2 Durante la cena, como el diablo ya había puesto en el corazón de Judas hijo de Simón Iscariote que le entregase, **3** y sabiendo Jesús que el Padre había puesto todas las cosas en sus manos y que él había salido de Dios y a Dios iba, **4** se levantó de la cena; se quitó el manto, y tomando una toalla, se ciñó con ella. **5** Luego echó agua en una vasija y comenzó a

---

de las palabras y términos descriptivos de Judas. La expresión *Durante la cena* corresponde a "Antes de la fiesta" del v. 1, indicando que habría sido por lo menos un día antes del comienzo de la fiesta. En este versículo Juan describe las circunstancias en que se realizó la última cena. El mejor texto griego dice literalmente "el diablo ya habiendo echado en el corazón para que lo entregase Judas (hijo) de Simón Iscariote". Por esto algunos comentaristas entienden que "el diablo ya había echado en su propio corazón...", es decir, "él lo había decidido o determinado". En cambio, otros comentaristas, la RVA y la RVR-1960 lo traducen ...*en el corazón de Judas*... Meyer comenta que el nombre completo del traidor presenta un énfasis aterrador. No se sabe cuando Judas recibió estas instrucciones del diablo, pero Marcos (14:10) indica que se hizo después de, y quizás en relación con, la cena en Betania.

Al inicio del v. 3, el sujeto de *sabiendo* no figura en el texto griego, pero es obvio y la RVA lo inserta para mayor claridad. Juan afirma que Jesús era plenamente consciente de tres cosas en relación con el Padre: que el Padre le había entregado todas las cosas (ver 3:35; Mat. 28:18), que había salido de Dios (ver 7:28; 8:42) y que regresaba a él (ver 7:33; 8:21 s.). Aparentemente Juan establece la absoluta autoridad y divinidad de Jesús para mostrar, en contraste, la enorme condescendencia del acto siguiente. Una traducción que capta este énfasis sería así: "Aunque Jesús sabía...". Plummer cita a Bernard, quien lo resume así: "Él vino de Dios sin dejarlo; y él regresa a Dios sin abandonarnos a nosotros".

Los dos verbos "se levanta" y "se quita" (v. 4) están en el tiempo presente descriptivo y dan la impresión de uno que está observando cada movimiento y anotándolo. La costumbre de reclinarse sobre el codo izquierdo alrededor de una mesa apenas elevada del nivel del piso explica "se levanta". Todos se habrían reclinado y, tomando en cuenta la discusión anterior (ver Luc. 22:24), nadie estaba dispuesto a cumplir el servicio de lavar los pies de otros. Es probable que esta parábola en acción, el lavado de los pies, fuera la manera que Jesús eligió para responder a ese afán de grandeza personal y rivalidad entre los discípulos. "Se quita" es literalmente "pone" o "coloca" (al lado) y es el mismo verbo que Jesús empleaba para describir su misión de "poner su vida" por los pecadores (ver 10:11, 15, 17, 18). El término *el manto* es plural y se refiere a sus "ropas" exteriores que podrían impedir el libre movimiento. Lindars comenta que "Jesús se quitó las ropas para la acción, como un esclavo". Seguramente los discípulos a esta altura estaban dándose cuenta de lo que Jesús iba a hacer, pero ninguno se levantó para tomar su lugar y realizar ese ministerio humilde. Quizás su pasividad se debía a la reverencia, la sorpresa, o que todavía ese espíritu de rivalidad los dominaba a tal punto que ninguno quería humillarse en esa forma. Jesús habría tomado esta iniciativa cerca del comienzo de la cena. El término *toalla* traduce una palabra griega que se encuentra únicamente aquí en todo el NT y se refiere a un lienzo largo, suficiente como para ceñirse y sobrar para secar los pies de los discípulos.

Los verbos *echó* y *lavar*, del v. 5, están en el tiempo presente descriptivo, "echa" y "lava", y otra vez revelan el comentario de un testigo ocular. El término *vasija* traduce una palabra griega que se deriva del verbo "lavar", se encuentra solo aquí en el NT y significa "palangana" o "jarro". Según la costumbre judía, el siervo lavaba los pies de su amo o de los huéspedes, no en una

lavar los pies de los discípulos y a secarlos con la toalla con que estaba ceñido.

6 Entonces llegó a Simón Pedro, y éste le dijo:

—Señor, ¿tú me lavas los pies a mí?

7 Respondió Jesús y le dijo:

—Lo que yo hago, tú no lo entiendes ahora, pero lo comprenderás después.

8 Pedro le dijo:

—¡Jamás me lavarás los pies!

Jesús le respondió:

—Si no te lavo, no tienes parte conmigo.

9 Le dijo Simón Pedro:

—Señor, entonces, no sólo mis pies, sino también las manos y la cabeza.

10 Le dijo Jesús:

---

palangana, sino echando agua de un jarro sobre los pies. Por esto, Brown y otro insisten que *vasija* se refiere a un jarro. Lucas registra la reprensión de parte de Jesús en esta ocasión: "¿Cuál es el más importante: el que se sienta a la mesa o el que sirve? ¿No es el que se sienta a la mesa? Sin embargo, yo estoy en medio de vosotros como el que sirve" (Luc. 22:27).

Todos estaban atónitos y avergonzados, no abriendo la boca hasta que Jesús llegó a Pedro. Juan sigue empleando verbos en el tiempo presente: "llega" y "dice" (v. 6). La RVR-1960, RVA y otras traducciones pierden el énfasis de acción en marcha al traducir estos verbos como si estuviesen en el tiempo aoristo (pretérito indefinido). Nótese el contraste enfático entre *tú* (*su*[4771]) y de *mí* (*mou*[3450]) de una traducción literal: "¿tú de mí lavas los pies?" (ver Mat. 3:14). Juan altera el orden natural de la frase para lograr el énfasis. Al decir "entonces llega a Pedro" indicaría que Jesús había lavado los pies de otros antes de llegar a Pedro. La pregunta de Pedro implica que él estaba sorprendido de que el Señor se humillara a lavar sus pies y que el revés hubiera sido más apropiado. Sin embargo, Pedro no se ofrece para continuar lo que Jesús había iniciado.

Los verbos *entiendes* y *comprenderás* (v. 7) traducen verbos griegos distintos. El primero se deriva del verbo "contemplar" y significa, según Vincent, conocimiento absoluto y completo basado en lo que uno ha contemplado. El segundo traduce el verbo del cual se deriva "gnosis" y significa "percibir" o "comprender" (ver 2:24). Sin lugar a dudas, Pedro entendía que Jesús estaba realizando un acto que corres-

pondía al siervo más humilde de la casa, pero no comprendía que ese acto apuntaba a la cruz. Pedro comenzaría a comprender a partir del versículo 12, pero una comprensión cabal del significado del evento vendría hasta *después* de la crucifixión, resurrección y venida del Espíritu Santo. Este agente divino tendría la función de aclararles a los creyentes el significado de toda la vida de Jesús (ver 16:12, 13).

La exclamación *¡Jamás...!* traduce el doble negativo griego, la forma más tajante de negar una acción, juntamente con "para el siglo" o "para siempre". Vincent lo traduce así: "Tú de ninguna manera lavarás mis pies mientras que el mundo exista". Morris cita a MacGregor: "Pedro es suficientemente humilde para ver la discordancia de la acción de Jesús y, sin embargo, lo suficientemente orgulloso como para ordenar a su Señor". La respuesta de Jesús tiene un doble significado, como vemos frecuentemente en este Evangelio. Si no lavaba sus pies no tendría parte con él en la Cena, pero probablemente se refería también a la limpieza moral y espiritual, basado en la sangre derramada de Jesús, necesaria para participar con él en su reino.

Ante la perspectiva de ser excluido del reino, el impulsivo Pedro va al otro extremo. Jesús iba a lavar sólo los pies, pero Pedro pide mucho más: de arriba hasta abajo, *cabeza, manos y pies*, es decir, todos los miembros expuestos. En ambos casos, Pedro no se somete con humildad al propósito de Jesús; primero se niega categóricamente, luego demanda más de lo que Jesús se propone. Esta respuesta de Pedro indica que no entendió que Jesús no

—El que se ha lavado no tiene necesidad de lavarse más que los pies, pues está todo limpio. Ya vosotros estáis limpios, aunque no todos.

11 Porque sabía quién le entregaba, por eso dijo: "No todos estáis limpios". **12** Así que, después de haberles lavado los pies, tomó su manto, se volvió a sentar a la mesa y les dijo:

—¿Entendéis lo que os he hecho? **13** Vosotros me llamáis Maestro y Señor; y decís bien, porque lo soy. **14** Pues bien, si yo, el Señor y el Maestro, lavé vuestros pies, también

---

se proponía dar un baño a los discípulos, sino que realizaba un acto de limpieza simbólica. Este intercambio tiene la estampa de un relato auténtico de un testigo ocular.

Jesús responde a Pedro con una alusión a la costumbre de lavarse bien en casa antes de ir a una fiesta. Al llegar a la fiesta, no sería necesario lavarse otra vez, excepto los pies, sobre todo cuando caminaban en sandalias abiertas por caminos de tierra. La expresión *se ha lavado* traduce un verbo griego que se refiere al baño de todo el cuerpo, en contraste con el que se refiere al lavado de solo una parte (vv. 5, 8). Algunos comentaristas encuentran aquí una alusión a la limpieza interior y radical que se efectúa en la conversión (1:29); luego es necesario sólo la limpieza de la "basura" que se pega a uno en el curso del día. Todos habían experimentando esa limpieza radical en la conversión, al creer en Jesús, es decir, todos menos uno (v. 2).

El énfasis de los dos verbos (v. 11) en el tiempo imperfecto se capta en esta traducción: "estaba sabiendo quién le estaba entregando". Jesús sabía cada paso que Judas estaba dando. La expresión *le entregaba* indica que ya estaba negociando con los líderes para vender a Jesús por un precio y solo esperaba el momento oportuno para efectuarlo. Sólo Lucas lo llama "traidor" (6:16). Nótese que Jesús no había revelado todavía la identidad del mismo. La revelación del traidor se hizo lentamente, pero de aquí en adelante el ritmo se aceleraría (ver 6:70; 13:18, 21, 26). Al decir *no todos estáis limpios* Jesús aludía a Judas, pero aparentemente los discípulos no prestaron atención. Por otro lado, Judas, si entendía de qué hablaba Jesús, pensaría que no había forma de que

el Maestro supiera que el que no estaba "limpio" era Judas mismo.

Después de realizar esta parábola en acción lavando los pies de todos los discípulos, y sin decir una palabra, excepto en respuesta a la protesta de Pedro, "se reclinó otra vez" (v. 12). Plummer comenta que el verbo "reclinarse" siempre describe un cambio de posición (ver v. 25; 6:10; 21:20; Mat. 15:35; Mar. 6:40; Luc. 11:37). La pregunta ¿*Entendéis...?* les invita a una reflexión sobre el significado del acto. No era meramente el cumplimiento de un rito. El mismo verbo puede ser un imperativo: "Entended lo que os he hecho", pues en los mss. originales no se colocaban puntuaciones y la misma forma del verbo puede ser imperativa o interrogativa. Dods comenta que "por lavar sus pies él había lavado sus corazones. Por inclinarse a este servicio servil él les hizo pasar vergüenza por haberlo resistido. Por esta simple acción él había convertido una compañía de hombres celosos, enojados, peleadores en una compañía de discípulos humillados y unidos".

El término *Maestro* (*didaskalos*[1320]), usado en el v. 13, es el equivalente de "Rabí" y es el título con que los discípulos se referían a Jesús. Es el título común de respeto que usaban para referirse a cualquier líder religioso. En este contexto el título *Señor* expresa una reverencia muy elevada, a veces llegando a connotar divinidad. Jesús en otras ocasiones hablaba de su mansedumbre y humildad (ver Mat. 11:29) y recién había expresado ese sentimiento al lavarles los pies, pero aquí afirma su dignidad y que cumple perfectamente lo que los títulos implican. Los términos *Maestro* y *Señor* deben llevar el caso acusativo, siendo objetos o cumpli-

vosotros debéis lavaros los pies los unos a los otros. **15** Porque ejemplo os he dado, para que así como yo os hice, vosotros también ha-

gáis. **16** De cierto, de cierto os digo que el siervo no es mayor que su señor, ni tampoco el apóstol* es mayor que el que le envió. **17** Si

---

*13:16 Otra trad., *enviado*

---

mientos del verbo *llamáis*, pero contrario a las normas gramaticales se presentan en el caso nominativo. Los comentaristas entienden que esta "anormalidad" se debe a la influencia semítica donde el vocativo suele expresarse con el caso nominativo. Jesús acepta y aprueba el empleo de los títulos de parte de sus discípulos: y *decís bien, porque lo soy.*

> ### Joya bíblica
> **Pues bien, si yo, el Señor y el Maestro, lavé vuestros pies, también vosotros debéis lavaros los pies los unos a los otros (13:14).**

> ### Joya bíblica
> **De cierto, de cierto os digo que el siervo no es mayor que su señor, ni tampoco el apóstol es mayor que el que le envió (13:16).**

Literalmente el v. 14 dice: "Entonces si yo...", dejando el énfasis absoluto sobre la conjunción ilativa que introduce una verdad inferida antes. Nótese el énfasis y contraste entre *yo* y *vosotros*. Algunos entienden que la idea es "si yo, a pesar de ser yo el Señor...", pero otros optan por "si yo, porque soy el Señor...". Jesús explica el significado de la parábola en acción y hace una aplicación muy concreta. Si él, reconocido por ellos como digno de supremo respeto, había tomado la posición del siervo más humilde, ellos deben estar dispuestos a hacer lo mismo cuando surja la ocasión, o que haya necesidad. Juan el Bautista tuvo esa actitud ante Jesús (ver 1:27). Morris comenta que ningún acto de

servicio debe ser demasiado humilde para los seguidores de Jesús.

Al estudiar este pasaje otra vez, el que escribe recuerda una aplicación inolvidable de este principio en el Uruguay. Un orador de Brasil fue invitado a tener una serie de estudios para los pastores en el retiro anual. La primera noche se pidió voluntarios para distintas tareas durante el retiro. Todos los puestos fueron tomados excepto la limpieza de los baños. Nadie se ofreció. A la mañana siguiente, muy temprano, el orador invitado se levantó y, sin decir nada a nadie, limpió todos los baños. Antes de terminar la tarea, un pastor que acostumbraba levantarse temprano lo vio y luego, avergonzado, informó a los demás pastores. Supongo que nadie se acuerda de los estudios del invitado, ni siquiera de su nombre, pero todos sin excepción se acuerdan del ejemplo que él nos dio.

Jesús dice que el lavado de los pies de sus discípulos es un *ejemplo*, un término que se deriva del verbo "señalar" o "indicar". El *ejemplo* es algo señalado para revelar la actitud o conducta que otros deben seguir. Nótese que Jesús no dice que es un mandato, o que literalmente los creyentes deben repetirlo como una ordenanza. Plummer llama la atención al hecho de que Jesús no dice "así lo que yo os hice", sino *así como yo os hice*, es decir, con la misma actitud y humildad. El servicio mutuo, sometiéndose unos a otros (Ef. 5:21) en humildad, es lo que Cristo manda. Sin lugar a dudas, los creyentes hoy en día lavarían los pies de Jesús gustosamente, pero el problema es que pocos estamos dispuestos a lavarnos los pies los unos de los otros.

Haciendo un resumen y aplicación del lavado de los pies, Jesús introduce en el v. 16 una declaración importante con la do-

sabéis estas cosas, bienaventurados sois si las hacéis. **18** No hablo así de todos vosotros. Yo sé a quiénes he elegido; pero para que se cum-

pla la Escritura: *El que come pan conmigo* levantó contra mí su talón**. **19** Desde ahora os lo digo, antes de que suceda, para que cuan-

---

*13:18a Algunos mss. antiguos dicen *come mi pan*.
*13:18b Sal. 41:9

---

ble exclamación griega: amen, amen. Les recuerda a sus discípulos que ellos son siervos (*doulos¹⁴⁰¹*) y enviados (*apostolos⁶⁵²*, ver Mat. 10.2) pero él es su Señor y el que envía. Si él, siendo Señor y el que envía, se humilló a realizar el servicio del siervo más humilde, ellos no deben sentirse tan importantes como para no hacer lo mismo. Este mismo concepto se repite esencialmente en otras ocasiones, pero cada vez va en un contexto distinto: considerando la persecución, los discípulos no deben esperar un trato mejor que el que su Señor recibió (Mat. 10:24); los apóstoles son responsables por poner el ejemplo de humildad, porque sus discípulos los imitarán (Luc. 6:40; ver 22:27); en Juan el propósito es de enseñar la humildad (Juan 13:16); con el mismo propósito como en Mateo 10:24, pero en otra ocasión (Juan 15:20).

La tercera clase de frase condicional, que se usa en el v. 17, introducida con la partícula Si, indica un futuro más probable. Jesús confiaba que ellos habían entendido el significado de lo que había hecho y que manifestarían la correcta actitud entre sí. La expresión *estas cosas* se refiere a las lecciones que recién les había enseñado. Al hacer las enseñanzas de Jesús, serían *bienaventurados* (*makarios³¹⁰⁷*, felices, afortunados). Es el mismo término que Jesús usó en las bienaventuranzas del Sermón del monte (Mat. 5:3-12). Nótese la relación entre el saber la verdad que Jesús enseñaba y el hacerla. El apóstol Pablo solía organizar sus epístolas con una sección doctrinal primero y luego una aplicación práctica, porque el saber o el pensar correcto tiende a una conducta correcta.

Siguiendo el pensamiento del versículo

anterior, Jesús aclara que hay uno que sabe "estas cosas", pero no "las hace". Él conocía bien a cada uno de los elegidos. Barclay, Rieu y otros, basados en la construcción griega, lo traducen así: "Yo sé la clase de hombres que he escogido...". El texto enfatiza el hecho de que fue Jesús mismo quien tomó la iniciativa para escoger (ver 6:70; 15:16) a los doce. El pasaje citado proviene del texto hebreo del Salmo 41:9. El hecho de comer juntos significaba un compañerismo íntimo entre amigos, lo que hace más terrible aun lo que Judas estaba ya tramando. Se implica que Jesús conocía el carácter de Judas y lo que él eventualmente haría cuando lo escogió y, sin embargo, lo escogió para que se cumpliera esta profecía de Isaías. Lindars explica la paradoja en esta manera: "Jesús sabía desde el principio que Judas lo traicionaría, pero siempre esperaba que no lo haría". La metáfora *levantó contra mí su talón* parece describir la acción del caballo de levantar la pata trasera con la intención de dar una patada. Faltaba solamente que Judas diera la "patada". Sin embargo, Barrett lo traduce "ha sacudido el polvo de su pie contra mí en desdén"; otros piensan que la expresión significa "levantar la planta del pie contra alguien", lo que los árabes consideraban un insulto. Brown considera que la expresión *El que come pan conmigo* sería una escueta alusión a la Cena del Señor, pues no se menciona en otro lugar en Juan.

Jesús les había advertido que un íntimo amigo lo traicionaría pero los discípulos no sabían quién sería, ni cuándo tendría lugar. Pero se los dijo de antemano para que luego ellos supieran que no le había tomado por sorpresa, sino que era parte del plan de Dios. Este hecho sería otra confir-

do suceda, creáis que Yo Soy. **20** De cierto, de cierto os digo que el que recibe al que yo envío, a mí me recibe; y el que a mí me recibe, recibe al que me envió.

Jesús anuncia la traición de Judas*

21 Después de haber dicho esto, Jesús se conmovió en espíritu y testificó diciendo:

—De cierto, de cierto os digo que uno de

---

*13:21t Comp. Mat. 26:20-25; Mar. 14:17-21; Luc. 22:21-23

---

mación de que Jesús era el Hijo de Dios y serviría para fortalecer la fe de ellos en él. La expresión *para que... creáis que Yo Soy* (v. 19) no se refiere al comienzo de fe en él, pues ya eran creyentes, aunque débiles en su fe. El acto traicionero de Judas habría sacudido fuertemente esa fe si Jesús no les hubiera preparado de antemano. *Yo Soy* (*ego[1473] eimi[1510]*), la expresión con que Dios se había identificado con Moisés (Éxo. 3:14) y que significa "Jehovah" en hebreo, seguramente tendría en este contexto un significado de divinidad. Se repite numerosas veces en Juan, sirviendo como el tema alrededor del cual se desarrolla y afirma la divinidad de Jesús (ver 6:20, 35, 41, 48; 8:12; 10:7, 9, 11, 14; 11:25; 14:6; 15:1, 5).

Otra vez Jesús introduce una declaración solemne con la doble exclamación griega *amen, amen*. Procede a enfatizar una triple relación íntima (ver Mat. 10:40; Luc. 10:16). Antes había afirmado con esencialmente el mismo argumento la íntima relación entre él y el Padre (5:23; 12:44 s.). Ahora extiende el argumento a los discípulos. Los enviados por Jesús son "personas con una misión". El Padre envió al Hijo y el Hijo envió a los discípulos. Los que reciben a los discípulos como enviados de Jesús, lo reciben a él y también al Padre que le había enviado. El argumento se basa en la autoridad divina con que el Padre envió al Hijo y, de igual manera, con que el Hijo envió a los discípulos. Se implica que los que rechazan a los discípulos, rechazan también a Jesús y al Padre.

(2) Jesús anuncia la traición de Judas, 13:21-30. Después del lavado de los pies de los discípulos por Jesús, él pronuncia una profecía: uno de los presentes le iba a entregar (v. 18). Sin embargo, aun

antes había insinuado ese hecho en términos ambiguos (v. 10; ver v. 2), pero Juan lo aclara para los lectores (v. 11). Hasta este momento en el desarrollo de los eventos, los discípulos no tenían una idea clara de lo que iba a pasar, excepto, por supuesto, Judas. En esta sección Jesús revela por primera vez, y esto sólo al discípulo amado, quién sería el traidor. Por causa de detalles en el relato de este acontecimiento que no coinciden con los Sinópticos, algunos comentaristas opinan que los escritores emplean distintas fuentes en redactar el episodio. Quizás la controversia principal que surge del pasaje es en cuanto a la identidad del personaje llamado "el discípulo amado" (ver v. 23).

Literalmente el v. 21 dice: "Habiendo dicho estas cosas" y se refiere a la profecía de la traición. El pensamiento del acto produjo en el espíritu de Jesús una conmoción o sacudón (ver 11:33; 12:27). Marcos menciona que los discípulos se entristecieron (Mar. 14:19; ver 14:34). Sí, Jesús sabía desde el principio que Judas lo haría, pero al llegar el momento sintió un profundo pesar y a la vez una profunda indignación. El término *se conmovió* traduce el mismo verbo con el que Jesús indicó a los discípulos: "No se turbe vuestro corazón" (14:1). Vincent comenta que la "agitación se produjo en la región más alta de la vida espiritual"; Plummer y Morris agregan que esta reacción manifiesta la naturaleza humana de Jesús. Evidentemente esta agitación se manifestó en una forma que los discípulos pudieron contemplar. El verbo *testificó* normalmente se refiere a la función de los discípulos en comunicar la verdad del evangelio (ver Hech. 1:8), pero aquí Lindars dice que es como un testigo en una corte legal. Esa

vosotros me ha de entregar.

22 Entonces los discípulos se miraban unos a otros, dudando de quién hablaba. **23** Uno de

sus discípulos, a quien Jesús amaba, estaba a la mesa recostado junto a Jesús. **24** A él Simón Pedro le hizo señas para que preguntase quién

---

doble exclamación griega *amen, amen* se emplea otra vez para introducir una solemne declaración. Uno casi puede ver a Jesús extendiendo su mano hacia los discípulos, pasando de un extremo a otro, al decir que *uno de vosotros me ha de entregar*. Lo que había insinuado en términos generales casi desde el principio (6:64), ahora se hace más específico, pero sin mencionar el nombre. Juan coincide exactamente con Marcos (14:18) en esta acusación.

Sorprendidos por la profecía acusadora de Jesús, los discípulos comenzaban a preguntarse cuál de sus compañeros sería capaz de un acto tan vergonzoso y traidor (v. 22). El verbo *se miraban*, de tiempo imperfecto, describe acción continuada que habrá seguido durante varios minutos. Esta observación seguramente vino de un testigo ocular. El verbo traducido *dudando*, en el tiempo presente, también indica una acción continuada, pero en vez de expresar duda comunica más bien la idea de perplejidad. Mateo (26:22) y Marcos (14:19) dan otro enfoque a la reacción de los doce quienes, estando entristecidos, se preguntaban: "¿Soy yo, Señor?". Así que la profecía de Jesús produjo distintas reacciones en los discípulos: produjo tristeza, perplejidad, un profundo autoexamen y una mirada de sospecha de unos hacia otros.

El v. 23 es el foco de mucha controversia sobre la identidad de este individuo descrito por primera vez solo como *a quien Jesús amaba* y el que *estaba... recostado junto a Jesús*. Algunos opinan que esta persona sería Lázaro, a quien Jesús resucitó de la muerte porque también se dice que Jesús le amaba (ver 11:3, 5, 36). Otros opinan que esta persona, no siendo el apóstol Juan, es el que escribió este Evangelio. Sin embargo, es difícil aceptar cualquier teoría opuesta a la inter-

pretación más natural y la aceptada tradicionalmente por el cristianismo. El "discípulo amado" (ver 19:26; 20:2; 21:7, 20) era uno de los doce discípulos, era uno del círculo íntimo compuesto de Pedro, Santiago y Juan, y estaba ubicado en la posición de honor, al lado derecho de Jesús, durante esta cena. Una y otra vez vemos en este Evangelio evidencias de un testigo ocular, uno que caminaba al lado de Jesús durante su ministerio terrenal. El mismo hecho de no referirse a sí mismo por nombre en el Evangelio, siendo él uno del círculo íntimo, es otra evidencia muy convincente de que es Juan el apóstol quien escribía.

Lindars sugiere una hipótesis distinta, pero poco convincente. Opina que el "discípulo amado" era uno de los discípulos, sí, pero no fue nombrado (contrario a la práctica usual de Juan) porque su propósito era el de presentar a un "discípulo ideal", más fiel que Pedro mismo, el líder tradicional de los doce. Según la teoría de Lindars, es una figura ficticia en el sentido de que es el retrato sin nombre, creado por Juan, para cumplir su propósito.

La expresión *recostado junto a Jesús* alude a la práctica judía, adoptada por influencia de los persas, griegos y romanos, de comer recostado sobre colchonetas arregladas alrededor de una mesa elevada pocos centímetros sobre el nivel del piso, cada uno con la cabeza hacia la mesa y apoyándose en el codo izquierdo, y alcanzando la comida con la mano derecha. La mesa tenía la forma de "U", permitiendo que pudieran mirarse durante la cena. *Junto a Jesús* es lit. "en el pecho de Jesús" (ver 1:18), indicando una relación íntima. Entonces Juan estaría a la mano derecha de Jesús. Este mismo ocuparía la posición de honor en la mesa, Juan estaría en la segunda posición de honor y quizás Judas estaría a las espaldas de Jesús.

era aquel de quien hablaba. **25** Entonces él, recostándose sobre el pecho de Jesús, le dijo:

—Señor, ¿quién es?

26 Jesús contestó:

—Es aquel para quien yo mojo el bocado y se lo doy*.

Y mojando el bocado, lo tomó y* se lo dio a Judas hijo de Simón Iscariote. **27** Después del bocado, Satanás entró en él. Entonces le dijo Jesús:

—Lo que estás haciendo, hazlo pronto.

28 Ninguno de los que estaban a la mesa en-

---

*13:26a Algunos mss. antiguos dicen *Es aquel a quien, cuando yo moje el pan, se lo doy*.
*13:26b Algunos mss. antiguos no incluyen *lo tomó y*.

Se supone que Pedro estaría recostado en frente de Juan, al otro lado de la mesa, donde podía obtener su atención con señas. El verbo *hizo señas*, en el v. 24, es literalmente "señalar con la cabeza". Esto indicaría que Pedro estaba seguro de que no era él a quien Jesús se refería, pero pensaba que Juan mismo lo sabría.

> **Joya bíblica**
>
> **Después del bocado, Satanás entró en él. Entonces le dijo Jesús:**
>
> **—Lo que estás haciendo, hazlo pronto (13:27).**

Juan, estando a la derecha de Jesús, tenía apenas que volver la cabeza hacia atrás, apoyándola sobre el pecho de Jesús, para preguntárselo. Esta descripción vívida de los movimientos es otra vez la inconfundible evidencia de un testigo ocular. El término griego, traducido en el v. 25 *pecho*, es distinto del usado en el v. 23; aquí significa propiamente el pecho, pero allí significa más bien la cintura donde se dobla el cuerpo cuando uno se inclina. En esta manera, Juan pudo hacerle la pregunta a Jesús en voz baja, de modo que los otros no pudieran escuchar.

El hecho de que el huésped principal diera un pedazo de pan a otro durante la cena se consideraba como un gesto de honor y de buena voluntad. Plummer opina que Jesús, con la esperanza de un cambio de parecer, le dio una última oportunidad a Judas. Para los demás discípulos, este gesto descrito en el v. 26 tendría el significado común, pero para Juan reve-

laba la identidad del traidor. Nótese la atención que Juan emplea para identificar en forma inconfundible la identidad del traidor (ver vv. 13:2; 6:71).

En el v. 27 es la única vez que se menciona el nombre de Satanás en este Evangelio. La RVA omite la conjunción "entonces" *Satanás entró en él*. La conjunción (*tote*[5119]) es importante porque marca el momento preciso en que Satanás tomó posesión del corazón de Judas. Él iba tomando control de Judas de a poco: primero sugiere la traición (v. 2) y Judas escucha con interés; luego entra de lleno en él y comienza a controlarlo como si fuera un títere (ver Stg. 1:15). En cada paso Judas tenía la libertad de decir que sí o que no, de someterse al control de Satanás o no; era libre pero también responsable por sus actos. Es como si los dos espíritus, el de Jesús y el de Satanás, estuvieran luchando dentro de Judas por la posesión de su corazón y en este punto se entrega a Satanás. Reconociendo Jesús que Judas había decidido realizar la traición y que ya estaba comprometido en el acto, le manda a cumplirlo *pronto*. El adverbio *pronto* es comparativo en forma y significa literalmente "más pronto" (ver RVR-1960, Vincent; 20:4), pero la mayoría de las versiones lo traducen como si fuera de forma positiva (ver RVA, Arndt y Gingrich, etc.). Si se admite la forma comparativa, lo que significa es que Jesús quería que Judas realizara el acto más pronto de lo que él había planeado. Se ve que Jesús estaba en completo control del desenvolvimiento de los eventos. Su hora había llegado y no quería más demoras. Barrett considera

tendió para qué le dijo esto; **29** porque algunos pensaban, puesto que Judas tenía la bolsa, que Jesús le decía: "Compra lo que necesitamos para la fiesta", o que diese algo a los pobres.

30 Cuando tomó el bocado, él salió en seguida; y ya era de noche.

---

que es incomprensible que Juan, sabiendo ahora el plan de Judas, no hubiera intentado impedírselo.

Parece que ni Juan, que ya sabía que Judas iba a traicionar a Jesús, entendía el significado cabal de lo que Jesús le había dicho a él y luego había hecho con Judas.

La conjunción causal *porque* del v. 29 explica la razón por haber entendido mal el mandato de Jesús a Judas de "hazlo pronto". Desde que Judas era el tesorero y llevaba la bolsa (ver 12:6), frecuentemente Jesús le habría mandado hacer compras para distintas cosas. Así que, era natural que *algunos* de los demás discípulos interpretaran el mandato de Jesús en este sentido. Si iba a comprar algo para la fiesta, significa que esta cena se realizó antes de comenzar la fiesta de la Pascua.

Si los demás discípulos entendieron mal el mandato de Jesús, ciertamente Judas lo había entendido bien. Además, él también sabía que Jesús estaba enterado de su intención y por eso quería salir lo más pronto posible de su presencia (v. 30) y de esa mirada de amor y compasión de su Maestro. El pronombre *él* traduce un término griego que significa "aquél" y Plummer comenta que lo marca a Judas como a un "ajeno" o "extraño", uno que no pertenecía más al grupo de discípulos (ver 13:27; 7:11; 9:12, 28). La expresión *y ya era de noche* es una manera gráfica de describir el destino de Judas. Es obvio que Juan no se refería al tiempo del día, pues la cena se realizaba de noche y hubiera sido innecesario decir que era de noche. En una obra como este Evangelio, donde se enfatiza tanto que Jesús es la luz del mundo (ver 1:4-9; 3:19-21, 8:12) y

A la mesa

El mandamiento de amor

31 Cuando Judas había salido, dijo Jesús:

—Ahora es glorificado el Hijo del Hombre, y Dios es glorificado en él. **32** Si Dios es glorificado en él, también Dios le glorificará en sí

---

donde "tinieblas" casi siempre tiene una connotación moral (ver 1:5; 8:12; 12:35, 46), debemos entender que Judas salió de la presencia de "la luz verdadera" y entró en el mundo de densas tinieblas donde reina Satanás.

2. Las preguntas de los discípulos, 13:31—14:31

Esta sección abarca la discusión de Jesús con los once discípulos en el aposento alto, antes de salir hacia el huerto de Getsemaní, habiendo salido Judas. Se discute entre los eruditos sobre el arreglo de los pasajes que siguen. Por ejemplo, Bernard piensa que sería más lógico ubicar los caps. 14 y 15 después de "dijo Jesús" (13:31). Otros sugieren otros arreglos para los dos capítulos, pero cada sugerencia introduce más problemas de que los que resuelve. Haríamos bien en recordar que nuestro criterio para el desarrollo de eventos no necesariamente concuerda con el criterio de los del primer siglo y, por otro lado, quizás no captamos el motivo que el autor tendría en el arreglo que él usó y que a nosotros nos parece ilógico.

(1) El mandamiento del amor, 13:31-35. Jesús, librado de la presencia opresiva del traidor, anuncia que la glorificación del Hijo de Dios ha comenzado. Jesús era plenamente consciente de que Judas en ese momento estaba negociando con "los judíos" la entrega que llevaría a su muerte y, por ella, a su glorificación. Él los dejaría por un tiempo y, durante su ausencia física, ellos debían manifestar la misma calidad de amor, unos con otros, con que él les había amado. Esta sección forma la primera parte de su discurso de despedida que se extiende hasta fines del capítulo 17. Jesús habla sin interrupción y es significativo que el primer tema es el amor mutuo, ejemplificado por él. Morris comenta que es el evento de la muerte y resurrección

que realmente nos muestra lo que es el amor; estos dos temas se asocian estrechamente en este pasaje.

Jesús habrá sentido un tremendo alivio con la salida de Judas. Afuera es "de noche", pero adentro hay "luz" brillante como el sol de mediodía. *Ahora* es un adverbio de tiempo que marca el momento preciso cuando se inicia la glorificación final *del Hijo del Hombre*. Literalmente el texto dice: "Ahora fue glorificado el Hijo...". El verbo, estando en el tiempo aoristo y voz pasiva, describe una acción ya completada. En la mente de Jesús era como si ya la crucifixión se hubiera efectuado, la culminación de su obediencia de la voluntad del Padre. En esa obediencia Dios también "fue glorificado", como es glorificado cada vez que el creyente le obedece. La cruz nos muestra el corazón del Hijo, pero también el del Padre, pues los dos están involucrados en la obra de redención.

La primera cláusula del v. 32 se omite en varios de los mss. griegos, quizás por la repetición. Nótese que Jesús se refiere a la cruz como su hora de gloria, su triunfo, cuando para el hombre natural la cruz representaría todo lo contrario, la derrota, la suprema desgracia y deshonra. La expresión *en sí mismo* se refiere a Dios, quien glorificaría al Hijo por resucitarlo de la tumba y recibirlo en gloria (ver 17:4 s.; Fil. 2:9). Volvería a la misma gloria que tenía con el Padre antes de la encarnación (ver 17:5). Vincent comenta que la expresión *en sí mismo* expresa unidad de ser. Este versículo expresa tres afirmaciones: Dios es glorificado en el Hijo, Dios glorificará al Hijo en sí mismo y esto lo hará muy pronto.

El término diminutivo *Hijitos* (v. 33) es una expresión de cariño y se usa sólo aquí en el Evangelio de Juan, pero frecuentemente en sus epístolas. Refiriéndose a su

mismo. Y pronto le glorificará. **33** Hijitos, todavía sigo un poco con vosotros. Me buscaréis, pero como dije a los judíos: "A donde yo voy vosotros no podéis ir*", así os digo a vosotros ahora.

34 »Un mandamiento nuevo os doy: que os améis los unos a los otros. Como os he amado, amaos también vosotros los unos a los otros. **35** En esto conocerán todos que sois mis discípulos, si tenéis amor los unos por los otros.

*13:33 Ver 7:34

---

ascensión, Jesús les dice las mismas palabras que había dicho a los judíos (7:33 s.; 8:21), pero aquí no dice, como en ese entonces, "Me buscaréis y no me hallaréis". Plummer agrega que Jesús no dice a sus discípulos, como dijo a los judíos en esa cita, "pero en vuestro pecado moriréis" (8:24). Los discípulos no podrían seguir a Jesús en la muerte y resurrección ahora, pero por su obediencia le seguirían en esta vida y, luego, le seguirían al lugar que él fue a preparar para sus fieles.

Joya bíblica

En esto conocerán todos que sois mis discípulos, si tenéis amor los unos por los otros (13:35).

La expresión *un mandamiento nuevo*, ubicada en el comienzo del v. 34, está en una posición enfática. Introduce un nuevo tema, relacionado por cierto con lo antedicho, pero estableciendo su importancia por este énfasis (ver 1 Jn. 2:8).

Sólo aquí en este Evangelio el autor emplea el término griego traducido *nuevo*. El mandamiento de amar no es nuevo, pues se encuentra en la ley mosaica (ver Lev. 19:18). Sin embargo, hay dos calificaciones en el mandamiento que hace que sea nuevo: Jesús está hablando concretamente del amor mutuo entre los once discípulos; también manda amar con la misma calidad de amor con que él los había amado y con que los amaría en la cruz. El mandamiento de amarse unos a otros también es motivado por el amor expresado por Jesús en la cruz. El mandato, *que os améis* y *amaos*, emplea verbos

en el tiempo presente, enfatizando una acción continuada. Por otro lado, *como os he amado* traduce un verbo en el tiempo aoristo que expresa una acción puntual, el cual apunta a la crucifixión, un evento futuro. Esto nos parece extraño, pero el lector recordará que en el griego el énfasis del tiempo verbal está más bien en la clase de acción (puntual, continuada, progresiva) que en el tiempo (presente, pasado, futuro). En el griego un verbo en el tiempo pretérito indefinido (aoristo en griego; p. ej., *os he amado*), se emplea frecuentemente al referirse a eventos futuros si hay tal certeza como si ya hubieran sucedido. La cruz entonces provee dos cosas en relación con el mandato de amar: revela la calidad de amor que se exige y provee la motivación para obedecer el mandato.

La marca inconfundible que distingue a los seguidores de Cristo no es el poder militar, ni la acumulación de bienes materiales, ni posiciones de autoridad, ni milagros, ni la precisión de la ortodoxia doctrinal, ni la elocuencia de palabra, ni el crecimiento numérico, sino la práctica consecuente de esa clase de amor unos por otros, de parte de los creyentes, que Jesús demostró durante su ministerio y supremamente en la cruz. En sus epístolas, Juan dice categóricamente que el que no ama a su hermano no ha nacido de Dios (1 Jn. 4:8; ver 3:23; 4:7, 11 s., 19 ss.). Tertuliano comentaba que los paganos, al referirse a los seguidores de Jesús, decían: "Mirad como se aman".

(2) La profecía de la negación, 13:36-38. Los cuatro Evangelios se unen para relatar la profecía de Jesús de que Pedro lo negaría esa misma noche (Mat. 26:33-35; Mar. 14:29-31; Luc. 22:31-34; Juan

Jesús predice la negación de Pedro*

36 Simón Pedro le dijo:

—Señor, ¿a dónde vas?

Le respondió Jesús:

—A donde yo voy, no me puedes seguir ahora; pero me seguirás más tarde.

37 Le dijo Pedro:

—Señor, ¿por qué no te puedo seguir ahora? ¡Mi vida pondré por ti!

38 Jesús le respondió:

—¿Tu vida pondrás por mí? De cierto, de cierto te digo que no cantará el gallo antes que me hayas negado tres veces.

---

*13:36t Comp. Mat. 26:31-35; Mar. 14:27-31; Luc. 22:31-34

13:36-38). Esta profecía fue un duro golpe para la autosuficiencia del principal vocero de los discípulos y debe ser una advertencia para el creyente en toda época.

En vez de responder al mandato de amarse unos a otros, tema que le interesaba más a Jesús, Pedro regresa a otro tema que fue mencionado casi de paso, y que le interesaba más a él, la ida a un lugar donde ellos no podían seguir (13:33). Esta pregunta indica que Pedro ignoraba el significado de lo que Jesús les había dicho en cuanto a su glorificación y salida del mundo. En el v. 33 Jesús había dicho al grupo de apóstoles que ellos, como grupo no podían seguirle. En cambio, aquí se dirige específicamente a Pedro, aclarando que tampoco él podría seguirle en ese momento, pero luego sí lo haría. Plummer y otros entienden que probablemente Jesús estaba profetizando no sólo la muerte de Pedro, sino la manera que moriría, es decir, como mártir (ver 21:18 s.). Morris y otros, sin embargo, entienden que el énfasis está en las circunstancias presentes, que Pedro seguiría a Jesús dentro de pocos días como heraldo del evangelio, enfrentando peligros y oposición.

Por segunda vez (v. 37) Pedro emplea el título de respeto, *Señor*, pero a esta altura del ministerio de Jesús, seguramente significaba para él un título de divinidad. Las palabras de Jesús, indicando la imposibilidad de que Pedro le pudiera seguir en ese momento, produce en él dos reacciones: primera, curiosidad, expresada en *¿por qué...?*, y segunda, Pedro se siente desa-

fiado a afirmar su disposición de pagar el máximo precio, de morir por él si fuera necesario. Meyer, citado por Marcus Dods, comenta: "En el celo de su amor él yerra en calcular la medida de su coraje moral". Pedro emplea casi textualmente las palabras de Jesús cuando éste hablaba de la disposición del buen pastor de poner su vida por las ovejas (ver 10:11). La ironía del hecho es que Pedro realmente no estaba dispuesto a poner su vida por Jesús; en cambio, Jesús sí lo estaba, y luego lo hizo. Después de anunciar varias veces, y con creciente claridad, que sería crucificado y que resucitaría al tercer día (ver Mat. 16:21; 17:23; 20:19; Mar. 8:31; 9:31; Luc. 9:22), es casi inconcebible que todavía Pedro y los otros estuvieran en plena negación de esa realidad. Para ser justos con Pedro, debemos recordar que todos los discípulos afirmaron lo mismo que él (ver Mar. 14:31; Mat. 26:35).

Jesús responde citando las mismas palabras que Pedro recién había pronunciado con cierto aire de superioridad, quizás con un elemento de orgullo, sobre los demás discípulos. Pedro se creía más valiente que los demás discípulos y como Mateo lo resalta en el relato de este evento en su Evangelio (26:33). Jesús quebranta el amor propio y la autosuficiencia de Pedro con dos sorprendentes profecías: Pedro ciertamente negaría a Jesús, no una vez sino tres, y lo haría esa misma noche, antes de una hora precisa indicada por el canto del gallo. Algunos comentaristas señalan el absoluto silencio de Pedro desde ahora y hasta el arresto de Jesús (ver 18:10), cuatro largos capítulos de dis-

Jesús: el camino, la verdad y la vida

14 »No se turbe vuestro corazón. Creéis en Dios; creed también en mí. **2** En la casa de mi Padre muchas moradas hay. De otra manera, os lo hubiera dicho. Voy, pues, a preparar lugar para vosotros*. **3** Y si voy y os preparo lugar, vendré otra vez y os tomaré

*14:2 Otra trad., Si así no fuera, ¿os habría dicho que voy para preparar lugar para vosotros?

cusión en que otros discípulos participaron. Este silencio es por demás elocuente, sobre todo considerando que Pedro era el vocero del grupo y el más impulsivo para hablar. El Maestro al fin había llegado a tocar las fibras más íntimas de su amado discípulo y estaba moldeándolo en su imagen.

Se piensa que en este momento, entre el fin del cap. 13 y el comienzo del cap. 14 de Juan, Jesús instituyó la Cena del Señor.

(3) Jesús: el camino al Padre, 14:1-7. La división entre los caps. 13 y 14 es arbitraria, pues este continua el tema del anterior, contestando la pregunta de Pedro: "Señor, ¿a dónde vas?" (13:36). Jesús se va al Padre (14:1-11). Su salida del mundo dará lugar a una nueva relación entre él y sus discípulos. Su misión terrenal será realizada por medio de ellos (14:12-14), el Espíritu Santo ministrando en y por medio de sus vidas (14:15-17). Él no los abandonará, sino que morará en ellos y ellos en él y todos en el Padre (14:18-24). Jesús les anticipa estas verdades para que, cuando llegue la crisis de su muerte, ellos se mantengan firmes (14:25-31). Plummer llama la atención al movimiento de espiral en los caps. 14—17. Los varios temas se presentan y se retiran en pasos sucesivos: el Paracleto se presenta cinco veces (14:16, 17, 25, 26; 15:26; 16:8-15, 23-25); la relación entre la iglesia y el mundo en tres pasajes (14:22-24; 15:18-25; 16:1-3). Lo mismo sucede con la salida y retorno de Cristo.

Los discípulos estaban profundamente perplejos debido al anuncio en el capítulo anterior de la entrega por Judas, de la negación por Pedro y de su salida del mundo. Y con toda razón, pues ellos lo habían dejado todo para seguirle a él,

depositando toda su seguridad actual y futura esperanza en él. Como en el dicho: "Habían quemado sus puentes y botes, haciendo imposible un retorno". Además, evidentemente seguían con un concepto equivocado del rol mesiánico de Jesús, que según ellos incluía la visión de un reino terrenal establecido en Jerusalén (ver Hech. 1:6). Jesús observaba en el rostro de sus discípulos la desesperación y procedió a calmarlos con *No se turbe vuestro corazón* (ver v. 27).

Los tres verbos griegos que se traducen *no se turbe*, *creéis* y *creed* pueden ser imperativos o indicativos, pues la forma de ambos modos es igual. Esta ambigüedad da lugar a traducciones distintas que se observan en las versiones. Sin embargo, el contexto parece indicar que el modo imperativo cabe mejor por lo menos para el primero y tercero. Ciertos comentaristas tomarían los tres como imperativos, argumentando que el creer en Jesús no es algo adicional a creer en Dios. Además, el creer correctamente en Dios es imposible aparte de creer primero en Cristo, porque la revelación perfecta y cabal de Dios nos llega únicamente en Cristo. Plummer dice lo contrario: "En todo caso una genuina creencia y confianza en Dios conducirá a una creencia y confianza en su Hijo". Mateos-Barreto lo traduce: "No estéis intranquilos; mantened vuestra adhesión a Dios manteniéndola a mí".

Además, los tres verbos están en el tiempo presente, con énfasis en una acción continuada. Una traducción que capta este énfasis sería: "No siga turbándose vuestro corazón", "estáis creyendo" y "seguid creyendo". Se emplea la preposición griega *eis*[1519] después de ambos verbos creer, indicando una fe profunda y comprometida. El énfasis del versículo, y el principio espiritual que se desprende, es que la creencia en Cristo y el Padre es la solución para corazones turbados.

El término *corazón* nunca se usa en el NT para referirse al órgano físico. Generalmente tiene en mente el centro de nuestro ser: físico, moral, espiritual e intelectual. Vincent comenta que a veces tiene la idea de "alma" (*psuque*^{5590}), la vida individual, y "espíritu" (*pneuma*^{4151}), el principio de vida. En el corazón el espíritu, que es el principio distintivo de la vida o alma, tiene el centro de su actividad. Las emociones de gozo y tristeza, por lo tanto, se atribuyen tanto al corazón como al alma (ver v. 27; 12:27). El corazón también es el foco de la vida religiosa (ver Mat. 22:37; Luc. 6:45; 2 Tim. 2:22). También es la esfera de la operación de la gracia de Dios (ver Mat. 13:19; Luc. 8:15; 24:32; Hech. 2:37; Rom. 10:9 s.). También, el uso singular de *corazón*, cuando se refiere al de varios, llama la atención. Este fenómeno se debe a la influencia semítica que tiene una preferencia por el "singular distributivo". Juan emplea el uso singular de *corazón* en esta manera cinco veces, incluyendo una cita de la LXX, pero nunca en el plural (ver v. 27).

Semillero homilético

Jesús es el camino, la verdad, y la vida
14:1-10

Introducción: En un viaje muy largo que hice de un extremo a otro de Chile (aprox. 5.800 km), vi un monumento con las palabras: "Jesús dijo: 'Yo soy el camino'". Esta frase me ha consolado cuando tenía que manejar más de 900 km en la noche. ¡Jesús es el camino; Yo voy con él!

Ésta es la frase más importante en Juan. Son las palabras que pueden cambiar la vida, el hogar, la familia.

I. La última cena de Jesús con sus discípulos.
   1. Jesús muestra su amor a sus discípulos (13:34).
   2. Les habló del cielo (vv. 1-3).
      El texto más consolador de la Biblia.
   3. Nuestro hogar: "Casa de mi Padre". Todo está preparado. Hoy muchos se trasladan de un lugar a otro, no tienen "casa propia"; allá sí tendrán una.
   4. Jesús viene a recibirnos para llevarnos y acompañarnos. Una hermana en Sabadell, España, moribunda, dijo: "Veo, veo a Jesús. Viene para llevarme. Ya voy Señor. Gracias Señor; él me llama".
   5. El cielo es una realidad. Es la casa de nuestro Padre y su Hijo, pero también de todos los redimidos de muchas naciones.
II. La pregunta de una persona sincera (v. 5).
   1. Un hombre honrado, noble, y honesto que no quedó satisfecho; él quería saber más.
   2. Los profesores no deben tener problemas con las preguntas. Le debemos mucho a Tomás, porque a causa de su pregunta el Señor le respondió con tres de las palabras más grandes que describen quién es él.
III. Jesús es el camino.
   1. La Biblia dice que Dios va a indicar el camino para su pueblo (Deut. 5:32, 33; Isa. 30:21; 35:8).
      El pueblo de Dios es un pueblo que se mueve.
   2. Muchas veces estamos confundidos. No sabemos con exactitud cuál es el camino correcto que debemos tomar.
   3. Cristo no sólo nos indica el camino. Él es el camino; nos acompaña en todo el viaje. Nos indica cuando vamos mal; nos bendice cuando vamos bien: "He aquí, yo estoy con vosotros todos los días, hasta el fin del mundo" (Mat. 28:20).
   4. Él es el único camino al Padre. Cada uno tiene que tomar una decisión personal para tenerlo como su camino.

(Continúa en la pág. siguiente)

Además de mandar creer en Dios y en él mismo como antídoto para su ánimo turbado, Jesús agrega otro factor que infundiría tranquilidad en el corazón de ellos. En este versículo dice tres cosas: afirma que hay muchas moradas; les asegura que si no fuera así él les hubiera dicho; y que iba a preparar un lugar para ellos. *Casa de mi Padre* se refiere al cielo, el lugar de la morada o el "hogar" de Dios. El término casa se refiere a una habitación donde mora la gente, generalmente un edificio. Sin embargo, se entiende que no se refiere a un lugar geográfico, ni físico, sino a otra dimensión de existencia.

El término *moradas*, usado sólo aquí y en el v. 23 en el NT, se deriva del verbo que significa "morar" o "permanecer" (ver 15:4-7, 9, 10). Mateos-Barreto lo traduce "viviendas para muchos". El término "mansiones", usado en la Vulgata y traducido así en algunas versiones en castellano, se deriva del mismo verbo, pero agrega un concepto extraño al significado literalmente del término griego, es decir, una habitación de esplendor lujoso. Quizás

por esto la RVA lo traduce *moradas*. *Muchas moradas* da la idea de algo espacioso, totalmente adecuado para todos. Jesús anuncia su salida, sí, pero sería para el beneficio de los que ahora estaban turbados. Vincent, Lindars, Barrett y otros ubican *De otra manera, os lo hubiera dicho* entre paréntesis o con puntuación, conectando *muchas moradas hay... voy pues, a preparar...* En esta manera traducen la conjunción griego causal como "porque", en vez de *pues*, quedando "...porque voy a preparar...". Este arreglo es convincente. El término *lugar* se describe con otros dos: *casa* y *morada*. Jesús no describe, ni ofrece más datos sobre el significado del lugar que va a preparar.

Varios comentaristas traducen el término *moradas* como "estaciones" o "lugares de morada transitoria". Basados en este concepto, Orígenes, Wescott, Temple y otros conciben el cielo como un lugar de pasaje de una estación a otra, progresando hacia una meta final. Es cierto que el término *moradas* se ha usado en este sentido en varias culturas. Sin embargo, la etimología

(Continúa de la pág. anterior)

IV. Jesús es la verdad.
   1. La verdad es importante en la Biblia (Sal. 86:11; 119:30).
   2. Todos buscan la verdad. La gente quiere saber la verdad científica, la verdad económica, la verdad política.
   3. Jesús es la verdad. Todo lo demás es falso. Él no solamente enseña la verdad; él vivió la verdad. Él sufrió la muerte para romper las cadenas del pecado para siempre (Isa. 53:4-6).
   4. Su vida respalda la enseñanza. Puede confiar en cada palabra de Jesús. Otros pueden enseñar la verdad. Jesús es la verdad.

V. Jesús es la vida.
   1. Todos quieren disfrutar la vida. La buscan en el deporte, las posesiones y otras cosas, pero la vida es mucho más que esto.
   2. El AT nos enseña a escoger el camino de vida (Prov. 6:23; 10:17; 14:13; 16:25; Sal. 16:11; Deut. 30:19, 20).
   3. Nadie quiere escoger la vía que conduce a la muerte.
   4. Todos buscan una vida mejor. ¿Cómo hallarla?
   5. Solamente Jesús puede decir: "Yo soy la Vida".

Conclusión: Al aceptarlo empezamos a vivir, en ese mismo instante, la vida abundante que él da. Jesús es el camino, el único camino a Dios. A través de él podemos conocer a Dios. Él nos acompaña día y noche. Su espíritu está aquí. Jesús es la verdad; no tenemos que buscar más. Jesús es la vida; nos libra de la muerte, la muerte de una vida inútil y la muerte eterna. Jesús nos invita: "Al que a mí viene, jamás lo echaré fuera" (Juan 6:37). "Venid a mí, todos los que estáis fatigados y cargados, y yo os haré descansar" (Mat. 11:28). Jesús desea darle descanso para su alma. No dude más. Hay paz con Dios y la presencia de Jesús desde ahora y por la eternidad.

conmigo; para que donde yo esté, vosotros
también estéis. **4** Y sabéis a dónde voy, y sabéis
el camino*.

5 Le dijo Tomás:

—Señor, no sabemos a dónde vas; ¿cómo podemos saber el camino?

---

*14:4 Los mss. más antiguos dicen *Ya sabéis el camino a dónde voy.*

---

del término parece indicar un lugar fijo y
permanente (ver v. 23). Por lo tanto,
Tasker, Morris y otros refutan la idea de
que el concepto de un pasaje por estaciones en el cielo se enseña en este pasaje.

La cláusula condicional *Y si voy...* (v. 3)
emplea una partícula que indica un futuro
más probable. No implica duda de parte de
Jesús. Plummer dice que el énfasis está en
el "resultado" o "consecuencias" de haber
ido más bien que el tiempo de la acción
(ver 12:26). Además de prometerles un
lugar preparado especialmente para ellos,
promete regresar: *vendré otra vez.* El
verbo *vendré* está realmente en el tiempo
presente, lo cual da certeza a la promesa;
literalmente es "otra vez vengo o estoy
viniendo". Según la gramática griega, se
puede usar un verbo en el tiempo presente, vívido y realista, en afirmaciones de
absoluta seguridad respecto al futuro. Hay
un sentido en que Jesús viene en varias
maneras a los suyos en esta vida, pero
esta referencia apunta especialmente a la
Segunda Venida, concepto que escasea en
los escritos de Juan en comparación con el
resto del NT.

Algunos comentaristas opinan que *vendré otra vez* se refiere a la resurrección y
la unión de Cristo con la iglesia por medio
del Espíritu Santo (ver v. 23). Pero Morris
y muchos otros creen que se refiere a la
Segunda Venida, cuando Cristo tendrá, entre otros, el propósito de juntar a los suyos a su lado y jamás habrá otra separación. Ambas interpretaciones son admisi-
bles. Poco o nada se nos dice en cuanto al
lugar ni la morada que él está preparando
para nosotros; basta la promesa de que
estaremos con él. Más que el lugar, o la
clase de morada, el énfasis está sobre la
unión íntima, inseparable y eterna de los
creyentes con su Señor.

El v. 4 sigue el pensamiento del anterior
donde Jesús anunciaba su salida a la casa
de su Padre para preparar un lugar para
los discípulos. Él da por sentado que ellos
ahora entienden *a dónde* iba y *el camino*
por el cual iba. Recién les había dicho con
claridad a dónde iba, a Dios en el cielo. Por
otro lado, a través de todo su ministerio,
por palabra y por hechos, Jesús les había
señalado el camino por donde él iba, es
decir, un camino de abnegación que
pasaría finalmente por la muerte de cruz.
Pero, aparte de una alusión a Isaías 40:3
en Juan 1:23, el término traducido *camino*
se encuentra sólo aquí y en los próximos
dos versículos en este Evangelio. Es curioso que este término que se usa tan poco
en Juan haya llegado a referirse al cristianismo (ver Hech. 9:2; 19:9, 23; 24:14,
22). Se nota que mucho antes los esenios
de Qumrán lo habían usado también para
referirse a su secta, probablemente por
influencia de la referencia en Isaías.
Plummer encuentra una leve represión en
las palabras de Jesús por considerar que,
al decir *sabéis a dónde voy*, realmente
estaba diciendo "pudierais haber sabido, si
tan solamente hubieseis prestado atención".

Culpepper observa que en el discurso de
despedida que se inicia en 13:31 y se extiende hasta el fin del cap. 14, los discípulos interrumpen cuatro veces: Pedro
(13:36); Tomás (14:5); Felipe (14:8); y
Judas, no el Iscariote (14:22). Tomás apareció por primera vez en el episodio de
Lázaro (11:16), donde se mostró dispuesto a morir con Jesús. Mateos-Barreto
opinan que el problema de Tomás es que
él consideraba la muerte como la meta y el
punto final, no un paso para llegar a la
meta. Algunos consideran a Tomás como
un tanto lerdo en lo intelectual y lo espíri-

6 Jesús le dijo:
—Yo soy el camino, la verdad y la vida; nadie

viene al Padre, sino por mí. **7** Si me habéis conocido a mí, también conoceréis a mi Pa-

---

tual, pero en todo caso es honesto y dispuesto a revelar su ignorancia por preguntar, cualidades por cierto loables. Él, como los otros, estaría todavía con un concepto mesiánico equivocado que incluía el restablecimiento del trono de David en Jerusalén. Querían saber por qué Jesús hablaba de ir a otro lugar.

La pregunta de Tomás da lugar a una de las afirmaciones más conocidas de Jesús en cuanto a su identidad y su misión. Aparece otra vez la expresión griega

ego^{1473} $eimi^{1510}$ "Yo Soy", el eterno ser divino, la sexta de siete veces que Juan la registra (ver 6:35, 48; 8:12; 10:7, 9, 11, 14; 11:25; 14:6; 15:1, 5). El pronombre Yo es doblemente enfático, por posición y por el uso cuando la primera persona singular ya se ve en la forma del verbo, como en castellano. Tomás, y seguramente los demás, estaban preocupados por la salida de su Maestro y por el destino, pero Jesús quiere enfatizar la importancia de saber el camino para llegar al Padre.

Semillero homilético

El camino de la felicidad
Isaías 30:18-21; Juan 14:1-6

Introducción: La búsqueda por el camino de la felicidad ha sido compartida por muchas personas durante todas las edades (p. ej., Ponce de León en la búsqueda de la "Fuente de la eterna juventud"; la búsqueda de "El Dorado". La búsqueda del éxito, de la felicidad, etc.).

I. La Biblia señala el camino de la felicidad (Sal. 1:6).
    1. Dios ha creado al hombre a su imagen y semejanza.
    2. Le muestra el camino; la vida es un camino (Deut. 8:2, 6; 26:17).
        (1) Dios advierte, amonesta al pueblo.
        (2) Dios va a guiar a su pueblo. El tabernáculo, santuario portátil del gran Dios del camino.
    3. Los profetas señalan el camino (Isa. 30:18-21).
        (1) Dios escucha la oración. Usará la voz de nuestra conciencia, de maestros, de profetas para guiarnos en el camino de la vida.
            a. No vamos a extraviarnos. Hay un camino de éxito, de santidad, de lealtad (Isa. 35:8).
            b. Dios quiere mostrarnos el buen camino. El camino de vida, el camino probado y seguro (Jer. 6:16).
    4. Los caminos de Dios son rectos (Ose. 14:9).
II. El egoísmo del hombre.
    1. Sabe todo, no quiere consejo. Hay que escoger (Jer. 6:16).
    2. El camino de muerte (Prov. 14:12; 16:25).
        (1) Todo parece muy bueno: ¡el camino al éxito y la felicidad! ¡Todo tan bonito, tan divertido!
        (2) ¡Pero el resultado final es muerte y ruina! (Sal. 1:6). El camino en la arena del desierto.
        (3) La debilidad, ignorancia del hombre (Jer. 10:23).
        (4) Jesús advierte del camino (Mat. 7:13, 14).
III. Jesús es el camino.
    1. Cómo hallar el camino (Juan 14:1-6).
        Es una persona, no un sendero; es vida, no un plan o suerte; no es influencia, ni "palanca".
    2. Él es el camino. Él prepara el camino.
    3. El camino de Cristo es el camino de amor y consuelo; es el camino a Dios.
    4. Los primeros creyentes fueron llamados los "del Camino" (Hech. 9:2).
Conclusión: (Leer el himno: "Me Guía Él" [# 227 del Himnario Bautista]).
¿Desea que él lo guíe? Hoy es el día de decidir cuál de los dos caminos será suyo. El único camino a la vida es Cristo Jesús. Hágalo suyo. Crea en él.

dre*; y desde ahora le conocéis y le habéis
visto.

*14:7 Algunos mss. antiguos dicen *Si me hubiérais conocido a mí, también habríais conocido a mi Padre.*

Los tres términos (*camino, verdad* y *vida*) pueden relacionarse en varias maneras. Culpepper sugiere que *el camino* puede ser el proceso, *la verdad* el medio o meta, y *la vida* el resultado. El *camino* puede conducir a *la verdad* y *la vida*, o *la verdad* y *la vida* pueden explicar por qué Jesús es *el camino*. La ironía es que las afirmaciones no son tan obvias; los discípulos no entienden la verdad y cómo podría él ser la vida si al día siguiente moriría. Mateos-Barreto opinan que *la vida* es el único término de los tres que es absoluto; los otros dos son relativos y subordinados, y conducen a *la vida*.

El camino recibe énfasis por repetición en los vv. 4, 5 y 6. Jesús no sólo explica, señala y discute el camino, sino que él mismo es *el camino*; porque por él, y únicamente por él, tenemos redención y vida nueva. Tampoco es "un camino", sino que es el único camino. Por otro lado, las afirmaciones de Jesús son exclusivistas: *nadie viene al Padre, sino por mí.* El camino habla de una conexión entre dos puntos; en este caso sería entre el hombre y Dios, Jesús siendo el puente. Él es *la verdad*; no sólo la enseña y la discute, sino que es la misma y plena encarnación de la verdad redentora, la que revela a Dios (ver 1:14). Jesús también es *la vida* (ver 1:4) y la fuente de toda vida, tanto física como espiritual. Moule y Turner llaman la atención al caso inusual en el griego del artículo definido ante cada uno de los tres términos, concluyendo que sirven para agregar énfasis en su carácter único y absoluto.

En resumen, podemos decir que estas afirmaciones de Jesús expresan en los términos más enfáticos y categóricos que su obra a favor de los hombres es absolutamente suficiente y única: *nadie viene al Padre, sino por mí.*

Existe un número importante de variantes en el texto griego del v. 7, mayormente en relación con el tiempo de los verbos. La tendencia, basados en el texto en castellano, es la de poner el énfasis en el pronombre *me.* Sin embargo, el énfasis recae sobre el verbo *habéis conocido* porque el pronombre sigue al verbo en el texto gr. y es enclítico. En la segunda cláusula el *Padre* recibe el énfasis porque se ubica primero en el texto gr. La RVA sigue el texto con las variantes que aparecen en el texto de las Sociedades Bíblicas Unidas, al traducir el primer verbo, en el tiempo perfecto, *habéis conocido*; el segundo está en el tiempo futuro y se traduce *conoceréis.* Nótese la referencia a *mi Padre* y no a "el Padre" (v. 6). Vincent comenta que este cambio enfatiza el conocimiento del Padre en su relación con el Hijo.

La construcción condicional implica que los discípulos no habían conocido, o reconocido, quién era realmente Jesús y, por lo tanto, no habían conocido al Padre. Plummer, Vincent y otros traducen la primera cláusula así: "Si hubierais aprendido a conocer...". Los discípulos habían conocido a Jesús lo suficiente como para dejarlo todo y seguirle, pero no le conocían en el significado cabal de su persona. Pero *desde ahora* la situación cambiaría radicalmente. Jesús tiene en mente la crucifixión, resurrección, ascensión y el descenso del Espíritu Santo. La nueva visión del Cristo resucitado y glorificado les abriría la comprensión de su deidad e igualdad con el Padre. Al verlo y reconocerlo así, estarían viendo al Padre (ver 1:18), pues él es "la expresión exacta de su naturaleza" (Heb. 1:3). El último verbo, en el tiempo perfecto y traducido *habéis visto*, expresa una condición futura con la seguridad como si ya existiera.

En el AT nadie sostenía un conocimiento

8 Le dijo Felipe:
—Señor, muéstranos el Padre, y nos basta.
9 Jesús le dijo:

—Tanto tiempo he estado con vosotros, Felipe, ¿y no me has conocido? El que me ha visto, ha visto al Padre. ¿Cómo, pues, dices tú:

---

personal de Dios y hay escasa referencia al hecho de que el hombre pudiera conocer a Dios (ver Sal. 36:10). Con la venida de Jesús y la realización de su ministerio, por primera vez los seres humanos tienen la enorme dicha de contemplar al Padre reflejado perfectamente en su amado Hijo. Ciertamente el conocimiento pleno de Jesucristo requiere un proceso durante toda la vida, valiéndose de los recursos provistos por Dios. Sin embargo, ese proceso no es lo que conduce a la salvación, sino que, basándose en la conversión, conduce a la santificación. Discrepamos con Mateos-Barreto quienes dicen respecto de este versículo: "Progresar en el conocimiento de Jesús, es decir, ahondar en la comunión con él por la práctica del amor, va haciendo al hombre hijo de Dios y dándole a conocer al Padre".

Claves para el éxito

Hay seis cualidades que son la clave del éxito: Sinceridad, integridad personal, humildad, cortesía, sabiduría y caridad.

Dr. William Menniger

---

(4) El Padre y el Hijo, 14:8-14. La pregunta de Tomás (v. 5) dio lugar a las afirmaciones de "Yo Soy". En semejante manera, la pregunta de Felipe da lugar a la enseñanza sobre la relación íntima entre Jesús y el Padre. La comprensión de esta relación íntima tiene un valor práctico para los seguidores de Cristo. Jesús recalca el valor especial de su relación con el Padre en cuanto a la obra que los discípulos realizarían y en cuanto a su vida de oración.

Esta es la cuarta y última vez que aparece Felipe en este Evangelio (1:43-49; 6:5-7; 12:22). Él revela su ignorancia relacionada con la naturaleza de la persona de Jesús y la falta total de comprensión

del contenido del versículo anterior. Sin embargo, es honesto y dispuesto a exponer su ignorancia con tal que sus inquietudes se satisfagan. Está equivocado también en pensar que lo único que deseaban era una visión del Padre. Pero, ¿quién no desearía ver a Dios? Felipe estaba expresando un anhelo universal. Morris opina que Felipe aparentemente deseaba una teofanía tal como encontramos de vez en cuando en el AT (ver Éxo. 24:10; 33:17 ss.; Isa. 6:1). Felipe llama a Jesús *Señor*, un título de respeto, pero los discípulos lo usaban a esta altura con un contenido más profundo. Jesús recién había dicho "y le habéis visto", pero Felipe no era consciente de haber visto al Padre. Había oído su voz del cielo, pero anhelaba ver su persona. Su deseo no era egoísta, pues pedía lo mismo para todos sus compañeros al decir muéstranos y *nos basta*.

El verbo *he estado* está en el tiempo presente, en vez de perfecto, y una traducción literal sería: "En tanto tiempo estoy con vosotros". El énfasis está sobre la duración prolongada (indefinida) de tiempo, no sólo con Felipe, sino con todos ellos. Felipe fue uno de los primeros discípulos (1:44) y, después de caminar con Jesús durante tres años, todavía le faltaba una comprensión cabal de la persona de su Maestro. Las dos preguntas de Jesús *¿y no me has conocido?* y *¿Cómo, pues, dices...?* son un reproche suave por no haber aprendido la lección repetida una y otra vez. El pronombre *tú* en la segunda pregunta es enfático, por estar ubicado ante el verbo en el texto griego Mateos-Barreto comentan que Felipe, "anclado en la idea tradicional, no puede comprender que el Padre esté presente en Jesús". Parece que aun Jesús mismo estaba sorprendido por la falta de comprensión de todos los discípulos, un hecho testificado en los cuatro Evangelios (ver 10:6; 12:16; Mat. 15:16;

"Muéstranos el Padre"? **10** ¿No crees que yo soy en el Padre y el Padre en mí? Las palabras que yo os hablo, no las hablo de mí mismo; sino que el Padre que mora en mí hace sus obras. **11** Creedme que yo soy en el Padre, y el Padre en mí; de otra manera, creed* por las mismas obras.

---

*14:11 Algunos mss. antiguos dicen *creedme*.

16:8; Mar. 9:32; Luc. 9:45; 18:34; 24:25; Hech. 1:6; Heb. 5:12). Plummer percibe majestad en la expresión *El que me ha visto, ha visto al Padre*. Antes el texto dice que Jesús había dado a conocer al Padre (1:18), pero con esta afirmación Jesús reclama plena deidad y el ser uno con el Padre (ver 12:45; 13:20). ¿Qué mero hombre se atrevería a decir semejante cosa?

La pregunta de Jesús *¿No crees...?* (v. 10) se construye de modo que anticipa una contestación afirmativa. Sigue el énfasis sobre la relación íntima, interdependiente y continua entre Jesús y el Padre. La morada de uno está en el otro y viceversa. Esta relación se expresa en todo lo que Jesús hace: en *las palabras* y *obras*. En otras palabras, Jesús no dice ni hace nada sin la intervención y anuencia del Padre. Tal es esa relación que Jesús pudo decir que sus palabras son las del Padre y sus obras son realizadas por el Padre por medio de él. Si las palabras de Jesús no tienen en sí evidencia propia de una procedencia divina, las obras (milagros) si la tienen, y con creces. Recordamos que en este Evangelio las obras de Jesús no son meramente manifestaciones de poder, sino que son señales que apuntaban a él como el Hijo de Dios.

Esta relación entre Jesús y el Padre sirve de modelo, después de Pentecostés, cuando el Padre y el Hijo hablarían y harían su obra en cada creyente y en la iglesia (el cuerpo de creyentes) por medio del Espíritu Santo morando en ellos (ver 15:1-10).

El verbo soy no aparece en el texto griego, lo cual sirve para destacar aún más la relación entre Jesús y el Padre. Morris llama la atención al hecho de que el NT no sólo exhorta a una creencia en Jesús como persona viviente y divina, sino de creerle a él. Literalmente es "creed en mí". La fe tiene un contenido intelectual que incluye una aceptación de las enseñanzas de Jesús como verdaderas y autoritativas.

Ahora Jesús se vuelve de Felipe y se dirige a todos los once discípulos con la exhortación, o mandato, de creer en lo que él recién había afirmado en cuanto a la relación íntima que sostenía con el Padre. El mandato está en el tiempo presente, con énfasis en acción continua. En efecto, Jesús dice que sus palabras no necesitan pruebas, pero si le cuesta a uno aceptarlas como del Padre, las mismas obras deben servir para convencerle. La expresión *las mismas obras* es literalmente "por causa de las mismas obras", enfatizando las obras como base y causa para la creencia. Casi seguro el término *las mismas obras* se refiere a sus milagros o señales. Jesús había hablado a los judíos en esencialmente los mismos términos (ver 10:37, 38).

Jesús introduce otra afirmación sorprendente y solemne con la doble exclamación griega *amen, amen*. Brown comenta que este versículo sirve de transición entre el tema de la fe (vv. 10, 11) y el tema de la ayuda que se recibe de Dios (vv. 13, 14). Obsérvese que ahora no es "creedme" (ver v. 11), sino *cree en mí*, empleando la preposición griega *eis*[1519] que describe una confianza y compromiso personal con él. El verbo *cree* es un participio griego en el tiempo presente, describiendo una acción sostenida, un estilo de vida. La segunda cláusula se lee lit.: "las obras que yo hago también aquél hará...". Los dos pronombres, *yo* y "aquél", están en una posición enfática, pero la RVA y la NVI

12 »De cierto, de cierto os digo que el que cree en mí, él también hará las obras que yo hago. Y mayores que éstas hará, porque yo voy al Padre. **13** Y todo lo que pidáis* en mi nom-

---

*14:13 Algunos textos tardíos incluyen *al Padre*.

---

invierten el orden de las palabras, perdiendo el énfasis primario sobre *las obras que yo hago*.

La tentación

"Cada tentación es una oportunidad para acercarnos más a Dios". John Q. Adams.
"Una cosa es ser tentado, otra cosa es sucumbir frente a la tentación". Shakespeare.
"No hay nada más dañino para una nueva verdad que un error viejo". Goethe.
"Si el mundo va en contra de la verdad, entonces Anastasio va en contra del mundo". Anastasio.
"La sabiduría es el uso correcto del conocimiento". Charles H. Spurgeon

---

Estas palabras de Jesús han sido interpretadas como una profecía de que los suyos harían milagros más grandes y más espectaculares que los que él había hecho. Pero ¿quién pretende, en todo el curso de la historia del cristianismo, haber realizado un milagro más dramático y espectacular que la resurrección de Lázaro? Tampoco este versículo se refiere a los notables milagros registrados en el libro de Los Hechos (ver 3:1-10; 5:15; 19:12). Entonces, debemos buscar en otra dirección para la interpretación. Casi todos los comentaristas serios concuerdan en que esta promesa se refiere a los resultados de Pentecostés, la obra misionera de Pablo y la victoria sobre el judaísmo y el paganismo. La obra de Jesús fue limitada a Palestina, y él mismo fue limitado a un lugar a la vez, pero después de Pentecostés los creyentes fueron esparcidos por todo el mundo conocido, cosechando de los cuatro vientos simultáneamente.

Mateos-Barreto ofrecen una interpretación coherente: "La obra de Jesús ha sido sólo un comienzo, el futuro reserva una labor más extensa. Él no se propone a sí mismo como modelo inalcanzable, el único capaz de hacer tales obras. El discípulo podrá hacer lo mismo y aún más. Esto confirma que las señales hechas por Jesús no son irrepetibles por lo extraordinarias, sino que su carácter principal es ser símbolos de la actividad que libera al hombre ofreciéndole la vida". Vincent cita la opinión de Godet: "Lo que fue hecho por Pedro en Pentecostés, por Pablo en todo el mundo, lo que es efectuado por un predicador ordinario, un solitario creyente, por introducir al Espíritu al corazón, no pudo haber sido hecho por Jesús durante su peregrinaje en este mundo". Brown y Lindars opinan que esta promesa alude a lo que Jesús dijo en 5:20. Hovey agrega que las obras sobrenaturales en la esfera del espíritu son superiores, más bien que inferiores, a las del mundo sensorio; que el levantar un alma de la muerte a la vida es realmente un acto superior a la resurrección de un cuerpo muerto de la tumba.

Con este planteo no queremos dejar la impresión de que la promesa no incluya, en casos aislados, la realización de notables milagros de sanidad y de otra clase por el poder de Dios. Lo que sí queremos decir es que la promesa apunta a otra dirección. El énfasis en Hechos y en las epístolas paulinas es sobre la evangelización, la liberación del hombre esclavizado por Satanás y destinado al infierno eterno a una vida fructífera en el Espíritu con un destino glorioso y eterno. Hubo milagros físicos sí, pero estos no ocupan la atención primaria. Este versículo debe tomar en cuenta el planteamiento de los dones espirituales en 1 Corintios 12.

La expresión *en mi nombre* aparece en el v. 13 por primera vez (ver 15:16; 16:23, 24, 26; Mat. 28:19). Como en relación al versículo anterior, este ha sido interpretado para cubrir cualquier cosa que uno de-

bre, eso haré, para que el Padre sea glorificado en el Hijo. **14** Si me* pedís alguna cosa en mi nombre, yo la haré.

*14:14 Algunos mss. antiguos no incluyen *me*.
*14:15 Algunos mss. antiguos dicen *guardad*.

Jesús promete enviar el Espíritu

15 »Si me amáis, guardaréis* mis manda-

Joya bíblica

Y todo lo que pidáis¹ en mi nombre, eso haré, para que el Padre sea glorificado en el Hijo (14:13).

---

searía, sin límite alguno, como un "cheque en blanco". Sin embargo, el mismo versículo establece dos límites concretos: *en mi nombre* y *para que el Padre sea glorificado*. La primera expresión significa el pedir como Cristo pedía cuando estaba en la tierra y como pediría si él estuviera en nuestro lugar ahora. Él siempre pedía por cosas que glorificarían al Padre y que adelantarían el reino de Dios, con la actitud de "sea hecha tu voluntad y no la mía". El pedir en su nombre no es una fórmula mágica que garantice su eficacia u obligue la mano de Dios. Vincent cita a Meyer quien dice que la cuestión es del "espíritu" y "mente" del que ora. Mateos-Barreto traducen esta misma idea así: "Lo que pidáis unidos a mí, yo lo haré". Culpepper sigue el énfasis de Agustín al comentar que el pedir en el nombre de Jesús significa pedir en el cumplimiento de su vida y carácter, es decir, continuar el ministerio que él inició cuando estaba en la tierra. Por lo tanto, el pedir por cosas mundanas, triviales y egoístas, para adelantar nuestros intereses y que no tienen que ver con el adelanto de su reino, no cabe dentro de los límites establecidos.

La RVA, en el v. 14, sigue el texto griego publicado por las Sociedades Bíblicas Unidas al incluir el pronombre personal en *Si me pedís*, el cual falta en la RVR-1960; por otro lado no traduce el verbo tal cual es, un subjuntivo en el tiempo aoristo: "pidiereis". En el versículo anterior no se especifica a quién se debe dirigir la

oración, pero aquí se aclara que es a Jesús. Esta aclaración no contradice otros pasajes que indican que debemos orar al Padre. Juan establece una relación tan íntima entre el Padre y el Hijo que la oración puede dirigirse a cualquiera de los dos sin omitir al otro. Jesús está en la posición de mediador. La oración dirigida a él, o por medio de él, llega al Padre. Además, este versículo establece que Jesús es el que contesta la oración: *yo lo haré*. El pronombre *yo* es doblemente enfático, por su posición ante el verbo y por usarse cuando no es necesario, pues la primera persona singular se ve en el mismo verbo. Brown sugiere que debemos analizar cuatro modelos distintos de orar en los escritos de Juan: a) 14:13, 14; b) 15:16 y 16:23; c) 15:7 y 16:24; d) 1 Juan 3:21, 22 y 5:14, 15.

(5) Jesús promete enviar al Espíritu, 14:15-31. En la sección anterior Jesús describió el lugar que los discípulos tendrían después de Pentecostés como sus representantes en la extensión de su reino. A partir del v. 15 describe en términos prácticos y concretos cómo se manifestaría el amor del discípulo hacia él y el amor de él hacia ellos, y que por medio de esa relación íntima él realizaría su ministerio en el mundo. En este pasaje se presenta la primera de una serie de referencias al ministerio del Espíritu Santo (14:26; 15:26; 16:7-15). Su morada en los discípulos explica el significado de "no os dejaré huérfanos" y aseguraría el cumplimiento de la promesa de que ellos harían "mayores obras". La mitad del capítulo se encuentra en esta sección y, por razón de los distintos temas mencionados, muchos comentaristas la dividen en dos o tres partes. Sin embargo, hemos optado por la división que emplea la RVA porque,

damientos. **16** Y yo rogaré al Padre y os dará otro Consolador*, para que esté con vosotros para siempre. **17** Este es el Espíritu de verdad, a quien el mundo no puede recibir, porque

---

*14:16, Lit., *Paracleto*; o sea, el que es llamado para estar al lado de uno para ayudar. Otras trads.: *Ayudador, Consejero, Abogado Defensor, Auxiliador, Intercesor o Confortador*

---

aunque el Espíritu Santo se menciona explícitamente en sólo tres versículos (16, 17, 26), su ministerio en relación con la partida de Jesús corre a través del pasaje.

> **Muriendo o viviendo**
>
> A un anciano escocés, moribundo, se le preguntó sus pensamientos en cuanto a la muerte. Él respondió: "Me importa poco si vivo o si muero. Si muero estaré con Jesús, y si sigo vivo, Jesús estará conmigo".
> C. Dixon, *The Bright Side of Death* (El lado brillante de la muerte)

La forma del verbo *amáis* (v. 15), traducido en la RVA como en el modo indicativo, en el griego admite tres clasificaciones: el indicativo, el subjuntivo, o el imperativo activo en el tiempo presente. La partícula griega condicional, traducida *Si*, con que se inicia la cláusula normalmente requiere un verbo en el modo subjuntivo y describe una condición futura más probable; por eso clasificamos el verbo como subjuntivo. Jesús confiaba que, habiendo salido ya Judas Iscariote, los demás lo amarían. El verbo *amáis* está en el tiempo presente con énfasis en acción continua y describe un estilo de vida. Además, el verbo *guardaréis*, según el mejor texto griego, se clasifica como del modo indicativo y tiempo futuro. Sin embargo, hay una variante que lo escribe como un imperativo en el tiempo aoristo: "guardad". El pronombre posesivo de *mis mandamientos* es enfático. Este concepto se repite y se amplía en el v. 21.

Algunos interpretan este versículo en relación con el versículo anterior, o el que sigue, o con 14:1. Por ejemplo, Marcus Dods ve en el v. 15 que el amor y obediencia de parte de los discípulos son condiciones para la promesa pronunciada por Jesús en el siguiente. Brown sigue esta idea y aplica la partícula condicional Si a ambos verbos del v. 15 y considera el versículo siguiente como la apódosis: "entonces yo le pediré...". Plummer y otros consideran que este versículo es la condición para la eficacia de la oración "en mi nombre" (v. 14).

Parece que Jesús está diciendo que si realmente existe un amor sincero de parte de los discípulos, la manifestación concreta naturalmente será la obediencia de sus mandatos. Por otro lado, la motivación para la obediencia de parte del creyente no debe ser el temor, o el sentido de obligación, sino el amor que surge de un corazón agradecido. Es fácil decir "te amo", pero sólo decirlo no satisface las exigencias del Señor. Como dice el refrán: "Del dicho al hecho hay mucho trecho".

Habiendo presentado la parte que correspondía a los discípulos en el versículo anterior, ahora, v. 16, Jesús promete lo que él mismo hará. Si ellos hacen su parte en la tierra, Jesús haría la suya en el cielo. El pronombre *yo* es doblemente enfático y se ubica en contraste a "vosotros" en el anterior. Morris observa que aquí tenemos la primera vez en este Evangelio que Jesús emplea el verbo traducido *rogaré*, el cual lo usan generalmente los discípulos que hacen preguntas. Plummer comenta que este verbo normalmente se usa entre personas de igual jerarquía, como en este caso. Trench agrega que en el NT no hay un solo caso de un creyente que haya usado este verbo en su oración a Dios, o de una criatura que se haya dirigido a su Creador. Jesús confía que el Padre oirá y contestará su pedido. Lit. el texto griego dice: "y otro Consolador dará a vosotros". Este arreglo muestra que el énfasis recae sobre el pronombre *otro*.

El pronombre *otro* está en el género masculino y significa literalmente "otro de la misma clase" (*allos*[243]). En el griego hay otro pronombre que se traduce "otro" (*eteros*[2087]), pero con el significado de "otro de una clase distinta". La referencia es a otro que cumplirá el rol realizado por Jesús durante los tres años de su ministerio terrenal. Jesús los dejaría en su forma física y visible, pero no sería un abandono total, porque el Espíritu Santo vendría a suplir esa ausencia, y con ventajas. Jesús estaba limitado a un lugar a la vez, pero ese límite no se aplicaría al "otro Consolador". Jesús normalmente estaba "con" los discípulos, pero el Espíritu Santo moraría "dentro" de ellos. Jesús estuvo con los discípulos por un tiempo limitado, aproximadamente tres años, pero el Consolador estaría con ellos para siempre.

El término *Consolador* traduce un vocablo (*paracletos*[3875])que ofrece varias aplicaciones. Debemos mantener en mente la relación que se establece con Jesús y su ministerio al decir *otro Consolador*. Este título se usa cinco veces en el NT, cuatro de ellas en este Evangelio cuando Jesús se refiere al Espíritu Santo (14:16, 26; 15:26; 16:7). En 1 Juan 2:1 se traduce como "abogado". El término traduce una palabra compuesta de una preposición *para*[3844], "al lado de", y el adjetivo *kletos*[2822], derivado del verbo *kaleo*[2564] que significa "llamar". Algunas versiones, en vez de intentar una traducción, sencillamente presentan una transliteración: "Paracleto". El término significa literalmente "uno llamado al lado de otro para socorrer". A veces se traduce "abogado" porque este término se usaba antiguamente de uno llamado para ayudar en una corte de justicia, especialmente en la defensa de una persona acusada. Plummer afirma que siempre cuando se usa este término en el Evangelio, la idea de rogar, argumentar, convencer e instruir es prominente. Todos estos conceptos describen el ministerio de Cristo en el cielo y el amplio ministerio del Espíritu Santo en relación con los creyentes en el mundo. Siendo así, debemos buscar un término que se puede aplicar igualmente a Cristo y al Espíritu Santo.

Muchos comentaristas opinan que no hay un término en castellano que exprese adecuadamente el vocablo griego. Como bien observa Morris, el término *Consolador*, en nuestros días, no capta bien la amplia esencia de "Paracleto". Algunos justifican

---

El *parakletos*

En el Evangelio de Juan se usa la palabra *parakletos* para referirse al Espíritu Santo (14:16, 26; 15:26). La palabra es traducida "Consolador" en RVA, la RVR-1995 y la NVI. Es traducida "Defensor" en la DHH.

William Barclay dice que hoy día las palabras "consolador" y "confortar" no dan la suficiente profundidad al significado de la palabra original. "La función del Espíritu Santo es la de llenar a una persona con aquel Espíritu de poder y de coraje que le darán la capacidad para afrontar triunfantemente la vida".

La palabra *parakletos* quiere decir: "uno que es llamado a estar al lado" de otro. Jesús agrega aspectos adicionales de la función del *parakletos*: En 14:16, 17 es el "Espíritu de verdad"; en 15:26 es el "Espíritu de verdad" que da testimonio de Cristo; y en 16:7 afirma que el Espíritu vendrá cuando él se haya ido a su Padre. El Espíritu Santo es la presencia constante de Cristo para ayudar, iluminar, fortalecer, y exhortar al creyente.

En 20:22 el Jesús resucitado aparece a sus discípulos. Su misión no es solamente consolarlos, sino también fortalecerlos para su ministerio: "Como me ha enviado el Padre, así también yo os envío". Y entonces sopló y dijo: "Recibid el Espíritu Santo" (20:21, 22). Sin su poder, dirección y fortaleza sería imposible cumplir su misión. Es interesante que tanto en el hebreo como en el griego la misma palabra significa "soplo" y "Espíritu". Su presencia es activa y continúa moviéndose e influyendo en nuestra vida.

no lo ve ni lo conoce. Vosotros lo conocéis, porque permanece con vosotros y está en vosotros. **18** No os dejaré huérfanos; volveré a vosotros. **19** Todavía un poquito, y el mundo no me verá más; pero vosotros me veréis. Porque yo vivo, también vosotros viviréis. **20** En

---

el uso del término Consolador por pensar que se deriva de un verbo de latín que originalmente significaba "fortalecer". Sin embargo, Vincent cita la obra de Lightfoot en la cual él rechaza ese origen y dice que el uso del término se debe más bien a un error gramatical. En todo caso el ministerio del Espíritu Santo no es esencialmente el de traer consuelo al creyente, sino de representarlo delante del Padre y socorrerlo en la tarea de extender el reino de Dios. Por eso, muchas versiones emplean el término "Abogado". Lindars menciona cinco términos que se han empleado para traducir el griego: Abogado, Intercesor, Ayudante, Consolador y Consejero. Cada uno de estos términos subraya un aspecto del ministerio del Espíritu Santo, pero ninguno capta toda la dimensión de su función en todas las referencias del NT. El uso cada vez más frecuente del término "Paracleto" parece representar la mejor opción.

Jesús procede a describir (v. 17) la naturaleza y función del Espíritu Santo. La RVR-1960 sigue más literalmente el texto griego al omitir *Este es*, mientras que la RVA lo agrega para completar el sentido de la frase. La expresión *de verdad* generalmente se considera como un genitivo descriptivo, indicando la naturaleza esencial del Espíritu. A través de las Escrituras tanto el Padre como el Hijo están asociados e identificados con el concepto de la verdad, en su naturaleza esencial y como su fuente absoluta (ver 14:6; 4:23 ss.). Brown opina que la expresión *de verdad* podría ser un genitivo objetivo, con la idea de que el Espíritu comunica la verdad (16:13), o podría tener un matiz de aposición con la idea de que "el Espíritu es la verdad" (1 Jn. 5:6). En todas estas opciones, cabe bien el término "abogado". Hay dos pasajes más en Juan que lo describen como *el Espíritu de verdad*

(15:26; 16:13); luego se describe en contraste con "el espíritu de error" (1 Jn. 4:6; ver 1 Cor. 2:12). Lindars y Morris nos informan que esta última cita es casi idéntica a la referencia de la doctrina de los "Dos Espíritus" en los Rollos del Mar Muerto.

Juan dice categóricamente que *el mundo* (ver 1:9), es decir, los que rechazan a Cristo, *no puede recibir* al Paracleto. Jesús explica la razón por esta imposibilidad: es que *no lo ve ni lo conoce*. Para los del mundo, la única realidad es lo que pueden ver y tocar. En vez de *no lo ve* sería mejor "no lo contempla", o "no está contemplándolo". El sentido de *ni lo conoce* es que "ni lo reconocen, ni lo disciernen" (ver 1 Cor. 2:14). Los pronombres *quien* y *lo*, en el griego, son de género neutro porque se refieren al Espíritu (género neutro en griego), pero en otros pasajes se refiere al Espíritu con pronombres masculinos (ver 15:26; 16:7, 8, 13, 14). El pronombre *Vosotros*, en la posición enfática, hace un contraste marcado con *el mundo*. Lo que *el mundo* no puede, ellos (*vosotros*) sí pueden.

Jesús ofrece dos razones por las cuales los discípulos tienen, o tendrán después de Pentecostés, un conocimiento íntimo y personal del Espíritu Santo: *porque permanece con vosotros* y *está en vosotros*. Los dos verbos, *permanece* y *está*, enfatizan la presencia personal e ininterrumpida del Espíritu en dos maneras: por el significado esencial de los verbos y por el tiempo presente de ambos. Las dos preposiciones enfatizan la relación íntima del Espíritu con los discípulos: con tiene el sentido de "al lado de", la misma que se emplea en *"Paracleto"*; *en* enfatiza la morada dentro de cada creyente y dentro del conjunto de creyentes, la iglesia. Esta preposición introduce un nuevo concepto: la morada del Espíritu Santo en la vida del creyente.

aquel día vosotros conoceréis que yo soy en mi Padre, y vosotros en mí, y yo en vosotros. **21** El que tiene mis mandamientos y los guarda, él es quien me ama. Y el que me ama será amado por mi Padre, y yo lo amaré y me manifestaré a él.

Esta es una de las razones para el dicho de Jesús: "Os conviene que yo me vaya" (16:7) y ayuda a explicar la promesa de "y mayores que estas hará, porque yo voy al Padre" (14:12).

Habiendo afirmado que el mundo no puede recibir, ni conocer, al Espíritu Santo, Jesús procede a asegurarles a los discípulos que no los dejará, término fuerte que significa "abandonar". Además, explica cómo se manifestará a ellos en el futuro (vv. 18-24). Él había hablado tanto de su salida del mundo e ida al Padre (ver 13:33, 36; 14:12 ss.) que ellos estaban dudando de un futuro cuando quedarían sin él. *No os dejaré huérfanos* es una promesa concreta para calmar sus temores. El término *huérfanos*, usado aquí en el sentido figurado, pero una vez en el sentido literal (Stg. 1:27), es la transliteración del término griego y significa "sin padres". Jesús había llamado a los discípulos "hijitos" (13:33), ocupando el puesto de su padre espiritual. Vincent indica las maneras en que Jesús cumple su promesa: no fueron dejados sin una regla de vida (13:34), ni sin un ejemplo (13:15), ni sin un motivo (14:15), ni sin fruto (15:5); ni sin advertencia (15:2, 6), ni sin consuelo (14:18), ni sin recompensa (14:2). La promesa de *volveré* se traduce mejor "vengo, o estoy viniendo", pues es un verbo en el tiempo presente, aunque se refiere al futuro inmediato. Los comentaristas están divididos en cuanto al significado de la promesa *volveré*: algunos opinan que se refiere a la resurrección y/o la segunda venida (14:3), pero otros, basados en los vv. 21, 23 y Mateo 28:20, opinan que se refiere a la venida del Espíritu Santo.

En el v. 19, Jesús se refiere a su salida física e inminente del mundo, después de la cual el mundo, que no tiene percepción espiritual, no podría verlo más, pero los discípulos lo verían. La interpretación del versículo anterior determina el significado de *pero vosotros me veréis*. Jesús se refiere a un evento futuro *me veréis*, pero con el verbo en el tiempo presente, literalmente "me estáis contemplando". La referencia es a su resurrección, o a la venida del Espíritu Santo. Nótese el contraste marcado que se establece entre el *mundo* y *vosotros*, ambos términos en una posición enfática.

Con la conjunción causal *Porque*, Jesús explica la base de nuestra esperanza de vida: su propia victoria sobre la muerte en la resurrección. Nótese otra vez el contraste marcado entre los dos pronombres *yo* y *vosotros*, ambos en una posición enfática. Lo que hizo Jesús tiene implicaciones para sus seguidores en todos los siglos.

La expresión *en aquel día* (v. 20) es ambigua, pero solo dos opciones surgen: se refiere a la resurrección o a Pentecostés. El énfasis en este versículo recae sobre la triple relación mutua entre Jesús, el Padre y los discípulos. Morris opina que Jesús se refiere a lo que pasaría en el día de la resurrección, pero no hay evidencia de que este conocimiento, o percepción espiritual, haya llegado en relación con ese evento, pero ciertamente se produjo cuando el Espíritu Santo descendió sobre los discípulos reunidos. Jesús había hablado en ocasiones anteriores de la relación mutua entre él y el Padre, relación que aquí se extiende a los discípulos (ver 15:4, 5; 17:21, 23; 1 Jn. 3:24; 4:13, 15, 16). Esta relación explica en parte la promesa de "no os dejaré huérfanos", pero también es la garantía de un ministerio fructífero (15:1-5).

En el v. 21, Jesús repite esencialmente lo que dijo en 14:15; hay una relación estrecha e inconfundible entre el amar a Jesús y el obedecer sus mandamientos. El

22 Le dijo Judas, no el Iscariote:
—Señor, ¿cómo es que te has de manifestar a nosotros y no al mundo?

23 Respondió Jesús y le dijo:
—Si alguno me ama, mi palabra guardará. Y mi Padre lo amará , y vendremos a él y hare-

---

amor produce la motivación, y la obediencia es la evidencia que autentica lo genuino del amor. El tener sus mandamientos significa tenerlos en mente y obedecerlos como el estilo de vida. Los tres verbos, *tiene, guarda* y *ama*, son participios griegos en el tiempo presente y describen acción continua. Hay poco o ningún valor en tener los mandamientos si uno no los obedece; las dos acciones son necesarias para validar el amor.

Jesús anuncia tres bendiciones para el que expresa su amor en la obediencia: tendrá la seguridad del amor del Padre, el amor del Hijo, y la manifestación personal de Jesús en su vida. Morris comenta que este pasaje indica que el Padre no es indiferente a la actitud de los hombres hacia su Hijo. No explica en qué manera o en qué tiempo se manifestará a los que le aman. El verbo griego que se traduce *manifestaré* se usa solo aquí y el versículo siguiente en Juan (ver Mat. 27:53; Heb. 9:24); el significado del verbo, según Westcott, es de "una presentación en forma clara y conspicua" (ver Éxo. 33:13). Lindars opina que *amaré* y *manifestaré*, en este contexto, pueden referirse a la misma experiencia. A la luz del v. 23, su manifestación aquí no se referiría a las apariciones visibles después de la resurrección, sino a su presencia en los creyentes por el Espíritu Santo.

Además de las genealogías de Jesús, aparecen seis personas con el nombre de Judas en el NT: Judas mencionado en el v. 22, hijo de Jacobo (Luc. 6:16; Hech. 1:13), también identificado con Tadeo (Mat. 10:3); Judas Iscariote; Judas, el hermano de Jacobo, José y Simón, y también hermanastro de Jesucristo (Mat. 13:55; Mar. 6:3); Judas, cuyo sobrenombre era Barsabás (Hech. 15:22, 27, 32); Judas de Galilea (Hech. 5:37); y Judas de Damasco (Hech. 9:11). Es la única ocasión cuando

este Judas se haya destacado. Él no expresa duda de la promesa de Jesús de manifestarse, pero no entiende cómo o por qué se hará con ellos y no con el mundo. La traducción literal de la pregunta sería: "¿Qué ha llegado a suceder que...?". Parece que Judas había entendido que Jesús se manifestaría públicamente (ver v. 19) y ahora, al enterarse que no, considera la declaración de Jesús como un cambio de planes. Probablemente Judas, como los demás discípulos, todavía estaba esperando el restablecimiento del trono de David en Jerusalén. Lindars observa que si Jesús hubiera tenido en mente la Segunda Venida, al hablar de su manifestación, hubiese sido para todo el mundo (ver Mat. 24:27). Por lo tanto, al limitar la manifestación a los discípulos, se referiría a otra cosa. Jesús contesta esta inquietud en el versículo siguiente.

La frase condicional *Si alguno me ama* (v. 23) emplea la partícula griega que anticipa un futuro más probable. Es decir, Jesús confiaba que algunos lo amarían. En vez de referirse a "mis mandamientos" como antes (ver 15, 21), aquí es *mi palabra*. Vincent opina que mi palabra se refiere al mensaje total del evangelio, como distinto a los mandamientos que son parte del evangelio.

Respondiendo a la pregunta de Judas, Jesús establece otra vez la condición del discipulado verdadero (ver 8:51; 17:6): "el amor que se valida en la obediencia" (ver vv. 15, 21). Luego explica cómo él se manifestará a los discípulos, pero no al mundo. Jesús promete tres bendiciones concretas para el discípulo verdadero: amor personal del Padre (v. 21); la llegada a él por el Padre y el Hijo; y el establecimiento de su vivienda en la vida del discípulo. El concepto de Dios morando entre su pueblo escogido era muy común en el AT (ver Éxo. 25:8; 29:45; Zac. 2:10),

mos nuestra morada con él. **24** El que no me ama no guarda mis palabras. Y la palabra que escucháis no es mía, sino del Padre que me envió.

25 »Estas cosas os he hablado mientras toda-

vía estoy con vosotros. **26** Pero el Consolador*, el Espíritu Santo, que el Padre enviará en mi nombre, él os enseñará todas las cosas y os hará recordar todo lo que yo os he dicho.

---

*14:26 Lit., *Paracleto*; o sea, el que es llamado para estar al lado de uno para ayudar. Otras trads.: *Ayudador, Consejero, Abogado Defensor, Auxiliador, Intercesor o Confortador*

---

pero en el NT por primera vez vemos el concepto del Padre y el Hijo morando en el corazón de sus fieles. El término *morada* (ver v. 2) se deriva del verbo griego que se traduce "permanecer". La presencia, o morada, permanente con los discípulos es el énfasis del versículo (ver vv. 18 ss.). Esta descripción de una manifestación interna y espiritual de Jesús y el Padre indica que no tiene en mente ni las apariencias visibles después de la resurrección ni tampoco la Segunda Venida.

Habiendo dicho tres veces en forma positiva que el que le ama guardará sus mandamientos, ahora (v. 24) recalca este principio al expresarlo en forma negativa. En vez de referirse a "mis mandamientos" (ver 15, 21), aquí se refiere a *mis palabras* y a *la palabra*. Brown, Morris y otros opinan que no hay una diferencia sustancial entre los tres términos. Jesús vuelve a enfatizar la armonía y unidad entre él y el Padre a tal punto que lo que uno hace el otro lo hace igualmente (ver v. 10; 7:16).

Los versículos finales del capítulo (vv. 25-31) sirven como un resumen de los temas presentados hasta ahora, con un énfasis especial en la venida del Espíritu Santo. La introducción *Estas cosas os he hablado...* es como una fórmula que marca el comienzo de un nuevo énfasis (ver 15:11; 16:1, 25, 33), empleada sólo en el discurso de despedida y llevando a algunos comentaristas a hacer una división aquí en su bosquejo. Plummer observa un contraste entre *Estas cosas*, las cuales Jesús les compartía ahora, con "todas las cosas" (v. 26) que el Espíritu Santo les enseñaría luego de Pentecostés. El verbo en el tiempo perfecto *he hablado* apunta al valor

permanente de las cosas que había dicho. La frase *mientras todavía estoy con vosotros* es literalmente "con vosotros permaneciendo", implicando un tiempo limitado y, por lo tanto, comunica cierto sentido de urgencia. La RVA clasifica "permaneciendo" como un participio temporal con el sentido de "mientras aún permanezco...". Jesús estaba plenamente consciente de que el fin de su vida terrenal se acercaba rápidamente.

Nótese, en el v. 26, la conjunción adversativa *Pero* que establece un marcado contraste entre la situación antes de Pentecostés y después. Jesús había prometido a sus discípulos que enviaría al Paracleto (v. 16), pero ahora presenta lo que se considera la descripción más comprensiva en este Evangelio de la persona del Espíritu Santo (ver el comentario sobre el v. 16 para el significado de *Consolador*). Antes fue llamado "el Espíritu de verdad", pero aquí se llama *el Espíritu Santo*. Es la única ocasión en Juan donde el nombre se emplea en esta forma (ver 1:33 y 20:22). El adjetivo *Santo* está en la posición atributiva, dando énfasis al carácter del *Espíritu*. Este aspecto de su carácter, indicando su naturaleza divina e igualdad con el Padre y el Hijo, se destaca más que el de su poder dinámico. La frase *que el Padre enviará en mi nombre* indica la procedencia del Espíritu. Pero en 15:26 Jesús aclara respecto al Espíritu "que yo os enviaré de parte del Padre". La expresión *en mi nombre* quizás se refiere al hecho de que Jesús se lo pedirá del Padre (v. 16), o que es enviado como su representante personal.

Los historiadores nos recuerdan que una

27 »La paz os dejo, mi paz os doy. No como el mundo la da, yo os la doy. No se turbe vuestro corazón, ni tenga miedo. 28 Oísteis que yo os dije: "Voy y vuelvo a vosotros". Si me amarais, os gozaríais de que voy al Padre, porque el Padre es mayor que yo.

---

de las diferencias entre la Iglesia Oriental y la Occidental, cuando hubo una división en el cristianismo a partir del siglo IV, tenía que ver con la procedencia del Espíritu Santo. Juan dice que tanto Jesús (15:26; 16:7) como el Padre (14:16, 26) enviarían el Espíritu Santo. La Iglesia Occidental afirmaba que el Espíritu fue dado por Jesús y por el Padre simultáneamente, doctrina que se llama "Doble-Procedimiento", o "Filioque", término que significa "y el Hijo", o sea "del Padre y del Hijo". En contra, la Iglesia Oriental sostenía que fue dado únicamente por el Padre dado que no podía haber habido más que una fuente.

A continuación Jesús explica cuál sería el ministerio básico del Espíritu: *él os enseñará todas las cosas* y *os hará recordar todo lo que yo os he dicho*. Jesús había sido "el Maestro" para los discípulos durante tres años y estaba a punto de dejarlos, pero proveería "otro Maestro" quien supliría cabalmente su ausencia. Su currículo abarcaría *todas las cosas*, eso es, todo lo que ellos necesitarían saber para realizar su ministerio de extender el reino de Dios. Incluiría también la función de recordar y aclarar lo que Jesús les había enseñado durante su estadía con ellos. Ellos seguían con muchas dudas, incertidumbres y perplejidades referentes a lo que habían escuchado, pero el Espíritu les guiaría a toda la verdad. Esta función sería vital, no sólo en la enseñanza y predicación del evangelio a sus contemporáneos, sino en la producción del NT. Esa función sigue siendo vital para todo creyente y toda iglesia que representa fielmente a Cristo.

Los israelitas usaban la expresión *paz* (*eirene*[1515]) como un saludo de bienvenida y de despedida, indicando el deseo por la buena salud y prosperidad material. Lindars comenta que este término en efecto imparte una bendición que incluye cierto poder (ver Mat. 10:13). Lo que Jesús dejaba, como donación o legado, no era riqueza material, ni posesiones de valor, sino una quietud espiritual del alma por medio del Espíritu Santo (ver Col. 3:15). No se refiere a una ausencia de conflicto, o de amenaza física, sino a una condición espiritual del corazón. Nótese el énfasis de una traducción literal en la segunda cláusula del v. 27: "paz la mía doy a vosotros". Nótese también el contraste entre *el mundo... da* y *yo... doy*, ambos dan paz, pero la diferencia es abismal. Cuando el mundo emplea el saludo "paz", no es más que un deseo expresado, muchas veces como si fuera nada más que un rutinario "adiós". Pero Cristo no sólo desea, sino efectúa, la paz para los que creen en él. Plummer acota que "Jesús da lo que es suyo propio, lo que podría haber retenido, lo que le costó una vida de sufrimiento y una muerte cruel, lo que está abierto a amigos y a enemigos igualmente". Basado en esta afirmación, Jesús manda dos cosas, ambas prohibiciones. Ambos verbos son imperativos en el tiempo presente dirigidos al corazón. Lit. él dice: "no siga turbándose el corazón, ni siga teniendo miedo" (ver 14:1). El verbo traducido *ni tenga miedo* se encuentra solo aquí en el NT y tiene la idea del temor de un cobarde. Un derivado de este verbo describe el temor de los discípulos en la tormenta (Mat. 8:26). A pesar de todo lo que Jesús les había dicho para calmar sus temores, leía en sus rostros la gran preocupación por su inminente partida.

En el v. 28, Jesús repite el anuncio de su partida y la promesa de un regreso (ver 13:1; 14:3, 12; 16:10, 16, 17, 28), y en efecto les reprende por su egoísmo, por pensar sólo en lo que a ellos les parecía una pérdida total. La expresión *Si me amarais...* es una frase condicional de la segun-

29 »Ahora os lo he dicho antes que suceda, para que cuando suceda, creáis. **30** Ya no ha-blaré mucho con vosotros, porque viene el príncipe de este mundo y él no tiene nada en

---

da clase, la irreal. Si en general le amaban, no le amaban en este sentido, en que no estaban gozándose por su regreso al Padre el cual sería para la glorificación de él, pero también para la rica bendición de los discípulos.

La frase *porque el Padre es mayor que yo* tenía el propósito de dar mayor seguridad a los discípulos. El adjetivo *mayor*, o "más grande que", es comparativo y se deriva de *megas*[3173], traducido "grande". Grandes controversias del siglo IV y en adelante se basaban en este texto. Por ejemplo, los arrianos del siglo IV se apoyaban en este texto para afirmar la inferioridad del Hijo ante el Padre, llegando a sostener que el Hijo fue creado por el Padre y por lo tanto no era divino. Una expresión favorita de los arrianos, al referirse al Hijo de Dios, era que "hubo tiempo cuando no era" y hablaban de un "tercer algo" (lat. *Tertium quid*), es decir, no era totalmente humano ni totalmente divino. Beasley-Murray hace un resumen de los dos enfoques para interpretar esta expresión, tomando en cuenta las afirmaciones de Jesús de su unidad e igualdad con el Padre (ver 1:1-18; 10:30; 20:28). Una línea de interpretación lo explica en términos de la humillación del Hijo en su estado encarnado, con las limitaciones que él voluntariamente asumió, su obediencia al Padre (ver 4:34; 8:29) y su dependencia del Padre en todo aspecto de su ministerio (ver 5:19; 12:48, 49). La otra línea apunta a las relaciones dentro de la Trinidad: el Padre es Dios enviando y mandando, el Hijo es Dios enviado y obediente. Se argumenta que el que envía es mayor que el enviado.

Jesús tomó sumo cuidado de preparar a sus discípulos para los trágicos eventos que tendrían lugar al día siguiente. No quería que llegaran a ese momento desprevenidos. Al comprobar la realización de los eventos en exactamente la manera en que Jesús les había advertido, inclusive la entrega por Judas y la negación por Pedro, los discípulos reconocerían que él era quien pretendía ser, el Hijo de Dios. El verbo *creáis* (v. 29) no significa que no habían creído hasta ese momento, sino que su confianza en él sería fortalecida y ahondada (ver 13:19). Tampoco el verbo tiene un objeto directo expresado, es decir, no se expresa a quién han de creer. Sin embargo, es obvio y el contexto determina que Jesús se refiere a sí mismo.

En el v. 30 se ve que Jesús es consciente de que el fin se acerca rápidamente (ver 13:19). Al recordar a sus discípulos de este hecho, lograría la concentración de su atención en sus palabras finales. Dado que este no es realmente el fin de su discurso, algunos críticos opinan que el orden de los capítulos no es el original. Inclusive, algunos procuran reordenarlos para que se ajusten a su criterio literario. Pero resulta que sus arreglos crean más problemas que los que resuelven. Morris, Wright y otros piensan que es completamente ridículo que, a 2.000 años de distancia, algunos piensen que los escritos del primer siglo tienen que ajustarse a los criterios literarios actuales.

Jesús entiende bien que, detrás de la traición de Judas y la maquinación de los líderes religiosos para matarlo estaba Satanás, descrito aquí como *el príncipe de este mundo*. Veía en todos los arreglos para su muerte el acercamiento de él. Lo había enfrentado en muchas ocasiones y siempre salía victorioso. Él afirma su perfección moral y espiritual, al decir viene *el príncipe de este mundo* y *él no tiene nada en mí* (ver 8:23). Él lo había resistido firmemente en el comienzo de su ministerio terrenal (ver Mat. 4:1-11; 16:23) y desafió a sus enemigos a señalar siquiera una sola falta en su vida (ver 8:46). Ahora, Jesús está dispuesto a ceder voluntariamente a los planes de Satanás, sabiendo que el Padre sacaría victoria de una

mí. **31** Pero para que el mundo conozca que yo amo al Padre y como el Padre me mandó, así hago.

»Levantaos. ¡Vamos de aquí!

Jesús: la vid verdadera

15 "Yo soy la vid verdadera, y mi Padre es el labrador. **2** Toda rama que en mí no

---

aparente derrota, proveyendo por este medio la salvación para la humanidad. Jesús llama a Satanás *el príncipe de este mundo* (ver 12:31; 14:30; 16:11) pero Pablo se refiere a él como "el príncipe de la potestad del aire" (Ef. 2:2), precisamente porque es él quien está controlando la vida de la mayoría de la humanidad hasta ahora. Aun el poder para reinar como *príncipe* es concedido, controlado y limitado por Dios. Su reinado tendrá un fin absoluto en la Segunda Venida de Cristo.

Jesús había enseñado a sus discípulos que la prueba final del amor verdadero es la obediencia del que manda (ver vv. 15, 21 y 23). Ahora, en el v. 31, demuestra ese principio en su relación con el Padre al obedecerle hasta la muerte y en la muerte. Afirmó su rostro (ver Luc. 9:51) hacia la cruz en la prueba de su amor al Padre y al mundo. Mateos-Barreto comentan: "La muerte de Jesús debe convencer a todos de la autenticidad de su mensaje, de su fidelidad al que lo envió. Va a cumplir exactamente su encargo, liberando al hombre y comunicándole vida. Su fidelidad al Padre, no cediendo ni transigiendo en nada con el mundo, será la prueba de su amor".

El último mandato del capítulo, *Levantaos. ¡Vamos de aquí!*, parece indicar que en ese momento todos salieron del aposento alto y se fueron hacia el huerto de Getsemaní. Sin embargo, hay tres posibles opciones en cuanto al lugar donde fueron pronunciados los discursos registrados en los tres capítulos siguientes (15, 16 y 17). Según Plummer y otros, el escenario fue el aposento alto, demorando sus salida hasta fines del cap. 17. Westcott y otros sugieren que Jesús habría pronunciado estos discursos en la cercanía del templo. Campbell Morgan y otros ubican el escenario cerca del arroyo Quedrón,

poco antes de llegar a Getsemaní (ver 18:1). Reconocemos que no hay suficientes elementos de juicio en el texto que nos permitan determinar el asunto con seguridad. Cada una de las tres opiniones tiene algún mérito y es apoyada por diferentes eruditos bíblicos.

3. Jesús: la vid verdadera, 15:1-17

Es muy tentador imaginarnos que Jesús y los discípulos hayan salido del aposento alto (ver 14:31b) y, yendo hacia Getsemaní, se hayan detenido ante la fachada del templo. A la luz de la luna llena pudieron ver con claridad la vid, el símbolo de Israel, esculpida en el mármol sobre la entrada del templo. O, si adoptamos la opinión de Morgan, ellos estaban sentados en un lugar cerca del arroyo Quedrón donde podían ver a la luz de la luna las viñas en su derredor. En numerosos pasajes vemos que el Señor es el dueño y labrador de su "viña" Israel (ver Sal. 80:8-19; Isa. 5:1-7; 27:2-6; Jer. 2:21; 5:10; 6:9; 12:10, 11; Eze. 19:10 ss.). Él la había desarraigado de Egipto y la había trasplantado en Palestina. La había cultivado, cuidado y limpiado, todo en la esperanza de que produjera fruto, buen fruto, mucho fruto. Pero su "viña" no produjo fruto, o produjo fruto agrio. Por lo tanto, él tenía que podarla, limpiarla y trabajarla, quemando los gajos infructíferos, para obtener lo que esperaba de ella.

Con este trasfondo en mente, Jesús presenta una sencilla alegoría a sus discípulos por medio de la cual enseña cuáles son las demandas del discipulado y lo que es necesario que ellos hagan para satisfacer sus demandas. Jesús primero describe su relación con el Padre (vv. 1-4) y luego con sus discípulos (vv. 5-8). Uno de los temas principales del cap. 14 era Jesús como el camino para entrar en una relación perso-

está llevando fruto, la quita; y toda rama que
está llevando fruto, la limpia para que lleve

más fruto. **3** Ya vosotros estáis limpios por la
palabra que os he hablado.

---

nal con el Padre. En el cap. 15 vemos el resultado de esa relación con el Hijo y con el Padre: la producción de abundante fruto que satisface la expectativa del Padre.

Beasley-Murray observa en el discurso de 15:1-17 dos subdivisiones naturales con temas estrechamente relacionados: la viña y sus ramas, por un lado, y el mandato a los discípulos de amarse mutuamente, por otro. Sin embargo, no hay consenso en cuanto al punto preciso de división entre estos dos temas: según Brown es 1-6 y 7-17; Según Bultmann es 1-8 y 9-17; según Borig es 1-10 y 11-17; y según Schnackenburg es 1-11 y 12-17. Este autor basa su opinión sobre la fórmula "Estas cosas os he hablado..." (v. 11) que a menudo señala un cambio de tema. En nuestra opinión no es de vital importancia el establecer el punto preciso de división entre los dos temas y por lo tanto hemos dejado el bosquejo sin subdivisiones.

Al leer este pasaje uno debe notar especialmente los tres personajes destacados: Jesús, su Padre y los discípulos. También hay tres palabras clave que, por su repetición y asociación entre sí, requieren una atención especial: "en", "permanecer" y "fruto".

Jesús inicia este discurso con el último de los "Yo Soy" (ego[1473] eimi[1510]; ver 6:35) en este libro, una expresión que enfatiza su "eterno ser", esta vez haciéndose semejante a una vid. Dos de los tres componentes básicos de la alegoría se presentan en este versículo. El término *vid* se refiere a una planta que produce uvas, no a la viña que comprende muchas plantas. Es la única ocasión que agrega *y mi Padre...* al "Yo soy", pero este concepto corre a través de Juan. Jesús se presenta como el mediador, el que obra en el mundo, pero en perfecto acuerdo y comunión con el Padre quien obra desde el cielo (ver 14:10). Según Bultmann, el trasfondo de la figura de *la vid* es la idea gnóstica del

"árbol de vida". Sin embargo, como se comentó antes, la mayoría de los comentaristas opinan que Jesús tenía en mente el simbolismo de la vid en el AT. Josefo, el historiador judío, describe una gran vid dorada, puesta en la entrada del templo que fue construido por Herodes.

Supongamos que Jesús se haya detenido con los discípulos ante el templo, con la figura de la vid, símbolo de Israel, esculpida en mármol a la vista con la luz de la luna llena, y mirando hacia arriba dijera: "ésa no, *Yo soy la vid verdadera...*", ¡qué enfático, qué dramático y qué impresionante hubiera sido para los discípulos! Plummer se imagina que quizás estaban todavía en el aposento alto y Jesús señalaba una rama de vid que entraba por la ventana. En efecto, él estaba comparándose con el Israel nacional, "la vid" del AT, y afirmando que ésa ya no era *la verdadera*, sino que estaba siendo reemplazada. Jesús se presenta como la *vid verdadera*, genuina, ideal y perfecta. Él y únicamente él, no la nación judía, ni el cristianismo institucional que estaba por nacer, constituiría la vid nueva y verdadera (ver 1:9). La del AT no cumplió el propósito de Dios, pero la nueva y verdadera sí lo haría. Nótese la relación estrecha entre el Padre, quien es *el labrador*, y la vid, que es su Hijo. El término *labrador* traduce un vocablo griego compuesto de "tierra" y "obra", dando la idea de uno que trabaja en la tierra. El Padre se presenta como realizando su voluntad por intermedio de su Hijo.

El término *rama* (v. 2) traduce un vocablo (*klema*[2814]) que se deriva de un verbo que significa "romper", y de allí la idea de algo que "sale de" o "parte de" otra fuente. La RVR 1960 emplea el término "pámpano", menos conocido, en lugar de *rama*. A veces el término "gajo" también se emplea para traducirlo. Este término se usa en el NT sólo en este pasaje (vv. 2, 4-6).

La pequeña preposición en, que se escribe igual en el griego (en[1722]), juega un rol tremendamente importante en esta sección, con nada menos que 16 menciones. En la gramática, la preposición sirve para establecer la relación entre dos o más objetos, y en este caso connota una relación estrecha y vital. No es al lado de, ni arriba de, ni debajo de, ni detrás de, ni delante de, ni alrededor de, sino *en mí*. Jesús había enfatizado esa clase de relación entre él y el Padre (ver 14:10, 11), entre el Espíritu Santo y los discípulos (14:17) y entre él, el Padre y los discípulos (14:20, 23). Ahora esa unión vital es esencial para poder llevar fruto. *Toda rama que en mí no está llevando fruto* no se refiere a los judíos, ni a los gentiles, sino a los seguidores de Jesús. La RVA capta bien el énfasis del participio griego en el tiempo presente *no está llevando fruto*, una construcción que describe una acción continua, un estilo de vida.

El labrador trabaja con la expectativa de una cosecha abundante y toda su atención se dirige a ese fin. Por eso, otro término importante en el pasaje es *fruto*, que aparece ocho veces. Jesús no define el significado del *fruto*, pero seguramente incluye principalmente las cualidades internas y espirituales, las del carácter cristiano (ver Mat. 3:8; 7:20; Rom. 6:22; Gál. 5:22 s.; Ef. 5:9; Fil. 1:11). También *el fruto* deseado por el Padre incluirá a los nuevos discípulos ganados por el testimonio de ellos (ver Mat. 28:19, 20; Hech. 1:8). Nótese la severidad con que el labrador poda la vid: *la quita*. El viñador sabe la necesidad de eliminar los gajos que sólo chupan la savia de la planta y que no rinden fruto. Además, los gajos estériles limitan la producción de las ramas fructíferas. Observando la operación desde afuera, no sabiendo el propósito del labrador, uno pensaría que está destruyendo la planta. Es una operación radical y dolorosa para la planta, pero necesaria para lograr mayor producción. Morris comenta que esta eliminación es una parte de la alegoría, pero que no es prueba de que un verdadero creyente pudiera caer de la gracia. Pocas veces encontramos que todos los elementos de una alegoría ofrecen una interpretación obvia.

El trato con la rama que lleva fruto es muy distinto: *la limpia para que lleve más fruto*. Aun la rama fructífera tiene que someterse a las "tijeras" del labrador. Con cuidado y suma delicadeza, el labrador va limpiando los brotes o vástagos que tam-

---

Ego eimi: Yo soy

Jesús usaba palabras metafóricas para ayudar a sus discípulos a entender sus enseñanzas profundas. Repetidas veces en el Evangelio de Juan él usa expresiones cortas que son inolvidables y presentan la verdad en forma impactante. A pesar de su brevedad y aparente sencillez, es un reto para el creyente profundizar en estos conceptos y aprender su significado para su vida personal. Entre estas palabras están las siete oraciones que empiezan con "Yo soy" (*ego eimi*).

El uso de las dos palabras "Yo soy" tiene un significado especial para el hebreo, porque les recuerda la respuesta que Dios dio a Moisés cuando éste quería saber el nombre divino antes de ir como enviado de Dios para librar a los hebreos de la esclavitud en Egipto. Dios le respondió: "Yo Soy el que Soy" (Éxo. 3:14).

Para el hebreo el nombre de Dios era demasiado sagrado para pronunciarse, y aquí, vez tras vez, Jesús emplea estas mismas palabras, "yo soy". ¡Solamente Dios puede hablar así! ¿Podría él ser el Mesías?

En por lo menos siete ocasiones Jesús usa estas palabras para definir su misión, su divinidad. "Yo soy el pan de vida" (6:35); "Yo soy la luz del mundo" (8:12); "Yo soy la puerta" (10:7, 9); "Yo soy el buen pastor" (10:11); "Yo soy la resurrección y la vida" (11:25); "Yo soy el camino, la verdad, y la vida" (14:6); y "Yo soy la vid verdadera" (15:1, 5). Con cada una de estas expresiones Jesús amplía la dimensión de la vida que él ha venido a traer a cada uno de los que creen en su nombre.

4 "Permaneced en mí, y yo en vosotros. Como la rama no puede llevar fruto por sí sola, si no permanece en la vid, así tampoco vosotros, si no permanecéis en mí. **5** Yo soy la vid, vosotros las ramas. El que permanece en mí y yo en él, éste lleva mucho fruto. Pero separados de mí, nada podéis hacer. **6** Si alguien no permanece en mí, es echado fuera como rama, y se seca. Y las recogen y las echan en el fuego, y son quemadas.

---

poco cargan racimos y que restan savia de las ramas que llevan fruto. Nótese el contraste en el propósito entre *quita* (la eliminación; ver Mat. 3:10) y *limpia* (producción). El propósito de la limpieza es *para que lleve más fruto*. El labrador se propone aumentar la producción de cada vid en su viña cada año.

El pronombre *vosotros*, del v. 3, es enfático, refiriéndose a los once que estaban con Jesús. Sigue el pensamiento de la limpieza del versículo anterior, necesaria para producir "más fruto". Jesús aplica la alegoría a los discípulos en caso de que ellos no hubieran captado el propósito de su enseñanza, animándoles con *Ya vosotros estáis limpios* (ver 13:10). La cláusula *por la palabra* significa "por causa, o por razón de la palabra". *La palabra* (*logos*[3056]; ver 1:1) se refiere a la totalidad de las enseñanzas de Jesús, y *os he hablado* traduce un verbo en el tiempo perfecto que comunica la idea de algo que tiene vigencia permanente. *La palabra* de Jesús tiene tres funciones en cuanto a nuestra limpieza moral: es como un espejo que nos muestra tal cual somos espiritualmente, según la perspectiva de Dios; nos muestra cómo corregir los defectos que van apareciéndose y nos exhorta a tomar las medidas necesarias cuanto antes. Los que habían oído atentamente la palabra de Jesús, y habían permitido que tuviera entrada en sus vidas, estaban limpios.

Otro término que se repite a través de este pasaje es "permanecer" (11 veces) y, unido con la preposición *en* (4 veces sólo en el v. 4), recalca la relación íntima, vital y perdurable que existe entre las ramas y la vid y, por analogía, que debe existir entre los discípulos y Jesús. Esta relación de morada mutua es vital para la producción de fruto. El imperativo de mandato se dirige a los once en la primera cláusula *Permaneced en mí*, y se implica en la segunda "asegurad que yo permanezca en vosotros", porque Jesús no se manda a sí mismo con *y yo en vosotros*. Hovey cita a Godet, quien dijo que Jesús suprime el imperativo en la segunda cláusula porque la segunda acción se considera como la consecuencia inmediata y necesaria de la primera. Lindars ofrece todavía otra interpretación: la fuerza del imperativo difícilmente se extiende a la segunda cláusula y debe ser equivalente a decir "como yo en vosotros". Es obvio que la rama no puede producir uvas si no está bien conectada a la vid; tampoco el creyente puede llevar fruto si no está vitalmente unido a Jesús.

El v. 5 repite esencialmente la lección del anterior. Jesús usaba la repetición para grabar lecciones importantes en la mente de los discípulos. El "no permanecéis en mí" (v. 4) es equivalente a *separados de mí* (ver 1:3; Ef. 2:12). Lo que había intimado antes, ahora lo declara explícitamente: *las ramas* en la alegoría representan a los discípulos. Obsérvese el énfasis y el contraste entre los pronombres *Yo* y *vosotros*, como también el contraste entre la *vid* y *las ramas*. Aquí el resultado de la mutua morada perdurable, él en ellos y ellos en él, es que *éste* está llevando (verbo en el tiempo presente) *mucho fruto*. Nótese el énfasis en "fruto" (vv. 2, 4, 16), "más fruto" (v. 2), y *mucho fruto* (ver vv. 5, 8). Jesús termina declarando en los términos más categóricos que los creyentes separados de él no sólo no pueden llevar fruto, sino que no pueden *hacer* absolutamente *nada*. Una traducción literalmente sería: "porque aparte de mí, no podéis hacer nada", empleando una doble negación. Este *nada podéis hacer* se refiere a todo lo que tiene que ver con la

7 "Si permanecéis en mí, y mis palabras permanecen en vosotros, pedid lo que queráis, y os será hecho. **8** En esto es glorificado mi Padre: en que llevéis mucho fruto y seáis mis

---

extensión del reino de Dios y su glorificación.

> **Joya bíblica**
>
> Yo soy la vid, vosotros las ramas. El que permanece en mí y yo en él, éste lleva mucho fruto (15:5).

Jesús presenta, en el v. 6, las consecuencias de no permanecer en él. La expresión *no permanece en mí* sigue el pensamiento de "separados de mí" en el versículo anterior. Este episodio tenía lugar en la primavera cuando los labradores podaban las vides y, después de secarse las ramas, las quemaban. Los dos verbos *es echado fuera* y *se seca* están en el tiempo aoristo; describen una acción puntual y apuntan a la naturaleza inevitable de las consecuencias de no permanecer en Cristo. *Echado fuera* sería fuera de la viña. Varios comentaristas opinan que este versículo apunta al futuro, al día de juicio cuando los incrédulos serán echados en el fuego eterno, lo cual parece más lógico. Sin embargo, otros opinan que Jesús no tiene en mente el castigo eterno, sino que enseña que el discípulo que pierde la relación íntima con él es inútil, no produce fruto.

Jesús sigue con el tema de la morada mutua en el v. 7, ellos en él y ahora sus palabras en ellos. *Mis palabras en vosotros* es equivalente a él mismo en ellos. La morada mutua no solo es necesaria para producir fruto, sino que es un requisito para la oración eficaz. El tema avanza de "mucho fruto" a la oración eficaz. En el capítulo anterior la condición para la

Vid

discípulos. **9** Como el Padre me amó, también yo os he amado; permaneced en mi

amor. **10** Si guardáis mis mandamientos, permaneceréis en mi amor; como yo también

---

oración eficaz era pedir "en el nombre de Jesús" (ver 14:13 s.), y se implicaba que la obediencia también era necesaria. Morris comenta que la misma actitud se establece como condición para la oración eficaz en ambos capítulos, pero con términos distintos. En ambos capítulos la idea central es la unión vital con Jesús que asegura la oración eficaz: sea de la morada del creyente en él, o él en el creyente, o sus palabras morando en el creyente, o pidiendo en su nombre, es decir, en armonía y de acuerdo con la persona y propósito de Jesús.

Permaneced en mí

En una ocasión, cuando el misionero Hudson Taylor pasó la noche en la casa de un amigo y éste le preguntó: "¿Está siempre consciente de permanecer en Cristo?", Taylor le respondió: "Anoche, mientras yo dormía ¿dejé de permanecer en su casa porque no estaba 'consciente' de ello? De la misma forma, jamás debemos pensar que no permanecemos en él porque no estamos conscientes de ello".

La expresión *En esto* (v. 8) mira hacia atrás a los vv. 5 y 7: vidas fructíferas y oración eficaz son dos maneras de glorificar a Dios. En cambio, Morris opina que la expresión mira hacia adelante, es decir, hacia *en que llevéis mucho fruto*. El verbo *es glorificado* está en el tiempo aoristo, voz pasiva (ver v. 6), y una traducción literal sería "fue glorificado", pero no se refiere únicamente a acciones del pasado sino cada vez que surgen las condiciones mencionadas. La expresión *en que* traduce la conjunción de propósito (*jina*[2443]) que generalmente se traduce "para que" y es seguida por el modo subjuntivo, como en este caso. Sin embargo, Lindars, la RVA y otros opinan que la conjunción expresa una aclaración, más bien que propósito. Nótese la interrelación estrecha en cuatro

ideas: la morada mutua (v. 7), la oración eficaz (v. 7), el fruto abundante (v. 8) y el discipulado (v. 8). Sorprende que Jesús dijera a sus discípulos, que habían estado con él tres años, que *seáis mis discípulos* (mejor "para que lleguéis a ser mis discípulos"), pero la idea es "para que seáis discípulos más cabales". Es semejante a decirles "para que creáis" (ver 14:29). El concepto del discipulado no es pasivo, ni estático, sino dinámico y creciente. El nuevo convertido es un discípulo, pero a lo largo de los años se espera que sea un discípulo cada vez más semejante a su maestro y más eficaz en su ministerio. Una variante en el texto, con fuerte apoyo documental, escribe el verbo *seáis* como "y llegaréis a ser", en el tiempo futuro, pero el sentido esencialmente es el mismo. Brown cita a Ignacio quien, en camino a Roma para el martirio, dijo: "Ahora estoy llegando a ser un discípulo".

En el v. 9, la RVA sigue la puntuación del mejor texto griego en su traducción, pero algunas versiones eliminan la primera coma y sustituyen la coma por un punto y coma. Jesús se vuelve de la obligación de llevar fruto, y de permanecer en él, al énfasis del amor que motiva la vida del discípulo. Los dos verbos *amó* y *he amado* están en el tiempo aoristo y deben ser traducidos en ese tiempo: *amó* y "amé". En ambos casos la idea es constativa, es decir, se contempla el amor pasado en su totalidad, pero no excluye la continuación en el futuro. Se enfatiza la calidad del amor en que ellos deben permanecer: "en la misma manera en que el Padre me amó, y también yo os amé". Los discípulos quizás no tenían un concepto claro del amor del Padre para con el Hijo, pero sin duda habían observado y experimentado la profundidad de su amor para con ellos. Esa calidad de amor debe ser el modelo para ellos en su relación entre sí y para con el mundo.

El mandato de "permaneced en mí" (vv. 4-7) y "permaneced en mis palabras" (implicado en el v. 7 y 14:23, 24) ahora se cambia a *permaneced en mi amor*. El permanecer en su amor es una manera concreta y quizá aun sumaria de permanecer en él y en sus palabras. En la expresión *en mi amor* el pronombre posesivo está en una posición atributiva que describe la naturaleza de su amor. Vincent lo traduce así: "en el amor, ese que es mío". El énfasis recae más bien sobre el carácter del amor ("amor tipo Cristo") que sobre la fuerza posesiva del pronombre.

Jesús vuelve al tema de la obediencia (v. 10) de sus mandamientos como prueba concreta del amor para con él (ver 14:15, 21). El decir "te amo" no es suficiente si no es acompañado por la obediencia. Richard Neibuhr, en su libro *Christ and Culture*, al describir a Cristo en contraste con la cultura, habla de la "obediencia radical" que él practicó en su relación con el Padre y que espera de sus seguidores, es decir, obediencia que no es ocasional, ni selectiva, sino la que es un estilo natural de vida, gozosa, inmediata y espontánea. La manera más sincera y convincente de

---

Semillero homilético

El último mandamiento
13:33-35; 15:9-17

Introducción: Para los judíos era muy importante pasar la Pascua en Jerusalén. Para los discípulos era muy importante recordar las últimas palabras y acciones de Jesús en esta última fiesta que compartían con él. Juan dedica casi la mitad de su Evangelio a esta última semana. Era de gran importancia que los creyentes que vendrían después pudieran experimentar el impacto de las palabras de Jesús. Él sabía que "su hora había llegado", y era el momento para dar su último mandamiento. Siguiéndolo sería la forma para comprobar que uno era creyente.

I. Un amor abnegado (13:34, 35).

Jesús ha demostrado en su vida un amor sin egoísmo, sin intereses personales.

1. El amor del Padre, dando a su Hijo para nuestra redención (3:16).
2. El amor de Jesús por sus discípulos, llamándoles, enseñándoles, preparándoles para su ministerio (Juan 1:36-51; 4:31-42; 6:1-15; 6:16-21; 11:16).
3. El amor por los necesitados, los afligidos (Juan 4:43-53; 5:1-18; 6:1-15; 8:1-11; 9:1-41; 11:1-44).

II. Un amor manifestado (Juan 13:34, 35).

1. La formación del amor en el creyente. Jesús sabía que si el amor no se manifestaba entre los creyentes, el mundo no creería su mensaje.
2. El arma evangelística más fuerte de los creyentes primitivos en el mundo hostil a ellos: "Miren como se aman".

III. Un amor sacrificial (Juan 15:9-17).

1. El amor divino por los discípulos (Juan 15:9; 3:16; 1:9-12).
2. La prueba de su amor. Dio su vida por sus amigos, (15:13).

IV. Un amor que entiende a la persona (15:9-15).

1. Jesús conocía a sus discípulos, supo que lo iban a abandonar, pero aun así no dejó de amarlos.
2. La importancia de permanecer en la relación con él.
3. La prueba de la relación: guardar mis mandamientos (15:10; 1 Jn. 2:6).
4. La base emocional de la relación: gozo (15:11).
   El resultado del amor y la relación: amigos, ya no siervos (15:13-15).

V. Un amor que perdona (1 Jn 4: 9, 10).

Conclusión: El plan de Dios para redimir a la persona se basa en su amor. Frente a toda esta evidencia del amor de Dios para con nosotros quedamos conmovidos y agradecidos. Tanto amor debe ser recíproco en nuestra vida. Hay que responder a su oferta de perdón y hay que determinar obedecer su último mandamiento, amándonos el uno al otro. ¿Lo ha hecho? Si no ¿lo hará ahora mismo?

he guardado los mandamientos de mi Padre y permanezco en su amor.

11 "Estas cosas os he hablado para que mi gozo esté en vosotros y vuestro gozo sea completo. **12** Este es mi mandamiento: que os améis los unos a los otros, como yo os he

---

expresar amor a Cristo es la práctica de esa clase de obediencia a sus mandamientos.

Con el v. 11 Jesús concluye la enseñanza sobre la alegoría de la vid. La RVA y otras traducciones toman la cláusula *Estas cosas os he hablado...* como una fórmula que Juan emplea para marcar una división entre un tema y otro (ver 5:16; 14:25; 16:25, 33). Por esta razón, algunos hacen una división aquí en el análisis de este capítulo. La RVA, basándose en el texto griego coloca este versículo al principio de una nueva división. Otros la colocan al fin de la división anterior.

Estas cosas (ver 14:25) se refiere a los discursos en la despedida a partir de 13:1. El propósito de Jesús, expresado con la conjunción de intento *para que*, se cambia de fruto a *gozo*. *Mi gozo* (ver 14:27) se refiere al gozo que se produce en uno que es consciente de haber obedecido al pie de la letra la voluntad de su Señor. Jesús, aun ante su muerte inminente, pudo sentir un profundo gozo por la consciencia de haber obedecido cabalmente al Padre y que lo obedecería hasta la muerte de cruz. Otra

vez el énfasis no está en el pronombre posesivo *mi*, sino en el carácter de ese gozo (ver "mi amor", v. 9). Es un gozo caracterizado por Cristo. Él deseaba ese tipo de gozo para sus discípulos, el gozo de vidas llevando fruto abundante en obediencia al Padre y, a la vez, sembrando gozo entre otros con el evangelio. Ese gozo es perdurable, no depende de circunstancias favorables, las cuales pueden cambiar en un momento. Ellos experimentarían el *gozo completo* hasta después de la resurrección (ver 14:28; 16:20-22, 33). Morris comenta que el término "gozo" es nuevo en este Evangelio, apareciendo hasta ahora sólo en 3:29. Pero en el discurso de despedida se encuentra siete veces (v. 11 dos veces; 16:20, 21, 22, 24; 17:13).

Parece que Jesús resume todos sus mandamientos en uno sólo (v. 12) para todos los que obedecen su mandato: "permaneced en mi amor" (ver v. 10; 13:34), al decir: *Este es mi mandamiento*. Hull comenta que solo en este mandamiento Jesús es tanto la fuente como la norma. Beasley-Murray entiende que en este man-

---

La metáfora de la vid

En Juan 15:11 Jesús habla de la comunidad de sus seguidores por medio de la metáfora de la vid y las ramas. Jesús es la vid, sus discípulos son las ramas y su Padre es el labrador, el que cuida de la vid. Jesús da énfasis a dos enseñanzas en esta metáfora: En la comunidad cristiana debe existir interrelación (mutualidad) y permanencia. Él usa el verbo "permanecer" diez veces en estos versículos. Esta palabra describe la relación de Jesús con el Padre, la relación de Jesús con la comunidad, y de la comunidad con él.

Si el individuo va a crecer y producir fruto será solamente en relación con la vid. La visión de Jesús no es una de personas aisladas e independientes que llevan su vida y ministerio fuera de la comunidad. Sin la vid, no se puede hacer nada.

La segunda enseñanza de esta metáfora es la de una imagen no jerárquica de la comunidad de fe, la iglesia. Todas las ramas están enraizadas juntamente en una sola vid, y solamente por medio de la raíz común pueden producir fruto. Dios, el labrador, es quien decide si la rama funciona o no. Es él quien quita las ramas secas, y las echa al fuego; como también es él quien ve dónde, cuándo y cómo limpiar las ramas que producen algo, pero que podrían producir más.

Estas dos enseñanzas son grandes ejemplos para el creyente de hoy. Con un enfoque así, la iglesia podrá verdaderamente llegar a ser luz para un mundo que anda en tinieblas.

amado. **13** Nadie tiene mayor amor que éste, que uno ponga su vida por sus amigos. **14** Vosotros sois mis amigos, si hacéis lo que

yo os mando. **15** Ya no os llamo más siervos, porque el siervo no sabe lo que hace su señor. Pero os he llamado amigos, porque os

---

> ### Joya bíblica
>
> **Este es mi mandamiento: que os améis los unos a los otros, como yo os he amado (15:12).**

> ### Joya bíblica
>
> **Nadie tiene mayor amor que éste, que uno ponga su vida por sus amigos (15:13).**

> ### El líder verdadero
>
> "Los líderes que son verdaderos siervos saben que la plenitud de la vida no se mide por cuánto uno tiene, sino por cuán completamente uno da o se da".
>
> Obispo Marion Edwards

damiento se resume el llamado de amar a Dios (Deut. 6:4, 5) que Jesús unió con el de amar al prójimo (Lev. 19:18; ver Mar. 12:29-31). La expresión *que os améis* traduce un verbo en el tiempo presente, describiendo una actitud y acción constante, perdurable. Jesús no sólo manda el amor recíproco y perdurable entre los discípulos, sino que especifica la calidad de amor que deben exhibir: *como yo os he amado*. Otra vez se traduce un verbo en el tiempo aoristo como si estuviera en el tiempo perfecto. Literalmente sería "como yo os amé" con la idea constativa (ver v. 9) que resume todas las acciones del pasado como si fuera una sola. Pero puesto que ese amor continúa y continuaría hasta la cruz y después para siempre, los traductores optan por traducirlo como si estuviera en el tiempo perfecto. Es un amor "radical", no selectivo, ni optativo, sino puro, altruista, perdurable y dispuesto a obedecer hasta la muerte.

Una traducción literal del v. 13 revela el énfasis sobre las primeras tres palabras: "Mayor que éste, amor nadie tiene". Este versículo y el siguiente continúan la idea del anterior: "como yo os he amado". Jesús describe la calidad y dimensión de su amor. El hecho de dar su propia vida por un amigo es la expresión máxima del amor. Beasley-Murray cita a varios filósofos griegos quienes describen el amor más sublime en estos términos de dar su vida por un amigo. Pero Jesús no estaba pensando en los filósofos al decir esto; tenía en mente el sacrificio voluntario que haría el día siguiente a favor de no uno sino de todos, y no sólo de sus amigos sino también de sus enemigos (ver 10:11; Rom. 5:6-8). Vincent insiste en el uso télico, o de intento y propósito (es decir, "con el fin de que") para la conjunción (*jina*[2443]) que la mayoría de las versiones traduce con solo *que*. La preposición que se traduce *por* significa "en lugar de" o "a favor de" y se usa en la interpretación vicaria o sustitutiva de la cruz: "Cristo murió en lugar del pecador".

Jesús vuelve al tema de la obediencia de sus mandatos como prueba de su amistad o amor, para con él (ver 14:15, 21). El pronombre *Vosotros* (v. 14) es doblemente enfático: "Vosotros y solamente vosotros...". El término amigos traduce el vocablo griego que se deriva del verbo "amar" (*fileo*[5368]). El amigo es uno que es amado. La partícula gr. que se traduce *si* introduce una cláusula condicional de tercera clase que anticipa un futuro más probable. Jesús esperaba confiadamente que los discípulos cumplirían lo que él mandaba. El verbo *hacéis* está en el tiempo presente, describiendo una acción continua, un obedecer como estilo de vida. El verbo *mando*, de los varios términos griegos que se traducen con esta idea, significa un mandato o precepto específico en contraste con el mandato general de toda la ley.

he dado a conocer todas las cosas que oí de mi Padre.

16 "Vosotros no me elegisteis a mí; más bien, yo os elegí a vosotros, y os he puesto, y para que vayáis y llevéis fruto, y para que vuestro fruto permanezca; a fin de que todo lo

---

En el v. 15 se establece un contraste entre *siervos* y *amigos*. El término *siervos* traduce el griego *doulos*[1401]. Pero Jesús se había referido sólo indirectamente a sus discípulos como "siervos" (ver 12:26; 13:13, 16), porque frecuentemente no entendían los planes y propósitos de su Maestro. Sin embargo, esta ignorancia a menudo se debía más bien a su propia falta de atención o percepción (ver 13:36; 14:5, 8, 22). Jesús describe la diferencia entre el siervo y el amigo: el dueño no comparte sus planes y propósitos con sus siervos, pero con el amigo sí. Al siervo le corresponde sólo obedecer las órdenes de su dueño sin entender, cuestionar, discutir, ni opinar sobre sus propósitos.

Especialmente en el discurso de despedida, él les había *dado a conocer todas las cosas que oí de mi Padre* (ver 13:19; 14:4, 6, 7, 9, 10). No hay una contradicción con lo que Jesús dijo en 16:12, pues él compartía con los discípulos sólo lo que ellos estaban en condición de sobrellevar en cada momento. Seguiría informándoles de los planes y propósitos del Padre hasta la crucifixión, en sus apariciones posteriores (ver Mat. 28:19 s.; Hech. 1:1 ss.) y, después de la ascensión, por medio del Espíritu Santo. A pesar de todo, inclusive que Jesús no les llamaría más siervos, ellos seguirían siéndolo, y nosotros también. Pablo siempre se refería a sí mismo como el "*doulos de Cristo*" en su relación con el Señor.

El propósito del v. 16 es el de animar a los discípulos a entrar con confianza en la misión que Jesús les encomendaba. Nótese el contraste enfático entre *Vosotros* y *yo*. Jesús estableció tres verdades fundamentales aquí: él tomó la iniciativa en escoger a los discípulos; el propósito de la elección fue el de llevar fruto que permanece; y la elección y producción de fruto les habilitaría para pedir eficazmente. A menudo el creyente supone que fue él quien tomó la

---

Semillero homilético

El amor fraternal

15:9-17

Introducción: El gozo del compañerismo entre creyentes es uno de los grandes dones de Dios. No importa donde se encuentra, usted puede "estar en familia" cuando está con hermanos/as en la fe. Esto es algo que le agrada a Dios, y él mismo está con nosotros en este compañerismo. En Juan 15:17 encontramos el undécimo mandamiento. Lo más importante para Cristo es que sus discípulos se amen.

I. Es el resultado lógico y natural del amor que Cristo manifestó por nosotros.

  1. Aún siendo pecadores, Cristo murió por nosotros. Dios no esperaba nuestra reforma, ni señales del arrepentimiento, ni evidencias de que íbamos a vivir mejor. Aún con nuestra maldad, nos amó y se entregó por nosotros (Rom. 5:8).

  2. Nos amó primero, y se dio por nosotros (1 Jn. 4:10). Cristo tomó sobre sí todo el pecado y la maldad de nuestra vida. Su sacrificio fue cumplido en una forma muy cruel. Sus discípulos huyeron; el mundo no le escuchó. Este es el amor que no espera para actuar.

  3. El amor con amor se paga.

    (1) Al darnos cuenta de su amor, no podemos hacer más que amar.

    (2) Nos corresponde amarnos. Amamos a la gente porque hemos conocido lo más grande: el amor de Dios. Debemos amarnos los unos a los otros recordando el inmenso amor que hemos recibido de Dios (Juan 13:34, 35).

(Continúa en la pág. siguiente)

que pidáis al Padre en mi nombre él os lo dé.   **17** Esto os mando: que os améis unos a otros.

---

iniciativa en su conversión y también en su vocación cristiana. Jesús aclara que no es así. Algunos comentaristas opinan que la primera cláusula se refiere a la decisión de seguir a Jesús como creyentes, pero otros entienden que se refiere a elegir la vocación como apóstoles. Parece que Jesús está describiendo dos pasos distintos al decir *os elegí... y os he puesto*, el primero refiriéndose a la experiencia inicial de seguir a Jesús como Maestro y el segundo de establecerles como apóstoles. Por lo menos los Sinópticos concuerdan en que hubo un momento, varios meses después de decidir seguirle, cuando Jesús escogió de entre sus seguidores a doce (ver Mat. 10:1-4; Mar. 3:13-19; Luc. 6:12-16).

El término *os he puesto* traduce un verbo gr. en el tiempo aoristo: "os puse". Beasley-Murray lo traduce "os aparté" para una misión, basándose en el uso en el v. 13 donde Jesús "apartó" su vida a favor de otros. El mismo verbo griego también se traduce "constituyó" (ver Núm. 8:10; 27:18; Isa. 49:6; Hech. 13:47; 1 Tim. 1:12; 2 Tim. 1:11; Heb. 1:2). En relación con la idea de una misión, Jesús vuelve a la analogía de la vid y el propósito del labrador al decir *para que vayáis y llevéis fruto*. El verbo *vayáis* también sugiere el salir para realizar una misión y esa misión es de llevar fruto. La cláusula *para que vuestro fruto permanezca* parece referirse a la conversión de personas salvadas para la eternidad más bien que la santidad personal del discípulo. La obediencia en ir y

---

(Continúa de la pág. anterior)

II. El amor fraternal es el secreto de una iglesia feliz y unida.

1. Es muy triste la discordia, la división y la separación en una iglesia, o entre un grupo de creyentes.

2. La gente busca el compañerismo, la amistad, y la comprensión. En el mundo hay odio, maldad, y falta de sinceridad. En un momento podemos experimentar la decepción.

3. El secreto de la iglesia es su ambiente, su "espíritu".

   (1) Amor. Disposición a dar; no de ser amado sino de amar primero.

   (2) Hablar con franqueza y sinceridad. No esconder las cosas que puedan causar disensión.

     a. Amar es más que una mera amistad. Amamos a las personas no porque son simpáticas; las amamos por lo que son, no por lo que hacen y lo que nos dan (1 Cor. 13:4-7).

     b. Amar es más que una mera compasión o sentimentalismo. El amor es la entrega de la vida por la vida del otro (v. 13).

     c. La iglesia debe ser conocida por su "ambiente" de amor, de aceptación de otros, de disposición de entrega por el bien del otro. Esta es la iglesia que verdaderamente representa el amor de Cristo.

III. El amor fraternal es condición indispensable para el crecimiento de la iglesia.

1. Amar es nuestra victoria.

   Los creyentes en Roma sufrieron persecución y muerte. Cuando fueron a recuperar sus cadáveres, veían que tenían una sonrisa en su rostro y decían: "Ved cómo se amaban". Ellos han triunfado, El imperio romano ya ha desaparecido.

2. Al permanecer en su amor tenemos un amor para compartir, algo para dar. Es más fuerte que cualquier otra cosa en el mundo (v. 9, 10).

3. La gente busca paz y seguridad. El amor de Dios es eterno y trae paz y seguridad. Este es nuestro mensaje (Juan 3:16).

Conclusión: ¿Cómo está el amor fraternal en su iglesia? ¿Están siguiendo este undécimo mandamiento? El amor es el secreto de su efectividad frente a su misión en el mundo. ¿Qué puede hacer usted para obedecer este mandamiento? ¿Para amar a otros? ¿Qué decisión debe tomar hoy mismo?

Los discípulos en el mundo hostil

18 "Si el mundo os aborrece, sabed que a mí

me ha aborrecido antes que a vosotros. **19** Si fuerais del mundo, el mundo amaría lo suyo. Pero ya no sois del mundo, sino que yo os ele-

---

> **Joya bíblica**
>
> **Esto os mando: que os améis unos a otros (15:17).**

> **La vid y la rama**
>
> "El comentarista Gail O'Day dice que en la vid 'no se puede distinguir una rama de la otra, porque ninguna de ellas tiene una posición de orgullo... No hay una rama de obispos, otra de ancianos, u otra de administradores burócratas que les otorgue una posición más favorable que a otro. En esta vid no se puede distinguir entre el laico y el clero'. Todos están enraizados juntos en una misma vid, y entrelazados entre sí en una comunidad de mutualidad y interrelación".
>
> Frances Taylor Gench

> **El amor**
>
> El fruto del Espíritu, el Amor
> El amor es la clave.
> El gozo es el amor cantado.
> La paz es el amor descansado.
> La paciencia es el amor permanente.
> La bondad es el carácter del amor.
> La fidelidad es el hábito del amor.
> La humildad es el amor abnegado.
> El dominio propio es el amor que toma las riendas.
>
> Donald Grey Barnhouse

llevar fruto les daría base para pedir con la confianza de que el Padre oiría y contestaría: *a fin de que todo lo que pidáis al Padre en mi nombre él os lo dé.* La oración aceptable del discípulo nunca tendrá el carácter de un mandato, ni demanda, sino como la apelación de uno que es humilde, débil y obediente al que es soberano y omnipotente. Nótese la relación estrecha entre el discipulado, la oración eficaz y el llevar fruto.

Observamos en el v. 17 otra vez esa fórmula que Juan emplea para marcar el cambio de tema: "estas cosas os mando" (ver v. 11; 14:25; 16:1, 25, 33). No hay consenso en cuanto a la división; Beasley-Murray entiende que este versículo termina un párrafo, como en nuestro análisis, pero Morris sugiere que comienza uno nuevo. "Estas cosas", traducido aquí como *Esto*, se refiere a lo que Jesús había dicho acerca de la relación de ellos con él, y entre sí. Plummer opina que la conjunción griega *jina*[2443] debe tomarse en su significado básico, expresando propósito: "para que os améis unos a otros". El verbo *améis*, según su forma en el griego, puede ser de modo indicativo, imperativo o subjuntivo; sin embargo, por razón de la conjunción de propósito, sería subjuntivo como lo traduce la RVA. El verbo está, además, en el tiempo presente, indicando acción continua. Jesús manda el amor mutuo y perdurable entre los discípulos; no puede ser selectivo, ocasional, ni opcional (ver v. 12).

4. Los discípulos en el mundo hostil, 15:18-25

Jesús había hablado mucho acerca de su amor para con los discípulos y el de ellos hacia él y cómo se expresa ese amor. En marcado contraste ahora describe el odio que el mundo tiene para con él, llevando a su muerte, y que los discípulos sufrirían la misma hostilidad y persecución. Jesús los consuela con el hecho de que el mundo le odió a él primero; así él sabría comprender lo que ellos sufrirían. El odio del mundo hacia ellos será la prueba de que ellos no son del mundo. Ellos sufrirán este odio en igual manera que él lo sufrió, y por su causa; en esta experiencia, su amor y confianza en él será intensificado.

(1) Sufriendo por causa de Cristo, 15:18-21. En este párrafo Jesús indica

gí del mundo; por eso el mundo os aborrece. **20** Acordaos de la palabra que yo os he dicho: 'El siervo no es mayor que su señor*'. Si a mí me han perseguido, también a vosotros os perseguirán. Si han guardado mi palabra, también guardarán la vuestra. **21** Pero todo esto

---

*15:20 Ver 13:16

---

que la identificación de los discípulos con él tendría consecuencias inesperadas e inevitables por causa de esa hostilidad irreconciliable entre el reino de Dios y el del mundo. Richard Neibuhr describe en términos gráficos y precisos este contraste y conflicto en su libro *Cristo y la cultura*.

Joyas de oro

"Excepto si formamos el hábito de ir a la Biblia en los momentos alegres como en los de dificultad, no podremos responder totalmente a sus consolaciones, porque nos faltaría el equilibrio entre la luz y la oscuridad".
Helen Keller

"Preferiría poder orar que ser un gran predicador. Jesucristo nunca enseñó a sus discípulos a predicar, sino solamente cómo orar".
Dwight L. Moody

"Nunca confíes en la persona que tiene que cambiar el tono de su voz para pedirle algo del Señor".
RobertEverett

"Dios nos amó no porque éramos amables, sino porque él es amor".
C. S. Lewis

Joya bíblica

Pero ya no sois del mundo, sino que yo os elegí del mundo; por eso el mundo os aborrece (15:19).

La partícula Si con la que comienza el v. 18 traduce un vocablo gr. de la primera clase condicional que da por sentado la realidad expresada, con la idea de "Dado que el mundo os aborrece...". Jesús sabía que ese odio de parte del mundo sería inevitable y quería advertir y prevenir a los discípulos de este hecho. La RVA traduce el verbo *sabed* como imperativo, que es preferible, pero también podría ser el modo indicativo: "sabéis". Sería una consolación para ellos el saber que su Maestro había caminado por esa "senda" primero. El verbo en el tiempo perfecto, traducido *me ha aborrecido*, describe una acción del pasado cuyo efecto continúa. El mundo manifestó su hostilidad agresiva hacia Jesús desde el comienzo de su ministerio terrenal y seguirá haciéndolo hasta la Segunda Venida.

Se debe notar el cambio de tipo de la condición que se usa en el v. 18 en donde es de primera clase, pero en el v. 19 es de la segunda, expresando una condición irreal. El término *amaría* traduce el verbo *fileo*^{5368}, en vez de *agapao*^{25}, expresando algo como "el querer" o "el afecto natural", normalmente entre seres humanos, pero a veces entre el Padre y el Hijo (ver 5:20). El amor del mundo es egoísta e interesado. Ama *lo suyo*, es decir, a los de su propio carácter y conducta. Aun los malvados sienten cierto afecto natural para los de su misma clase y conducta. En este caso, iguales atraen a iguales. *Pero ya no sois del mundo* es literalmente: "Pero porque del mundo no sois", enfatizando la causa del odio de parte del mundo. La expresión *del mundo* traduce una preposición que apunta al origen o fuente. Es cierto que no pertenecen al mundo, pero ese no es el énfasis aquí. La misma preposición se emplea en *yo os elegí del mundo* (ver v. 16), indicando que Jesús "los extrajo del mundo", su origen natural. Esta separación del mundo, la nueva naturaleza adquirida y su identificación ahora con Jesús explica la actitud del mundo. El verbo *aborrece*, estando en el tiempo presente, describe una actitud continua y sostenida.

os harán por causa de mi nombre, porque no conocen al que me envió. **22** Si yo no hubiera venido ni les hubiera hablado, no tendrán pe-

cado; pero ahora no tienen excusa por su pecado. **23** El que me aborrece, también aborrece a mi Padre. **24** Si yo no hubiese hecho entre

---

> ### Una meditación
>
> "Me gusta remojar la palabra divina, amasarla de nuevo, ablandarla con el vaho de mi aliento; humedecer con mi saliva y con mi sangre el polvo seco del Libro sagrado y volver a hacer andar aquellos versículos quietos y paralíticos con el ritmo de mi corazón.
>
> Me gusta desmoronar esas costras milenarias y la exégesis ortodoxa de los púlpitos, para que las escenas divinas y eternas se muevan otra vez con libertad. Después de todo, digo que estoy otra vez en mi casa. El poeta, al volver a la Biblia, no hace más que regresar a su antigua palabra".
>
> Margarita Murillo González,
> *Ganarás la Luz.*

El verbo *Acordaos* (v. 20) puede estar en el modo indicativo o imperativo; la RVA lo traduce como imperativo. En ambos casos la partícula *Si* es de la primera clase condicional, expresando el caso real: "Puesto que a mí me han perseguido...". Jesús cita lo que había dicho en 13:16 (ver Mat. 10:24), refrescando la memoria de ellos. El contexto era diferente antes, pero se aplica perfectamente aquí en relación con la hostilidad del mundo, y en dos sentidos: los que persiguen a Jesús, los perseguirían a ellos; y los que oyen y guardan las palabras de Jesús, guardarían las de ellos. En una palabra, ellos, estando identificados con Jesús, serían tratados en exactamente la misma manera que él fue tratado.

Los discípulos deben anticipar como caso dado la persecución en el futuro y, al experimentarla, deben consolarse en el pensamiento de que es por su identificación con Jesús, *por causa de mi nombre*. Inclusive, llegarían a gozarse de ser contados dignos de sufrir por Cristo (ver Hech. 5:41; 21:13; 2 Cor. 12:10; Gál. 6:14; Fil. 2:17, 18; 1 Ped. 4:14). La actitud hacia él y sus discípulos se debe al hecho de que *no*

conocen al que me envió (ver 7:28; 8:19, 54 s.; 16:3; 17:25). Sin embargo, la falta de conocimiento no se debe a la falta de oportunidad, sino a una mente cerrada y un corazón rebelde. La falta del mundo es la de no reconocer la revelación de Dios en el Hijo.

(2) La presencia de Cristo revela el pecado del hombre, 15:22-25. En esta sección Jesús sigue el pensamiento de "porque no conocen al que me envió". No conocen, o no reconocen al Padre, porque no reconocen al Padre en el Hijo, a pesar de tres años de ministerio en que había enseñado y demostrado una y otra vez su divinidad.

La revelación de Dios establece la base de la responsabilidad del hombre. Entre más clara la revelación, mayor es la responsabilidad. Ellos no tendrían excusa válida para no creerlo, siendo Jesús la misma imagen del Padre (Heb. 1:3), y habiendo declarado ser el enviado de Dios (7:16) y realizando señales que verificaban ese hecho. El rechazar la luz plena del medio día manifiesta una ceguera deliberada, lo cual constituye el pecado para el cual no hay perdón (ver 9:41; Mat. 12:22-32). El término *excusa* traduce un vocablo gr. compuesto que significa "algo puesto delante de otro para esconder", como "pretexto". El término *pecado* traduce *jamartia*[266], el más usado en el NT para expresar en general todo lo que ofende a Dios, pero en este contexto se refiere concretamente al rehusar creer en Jesús como el Cristo de Dios. El término se deriva del verbo gr. que significa "errar el blanco". Jesús no quiere decir que si no hubiera venido al mundo nadie tendría pecado, sino que no serían culpables de la terrible responsabilidad de haberlo rechazado.

Las dos expresiones, *me* y *mi Padre* (v. 23), están en una posición enfática. Este

ellos obras como ningún otro ha hecho, no tendrían pecado. Y ahora las han visto, y también han aborrecido tanto a mí como a mi Padre. **25** Pero esto sucedió para cumplir la palabra que está escrita en la ley de ellos: *Sin causa me aborrecieron**.

---

*15:25 Sal. 35:19; 69:4

---

versículo expresa lo opuesto a la enseñanza en 13:20. En ambos casos el verbo *aborrece* traduce un verbo en el tiempo presente, indicando una actitud sostenida y continua. Además, el término expresa un disgusto profundo, un detestar, un odio y una aversión al punto de ceguera. El aborrecer a Jesús no era un acto pasivo, de indiferencia o algo pasajero, sino una actitud agresiva y sostenida, como los líderes judíos manifestaban hacia Jesús, no descansando hasta no clavarlo en la cruz. Los líderes judíos pretendían una devoción amante a Dios, pero Jesús declara que, en efecto, lo aborrecían a él por aborrecer a su Hijo. Los dos estaban tan unidos e identificados entre sí que la actitud hacia uno implicaba la misma actitud hacia el otro.

El v. 24 es una recapitulación de los dos anteriores, pero aquí apunta a las obras como la evidencia más clara que verificaba sus pretensiones de ser el Hijo de Dios. Ciertamente el término *obras* a menudo se refiere a los milagros que Jesús realizó, siete de los cuales sirven como pilares sobre los cuales se desarrolla este Evangelio. Al decir *obras como ningún otro ha hecho*, uno inmediatamente piensa en "milagros". Por esto, Weymouth, Marcus Dods y algunos otros emplean el término "milagros" en vez de *obras* en este versículo. Sin embargo, Morris, la RVA y la mayoría de los comentaristas mantienen el término *obras* por ser la traducción más fiel del vocablo griego y por creer que el término incluye milagros, sí, pero que abarca mucho más. Inclusive, Morris afirma que el término se refiere a toda la vida, palabras (ver 7:46) y milagros de Jesús. Nótese que Jesús no se refiere a Dios como "el Padre", sino *mi Padre*.

La conjunción *Pero* del v. 25 marca un fuerte contraste con algo recién expresa-do. Parece que Juan quiere decir que el odio de los líderes judíos es sorprendente y contrario a lo que uno esperaría de ellos. Jesús relacionaba la actitud de los líderes con una cita de *la ley de ellos*. Ellos pretendían entender y obedecer al pie de la letra la ley de Dios. En un sentido estaban cumpliendo una de las expresiones que tenía un cumplimiento profético. Mateo emplea esta expresión 16 veces en relación con el ministerio de Jesús (ver Mat. 1:22; 2:23; 3:15; 27:35). Normalmente el término ley se refiere al Pentateuco, pero también se usa para toda la revelación de Dios, es decir, todo el AT, como en este caso. La cita a la cual Jesús se refiere proviene de uno o más de los Salmos (ver 35:19; 69:4; o quizá 109:3). Estos tres pasajes describen un odio hacia otros cuando no había motivo. *Sin causa* traduce un vocablo gr. que se basa en un verbo que significa "dar". Literalmente es algo "dado gratuitamente", sin merecimientos. Vincent dice que su odio hacia él fue "un regalo voluntario". Fue un odio no merecido y no provocado.

5. La obra del Espíritu Santo, 15:26—16:15

Jesús vuelve al tema del Espíritu Santo (ver 14:15-31) y la función que él tendrá en el mundo en general y, específicamente, en los creyentes. Esta sección extendida sobre la tercera persona de la Trinidad en el discurso de despedida indica el rol crítico que él jugaría en la iglesia naciente.

Lindars observa que el enfoque del ministerio del Espíritu Santo aquí tiene como trasfondo el odio del mundo hacia Jesús y sus seguidores (ver Mat. 10:16-25; Mar. 13:11). Los discípulos no deben temer el odio, oposición y aun persecución del mundo, porque tendrán el representante

26 "Pero cuando venga el Consolador*, el   Espíritu de verdad que yo os enviaré de parte

*15:26, Lit., *Paracleto*; ver nota sobre 14:16

---

personal de Jesús acompañándoles.
(1) El testimonio del Espíritu Santo, 15:26, 27. Hemos empleado el término "testimonio" en el bosquejo para referirnos a la función del Espíritu Santo, porque así se describe en el primer versículo de esta sección. Sin embargo, otros usan el término "obra" o "ministerio", porque lo que se describe en los versículos siguientes es más amplio de lo que normalmente se entiende por testimonio.

> **Joya bíblica**
> **Pero cuando venga el Consolador, el Espíritu de verdad que yo os enviaré de parte del Padre, el cual procede del Padre, él dará testimonio de mí (15:26).**

El mejor texto griego omite la conjunción adversativa *Pero* con la que comienza el v. 26. Sin embargo, este término expresa el sentido implicado, un contraste entre el odio del mundo, por un lado, y la provisión de Dios para sus fieles, por otro. La RVR-1960 mantiene el orden del texto gr.: "Pero cuando venga el Consolador, a quien yo os enviaré del Padre, el Espíritu de verdad, el cual...". Este arreglo pone más énfasis en la acción de enviarlo que en su carácter o función; o quizá sólo señala el orden lógico: menciona primero su origen, "enviado" por el Hijo, y luego su carácter y función. La venida del *Paracleto* (ver el comentario sobre 14:16 para el significado) se presenta como un evento futuro, sin definir cuándo. La descripción de él como *Espíritu de verdad* (ver 14:17) es una expresión que traduce un genitivo, *de verdad*, que puede ser descriptivo o de complemento directo. En el primer caso describe el carácter o naturaleza del Espíritu; en el segundo el genitivo recibe la acción, apuntando al Espíritu como el que

imparte la verdad (ver Mat. 12:31).

En 14:16 Jesús se presenta como el que ruega al Padre y éste envía al Espíritu. Aquí Jesús aclara su función y la del Padre en cuanto a la venida del Espíritu: *yo os enviaré de parte del Padre, el cual procede del Padre*. El verbo *enviaré* realmente está en el tiempo presente y se traduce mejor "envío", quizás enfatizando acción continua, pero dado que se refiere a un evento futuro suele ser traducido como si estuviera en el tiempo futuro. El Hijo, como también el Padre, participan en enviar al Espíritu. Antes mencionamos la gran controversia en el cristianismo en el siglo IV sobre la procedencia del Espíritu: el Oriente insistía que era sólo del Padre, pero el Occidente agregaba el *filioque* ("y del Hijo"). El pronombre *yo* es doblemente enfático, por la posición y por mencionarse cuando no es necesario para aclarar quien actúa. Nótese que dos veces en este versículo se usa la misma preposición griega (*para^{3844}*) que significa "de parte del Padre" o "del lado del Padre", enfatizando el origen último del Espíritu. Este concepto se refuerza con el verbo *procede* que tiene el prefijo griego *ek*, que también enfatiza origen. Lindars comenta que Jesús también fue enviado por el Padre y procedió del Padre (ver 8:42; 13:3).

La expresión *él dará testimonio de mí* define su obra como el *Espíritu de verdad*. El pronombre *él*, o "aquél", es masculino, aunque se refiere al Espíritu que en el gr. es de género neutro. La razón por la demora de la venida del Espíritu se implica en esta frase. El Espíritu daría testimonio de la persona y obra cumplida de Jesús que incluía su crucifixión, resurrección y ascensión. Este ministerio del Espíritu para el cristianismo del siglo XXI se basa en la revelación del Cristo eterno que se presenta en las Escrituras, y mayormente en el NT.

del Padre, el cual procede del Padre, él dará testimonio de mí. **27** Además, vosotros también testificaréis, porque habéis estado conmigo desde el principio.

16 "Os he dicho esto para que no os escandalicéis. **2** Os expulsarán de las sinagogas, y aun viene la hora cuando cualquiera que os mate pensará que rinde servicio

---

El Paracleto

"Por medio del poder del Espíritu Santo, Jesucristo viene a nosotros hoy. Él se deja ver en formas específicas por aquellos que tienen ojos para ver y oídos para oír su venida... Él quiere permanecer individualmente con cada creyente para soltar el fuego de su amor por medio del creyente, y por medio de la iglesia, a un mundo que literalmente está muriendo sin su luz y su amor".

Jeanie Miley, *Becoming Fire*, p. 266.

El pronombre *vosotros* (v. 27) es doblemente enfático, indicando el orden del plan de Dios. Jesús realizó la obra de redención, el Espíritu enseñará y aclarará a sus seguidores el significado de lo que Jesús dijo e hizo, y éstos a la vez compartirían ese testimonio al mundo (ver Hech. 1:8; 4:33). El verbo *testificaréis* traduce a *martureo*[3140], del cual se deriva nuestro término "mártir". En el texto gr., el verbo está en el tiempo presente, indicando acción continua, pero puede ser del modo imperativo o indicativo. Generalmente se considera indicativo. Morris cita a Godet quien dijo: "El Espíritu no enseña los hechos de la historia; él revela su significado". Jesús había dicho: "Como me ha enviado el Padre, así también yo os envío a vosotros" (20:21). El Espíritu haría posible que los discípulos cumplieran la obra de Jesús en el mundo, como él había cumplido la obra de su Padre cuando estuvo en el mundo. Los discípulos podrían testificar acerca de Jesús *porque* habían *estado con él desde el principio*. La expresión *desde el principio* se refiere al comienzo de su ministerio público. La condición para que los creyentes hoy en día testifiquen acerca de Jesús en forma eficaz es triple: haberlo recibido como Salvador personal, vivir en comunión íntima con él y

ser instruido y guiado por el Espíritu Santo.

(2) La advertencia de persecuciones, 16:1-4a. En los versículos finales del capítulo anterior (15:26, 27) y la segunda parte de este (16:4b-15) es dominante el tema del ministerio del Espíritu Santo. Insertada entre esos pasajes encontramos una advertencia de las persecuciones que los discípulos tendrían que soportar. ¿Sería un entre-paréntesis independiente, o tendría una relación con el tema del Espíritu Santo? Depende del significado de "Os he dicho esto para que..." en 16:1. Recordemos que estamos en medio del discurso de despedida (caps. 13—17) en que Jesús estaba preparando a sus discípulos para su salida del mundo.

Lo que llama la atención al comenzar la lectura de este capítulo es esa "fórmula" que Juan emplea para señalar el comienzo de un tema nuevo, o una división en temas (ver 14:25; 15:11; 16:1, 4, 6, 25, 33): *Os he dicho esto...*, o literalmente: "Estas cosas he hablado a vosotros...". "Estas cosas" se refiere a todo el discurso de despedida, pero especialmente a lo que dijo referente al odio del mundo hacia él y ellos (ver 15:18, 19). La referencia al Espíritu Santo en los versículos anteriores tendría el propósito de dar confianza y firmeza a los discípulos al encontrarse frente a una oposición tenaz de parte del mundo. Por esto, Plummer asigna el título "El mundo y el Paracleto" a los versículos 1—11.

El verbo en la expresión *no os escandalicéis* es la transliteración del gr. que significa "hacer tropezar" o "encerrarse en una trampa". Se refiere concretamente al gatillo de una trampa donde se coloca la carnada para tentar al animal. El mundo tiene múltiples maneras de tender un tropiezo ante los seguidores de Jesús, pero Jesús estaba preparándolos para recono-

a Dios. **3** Esto harán*, porque no conocen ni al Padre ni a mí. **4** Sin embargo, os he dicho estas cosas, para que cuando venga su hora, os acordéis de ellas*, que yo os las dije.

*16:3 Algunos mss. antiguos tienen *os harán*.
*16:4 Algunos mss. antiguos dicen *para que cuando venga la hora, os acordéis que yo os dije*.

---

cer y evitar tales intentos. El odio y la persecución de los líderes religiosos podría hacer caer a los discípulos desprevenidos en su trampa. Lindars sugiere que el verbo *no os escandalicéis*, en este contexto, significa "para que no os apartéis"; ejemplos de esto serían la negación de Pedro y la huida de todos cuando Jesús fue prendido.

Jesús les advierte, en el v. 2, de dos medidas que los líderes judíos emplearían para frenar el avance del cristianismo y aun eliminarlo. La expulsión del ciego sanado de la sinagoga (ver 9:22, 34; 12:42) sería un anticipo de lo que ellos mismos experimentarían. La expresión *y aun*, que connota la idea de graduación a algo más severo, traduce una conjunción adversativa fuerte que normalmente se traduce "pero". Algunas versiones lo traducen "y no solo esto, pero...". Parece que Jesús está diciendo que si ellos pensaban que la primera medida sería mucho, en contraste no sería nada en comparación con la segunda medida. La expresión *rinde servicio*, u "ofrece servicio", es traducida por algunos como "rinde ofrenda a Dios".

Hay un dicho de que "la sangre de los mártires es la semilla de la iglesia", indicando que, en vez de frenar el avance del cristianismo, el martirio ha servido para acelerarlo. La historia del cristianismo, desde el primer siglo hasta nuestros días, está repleta de relatos del martirio de seguidores de Jesús, instigado generalmente por personas o instituciones religiosas que piensan que están sirviendo a Dios. En vez de menguar la incidencia de martirios por motivos religiosos, parece que se incrementa al pasar los años. La advertencia que Jesús dio a sus discípulos es tan apropiada para nuestra generación como si fuera pronunciada esta misma mañana.

El pronombre *Esto* (v. 3) es de género neutro plural ("Estas cosas"), refiriéndose a todas las clases de oposición y persecución que el hombre pueda usar en contra de ellos. "Estas cosas" harían a los seguidores de Jesús por una sencilla razón: *no conocen ni al Padre ni a mí*. El verbo *conocen*, traducido aquí como en el tiempo presente, es realmente un aoristo: "no conocieron" o "no reconocieron". Se implica que tuvieron la oportunidad y no la aprovecharon (ver 1:10, 11; 3:19; 15:21-15); más aún, con toda determinación resistieron lo que tendrían que haber sabido que era obra de Dios. Esta nota trágica se repite en este Evangelio y en nuestros días.

La conjunción *Sin embargo*, que se usa en el v. 4, traduce un término adversativo fuerte (ver v. 2b). *Esas cosas* vendrían para ellos, y ciertamente ya han venido. La expresión *os he dicho estas cosas* repite textualmente la primera parte del v. 1 donde Jesús quería evitar para ellos el escándalo de la cruz. En cambio, aquí el propósito es positivo: *para que... os acordéis...* de las advertencias. La profecía de *estas cosas* cumplida sería otra señal de la divinidad de Jesús y otro motivo para mantenerse firmes ante la oposición. Jesús no especifica cuándo vendría *su hora*, es decir, de las persecuciones. Vino mucho antes que los discípulos pensaban; su venida no sería por un período breve, sino para todos los siglos hasta el fin del mundo.

(3) El ministerio del Espíritu Santo, 16:4b-15. Ante la perspectiva de la persecución que les esperaba, Jesús ahora les anima con el recurso principal que Dios provee, la presencia del Espíritu Santo. Morris comenta que, habiendo presentado al Espíritu Santo como un ayudante y abogado (ver 14:16 s., 26; 15:26 s.), ahora lo presenta como el Acusador Oficial, con-

El ministerio del Espíritu Santo

"Sin embargo, no os dije esto al principio, porque yo estaba con vosotros. **5** Pero ahora voy al que me envió, y ninguno de vosotros me pregunta: '¿A dónde vas?'. **6** Más bien, porque os he dicho esto, vuestro corazón se ha llenado de tristeza. **7** Pero yo os digo la verdad: Os conviene que yo me vaya; porque si no me voy, el Consolador*, no vendrá a vosotros. Y si yo voy, os lo enviaré.

*16:7 Lit., *Paracleto*; o sea, el que es llamado para estar al lado de uno para ayudar.

---

venciendo a los pecadores de su mal.

La expresión *al principio* (ver 15:27) se refiere al comienzo del ministerio público de Jesús, cuando recién había llamado a los discípulos. La razón de su demora en compartir estas verdades con ellos en el principio, y aún durante los tres años de su ministerio, es que él estaba con ellos. Su presencia física con ellos serviría para afirmarlos en los momentos de crisis. Pero ante la perspectiva de su inminente "partida", era necesario prepararlos sin más demora. Otra razón, no mencionada aquí, por la demora de advertirles de estas cosas es que antes no estaban preparados. Jesús les compartía las verdades del reino a medida que ellos mostraban comprensión y madurez para comprender y aceptarlas (ver 15:15).

En contraste con la mención de "yo estaba con vosotros" (v. 4b), Jesús anuncia su partida inminente pero en términos ambiguos. Realizó todo su ministerio en la conciencia de que era "el enviado" del Padre. La afirmación de Jesús de que *ninguno de vosotros me pregunta: "¿A dónde vas?"* parece una clara contradicción de lo que Juan menciona antes en este mismo discurso de despedida (ver 13:36; 14:5). Barrett sugiere que se soluciona la aparente contradicción si damos el valor debido al tiempo del verbo *pregunta*; está en el tiempo presente y lleva el significado de: "ninguno de vosotros me está preguntando ahora...". Plummer y Morris piensan que la solución se encuentra en tomar nota del contexto distinto aquí en contraste con el de la ocasión anterior. Allí estaban considerando solo su propia pérdida en vez de

la ganancia para él; aquí habrían dejado atrás esa perspectiva egoísta y tendrían interés sincero en el destino de su Maestro.

Jesús notó la tristeza en el rostro de sus discípulos por la mención de su inminente partida. Al saber que volvía a su gloria eterna con el Padre, tendrían que haberse gozado. Evidentemente, todavía estaban esperando que Jesús evitara la muerte y estableciera el reino a Israel, según la expectativa mesiánica popular. Nótese que Jesús emplea *corazón* en singular cuando se refiere al de todos ellos (ver 14:1), pero la referencia es al centro de sus emociones, no al órgano físico. El tiempo perfecto del verbo *se ha llenado*, si se toma en su significado normal, indicaría una acción del pasado cuyos efectos continúan. Jesús prometió que su tristeza se convertiría en gozo (v. 20), pero eso sucedería luego de verlo resucitado.

El v. 7 comienza con la conjunción adversativa fuerte *Pero*, estableciendo un contraste marcado con la tristeza que se notaba en sus rostros. El pronombre *yo* es doblemente enfático, en contraste con la emoción de tristeza que ellos sentían en ese momento. Su sentimiento de tristeza no estaba basado en *la verdad*; Jesús estaba por compartirles *la verdad* (ver 8:45 s.; 14:6) que cambiaría esas emociones. El verbo *conviene* traduce un término griego compuesto que significa literalmente "conllevar", o "traer juntos", implicando algo bueno o provechoso. Morris observa que el verbo *conviene* es el mismo que utilizó Caifás (11:50) cuando dijo: "...os conviene que un solo hombre muera por el pueblo".

8 "Cuando él venga, convencerá al mundo de   pecado, de justicia y de juicio. **9** En cuanto a

---

Pero como frecuentemente sucede, Dios invierte los propósitos de los hombres para que sean lo opuesto a lo que ellos pensaban.

Los discípulos pensaban que su salida sería la más grande tragedia para ellos y el reino de Dios. Las palabras de Jesús les parecían incomprensibles, si no una burla, hasta que él explicó en qué sentido sería para su ventaja. Nótese el énfasis en la necesidad de su partida para la venida del Espíritu Santo; lo expresa en forma negativa y luego en la positiva. Morris cita a Gore, quien dijo: "La venida del Espíritu Santo no fue meramente para suplir la ausencia del Hijo, sino para completar su presencia". La conveniencia de su salida se expresa en dos maneras. Primera, es mejor para ellos el no tener que depender de la presencia visible y tangible de su Señor, de aprender a caminar por fe y no por vista. Segunda, y más importante, es que él no vendría hasta la partida de Jesús, eso es, la obra redentora completada en la cruz y resurrección. Antes Jesús había explicado que el Espíritu Santo no había venido porque él no había sido glorificado (ver 7:39), refiriéndose a la crucifixión. En resumen, la obra principal del Espíritu Santo se basaría en la obra redentora completada por Jesús. Por eso, su venida en plenitud esperaba la realización completa y final de la obra redentora y por eso les convenía a los discípulos que Jesús se fuera.

El pronombre *él* (v. 8) se presenta en género masculino, porque se refiere al *Paracleto* (ver vv. 13, 14). Cuando se refiere al Espíritu Santo se usa el género neutro, porque en el griego el término "Espíritu" es de ese género. Esta es la única referencia a la obra del Espíritu Santo en relación con el mundo; las demás tienen que ver con su ministerio en y por medio de los creyentes. Ya se ha aclarado cuándo vendría el Espíritu; ahora describe su triple función, o su función en tres

áreas. Antes el Espíritu se presentó como el Consolador, Ayudante y Abogado. El término *convencerá* describe la función del abogado acusador quien examina al acusado para descubrir y exhibir (traer a luz) las evidencias de culpabilidad con el fin de convencerle a él y al juez de su crimen. Algunas versiones traducen el verbo como "reprobar" o "exponer". Los hombres viven en la ignorancia o negación de su condición espiritual verdadera. Westcott comentó que el mundo consideraba a Jesús como pecador (ver 9:24), pero a sí mismo como justo ante Dios (Luc. 18:9). El Espíritu tiene la misión de invertir ese concepto.

El término *pecado* (v. 9) traduce el vocablo griego que significa "errar el blanco". Dios había enviado a su Hijo como su representante personal para revelar la naturaleza de Dios y su propósito para el mundo. En el hecho de rechazar ese testimonio, de no creer en Jesús, consiste la misma esencia del pecado, de "errar el blanco" establecido por Dios. La crucifixión revelaría más que cualquier otra cosa la actitud rebelde del hombre hacia Dios, manifestada por cierto durante la vida terrenal de Jesús, pero llegando a su culminación en la demanda de su muerte.

El texto admite hasta tres interpretaciones, de acuerdo con el significado de la conjunción traducida *porque*, pero la RVA ha escogido la que es más natural y lógica. La obra del Espíritu con el incrédulo comienza en este punto, de convencerle de su rebelión en contra de Dios. Antes tenía que ver con el no creer en Dios, pero ahora es el no creer en su Hijo. Por cierto, hay otros pecados graves, pero en el fondo el que condena al incrédulo es el no creer en el enviado del Padre. Aparte de este ministerio del Espíritu, el incrédulo nunca vería con claridad la gravedad de su condición espiritual ante Dios, ni sentiría la pesada convicción de esa actitud.

En segundo lugar, el Espíritu convencerá

pecado, porque no creen en mí; **10** en cuanto a justicia, porque me voy al Padre, y no me veréis más; **11** y en cuanto a juicio, porque el príncipe de este mundo ha sido juzgado.

12 "Todavía tengo que deciros muchas cosas, pero ahora no las podéis sobrellevar. **13** Y cuando venga el Espíritu de verdad, él os guiará a toda la verdad; pues no hablará por sí

---

al mundo incrédulo *en cuanto a justicia*. El término *justicia*, que goza de una gran variedad de matices y numerosas referencias en las Escrituras, se encuentra sólo aquí en este contexto en este Evangelio. En Juan se refiere a la justicia de Dios provista por Cristo en la cruz (ver Rom. 1:17; 2 Cor. 5:21; Fil. 3:9). La expresión *me voy al Padre* no se refiere sólo al hecho de ir al Padre, sino a la manera en que iría al Padre. Ese ir al Padre lo llevaría por el camino de la obediencia hasta la muerte, una muerte en que pagó el precio por el pecado de toda la humanidad, haciendo posible la justicia de Dios para todo aquél que cree en él. Esta es la justicia de Dios como opuesta a la que el hombre pudiera lograr por obedecer ciertas reglas (ver Mat. 5:20). La expresión *no me veréis más* puede referirse al entierro de su cuerpo, o a la ascensión.

En resumen, el pecado consiste en no creer y no obedecer al Hijo de Dios; por otro lado, la justicia se logra por el creer en Jesús que resulta en la obediencia de sus mandatos.

El Espíritu Santo "convencerá al mundo" también *en cuanto a juicio*. El término *juicio* también tiene varios matices en este Evangelio. Lindars lo analiza así: se refiere al criterio (3:19), al acto de juzgar (5:24), a dar la sentencia (5:27), a la condenación (5:29), o a un acto judicial (12:31). El último ejemplo se aplica aquí. El mundo tiene sus propias normas o criterios falsos de lo que es el pecado, la justicia y el juicio. El Espíritu tiene la enorme tarea, humanamente imposible, de convencer al mundo del error de su pensar y actuar. Seguramente los líderes judíos, y detrás de ellos *el príncipe de este mundo* (ver 12:31; 14:30), celebraron su "victoria" cuando Jesús fue crucificado. Sin embargo, lo que parecía victoria para ellos fue en

realidad su derrota en que fueron juzgados y condenados. Jesús veía ese resultado como un hecho ya realizado al decir que *el príncipe de este mundo ha sido juzgado*. El verbo *ha sido juzgado* está en el tiempo perfecto, indicando una acción realizada en el pasado, cuyos resultados continúan. Satanás sigue su programa de engaño y conquista de los desprevenidos, pero lo hace sabiendo que su condenación fue establecida en la cruz y en la resurrección de Jesús. Morris observa que estos tres aspectos de la obra del Espíritu Santo se interpretan a la luz de la persona y obra de Cristo.

De la enseñanza sobre el rol del Espíritu Santo con el mundo, Jesús se vuelve al rol del Espíritu con los discípulos (vv. 12-15). El maestro sabio conoce el nivel intelectual de sus alumnos, su capacidad para discernir el significado de sus enseñanzas y el momento apropiado para compartírselas. Siempre tiene más que compartir con los alumnos que lo que ellos están en condiciones de recibir. Así fue con Jesús en ese momento. El verbo *sobrellevar* parece fuera de lugar aquí, considerando su significado. Normalmente se refiere a una carga física, como levantar o sobrellevar un gran peso (10:31; 19:17); soportar una molestia (Gál. 6:2); o llevar en alto el nombre de Cristo (Hech. 9:15). Aquí tiene que ver con entender, aceptar y obedecer sus enseñanzas.

La RVA traduce la conjunción Y (*de*[1161]) en sentido continuativo cuando nos parece que el contexto indica el sentido adversativo (ver la RVR-1960). Ellos no podían sobrellevar sus enseñanzas "ahora", *"pero cuando venga el Espíritu de verdad..."*. Es decir, vendría el tiempo cuando ya ellos podrían aceptar las enseñanzas del *Espíritu de verdad*. Nótese la descripción del Espíritu, como *de verdad* (ver 14:17), o

solo, sino que hablará todo lo que oiga y os hará saber las cosas que han de venir. **14** El me glorificará, porque recibirá de lo mío y os lo hará saber. **15** Todo lo que tiene el Padre es mío. Por esta razón dije que recibirá de lo mío y os lo hará saber.

---

literalmente "de la verdad". Jesús afirma ser "la verdad" (14:6), Dios es "la verdad" (ver Deut. 32:4), sus palabras son verdad (ver 17:17) y Dios ama la verdad (Sal. 51:6). El término "verdad" y sus derivados se emplean 48 veces en este Evangelio. Bultmann define el término como la "realidad de Dios", la que es la "única realidad verdadera". Morris agrega que, en el cuarto Evangelio, "la verdad" se refiere concretamente a la muerte y resurrección de Jesús.

La obra del Espíritu en relación con los discípulos es la de guiarlos *a toda la verdad*. El verbo *guiará* traduce el vocablo gr. compuesto que significa "conducir por un camino". El término indica un progreso gradual. Lo que Jesús no pudo compartirles, por la inhabilidad de ellos de sobrellevarlo en ese entonces, ahora el Espíritu lo hará, y con creces. Adaptaría la enseñanza al nivel de madurez espiritual de cada creyente, compartiendo *toda la verdad* posible en cada etapa de su desarrollo. Lindars entiende que la expresión apunta a una comprensión cabal de la verdad. El Espíritu es el guía perfecto para esta tarea, por ser el *Espíritu de verdad*. Jesús explica por qué y cómo el Espíritu les conduciría *a toda la verdad*. La conjunción traducida *pues* (mejor "porque"; ver RVR-1960) introduce la razón o la explicación de lo antedicho. La explicación incluye dos cosas: su modo de operación y la esencia de la verdad que enseñará. Como Jesús no enseñaba por su propia autoridad (ver 8:26-28, 38, 40, 42; 12:49; 14:10), sino sólo lo que oía del Padre, tampoco el Espíritu *hablará por sí solo*. Por esta afirmación, se asegura que su inspiración sería infalible en la medida que se capta sin distorsiones humanas. *La verdad* a la que guiará incluye una aclaración del significado de la vida, enseñanzas y muerte de Jesús, pero aquí concretamente se refiere al futuro, a *las cosas que han de venir*. Bernard opina que se refiere al don de profecía que el Espíritu daría (ver Hech. 21:10 s.; 1 Cor. 12:10), pero este concepto es demasiado limitado. Plummer está más acertado al decir que se refiere a la constitución de la iglesia y a todas las verdades que la experiencia cristiana enseñaría.

El pronombre *Él* (v. 14), en una posición enfática, se traduce mejor como "Aquél", y es de género masculino, refiriéndose al *Paracleto*. El segundo pronombre, *me*, también es enfático. La misión del Hijo era la de revelar y glorificar al Padre por palabras y obras (ver 1:18; 17:4); en igual manera la misión del Espíritu es la de revelar y glorificar al Hijo por palabras y obras. Como Jesús es el intermediario entre el Padre y los hombres (1 Tim. 2:5), el Espíritu es el intermediario entre el Cristo glorificado y los hombres. Bultmann comenta que la misión del Paracleto no es tanto el traer cosas nuevas, como lo es el traer el poder de las palabras de Jesús.

El mejor texto griego escribe el verbo *recibirá* (v. 15) en el tiempo presente ("recibe") en vez de futuro. Algunos traducen el verbo como "toma" en vez de "recibe", por considerar que aquel describe una participación activa del Espíritu, mientras este es más pasiva. Este versículo recalca una vez más la completa unidad entre el Hijo y el Padre, y por lo tanto la divinidad de aquél. No hay división en la Trinidad (ver 17:10). Lindars entiende que además enfatiza la completa identidad entre la misión de Jesús y la de los discípulos bajo la dirección del Espíritu. El Hijo tiene libre acceso al depósito de todos los recursos y realidades espirituales del Padre; el Espíritu, por medio de Jesús, también tiene acceso a ese enorme depósito y toma de él para la necesidad particular de cada creyente.

Jesús: vencedor del mundo

16 "Un poquito, y no me veréis; de nuevo un poquito, y me veréis*".

17 Entonces algunos de sus discípulos se dijeron unos a otros:

—¿Qué significa esto que nos dice: "Un poquito, y no me veréis; de nuevo un poquito, y me veréis" y "porque voy al Padre"? **18** —Decían, pues—: ¿Qué significa esto que dice: "un poquito"? No entendemos lo que está diciendo.

---

*16:16 Algunos mss. añaden *porque yo voy al Padre*, como en vv. 10 y 17.

---

6. Algunas dificultades resueltas, 16:16-33

En esta sección del discurso de despedida se presenta un intercambio entre Jesús y los discípulos sobre su partida y regreso, y la tristeza y el gozo de los discípulos que acompañarán esos eventos.

(1) La perplejidad de los discípulos, 16:16-18. Jesús había anunciado a los discípulos desde hacía mucho tiempo que lo matarían, pero que resucitaría al tercer día; también en el discurso de despedida había hablado de la necesidad de su partida y la ventaja que esto representaría para los discípulos (vv. 6, 7), pero ahora introduce un elemento nuevo.

La primera expresión *Un poquito, y no me veréis* seguramente se refiere a su muerte inminente. Había usado este término ambiguo varias veces (ver 7:33; 12:35; 13:33; 14:19) para referirse a su muerte, pero cada vez se acortaba más el significado de "poco" o *poquito*. Al usarlo ahora se refería a menos que 24 horas en la primera instancia y tres días o más en la segunda. Desaparecería de la vista como hombre vivo al morir, pero en todo sentido al ser enterrado. El nuevo elemento se ve en la segunda frase: "...*de nuevo un poquito, y me veréis*. Se discute si esto se refiere a la resurrección (ver 14:19), cuando lo vieron, o a la venida del Espíritu Santo en Pentecostés, o a la Segunda Venida al fin de los tiempos. El verbo traducido *veréis* lleva la idea de "contemplar fijamente" o "percibir".

Los discípulos expresaban libremente entre sí su perplejidad sobre el significado de las palabras de Jesús. Nótese

el pronombre reflexivo *unos a otros*. Agregan *porque voy al Padre*, no porque Jesús recién lo hubiera dicho, sino porque había hablado en esos términos en el v. 10. Ellos asociaban correctamente ese dicho con la referencia ambigua de *un poquito*.

Parece que la conversación entre los discípulos sobre su perplejidad continuó durante un buen tiempo, pero nadie ofrecía una explicación coherente. Godet comenta: "Donde para nosotros es perfectamente comprensible, para ellos era todo un misterio. Si Jesús deseaba fundar un reino mesiánico, ¿por qué se iba del mundo? ¿Si no deseaba fundar el reino, por qué retornará?". Ninguno se atrevía dirigir la pregunta a Jesús, quizás pensando que el enigma tendría una solución simple y que si preguntaran a su Maestro revelarían su ignorancia.

(2) El gozo de los discípulos, 16:19-24. Jesús había observado la discusión entre los discípulos y sabía perfectamente el motivo y que querían preguntarle, pero por algún motivo demoraban. Entonces él mismo tomó la iniciativa. Respondió a la necesidad más bien que a su pregunta con una analogía de una mujer que da a luz un hijo.

Parece que Jesús comenzó a hablar justo en el momento cuando uno de los discípulos abría la boca para pedirle la explicación. Los discípulos no estaban divididos en la discusión. Abbott observa que cuando Juan emplea la preposición que se traduce *entre* (v. 19), refleja un intercambio amigable entre los participantes. Jesús habría captado el tema de la discusión, no

19 Jesús comprendió que le querían preguntar y les dijo:

—¿Preguntáis entre vosotros de esto que dije: "Un poquito, y no me veréis; y de nuevo un poquito, y me veréis"? **20** De cierto, de cierto os digo que vosotros lloraréis y lamentaréis; pero el mundo se alegrará. Vosotros tendréis angustia, pero vuestra angustia se convertirá en gozo. **21** La mujer, cuando da a luz, tiene angustia, porque ha llegado su hora. Pero después que ha dado a luz un niño, ya no se acuerda del dolor, por el gozo de que ha nacido un hombre en el mundo. **22** También vosotros, por cierto, tenéis angustia ahora; pero yo os veré otra vez. Se gozará mucho vuestro corazón, y nadie os quitará vuestro gozo.

---

por vías sobrenaturales, sino por escuchar atentamente a lo que los discípulos estaban diciendo. No hay evidencia de que él se haya separado de ellos en este ínterin.

Nótese que Jesús no contesta directamente la pregunta que estaba en los labios de sus discípulos, sino se refiere a la angustia emocional que ellos estaban sintiendo por lo que él les había dicho. Él inicia su respuesta con esa doble afirmación enfática (*amén, amén*), con que introduce declaraciones muy importantes (p. ej., 1:51). Ese "un poquito y no me veréis" se explica como un tiempo cuando *vosotros lloraréis y lamentaréis; pero el mundo se alegrará*, es decir, se refiere a la crucifixión. No niega que ellos sufrirían, pero promete alivio y gozo. Ese "de nuevo un poquito, y me veréis" se refiere al tiempo cuando *vuestra angustia se convertirá en gozo*, es decir, la resurrección. Nótese el contraste marcado entre *vosotros* y *el mundo* y ese contraste es reforzado por la conjunción adversativa traducida *pero*. El verbo *se convertirá* es literalmente "llegará a ser".

El artículo definido *La* (v. 21) se refiere a la *mujer* como representando su sexo, y cita una metáfora muy familiar en el AT (ver Isa. 21:3; 26:17; 66:7; Ose. 13:13; Miq. 4:9). En todos estos casos se mencionan tres cosas: la angustia, el hijo que nace y el gozo resultante. El dolor es real e intenso, pero el gozo supera la angustia y es lo que se acuerda luego del evento, porque un hijo ha nacido, un nuevo ser humano ha llegado a la luz. En esta función la mujer tiene el privilegio de cooperar con Dios en la creación de vida humana y en esto ella se siente realizada y tremendamente gozosa.

En el v. 22 Jesús aplica la metáfora del versículo anterior. El pronombre *vosotros* es enfático, refiriéndose a ellos en particular como los únicos que sufrirían por este motivo. El tiempo presente del verbo *tenéis* indica que el "dolor de parto" había comenzado. El profundo dolor que los discípulos ya comenzaban a sentir ante la perspectiva de la ausencia de su Maestro es semejante al dolor de parto de la mujer, una etapa necesaria para sentir luego el gozo. Vincent insiste que la construcción *tenéis angustia* es más fuerte que "sentir angustia" o "angustiarse". Nótese esa conjunción adversativa *pero* que marca el contraste entre la angustia y el motivo de gozo. Pablo emplea la misma metáfora para describir su preocupación y angustia espiritual por los gálatas hasta que Cristo fuera formado en ellos (Gál. 4:19). En los vv. 16 y 19 Jesús indicaba que los discípulos volverían a verlo a él, pero aquí es él quien dice *yo os veré otra vez*, refiriéndose a las apariencias después de la resurrección.

La expresión *yo os veré otra vez*, juntamente con *y nadie os quitará vuestro gozo*, probablemente comunican la idea de la unión permanente del Cristo glorificado con los discípulos (ver 15:1-11) por medio de la morada del Espíritu Santo en ellos. Morris, Lindars y otros sugieren que esta expresión tendría una alusión literaria a Isaías 66:14. La promesa de que nadie les quitaría su gozo no significa que nunca tendrían tristeza, sino que el profundo gozo producido por la vista de Jesús resucitado y glorificado permanecería para siempre en su corazón, independiente de las circunstancias que los rodeaban. El

23 En aquel día no me preguntaréis nada. De cierto, de cierto os digo que todo cuanto pidáis al Padre en mi nombre, él os lo dará. **24** Hasta ahora no habéis pedido nada en mi nombre. Pedid y recibiréis, para que vuestro gozo sea completo.

25 »Os he hablado de estas cosas en figuras; pero viene la hora cuando ya no os hablaré

---

pronombre personal *vuestro* enfatiza el hecho de que es una posesión personal, literalmente "el gozo de vosotros". El mundo no les dio el gozo y el mundo no tiene poder para quitárselo.

> **Joya bíblica**
>
> **Hasta ahora no habéis pedido nada en mi nombre. Pedid y recibiréis, para que vuestro gozo sea completo (16:24).**

La expresión *En aquel día* (v. 23) apunta a la nueva situación que comenzaría después de Pentecostés y la venida del Espíritu Santo (ver 14:20). En ese día tendrían acceso directo al Padre, basados en su unión con el Cristo glorificado. Puede haber un cambio sutil en los dos verbos *preguntaréis* y *pidáis*. *En aquel día* no tendrían más necesidad de hacer tales preguntas como habían hecho hasta ahora (ver 13:6, 25, 36 s.; 14:5, 22), porque el Espíritu de verdad los guiaría a toda la verdad (v. 13; ver 14:26). Los discípulos recibirían dos grandes ventajas, en relación con su misión, basados en la ida de Jesús al Padre: 1) todo el conocimiento necesario, y 2) eficacia en la oración.

La doble afirmación griega *amén, amén* inicia una enseñanza de suma importancia sobre la oración. La expresión *todo cuanto* se ha interpretado mal por muchos líderes que indican erróneamente que es como un "cheque en blanco" con tal que se pronuncie la "fórmula mágica": "en el nombre de Jesús". Es cierto que no hay límites a lo que se puede pedir, pero esa amplitud, por otro lado, se limita por dos consideraciones: 1) una comprensión de lo que significa *en mi nombre* y 2) una comprensión de la misión asignada a cada creyente (ver 20:21). Orar *en mi nombre* significa a lo

menos tres cosas: orar por las mismas cosas por las cuales Jesús oraría si estuviera en mi lugar; orar con la misma actitud con la que oraba Jesús, es decir, con reverencia, dependencia y sometimiento a la voluntad del Padre (ver Mat. 26:39, 42); y orar basados en la obra realizada por Jesús en la cruz.

Los discípulos, como todos los judíos, estaban acostumbrados a orar a Dios, pero no en el nombre de Jesús. Nótese el doble negativo del v. 24, *no* y *nada*, con los que se enfatiza la total exclusión. De aquí en adelante, la oración tendría una nueva dimensión y una nueva eficacia. Orarían en el nombre de Jesús como sus representantes en la tierra. El verbo habéis pedido, traducido aquí como en el tiempo perfecto, es en realidad un aoristo constativo que significa "pedisteis", un resumen de su práctica hasta ese momento. El verbo *Pedid* es un imperativo en el tiempo presente que indica dos cosas: un mandato del Señor a todo creyente y la fuerza de una acción continua. El gozo completo y continuo de los discípulos sería el resultado de esa doble acción de pedir y recibir, es decir, de entrar en una relación de cooperación con Dios en la realización de su misión en el mundo (ver 15:11). Marcus Dods comenta que "la oración debe haber sido impedida por la presencia visible de un Ayudante suficiente, pero de aquí en adelante él sería el medio de comunicación entre los discípulos y la fuente de poder espiritual".

(3) La fe de los discípulos, 16:25-30. Jesús continúa el tema de su salida del mundo, pero en términos que los discípulos comprenden mejor, llevándoles a afirmar su fe en él como el enviado de Dios. Esta sección constituye algo como un resumen de lo que ha dicho hasta ahora en el discurso de despedida.

Jesús enfatiza una vez más el contraste,

más en figuras, sino claramente os anunciaré acerca del Padre. **26** En aquel día pediréis en mi nombre, y no os digo que yo rogaré al

Padre por vosotros, **27** pues el Padre mismo os ama, porque vosotros me habéis amado y habéis creído que yo he salido de la presencia

---

con las conjunciones adversativas *pero* y *sino*, entre la condición presente y la venidera, iniciando la declaración con *Os he hablado de estas cosas*, como en otras ocasiones similares (ver 14:25; 15:11; 16:1). *Estas cosas* es una expresión ambigua que puede referirse a la sección inmediatamente antes (vv. 19-24), pero algunos consideran que abarca todo el discurso de despedida (13:1—16:24). El término *figuras* traduce un vocablo gr. usado cuatro veces en este Evangelio de un total de cinco en el NT (ver 10:6). Es una palabra compuesta que significa lit. "por el camino", es decir, algo de valor trivial. Se traduce con el sentido de "parábola, figura, proverbio, enigma o similitud". La expresión *viene la hora* (ver v. 2) apunta a la hora de la resurrección y las instrucciones durante las once apariciones. Con la cruz y la resurrección como hechos realizados, los discípulos comprenderían el significado de sus enseñanzas más que antes. Sin embargo, Lindars entiende que Jesús se refiere más bien a lo que él les anunciaría después de Pentecostés por medio del Espíritu Santo, como se sugiere en 14:26 y 16:12-15. El término *claramente* a menudo se traduce con la idea de "libremente, con franqueza o confianza" (ver 2 Cor. 3:12; 1 Tim. 3:12), o "con denuedo" (ver Hech. 4:13).

En el v. 26 Jesús emplea otra vez la expresión *en aquel día* (ver v. 23), refiriéndose a la nueva relación que comenzaría después de Pentecostés. La primera frase de este versículo resume la enseñanza de los vv. 23 y 24; pero la segunda frase presenta una aparente contradicción con otras enseñanzas bíblicas (ver 14:6; 17:9; Rom. 8:34; Heb. 7:25; 1 Jn. 2:1). Parece que el propósito de la segunda frase es el de corregir un concepto equivocado de los discípulos, o por lo menos señalar un cambio en el ministerio de Jesús respecto a ellos.

Los comentaristas luchan por encontrar una explicación coherente de esta frase. Es importante recordar que la solución debe ser una que los discípulos estarían en condición de comprender, es decir, no demasiado sutil. Morris opina que la explicación se encuentra en recordar que durante su ministerio terrenal él había intercedido por ellos (ver 14:16; 17:9), pero no habría más necesidad de ello después de Pentecostés. El mismo autor continúa diciendo que el pedir en su nombre no es una manera de asegurar su apoyo, sino de apelar al Padre basado en la persona y obra redentora de Jesús; esta obra en sí es una "intercesión perpetua" de Jesús a favor de todos los suyos. Este concepto daría una explicación de otros pasajes (ver Rom. 8:34; Heb. 7:25; 1 Jn. 2:1), pero excluye la intercesión personal de Jesucristo desde los cielos.

Marcus Dods comenta que "la intención de la afirmación es la de comunicar una mayor seguridad de que sus oraciones serían contestadas. El amor del Padre no necesita estímulo. Sin embargo, la intercesión de Cristo, tan enfáticamente presentada en Hebreos 7:25 y en Romanos 8:34, no se ignora. Jesús dice, en otras palabras: "Yo no doy como base de la esperanza de oración contestada sólo mi intercesión; esta se basa en el amor del Padre, un amor que en sí se estimula...". *No os digo que yo rogaré* significa "yo no insisto en esto", "yo no presento esto como la única razón por la cual vosotros podéis esperar ser oídos". La traducción de Phillips sigue esta línea de pensamiento: "Porque yo no necesito hacerles promesa de rogar al Padre por vosotros, porque el Padre mismo os ama...".

Brown, en cambio, dice que "el verdadero alcance de 16:26 está, no en excluir la intercesión de Jesús, sino de dar a entender que Jesús, como intercesor, no

de Dios. **28** Yo salí de la presencia del Padre y he venido al mundo; otra vez dejo el mundo y voy al Padre.

29 Le dijeron sus discípulos:

—He aquí, ahora hablas claramente y no ha-

blas en ninguna figura. **30** Ahora entendemos que sabes todas las cosas, y no necesitas que nadie te pregunte. En esto creemos que has salido de Dios.

---

es en realidad un intermediario entre el Padre y sus hijos. Se trata más bien de que la acción necesaria de Jesús para acercar a los hombres al Padre y al Padre a los hombres (14:6-11) establecerá una relación de amor tan intensa en y a través del mismo Jesús que en adelante ya no podrá considerarse a Jesús como un intermediario". Esta línea de interpretación concuerda con el enfoque del contexto, el cual enfatiza la íntima relación entre el Padre y el Hijo. Esta interpretación también refuta el concepto de que Jesús sería más comprensivo y misericordioso que el Padre al oír las oraciones de su pueblo; a través de todo este Evangelio se enfatiza la unidad perfecta entre el Hijo y el Padre; Jesús es uno con el Padre. Plummer adopta una posición intermedia al decir: "...mientras que por el poder del Abogado ellos tienen comunión con el Padre en el nombre de Cristo, no hay necesidad de hablar de la intercesión de Cristo. Sin embargo, esta comunión puede ser interrumpida por el pecado, y en ese entonces Cristo llega a ser su abogado (ver 1 Jn. 2:1; Rom. 8:34).

El Padre ama a los discípulos tanto como Jesús y ese amor del Padre se basa en el amor de ellos hacia su Hijo (ver 14:21, 23). El refrán que dice: "el amor engendra amor" es válido entre los seres humanos y en la relación con Dios. Esto no significa que el Padre ame solamente a los que aman a su Hijo, pues Dios ama a toda la humanidad (ver 3:16), sino que su amor hacia ellos es personal, particular y redentor. Por esta razón no habrá necesidad de que Jesús persuada al Padre, o que aplaque su ira hacia los creyentes (ver 15:13-15). El amor del Padre hacia ellos y el de ellos hacia Jesús se expresa con el mismo verbo en griego (*fileo*[5368]). Hubiéramos esperado el verbo *agapao*[25], por lo menos

de parte del Padre, pero a veces se usan los dos en sentido intercambiable, sin una aparente distinción. Nótese el tiempo de los verbos: *ama* está en el tiempo presente, indicando acción continua de parte del Padre; *habéis amado* y *habéis creído* están en el tiempo perfecto, indicando acción del pasado cuyo resultado continúa en el presente. En cambio, el verbo *he salido* es un aoristo ("salí"), indicando una acción puntual, una referencia a la encarnación.

Es llamativo que la RVA traduce el mismo verbo y en el mismo tiempo (aoristo) como "he salido" en el v. 27, pero en el v. 28 como *salí*. En ambos casos se refiere a la encarnación. En una sola frase Jesús resume el círculo completo de su ministerio terrenal. La expresión *de la presencia del...* traduce una preposición que significa "del lado de". Algunas variantes en el texto gr. emplean otra preposición que enfatiza el origen. La expresión *he venido al mundo* emplea un verbo en el tiempo perfecto, indicando los resultados que continúan en pie. Morris comenta que el origen divino y celestial es necesario para efectuar su obra redentora, pero también su resurrección y ascensión victoriosa es también esencial porque testifica del sello del Padre sobre la obra del Hijo.

Los discípulos eran demasiado optimistas (v. 29) al pensar que habían entendido perfectamente lo que Jesús estaba enseñando, pues es evidente que no habían captado el significado profundo de lo que había dicho referente a su muerte, resurrección, ascensión y la venida del Espíritu Santo (ver Hech. 1:6). Ellos emplean dos de los mismo términos del v. 25: *claramente* y *figura*.

Por lo menos los discípulos confiaban que Jesús sabía *todas las cosas* (ver v. 15) y ellos no pretendían lo mismo. El co-

31 Jesús les respondió:
—¿Ahora creéis? **32** He aquí la hora viene, y ha llegado ya, en que seréis esparcidos cada uno por su lado y me dejaréis solo. Pero no estoy solo, porque el Padre está conmigo. **33** Os he hablado de estas cosas para que en mí ten-

---

nocimiento de *todas las cosas* y su habilidad de contestar todas sus preguntas en una forma convincente les había impresionado profundamente. Él había leído sus pensamientos (v. 19), como lo había hecho varias veces en el pasado con otros (ver 1:50; 4:29, 39; 20:28). La referencia a que *nadie te pregunte* tiene en mente lo dicho en el v. 23. Para ellos, ésta era una de las pruebas de su origen divino. Varios comentaristas siguen el pensamiento de Westcott quien comenta que "esta confesión común de fe muestra cuán poco los discípulos habían percibido de la naturaleza verdadera de Cristo. Como un cuerpo no habían avanzado tanto como el Bautista".

(4) La paz de los discípulos, 16:31-33. La evidente falta de comprensión de parte de los discípulos, expresada en los versículos anteriores, lleva a Jesús a examinarles para poner en evidencia cuánto les faltaba aún. Sin embargo, su palabra final sería una de paz.

La cuestión en el v. 31 es si se trata de una pregunta o una afirmación. Recordamos que en el texto original, como en las copias de los primeros siglos, los signos de puntuación figuraban poco o nada. Así que, la cuestión de este texto, si es una pregunta o una afirmación, depende del contexto y la interpretación que cada uno le da. Sin embargo, la mayoría de las versiones lo leen como una pregunta. Beasley-Murray comenta que la confianza entusiasta de los discípulos fue "hecha pedazos" por esta pregunta de Jesús. El adverbio temporal *Ahora* significa "en esta etapa de vuestro desarrollo". Nótese el contraste entre el "ahora" pronunciado por ellos (vv. 29, 30) y el *Ahora* pronunciado por Jesús. El contexto indica que Jesús no ponía en tela de juicio la creencia de ellos, porque había muchas evidencias de que ellos sí creían. Pero era una creencia deficiente,

inmadura, que no soportaría la duras pruebas que estaban por enfrentar.

En el texto griego falta el artículo definido *la* (v. 32), dejando el sentido más bien de "una" *hora*. También falta el adverbio temporal *ya*, aunque el sentido está expresado en el verbo en el tiempo perfecto, *ha llegado*, el cual indica la proximidad inmediata de la cruz, un asunto de pocas horas. La deficiencia de la fe de los discípulos pronto se vería en su abandono de su Señor. Jesús pronostica el esparcimiento de todos ellos en el momento del arresto por los soldados. Plummer comenta referente al verbo *seréis esparcidos* que esta parte de la alegoría del pastor y las ovejas será ilustrada aun en los pastores mismos (10:12; ver Mat. 26:31). Dodd observa sabiamente que "es parte del carácter y la naturaleza de la iglesia que sus miembros fundadores fueron hombres desacreditados; ella debe su existencia no a su fe, coraje, ni virtud, sino a lo que Cristo había hecho con ellos". Pedro, seguido por los demás, en un momento de elevada emoción, había dicho que nunca lo negaría (13:37, 38; ver Mat. 26:34, 35). Jesús enfatiza la idea de *cada uno por su lado*; no hubo excepción. El texto literalmente lee "cada uno a sus propias cosas", es decir, a sus propias casas o tareas (ver 21:3).

Nótese el contraste entre el abandono por ellos y, sin embargo, él no se siente abandonado. Jesús lamentaba la deserción momentánea de su grupo de discípulos, pero continuó con la conciencia de la plena comunión con el Padre (ver 8:29). El verbo *está*, en el tiempo presente, añade énfasis a esa comunión constante y perdurable, la única excepción sería ese terrible momento cuando Jesús llevó sobre sí los pecados del mundo en la cruz (ver Mat. 27:46). Por otro lado, ellos abandonaron momentáneamente a Jesús, pero él no los abandonó a ellos en ningún momento.

gáis paz. En el mundo tendréis aflicción, pero   ¡tened valor; yo he vencido al mundo!

En el v. 33 el énfasis recae sobre *estas cosas* (ver 14:25; 15:11; 16:25), lo cual se refiere por lo menos al discurso de despedida, si no a todas sus enseñanzas a lo largo de tres años. La conjunción de propósito *para que* lleva su fuerza total en este contexto. Todas esas enseñanzas tenían el propósito de asegurar, entre otras cosas, que los discípulos tuvieran paz. No se trata de cualquier clase de paz, ni como el mundo la da (14:27), sino la paz que produce la íntima comunión con Jesús, expresada con la cláusula *en mí*. Plummer observa que la vida de Jesús termina como comenzó, con un mensaje de paz (ver Luc. 2:14).

En los mejores mss. el verbo traducido *tendréis* está en el tiempo presente ("tenéis"), no en el tiempo futuro. Morris encuentra tres contrastes en ese versículo: *en mí* en contraste con *en el mundo*; *tengáis* en contraste con *tendréis*; y *paz* en contraste con *aflicción*. El término para *aflicción*, usado sólo en este Evangelio aquí y en el v. 21, traduce un vocablo que significa una presión aplastante. Nótese la fuerte conjunción adversativa *pero*, marcando el contraste entre la condición real que ellos experimentarán en el mundo con la victoria implicada para ellos por razón de la victoria de Jesús sobre el mundo. El pronombre *yo* es doblemente enfático. El verbo *he vencido*, en el tiempo perfecto, describe una acción del pasado, cuyos beneficios continúan. Este verbo traduce un vocablo militar que se encuentra sólo aquí en este Evangelio (ver 1 Jn. 2:13 s.; 4:4; 5:4 s.). Lindars dice que el verbo se presenta como una acción del pasado porque él, en principio, ya había ganado la victoria espiritual (12:27-36). A la luz, y como resultado de la victoria definitiva de Jesús, con dimensiones cósmicas, los discípulos podrían enfrentar el futuro con valentía.

7. La oración sacerdotal de Jesús, 17:1-26

Algunos consideran este capítulo como el pasaje más solemne, profundo y elevado en este Evangelio, si no en el NT. Culpepper afirma que "teológicamente, Juan 17 es uno de los capítulos más importantes en este Evangelio". Puesto que es un acto de intercesión, se conoce comúnmente como la "oración del Sumo Sacerdote", o "la oración sacerdotal de Jesús". Este título se ha aplicado a esta oración por lo menos desde el tiempo de Cirilo de Alejandría (444 a. de J.C.). Otros la llaman la "oración de consagración", pero este título no contempla la amplitud de la oración. El cuadro de Jesús lavando los pies de los discípulos en el cap. 13, juntamente con las enseñanzas en los caps. 14—16, encuentran su culminación en la intercesión de él en este capítulo. Hull comenta que sólo Jesús podría orar en tal manera, combinando así el completo sometimiento al Padre y la completa soberanía sobre los hombres. El ejemplo de Jesús orando nos permite contemplar, como en ningún otro lugar, su íntima relación con el Padre, su preocupación sincera por el bien de sus discípulos y su anticipación de muchos que habrían de creer en el futuro por el testimonio de los suyos. No hay consenso en cuanto al lugar donde Jesús pronunció esta oración, si en el aposento alto, en el patio del templo o cerca del arroyo Quedrón (18:1).

En los Sinópticos, Jesús ora en el huerto de Getsemaní inmediatamente antes del arresto, pero Juan ubica la oración antes de llegar al huerto (ver 18:1). Sólo la primera parte de la oración en el cap. 17 se compara con la de Getsemaní, y esto en términos muy generales. Esta es la oración más larga de Jesús que se registra en las Escrituras. Juan, en contraste con los Sinópticos, en ninguna parte dice que Jesús oraba (ver Mat. 14:23; Mar. 1:35;

Oración de Jesús por sus discípulos

17 Jesús habló de estas cosas, y levantando los ojos al cielo, dijo: "Padre, la ho-ra ha llegado. Glorifica a tu Hijo para que el Hijo* te glorifique a ti, **2** así como le diste autoridad sobre todo hombre*, para que* dé vida eterna a todos los que le has dado. **3** Y és-

---

*17:1, 2b Algunos mss. antiguos tienen *tu Hijo*.
*17:2a Lit., *carne*

Luc. 3:21; 5:16; 6:12; 9:18). Además de este capítulo, Juan registra pocas palabras de oración (ver 11:41; 12:27). Morris comenta que muchas veces se piensa que esta oración es muy sombría, siendo ubicada inmediatamente antes de su arresto y crucifixión. Sin embargo, recién Jesús había afirmado: "¡...yo he vencido al mundo!" (16:33) y, partiendo de esta nota, mira hacia adelante a la cruz con la plena esperanza y gozo de victoria y reencuentro con el Padre. Marca el fin de su ministerio terrenal y mira hacia adelante al ministerio desde el cielo.

Hemos venido estudiando el discurso de despedida de Jesús (caps. 13—16), pero en realidad este capítulo constituye el "mensaje" final, un tipo de testamento, un "adiós", pues luego viene su arresto y ya no tiene otra oportunidad de comunión con los discípulos. Como clase de literatura, tales expresiones de despedida se encuentran en las Escrituras: Jacob (Gén. 49), Moisés (Deut. 33), Samuel (1 Sam. 12) y Pablo (Hech. 20:17-38). La oración se divide naturalmente en tres secciones: oración por su propia glorificación (vv. 1-5), oración por los once discípulos (vv. 6-19) y oración por los que habrían de creer por el ministerio de los discípulos (vv. 20-26). Al repasar el capítulo, uno no debe perder de vista el deseo de Jesús de que el propósito redentor y misionero del Padre sea cumplido.

(1) Jesús ora por la glorificación del Hijo de Dios, 17:1-5. En el sermón del Monte Jesús enseñó a los discípulos la manera de orar y los motivos por los cuales orar, es decir, lo que ellos debían desear para sí mismos (Mat. 6:5-15). En cambio, en la primera sección de este capí-tulo él expresa su más profundo deseo para sí mismo (vv. 1-5), el cual es esencialmente el cumplimiento de la voluntad del Padre.

La expresión *estas cosas* se refiere al discurso de despedida. La referencia a su postura, *levantando los ojos al cielo*, describe una práctica común de los que oraban (ver 11:41) cuando miraban confiadamente hacia la fuente de sus sostén, al Padre celestial. Con una actitud de humillación y entrega personal de parte de Jesús en Getsemaní, se postró en el suelo (Mat. 26:39). El publicano, expresando una profunda contrición, oraba de pie, pero no se atrevía a levantar los ojos al cielo. Jesús se dirige a Dios como su Padre, tomando él la posición del Hijo. En Marcos 14:36 lo llama "Abba, Padre", cuando oraba en Getsemaní. "Abba" es la transliteración del termino arameo que significa "Padre" (ver Mar. 14:36; Rom. 8:15; Gál. 4:6). "Padre" traduce el término *pater*[3962]. El uso de este nombre indica una relación íntima y de confianza.

Varias veces durante su ministerio terrenal Jesús había dicho: "Todavía no ha llegado mi hora" (Juan 2:4; ver 7:6, 8, 30; 8:20), refiriéndose a la crucifixión, pero ahora es consciente que *la hora ha llegado* (ver 12:23, 27; 13:1; 16:32). Expresa esa consciencia en voz alta en presencia de sus discípulos, los cuales tendrían que haber entendido ahora su significado.

El Hijo pide la glorificación de sí mismo, lo cual tomado fuera del contexto podría dar la idea de un deseo vanidoso, para su propio engrandecimiento. Sin embargo, la glorificación del Hijo se refiere concretamente al cumplimiento de su misión en la crucifixión y resurrección. En un sentido

ta es la vida eterna: que te conozcan a ti, el único Dios verdadero, y a Jesucristo a quien tú has enviado. **4** Yo te he glorificado en la tierra, habiendo acabado la obra que me has dado que

---

más profundo la glorificación del Hijo significa el revelarlo tal cual es, en su naturaleza más esencial y auténtica. Solamente la cruz lograría la exhibición de la naturaleza divina del Hijo. En vez de ser una oración egoísta, es precisamente lo opuesto. Significa algo como "ahora, Padre, estoy pronto para ir a la cruz con el fin de lograr la redención de la humanidad". Hull comenta que algunos oran por lo que piensan recibir de Dios; Jesús oró por lo que él podría devolverle a Dios: una vida de servicio obediente. La glorificación del Hijo y la del Padre estaba íntimamente relacionada; la glorificación del Hijo resultaría en glorificación para el Padre.

El término *autoridad* traduce un vocablo compuesto (*exousia*[1849]; "fuera del ser") y comunica distintos significados, además de la traducción en este versículo, de acuerdo al contexto: poder, habilidad, libertad, dominio, jurisdicción, privilegio. El Padre le dio esta autoridad al Hijo con dos propósitos definidos: "para hacer juicio" (5:27) y *para que dé vida eterna*. La expresión *sobre todo hombre* es literalmente "de toda carne", una frase hebrea que significa "toda humanidad" (ver Isa. 40:5). La traducción literalmente de la segunda frase del versículo sería: "para que a todo lo que le has dado les dé vida eterna". "A todo lo que" traduce un pronombre singular neutro, refiriéndose a la humanidad como un grupo. Morris opina que este pronombre neutro singular apunta a la unidad de la raza. Se observa, además, que este pronombre está en una posición enfática. Luego vuelve al pronombre masculino plural que se traduce *les*. Todo este versículo nos hace recordar lo dicho en 1:12.

Lindars opina que *vida eterna* en Juan corresponde al concepto del "reino de Dios" en la oración modelo (ver Mat. 6:5 ss.); por lo tanto, este autor sugiere que los dos primeros versículos de Juan 17 corresponden con la apertura de la oración modelo. Si no hay una correspondencia obvia entre los dos términos, por lo menos hay una estrecha relación. Se puede afirmar que el reino de Dios se compone de los que gozan de la vida eterna y están sometidos al señorío del Cristo glorificado.

Jesús mismo define *la vida eterna* en términos de un conocimiento de Dios y de su Hijo. Varios comentaristas, basados en el tiempo presente, opinan que el verbo traducido *conozcan* no se refiere a un conocimiento pleno, ni a un reconocimiento, sino "al aprender a conocer". No es un conocimiento perfecto, sino incipiente y creciente. Gracias a Dios, él no requiere pleno conocimiento de su Hijo para obtener la salvación, ni se lo da en el momento de la salvación. Jesús insiste en la unicidad de Dios, *el único Dios* (ver Isa. 37:20), y también su autenticidad y confiabilidad, *verdadero* (ver 1:9; 4:23; Éxo. 34:6). Nótese que el conocimiento del Padre y el del Hijo están íntimamente relacionados, más, están identificados. El conocer al Hijo es equivalente a conocer al Padre (14:9). Hull comenta que aquí tenemos una de las más claras indicaciones en el NT de que la fe y el conocimiento pueden ser equivalentes, en vez de antitéticos. Beasley-Murray afirma que tal conocimiento avanza más allá que el intelecto para incluir relación y comunión. La expresión *a quien tú has enviado* traduce un verbo del tiempo aoristo ("enviaste") y se refiere a la encarnación. El verbo *enviado* es un término mesiánico que enfatiza su origen divino y expresa su misión redentora (ver 3:17). El nombre *Jesucristo* se encuentra solo aquí y en 1:17, pero es frecuente en los escritos después de la resurrección. Lindars cuestiona si Jesús mismo lo hubiera usado. Westcott, Hull y Barrett lo llaman "una nota al pie de la página", o un "entre-paréntesis", escrita por Juan. Otros lo traducen "conocer a Jesús como el Cristo".

hiciera. **5** Ahora pues, Padre, glorifícame tú en tu misma presencia, con la gloria que yo tenía en tu presencia antes que existiera el mundo.

6 "He manifestado tu nombre a los hombres que del mundo me diste. Tuyos eran, y me los diste; y han guardado tu palabra. **7** Ahora han

---

> **Joya bíblica**
>
> **Yo te he glorificado en la tierra, habiendo acabado la obra que me has dado que hiciera. Ahora pues, Padre, glorifícame tú en tu misma presencia, con la gloria que yo tenía en tu presencia antes que existiera el mundo (17:4, 5).**

El pronombre personal *Yo* (v. 4) es doblemente enfático y el verbo *he glorificado* está en el tiempo aoristo ("glorifiqué") en vez de perfecto. Jesús contemplaba su obra en la tierra como ya acabada, *habiendo acabado la obra que me has dado*, aunque, según Lindars, faltaba la segunda etapa, la muerte vicaria en la cruz (ver 12:28). Sin embargo, pocos comentaristas dividen así el ministerio de Jesús en dos etapas distintas, una antes de la cruz y otra en la cruz. Cuando Jesús, antes de la hora de la crucifixión, se entregó a la voluntad del Padre para ir a la cruz, en principio su obra estaba acabada, aunque faltaba la realización de la decisión tomada. El verbo *habiendo acabado* está en el tiempo aoristo ("que acabé") y traduce el mismo verbo que Jesús pronunció desde la cruz: "¡Consumado es!" (tiempo perfecto, 19:30). Plummer y Morris señalan que la expresión *me has dado* indica que Cristo no escogió para sí su obra, sino que la iniciativa fue del Padre (ver 3:35; 4:34).

Jesús llega al fin de la petición a su favor, volviendo al deseo expresado en el v. 1, su propia glorificación. Tiene sus ojos ya puestos en la cruz (ver Luc. 9:51) y, más allá de la cruz, al retorno a la *misma presencia* y gloria con el Padre. Es una de las afirmaciones más claras en el NT de la preexistencia del Cristo eterno (ver 1:1-3; 8:58; 16:28). Él estaba con el Padre *antes que existiera el mundo*, allá en la remota eternidad pasada. Además, afirma que

tenía una *gloria* particular en la presencia del Padre. Como se estableció arriba, la gloria de Jesús significa esencialmente la revelación de su persona, tal cual es, en todo su esplendor divino. En el monte de la transfiguración, esa gloria irradió a través del manto de su carne; en su vida y obras los hombres vieron destellos de esa gloria; pero en su muerte su gloria se vio como en ningún otro momento. Sin embargo, solo los hombres y mujeres de fe pudieron y pueden apreciar esa gloria. Plummer comenta que el Cristo eterno con el Padre antes de la creación, el Jesús nacido de María y ministrando en el mundo y muriendo en la cruz, y el Jesucristo que resucitó, ascendió y está al lado del Padre en gloria, es una y la misma persona. Esta es la primera de 18 menciones en este capítulo del término mundo, indicando una preocupación especial por la relación y testimonio de los discípulos con el mundo.

(2) Jesús ora por los discípulos, 17:6-19. Jesús, cerca del comienzo de su ministerio público, escogió a doce discípulos para estar con él y para enviarlos en una misión (ver Mar. 3:13, 14). Realizó un ministerio de predicación y sanidad entre las multitudes, sí, pero su atención durante los tres años de ministerio público estuvo concentrada principalmente en la preparación de los discípulos para este momento (ver Robert Coleman, *Plan supremo de evangelización*, CBP, Art. No. 13816). Les había prometido enviar "otro Consolador" para acompañarlos y morar dentro de ellos. Ahora, dedica la mayor parte de esta oración a ellos, tiernamente encomendándolos al cuidado del Padre.

Esta sección admite tres subdivisiones: la base para la intercesión (vv. 6-8); luego Jesús presenta al Padre las razones por las cuales intercede por ellos (vv. 9-11a); y finalmente eleva la intercesión misma (vv. 11b-19).

conocido que todo lo que me has dado procede de ti; **8** porque les he dado las palabras que
me diste, y ellos las recibieron; y conocieron

verdaderamente que provengo de ti, y creyeron que tú me enviaste.

9 "Yo ruego por ellos. No ruego por el mun-

Jesús inicia esta sección, mencionando el
cumplimiento de su misión al mundo, con
una expresión inusual. *He manifestado tu
nombre* aparentemente es equivalente a
"glorificar al Padre" (ver v. 4). Aunque el
verbo está en el tiempo aoristo ("mani-
festé"), se traduce como si estuviera en el
tiempo perfecto, enfatizando un resultado
que continúa. Brown opina que Jesús se
refiere a la manifestación literal del nombre "Jehovah", en griego *ego eimi*; sin
embargo, pocos le acompañan en esta
interpretación. Es mejor entender que se
refiere a su propia vida y obras por medio
de las cuales reveló la naturaleza, o gloria,
del Padre. Nótese que esta manifestación
fue limitada a los que el Padre había dado
al Hijo. La referencia a los que el Padre dio
al Hijo se menciona dos veces en este versículo y un total de ocho veces en este capítulo, enfatizando la participación soberana y directa del Padre en la obra redentora
del Hijo. Jesús mantenía en un justo equilibrio las dos doctrinas: la soberanía de Dios
y el libre albedrío del hombre. A veces es
el Padre que da o atrae a los hombres a
Cristo (ver v. 24; 6:37, 44, 65; 10:29;
18:9); a veces es Cristo quien los escoge
(ver 6:70; 15:16); pero siempre los hombres pueden rechazar la iniciativa de Dios
(1:11, 12; 3:18, 19; 12:47, 48). La
expresión *del mundo* emplea una preposición que enfatiza el origen de los discípulos de entre toda la humanidad.

Jesús presenta tres descripciones de sus
discípulos. Primera, al decir *Tuyos eran*,
Jesús reconoce una relación especial entre
el Padre y los que respondieron con fe al
Hijo. Por supuesto, todos los seres humanos pertenecen a Dios en un sentido general por ser él su Creador, pero los que responden en fe son su propiedad en un
doble sentido: por nacimiento físico y
espiritual. Segunda, *me los diste* indica que
el Padre entregó al Hijo los que eran su

propiedad. Tercera, los discípulos *han
guardado tu palabra* (*logos³⁰⁵⁶*), la característica inequívoca de los que aman al Hijo
y al Padre (ver 13:34; 14:15, 21).

Al fin los discípulos habían reconocido, y
por lo tanto conocen, que Jesús era divino.
Fue un proceso lento, pero ascendente. En
16:30 los discípulos pretendían este conocimiento, pero Jesús les mostró su falta.
Esta afirmación (v. 7) de Jesús indica que
habían dado un paso importante en su
comprensión de su persona. Esto no significa que hayan logrado una comprensión
cabal de su naturaleza, pero sí, entendían
que era el enviado de Dios, el Mesías prometido, y que sus enseñanzas y obras procedían del Padre. La expresión *procede de
ti* es literalmente "de ti son". El verbo está
en el tiempo presente, describiendo una
realidad continua y permanente.

El énfasis en el v. 8 recae sobre la actitud de los discípulos, no en cuanto a la
persona de Jesús, sino en cuanto a las palabras que les había compartido. Jesús
declara que fue fiel en compartirles a los
discípulos todas las palabras y mandamientos, sin excepción, que el Padre le había
dado. Plummer y otros señalan una distinción entre el término *palabras*, usado aquí
y siempre en el plural (*rema⁴⁴⁸⁷*; 5:47;
6:63, 68; 8:47; 12:47; 15:7), que significa los dichos particulares, en contraste con
"palabra" (v. 6, *logos³⁰⁵⁶*; 6:60; 8:43,
51; 12:48; 15:3) que se refiere al mensaje
entero, o la comunicación total. Luego
Jesús describe a sus discípulos en este versículo con tres expresiones: ellos recibieron sus palabras, creyeron en su procedencia divina y que él era el enviado del
Padre. El verbo *provengo*, traducido aquí
como en el tiempo presente, realmente es
un aoristo ("salí"), apuntando a la encarnación. El pronombre *tú* es enfático, subrayando la verdad de que su presencia en
el mundo se debía a la voluntad del Padre.

do, sino por los que me has dado; porque tuyos son. **10** Todo lo mío es tuyo, y todo lo tuyo es mío; y he sido glorificado en ellos. **11** Ya no estoy más en el mundo; pero ellos están en el

---

El término *enviaste* traduce un verbo griego del cual se deriva "apóstol", uno enviado con una misión.

El pronombre *Yo* (v. 9) es enfático y el verbo *ruego* está en el tiempo presente, "estoy rogando". Una traducción que capta el énfasis de la primera frase sería "Yo estoy rogando acerca de ellos". El verbo "rogar" es uno de varios que se emplean para referirse a la oración. Originalmente significaba "preguntar algo", pero llegó a significar también "pedir algo" y es el que Jesús empleaba generalmente en sus oraciones (ver 14:16; 16:26). Aclara que su oración tiene referencia a las necesidades particulares de sus discípulos. Como a menudo sucede, Jesús expresa una verdad en modo positivo, luego negativo, y aquí vuelve al positivo. Es una manera de expresar una verdad en la forma más categórica, eliminando toda posibilidad de

un malentendido. El término "el mundo" (*kosmos2889*) se refiere a la humanidad incrédula, que quizá contempla también una actitud rebelde y hostil. Repite el hecho de que los discípulos son un regalo del Padre al Hijo, explicando que él puede dárselos porque le pertenecían a él (v. 7).

Las expresiones *Todo lo mío* y *todo lo tuyo* traducen un pronombre neutro plural, señalando una unidad general, o sea, toda la creación. Algunos comentaristas limitarían la expresión a los hombres, porque parece que el pronombre plural *ellos*, un pronombre masculino, mira atrás en el versículo a "todo". Lutero dijo que cualquiera puede decir lo primero, *Todo lo mío es tuyo*, pero sólo el Hijo de Dios puede decir lo segundo, *todo lo tuyo es mío*. Esta expresión recíproca enfatiza la perfecta unión entre el Hijo y el Padre. El verbo *he sido glorificado* traduce correcta-

---

Semillero homilético

La oración de Jesús
17:1-26

Introducción: Es muy conmovedor orar con alguien que verdaderamente tiene una relación íntima con Dios. Uno sabe que en verdad está en la presencia de Dios. Para el creyente, la oración de Jesús que tenemos en Juan 17 nos ofrece esta oportunidad, pero es aún más allá de la oración de cualquier persona. ¡Es la oración del Hijo de Dios con su Padre!

I. Jesús ora por sí mismo (17:1-5).
   Sabemos por las Escrituras que Jesús oraba mucho ¡Qué ejemplo para nosotros saber la importancia que nuestro Señor daba a la oración!
   1. "La hora ha llegado". Era el momento propicio para el sacrificio de su vida.
   2. La misión ha sido cumplida. Él ha seguido el plan de Dios para que todas las personas puedan conocer la vida eterna (v. 3).
   3. "Glorifícame tú en tu misma presencia". Jesús pide que su Padre lo glorifique en el proceso de su muerte y resurrección.

II. Jesús ora por sus discípulos (17:6-19).
   Los discípulos han reconocido que la misión y la enseñanza de Jesús se originan en Dios.
   1. Porque pertenecen a Dios y a Jesús.
   2. Porque él va al Padre y los va a dejar con la tarea de continuar con la misión.
   3. Para que los cuide y los guarde del maligno.
   4. Para que los santifique en la verdad que Jesús ha demostrado y enseñado.
   5. Para que sean uno "así como nosotros lo somos" (v. 11).
   6. Para que tengan "mi gozo completo en sí mismos" (v. 13).

(Continúa en la pág. siguiente)

mundo, y yo voy a ti. Padre santo, guárdalos en tu nombre que me has dado*, para que

sean uno*, así como nosotros lo somos. 12 Cuando yo estaba con ellos*, yo los guardaba

---

*17:11a Algunos mss. antiguos dicen *Padre santo, a los que me has dado, guárdalos en tu nombre*.
*17:11b Lit., *una misma cosa*
*17:12 Algunos mss. antiguos incluyen *en el mundo*.

---

mente el tiempo perfecto, indicando una acción que comenzó en el pasado pero los resultados continúan en el presente: "he sido y todavía estoy siendo glorificado en ellos". Antes Jesús había dicho que él había glorificado al Padre y viceversa. Ahora son los discípulos los que lo glorifican por manifestar en su vida y testimonio el poder transformador que provino de Jesús, lo cual se vería más claramente después de Pentecostés (ver Hech. 4:13). En los discípulos el mundo comenzaría a percibir la naturaleza verdadera de Jesús y en esa manera aquéllos le glorificarían. Aunque en un sentido limitado los discípulos habían glorificado a Jesús, esta expresión anticipaba una mayor glorificación en el futuro.

Jesús estaba intercediendo por sus discípulos porque ellos le habían aceptado y guardaban sus palabras (vv. 6-8). En el v. 11 presenta otra razón por su intercesión: la protección y unidad entre ellos. La urgencia de la oración se debe a la partida inminente de Jesús. Está tan cerca su partida que puede hablar como si ya no estuviera en el mundo. La situación de los discípulos es muy distinta, ellos siguen en el mundo, pero pronto sin la presencia física de su Señor. En la expresión *y yo voy a ti* el pronombre *yo* es enfático y el verbo *voy* está en el tiempo presente, "estoy yendo" o "estoy viniendo". Jesús tenía "un pie en el estribo" y estaba en el proceso de "marchar" al Padre.

El título *Padre santo* aparece sólo aquí (v. 11), aunque se refiere a la santidad de Dios en el AT (ver Lev. 11:44; 19:2; 20:26; Sal. 22:3; Isa. 6:3; 41:14) y el NT (ver 1 Jn. 2:20; Apoc. 6:10). El término *santo* significa "separado" o "apartado", con referencia a la separación moral y espiritual más que la geográfica. En el grado supremo Dios es santo, pero manda que sus hijos sean santos (ver 1 Ped. 1:16), así reflejando su propia naturaleza. Este título está de acuerdo con el deseo de Jesús para sus discípulos (vv. 17, 19). La expresión *guárdalos en tu nombre* admite, según Lindars, por lo menos dos interpretaciones: guardarlos "por" tu nombre, eso es, protegerlos de acuerdo a tu rol como Padre y en el poder de tu nombre; o guardarlos "en" tu nombre como lugar

---

(Continúa de la pág. anterior)

III. Jesús ora por los futuros creyentes (17:20-26).

Ahora Jesús mira al futuro y a todas aquellas personas que van a creer en él por medio del fiel testimonio de sus discípulos.

1. Que sean una cosa, como Jesús y el Padre (vv. 20-23).
2. Que puedan estar con él para ver su gloria (v. 24).
3. Para que el amor que él ha conocido con el Padre sea una realidad en sus vidas (vv. 25, 26).

Conclusión: La oración de Jesús es un ejemplo conmovedor de cómo debemos orar: por nosotros mismos, por nuestros hermanos, y por las personas quienes van a creer por nuestro testimonio. En toda la oración, Jesús pide que él y sus seguidores sean fieles a la misión que Dios les ha entregado, y que vivan y proclamen la verdad de su mensaje. Estos son aspectos esenciales del discipulado. Al meditar en el profundo mensaje de esta oración, tomemos unos momentos para expresarle nuestra gratitud a él por dejarnos ver, aún más profundamente, su mente y su corazón y por guiarnos a tomar las decisiones adecuadas como resultado de su oración.

en tu nombre que me has dado*. Y los cuidé, y ninguno de ellos se perdió excepto el hijo de perdición, para que se cumpliese la Escritura*. **13** Pero ahora voy a ti y hablo esto en el mun-

---

*17:12a Algunos mss. antiguos dicen *ellos, a los que me has dado, yo los guardaba en tu nombre*.
*17:12b Comp. Sal. 41:9; 109:4, 5, 7, 8

---

seguro, eso es, guardarlos seguros en la profesión de su fe de acuerdo con la revelación que han recibido. Brown opina que ambas interpretaciones se aplican.

La expresión *que me has dado*, basada en distintas variantes en el texto gr., presenta una dificultad. Las Sociedades Bíblicas Unidas, en su texto gr., optan por la lectura en la cual esta expresión se refiere claramente a *tu nombre*. La RVA sigue esta lectura. Sin embargo, otras variantes, quizás por la dificultad de saber lo que significa esa interpretación, indican que se refiere a los discípulos *que me has dado*. Si se refiere al nombre de Dios, sería equivalente a la revelación del carácter de Dios que fue confiada al Hijo. Este significado del nombre de una persona es común en las Escrituras. Entonces Jesús ruega al Padre que sus discípulos sean guardados fieles a esa revelación del carácter divino de Dios.

La expresión *para que*, seguida por un verbo en el modo subjuntivo, traduce una conjunción de propósito que comunica el anhelo de Jesús para sus discípulos. Ese anhelo es *para que sean una cosa*. El verbo está en el tiempo presente. Jesús no está rogando que lleguen a ser uno, sino que continúen siéndolo. Esta preocupación de Jesús por la unidad de sus discípulos es dominante en la intercesión (ver 21, 22, 23). No solamente desea que haya unidad, sino que califica la clase de unidad a que se refiere, *así como nosotros lo somos*, una meta imposible para alcanzar en esta vida, pero una que requiere un esfuerzo sincero y constante de todos sus seguidores. El v. 21 aclara también que es una unidad "en" el Padre y "en" el Hijo (v. 21). La unidad que Jesús anhelaba para sus discípulos no significa algo obligado o impuesto por cualquier manera que sea, ni uniformidad,

ni que no haya libertad para expresar opiniones distintas. Tampoco es la unión de organizaciones, como a veces desean los movimientos ecuménicos. Esta clase de unidad es posible sólo en un grupo de creyentes que gozan de la plenitud del Espíritu Santo, quienes desean la gloria de Dios y el avance de su reino más que el de sus propios intereses. Westcott comenta que no es sólo unidad de voluntad y amor, sino de carácter, de disposición espiritual, realizada perfectamente en armonía absoluta en Cristo.

Jesús sigue orando como si ya no estuviera con los discípulos (ver v. 11) al decir *Cuando yo estaba con ellos*. El pronombre *yo* es enfático. Jesús describe el cuidado que tuvo con ellos durante su ministerio terrenal, pero ahora cambia la situación y la necesidad de ellos es otra. El verbo *guardaba* (*tereo*[5083]) significa "vigilar" para proteger. Según el mejor texto griego, que *me has dado* se refiere a *tu nombre* y no a los discípulos. Lo que Jesús había realizado durante los tres años de ministerio terrenal, pide al Padre lo realice de aquí en adelante (ver v. 11).

El verbo *cuidé* traduce un verbo griego (*fulasso*[5442]) en el tiempo aoristo constativo que resume toda la acción del pasado en su totalidad como un solo acto. De este verbo se deriva el término gr. para cárcel, es decir, donde uno es cuidado para no escapar. El cuidado, mencionado aquí, es el resultado de "guardar" o "vigilar". Jesús cuidaba tan bien de los suyos que *ninguno de ellos se perdió* en el sentido espiritual, en su relación con él y el Padre. La expresión *el hijo de perdición*, usado solo aquí y en 2 Tesalonicenses 2:3, emplea un genitivo descriptivo que apunta al carácter de la persona que tiene en mente, no a su destino. Sin embargo, Lindars opina que es un

do, para que tengan mi gozo completo en sí mismos.

14 "Yo les he dado tu palabra, y el mundo los aborreció; porque no son del mundo, como tampoco yo soy del mundo. **15** No ruego que los quites del mundo, sino que los guardes del maligno. **16** No son del mundo, como tampoco yo soy del mundo. **17** Santifícalos en la verdad;

---

modismo semítico que significa "el hombre destinado para la perdición" (ver 2 Sam. 12:5). El texto admite ambas interpretaciones. Se entiende que el pasaje en Tesalonicenses se refiere a la encarnación de Satanás en un ser humano, como en el caso de Judas. Hay cierto juego de palabras que no se capta en la traducción. El término *perdición* se deriva del verbo traducido *se perdió*. Westcott lo traduce así: "ninguno de ellos pereció, sino el hijo pereciente". Morris comenta que si tomamos en consideración a Judas, como excepción, la respuesta debe ser que la voluntad del Padre fue cumplida en ambos casos, en los once y en el traidor. Esta verdad se expresa en la cláusula de propósito *para que se cumpliese la Escritura* (ver 13:18; Sal. 41:9). Con esta observación, no queremos dejar la impresión de que Dios sea responsable por la acción de Judas. Éste actuó por su propia voluntad, resistiendo todos los esfuerzos de Jesús al contrario; por lo tanto, sólo él fue responsable. Sin embargo, Dios empleó la maldad de un hombre para lograr la bendición de muchos por la muerte de su Hijo.

Jesús vuelve al tema del v. 11 donde dice textualmente lo mismo que en el comienzo del v. 13, *voy a ti*. Sin embargo, allá dijo "ya no estoy más en el mundo" mientras aquí se consideraba todavía en el mundo, *hablo esto en el mundo*. Algunos consideran que *esto*, literalmente "estas cosas", se refiere a todo el discurso de despedida, pero otros opinan que se refiere sólo a la intercesión. Parece que Jesús estaba en el mismo borde entre el mundo y el cielo a tal punto que en un momento se sentía de un lado y en otro momento, del otro lado. Aunque la oración se dirigía al Padre, los discípulos aprendían de sus palabras pronunciadas en voz alta. Seguramente esta oración infundía en ellos un enorme sentimiento de seguridad y consuelo. Además, Jesús deseaba que ellos experimentaran en plenitud el gozo que era suyo. El término *completo*, funcionando como un adjetivo, traduce un participio en el tiempo perfecto que significa "que se ha completado" (ver 15:11; 16:24). El gozo de Jesús brotaba de una conciencia de haber obedecido la voluntad del Padre en cada paso de su misión. Los discípulos experimentarían el gozo de su Señor a medida que seguían su ejemplo en la obediencia.

Jesús es consciente de haber dado a los discípulos *toda tu palabra* (*logos*[3056]) y ellos la había guardado (ver vv. 6-8). Por haberse identificado con Jesús y haber guardado la palabra del Padre, *el mundo los aborreció* en la misma manera que aborreció al Hijo y, por medio de él, al Padre. Jesús explica la base del odio del mundo hacia los discípulos y hacia él: no pertenecen al mundo (ver 15:18-25; 17:16). Plummer comenta que aquí tenemos los dos resultados del discipulado: la protección de Jesús con el regalo de la Palabra de Dios y el odio del mundo.

Otra vez (v. 15) vemos una verdad expresada en el modo negativo y positivo, una manera de enfatizarla y, a la vez, evitar un mal entendido. Se discute cuál sería el ideal para el creyente en el mundo, el encerrarse en un monasterio, aislado de la "contaminación" del mundo, o por otro lado ser un componente de la "ciudad asentada sobre un monte", a la vista de todos, como una "lámpara" que ilumina a toda la casa. Este versículo debe resolver esa discusión. La misión de Jesús fue la de testificar al mundo y esa misión fue encomendada a los discípulos (ver 20:21). La única manera de cumplir esa misión es "plantarse" bien en el medio del mundo, a la vista de todos, pero a la vez manteniéndose separado *del maligno* o "el malo". El verbo *guardes* o "vigiles" traduce el mismo verbo que vimos en el v. 12. La preposición en la cláusula *del maligno* enfatiza la idea de "separación". En su primera epístola Juan emplea el término *maligno* para referirse al diablo (ver 1 Jn. 2:13 s.; 3:12; 5:18 s.).

El v. 16 literalmente dice: "Del mundo no son...", recayendo el énfasis en las dos primeras palabras. Nótese que los dos verbos *son* y *soy* están en el tiempo presente, señalando acción continua; por ejemplo: "Del mundo no están siendo...". El versículo es una repetición de parte del v. 14, una manera común entre los hebreos de enfatizar una verdad. Aquí se repite también como introducción a los vv. 17-19. Jesús no sólo pide para sus discípulos la protección del Padre, sino también la santificación.

El verbo *Santifícalos* es un imperativo que significa "hacer santo o separado". Algunos se refieren a este versículo como la "oración de consagración" (ver Jer. 1:5). La cláusula *en la verdad* puede llevar la idea instrumental: "por medio de la verdad", o locativo: "en medio de la verdad". Ambos sentidos han sido adoptados en la interpretación por distintos comentaristas. Morris, basado en 3:21 donde se refiere al que "hace la verdad", entiende que el proceso de santificación se logra a medida que uno "hace la verdad". Plummer y Vincent opinan que *la verdad* se refiere a toda la revelación cristiana, el nuevo medio ambiente en que los creyentes son colocados para su santificación, como una flor silvestre y enferma es fortalecida y transformada por ser trasplantada en un jardín. Lindars, en cambio, entiende que es una

---

El alfabeto de la oración

Luther Gibbs, pastor por más de cincuenta años de New Haven Baptist Church en Kingston, Jamaica, dijo: "Desde la edad de veinte años he guardado un tiempo para la oración personal cada mañana. Oí a un predicador decir que uno no debía dejar a los pájaros llegar a tocar el rocío antes de ir al Señor en oración, por esto hablo con el Señor antes de hacer cualquier otra cosa.

"Aunque me gusta leer las oraciones de otras personas, prefiero hablar con el Señor en mis propias palabras; pero sí me gusta usar un modelo que aprendí hace muchos años. Podría llamarlo mi 'Alfabeto de Oración'.

"Empiezo con la A, que significa Adoración. Reconozco que estoy en la presencia de Dios quien es santo, majestuoso y poderoso; capaz de suplir toda necesidad.

"La B es por Bendición. En este momento reconozco lo que Dios ha hecho por mí, lo bendigo y alabo por eso.

"Luego pienso en la C, Confesión. Reconozco mis pecados y pido perdón a Dios por ellos. Aquí me ayuda el pensar en ciertos personajes bíblicos: David, Pablo, Pedro, etc. Estos hombres reconocieron su culpabilidad interior ante Dios, quien ve el corazón de todas las personas. Y aunque las personas que me conocen podrían decir: 'Oh, el reverendo Gibbs es un hombre bueno, Dios ve más profundamente que ellos. Cometo errores y soy pecaminoso; así mi confesión es larga.

"También hay una D en mi oración, Deseo. Expreso mis peticiones a Dios. Primero oro por los demás: mi familia, la congregación, personas que conozco, el país, algunas causas públicas. Finalmente, oro por mí mismo: por todos los eventos del día, por fortaleza y discernimiento, por las necesidades específicas.

"En mi petición por cambio personal, pido por cuatro 'C'. Le pido a Dios que me haga Cuidadoso para cualquier cosa que haga, para que la haga bien y que tenga cuidado hacia las personas por medio de mi conducta y mi actitud. Pido que sea Confiado y dispuesto a ir adelante a dondequiera que me guíe el Señor. Pido al Señor por la Calma que necesito en las situaciones difíciles y que pueda buscar soluciones sabiamente. Finalmente, le pido que siempre sea Comprometido con el Señor.

"La oración personal diaria es lo que me ha ayudado a quedarme al lado del Señor. La oración es el secreto de cualquier éxito que he experimentado en estos cincuenta años de ministerio".

tu palabra es verdad. **18** Así como tú me enviaste al mundo, también yo los he enviado al mundo. **19** Por ellos yo me santifico a mí mismo, para que ellos también sean santificados en la verdad.

20 "Pero no ruego solamente por éstos, sino también por los que han de creer en mí por medio de la palabra de ellos; **21** para que todos sean uno*, así como tú, oh Padre, en mí y yo en ti, que también ellos lo sean* en nosotros; para

---

*17:21a Lit., *una misma cosa*
*17:21b Algunos mss. antiguos tienen *ellos sean una cosa en...*

---

oración para que sean guardados en la verdad que habían recibido. El término *palabra* (*logos³⁰⁵⁶*) se refiere a toda la revelación de Dios como una unidad (ver 8:31, 32), que aquí se define como *verdad* (ver Sal. 119:142).

> **Joya bíblica**
>
> **Pero no ruego solamente por éstos, sino también por los que han de creer en mí por medio de la palabra de ellos; para que todos sean uno, así como tú, oh Padre, en mí y yo en ti, que también ellos lo sean en nosotros; para que el mundo crea que tú me enviaste (17:20, 21).**

En este contexto el verbo *enviaste* (v. 18), traducido de *apostello⁶⁴⁹* del cual se deriva "apóstol", es casi equivalente a "santificar". Ambos términos comunican la idea de la consagración para una misión. Jesús indica que él había encomendado a sus discípulos la misma misión que el Padre le encomendó a él. La de ellos sería una continuación de la que él comenzó cuando estuvo en la tierra. El término *mundo* aquí se refiere concretamente a la humanidad (ver 3:16), no a la esfera terráquea.

La RVA omite la conjunción continuativa con que se inicia el v. 19, la cual sirve para relacionarlo con el anterior. La expresión *Por ellos* es literalmente "a favor de", o "en lugar de", sugiriendo que sea una referencia a su muerte vicaria (ver 10:11, 15-18). Apoyando este concepto está el hecho de que el verbo *santifico* se emplea en la LXX para traducir del hebreo al grie-

go la consagración de personas para el servicio de Dios (ver Éxo. 13:2; 28:41; 29:1, 21; Deut. 15:19) y el sacrificio de animales (ver Éxo. 28:38; Núm. 18:9). La santificación de Jesús para cumplir la voluntad del Padre incluía la entrega de su vida en muerte; en cambio, la de sus discípulos sería la entrega de sus vidas en la misión asignada, pero para algunos de ellos esto también significaría el martirio. El verbo compuesto *sean santificados* está en el tiempo presente que describe una acción continua y progresiva. Jesús recalca el hecho de que la santificación se logra en y por medio de *la verdad* (ver v. 17).

(3) Jesús ora por los que han de creer en el futuro, 17:20-26. Este pasaje final cobra importancia al recordar que son las últimas palabras de Jesús a sus discípulos antes de la cruz y resurrección. De una preocupación por su glorificación (vv. 1-5) y protección y unidad de sus discípulos (vv. 6-19), ahora vuelve a considerar a un mundo que todavía estaba fuera del "redil". Desea que ellos también entren en el "redil" por la influencia de sus discípulos y su comunicación de la palabra, y que sean parte de la gran unidad en el nuevo pueblo de Dios. El propósito de esta magna unidad es, según Culpepper, redentor y misiológico: que el mundo crea (v. 21; ver 10:16). El legado de Jesús a la iglesia es doble: la venida del Paracleto y la misión al mundo (vv. 22, 23); el primero principalmente para asegurar el logro del segundo.

Se deja atrás la limitación de su intercesión exclusivamente a favor de los discípulos, no al mundo (v. 9). Levanta los ojos a un mundo necesitado y abre sus brazos

que el mundo crea que tú me enviaste. **22** Yo les he dado la gloria que tú me has dado, para que sean uno*, así como también nosotros somos uno*. **23** Yo en ellos y tú en mí, para que sean perfectamente unidos*; para que el mundo conozca que tú me has enviado y que los has amado, como también a mí me has amado.

*17:22 Lit., *una misma cosa*
*17:23 Lit., *sean perfeccionados hasta ser una sola cosa*

---

para recibir a todos cuantos desean creer. El amor suyo y del Padre logra alcanzar hasta la última persona en la zona más remota del mundo (ver 3:16). La cláusula *los que han de creer en mí* emplea la preposición gr. que enfatiza una fe sincera y comprometida. El verbo *han de creer*, traducido como si estuviera en el tiempo futuro, está realmente en el tiempo presente, "los que creen". El cuerpo de *los que han de creer en mí* se considera como si ya existiera. El plan divino para que ese amor se conozca es *por medio de la palabra de ellos*, es decir, de sus discípulos. El término *palabra* se refiere a toda la revelación de Dios, es decir, a todo el evangelio, no a un conjunto limitado de palabras, o una fórmula evangelística. Se pueden emplear mil métodos modernos y tecnológicos para persuadir a los hombre a creer en Cristo, pero el plan básico es y siempre será la comunicación eficaz de la palabra del evangelio en el poder del Espíritu Santo.

Jesús miraba más allá de la creencia en él, producida por el testimonio de los discípulos, es decir, a la unidad entre todos los que habían de creer. Esta es la única petición de Jesús a favor de la iglesia. Lindars comenta acertadamente que la desunión entre los creyentes constituye la negación de la fe. La base de la apelación en este capítulo para la unidad entre los creyentes es la analogía entre su propia relación con el Padre, por un lado, y la relación de la iglesia con Jesús, por otro. La unidad entre Jesús y el Padre debe ser reflejada en la vida de la iglesia. Nótense los tres componentes de la fórmula de unidad: el Padre con el Hijo, el Hijo con los creyentes, los creyentes con los creyentes y los creyentes con el Padre, formando un círculo continuo. La unidad no es un fin en sí, sino que su fin se expresa en la cláusula final del versículo: *para que el mundo crea que tú me enviaste*. La unidad en el cuerpo de creyentes será la prueba más convincente para un mundo escéptico de que Jesús realmente vino como el enviado de Dios para redimir al mundo, el Mesías esperado, el Dios eterno encarnado.

Otra vez en el v. 22 la RVA omite la conjunción continuativa con que se inicia este versículo, relacionándolo con el anterior. El pronombre *Yo* es enfático y la gloria se refiere a la revelación del carácter y naturaleza de Dios (ver 1:14). Esta fue la misión de Jesús y la realizó por medio de sus enseñanzas, milagros y supremamente en la cruz. Ellos habían visto la gloria de Dios en la vida y obras de Jesús; en ese sentido les había dado la gloria que recibió del Padre. El servicio humilde, la abnegación personal, la disposición de sufrir por otros que vieron en Jesús sería el camino para que ellos también *sean uno, así como también nosotros somos uno*. Nótese la repetición de este profundo anhelo de Jesús de que sus seguidores vivan en unidad espiritual.

Los pronombres *Yo* y *tú* son enfáticos en el v. 23. El verbo compuesto *sean perfectamente unidos* es literalmente: "sean perfeccionados para una cosa". La unidad entre los creyentes depende de esa relación íntima, la morada del Cristo glorificado en ellos como el Padre moraba en el Hijo durante su ministerio terrenal. Otra vez la unidad tiene un doble propósito más allá del gozo que produce para los creyentes; es un propósito misiológico y amante. El hecho de conocer *que tú me has enviado*

24 "Padre, quiero que donde yo esté, también estén conmigo aquellos que me has dado, para que vean mi gloria que me has dado, porque me has amado desde antes de la fundación del mundo. **25** Padre justo, el mundo no te ha conocido, pero yo te he conocido, y éstos han conocido que tú me enviaste. **26** Yo les he dado a conocer tu nombre y se lo daré a cono-

---

es equivalente a "creer en Jesús como el Hijo de Dios". También, la unidad entre los creyentes revelaría la verdad de que el Padre los había amado (*agapao*[25]) como había amado a su Hijo. La unidad que Jesús gozaba con el Padre y deseaba para sus seguidores es esencialmente una unidad espiritual, pero esa unidad tendrá manifestaciones visibles para el mundo incrédulo. Es una unidad que el mundo anhela, pero no logra producir. Por lo tanto, esas manifestaciones de unidad, ausentes del mundo incrédulo, serían poderosamente llamativas y atrayentes. Entonces el mundo exclamará: "¡Mirad cómo se aman!" (ver 11:36).

Marea baja y marea alta

En un sermón misionero J. H. Jowett habló de la importancia de la unión de las distintas razas del mundo para formar una gran familia cristiana. Usó la idea de la marea y dijo: "Durante la marea baja hay multitudes de charcos separados en la playa, pero cuando hay marea alta todos los charcos se juntan y las pequeñas distinciones entre ellos desaparecen en una unión espléndida". Jesús oraba por esta unión espléndida.

Los vv. 24-26 constituyen la apelación final del Hijo. Jesús se dirige a Dios como *Padre,...* con la confianza de una relación íntima, la cual sirve de base para la petición (ver vv. 1, 5, 11, 25; 11:41; 12:27). Una traducción literal, guardando el orden del texto griego, sería: "Padre, lo que me has dado, quiero que donde estoy yo también estén aquellos conmigo...". La expresión "lo que me has dado", siendo enfática por su ubicación, emplea el pronombre relativo neutro para referirse a los creyentes. Se piensa que el género neutro "lo que", como hemos observado arriba, enfa-

tiza la unidad de los discípulos, pero luego *aquellos* los considera como individuos. Jesús consideraba que todos los que creían en él eran como un "regalo del Padre". Algunos opinan que Jesús vuelve a rogar por los once, pero otros piensan que esta referencia es más amplia, incluyendo tanto a los once discípulos (v. 6) como a los que habían de creer (v. 20). Lindars dice que "esta es una conclusión general a toda la oración". Morris, Lindars y otros opinan que Juan cambió las palabras de Getsemaní "no se haga mi voluntad, sino la tuya" (Luc. 22:42) a *quiero*, pues nunca hubo tensión entre la de él y la del Padre.

Lo que Jesús había prometido a sus discípulos en 14:3, aquí lo reitera en su oración al Padre, pero ahora expresa el propósito *para que vean mi gloria que me has dado.* La gloria de Jesús que ellos contemplarán en el cielo ya no será su humildad, ni el sufrimiento en la cruz, sino el esplendor de su majestad, "cara a cara". Plummer comenta: "Así las dos dádivas del Padre al Hijo se encuentran y se completan la una a la otra: aquellos que el Padre le ha dado contemplan la gloria que le ha dado". Jesús comparte uno de los misterios más profundos de la Trinidad al dar la razón por la cual el Padre dio esa gloria majestuosa al Hijo: *porque me has amado desde antes de la fundación del mundo* (v. 5).

En los últimos dos versículos de la oración Jesús se limita a expresar algunas cosas que él ha realizado y el propósito de ellas. La expresión *Padre justo* es única en el NT, pero se compara con "Padre santo" (v. 11; ver 5:30; 7:24). Algunos opinan que esta expresión representa una progresión: "Padre", "Padre santo" y *Padre justo*, pero Brown refuta esta idea. Después de describir al Padre como justo, muestra como se manifiesta su carácter justo al distinguir entre los que no le conocen y los

cer todavía, para que el amor con que me   has amado esté en ellos, y yo en ellos".

---

que sí lo conocen, o por lo menos los que reconocen que Jesús fue el enviado del Padre. La expresión *me enviaste*, de la cual se deriva "apóstol", identifica a Jesús como el representante personal de Dios, enviado con una misión divina. Es un concepto claramente mesiánico y aquí se refiere a la encarnación. Brown cita a Bernard, quien dice que la expresión *tú me enviaste* "viene a ser casi un estribillo a lo largo de toda la plegaria del cap. 17; aparece otras cuatro veces (vv. 8, 18, 21, 23)". Juan el Bautista fue "un hombre" enviado por Dios (1:6), pero Jesús fue "el enviado" de Dios.

Los tres verbos *ha conocido, he conocido* y *han conocido* son traducidos como si estuvieran en el tiempo perfecto, pero los tres están en el aoristo constativo: "el mundo no te conoció, pero yo te conocí, y éstos te conocieron". El aoristo constativo contempla toda la acción del pasado como si fuera un solo evento. Sin embargo, la RVA sigue la costumbre de la mayoría de los traductores porque es obvio que el resultado del conocimiento, o no conocimiento, en cada caso continúa y este es el énfasis que desean comunicar. Como en la mayoría de los casos, el término *mundo* se refiere a los incrédulos, quizá aun la humanidad hostil. La falta de conocimiento no se debía a la falta de revelación, ni falta de oportunidad, por lo menos en Palestina durante el ministerio público de Jesús (ver 1:11).

El v. 26 sirve como un resumen de toda la oración, aludiendo a su ministerio del pasado y la promesa del futuro por medio del Paracleto (ver 16:12-15, 25). Plummer insiste que el verbo *he dado a conocer* debe ser traducido tal cual es, un aoristo: "Yo les di a conocer...". Jesús vino al mundo con el propósito de revelar al Padre. Él fue el perfecto espejo de la majestad divina, reflejando el esplendor de la gloria del Padre, "la expresión exacta de

su naturaleza" (Heb. 1:3; ver Juan 14:9). La expresión "dar a conocer tu nombre" significa "dar a conocer la misma persona de Dios". Por ejemplo, Mateos-Barreto traduce *nombre* como "persona". Se enfatiza su misión cumplida (ver 15:15). En las palabras finales de la plegaria Jesús expresa el deseo profundo por la unidad de sus discípulos y la relación íntima de éstos con él, y esto a base del amor *ágape*.

V. LA CRUCIFIXIÓN, 18:1—19:42

Así llegamos a la última etapa de la vida y ministerio terrenal de Jesús. Plummer comenta que Jesús, habiendo revelado su glorificación interna en la intercesión (caps. 13—17), ahora presenta su glorificación externa en su pasión y muerte (caps. 18 y 19). En un sentido real, el nacimiento, la niñez, el ministerio terrenal, el llamamiento y el discipulado de los doce por Jesús, todo se dirigía a este momento. La profecía "y llamarás su nombre Jesús, porque él salvará a su pueblo de sus pecados" (Mat. 1:21) estaba por cumplirse. El Cristo eterno vino al mundo para morir por los pecadores; faltaban pocas horas para la realización de ese evento redentor. La hora en que había de ser glorificado al fin llegaba.

Estos dos capítulos describen la traición por Judas y el arresto de Jesús, los juicios por los líderes judíos, las negaciones de Pedro, los juicios ante las autoridades romanas y el proceso de la crucifixión. Esta lista de temas coincide en muchos puntos con los relatos en los Sinópticos, pero a pesar de las similitudes, Culpepper señala que "Juan desarrolla la primitiva tradición cristiana en una manera distintiva...: su uso de simbolismo, ironía y doble significados, su énfasis en Jesús como rey, y su interpretación de la muerte y exaltación de Jesús".

Jesús es arrestado*

18 Habiendo dicho estas cosas, Jesús salió con sus discípulos para el otro lado del arroyo de Quedrón*, donde había un huerto en el cual entró Jesús con sus discíplos.

2 También Judas, el que le entregaba, conocía aquel lugar, porque Jesús solía reunirse allí con sus discípulos. 3 Entonces Judas, tomando una compañía de soldados romanos y guardias de los principales sacerdotes y de los fariseos, fue allí con antorchas, lámparas y armas.

---

*18:1t Comp. Mat. 26:47-56; Mar. 14:43-50; Luc. 22:47-53
*18:1 O: *Cedrón*

---

1. El arresto de Jesús, 18:1-12

Juan omite algunos de los eventos registrados por los Sinópticos: la agonía en Getsemaní, el beso de Judas, la reunión del Concilio a la salida del sol, la imposición sobre Simón de Cirene para cargar la cruz, la burla de los espectadores, la oscuridad al medio día, la confesión del centurión y el rasgamiento del velo en el templo. En cambio, Juan relata algunos acontecimientos que faltan en los Sinópticos: sus palabras de poder (18:4-9), el examen ante Anás, el diálogo con Pilato sobre el reino (18:36-38), las mujeres al pie de la cruz (19:25-27) y la participación de Nicodemo en el entierro del cuerpo de Jesús (19:39).

Cuando Jesús terminó la intercesión, Juan dice que *salió*, pero no especifica de dónde. Algunos entienden que salió del aposento alto, otros del recinto del templo, pues se piensa que el verbo describe la salida de un lugar encerrado. Sin embargo, otros siguen con la idea de que la intercesión tuvo lugar cerca del *arroyo de Quedrón*, y que salió de esa zona. Cruzando el arroyo de Quedrón, a poca distancia entraban en el huerto de Getsemaní. El nombre Getsemaní significa "prensa de olivos". En aquel tiempo probablemente había un huerto de olivos allí, pero actualmente existen muy pocos. El término *arroyo* traduce un vocablo gr. compuesto interesante que significa "flujo del invierno". Evidentemente muchos de los pequeños arroyos se secaban en el verano. El valle de Quedrón se ubicaba al este y cerca del templo de Jerusalén (ver 2 Sam. 15:23; 1 Rey. 2:37; 15:13). Quedrón significa "negro" u

"oscuro", quizás con referencia a los cedros verde oscuro o a las sombras en la cañada. Juan se refiere a *un huerto*, sin dar el nombre, donde Jesús acostumbraba orar; en cambio, los Sinópticos se refieren a "Getsemaní", sin llamarlo un huerto. Seguramente se refiere al mismo lugar que comúnmente es conocido como "el huerto de Getsemaní".

La costumbre de orar en un lugar definido con regularidad puede resultar arriesgada (ver Dan. 6:10, 11). Los líderes judíos, considerando las multitudes reunidas para la gran fiesta de Pascua y deseando evitar una revolución, querían prender a Jesús en un lugar aislado. Nada mejor que hacerlo de noche y en un lugar solitario como este huerto. A Judas se describe (v. 2) con un participio en el tiempo presente, lit. "el que estaba entregándolo" en ese momento. La expresión *solía reunirse allí* probablemente significa que era su costumbre cada vez que venía a Jerusalén, no solamente durante esta semana de pasión. El texto literal dice "muchas veces se reunió allí...".

Juan había comentado que Satanás entró en Judas después de tomar en la boca el pan que Jesús le alcanzó (ver 13:26 s.). La palabra *compañía* (v. 3), que traduce un vocablo gr. que significa "torcido como una cuerda de varias hilos" o "una banda", se usaba como un término militar con referencia a una banda de 600 hombres. Se duda si tantos soldados habrían participado en el arresto. A veces se usaba el término *compañía* para referirse a una porción del número total. Pero, aunque fuera una fracción del total, el número, con los de-

4 Pero Jesús, sabiendo todas las cosas que le habían de acontecer, se adelantó y les dijo:
—¿A quién buscáis?
5 Le contestaron:
—A Jesús de Nazaret.
Les dijo Jesús:

—Yo Soy.
Estaba también con ellos Judas, el que le entregaba. **6** Cuando les dijo, "Yo Soy", volvieron atrás y cayeron a tierra. **7** Les preguntó, pues, de nuevo:
—¿A quién buscáis?

---

más mencionados, sería impresionante. A toda costa querían evitar un motín. Probablemente los líderes judíos solicitaron la participación de los soldados romanos porque su intención última era la crucifixión.

Los *guardias* se refieren a la policía que aseguraba el orden en el templo y sus alrededores. Estos, juntamente con los fariseos, describen una delegación del Sanedrín. Culpepper comenta la ironía de la busca de Jesús *con antorchas, lámparas y armas* cuando él mismo era "la luz del mundo" (8:12; ver 1:5) y el "Príncipe de Paz" (Isa. 9:6). La descripción es de algo como un pequeño ejército con luces y armas, preparados para tratar con la resistencia de los galileos. Bultmann señala que en el arresto el "príncipe de este mundo" se presenta con todos sus recursos, pero en el fin el "Príncipe de Paz" será triunfante (ver 14:30).

En el v. 4 tenemos otro ejemplo del conocimiento sobrenatural de Jesús. Sabiendo todo lo que estaba por delante, literalmente "todas las cosas que venían sobre él", Jesús pudo enfrentarlo con absoluta calma y confianza. La expresión *se adelantó* traduce el mismo verbo del v. 1, "salió", indicando que no siempre se refiere a la acción de salir de un lugar encerrado. Lindars comenta que Juan construye el diálogo con un típico efecto dramático. Jesús ocupa el centro del escenario bajo el foco total de las luces, toma la iniciativa y pregunta: *"¿A quién buscáis?"*. En vez de esconderse, o intentar escaparse, o demorar el desenvolvimiento natural de los eventos, Jesús manifiesta total prontitud para ir a la cruz. Cuando su hora aún no había llegado (ver 7:30; 8:20), Jesús se había apartado del peligro y la con-

frontación (ver 8:59; 11:54; 12:36), pero ahora sale a su hora de gloria.

El nombre propio del Hijo encarnado de Dios es *Jesús* (griego), equivalente a "Josué" en hebreo, significando "Jehovah es salvación". Era necesario agregar el adjetivo "nazareno" (v. 5) para identificar a Jesús porque este nombre se usaba comúnmente entre los judíos. Plummer comenta que la contestación, aquí literalmente: "A Jesús el nazareno" (ver Mat. 2:23), es más despectivo que *Jesús de Nazaret* (ver 1:46; Hech. 10:38). El término se encuentra en sentido despectivo en varios lugares (19:19; Mat. 26:71; Mar. 14:67), aunque a veces se usa en el sentido natural (Mar. 10:47; Luc. 18:37; 24:19). Parece que los seguidores de Jesús luego se llamaban, o eran llamados, "nazarenos" (Hech. 24:5).

La contestación de Jesús, *Yo Soy* (*ego*[1473] *eimi*[1510]; ver 4:26; 6:20; 8:24, 28, 58), el ser eterno, es equivalente al término heb. cuya transliteración es "Jehovah" (ver Heb. 13:8). Seguramente Judas y los fariseos entendieron ese significado. Judas, que había pertenecido a los discípulos de Jesús durante tres años, se había "convertido" a otro grupo y ahora *estaba también con ellos*, no como un observador, sino como el guía. El texto dice literalmente que "Judas estaba parado con ellos". Juan no pierde la oportunidad de describirlo como "el que le estaba entregando" (ver v. 2). Se ha acusado a Juan de odiar a Judas, pero se nota que él no aprovecha la ocasión para relatar el beso con el cual Judas identificó a Jesús para los soldados.

La reacción (v. 6) ante las palabras de Jesús es sorprendente y significativa. No se especifica quiénes *cayeron a tierra*, si

Ellos dijeron:

—A Jesús de Nazaret.

8 Jesús respondió:

—Os dije que Yo Soy. Pues si a mí me bus-

cáis, dejad ir a éstos.

9 Esto hizo para que se cumpliese la palabra que él dijo: "De los que me diste, ninguno de ellos perdí*".

*18:9 Ver 17:12

---

eran sólo los soldados, o también los líderes religiosos. Las palabras de Jesús tuvieron un impacto inmediato y fulminante. Literalmente: "se fueron hacia las cosas atrás y cayeron a tierra". Ambos verbos están en el tiempo aoristo, indicando una acción puntual e inmediata. Es importante notar que estaban retrocediendo cuando cayeron, es decir, "cayeron hacia atrás" en temor, no hacia adelante en adoración. Plummer bien comenta que no tenemos los elementos de juicio para determinar si esta reacción se debe al efecto natural de la culpabilidad encontrándose con la absoluta inocencia, o un efecto sobrenatural realizado por la voluntad de Jesús. El énfasis en este relato es la gloriosa majestad y terrible poder de la persona de Jesús, por un lado, y su disposición de entregarse a los que venían con la misión de arrestarlo, por otro. Lindars acota que la reacción de los soldados es un efecto normal de una teofanía (ver Dan. 10:9; Hech. 9:4; 22:7; 26:14; Apoc. 1:17). Siguiendo esta línea de pensamiento, Brown y Mein dicen que "estas palabras no implican otra cosa sino que los hombres enviados a prender a Jesús se vieron vencidos por el ascendiente moral de Jesús y se quedaron 'aterrados' ". En nuestra opinión, este episodio en ninguna manera da una base bíblica para la "caídas" que multitudes experimentan en las campañas evangelísticas y de sanidad de nuestros días. Lo que Juan registra es la reacción de incrédulos, quienes tenían la intención de matar a Jesús, no la de creyentes en un acto de quebrantamiento o de adoración.

Cuando había pasado el susto, quizás ellos todavía en el piso, Juan dice que Jesús repitió la pregunta (v. 4) y *Ellos* la contestaron (v. 5), pero con una pequeña variación, como es frecuente en los escritos juaninos. En el v. 7 dice *Ellos dijeron*, pero en el versículo 5 "Le contestaron".

Jesús repite esa majestuosa afirmación "Yo Soy" (v. 8) con la cual se identifica como la persona que ellos buscaban. Otra vez, teniendo la oportunidad de esconderse en las sombras del huerto, Jesús toma la iniciativa y prácticamente les invita a tomarlo preso. Juan quiere mostrar que Jesús estaba en control de lo que pasaba. Aun en este momento de crisis personal, el buen "pastor" no se olvida del bien de sus "ovejas". La frase condicional *si a mí me buscáis* es de la primera clase, reconociendo la realidad de la acción bajo consideración; significa "...puesto que a mí me buscáis...". Parece que Juan quiere corregir la impresión dejada por los Sinópticos, donde se insinúa que éstos huyeron por temor (ver Mat. 26:56; Mar. 14:50).

Juan ve en la solicitud de Jesús del v. 9, "dejad ir a éstos", el cumplimiento de lo que había dicho poco tiempo antes (17:12; ver 18:32); allí el texto dice "ninguno de ellos se perdió" pero aquí *ninguno de ellos perdí*. Se emplea el mismo verbo griego y el mismo tiempo del verbo (aoristo), pero se cambia la persona del verbo. El énfasis aquí es que Jesús se hacía responsable por la perseverancia de los discípulos. Lindars observa que en los casos anteriores la referencia es a la vida eterna o a la seguridad espiritual (ver 6:39; 10:28 s.; 17:12), mientras que aquí se refiere a la seguridad física. Sin embargo, Morris opina que la referencia en este versículo también tendría en mente la posible apostasía si los discípulos hubieran sido arrestados; "el guardarlos físicamente en este momento

10 Entonces Simón Pedro, que tenía una espada, la sacó, hirió al siervo del sumo sacerdote y le cortó la oreja derecha. Y el siervo se llamaba Malco. **11** Entonces Jesús dijo a Pedro:

—Mete tu espada en la vaina. ¿No he de beber la copa que el Padre me ha dado?

12 Entonces la compañía de soldados, el comandante y los guardias de los judíos prendieron a Jesús y le ataron. **13** Luego le llevaron

---

significaba guardarlos espiritualmente". A. T. Robertson sugiere que este sería el momento cuando Judas se adelantó para dar un beso a Jesús (ver Mat. 26:49; Mar. 14:45; Luc. 22:48).

Llama la atención el hecho de que Juan menciona el nombre de Pedro y Malco (v. 10), cuando estos nombres se omiten en los Sinópticos. Algunos opinan que es un argumento para una fecha posterior de Juan, considerando que Pedro ya habría muerto y no habría más peligro de una represalia de judíos ni de romanos. El instrumento que Pedro empleó sería una *espada* corta, o un cuchillo largo, o un puñal, pero se objeta que tales armas estaban prohibidas durante la fiesta. Probablemente era el tipo de arma que usaría un hombre en defensa ante un animal salvaje. Aparentemente el grupo poseía dos espadas (ver Luc. 22:38). La acción de Pedro, aunque realmente tonta ante una compañía de soldados armados, es fiel a su carácter impulsivo. También el hecho de que haya cortado la oreja derecha indicaría una acción desesperada por uno poco adiestrado en el uso de la espada. Probablemente Pedro apuntaba a la cabeza y Malco volcó la cabeza a la izquierda, exponiendo la oreja derecha. Es un milagro que no hayan matado a Pedro en el instante, pero el hecho de que fue un judío a quién hirió, siervo del sumo sacerdote, y que Jesús lo haya sanado milagrosamente, lo habría salvado. Los detalles del episodio son propios de un testigo ocular: el nombre de Pedro y Malco, el tipo de arma, la precisión al mencionar la oreja derecha y que Malco era el siervo del sumo sacerdote. Morris cita a Calvino, quien dijo: "Fue excesivamente tonto de parte de Pedro el intentar probar su fe por la espada, cuando no lo pudo hacer con la lengua.

Cuando fue llamado a dar una confesión, lo niega; pero ahora sin ser invitado por su Señor, incita un motín". Lucas menciona que fue la oreja derecha la que Pedro cortó y solo él relata la sanidad milagrosa realizada por Jesús (Luc. 22:50 s.).

El verbo *mete* (v. 11) es un aoristo en el modo imperativo, o sea, un mandato fuerte con la anticipación de una obediencia inmediata. En más de una ocasión Jesús tuvo que reprender la acción impulsiva de Pedro (ver Mat. 16:23). También Mateo registra esta reprensión de Jesús, pero sólo él presenta la razón por el mandato: "porque todos los que toman espada, a espada perecerán" (Mat. 26:52). Sólo Juan menciona la metáfora de *beber la copa* (ver Sal. 75:8; Job 21:20; Apoc. 14:10; 16:19) en esta ocasión, pero fue empleada por Jesús en la oración en Getsemaní (ver Mat. 26:39). La metáfora significa el hecho de ir voluntariamente a la muerte. Jesús aclaró a Pedro y a los demás que, si él no quisiera ir a la cruz, podría pedir doce legiones de ángeles para venir en su defensa (Mat. 26:53).

El título *comandante* usado en el v. 12 traduce un término compuesto que significa "el líder de mil", aunque muchas veces guiaba menos que mil (ver v. 3), a sea, *la compañía de soldados* romanos. La participación de *los guardias de los judíos* indica que este elemento también estaba unido con los romanos en el proceso. Quizás el hecho de atar a Jesús, un hombre que no había presentado ninguna evidencia de resistencia, se debe a la acción de Pedro, o era el procedimiento normal al tomar un preso.

2. El juicio por los judíos y las negaciones, 18:13-27

Se inicia aquí la descripción del arresto y

primero ante Anás, porque era el suegro de Caifás, el sumo sacerdote de aquel año. **14** Caifás era el que había dado consejo a los judíos de que convenía que un hombre muriese por el pueblo*.

Pedro niega a Jesús*

15 Simón Pedro y otro discípulo seguían a Jesús. Este discípulo era conocido del sumo sacerdote y entró con Jesús al patio del sumo sacerdote; **16** pero Pedro se quedó fuera, a

---

*18:14 Ver 11:50
*18:15t Comp. Mat. 26:69, 70; Mar. 14:66-68; Luc. 22:54-57

---

los seis juicios antes de la crucifixión. Hemos comentado antes el espacio desproporcionado que los Evangelios dedican a la última semana de la vida de Jesús, a partir de la entrada triunfal en Jerusalén (Juan, 47,6%; Marcos, 37,5%; Mateo, 28,6%; Lucas, 25%). También, los seis juicios a los cuales Jesús fue sometido ocupan un espacio desproporcionado en los Evangelios en relación con la crucifixión (Mateo, 52 versículos; Lucas, 51; Juan, 45; Marcos, 42). Plummer comenta que estos juicios ilustran los dos grandes elementos del oficio mesiánico de Jesús: por el sanedrín, fue condenado por pretender ser el Hijo de Dios; por Pilato, por pretender ser el rey de los judíos.

(1) Jesús juzgado por Anás, 18:13, 14. El primer juicio al cual sometieron a Jesús fue ante Anás, el que antes había sido sumo sacerdote y todavía ejercía una gran influencia en la nación judía. Los sumos sacerdotes del AT eran nombrados de por vida, pero bajo el domino romano eran puestos y depuestos según el antojo del jerarca romano. Josefo nos informa que Anás fue designado por el prefecto romano Cirenio en el año 6 d. de J.C. y depuesto por Valerio Grato, el predecesor de Pilato, en el año 15. Luego consiguió el puesto para su hijo Eleazar (16 d. de J.C.), luego para su yerno José Caifás (17-36 d. de J.C.) y después para cuatro hijos más, el último llamado también Anás (62 d. de J.C.), el cual mandó matar a Jacobo.

Este examen ante Anás sería un juicio preliminar, no oficial, relatado sólo por Juan. El hecho de que Jesús fuera llevado a Anás primero indica que todavía éste era

considerado por los judíos como su legítimo líder. También sólo Juan aclara que Anás era el suegro de Caifás. Barclay sugiere que quizás Anás insistió en que Jesús fuera llevado primero ante él porque era el dueño de los puestos en el templo donde vendían animales y hacían cambio de monedas; quería burlarse de aquél que había arruinado su negocio. El término traducido *suegro* se encuentra sólo aquí en el NT. La expresión *aquel año* no significa que Caifás fuera sumo sacerdote sólo ese año, sino que fue en aquel año cuando sucedió este evento.

El v. 14 se refiere a la "profecía" relatada por Juan en 11:49-51 (ver comentario). La expresión *muriese por el pueblo* emplea el mismo verbo gr. y la misma preposición que en el pasaje al cual se refiere.

(2) La primera negación de Pedro, 18:15-18. El que había afirmado con vehemencia su lealtad, aun hasta la muerte (ver 13:36-38), no puede guardar su promesa ni una noche. Comienza a cumplirse la profecía de su negación por Jesús.

Una traducción literal del texto griego del v. 15 "y seguía a Jesús Simón Pedro y otro discípulo" revela dos cosas de interés: el verbo "seguía" está en la tercera persona singular cuando son dos sujetos; también el verbo está en la posición enfática. El misterio de la identidad del *otro discípulo* y *este discípulo*, evidentemente la misma persona, ha dado lugar a grandes controversias. Brown opina que *Este discípulo* podría ser "el otro discípulo" de 20:2 y el "discípulo amado", pero Bultmann refuta tal identificación y

la puerta. Y salió el otro discípulo que era conocido del sumo sacerdote, habló a la portera y llevó a Pedro adentro. **17** Entonces la criada portera dijo a Pedro:

—¿Tú no serás también de los discípulos de ese hombre?

Él dijo:

—No lo soy.

---

sostiene que "el otro discípulo" tampoco era uno de los doce. Estos dos comentaristas rechazan la paternidad juanina del Evangelio. Sin embargo, tradicionalmente, se entiende que estos términos se refieren a Juan el apóstol, el redactor de este Evangelio, aunque desde los primeros siglos no hubo un consenso general al respecto. Como señalamos en la introducción al Evangelio, muchos comentaristas contemporáneos entienden que se refiere a otro líder de la comunidad a la cual Juan había pertenecido. Al contrario, Plummer argumenta que no hay razones importantes para rechazar la opinión casi universal que identifica al *otro discípulo* con Juan mismo. Esta opinión está de acuerdo con la reticencia habitual de Juan (ver 1:40; 13:23-25; 19:26; 20:2-8; 21:20-24). Dos evidencias más respaldan la posición tradicional: la cercanía del *otro discípulo* con Pedro (ver Luc. 22:8; Hech. 3:1; 4:13; 8:14), como en este pasaje, y su conocimiento del nombre del siervo del sumo sacerdote (ver v. 10). Si ésta no es la explicación por la falta de identificación por nombre de este personaje, sería muy difícil entender por qué el autor toma tanto cuidado de identificar por nombre a casi todos los demás que jugaron un papel, aun de menor importancia, en el cuarto Evangelio. Lindars sugiere que Juan sentía la necesidad de explicar cómo Pedro entró en el patio. Entonces "inventó" a este personaje, *el otro discípulo*, quien era conocido por el sumo sacerdote, y así logró introducir a Pedro. El término *patio* traduce un vocablo gr. (*aule*[833]) que significa un lugar encerrado, pero sin techo; es un error traducirlo como "palacio".

El verbo traducido *se quedó* (v. 16) significa literalmente "había estado en pie". Plummer y otros clasifican este verbo como uno en el tiempo "imperfecto descriptivo", pero es un pluscuamperfecto intensivo. Dana y Mantey entienden que este tiempo del verbo puede ser traducido como si fuera un imperfecto, tal cual aparece en la RVA y la mayoría de las traducciones. Lindars cita una tradición, basada en el "Evangelio de los Hebreos", de que Juan antes proveía pescado para el palacio del sumo sacerdote cuando trabajaba con su padre Zebedeo y por eso era conocido por los siervos. Otros rechazan esta tradición, sosteniendo que Juan, Jacobo y su padre Zebedeo eran galileos, de la zona de Capernaúm. No es imposible que Juan el apóstol, en sus visitas a Jerusalén, haya tenido oportunidad de conocer a los siervos del sumo sacerdote, o que algunos de ellos hayan procedido de Galilea donde se habrían conocido.

La expresión *la criada portera* (v. 17) es literalmente: "la criada la portera", es decir, una muchacha joven (término diminutivo de "niña") que servía de portera (ver Hech. 12:13). La pregunta se construye en el griego de modo que espera una contestación negativa. La criada puso la negación en la boca de Pedro, es decir, le dio una "salida" y él la aprovechó. Una traducción literal sería: "¿No también tú de los discípulos eres del hombre éste?". El pronombre "éste", traducido por la RVA como *ese*, se habría dicho con tono despectivo. Aparentemente la criada sabía que "el otro discípulo" que introdujo a Pedro era discípulo *de ese hombre*, deducción basada en el adverbio *también*. Culpepper observa que Pedro no niega que Jesús fuera el Señor, ni que fuera el Mesías, sino que niega ser él mismo su discípulo. Es curioso que el "otro discípulo" no fue interrogado, se mantuvo cerca a su Señor en los juicios y al pie de la cruz (ver 19:26) y no fue molestado. En cambio, Pedro seguía de lejos (ver Luc. 22:54),

18 Y los siervos y los guardias estaban de pie, pues habían encendido unas brasas porque hacía frío; y se calentaban. Pedro también estaba de pie con ellos, calentándose.

Jesús ante Anás y Caifás*

19 El sumo sacerdote preguntó a Jesús acer-ca de sus discípulos y de su doctrina. **20** Jesús le respondió:

—Yo he hablado abiertamente al mundo. Siempre he enseñado en la sinagoga y en el templo, donde se reúnen todos los judíos. Nada he hablado en secreto. **21** ¿Por qué me preguntas a mí? Pregúntales a los que han oído lo que yo les he hablado. He aquí, ellos saben lo que yo dije.

*18:19t Comp. Mat. 26:59-66; Mar. 14:55-65; Luc. 22:66-71

tratando de evitar ser identificado con Jesús; fue tentado y negó tres veces su relación con Jesús.

El comandante y sus soldados romanos, habiendo asegurado la entrega del preso al sumo sacerdote, se habían ido. Quedaban los guardias y siervos del sumo sacerdote. Hacía frío y los guardias acostumbraban prender carbón para calentarse, estando a la intemperie. Noten los cuatro verbos que describen acción en marcha: *estaban de pie* (ver v. 16), *hacía frío, se calentaban* y *estaba de pie*. Pedro se había juntado con los enemigos de Jesús, quizá para no llamar la atención a sí mismo, estando aparte en el patio, o sencillamente porque quería calentarse.

(3) Jesús examinado ante Anás y Caifás, 18:19-24. Comparando el relato de Juan con los Sinópticos, se notan dos cosas importantes: estos no registran el juicio preliminar ante Anás; también se presenta el problema de que la primera negación de Pedro parece suceder en el patio de Anás y las otras dos en el patio del Sanedrín, sin una explicación del cambio de un lugar al otro. Por este problema, A. T. Robertson (*Armonía de los cuatro Evangelios*) y Cecilio McConnell (*Los Evangelios en paralelo*) agrupan las tres negaciones en el patio del sumo sacerdote, como lo hacen los Sinópticos, sin una interrupción. Culpepper observa que en el arresto y juicios Jesús dijo tres veces "Yo Soy" y Pedro dijo tres "No lo soy". Juan insiste en que una confesión pública de fe en Jesús es básica para un discípulo (ver 1:20; 9:22; 12:42). Pedro, al negar tres

veces ser discípulo de Jesús cuando el peligro asomaba, es un pobre ejemplo del discipulado.

El título *sumo sacerdote* aquí se presta a confusión, pues todavía se refería a Anás con el título, aunque Caifás, su yerno, ocupaba el puesto oficial. Varios comentaristas opinan que Jesús sigue siendo examinado por Anás hasta el v. 24. En cambio, Plummer piensa que se refiere a Caifás, a pesar del problema que presenta el v. 24. Este autor ofrece una solución plausible al problema: que Anás estaba examinado a Jesús y, mientras tanto, Caifás se une al examen.

Parece que el interés del sumo sacerdote es el de saber si Jesús estaba fomentado una revuelta en el pueblo, cosa que los líderes judíos temían porque tenían el compromiso ante las autoridades romanas de mantener la paz. Si no guardaban la paz en el pueblo, corrían el riesgo de ser depuestos. Probablemente querían saber quiénes y cuántos eran sus discípulos. *Su doctrina*, término usado solo aquí y en 7:16 y 17, se refiere al contenido de sus enseñanzas.

El término *abiertamente*, que se usa en el v. 20, (ver también 7:13) lleva la idea de "confianza" y "libertad". Jesús realizaba su ministerio a la luz de todos, pues quería revelar el amor de Dios a todo el mundo. Se piensa que su respuesta se debe al hecho de que legalmente no interrogaban al acusado, sino a los testigos. Barclay afirma que legalmente el hombre se consideraba absolutamente inocente y más, ni acusado, hasta que la evidencia de los tes-

22 Cuando dijo esto, uno de los guardias que estaba allí le dio una bofetada a Jesús, diciéndole:

—¿Así respondes al sumo sacerdote? **23** Jesús le contestó:

---

tigos hubiera sido presentada y confirmada. En efecto, Jesús estaba recordándole al sumo sacerdote que no tenía derecho de interrogarle hasta la presentación de la evidencia con testigos y ésta confirmada. Algunos piensan que el sumo sacerdote pensaba atrapar a Jesús en una confesión, o que este interrogatorio era un examen no oficial.

La explicación dada en el versículo anterior de la legalidad del procedimiento armoniza con la respuesta (v. 21). Jesús invita al sumo sacerdote a traer sus testigos y presentar la evidencia de lo que él sospechaba. Nótese que Jesús no contesta la pregunta en cuanto a sus discípulos. Desea protegerlos hasta donde fuera posible. En la interrogación, Jesús atrae toda la aten-

---

Semillero homilético

Jesús en la cruz
19:16b-37

Introducción: La cruz ha llegado a ser el símbolo central de la fe cristiana, algo reconocido por las personas de las distintas culturas de nuestro mundo. Muchas personas la llevan como una joya o como un símbolo de su fe. La vemos en muchos templos o instituciones como escuelas o clínicas. Pero tenemos que reconocer que esta es una cruz "genérica" que ha reemplazado a la verdadera cruz que se usó en el evento que ocurrió en un viernes, que llamamos "Santo", hace casi 2.000 años.

Juan nos da cuatro distintas partes de este tiempo que Jesús pasó en la cruz. Mirémoslas para meditar en ellas y así profundizar nuestra comprensión de la crucifixión de nuestro Señor.

I. "Rey de los Judíos" (vv. 16b-24).
　　1. Interrogatorio.
　　　　(1) Jesús había pasado horas de interrogación, pasando de un tribunal a otro.
　　　　(2) Los judíos afirmaron que su único rey es César.
　　2. En el Gólgota lo crucificaron entre dos malhechores.
　　3. Pilato coloca un letrero sobre la cruz, en hebreo, latín y griego: "Jesús de Nazaret, Rey de los Judíos".
　　4. La petición de los judíos y la respuesta de Pilato (vv. 21, 22).
　　　　(1) En verdad Cristo era Rey, pero no era reconocido como tal.
　　　　(2) Ha sido proclamado Rey (Apoc. 19:16; Fil. 2:9-11).
II. Un criminal común (vv. 23, 24).
　　1. La costumbre de repartir las pertenencias de los crucificados.
　　2. En el horror de su crucifixión la Escritura se cumple.
　　3. Jesús tomó en sí el pecado de cada persona, y lo hizo como un criminal común.
III. Hijo considerado (vv. 25-27).
　　1. Las tres Marías junto a la cruz.
　　　　La devoción de las mujeres a Cristo inspira a todo creyente.
　　2. María, la madre de Jesús.
　　　　Cuando Jesús la vio tuvo compasión por ella. Seguramente, parecía tan débil, tan adolorida; él responde con compasión y le provee hogar y cuidado con "el discípulo amado".
　　3. El discípulo amado.
　　　　Lo importante aquí es que Cristo está formando una nueva familia; en este sencillo acto entre dos personas a quienes Jesús amaba, él presenta un ejemplo de esta nueva familia. "La nueva familia nacida al pie de la cruz es señalada con amor y confianza" (Gail O'Day).

(Continúa en la pág. siguiente)

—Si he hablado mal, da testimonio del mal; pero si bien, ¿por qué me golpeas?

24 Entonces Anás le envió atado a Caifás, el sumo sacerdote.

---

ción sobre sí mismo. Dos veces en el texto gr. del versículo anterior Jesús emplea el pronombre enfático *"Yo"* (*ego*[1473]).

El término *bofetada* (v. 22) se encuentra sólo aquí, en 19:3 y Marcos 14:65. Este vocablo antes se refería a un golpe con una caña, o vara, pero llegó a referirse a un golpe en la mejilla con la palma de la mano abierta. Además del procedimiento ilegal del sumo sacerdote, esta bofetada también constituye una acción ilegal y cruel. Parece que fue una reacción espontánea de un siervo insignificante.

Jesús había enseñado que cuando un discípulo es abofeteado, debe volver la otra mejilla (ver Mat. 5:39), pero en vez de hacerlo, aquí demanda justicia. Plummer responde diciendo que debemos entender que es la represalia personal la que se prohíbe, pero no una protesta y reprimenda tranquila. Aquí Jesús apela a los testigos que demandaba el procedimiento legal. Otra vez vemos en este Evangelio el énfasis sobre el *testimonio* (*martureo*[3140]). El término *golpeas* traduce un verbo griego en el tiempo presente que significa literalmente "sacar la piel" o "despellejar". También, el verbo está en el tiempo presente, dando la idea de acción continua: "¿Por qué me estás golpeando?".

La interrogación ante Anás se terminó, sin que pudiera sacar de Jesús algo de valor. Anás lo envía a Caifás (v. 24), quien sería la persona indicada para dirigir un juicio oficial y luego presentar a Jesús, con las acusaciones, a Pilato. El término *envió* traduce el verbo gr. del cual se deriva "apóstol". Hay distintos intentos de hacer armonizar este versículo con el contexto. Algunos traducen el verbo como si fuera un pluscuamperfecto "le había enviado" (la RVA lo traduce bien, como un aoristo), indicando que fue Caifás quien lo examinó en los versículos anteriores. Sin embargo, la conjunción continuativa *Entonces* indica que este versículo es una continuación del pasaje anterior. Algo que ayuda a resolver las dificultades de este versículo entendería que Jesús fue enviado de una sala a otra en el mismo edificio, con un patio común.

(Continúa de la pág. anterior)

IV. El Mesías consagrado, vv. 28-37.
  1. "Tengo sed", v. 28.
     Jesús moribundo todavía tiene control del sacrificio de su muerte.
  2. "¡Consumado es!", v. 30.
     La consumación de su misión; la consumación del plan de Dios para redimir al mundo; la consumación de su vida.
  3. Las costumbres fúnebres.
     (1) Se adelantaba la muerte de los crucificados quebrándoles las piernas.
     (2) Uno de los soldados le abrió el costado con una lanza.
  4. El testimonio verdadero.
     (1) Es muy importante que el escritor del Evangelio insiste en la verdad de su testimonio.
     (2) No solamente es para que haya la evidencia de que la Escritura fue cumplida, sino además para que "vosotros también creáis".
  Conclusión: La cruz había cobrado su víctima, pero en realidad la víctima tomó la cruz y la transformó en un símbolo de vida y victoria. Más tarde Pablo dice: "Pero lejos esté de mí el gloriarme sino en la cruz de nuestro Señor Jesucristo..." (Gál. 6:14a). Todos podemos gloriarnos en la cruz y su mensaje al mundo, porque es el medio por el cual podemos recibir la nueva vida en Cristo.

Pedro niega de nuevo a Jesús＊

25 Estaba, pues, Pedro de pie calentándose,
y le dijeron:

—¿Tú no serás también de sus discípulos?
Él negó y dijo:
—No lo soy.
26 Uno de los siervos del sumo sacerdote,

＊18:25t Comp. Mat. 26:71-75; Mar. 14:69-72; Luc. 22:54-62

> **El ancladero espiritual**
>
> "Juan Knox, el gran reformador escocés,
> moribundo, dijo a su esposa: 'Ve, lee donde
> primeramente eché mi ancla'. Ella fue y, sin
> más instrucción, buscó en la Biblia el capítu-
> lo 17 de Juan. Este ancladero espiritual está
> todavía disponible, para todos los que qui-
> sieran tenerlo, en el más profundo de los
> evangelios". A. M. Hunter

**(4) La segunda y tercera negaciones
de Pedro, 18:25-27.** Habiendo inte-
rrumpido la secuencia de las negaciones de
Pedro en la sección anterior, ahora se
regresa al asunto. Se supone que Jesús fue
llevado de la sala de Anás, directamente
bajo el mismo techo, a la sala de Caifás,
teniendo un patio común. Inclusive, algunos creen que fue llevado de una sala a
otra caminando por el patio y que fue en
ese momento que Jesús miró hacia Pedro
cuando éste lo negó por tercera vez (ver
Luc. 22:61).

Notamos que Pedro sigue entre los enemigos, al lado del fuego, *de pie calentándose* (ver v. 18), una descripción vívida
que tiene las marcas de un testigo ocular.
Quizá Pedro pensaba que la primera negación resolvería la sospecha. En vez de
acallar a los siervos con su negación, otros
se adelantaron para interrogarle con la
misma clase de pregunta de antes, la cual
anticipa una contestación negativa (ver v.
17). Juan no identifica quiénes fueron los
que le preguntaron. Los Sinópticos presentan una variedad de personas que preguntaron. Dos dicen que fue una criada, pero
ella no se dirige directamente a Pedro (ver
Mat. 26:71; Mar. 14:69); quizá fue la
misma que preguntó la primera vez. En
cambio, Lucas indica que fue un "hombre"

(Luc. 22:58). Varios comentaristas sugieren que todos los siervos estaban opinando entre sí sobre la relación de Pedro con
Jesús, y que varios le preguntaron en distintos momentos. Apoyando esta conjetura
está el hecho de que Marcos emplea un
verbo en el tiempo imperfecto para la
segunda negación, indicando la repetición:
"estaba negando" (ver Mar. 14:70).

La respuesta de Pedro fue corta, tajante
y mentirosa: *No lo soy.* Una vez que comenzó con la negación con una mentira,
sería necesario respaldarla con otra, probablemente con voz más firme para intentar convencerles de una vez.

Pedro ya estaba comprometido en sus
negaciones cuando uno se adelantó para
identificarlo no sólo como un discípulo de
Jesús, sino el culpable de haber herido a
un pariente suyo (v. 26). Marcos (14:70)
agrega otro elemento que asociaba a
Pedro con los discípulos de Jesús; tenía un
acento galileo. Se vuelve cada vez más
peligroso para Pedro, pues si fuera comprobado que él lo había hecho, sería motivo de una venganza violenta o algo peor,
pero, puesto que el arresto tuvo lugar en
un huerto oscuro y a media noche, y los
discípulos estaban en el fondo detrás de
Jesús, *el pariente de aquel...* no estaba
completamente seguro. También, las
brasas con las cuales se calentaban no
darían mucha luz. El término *pariente* traduce un vocablo gr. compuesto que significa "nacido con". Esta pregunta es distinta
a las anteriores en que se construye en
una manera como para esperar una contestación afirmativa: "¿Tú eres el que...,
verdad?".

En el v. 27 Juan no cita las palabras
exactas de Pedro, sino solo registra su
negación. Marcos (14:71) describe en más

pariente de aquel a quien Pedro le había cortado la oreja, le dijo:

—¿No te vi yo en el huerto con él?

27 Pedro negó otra vez, y en seguida cantó el gallo.

Jesús ante Pilato*

28 Llevaron a Jesús de Caifás al Pretorio. Era al amanecer. Pero ellos no entraron al Pretorio para no contaminarse y para así poder comer la Pascua. **29** Por tanto, Pilato salió fuera a ellos y dijo:

---

*18:28t Comp. Mat. 27:1, 2, 11-14; Mar. 15:1-5; Luc. 23:1-5

---

detalle la negación, indicando que Pedro "comenzó a maldecir y a jurar". Después del canto del gallo, Marcos agrega que Pedro salió y "lloraba" (14:72). Muchos eruditos opinan que *cantó el gallo* no se refiere literalmente a un gallo que cantó, sino al sonido de la trompeta que anunciaba el fin de la tercera vigilia de la noche. Parece que los romanos dividían la noche en cuatro vigilias, mientras que los judíos marcaban tres.

Según los Sinópticos, parece que hubo tres juicios ante las autoridades judías, antes de entregar a Jesús a los romanos. Además de los dos mencionados por Juan, uno ante Anás y luego ante Caifás, los Sinópticos mencionan uno ante el Sanedrín. Se realizó al amanecer, cumpliendo con el requisito de un juicio oficial (ver Mat. 27:1; Mar. 15:1; Luc. 22:66-71).

3. El juicio romano, 18:28—19:16

Habiendo pasado por tres juicios judíos, el proceso continúa cuando Jesús fue entregado a Pilato. Según los Sinópticos, Pilato lo interrogó, lo mandó a Herodes y éste lo devolvió a Pilato, no deseando intervenir en el asunto. Juan dedica más atención a los juicios romanos que a los de los judíos. Enfatiza el hecho de que Pilato declaró inocente a Jesús y sólo por la insistencia y amenazas de los líderes judíos accedió finalmente a que fuera crucificado. Westcott opina que probablemente Juan habría entrado en la corte romana donde observó el desarrollo del proceso, inclusive esa confrontación entre Jesús y Pilato (18:33-38). Esta conjetura, si se acepta, explicaría cómo Juan obtuvo todos

estos datos que no se presentan en los Sinópticos. Los líderes judíos no se presentaron para no contaminarse ceremonialmente con los gentiles.

(1) Jesús es entregado a Pilato, 18:28-32. El proceso continúa con la entrega de Jesús a Pilato, el representante del gobierno romano, por Caifás, el representante oficial del judaísmo. No sabiendo la intención de los judíos, Pilato deseaba delegar la responsabilidad del juicio a los judíos porque se trataba de un asunto religioso, no civil. Por la insistencia de los judíos, finalmente Pilato accedió a su solicitud. El juicio ante Pilato se desarrolla en siete etapas, entrando y saliendo del Pretorio: fuera (vv. 28-32, 38-40; 19:4-7, 12-16) y dentro (vv. 33-37; 19:1-3, 8-11). Culpepper describe el proceso: Pilato enfrenta a los judíos afuera e interroga a Jesús adentro, dejando en suspenso hasta el fin si cederá a la presión de los judíos o defenderá a Jesús.

Los Sinópticos parecen indicar que la última cena, de la noche anterior, fue la cena pascual (ver Mat. 26:17-19; Mar. 14:14, 16; Luc. 22:7, 8, 11, 13, 15). En cambio, aquí parece que la Pascua quedaba por delante. A. T. Robertson sugiere que esta referencia no es a la cena en sí, sino a la celebración que seguía durante siete días. Otros opinan que Juan está corrigiendo una impresión equivocada en los Sinópticos. En cambio, Brown afirma: "Jesús compareció a juicio ante Pilato y fue crucificado el día anterior a la Pascua".

El tercer juicio realizado por los líderes judíos tuvo lugar justo al amanecer, más o menos a las 6:00 h, dando validez legal a

—¿Qué acusación traéis contra este hombre?

30 Le respondieron y dijeron:

—Si éste no fuera malhechor, no te lo habríamos entregado.

31 Entonces Pilato les dijo:

---

una decisión ya formada durante la noche. Según su ley, no se podía condenar a una persona a la muerte durante la noche. También, se estableció que tenía que transcurrir un día entre la condenación de una persona a la muerte y la realización de la sentencia. Para evitar la responsabilidad de esa infracción de la ley, permitirían que Pilato estableciera la hora para la crucifixión.

Había sido una noche repleta de acontecimientos dramáticos, a partir de la cena pascual y la institución de la Cena del Señor. Ahora faltaban apenas tres horas para la crucifixión y todavía había mucho que hacer, principalmente el convencer a Pilato a dar su anuencia al veredicto judío.

Nótese el deseo de Juan de marcar el contraste entre los escrúpulos religiosos de estos líderes judíos, de no entrar en un edificio de los romanos (gentiles) para evitar la contaminación ceremonial, por un lado, y su determinación de matar a un hombre inocente, por el otro. Esta contaminación duraría siete días (Núm. 19:11), efectivamente prohibiendo la participación en la Pascua. Se discute el significado y lugar exacto del *Pretorio*. Parece que se refiere a la residencia oficial de Pilato, pero muchos opinan que se refiere a la fortaleza Antonia, desde dónde él podía controlar mejor las grandes multitudes que habían venido para la Pascua.

Por razones mencionadas arriba, este encuentro (v. 29) entre los líderes judíos y Pilato tuvo lugar fuera del Pretorio; y *Pilato salió fuera a ellos*. El intercambio comienza fuera del Pretorio y sigue allí hasta fines del v. 32. La expresión *salió fuera* es redundante, un mecanismo de énfasis, pues ambos términos describen la misma acción. Seguramente Pilato estaba al tanto de los escrúpulos judíos y estaba dispuesto a atenderlos afuera. Juan menciona a Pilato como si fuera bien conocido por los lectores. Poncio Pilato ocupó el puesto de procurador romano en la tetrarquía de Judea desde 26 a 36 d. de J.C. Él fue relevado de su puesto por no poder mantener la paz en su territorio. Pilato sabría el motivo de la presentación de los judíos, pues había dado permiso para la participación de sus soldados en el arresto, pero pide de ellos una declaración formal: *una acusación... contra este hombre*.

Al no tener una acusación contra Jesús que Pilato aceptaría, responden en una declaración general (v. 30). Parece que ellos habían esperado que Pilato aceptara su veredicto, sin entrar en detalles de su culpabilidad o no. Literalmente dicen: "si no estaba este mal haciendo...", enfatizando una acción continua. Quieren pintar a Jesús como un criminal habitual. Morris acota que es una acusación contra su carácter, no la mención de un crimen específico que hubiera cometido. Estaban apelando a la confianza de Pilato en el juicio que ellos habían realizado. Más adelante Pilato insiste en algo más concreto y ellos ofrecen tres causas: incitación de una sedición, prohibición de pagar tributo a César y considerarse "rey de los judíos" (ver Luc. 23:3).

El pronombre *vosotros* que se usa en el v. 31 es enfático. Es evidente que Pilato no quería tratar este pleito, quizás por darse cuenta que era motivado por un fanatismo religioso, y quizás motivado también por un sueño que su esposa había tenido (ver Mat. 27:19). Intentó en varias maneras evitar la muerte de Jesús: aquí insiste en que los mismos judíos lo traten; se lo envió a Herodes; ofreció librarlo como una muestra de buena voluntad durante la Pascua; y ofreció azotarlo y luego soltarlo. Nada de esto satisfizo a los líderes judíos. Juan registra nada menos que tres veces que Pilato lo declaró inocente (ver v. 39; 19:4, 6).

—Tomadle vosotros y juzgadle según vuestra ley.

Los judíos le dijeron:

—A nosotros no nos es lícito dar muerte a nadie.

32 Así sucedió para que se cumpliera la palabra de Jesús, que dijo señalando con qué clase de muerte había de morir*. **33** Entonces Pilato entró otra vez al Pretorio, llamó a Jesús y le dijo:

---

*18:32 Ver 12:32, 33

La interpretación de este versículo depende en parte del tono con que Pilato se dirigía a los judíos. Al decir *Tomadle vosotros y juzgadle*, él ignoraba que ya lo habían juzgado, o lo decía irónicamente, sabiendo que lo querían matar. Brown sugiere que se deben tomar en serio las palabras de Pilato: "Les ha pedido los resultados de sus deliberaciones, que ellos no le han entregado. Les dice, en consecuencia, que no le es posible organizar un juicio en tales circunstancias y que, por tanto, habrán de hacerlo ellos mismos".

La respuesta de los judíos, *no nos es lícito dar muerte a nadie*, también da lugar a distintas interpretaciones. Se sabe que el imperio romano daba cierta libertad a los pueblos conquistados a gobernarse y resolver pleitos dentro de ciertos parámetros. Sin embargo, esta libertad no autorizaba a los judíos a ejecutar a algún culpable de su propio pueblo y la respuesta de los judíos reconoce este hecho. El problema consiste en que hubo casos cuando los judíos sí mataban a los de su pueblo sin la anuencia ni la intervención de las autoridades romanas: la mujer tomada en adulterio que iban a apedrear (8:5; ver 5:18; 7:1, 25; 8:59; Hech. 21:31), y el apedreamiento de Esteban (Hech. 7.58). Dos explicaciones se dan en estos casos: sería más bien una reacción violenta del momento, un "linchamiento" por motín, que el procurador decidió no investigar, o que el procurador estaba ausente. Lindars concluye su presentación de la evidencia a favor y en contra diciendo que, aunque el Sanedrín de vez en cuando podía ejecutar a un judío por razones religiosas, estando ausente el procurador, no podía hacerlo estando Pilato en la ciudad.

Otra vez Juan contempla el desarrollo de los eventos como el cumplimiento de las predicciones de Jesús (v. 32). Una traducción literal, guardando el orden del texto griego, sería: "Para que la palabra de Jesús sea cumplida, la cual dijo señalando con qué clase de muerte estaba a punto de morir". Juan recuerda a los lectores que Jesús dijo que sería "levantado" (ver 3:14; 8:28; 12:32), de modo que la muerte realizada por los romanos, es decir la crucifixión, cumpliría la predicción hecha antes.

(2) Jesús examinado por Pilato, 18:33-40. El escenario se cambia de la parte exterior del Pretorio a una sala interior donde Pilato pudo interrogar a Jesús sin la interrupción de los judíos. Al fin el "príncipe" del poderoso imperio romano estaba frente a frente con "el Príncipe de paz", el representante de César frente al Cristo eterno. El tema del intercambio se enfoca en el título "rey de los judíos". El drama se intensifica. Culpepper nos recuerda que bajo la ley romana el juicio no se decidía por un jurado, sino que el procurador en este caso tenía autoridad absoluta para juzgar y condenar, o soltar.

Los cuatro Evangelios expresan la pregunta con las mismas palabras. En el texto griego el pronombre tú introduce la pregunta y es enfático en los cuatro Evangelios. Según Lucas (23:2), de entrada los judíos habían acusado a Jesús ante Pilato por tres crímenes: agita la nación, prohíbe dar tributos a César y pretende ser el Cristo, un rey (ver Mat. 2:1). Quizás esta acusación se hizo después de la que Juan registra en el v. 30. Si esto se hizo antes de la confrontación entre Pilato y Jesús, explica por qué se comienza con esta pre-

—¿Eres tú el rey de los judíos?

34 Jesús le respondió:

—¿Preguntas tú esto de ti mismo, o porque otros te lo han dicho de mí?

35 Pilato respondió:

—¿Acaso soy yo judío? Tu propia nación y los principales sacerdotes te entregaron a mí. ¿Qué has hecho?

36 Contestó Jesús:

—Mi reino no es de este mundo. Si mi reino fuera de este mundo, mis servidores pelearían para que yo no fuera entregado a los judíos. Ahora, pues, mi reino no es de aquí.

37 Entonces Pilato le dijo:

—¿Así que tú eres rey?

Jesús respondió:

---

gunta. Si fuera así, que Jesús declaraba ser un rey, sería un rival de Pilato y del César, y probablemente recibiría la sentencia de pena capital de Pilato. Morris sugiere que la conversación se llevó a cabo en el idioma griego, que Pilato podría entender sin intérprete, y no en arameo.

En el texto griego del v. 34 la cláusula *de ti mismo* inicia la pregunta y es enfática, dato que se pierde en la traducción. Pilato se sorprendió del hecho de que Jesús no se defendía; esto lo diferenciaba de la actitud común de los presos, que siempre se defendían. El acusado abre su propia interrogación. El origen de la pregunta de Pilato es significante. Si fuera de Pilato mismo, significaría: "¿Eres tú un rey político?", para lo cual Jesús contestaría que "no". En cambio, si se originó entre los judíos, significaría: "¿Eres tú el rey de los judíos?", para lo cual Jesús contestaría que "sí". Así, Jesús no podía contestar la pregunta sin saber de dónde procedía y, por eso, qué significaba. Jesús preguntaba para obtener información, no para provocar al procurador.

La respuesta de Pilato indica que la pregunta de Jesús fue un intento de saber el origen de la pregunta de aquél. Es probable que la respuesta de Pilato se haya expresado con cierto desdén o indignación: "No soy yo judío, ¿verdad?". La pregunta anticipa una contestación negativa y el pronombre yo es enfático. Además, Pilato contestó la pregunta de Jesús, indicando que las acusaciones provinieron de los mismos líderes de la nación judía. Parece que él quería ver si la respuesta de Jesús estaría de acuerdo con las acusaciones que había recibido de los judíos. Por eso,

quería saber qué había hecho. La pregunta se expresa con un verbo en el tiempo aoristo: "¿Qué hiciste?". Pilato estaba buscando un hecho concreto por el cual se justificaría el proceso judicial.

Otra vez en el v. 36 Jesús esquiva la pregunta de Pilato y vuelve al tema de su pretensión de ser rey. El deseo de Jesús es el de aclarar para Pilato la naturaleza de su reino y su reinado. Parece que la fuerza del término *reino* es más bien "reinado", como lo es en el Evangelio de Mateo. Nótese que Jesús emplea tres veces el término *Mi reino*; en cada caso es literalmente "el reino el mío" o "el reino que es mío" (ver 8:31). Jesús establece un contraste marcado entre su reino y el del mundo. El suyo no procede de, ni pertenece a, ni es cotérmino con este mundo. Lindars comenta que tampoco se debe pensar del reino de Jesús en el sentido metafísico, sino en términos de relación. Su reino no es uno del mundo de hombres apartados de Dios, sino un reino de hombres en relación con Dios, no secular, sino espiritual. Además, se puede afirmar que su reino no es temporal, no es de este "siglo", ni *de aquí*, sino eterno, del "siglo venidero". Esta definición de su reino explica por qué no emplea un ejército de servidores para defenderse y por qué reprendió a Pedro por usar la espada. Ni en ese momento, ni antes de la resurrección (Hech. 1:6), Pedro había aprendido la naturaleza verdadera del reino de Jesús.

La pregunta de Pilato emplea una partícula griega que sólo se encuentra aquí en el NT. Se ha traducido en tres maneras, en parte debido a la ubicación del acento, y siempre con un tono de desdén. Puede ser

—Tú dices que soy rey. Para esto yo he nacido y para esto he venido al mundo: para dar testimonio a la verdad. Todo aquel que es de la verdad oye mi voz.

38 Le dijo Pilato:

—¿Qué es la verdad?

---

una exclamación o una pregunta anticipando una contestación negativa o positiva. Vincent lo traduce: "¡Así que, después de todo, tú eres rey!". La traducción de la RVA mantiene los signos de interrogación que figura en el texto griego de las Sociedades Bíblicas Unidas.

En la respuesta de Jesús, nótese que el pronombre *Tú* está en una posición enfática, con el sentido de "esa es tu opinión, tu palabra o tu conclusión". Morris piensa que la fuerza de la expresión es algo así: "Yo no dije eso, pero si tú quieres decirlo, no puedo decir que 'no'". Brown opina que es una contestación afirmativa, pero otros consideran que es una negación de ser rey, por lo menos en el sentido en que Pilato todavía lo entiende. Por eso, procede otra vez a aclarar la naturaleza de su reino. En el texto gr. el pronombre yo es enfático e introduce la afirmación: "Yo para esto he nacido...". Establece un contraste entre *tú* en la pregunta de Pilato y *Tú* en la respuesta de Jesús.

Jesús introduce el propósito final de su venida al mundo con *Para esto*. Se debe observar los dos verbos en el tiempo perfecto *he nacido* y *he venido*, los cuales expresan acción en el pasado cuyos resultados continúan. Hay un propósito en su vida, una misión divina, y ese propósito se relaciona con *la verdad*. Estos dos verbos también apuntan a la preexistencia eterna del Hijo de Dios. En otra ocasión Jesús dijo que "para juicio he venido a este mundo" (9:39), pero no hay una contradicción

---

Poncio Pilato

Poncio Pilato fue el quinto procurador romano de Palestina donde sirvió de 26-36 d. de J.C. Se menciona su nombre en el Nuevo Testamento 53 veces. Josefo, en sus Antigüedades, nos da mucha información adicional en cuanto a Pilato. Filón habla de una carta de Agripa I en la cual se habla de Pilato como "inflexible, terco y de disposición cruel". El mismo autor se refiere al servicio de Pilato que se caracterizó por: "banalidad, violencia, robos, asaltos a la gente, conducta abusiva, ejecuciones frecuentes de prisioneros sin previo juicio, ferocidad interminable y salvaje".

En tiempos cuando el emperador romano era proclamado como divino, Josefo informa que Pilato introdujo estandartes con el retrato de Tiberio en Palestina, a pesar de los sentimientos religiosos de los judíos. El pueblo protestó por esta acción y organizaron una marcha hacia Cesarea, su residencia. Se reunieron en el hipódromo donde se podían acomodar hasta veinte mil personas, pero no pudo dar cabida a la multitud que había llegado. Aunque los soldados procuraron intimidarlos, los judíos fueron desafiantes y firmes, hasta que por fin Pilato tuvo que ceder y retirar los estandartes.

Pilato era político y quería ser reconocido como "amigo del César", título dado a altos oficiales que demostraban su lealtad y servicio excepcional al Cesar del día. Los enemigos de Jesús sabían de los puntos débiles de Pilato y se aprovecharon de esto en sus acusaciones contra Jesús, diciendo que si Pilato soltaba a Jesús no era "amigo del César" (19:12-16).

Pilato fue destituido por Roma cuando los samaritanos se quejaron ante Vitelio, el gobernador romano de Siria, por el asesinato de muchas personas que se habían reunido en el monte Gerizim. Pilato asumió erróneamente que estaban en rebelión contra Roma y, sin mayores averiguaciones, ordenó la matanza. Ése fue su último acto de tiranía en Palestina. Aunque Pilato fue llamado a Roma por este acto, el emperador Tiberio murió antes de su llegada, y no se sabe más del ex gobernador; aunque hay varias leyendas en cuanto a su vida y muerte. Algunos han pensado que posiblemente se suicidó, pero no hay ninguna prueba de esto.

Para los cristianos, la condenación de Jesús parece ser la equivocación más grande de Pilato. El Nuevo Testamento lo presenta condenando a Jesús con renuencia.

entre las dos declaraciones, pues la verdad establece la base para el juicio. También, en 5:33 Jesús dice que Juan vino para dar testimonio de la verdad. Plummer insiste que hay una diferencia entre "dar testimonio de la verdad", es decir, respecto de la verdad (ver 1:7, 15; 2:25; 5:31-39; 8:13-18), y *dar testimonio a la verdad*, es decir, en apoyo y defensa de la verdad (ver 5:33). La *verdad* no es un concepto abstracto, como contrario a lo falso, sino la revelación de la realidad última que es Dios mismo. Se relaciona estrechamente con la persona de Jesús (ver 14:6), por ser él la manifestación perfecta y suprema de Dios. Jesús afirma que *Todo aquel que es de la verdad*, es decir, todo el que procede de la verdad, que nace espiritualmente de acuerdo con la verdad y camina

en la verdad *oye mi voz*. Este es el sentido de la preposición gr. que se traduce *de*; comunica la idea de origen o fuente.

Otra vez la interpretación de la pregunta del v. 38 depende del tono con que Pilato la expresó. Falta el artículo particular ante el término *verdad*; debe ser "¿Qué cosa es verdad?". En cambio Jesús habla de "la verdad". Pilato no pregunta acerca de "la verdad", sino de "verdad" en general. Godet lo interpreta así: "La exclamación de Pilato no es la expresión de uno con sed ardiente por la verdad, ni de un alma desesperada que desde hace tiempo la busca en vano; es la profesión de un escepticismo frívolo, tal como frecuentemente se encuentra en el hombre del mundo, y especialmente en el político". Pilato hizo una excelente pregunta, una que hubiera cambiado su vida para

AUTORIDADES SOBRE PALESTINA EN ÉPOCA DE JESÚS

Emperadores	Autoridades judías	Autoridades romanas
27 a. de J.C.—14 d. de J.C. César Augusto	40-4 a. de J.C. Herodes el Grande (Rey de Judea)	
14-37 d. de J.C. Tiberio	4 a. de J.C.-6 d. de J.C. Arquelao (Etnarca de Judea)	15-26 d. de J.C. Valerio Grato
	4 d. de J.C.-39 d. de J.C. Herodes Antipas (Tetrarca de Galilea)	26-36 d. de J.C. Poncio Pilato (Procurador romano)
	4 a. de J.C.-34 d. de J.C. Herodes Felipe (Tetrarca de Iturea)	

Pilato entrega a Jesús*

Habiendo dicho esto, salió de nuevo a los

judíos y les dijo:

—Yo no hallo ningún delito* en él. **39** Pero vosotros tenéis la costumbre de que os suelte

*18:38t Comp. Mat. 27:15-31; Mar. 15:6-20; Luc. 23:13-25
*18:38 O sea, *delito digno de muerte*

---

siempre, si tan solamente hubiera esperado una contestación de aquél que era la
verdad eterna, capacitado como ningún
otro para introducirlo a la verdad.

Otra vez en el v. 38b se cambia el escenario al pórtico que miraba al patio del
Pretorio, con el fin de dirigirse a los judíos
que estaban insistiendo en la muerte de
Jesús. El pronombre *Yo* es muy enfático,
contrastando el veredicto de Pilato con el
de los judíos. Literalmente dice: "Yo ninguna causa encuentro en él". El término traducido *delito* es base legal para acusar a
una persona. Con este veredicto de parte
de Pilato, declarado públicamente, tendría
que cerrarse el caso y todos tendrían que
ir a casa. Este es el primero de tres fallos
de inocencia que Pilato le había dado a
Jesús. Pero la inocencia de Jesús, declara-
da por Pilato, contemplaba solamente el
aspecto civil y político y quizás el hecho de
que Jesús no resistió el arresto. Los judíos,
en cambio, le acusaban de "delitos" religiosos.

Según A. T. Robertson, en este momen-

to Pilato envió a Jesús a Herodes Antipas,
el tetrarca. Este le hizo algunas preguntas,
las cuales Jesús no contestó. Herodes se
burló de Jesús, y pronto lo devolvió a
Pilato, acto que forjó una amistad entre
los dos gobernantes (ver Luc. 23:6-12).

No hay evidencia fuera de los Evangelios
de la costumbre descrita en el v. 39.
Plummer sugiere que quizá sería una práctica en memoria del éxodo de Egipto.
También se sabe que a veces se libraban
ciertos presos durante las fiestas en Roma.
Quizás era una costumbre establecida o
aprobada por Pilato para congraciarse con
el pueblo. Sabiendo que su fallo no iba a
satisfacer las demandas de las autoridades
judías, Pilato ofrece una salida. Al darse
cuenta de que los judíos no aceptarían su
fallo de inocencia, lo consideraría culpable
y pregunta si deseaban la liberación como
un gesto de buena voluntad. Nótese que
Pilato se refiere a Jesús como el *rey de los
judíos*. Hay distintas opiniones en cuanto al
propósito de Pilato en usar este título.
Algunos piensan que Pilato lo usa en senti-

La torre Antonia
(18:28)

La torre de Antonia, llamada también la Fortaleza Antonia fue edificada por Herodes el Grande para proteger el templo, su obra magna. Su nombre refleja la gran amistad que existió entre Herodes y Marco Antonio, su superior y amigo desde el tiempo cuando los dos sirvieron juntos entre los militares romanos.

La torre fue edificada sobre un peñasco que subía unos 22,5 m desde el valle. Los muros de la torre tenían unos 9 m de altura. Tres de sus cuatro torres subían a unos 22,5 m, y la cuarta, que estaba al lado del templo, subía a unos 30 m. Evidentemente, la torre Antonia es una prueba espectacular de la magnificencia de las construcciones de Herodes. El edificio tenía 147 m de largo por 78 de ancho; sirvió como pretorio, para la residencia del gobernador, y como cuartel para los soldados romanos. Probablemente, tenía en medio un patio donde estaba el tribunal (la bema), el lugar donde Pilato se sentaba para dar su juicio.

Aunque Tito destruyó la torre juntamente con el templo, en el 70 d. de J.C., todavía se pueden ver las ruinas de la torre y algunas de la grandes piedras usadas en su construcción en el patio de la iglesia de las Hermanas de Sion, en Jerusalén.

un preso en la Pascua. ¿Queréis, pues, que os suelte al rey de los judíos?

40 Entonces todos gritaron de nuevo diciendo:

—¡No a éste, sino a Barrabás!

Y Barrabás era un asaltante.

19 Entonces Pilato tomó a Jesús y le azotó. **2** Los soldados entretejieron una corona de espinas y se la pusieron sobre la cabeza. Le vistieron con un manto de púrpura, **3** y venían hacia él* y le decían:

—¡Viva el rey de los judíos!

---

*19:3 Algunos mss. tardíos no incluyen *y venían hacia él.*

---

do sarcástico, pero esto no concuerda con su intento de librarlo. Brown dice que otros han pensado que Pilato utiliza este título como un llamado al sentimiento nacionalista de la multitud, a la que le interesaban los revolucionarios como Barrabás. Pero Juan está preparando el "terreno" para mostrar luego que los judíos finalmente optaron por la libertad de un criminal en lugar del Mesías de Dios.

Aparece en el v. 40 lo que se llama una "nota trágica" como se ha visto en varios lugares en este Evangelio (p. ej., 1:11). La referencia a *todos* aquí tendría en mente más bien las autoridades judías, pero en Mateo (27:20), Marcos (15:11) y Lucas (23:18) parece que es una multitud incitada por los líderes religiosos. En el relato de Mateo (27:17) es Pilato el que menciona primero el nombre de Barrabás, mientras que los otros Evangelios indican que serían los judíos los que primero sugieren el nombre de Barrabás en lugar de Jesús. El prefijo en el nombre Barrabás significa "hijo", y el nombre completo "hijo de rabbán", o "hijo de nuestro maestro".

La multitud tenía una opción entre Barrabás y Jesús. Para enfatizar lo trágico de la decisión de la multitud, Juan agrega que *Barrabás era un asaltante.* Brown comenta que el término traducido *asaltante* significa un simple ladrón o salteador de caminos, distinto del ratero que confía más en la astucia que en la violencia. Josefo empleaba el término para referirse a los revolucionarios o guerrilleros que participaron en las insurrecciones. Por ejemplo, en Marcos (15:7) se nos dice que se hallaba preso por ser uno de los que habían cometido homicidio durante una

insurrección (ver Luc. 23:19). El hecho de pedir la liberación de Barrabás, sabiendo su fama de violencia, indicaría que lo consideraban un héroe y que su "crimen" fue un gesto de patriotismo más bien que un delito común. Se asume que Pilato cumplió con su propuesta y liberó a Barrabás, aunque no hay evidencia explícita al respecto. Culpepper dice que así liberta a uno culpable del crimen del cual Jesús fue acusado (ver Luc. 23:2).

(3) Pilato presenta a Jesús ante la multitud, 19:1-6a. El comienzo de un nuevo capítulo no siempre indica un cambio de tema, sino el intento de dividir el Evangelio en secciones manejables. Este capítulo continúa y concluye el tema del anterior como se ve en un adverbio temporal que significa "entonces" o "en ese tiempo", y la conjunción continuativa que también se traduce "entonces", con los cuales se inicia el capítulo. En estos versículos se registra el evento culminante del ministerio de Jesús, su condenación, crucifixión y muerte, dejando los dos últimos capítulos para relatar la resurrección y apariciones posteriores.

En este capítulo veremos otros intentos de Pilato de librar a Jesús, declarándole inocente dos veces más, pero finalmente cediendo a la presión de los líderes judíos y entregándole para ser crucificado. Juan relata el azote de Jesús, pero no menciona específicamente el motivo que Pilato tuvo en hacerlo. Quizás fue con el fin de apelar a la simpatía humana de los judíos que, al ver a un hombre sangrando y sufriendo, quedarían satisfechos.

Uno de los problemas que surge en este capítulo es la cronología de eventos. Juan

Y le daban de bofetadas. **4** Pilato salió otra vez y les dijo:

—He aquí, os lo traigo fuera, para que sepáis que no hallo ningún delito* en él.

---

*19:4 O sea, *delito digno de muerte*

---

ubica el azote de Jesús antes de la sentencia de muerte, mientras que Mateo (27:26) y Marcos (15:15) aparentemente la ubican después como parte normal de la preparación para la crucifixión. Parece que Lucas (23:16, 22) está de acuerdo con Juan. Morris comenta que no es probable que haya sido azotado dos veces. Lenski observa que es Juan quien nos informa que Jesús no fue azotado como preparación para la crucifixión, sino que representa el intento de Pilato de librarlo de la demanda de los judíos de que fuera crucificado. La cronología de Juan parece representar correctamente la secuencia de eventos.

Es obvio que Pilato no azotó a Jesús personalmente, sino que mandó a sus siervos a hacerlo. El azote se aplicaba a los que estaban condenados a la muerte, inmediatamente antes de la crucifixión. Vincent dice que en este caso fue aplicado ilegalmente con el propósito de satisfacer a los judíos (Luc. 23:22). Era un castigo terrible. Se ataba al condenado a una estaca y le azotaban con varas o, en el caso de esclavos, con un látigo hecho de tiras de cuero con pedazos cortantes de plomo en las puntas. Jesús sufrió tanto en este castigo que no podía cargar su cruz. Quizás murió rápido en la cruz debido en parte a lo mismo. A veces el castigo era tan severo que los condenados morían antes de ser crucificados; inclusive se describen casos en que los huesos y aun sus órganos vitales quedaban expuestos.

En una manera increíblemente cruda y cruel, los soldados se entretenían, burlándose del Hijo de Dios (v. 2). Aparentemente, esto tuvo lugar dentro del Pretorio (ver v. 4) aunque Juan no menciona el regreso después del clamor de los judíos para la liberación de Barrabás (18:40). Es casi seguro que ellos oyeron las palabras

de Pilato refiriéndose a Jesús como el "rey de los judíos" (18:39), y aprovechan este título como motivo de burla. No se sabe de qué planta obtuvieron las ramas con espinas para entretejer la corona. Del término griego que se traduce *corona* (*stefanos4735*) proviene el nombre "Esteban" y se refiere a una corona de victoria en vez de una corona real (*diadema1238*). No se sabe si los soldados le pusieron la corona como instrumento de tortura, o si tenía el significado de victoria, como burla de uno vencido, o si los soldados se burlaban de sus pretensiones de ser "rey". El hecho de vestirle *con un manto de púrpura*, color real, indicaría la intención de burlarse de él por pretender ser rey. Si es así, probablemente ambos actos se hicieron como burla de sus pretensiones reales.

La descripción del v. 3 es vívida, con tres verbos en el tiempo imperfecto, indicando acción continua o repetida: "estaban viniendo", "estaban diciendo" y "estaban dándole". El término ¡*Viva...!* es un verbo en el tiempo presente, modo imperativo, segunda persona. Significa "sé gozoso", "regocíjate", "salud" y se usaba como una salutación. Mateo y Marcos describen el acto burlón en que los soldados se arrodillaron ante él y escupieron sobre él. El término *bofetadas* es el mismo que se emplea en 18:22. Este trato humillante viene a ser una parte de lo que Pablo describe al decir "se humilló a sí mismo, haciéndose obediente hasta la muerte..." (Fil. 2:8). En todo este proceso, no hay evidencia de que Jesús se haya quejado, ni resistido. Muchos siglos antes el profeta lo describe así: "Como un cordero, fue llevado al matadero; y como una oveja que enmudece delante de sus esquiladores, tampoco él abrió su boca" (Isa. 53:7).

En el v. 4 se cambia el escenario. Esta es la tercera vez (vv. 4-7) que Pilato sale al

5 Entonces Jesús salió llevando la corona de espinas y el manto de púrpura. Y Pilato les dijo:

—¡He aquí el hombre!

6 Cuando le vieron los principales sacerdotes y los guardias, gritaron diciendo:

—¡Crucifícale! ¡Crucifícale!

Les dijo Pilato:

—Tomadlo vosotros y crucificadle, porque yo no hallo ningún delito* en él.

7 Los judíos le respondieron:

—Nosotros tenemos una ley, y según nues-

19:6 O sea, *delito digno de muerte*

---

pórtico para dirigirse a los judíos que estaban esperando afuera. Parece que Pilato salió primero y avisó a la multitud de su propósito de traer a Jesús afuera y, a la vez, anunció su veredicto. En la ocasión anterior (ver 18:38-40) Pilato dejó a Jesús adentro cuando salió y lo declaró inocente, pero esta vez propone traerlo afuera. Aquí, pues, tenemos la segunda vez que el procurador romano declara la inocencia de Jesús, como si dijera: "No hallo ninguna causa en él que merezca el juicio".

El aspecto de Jesús, al salir del recinto al pórtico (v. 5), debe haber sido lastimoso. El significado de la exclamación de Pilato *¡He aquí el hombre!* ha sido interpretado en varias maneras. Beasley-Murray, siguiendo la opinión de Bultmann, sugiere que el intento de Pilato era el de demostrar lo inofensivo y lo ridículo de Jesús, con la esperanza de satisfacer las demandas de los judíos sin crucificarlo. En esta línea de pensamiento, Brown agregaría una pregunta que acompaña la exclamación: "¿Quién tomaría en serio a semejante persona?". Morris cita a Abbott, quien opina que el sentido de la exclamación es "mirad este pobre hombre", con un tono despectivo. Plummer cree que la expresión conlleva lástima y no desprecio. En cambio, Lohse entiende que Pilato habría estado tan impresionado con Jesús que su intención en la exclamación es: "Aquí hay todo un hombre". No falta quien piense que la expresión se refiere a la descripción del "Siervo sufriente" de Isaías 53. Otros creen que significa meramente: "Aquí está el acusado".

Si hemos interpretado correctamente el intento de Pilato de evitar la crucifixión de Jesús por azotarlo y humillarlo, ciertamente fue sorprendido y frustrado. Juan tiene el cuidado de aclarar que son los líderes religiosos (v. 6) los que tienen "sed de sangre". La gritería habrá sido impresionante. La presencia de Jesús, en vez de despertar lástima entre los líderes, "los volvió locos", ¡un fanatismo descontrolado! El verbo traducido gritaron está en el tiempo aoristo ingresivo, indicando acción comienza. Los verbos *¡Crucifícale! ¡Crucifícale!* son imperativos de mando. Los líderes estaban ordenando al procurador romano realizar algo que él persistentemente procuró evitar. No hay un objeto directo del verbo, sólo "¡Crucifica! ¡Crucifica!".

(4) La decisión final de Pilato, 19:6b-16a. Esta sección describe el último intento de Pilato de librar a Jesús. Convencido de que Jesús era inocente, Pilato lo lleva adentro otra vez para ahondar en la interrogación, esperando descubrir algo que serviría para soltarle. Los líderes judíos, con gran astucia, jugaron su última "carta" y arrancaron de Pilato la decisión que buscaban.

Los dos verbos *Tomadlo* y *crucificadle* (v. 6b) son imperativos en el tiempo aoristo, indicando una acción inmediata. En la respuesta de Pilato uno debe captar el disgusto, el enojo, la paciencia ya perdida en los dos verbos mencionados. Él sabía, y ellos también, que no tenían el derecho de llevar a cabo la crucifixión sin la anuencia del procurador. Siendo así, sus palabras son más bien un vituperio insultante. Nótese el contraste marcado entre los pronombres *vosotros* y *yo*, dos veredictos opuestos.

tra ley él debe morir, porque se hizo a sí
mismo Hijo de Dios.

8 Cuando Pilato oyó esta palabra, tuvo aun

más miedo. **9** Entró en el Pretorio otra vez y
dijo a Jesús:

—¿De dónde eres tú?

Esta es la tercera y última vez que Pilato
declara la inocencia de Jesús, en todos los
casos con las mismas palabras.

El pronombre posesivo *nuestra* (v. 7) no
está en los mejores textos gr., pero se
implica. Estaban refiriéndose a la ley mencionada en Levítico 24:16, pero allí se
aclara que el método de muerte sería el
apedreamiento. Por primera vez los judíos
presentan la causa principal por la cual
acusaban a Jesús. No mencionaron esta
causa de entrada porque sabían que, siendo un motivo religioso, Pilato no tendría
interés en tratarlo; sin embargo, siendo
procurador romano, él estaba obligado a
respetar las leyes del país ocupado por los
romanos. Este fue su dilema: mantenerse
firme en su veredicto o ceder a las demandas de los judíos.

El pronombre *Nosotros* es enfático, indicando la importancia del caso para ellos a
pesar de que no sería de interés para los
romanos. La esencia de la causa por la cual
acusaban a Jesús y deseaban su muerte

El amor es...

lento para sospechar,
  pero pronto para confiar.
lento para condenar,
  pero pronto para justificar.
lento para ofender,
  pero pronto para defender.
lento para exponer,
  pero pronto para proteger.
lento para reprender,
  pero pronto para soportar.
lento para despreciar,
  pero pronto para apreciar.
lento para demandar,
  pero pronto para dar.
lento para provocar,
  pero pronto para ayudar.
lento para resentirse,
  pero pronto para perdonar.

Autor anónimo

---

era, en una palabra, "blasfemia". Jesús se
había presentado como el Hijo de Dios,
haciéndose igual a Dios (ver 5:18; 8:53;
10:33-36). Beasley-Murray comenta que
"su pretensión mesiánica era muy seria
para los judíos, pero el afirmar ser el Hijo
de Dios, con los roles acompañantes de
redentor y revelador, era intolerable.

Plummer comenta que ellos contestaron
la apelación de Pilato a su compasión por
una apelación a sus temores. El término
palabra (*logos*[3056]) usado en el v. 8, aparentemente abarca más que lo dicho en el
versículo anterior. Probablemente incluye
la inquietud de su propia conciencia basado
en lo que ya había oído de Jesús y también
el sueño de su esposa (ver Mat. 27:19). A
medida que los juicios se adelantaban, su
miedo seguía intensificándose. La expresión *aún más miedo*, según Brown,
Beasley-Murray, la RVA y otros indica que
había tenido miedo antes, pero ahora había aumentado más. Sin embargo, Lindars,
Vincent y otros opinan que esa expresión
no es comparativa sino superlativa: "Tuvo
gran temor". Probablemente los judíos
pensaban que Pilato se enojaría, pero el
miedo que manifestó les habría tomado de
sorpresa.

La entrada al *Pretorio* (v. 9) es la tercera
y última en el desarrollo de los juicios ante
Pilato (ver 18:33-37; 19:1-3; 8-11). Las
palabras de los judíos acusando a Jesús de
pretender ser "el Hijo de Dios" resonaban
en la mente de Pilato. Estaría pensando:
"¿Cómo es posible que este hombre sea el
Hijo de Dios?". La pregunta *¿De dónde
eres tú?* quizás esté relacionada con ese
título de divinidad. Pilato quería saber si
realmente era del cielo o de la tierra, un
ser celestial o un ser mortal. Llama la
atención el hecho de que Pilato haya usado
el pronombre personal enfático *tú*; algunos consideran que expresa cierto grado
de desdén. La indisposición de Jesús de

Pero Jesús no le dio respuesta. **10** Entonces le dijo Pilato:

—¿A mí no me hablas? ¿No sabes que tengo autoridad para soltarte y tengo autoridad para crucificarte?

11 Respondió Jesús:

—No tendrías ninguna autoridad contra mí, si no te fuera dada de arriba. Por esto, el que me entregó a ti tiene mayor pecado.

12 Desde entonces Pilato procuraba soltarle.

---

contestar al representante oficial del poderoso imperio romano es sorprendente y seguramente cayó mal a Pilato. Hay varias posibles interpretaciones del silencio de Jesús. Quizás pensaba que la pregunta era fuera de lugar, o que Pilato nunca entendería su contestación, o que sentía que ya le había dado la contestación (ver 18:37). Nótese que Jesús guardó silencio en otros momentos durante los juicios (ver Mat. 26:63; 27:14; Mar. 14:60 s.; 15:5; Luc. 23:9). Todavía otros opinan que es el cumplimiento de la profecía de Isaías 53:7.

Nótese el énfasis que recae sobre el pronombre *me* en las palabras de Pilato en el v. 10. Beasley-Murray comenta que el miedo que Pilato sentía ahora se cambia en molestia. ¿Cómo se atreve un judío a negarse a contestar sus preguntas? Casi se puede palpar la tensión del momento. La confrontación entre los dos representantes de absoluta autoridad llega a su momento más dramático. Pilato se sentía respaldado por el poderoso imperio romano y Jesús por la absoluta autoridad celestial. El término griego (*exousia*[1849]), traducido *autoridad* (ver 1:12; 5:27; 10:18; 17:2), es una palabra compuesta que significa literalmente "fuera del ser". Conlleva el sentido de "habilidad", "derecho", "libertad" y "dominio". Aquí se refiere a su autoridad absoluta, siendo él procurador romano, para decidir el destino de un judío acusado de crímenes; por lo tanto, sería una locura provocarle si es que Jesús deseara contar con su apoyo.

Los términos *No tendrías ninguna* (v. 11) son muy enfáticos. Este versículo presenta las últimas palabras de Jesús a Pilato. Jesús no contestó la pregunta de Pilato en cuanto a su procedencia (v. 9), pero no demora en corregir su concepto de autoridad. La de Pilato, sin que él lo reconociera,

era una autoridad *dada de arriba*, o sea de Dios (ver 3:27, 31). Desde el tiempo de Agustín se ha considerado que esta afirmación de Jesús se refiere a la relación general entre el estado civil y Dios, es decir, toda autoridad civil procede de Dios en la manera que Pablo lo enseñaba en Romanos 13:1-7. Culpepper, Plummer, Morris y otros siguen esta línea de interpretación. En cambio, Beasley-Murray, Bultmann y otros opinan que esta referencia a la autoridad *de arriba* se relaciona específicamente a esta situación del juicio de Jesús.

La expresión *el que me entregó* se ha interpretado en por lo menos tres maneras. De entrada, uno piensa que se refiere a Judas porque el mismo verbo se usa varias veces en relación a lo que él hizo (ver 6:64, 71; 12:4; 13:2, 11, 21; 18:2, 5). Beasley-Murray observa que después de guiar a los soldados y guardias al huerto para arrestar a Jesús (18:3), Judas desaparece del relato de Juan. Luego, fueron los líderes judíos quienes entregaron a Jesús en el corte de Pilato (18:28) y por eso Bultmann, Lindars y otros opinan que Jesús aquí se refiere a ellos colectivamente. Pero, considerando que la expresión *el que me entregó* se refiere más naturalmente a un individuo, muchos opinan que Jesús tiene en mente a Caifás. Fue él, más que cualquier otro, quien como sumo sacerdote, le entregó a Pilato e insistió en la pena capital (ver 11:49-53). Caifás tendría *mayor pecado* que Pilato, por dos razones: había tenido más oportunidad de conocer la naturaleza verdadera de Jesús y había insistido en la muerte de Jesús, cuando Pilato quería soltarlo.

Por última vez el escenario se cambia y Pilato se enfrenta con la multitud que

Pero los judíos gritaron diciendo:

—Si sueltas a éste, no eres amigo del César. Todo aquel que se hace rey se opone al César. **13** Cuando Pilato oyó estas palabras, llevó a

Jesús afuera y se sentó en el tribunal, en el lugar llamado El Enlosado, y en hebreo Gabata. **14** Era el día de la Preparación de la Pascua, y como la hora sexta*. Entonces dijo a los judíos:

---

*18:14 O sea, *como a las 12:00 horas de mediodía* (si es según el sistema de tiempo judío); o, *como a las 6:00 a.m.* (si es según el sistema romano)

---

esperaba afuera (vv. 12-16). Evidentemente Pilato fue impresionado por el intercambio con Jesús, especialmente lo que había dicho sobre la procedencia de autoridad. La expresión *Desde entonces* es literalmente "desde esto" (ver 6:66), y se refiere a lo que Jesús recién había dicho. Parece que, habiendo intentado *soltarle* por maneras indirectas, ahora lo hacía en una forma más directa. El verbo *procuraba*, en el tiempo imperfecto, indica varios intentos, pero Juan no nos informa cuáles eran las tácticas que empleó.

Cuando las razones no convencen, la gritería a todo pulmón se emplea para infundir temor (ver v. 6; 18:40). Con gran astucia los judíos ahora juegan su "naipe de triunfo". Tiberio César (14-37 d. de J.C.) sospechaba de sus subordinados y cualquier acusación de deslealtad era tratada con severidad. Los judíos estaban insinuando que si *sueltas a éste, no eres amigo del César*, y ellos no tendrían ningún reparo en mandar un informe al emperador acusando a Pilato de soltar a un revolucionario que pretendía ser rey. Sería un caso de alta traición y sin duda resultaría en su muerte. Plummer describe la relación precaria que ya existía entre Pilato y César y de ninguna manera aquél podría permitir una acusación de esta naturaleza. Como si Pilato no entendiera el alcance de la advertencia, ellos la hacen más específica al decir *Todo aquel que se hace rey se opone al César*.

Algunos opinan que *amigo del César*, siendo un título oficial para los representantes imperiales, se usa en este sentido aquí, pero otros niegan ese significado en este pasaje. En todo caso, es irónico y parece increíble que los judíos, líderes de

un pueblo sometido, pudieran amenazar en esta forma al representante del imperio romano. Ahora el enfoque de la atención se cambia de la culpabilidad de Jesús a las consecuencias para Pilato si no accede a las demandas de ellos.

La descripción del acontecimiento en gran detalle (v. 13) refleja otra vez la mano de un testigo ocular. Cuando Pilato salió para hablar con los judíos, según el versículo 12, no llevó a Jesús consigo. Después de las amenazas insinuadas, Pilato decidió el curso a tomar y mandó traer a Jesús afuera. El verbo traducido *se sentó* es ambiguo y se puede traducir en dos maneras, transitivo o intransitivo. Si es transitivo significa que Pilato sentó a Jesús en el tribunal, continuando así la burla practicada por los soldados (v. 3). Varios comentaristas siguen esta línea de interpretación. Sin embargo, muchos otros entienden que el verbo es intransitivo. Es decir, fue Pilato mismo quien ocupó el tribunal. Jesús estaría parado en frente, esperando la sentencia oficial de Pilato. El momento para la burla ya pasó y todo se vuelve serio. ¡Una vida inocente está en juego!

El término traducido *El Enlosado* puede referirse a un pavimento de piedra o losas. El término *Gabata* significa un "lugar elevado" y se traduce "la colina de la casa", es decir, el montículo o terraplén sobre el cual estaba construido el templo. El término *El Enlosado* no es la traducción de *Gabata*, pues tiene un significado distinto, pero aparentemente los dos se refieren al mismo lugar.

La expresión *día de la Preparación* (v. 14) o "víspera", aparece en los cuatro Evangelios y, según la tradición, es el día en que murió Jesús. Josefo dice que este

—He aquí vuestro rey.   —¡Fuera! ¡Fuera! ¡Crucifícale!
15 Pero ellos gritaron diciendo: Pilato les dijo:

---

término podía aplicarse al viernes, día anterior al sábado y así lo entendieron los Sinópticos. Brown acota que, para Juan (ver 13:1, 29; 18:28; 19:14, 31), no es sólo el día que precede al sábado, sino también la víspera de la Pascua. Los cuatro Evangelios están de acuerdo en que la crucifixión tuvo lugar durante el día viernes, pero no están de acuerdo en cuanto al día del mes, o sea, si fue crucificado en el día 14 ó 15 de Nisán. Los días de Nisán dependían de la luna nueva y no siempre caían en el mismo día de la semana. Según la costumbre, el cordero pascual era matado en la tarde del día 14 de Nisán y, después de ponerse el sol, al comienzo del 15 de Nisán, se comía la cena pascual y comenzaba la fiesta que duraba siete días. Robertson acota que si esa cena fue anticipada un día, según Juan, Jesús fue crucificado a la hora de ser muerto el cordero pascual, o sea, fue crucificado el 14 de Nisán. Siguiendo esta cronología es claro que Jesús y sus discípulos no comieron la cena pascual.

Plummer, en una nota extendida sobre el tema, concluye que "es de los Sinópticos que se deriva la impresión de que la última cena era la cena pascual (ver Mat. 26:2, 17-19; Mar. 14:14-16; Luc. 22:7, 11, 13, 15). Sea lo que sea el método de explicación que se adopte, es la impresión de los Sinópticos la que debe ser modificada, no la derivada de Juan". Una razón para esta conclusión es que Juan es el único discípulo que estuvo cerca a Jesús durante los juicios y al pie de la cruz. Robertson, Plummer y muchos otros han ofrecido distintos métodos para reconciliar esta aparente contradicción entre Juan y los Sinópticos, pero el límite de espacio no permite aquí más elaboración sobre el tema.

El significado de la expresión *como la hora sexta* también se discute; inclusive hay variantes en los mss., indicando distintas horas. La interpretación tradicional es que se refiere a una hora aproximada a la salida del sol. Brown ofrece un largo comentario sobre este asunto, concluyendo que se refiere al mediodía, argumentando que no es razonable pensar que todos los eventos de los juicios hubieran pasado antes de las seis de la mañana. Vincent comenta que el método judío para marcar las horas comenzaba a la salida del sol, pero los romanos las marcaban a partir de la medianoche. Así, el método tradicional se basa en el sistema romano, mientras que otros comentaristas se basan en el judío.

Como el título en la cruz, la expresión *He aquí vuestro rey* fue pronunciada en tono irónico, quizás aun insultante. Quizás Pilato quiso decir que este hombre, azotado, sangrando y vestido en ropas reales, sería el tipo de rey que los judíos merecían. La ironía de Pilato se ve en que es evidente que no lo consideraba rey en ningún sentido práctico, o razonable. Morris sugiere que él usaba los mismos términos de la acusación en un último esfuerzo por lograr que los judíos dejaran de insistir en la crucifixión. Por otro lado, Juan quiere que veamos a Jesús como rey a pesar de que pronto sería crucificado.

Si Pilato todavía abrigaba esperanzas de apaciguar al motín con sus indirectas y afirmaciones de inocencia, demasiado pronto esas esperanzas serían abolidas. Como un verdadero motín en frenesí, pedían la sangre de Jesús y nada ni nadie los detendría de esa demanda. El verbo traducido *gritaron* (v. 15) está en el tiempo aoristo, indicando un solo grito ensordecedor, aunque seguramente continuaban la gritería por un tiempo. Beasley-Murray lo describe como "una expresión furiosa de revulsión contra Jesús". El grito *¡Fuera! ¡Fuera!* traduce un verbo que significa "levantar", "llevar afuera", "remover" o aun "matar".

—¿He de crucificar a vuestro rey?
Respondieron los principales sacerdotes:
—¡No tenemos más rey que el César!
16 Y con esto entonces lo entregó a ellos
para que fuese crucificado.

La crucifixión de Jesús*

Tomaron pues a Jesús*, **17** y él salió llevando su cruz hacia el lugar que se llama de la Calavera, y en hebreo Gólgota. **18** Allí le crucificaron, y con él a otros dos, uno a cada lado, y

---

*19:16t Comp. Mat. 27:31-44; Mar. 15:21-32; Luc. 23:26-43
*19:16 Algunos mss. antiguos añaden *y le llevaron.*

En la pregunta de Pilato, el título *vuestro rey* es enfático. Él no quería dejar que ellos se olvidaran de ese título que Jesús aceptaba, pero que ellos rechazaban. La exclamación que salió de los sumos sacerdotes *¡No tenemos más rey que el César!* es a la vez irónica y llena de hipocresía. Los líderes del pueblo escogido de Dios, los que pretendían prestar lealtad sólo a Dios y que sólo Dios era su rey (ver Jue. 8:23; 1 Sam. 8:7), ahora declaran su única lealtad a un rey terrenal. Morris comenta que ellos al fin expresan la pura verdad. Mostraron en sus vidas que no daban homenaje a Dios. Plummer agrega que lo más bajo de la degradación se reserva para *los principales sacerdotes.* Los mismos órganos oficiales de la teocracia proclaman que ellos habían abandonado la fe por la cual la nación había vivido.

Juan termina esta parte del relato con el v. 16. Lucas dice que "entregó a Jesús a la voluntad de ellos" (23:25). Brown opina que el hecho de entregarle a ellos constituye en sí la sentencia de muerte. Pilato había llegado al fin de su "soga". Había utilizado todos los argumentos a su disposición para evitar lo inevitable. No podría saber que el desarrollo de los eventos estaba dentro de los planes de Dios y que, al entregar a Jesús para ser crucificado, estaba participando en el propósito para lo cual Jesús vino al mundo. En ninguno de los Evangelios se dice explícitamente que Pilato sentenció a Jesús a la muerte, sino sólo que *lo entregó a ellos*, refiriéndose a los sumos sacerdotes. Pero fueron los soldados romanos los que realizaron en sí el acto de la crucifixión. De todos modos, sin importar quiénes clavaron a Jesús en la cruz, aquí él fue entregado a "los judíos" que lo habían perseguido durante todo su ministerio y que finalmente lograron el permiso de Pilato para crucificarlo. ¡Su sangre estaría sobre sus manos!

4. La crucifixión de Jesús, 19:16b-42

El texto griego de las Sociedades Bíblicas Unidas sigue la división tradicional de los versículos, lo que resulta en el v. 16 terminando un ciclo de eventos y comenzando otro. Comparando el relato de Juan de la crucifixión con el de los Sinópticos, descubrimos la similitud de unos cuantos detalles, pero que también ambos contribuyen datos particulares al cuadro total. Veremos en esta sección el aporte valioso y particular de Juan, completando lo que falta en los Sinópticos. Por ejemplo, Juan nos informa que Jesús cargaba la cruz en la primera parte del viaje al Gólgota, describe el título en tres idiomas que fue puesto sobre la cruz de Jesús y el desafío de los judíos por los términos en el título, anota tres de las siete palabras de Jesús pronunciadas desde la cruz, registra la herida en el costado por la lanza y la participación de Nicodemo en el entierro. Beasley-Murray comenta que el tema dominante en el relato de Juan es aquel que domina su narración del arresto y los juicios de Jesús, es decir, su rol como el rey. Las anticipaciones en el Evangelio de que Jesús sería "levantado" se cumplen aquí, de modo que la crucifixión se ve como su entronización.

(1) Jesús colgado en la cruz, 19:16b-22.

En esta sección Juan describe la cruci-

Jesús estaba en medio. **19** Pilato escribió y puso sobre la cruz un letrero en el cual fue escrito: JESÚS DE NAZARET, REY DE LOS

JUDÍOS. **20** Entonces muchos de los judíos leyeron este letrero, porque el lugar donde Jesús fue crucificado estaba cerca de la ciudad,

---

fixión, la inscripción que Pilato mandó colocar sobre la cruz y la reacción de los sumos sacerdotes.

Juan no aclara quienes fueron los que *tomaron... a Jesús*. El antecedente indicaría que se refiere a los sumos sacerdotes (v. 16a); sin embargo, se cree que los soldados fueron los que lo *tomaron*, o si no, los judíos no demoraron en entregárselo a los soldados para llevar a cabo la crucifixión. El verbo traducido *Tomaron* significa "recibir de la mano de otro" lo que éste ofrece.

El orden del texto griego del v. 17 establece cierto énfasis sobre la acción de cargar la cruz: "Y cargando para sí mismo la cruz...". Esta traducción también exhibe el pronombre reflexivo, de caso dativo, indicando que Jesús cargó "para sí la cruz". Era la costumbre que el condenado llevara la cruz, o parte de ella, sobre la cual sería colgado. Algunos ven en esta acción un paralelo con Isaac, quien llevó la leña para el sacrificio (ver Gén. 22:6). Aparentemente Jesús no pudo llevar la cruz hasta la Calavera por causa del desgaste físico que había sufrido y, en el camino, Simón de Cirene fue reclutado para llevarla el resto del camino (ver Mar. 15:21).

El lugar donde se realizaban las ejecuciones públicas *se llama de la Calavera, y en hebreo Gólgota*. Este lugar estaba ubicado en una colina al norte de la ciudad, a unos 200 m del muro de Agripa y fuera del portón exterior (ver Heb. 13:12). Estaba cerca a la ciudad, y en una elevación, de modo que todos pudieran ver la consecuencia de crímenes contra el gobierno romano. La forma de la colina tenía la apariencia de una calavera (*kranion*[2898]); el equivalente en hebreo era *Gólgota*.

La gran sorpresa es que ni Juan ni los Sinópticos dan detalles de la crucifixión en sí. Sólo en el v. 18 se registra el increíble-

mente cruel acto en sí de clavar las manos y pies de Jesús a la cruz. Además, el acto se registra con solo tres palabras: *Allí le crucificaron*. Morris comenta que la piedad popular, tanto protestante como católica, a menudo ha puesto mucho énfasis en los sufrimientos de Jesús, describiéndolos en detalle vívido y reflexionando sobre lo mismo. Ninguno de los Evangelios hace esto. Ellos registran el hecho y lo dejan así. Sin embargo, los versículos que siguen expresan algo del significado de la crucifixión. Los cuatro Evangelios anotan el hecho de que los dos criminales fueron crucificados, uno de cada lado, y que Jesús estaba en el medio. Luego Juan tendrá más que decir sobre los que fueron crucificados con Jesús (ver vv. 31-37), pero no describe su carácter moral, ni menciona el arrepentimiento y confesión de uno de los ladrones (ver Luc. 23:39-43). Marcos (15:27), en cambio, acota que los dos eran asaltantes, como lo era Barrabás (ver 18:40; Isa. 53:12). Algunos entienden que el lugar céntrico acordado a Jesús representa la posición de honor.

La costumbre era colocar una inscripción señalando el nombre de la persona y la causa por la cual el condenado era crucificado. Sólo Juan menciona (v. 19) que Pilato escribió el texto, pero se entiende que Pilato mismo no lo escribió, sino que lo mandó escribir. El término traducido letrero (*titlos*[5102]) se usa sólo aquí y en el v. 20 en el NT. Marcos (15:26; "causa"), Mateo (27:37; "causa") y Lucas (23:38; "sobrescrito") emplean distintas palabras griegas para decir lo mismo. Aunque todos los Evangelios incluyen el título *REY DE LOS JUDÍOS*, Juan presenta el título más completo. En este título Pilato logró mostrar su desdén para los judíos en general y, a la vez, hasta cierto punto, desquitarse de los sumos sacerdotes.

A propósito ejecutaban a los condenados

y el letrero estaba escrito en hebreo, en latín y en griego. **21** Los principales sacerdotes de los judíos le decían a Pilato:

—No escribas: "Rey de los judíos", sino: "Este dijo: 'Soy rey de los judíos'".

22 Pilato respondió:

—Lo que he escrito, he escrito. **23** Cuando los soldados crucificaron a Jesús, tomaron los vestidos de él e hicieron cuatro partes, una para cada soldado. Además, tomaron la túnica, pero la túnica no tenía costura; era tejida entera de arriba abajo. **24** Por esto dijeron uno a otro:

—No la partamos; más bien echemos suertes sobre ella, para ver de quién será.

---

cerca, pero fuera de los muros de la ciudad a plena vista de la gente que entraba y salía, como advertencia a los demás que eran tentados a cometer tales ofensas. El título estaba escrito en los tres idiomas representativos del mundo de ese entonces: hebreo, del mundo religioso; latín, del imperio romano; griego, del mundo intelectual. Plummer dice que así se proclamó a los paganos que el Señor es rey (ver Sal. 96:10).

Los sumos sacerdotes habían humillado a Pilato públicamente, obligándole astutamente a entregar a un hombre que él consideraba inocente para ser crucificado. Ahora Pilato aprovecha para insultarles a ellos ante los miles que estaban en Jerusalén para la Pascua y en una forma que ellos no podían cambiar, por más que gritaran y por más astutos que fueran.

El drama ha llegado a su cenit. Faltaban solo pocas horas para que la muerte alcanzara el cuerpo maltratado de Jesús. La respuesta de Pilato (v. 22) muestra el otro lado de un auténtico político. Cuando su relación con César y su puesto de procurador estaban en peligro, estaba dispuesto a doblegarse ante la presión de los judíos. Habiendo pasado ese peligro, ahora se muestra firme como una roca. Tasker comenta que sus palabras, como las de Jesús, estaban destinadas a permanecer para siempre. Culpepper reconoce que la inscripción que Pilato puso sobre la cruz de Jesús puede expresar sarcasmo. Por otro lado, dice él, podemos tan fácilmente inferir que Pilato, habiendo declarado a Jesús inocente, sospecha que las pretensiones de Jesús son verdaderas y que ahora él expresa su veredicto verdadero en el decreto escrito: "Jesús de Nazaret, rey de los judíos".

(2) La vestimenta de Jesús repartida, 19:23-24. El lujo de detalles en esta sección una vez más deja la impresión de la mano de un testigo ocular. Los eventos fueron grabados en la mente de Juan en forma imborrable y de su memoria los relata punto por punto. Brown acota que la descripción de las vestiduras indicaría que es posible que Jesús quedara completamente desnudo, como era costumbre romana en el caso de los crucificados. Sin embargo, por respeto al horror que significaba para los judíos el ver una persona desnuda en público, quizás lo dejaban vestido con lo mínimo.

La expresión *los vestidos*, siendo plural, daría la idea de varios artículos de ropa, aunque no necesariamente es así. A veces la misma palabra se usa en singular (Mar. 5:27) y luego plural (Mar. 5:30, gr.) al referirse a la misma cosa. El término empleado aquí se refería generalmente a los artículos más visibles que incluía la ropa exterior, un cinturón, sandalias y turbante para la cabeza. Si todavía llevaba la corona de espinas, no tendría puesto el turbante. Al mencionar la división en *cuatro partes, una para cada soldado*, sabemos que eran cuatro soldados los encargados de llevar a cabo la crucifixión. Según la costumbre del día, los soldados tenían el derecho de repartir entre sí las ropas de los condenados.

La *túnica* (*citon*[5509]) se menciona aparte de los *vestidos* (*imation*[2441]) y se refiere a la ropa interior, algo como una camisa que se extendía del cuello hasta las rodillas o aun los tobillos. Por alguna razón definida

Esto sucedió para que se cumpliera la Escritura que dice:

Repartieron entre sí mis vestidos y sobre mi vestidura echaron suertes*.

Y así lo hicieron los soldados.

Juan describe esta túnica en gran detalle: *no tenía costura* y, además, *era tejida entera de arriba abajo.* Hay varias conjeturas en cuanto al propósito que el autor tenía en mente con esta descripción. Josefo nos dice que así se preparaba la túnica del sumo sacerdote y algunos ven en este hecho el rol de Jesús como nuestro sumo sacerdote quien se ofreció en la cruz por nosotros. Otros ven en esta descripción un símbolo de la unidad de los seguidores de Cristo, hecha posible por su muerte en la cruz. Morris cita a Teodoro de Mopsuestia, quien dijo: la túnica representaba para Orígenes lo completo de las enseñanzas de Cristo; para Cipriano la unidad de la iglesia; y para Cirilo el nacimiento virginal de Cristo. Beasley-Murray cita a otro que sugiere que habría un paralelismo entre el poner de lado sus vestiduras cuando lavó los pies de los discípulos y aquí fueron puestas de lado como cuadro de poner al lado su gloria y darse a sí mismo en la muerte de cruz. El problema de estas conjeturas es que no fue Jesús que las puso de lado, sino que se las quitaron.

Los soldados reconocieron el valor de la túnica tan sólo si se guardara íntegra. Sin embargo al tomar esta decisión, sin darse cuenta estaban facilitando el cumplimiento de una antigua profecía.

Juan emplea la conjunción de propósito *para que*, tan frecuente en sus escritos,

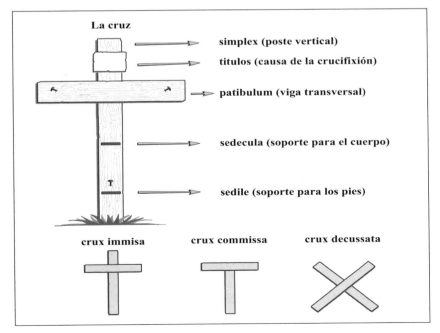

La cruz

simplex (poste vertical)

titulos (causa de la crucifixión)

patibulum (viga transversal)

sedecula (soporte para el cuerpo)

sedile (soporte para los pies)

crux immisa   crux commissa   crux decussata

25 Junto a la cruz de Jesús estaban su madre, la hermana de su madre, María esposa de Cleofas y María Magdalena. **26** Cuando Jesús vio a su madre y al discípulo a quien

---

para señalar el propósito divino. Los soldados no estaban en condiciones de ver en el acto algo de valor espiritual. Juan sí percibió y entendió, como en ocasiones anteriores (2:22; 12:38), que era el cumplimiento de una profecía hecha siglos antes (Sal. 22:18 de la LXX; ver Mat. 27:35). Parece redundante que Juan agregara la frase *Y así lo hicieron los soldados*, pero la frase *Esto sucedió* no está en el texto gr. sino que fue insertada para introducir esa conjunción de propósito *para que*. Así que no hay redundancia, pero de todos modos Juan enfatiza, como dice Plummer, el hecho de que esta profecía fue cumplida literalmente por hombres que eran completamente ignorantes de ella.

(3) Jesús encomienda a María a Juan, 19:25-27. El verbo *estaban* (v. 25), traducido como de tiempo imperfecto, es realmente un pluscuamperfecto (ver 18:16, 18), literalmente "habían estado en pie", pero el resultado es que "estaban en pie". La posición de ellas, *Junto a la cruz*, indica que en su hora de crisis Jesús no estaba totalmente abandonado. Los Sinópticos presentan una lista de tres mujeres que estaban mirando de lejos, que incluía a María Magdalena, María la madre de Jacobo el menor y de José, y Salomé (Mat. 27:56; Mar. 15:40; Luc. 23:49). Así, Juan describe algunas mujeres que estaban cerca a la cruz y los Sinópticos un grupo de mujeres que miraban de lejos.

Una solución a la aparente contradicción sería entender que todas estaban lejos, pero en cierto momento algunas con más valor se acercaron.

Juan menciona la presencia de cuatro mujeres, pero sólo un discípulo, cerca de la cruz. Lindars llama la atención al hecho de que la madre de Jesús nunca se menciona por nombre en Juan (ver 2:1); tampoco los Sinópticos la mencionan por nombre en este contexto. Sólo María Magdalena se identifica claramente y por nombre en Juan y en los Sinópticos (Mateo y Marcos), y ella aparecerá en el relato de la resurrección (20:1-8). Probablemente Cleofas, mencionado en Juan, sea el que se presenta en Lucas 24:18. *La hermana de su madre*, es decir, de la madre de Jesús, sería Salomé (ver Mar. 15:40). Se entiende que Salomé era la esposa de Zebedeo y la madre de Santiago y Juan (ver Mat. 27:56 con Mar. 15:40, 41; 16:1). Esta relación explicaría por qué se refiere a ella aquí sencillamente como *La hermana de su madre*. El autor del Evangelio omite su propio nombre y el de su madre por la misma razón. Si este análisis es correcto, la madre de Jesús sería la tía de Juan el apóstol y Jesús sería su primo hermano. Beasley-Murray identifica a *María, esposa de Cleofas*, con María, la madre de Jacobo y José (ver Mar. 15:40; Mat. 27:56).

Todos los comentaristas toman nota de que, aun en su momento de profunda an-

---

El sustituto

En Tokio, en los primeros años del siglo XX, había una ley donde ningún extranjero podía ser residente de la ciudad excepto que tuviera un "sustituto" para responder por cualquier infracción de la ley que hubiera podido cometer. Había ciudadanos locales que se ofrecían para cumplir esta tarea, pero a cambio de un sueldo del extranjero. Si el extranjero quebraba la ley, el sustituto era responsable, aun si la pena fuera la muerte.

En forma similar, Cristo ha sido el sustituto para nosotros frente a su Padre; él ha pagado la pena de nuestro pecado. Nosotros no pagamos el precio, solamente hay que tener fe en él quien es nuestro sustituto.

amaba, de pie junto a ella, dijo a su madre:
—Mujer, he ahí tu hijo.
27 Después dijo al discípulo:

—He ahí tu madre.
Y desde aquella hora el discípulo la recibió en su casa.

---

gustia física, Jesús tuvo el cuidado de proveer para su madre (v. 26). Aparentemente José había muerto y Jesús sabía que su madre experimentaría gran soledad y tristeza después de su muerte. El *discípulo a quien amaba* (ver 13:23), el más allegado a Jesús durante su ministerio público y el que lo había entendido mejor (Lindars), el único de los discípulos que estaba al lado de la cruz en este momento, y el mismo sobrino de María, ése sería el más apto, el más indicado, para suplir sus necesidades. Aun cuando Jesús cargaba sobre sí los pecados del mundo, no se olvidó de cargar sobre sí también la responsabilidad por su madre. Se dirige a su madre con *Mujer, he ahí tu hijo*, encomendándola a Juan. El uso de *mujer*, en vez de "madre", puede caer a nuestros oídos como una expresión fría, distante, o aun despectiva. Sin embargo, fue todo lo contrario; era una expresión de respeto y cariño (ver 2:4). El discípulo amado llegaría a suplir el rol verdadero de "hijo" para María.

Los hermanastros de Jesús, no siendo creyentes todavía (ver 7:5) y ausentes de los eventos relatados, no podrían dar la comprensión y consolación que María necesitaba. Sin embargo, pronto después de la ascensión ellos también llegaron a la fe en Jesús y se identificaron con la iglesia naciente (ver Hech. 1:14).

Si nuestra investigación y conclusión son correctas, el discípulo mencionado aquí es el apóstol Juan. Si él iba a ser el "hijo" de María, ella vendría a ser su "madre". Junto con su propia madre, Salomé, los dos formarían la familia espiritual que María necesitaba. Hovey interpreta las palabras de Jesús así: "Que ella reciba de ti el amor y tierno cuidado que tú darías a tu propia madre".

Se piensa que en ese momento, *desde aquella hora*, llevó a María del lado de la cruz a su casa en Jerusalén para evitar que ella viera el sufrimiento final y la muerte de su hijo. Esto explicaría la omisión en este Evangelio de algunas de las palabras de Jesús desde la cruz. Si esto sucedió, pronto Juan habría regresado para estar al lado de la cruz hasta el fin. O, es posible que la expresión *la recibió en su casa* se refiera al acto de recibirle como miembro de su propia familia. La expresión *la recibió en su casa* significa literalmente "la recibió para sus propias cosas", admitiendo la idea de su propia casa, o a su propia familia.

Esta expresión sirve de base para la conjetura de que *el discípulo* amado era Juan Marcos, porque la iglesia primitiva se reunía en su casa y su madre se llamaba María (Hech. 12:12). Opinamos que esta conjetura se basa en un argumento muy precario y poco convincente.

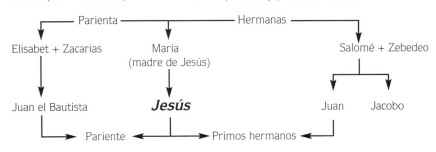

Parentesco entre Jesús, Juan el evangelista y Juan el Bautista

La muerte de Jesús*

28 Después de esto, sabiendo Jesús que ya todo se había consumado, para que se cumpliera la Escritura, dijo:

—Tengo sed*.

29 Había allí una vasija llena de vinagre. Entonces pusieron en un hisopo una esponja empapada en vinagre y se la acercaron a la boca. **30** Cuando Jesús recibió el vinagre, dijo:

---

*19:28t Comp. Mat. 27:45-56; Mar. 15:33-41; Luc. 23:44-49
*19:28 Ver Sal. 22:15; 69:21

---

(4) La muerte de Jesús, 19:28-30. Se entiende que Jesús pronunció siete palabras desde la cruz en este orden: petición de perdón para los enemigos (Luc. 23:34); promesa al ladrón penitente (Luc. 23:43); el encargo de su madre al discípulo amado (Juan 19:26 s.); la exclamación de desolación (Mat. 27:46); el anuncio de sed (Juan 19:28); "¡Consumado es!" (Juan 19:30); y la entrega del espíritu (Luc. 23:46). Así que, Lucas registra tres expresiones, Juan tres y Mateo una. Se nota que Marcos no figura en esta lista.

Lindars observa que la introducción formal del v. 28 aquí nos hace recordar el comienzo elaborado de 13:1. La frase *Después de esto* se refiere a un intervalo muy breve (ver 2:12). Juan presenta a Jesús como uno que estaba en absoluto

control de los eventos, sabiendo exactamente lo que estaba sucediendo en relación con su misión. Jesús tenía plena consciencia de que su misión estaba cumplida. La palabra clave en esta sección, empleada tres veces, *es consumado*. La primera y tercera veces se presenta en el tiempo perfecto, voz pasiva: "ha sido cumplido", con énfasis en el resultado perdurable de la acción. Esto significa que su misión fue cumplida, pero los resultados seguirán para siempre. La segunda vez se presenta en el tiempo aoristo, modo subjuntivo, voz pasiva: "para que fuera cumplida...", indicando una acción puntual. Algunos piensan que se refería a una profecía que se cumplía (Sal. 69:21), o al cumplimiento de su misión, de la cual él era plenamente consciente. Morris opina que, en el estilo común de Juan, tenía las dos opciones en mente cuando redactó esta sección.

La expresión *Tengo sed* es la quinta palabra de la cruz y expresa angustia física. La falta de comida y agua para nutrir al cuerpo durante unas 16 horas, más la pérdida de sangre, más el calor del sol cerca del mediodía, todo sirvió para producir una sed que hacía pegarse la lengua al paladar. Algunos piensan que Jesús deseaba mojar la boca para poder pronunciar en voz fuerte y clara las últimas palabras. Esta exclamación es otra evidencia de la plena humanidad de Jesús.

Juan sigue con su énfasis en el cumplimiento de Escritura, utilizando conceptos del AT (ver Sal. 69:21), aunque allí la idea es de un trato cruel mientras aquí es todo lo contrario. El *vinagre* tenía el propósito evidente de amortiguar el dolor que sufría

---

El significado de la expiación

Nikolai Berdyaev, que abandonó el marxismo por el cristianismo, en cierta ocasión dijo: no fue la teología, ni la historia, ni la iglesia misma la que me trajo a la fe en Cristo, sino una mujer llamada "Madre María".

Berdyaev estaba en un campo de concentración cuando los alemanes estaban matando a los judíos en los hornos de exterminación. Una señora, enloquecida por la posibilidad de quedar separada de su bebé, luchaba por quedar fuera de la línea que iba al horno. Cuando María vio que al oficial solamente le interesaba los números o las personas específicas, quitó a la mujer de la línea y tomó su lugar. Esta acción reveló para Berdyaev el corazón del cristianismo, y lo que significa la expiación de Cristo a nuestro favor, y decidió convertirse en su seguidor.

—¡Consumado es!   Y habiendo inclinado la cabeza, entregó el
                                   espíritu.

---

el crucificado. Incluso hay una tradición de que las mujeres de Jerusalén proveían esta bebida para los crucificados como acto de misericordia. Nótese como Mateo (27:34, 48; ver Mar. 15:23) cambia el término para ajustarse a la cita de Salmos: "...vino mezclado con ajenjo". El *vinagre*, o vino agrio, del Medio Oriente era una bebida sana y refrescante. La expresión *Había allí* indica que probablemente había un recipiente con vinagre al alcance justamente para ofrecer a los moribundos. El término *hisopo* se refiere a la rama de una planta que se utilizaba para rociar la sangre en el rito de la Pascua (ver Éxo. 12:22; Lev. 14; Heb. 9:19).

Cristo Me Ama

Cristo me ama, Cristo me ama,
Cristo me ama, La Biblia dice así.

Anna B. Warner, Así Os Mando Yo, Núm. 511 Himnario Bautista (El Paso: Casa Bautista de Publicaciones).

En la cruz

En la cruz, en la cruz, do primero vi la luz,
Y las manchas de mi alma yo lavé;
Fue allí por fe do vi a Jesús,
Y siempre feliz con él seré.

Isaac Watts, En la Cruz, Núm. 110 Himnario Bautista. (El Paso, Casa Bautista de Publicaciones).

El texto de Juan, *Jesús recibió el vinagre* (v. 30), indica claramente que Jesús probó la bebida que se le ofrecía. En cambio, dos de los Sinópticos indican que él no quiso tomarlo (ver Mat. 27:34; Mar. 15:23). Aparentemente lo que pasó es que Jesús mojó sus labios y lengua con el vinagre pero se negó a beberlo, deseando sufrir todos los dolores de la cruz, sin algo para mitigarlos.

La exclamación *¡Consumado es!* da lugar a dos interpretaciones. Podría referirse a su propia vida que se terminaba, pero ésta sería una manera rara de referirse a su propia muerte, siendo un verbo en la tercera persona singular. Es más probable que se refiere a su misión que llegaba a su culminación y compleción en el momento que él moría (ver 17:4). Beasley-Murray comenta que la expresión *¡Consumado es!* traduce un verbo griego que significa "llevar a cabo" la voluntad de alguno, sea de sí mismo o de otro. Así, las últimas palabras de Jesús interpretan su sufrimiento y muerte como la conclusión culminante y el cenit de la obra que había realizado en perfecta obediencia a la voluntad del Padre. Los Sinópticos concuerdan en registrar en este momento que Jesús clamó a gran voz (Mat. 27:50; Mar. 15:37; Luc. 23:46), pero quedaba a Juan el informarnos del contenido de ese clamor a gran voz.

Habiendo exclamado el fin de su misión, no le faltaba nada más que expirar. Juan describe gráficamente el último movimiento de Jesús al decir *Y habiendo inclinado la cabeza, entregó el espíritu*. Lucas agrega que conscientemente Jesús, todavía en total control de sus facultades, sencillamente entregó su espíritu al Padre: "Padre, ¡en tus manos encomiendo mi espíritu!" (Luc. 23:46). Su *espíritu* no le fue arrancado, sino que él mismo se lo entregó al Padre. Orígenes lo describe así: "Jesús inclinó la cabeza y tomó su partida en el acto de apoyarla, como parece, sobre la falda del Padre, quien podría apreciarla y fortalecerla en su regazo". Es interesante que ninguno de los Evangelios dice que Jesús murió.

(5) El costado de Jesús abierto con una lanza, 19:31-37. Los Sinópticos se unen para presentar una declaración de fe en Jesús, mientras que Juan en su manera independiente hace algo parecido (ver v.

31 Entonces los judíos, por cuanto era el día de la Preparación, y para que los cuerpos no quedasen en la cruz en el sábado (pues era el Gran Sábado), rogaron a Pilato que se les quebrasen las piernas y fuesen quitados. **32** Luego los soldados fueron y quebraron las piernas al primero, y después al otro que había sido crucificado con él. **33** Pero cuando llegaron a Jesús, como le vieron ya muerto, no le quebraron las piernas; **34** pero uno de los soldados le abrió el costado con una lanza, y salió al instante sangre y agua.

---

35). Con una pequeña variación los tres Sinópticos dicen: "¡Verdaderamente este hombre era Hijo de Dios!" (Mar. 15:39b; Mat. 27:54b; Luc. 23:47b).

Mayordomía

"El Señor no solamente toma nota de lo que damos, sino también de lo que nos queda".

La amistad

"Un amigo es un regalo que nos damos a nosotros mismos". Home Life.

Esta sección es particular a Juan, mostrando que Jesús murió antes que los otros. Otra vez Juan encuentra en el evento el cumplimiento de dos profecías del AT. La descripción gráfica y detallada de esta sección sugiere la redacción de un testigo ocular.

Los judíos ocupan el escenario por última vez, solicitando a Pilato el apurar la muerte de Jesús para no violar un día sagrado con un cuerpo no enterrado. Plummer comenta que, como en 18:28, ellos "cuelan el mosquito pero tragan el camello" (ver Mat. 23:24). El quebrantar las piernas para apurar la muerte era un método que agregaba más sufrimiento todavía a los que estaban agonizando. Los crucificados podían apoyarse sobre sus piernas y aliviar en algo la tensión en los brazos y la opresión sobre el pecho y corazón, prolongando la vida. Sin embargo, al quebrantar las piernas se apuraba la muerte por el impacto del mazo con que rompían las piernas y la opresión del pecho. Jesús había recordado a los judíos en dos ocasiones que Dios quería misericordia más que el sacrificio (ver Mat.

9:13; 12:7), pero ellos no habían prestado atención. Morris acota que los judíos no querían profanar su tierra por los cuerpos sin enterrar al ponerse el sol, pero no les importaba que ellos mismos estaban profanándose por sus actos.

La expresión *día de la Preparación* era un término técnico que se refería a la preparación para el sábado, o sea, el viernes. En el v. 14 este término se refería al día antes de comenzar la Pascua, pero aquí se refiere al día antes del sábado (ver Mar. 15:42). No era cualquier sábado, sino el *Gran Sábado*, un término que se aplicaba al comienzo de una de las fiestas importantes; aquí es la Pascua. El 15 de Nisán era el primer día de la Pascua y este día se consideraba como un sábado (ver Éxo. 12:16; Lev. 23:7), así era doblemente sagrado. Según la ley, un cuerpo no debía quedarse "en el árbol", es decir sin enterrar, después de la puesta del sol en cualquier día (Deut. 21:23). Al acercarse el día sábado sería más importante el obedecer esta ley, pero todavía más si se trataba de un *Gran Sábado*.

El texto no dice que Pilato aprobó la solicitud de los judíos, pero la acción de los soldados indica que estaban siguiendo órdenes. Se pregunta por qué atendieron primero a los dos criminales antes de llegar a Jesús. Brown sugiere que podría ser que veían signos de vida todavía en los criminales y no en Jesús, pero es más probable que se trate de un recurso literario para poner en primer plano a Jesús.

Marcos no relata la solicitud de los judíos, pero comenta que Pilato, cuando José de Arimatea solicitó el cuerpo de Jesús para enterrarlo, se sorprendió de que Jesús muriera tan pronto y llamó a un centurión para verificarlo (ver Mar.

35 El que lo ha visto ha dado testimonio, y su testimonio es verdadero. Él sabe que dice la verdad, para que vosotros también creáis.

36 Porque estas cosas sucedieron así para

15:44). Algunos crucificados seguían vivos en la cruz varios días y los romanos los dejaban allí como advertencia al pueblo en general.

El v. 34 aparece en algunos mss. de Mateo 27:49, pero evidentemente fue copiado de Juan por un copista antiguo. El verbo *abrió*, a veces traducido "traspasó", significa "pinchar" o "penetrar", pero aquí es claro que se refiere a una herida profunda, algo como una "estocada". El término *costado* traduce un vocablo griego (*pleura*[4135]), usado cuatro veces en Juan de cinco veces en todo el NT (Juan 19:34; 20:20, 25, 27; Hech. 12:7).

Parece que la herida por la lanza tenía el propósito de asegurar que estaba muerto. Si no lo era antes de la penetración de la lanza, luego lo sería. Este detalle gráfico que Juan incluye, según muchos comentaristas, tiene un significado espiritual y teológico. Vincent, Meyer, Plummer y otros dicen que lo que pasó tenía un significado simbólico para el evangelista, como es evidente a la luz de 1 Juan 5:6. Esta opinión explica mejor lo dicho en el v. 35.

Hay conjeturas de toda clase del significado de la *sangre y agua*. Algunos ven en la salida de sangre evidencia de que Jesús murió por haberse reventado su corazón, otros ven un simbolismo de los sacramentos, pero Morris comenta que la interpretación debe tomar en cuenta el significado de los términos *sangre y agua* en el Evangelio. Ambos términos se relacionan con la vida física y espiritual (ver 1:13; 3:5; 4:10, 11, 14; 6:53-56; 7:38 ss.). Por lo tanto, se concluye que Juan estaría recordándonos que la vida, la vida verdadera, viene por la muerte de Cristo. En todo caso, esta descripción es todavía otra evidencia convincente de que Jesús no era un espíritu, o un fantasma, como sostenían los docetas, sino que era tan humano como cualquier otro con cuerpo de sangre y carne.

El tiempo perfecto de los dos verbos *ha visto* y *ha dado testimonio* (v. 35) es importante, ambos indican una acción del pasado cuyos resultados continúan. En verdad, lo que vio y su testimonio de ese hecho sigue animando la fe de personas hasta el día de hoy. Muchos piensan que el que da testimonio aquí es el mismo mencionado en los vv. 26 y 27. Sin embargo, Brown y otros opinan que el que escribe es distinto del que da testimonio. Plummer opina que se refiere al apóstol Juan; éste dice primero que su testimonio es adecuado y luego agrega que el contenido es verdadero. Es adecuado porque él mismo lo había visto y por lo tanto es verdadero. Weymouth lo traduce así: "Esta declaración es el testimonio de un testigo ocular, y es verdadero". La traducción de Moffatt tiene otro énfasis: "El que lo vio ha dado testimonio (su testimonio es verdadero. Dios sabe que él dice la verdad) para que creáis". Este autor opina que un pronombre personal, en la tercera persona, se refiere a "Dios" porque es enfático y frecuentemente se refiere a Dios en este Evangelio. Sin embargo, Bernard señala que Juan usa ese pronombre personal a menudo para referirse a los hombres (5:35, 46; 9:10).

La cláusula de propósito, *para que vosotros también creáis*, indica que el autor espera que el testimonio en cuanto a "la sangre y agua" que salió del costado de Jesús sirva en alguna manera para despertar fe en Jesús. La palabra *también* traduce una conjunción griega que aquí se clasifica como "una partícula acumulativa" (ver 8:19), indicando que el mismo testigo ocular es un creyente y desea inducir a los lectores a la misma experiencia por medio de su testimonio (ver 20:31). El verbo *creáis* es un subjuntivo en el tiempo presente o aoristo. Si aceptamos la lectura en el tiempo presente, que tiene más apoyo, el énfasis sería la continuación de la creen-

que se cumpliese la Escritura que dice: *Ninguno de sus huesos será quebrado**. **37** También otra Escritura dice: *Mirarán al que traspasaron**.

Jesús es sepultado*﹨

38 Después de esto, José de Arimatea, que era discípulo de Jesús, aunque en secreto por miedo a los judíos, pidió a Pilato que le permitiese

---

*19:36 Éxo. 12:46; Núm. 9:12; Sal. 34:20
*19:37 Zac. 12:10
*19:38t Comp. Mat. 27:57-61; Mar. 15:42-47; Luc. 23:50-56
*19:38 Algunos mss. antiguos dicen *el cuerpo de Jesús*.

---

cia, no el comienzo. En cambio, si es un verbo en el tiempo aoristo, indicaría la entrada en la fe. La misma ambigüedad de tiempo se ve en el mismo verbo en 20:31.

Como si no hubiera ya suficientes opiniones distintas en cuanto a la interpretación de este versículo, no podemos dejar sin comentar sobre la duda que algunos han tenido en cuanto a su autenticidad. Es decir, algunos opinan que este versículo no figuraba en el texto original. Por ejemplo, falta por completo en dos mss. griegos de menor valor. A pesar de la incertidumbre, increíblemente algunos teólogos han basado sus teorías en cuanto al origen de este Evangelio sobre este versículo.

En el v. 36 el autor no cita textualmente ningún pasaje del AT, pero se refiere a una tipología estrechamente relacionada con la Pascua (ver Éxo. 12:46; Núm. 9:12; Sal. 34:20). Como se prohibía romper los huesos del cordero pascual, tampoco serían rotos los huesos del verdadero Cordero pascual (ver 1:29). Entonces el autor, testigo ocular de *estas cosas* que *sucedieron*, veía en los detalles de la crucifixión el perfecto cumplimiento de la ceremonia ritual más importante de Israel. Nótese la conjunción de propósito *para que*. Según el autor, Dios estaba activamente llevando a cabo su plan redentor.

Surgió en la mente del autor (v. 37) otra cita que confirma su tesis de que la crucifixión representaba el cumplimiento de antiguas Escrituras (Zac. 12:10; ver Mat. 24:30; Apoc. 1:7). Morris comenta que Juan estaba bien impresionado por el hecho de que los soldados abrieron el costado de Jesús pero no rompieron ningún hueso. Lindars comenta sobre el

sujeto de los verbos *Mirarán* y *traspasaron*, si es el mismo para ambos o no. Este autor concluye que se refiere no sólo a los soldados, sino a todo el pueblo de Israel que mira y lamenta, según Zacarías 12:11—13:1. Basado en este pasaje, el agua que salió del costado de Jesús representaría "un manantial de purificación".

(6) Jesús es sepultado, 19:38-42. Los cuatro Evangelios relatan la solicitud que José de Arimatea elevó a Pilato, pero los Sinópticos proveen varios datos que no figuran en Juan. Marcos describe a José como un "miembro ilustre del concilio, quien también esperaba el reino de Dios" (15:43). Lucas agrega que "era miembro del concilio, y un hombre bueno y justo. Este no había consentido con el consejo ni con los hechos de ellos..., y también esperaba el reino de Dios" (23:50 s.). Mateo añade que José era un discípulo de Jesús y que era rico (27:57).

La traducción *Después de esto* no refleja la conjunción adversativa "Pero" con que se inicia el versículo y que marca el contraste entre la actitud hostil de los judíos y la petición amigable de José. La expresión *por miedo a los judíos* es literalmente: "por causa del miedo de los judíos". Siendo miembro del Sanedrín, José sería residente de Jerusalén. Aunque sabemos que no estaba de acuerdo con la demanda del Sanedrín de la crucifixión de Jesús, no sabemos si expresó ese desacuerdo ni si los compañeros se daban cuenta de que simpatizaba con Jesús. Siendo un *discípulo... secreto*, no habría gozado el beneplácito de Juan (ver 12:42 s.), aunque una revelación pública de su fe habría significado el despido del concilio, o algo peor. Sin

quitar el cuerpo de Jesús. Pilato se lo permitió. Por tanto, él fue y llevo su cuerpo. **39** También Nicodemo, que al principio había venido a Jesús de noche, fue llevando un compuesto de mirra y áloes, como cien libras*. **40** Tomaron, pues, el cuerpo de Jesús y lo envolvieron en lienzos con las especias, de acuerdo con la costumbre judía de sepultar.

*19:39 O sea, aprox. 34 kilos, ya que la libra romana de 12 onzas equivalía aprox. a 340 gramos

embargo, Beasley-Murray sugiere que este no fue un caso común y que Juan no lo condena por guardar su secreto.

Los romanos normalmente dejaban los cuerpos de los crucificados en la cruz y que los buitres vinieran a comérselos. Era necesario pedir una dispensa especial para sacar el cuerpo y Marcos dice que José "entró osadamente a Pilato y le pidió el cuerpo de Jesús" (15:43). Este acto demandó mucha valentía y, en cierto sentido, fue su declaración pública de fe en Jesús. No sabemos las consecuencias personales que el acto habrá significado para él, pero por lo menos sus compañeros del Sanedrín seguramente se habrán enterado de lo que hizo. Además de una posible represalia del Sanedrín, él habría quedado inhabilitado para participar en la Pascua, porque el hecho de tocar un cuerpo muerto lo convertía en inmundo. Se entiende que José no cargó el cuerpo él solo, sino que la expresión *él fue y llevó su cuerpo* significa más bien que él dirigió un grupo de hombres que realizaron la tarea. Posiblemente Nicodemo estaba en ese grupo.

Los Sinópticos informan sólo de la participación de José de Arimatea en el sepelio de Jesús, pero Juan añade el importante dato de Nicodemo (v. 39). Este hombre era también "fariseo", "gobernante" (3:1) y "maestro de Israel" (3:10b). Era miembro del Sanedrín y compañero con José, hecho apoyado por la conjunción continuativa *También*. Indirecta y tímidamente, Nicodemo había intentado defender a Jesús de los planes del Sanedrín de condenar y matar a Jesús (7:50-52). Es significativo que los doce discípulos dejaron a Jesús en la hora de crisis, excepto Juan, y aquí dos discípulos secretos se presentan públicamente para realizar un ministerio de misericordia a favor de su Señor.

Plummer comenta que posiblemente fue la valentía de José la que animó a Nicodemo a ofrecer su ayuda en este ministerio. Jesús había dicho que, al ser levantado de la tierra, a todos atraería a sí mismo (12:32) y estos aristócratas judíos son los primeros en responder a esa atracción. En la primera visita a Jesús, Nicodemo no habría entendido la referencia de este a la serpiente siendo levantada en el desierto (3:14), pero ahora todo se aclara.

Brown dice que la *mirra* era una resina olorosa usada por los egipcios para embalsamar los cuerpos muertos, mientras que *áloes* era una madera olorosa de sándalo reducida a polvo que se utilizaba para perfumar los lechos o los vestidos (ver Sal. 45:8; Juan 12:3). Los judíos no embalsamaban y, por lo tanto, el uso de los perfumes aquí tenía más bien el propósito de disimular el mal olor y retrasar la corrupción. La cantidad mencionada es impresionante, a tal punto que algunos consideran que el peso, *como cien libras*, es un error (aprox. 45 kg). Sin embargo, la costumbre era la de acompañar al cuerpo de la gente rica y real con una gran cantidad de estos elementos (ver 2 Crón. 16:14). Plummer comenta que esta cantidad traída por Nicodemo sería la prueba de devoción de un hombre rico, y posiblemente de su lamento por la timidez anterior que ahora parecía irremediable.

Puesto que no se menciona que Nicodemo proveyó los lienzos, se piensa que este fue un aporte de José. El término *lienzos* del v. 40 (ver Luc. 24:12) se refiere a vendajes o tiras de lienzo como sábana. Sin embargo, los Sinópticos emplean otra palabra que significa un lienzo entero y grande (Mat. 27:59; Mar. 14:51; Luc. 23:53). Es posible que tanto las tiras como un lienzo grande se hayan usado

41 En el lugar donde había sido crucificado había un huerto, y en el huerto había un sepulcro nuevo, en el cual todavía no se había

puesto a nadie. **42** Allí, pues, por causa del día de la Preparación de los judíos y porque aquel sepulcro estaba cerca, pusieron a Jesús.

---

para envolver el cuerpo. Al envolver el cuerpo con los lienzos, iban aplicando las especias entre los dobleces de tela. Los judíos no mutilaban el cuerpo en el proceso de prepararlo para el entierro, como lo hacían los egipcios.

Sólo Juan menciona el huerto y lo describe como en la proximidad del lugar de la crucifixión. El término traducido *huerto*, usado sólo por Juan (ver 18:1, 20:15) significa un jardín que normalmente tendría árboles frutales. Por eso, la RVA lo traduce como *huerto*. Beasley-Murray comenta que sin duda Juan, en todo este relato del entierro de Jesús, tiene su ojos puestos en la mañana de la resurrección. La gente rica pagaba una suma importante para labrar un hueco grande en una roca maciza donde depositar el cuerpo de los muertos. Luego preparaban una zanja en frente donde rodaban una piedra chata y redonda para tapar la boca de la tumba. A veces enterraban varios cuerpos en la misma tumba. En esta ocasión, el sepulcro era completamente nuevo y sin usar, dato que también menciona Lucas (Luc. 23:53). Sólo Mateo nos informa que el sepulcro pertenecía a José (27:60). Nótese la doble negación para expresar categóricamente que *no se había puesto a nadie* en la tumba. La costumbre judía indicaba que los cuerpos de los crucificados serían enterrados en una tumba designada para criminales. Contrario a esta costumbre, el cuerpo de Jesús tuvo una preparación real y fue puesto en un lugar apropiado para un rey.

Si el cálculo es correcto que Jesús murió más o menos a las tres de la tarde, el proceso de pedir permiso para bajar y enterrar el cuerpo, más la preparación del cuerpo, habría llevado dos o tres horas. Faltaba poco para bajar el sol y comenzar el Gran Sábado, la fiesta de Pascua. El *día de la Preparación de los judíos* (ver v. 31)

estaba terminando. José y Nicodemo no podían perder tiempo en completar su último ministerio de amor.

VI. LA RESURRECCIÓN, 20:1-29

Según el arreglo de las evidencias por A. T. Robertson, hubo once apariciones de Jesús registradas después de la resurrección y antes de la ascensión, más el encuentro de Pablo con Jesús en el camino a Damasco. Diez de estas apariciones se encuentran en los Evangelios, o, según, Culpepper solo nueve. Cada Evangelio relata los eventos en una manera particular, ninguno pretendiendo abarcar todo lo que ocurrió (ver 20:30), pero todos concuerdan en los hechos básicos: la tumba vacía, la resurrección corporal de Jesús, las apariciones sólo a los discípulos, los cuales las recibieron con dudas y reserva, pero finalmente todos fueron convencidos. Las diferencias en el contenido y la manera de presentar las apariciones hacen difícil un arreglo armónico. Algunos sugieren que estas diferencias restan valor a su autenticidad, pero otros creen que más bien la confirman, porque, como dicen, ¿qué autor falso o impostor habría dejado tantas diferencias? Las diferencias reflejan el propósito de cada redactor y su conocimiento personal de los hechos, o las tradiciones a su disposición. Morris acota que las mencionadas diferencias indican que tenemos la evidencia espontánea de testigos, no la repetición estereotipada de una historia oficial. Juan es muy independiente en su presentación, no relatando ninguna de las historias que los otros presentan. Lindars, quien rechaza la paternidad juanina, sugiere que el autor tenía a mano solamente tradiciones de tres de las apariciones. Plummer observa que las características distintivas de Pedro, Juan, Tomás, Magdalena y otros están en com-

La resurrección de Jesús*

20 El primer día de la semana, muy de madrugada, siendo aún oscuro, María Magdalena fue al sepulcro y vio que la piedra había sido quitada del sepulcro. 2 Entonces corrió y fue a Simón Pedro y al otro discípulo a quien amaba Jesús, y les dijo:

*20:1t Comp. Mat. 28:1-10; Mar. 16:1-8; Luc. 24:1-12

pleta armonía con lo que se sabe de ellos de otros pasajes.

Varios eruditos ofrecen un intento de armonizar las apariciones, adoptando distintos criterios. Nos limitamos aquí a presentar el esquema de A. T. Robertson: a María Magdalena (Mar. 16:9-11; Juan 20:11-18); a las otras mujeres (Mat. 28:8-10); a los dos discípulos en camino a Emaús (Mar. 16:12 s.; Luc. 24:13-32); a Simón Pedro (Luc. 24:33-35; 1 Cor. 15:5); a los diez discípulos, sin Tomás (Mar. 16:14; Luc. 24:36-43; Juan 20:19-25); el domingo siguiente a los once discípulos, con Tomás presente (Juan 20:26-31; 1 Cor. 15:5); a los siete discípulos y la pesca milagrosa (Juan 21:1-25); a 500 personas en un monte, y una comisión a los discípulos (Mar. 16:15-18; Mat. 28:16-20; 1 Cor. 15:6); a Jacobo (1 Cor. 15:7); a los once, dándoles una comisión (Luc. 24:44-49; Hech. 1:3-8); la última aparición y la ascensión (Mar. 16:19 s.; Luc. 24:50.53; Hech. 1:9-12).

1. La tumba vacía, 20:1-10

Los cuatro Evangelios concuerdan en afirmar el hecho de la tumba vacía. Esta es la primera evidencia del cumplimiento de la promesa de Jesús de que resucitaría al tercer día (ver Mat. 16:21; 17:23; 20:19; 27:63; Mar. 8:31; 9:31; 10:34; Luc. 9:22; 18:33; 24:7). Habiendo prometido tantas veces que resucitaría al tercer día, es casi increíble que los discípulos hayan demorado tanto en creer que de veras había resucitado, aun cuando vieron la tumba vacía. Beasley-Murray piensa que los discípulos fueron a Jerusalén con la firme expectativa de la rápida venida del reino de Dios (ver Luc. 19:11) y que la crucifixión aplastó esa expectativa a tal punto que pensaban que todo estaba perdido.

La expresión *primer día de la semana* es literalmente: "Y en el día uno de los sábados", que significa el domingo, pues el último día de la semana era el sábado. Nótese que Juan emplea un número cardinal ("uno") en lugar de un ordinal ("primero"), quizás por la influencia semítica. El término *semana* puede referirse a los días de la fiesta, o al período entre dos sábados. La expresión *muy de madrugada, siendo aún oscuro*, parece contradecir el texto de Marcos 16:2 donde el autor dice que "apenas salido el sol". La solución podría ser que salió de su casa siendo oscuro, pero ya salía el sol cuando llegó a la tumba. De todos modos este hecho explicaría por qué no vio lo que estaba dentro de la tumba, como luego vieron Pedro y Juan.

Juan no había mencionado *la piedra* en relación con la sepultura, pero la expresión aquí indicaría que era conocida, o que normalmente se encontraría una piedra sobre la boca de una tumba. La expresión *había sido quitada* puede ser traducida "había sido levantada". En todo caso, sería muy difícil remover la piedra, pero mucho más el levantarla. Lindars opina que el relato de Juan indicaría que la piedra era cuadrada, haciendo necesario el levantarla. La piedra quitada sería el primer milagro en relación con la resurrección de Jesús. Se ha observado que la piedra no fue quitada para permitir a Jesús salir sino para que los discípulos pudieron ver que había resucitado. Comparando el testimonio de los cuatro Evangelios, Marcos describe la colocación de la piedra (15:46), Mateo, el sello ro-

—Han sacado al Señor del sepulcro, y no sabemos dónde le han puesto.

3 Salieron, pues, Pedro y el otro discípulo e iban al sepulcro. **4** Y los dos corrían juntos,

---

mano puesto sobre la piedra (27:66), pero los cuatro informan que la piedra fue quitada.

Juan informa que María Magdalena fue a la tumba, pero los Sinópticos indican que varias mujeres la acompañaron, llevando especias aromáticas para aplicar al cuerpo de Jesús (Mat. 28:5-8; Mar. 16:2-8; Luc. 24:1-8). Algunos piensan que la mejor explicación de esta aparente contradicción es que Juan, sabiendo que fue María Magdalena quien lo vio primero (ver Mar. 16:9), se limita a mencionarla a ella sola aquí. Sin embargo, todo el grupo de mujeres lo vieron en el camino de vuelta a la ciudad (ver Mat. 28:9).

Por alguna razón Juan menciona sólo a María Magdalena quien corrió a avisar de la tumba vacía, pero Mateo (28:8) y Lucas (24:9) indican que todas las mujeres fueron a avisar a los once discípulos. Probablemente fue María Magdalena la que compartió la noticia primero *a Simón Pedro y al otro discípulo*, y luego a los demás. A pesar de la triple negación de su relación con Jesús, parece que Pedro todavía era considerado como el principal en los once. El hecho de mencionar *al otro discípulo a quien amaba Jesús* (ver 13:23; 19:26) dentro del grupo de los once discípulos (ver Luc. 24:9) indicaría que él era uno de ellos. Además, el hecho de darle un lugar de prominencia al lado de Simón Pedro parece indicar que era uno de los principales discípulos. Todas estas evidencias apuntarían al apóstol Juan.

La conclusión de María Magdalena de que algunos *Han sacado al Señor del sepulcro*, sin indicar si eran amigos o enemigos, es una clara evidencia de que tanto ella como las demás no estaban esperando la resurrección corporal de Jesús. Beasley-Murray comenta que el robo de cuerpos y artículos de valor era muy común, a tal punto que el emperador Claudio (41-54 d. de J.C.) decretó que uno culpable de violar

las tumbas sería sentenciado a la muerte. Los judíos comenzaron el rumor de que fueron los discípulos los que habían robado el cuerpo de Jesús (ver Mat. 28:13-15), lo cual nos parece ridículo, pero servía el propósito de los enemigos de Jesús.

El verbo *Han sacado*, traducido como si estuviera en el tiempo perfecto, está realmente en el tiempo aoristo y se traduce "sacaron". Seguramente ellas no vieron los lienzos de Jesús dentro de la tumba, quizás por la oscuridad que todavía cubría la tumba, o por su sorpresa de encontrar algo inesperado. El cambio de repente de tercera persona singular, *corrió... fue... dijo*, a primera persona plural, *no sabemos*, es la evidencia, según varios autores, de que el redactor estaba uniendo la tradición de Juan con la de los Sinópticos. En cambio, Bultmann y Dalman opinan que este sería un caso del arameo usado en Galilea en que se usaba frecuentemente la primera persona del plural por la primera del singular.

El testimonio de la mujer no se consideraba válido; tendría que ser verificado por uno o más varones (ver Deut. 19:15). Estos dos, quizás dudando la realidad de lo que las mujeres dijeron, no perdieron tiempo en ir para ver lo que había pasado (v. 3). El verbo *Salieron* está realmente en la tercera persona singular, "salió", indicando que Pedro se levantó para salir (ver Luc. 24:12) y luego el otro lo siguió. Nótese el cambio en el tiempo de los verbos. *Salieron* está en el tiempo aoristo, indicando una acción puntual, mientras que *iban* está en el imperfecto, indicando acción continuada, es decir, la corrida al sepulcro que llevó un tiempo. Brown sugiere que María Magdalena acompañó a los dos discípulos a la tumba porque luego aparece otra vez allí (v. 11). La expresión *al sepulcro* emplea una preposición que significa literalmente "dentro del sepulcro".

pero el otro discípulo corrió más rápidamente que Pedro y llegó primero al sepulcro. **5** Y cuando se inclinó, vio que los lienzos habían quedado allí; sin embargo, no entró.

6 Entonces llegó Simón Pedro siguiéndole, y entró en el sepulcro. Y vio los lienzos que habían quedado, **7** y el sudario que había estado sobre su cabeza, no puesto con los lienzos, sino doblado en un lugar aparte. **8** Entonces entró también el otro discípulo que había lle-

---

El verbo *corrían*, como *iban* (v. 3), está en el tiempo imperfecto y es gráfico en su descripción. El discípulo amado pudo correr *más rápidamente que Pedro* porque, como se piensa, era más joven, o estaba en mejores condiciones físicas. En todo caso, *el otro discípulo... llegó primero al sepulcro.* Esta descripción de la carrera, uno más rápidamente que el otro, es otra evidencia de un testigo ocular, apuntando al apóstol Juan. Plummer comenta cuán natural es el proceso de convicción que pasa por la mente de Juan: la pesada incredulidad antes, la expectativa emocionante en la corrida, la timidez y reverencia al llegar, luego el nacimiento de la fe ante la tumba vacía.

Parece que la entrada de la tumba era muy baja, haciendo necesario que uno se inclinara para ver hacia adentro. Los verbos *vio* y *habían quedado* están en el tiempo presente descriptivo y se traducen literalmente: "mira los lienzos que están puestos". No fue una mirada pasajera que Juan dio, sino una prolongada contemplación mientras esperaba la llegada de Pedro. Con todo, y de acuerdo con su carácter reticente, Juan no entró.

Contrario a la acción de Juan, y de acuerdo con su carácter audaz e impulsivo, cuando Pedro llegó no demoró ni un instante para entrar en la tumba. Como Juan, Pedro *vio los lienzos que habían quedado,* pero el verbo *vio,* también en el tiempo presente, traduce otro vocablo gr. que significa más bien contemplar. Pedro quedó contemplando por un tiempo las evidencias, tratando de entender el significado de la tumba vacía y los lienzos puestos, y vio cosas que Juan no pudo ver desde su posición fuera del sepulcro. Sin embargo, su mente estaba todavía aturdida y no llegó a la conclusión más natural, es decir, que

Jesús había resucitado tal cual había prometido.

El término *sudario* (v. 7) es la transliteración de *sudarion*[4676] y se refiere a una tela que se usaba para limpiar el sudor del rostro (ver Hech. 19:12). En Lucas 19:20 se refiere a un lienzo, o "pañuelo", en que el siervo malo había envuelto el dinero de su señor. Se describe a Lázaro cuando salió de la tumba "y su cara envuelta en un sudario" (11:44). Así, José y Nicodemo, preparando el cuerpo de Jesús para el entierro, habían envuelto su cabeza en un pañuelo grande. Nótese la descripción detallada y precisa: *el sudario... no puesto con los lienzos, sino doblado en un lugar aparte.* No sólo es la marca de un testigo ocular, sino que este detalle, que no fue observado por Juan cuando miró hacia adentro desde afuera, evidentemente tenía un significado importante.

La tumba vacía era, sin lugar a dudas, evidencia convincente de la resurrección de Jesús. Mucho más, la misma presencia del sudario y su ubicación aparte, además de los lienzos con que fue envuelto el cuerpo de Jesús, todo apuntaba a la resurrección. Como muchos han comentado, si alguien hubiera robado el cuerpo, seguramente no le habría quitado los lienzos y el sudario, los cuales, juntamente con los compuestos aromáticos, tendrían gran valor. Tampoco hubiera envuelto el sudario y los lienzos, dejándolos puestos como Pedro los encontró. Algunos han procurado comprobar que los lienzos y el sudario estaban arreglados para sugerir que Jesús los traspasó y los dejó en el lugar donde cayeron. El texto griego no dice tal cosa, ni lo niega. Debemos resistir la tentación, por más interesante y plausible que sea, de afirmar categóricamente algo que no está expresado explícitamente.

gado primero al sepulcro, y vio y creyó. **9** Pues aún no entendían la Escritura, que le era nece- sario resucitar de entre los muertos. **10** En- tonces los discípulos volvieron a los suyos.

Animado por la acción impulsiva de Pedro, *el otro discípulo* (v. 8) se atreve a entrar en la tumba. De acuerdo con el carácter sensible y el discernimiento espiritual del *otro discípulo*, características propias del apóstol Juan, él fue el primero en discernir en las evidencias objetivas delante de sus ojos que la única conclusión razonable era la realidad de la resurrección corporal de Jesús.

Los verbos *vio* y *creyó*, traducidos correctamente en el tiempo aoristo, hablan de una acción puntual e instantánea. No demoró en llegar a una conclusión positiva. El término *vio* traduce otro verbo griego, *orao*^{3708} que tiene una gran variedad de significados: ver, contemplar, marcar, observar, percibir. Los dos verbos, *vio* y *creyó* no tienen un cumplimiento directo, es decir, el autor no nos dice qué es lo que vio y qué es lo que creyó. Sin embargo, el contexto implica que vio las mismas evidencias que Pedro había visto. Quizá Pedro todavía estaba allí apuntando a las evidencias y preguntando por una explicación.

El verbo *creyó*, a la luz del significado a través del Evangelio (ver 20:25, 27, 29, 30), es que creyó que Jesús había resucitado, confirmando que era el Hijo de Dios. Es el primero de todos sus discípulos que llegó a esta convicción y es el único que sepamos que creyó en la resurrección solamente basado en la evidencia de la tumba vacía y los lienzos puestos. Probablemente, en su mente llegó a relacionar las evidencias en la tumba con las promesas de Jesús de que resucitaría al tercer día. Sin embargo, todavía no había relacionado este evento con las Escrituras, es decir, con el AT. Para evitar esta dificultad, algunos entienden que lo que *el otro discípulo* creyó fue meramente el anuncio de María Magdalena. Tal conclusión no concuerda con el relato de Juan, porque el hecho de la tumba vacía y la ausencia del

cuerpo de Jesús era evidente al llegar a la tumba, pero la mención de su fe vino más tarde.

La frase adverbial *aún no entendían* (v. 9) parece indicar que en ese momento no habían entendido, pero luego sí. La expresión *la Escritura* parece referirse a un texto particular, no al AT en general, pero no indica a cuál se refiere. Aunque ningún texto del AT describe explícitamente *que le era necesario resucitar de entre los muertos*, Morris menciona varios que podrían implicar el hecho (ver Isa. 53:10-12; Ose. 6:2; Jon. 1:17). Parece que Pablo se refiere a las mismas citas bíblicas en su Carta a los corintios cuando hablaba de la resurrección de Jesús (1 Cor. 15:4). La creencia de los discípulos en la resurrección no se basaba en el AT, sino en las promesas de Jesús, en las evidencias objetivas en la tumba y en sus apariciones. Luego de llegar a esa convicción, buscaron en el AT pasajes que podrían respaldar esa convicción, y los encontraron. Vincent opina que el verbo impersonal, traducido *era necesario*, se refiere al consejo divino que incluía el sufrimiento, la muerte y la resurrección de Jesús (ver 3:14; 12:34).

Literalmente el texto del v. 10 se traduce así: "Se fueron entonces otra vez a los suyos los discípulos". Algunas versiones lo traducen "volvieron a sus hogares". Quizás la expresión en griego podría indicar "a sus hogares", pero no es concebible que hayan ido a sus hogares como si nada extraordinario hubiera sucedido. Es más natural pensar que una vez que habían comprobado la veracidad del anuncio de María Magdalena y se habían convencido de que Jesús había resucitado, no podían esperar para contar las buenas nuevas a los demás, tal como fue el caso de los dos que iban en el camino a Emaús (ver Luc. 24:13). La noticia era demasiado buena para retenerla; era necesario compartirla. Beasley-Murray cita a Bernard quien

Jesús aparece a María Magdalena*

11 Pero María Magdalena estaba llorando fuera del sepulcro. Mientras lloraba, se inclinó para mirar dentro del sepulcro **12** y vio a dos ángeles con vestiduras blancas que estaban

*20:11t Ver Mar. 16:9-11

asume que el discípulo amado llevó las noticias de la tumba vacía a María, madre de Jesús. Seguramente María figuraría entre los *suyos*, pero la expresión, siendo plural, no se limita a ella.

2. Las apariciones, 20:11-29

En esta sección tenemos un buen ejemplo de lo que Juan dijo luego: "Por cierto Jesús hizo muchas otras señales en presencia de sus discípulos, las cuales no están escritas en este libro" (20:30). Con esta aclaración, Juan reconoce que su Evangelio es selectivo. Escogió para incluir en su Evangelio solo siete de las muchas señales, es decir, las que manifestaban más claramente la divinidad de Jesús. Aquí escogió solo tres de las apariciones, las que los Sinópticos no mencionan y las que cumplirían mejor su propósito. Plummer llama la atención a las tres apariciones como correspondientes a las tres divisiones de la oración en el cap. 17: en la primera vemos a Jesús mismo; en la segunda, a Jesús en relación con sus discípulos; y en la tercera, Jesús en relación con todos los que no han visto y, sin embargo, han creído.

(1) La aparición a María, 20:11-18. María Magdalena, que fue con un grupo de mujeres a la tumba temprano en la mañana, al ver la tumba vacía y pensando que alguien había robado el cuerpo de Jesús, fue corriendo a avisar a los discípulos. Aparentemente, ella siguió detrás de Pedro y "el otro discípulo" cuando ellos fueron para verificar su noticia. Cuando esos dos discípulos examinaron la tumba, vieron la evidencia de la resurrección y regresaron para avisar a los demás; parece que María se quedó al lado de la tumba meditando y llorando. Varios comentaristas opinan que la presencia repentina de María Magdalena al lado de la tumba se debe al intento de unir dos o más tradiciones distintas.

El hecho de que Jesús haya escogido a María Magdalena como la primera persona para verlo después de su resurrección es el tema que ha ocupado a casi todos los comentaristas. Hay muchas conjeturas, pero el texto bíblico no define el porqué del caso. Hull, Morris y otros nos recuerdan que los rabíes se negaban a enseñar a mujeres y generalmente les asignaban un lugar muy inferior al de los hombres. Por lo tanto, uno pensaría que el primero para verlo en su estado glorioso sería uno de los once discípulos, quizás Pedro, el vocero, o Juan, el discípulo amado, o si no fuera un discípulo, sería María, la madre de Jesús. Morris comenta que en la aparición a María Magdalena hay una condescendencia maravillosa, porque no tenemos base para pensar que ella fuera alguien de una importancia particular. Al contrario, se describe como una persona de la cual Jesús había sacado "siete demonios" (Luc. 8:2). Muchos se han imaginado que este hecho significa que ella era una mujer inmoral, pero no hay base alguna para tal conclusión. La presencia de demonios en una persona más bien indica un desorden mental o emocional, sin referencia a su moralidad. Los textos bíblicos indican que, luego de ser librada de los demonios, ella servía a Jesús (Luc. 8:3; ver Mat. 8:14 s.), estuvo al pie de la cruz (Juan 19:25), estaba presente en el sepelio (Mat. 27:61) y fue temprano al sepulcro (Juan 20:1). Hull comenta que su experiencia con los demonios, aunque ya sanada, haría aún más cuestionable su testimonio.

No sabemos si ella se enteró de la convicción de Juan de que Jesús había resucitado

sentados, el uno a la cabecera y el otro a los pies, donde había sido puesto el cuerpo de Jesús.

13 Y ellos le dijeron:

—Mujer, ¿por qué lloras?

Les dijo:

—Porque se han llevado a mi Señor, y no sé dónde le han puesto.

14 Habiendo dicho esto, se volvió hacia atrás y vio a Jesús de pie; pero no se daba cuenta de que era Jesús.

15 Jesús le dijo:

---

o, si enterándose, no compartió esa conclusión. El hecho de que *estaba llorando* indica que aún seguía dudando de la resurrección. Ella seguía con su conclusión inicial cuando vio la tumba vacía y creía que alguien había robado el cuerpo (ver v. 2). El participio griego *llorando* está en el tiempo presente y el verbo *lloraba* en el tiempo imperfecto, ambos presentando la descripción de una acción que se prolongaba. El verbo *se inclinó* traduce el mismo término que describe la acción de Juan cuando primeramente llegó a la tumba (v. 5). Significa el hecho de doblarse el cuerpo, o por lo menos la cabeza. Contrario a la traducción de la RVA, el texto dice "se inclinó hacia la tumba", pero no dice que miró hacia adentro, aunque se implica que así lo hizo y el versículo siguiente lo confirma.

El verbo *vio* en el v. 12 traduce el término griego que significa "contemplar detenidamente" y está en el tiempo presente, no aoristo. Esta es la única mención de *ángeles* en este Evangelio. Ella vio lo que los discípulos no vieron y ellos vieron lo que ella no vio. Por lo menos, no se menciona que ella haya visto los lienzos y el sudario. Los discípulos no vieron a los ángeles porque seguramente ellos no se habían presentado todavía. Es probable que los mismos ángeles, estando en el lugar *donde había sido puesto el cuerpo de Jesús*, estaban cubriendo los lienzos. Marcos dice que María Magdalena y otras dos mujeres entraron en la tumba y vieron "a un joven sentado al lado derecho, vestido de una larga ropa blanca, y se asustaron" (16:5). Lucas describe a "dos varones con vestiduras resplandecientes" (24:4). Algunos sugieren que Juan menciona sólo a María Magdalena por ser ella

la que informó a los discípulos y fue ella a quien Jesús se manifestó primero. Nótese el detalle preciso de la ubicación de los dos ángeles, *a la cabecera* y *a los pies*. Se supone que el autor obtuvo la descripción de lo que pasó directamente de María Magdalena.

Los ángeles se dirigen a María Magdalena con *Mujer*, un título de respeto y aun de ternura (ver 2:4). Lucas registra otra pregunta de los ángeles: "¿Por qué buscáis entre los muertos al que vive?" (24:5). María lloraba no sólo por la muerte de Jesús, sino porque pensaba que alguien, al robar el cuerpo, lo habría profanado, lo cual sería un tremendo escándalo. Morris cita a Lenski quien comenta sobre la pregunta de los ángeles: "De veras, ¿por qué está llorando? Nosotros todos habríamos tenido causa de llorar por toda la eternidad si lo que ella deseaba se le hubiera dado, ¡el cuerpo muerto de su Señor!". La respuesta de María a los ángeles es casi idéntica a la que había informado a los discípulos (ver v. 2), pero aquí el verbo es *no sé* en vez de "no sabemos", indicando que ella no estaba acompañada en este momento. Evidentemente no se le ocurrió que Jesús hubiera resucitado. Después de este breve encuentro, los ángeles desaparecen del escenario.

De repente, María Magdalena se daba cuenta de que alguien estaba parado detrás de ella y se volvió para ver (v. 14), pero sus ojos estaban tan llenos de lágrimas, o el cuerpo resucitado de Jesús era tan distinto, que no lo reconoció. El verbo *vio*, en el tiempo presente, traduce el término griego que significa "contemplar". De modo que no era una mirada rápida, sino que quedó contemplándolo. A pesar de esto no lo reconoció. Comentando sobre

—Mujer, ¿por qué lloras? ¿A quién buscas?
Ella, pensando que él era el jardinero, le dijo:
—Señor, si tú lo has llevado, dime dónde lo has puesto, y yo lo llevaré.

16 Jesús le dijo:
—María...
Volviéndose ella, le dijo en hebreo:
—¡Raboni! —que quiere decir Maestro—.
17 Jesús le dijo:

---

los dos discípulos que iban en camino a Emaús, Marcos dice que Jesús "apareció en otra forma" (16:12), es decir, en una forma distinta a lo que ellos habían conocido antes. Beasley-Murray cita a Westcott, quien comenta sobre este pasaje que una pequeña reflexión mostrará que las formas exteriores especiales en que el Señor se complació en hacerse visible a sus discípulos no estaban más conectadas necesariamente con su persona glorificada que las túnicas que vestía.

La primera pregunta de Jesús, *Mujer, ¿por qué lloras?* (v. 15), es idéntica a la de los ángeles (v. 13), pero la segunda es distinta. Morris llama la atención al hecho de que Jesús pregunta: *¿A quién...?* y no: *¿Qué buscas?* Esta manera de preguntar tendría que haber iniciado a María en el camino correcto, porque estaba buscando un objeto, un cadáver, y no una persona viva. Lógicamente ella suponía que un hombre en el huerto a esa hora de la mañana sería el jardinero. Nótese que María no contesta las dos preguntas de Jesús, ni menciona el nombre de la persona que buscaba. Ella concluye erróneamente que el "jardinero" sería responsable por la desaparición del cuerpo de Jesús.

La expresión *si tú lo has llevado* es una frase condicional de primera clase que da por sentado la realidad de la premisa y puede traducirse: "Puesto que tú lo has llevado...". Es la tercera vez que ella expresa el pensamiento de que alguien había robado el cuerpo de Jesús (vv. 2, 13, 15), pero aquí cambia el verbo traducido *has llevado* a uno que es esencialmente un sinónimo. Probablemente no hay una intención de cambiar el significado, sino que, como es común en este Evangelio, al autor le gusta variar los términos con sinónimos. Sin embargo, Lindars piensa

que quizá la idea aquí es la de robar el cuerpo (ver 12:6). La expresión *dime dónde lo has puesto, y yo lo llevaré* despierta dos preguntas. Ella no dice qué es lo que pensaba hacer con el cuerpo, pero se supone que su intención sería de darle una sepultura decente, según las costumbres judías. Varios preguntan cómo pensaba ella sola "llevar" el cuerpo de Jesús, pero es que en su tristeza no habría calculado la dificultad de realizar lo que pensaba hacer, o quizá pensaba alistar a otros para ayudarle.

Juan aclara en el v. 16 que María responde en hebreo, o mejor dicho en arameo, que era el idioma usado entre los discípulos, y por eso él traduce el título al griego. Plummer sugiere que la traducción que Juan le da al título hebreo, al referirse a Jesús, indica que la fe de María todavía es imperfecta, pues era un título que se usaba comúnmente para los maestros (*didaskalos*[1320]) de su día. Uno pensaría que María hubiera captado la identidad del "jardinero" por el tono de su voz, pero no fue así. Fue cuando Jesús pronunció su nombre personal que la revelación gloriosa de la presencia del Cristo resucitado invadió su mente. Parece que hubo algo en la manera en que Jesús pronunció su nombre que la sacudió del estupor de su tristeza, o el mismo hecho de que este extraño la hubiera conocido por nombre. Ella se volvió antes (v. 14) para mirar a Jesús, pero no lo reconoció, y se volvió de nuevo hacia la tumba. Esta vez era distinto; en un instante todas las dudas fueron disipadas, sus lágrimas y la tristeza que habían consumido su corazón desaparecieron, estaba frente a frente con la más grande "señal" de los siglos. Beasley-Murray describe el encuentro: María contestó a Jesús en la manera en que ella estaba acostumbrada a dirigirse a él, marcada solo con la sorpresa que era apropiada para la circunstancia: ¡Raboni! Todo el amor, la fe y el gozo de que era capaz su mente y corazón iluminado fueron volcados en esa palabra: "¡Maestro!". El Pastor había llamado a su "oveja" por nombre y ésta reconoció la voz y respondió con inmenso gozo (ver 10:3 s.).

El v. 17, al ser comparado con los Sinópticos, presenta algunos problemas. La RVA traduce el verbo *dijo* como aoristo, pero está en el tiempo presente descriptivo: "Jesús le dice". El verbo traducido *Suéltame*, realmente significa "deja de tocarme". El tiempo presente del imperativo significa la prohibición de continuar una

acción que ya había comenzado. La RVR-1960 lo traduce "no me toques". Parece que la reacción natural de María Magdalena era de prenderse a Jesús como una expresión de adoración, o como un intento de impedir que se fuera. Se pregunta por qué se prohíbe la continuación de tocarle en esta ocasión cuando en la segunda aparición se dice que varias mujeres "acercándose... abrazaron sus pies y le adoraron" (Mat. 28:9). También, una semana más tarde invita a Tomás a tocarle (ver v. 27). Bernard y otros procuran resolver la dificultad suponiendo que el verbo original, que según ellos significaba "no te alarmes", haya sido corrompido por un

---

Semillero homilético

Evidencia sobre la resurrección de Jesús
20:1-29

Introducción: La tumba vacía es el anuncio de la resurrección de Jesús. El grito: "¡He visto al Señor!" es repetido vez tras vez por más y más de sus discípulos en los primeros días después de su resurrección. Para ellos no había duda de su resurrección. ¡Él vivía!

Y ¿qué de usted? ¿Es suyo el anuncio del evento más grande de la historia? ¿Cree usted en la resurrección de Cristo? Consideremos las evidencias de los testigos oculares mencionados en Juan 20.

I. La tumba vacía (vv. 1-10).
   1. La experiencia de María Magdalena (vv. 1-4).
   2. El dolor y el deseo de estar cerca al Señor a quien ella había visto padecer tan horrible muerte.
   3. El encuentro inesperado.
   4. La reacción y la búsqueda de los discípulos.
   5. La experiencia de Pedro y "el otro discípulo" (vv. 5-10).
      (1) Su reacción: salieron corriendo a ver.
      (2) La evidencia del sudario y la ausencia del cuerpo.
      (3) Creer, pero no entender.
      (4) Volver a los suyos.
II. El Cristo resucitado (vv. 11-18).
   1. María Magdalena.
      (1) Llora desorientada.
      (2) Se vuelve a la voz de su Señor.
      (3) Proclama las buenas nuevas, testifica.
   2. El mensaje de Jesús.
      (1) No hay que aferrarse a él; él va a estar con ellos eternamente.
      (2) La comisión de María de proclamar las buenas nuevas a los discípulos.
      (3) La inclusión de ellos en relación íntima con él y con el Padre.
   3. El resultado sorprendente: "¡He visto al Señor!".
III. Cristo aparece a sus discípulos (vv. 19-21).
   1. La puerta cerrada, como la tumba, no tiene poder frente al Cristo resucitado.
   2. Su mensaje de paz.
   3. Su comisión (los envía como él ha sido enviado).

(Continúa en la pág. siguiente)

—Suéltame*, porque aún no he subido al Padre*. Pero ve a mis hermanos y diles: "Yo subo a mi Padre y a vuestro Padre, a mi Dios y a vuestro Dios".

18 María Magdalena fue a dar las nuevas a los discípulos:

---

*20:17a Lit., *Deja de asirte de mí*; otra trad., *no me toques*
*20:17b Algunos mss. dicen *a mi Padre*.

Joya bíblica

Pero ve a mis hermanos y diles: "Yo subo a mi Padre y a vuestro Padre, a mi Dios y a vuestro Dios" (20:17b).

verbo muy parecido al que tenemos ahora en el texto bíblico. La razón que Jesús le da por esta prohibición es que *aún no he subido al Padre*. No es del todo claro qué tiene que ver esta afirmación con la prohibición. Quizás Jesús estaba recordándole que estaba en una transición de su vida terrenal, cuando la relación física era normal, a su ministerio celestial, cuando ya la relación física cedería el lugar a una relación espiritual. Lindars dice que en un sentido esta afirmación no es verdad, porque él ya había ido al Padre por medio de su muerte y resurrección. Es verdad solo en que las apariciones son un acomodo a las necesidades de los discípulos mientras que ellos se ajustan a la nueva situación.

En vez de permitir que ella se quedara prendida de sus pies, Jesús le envió en una misión: *ve a mis hermanos y diles*. Ella tendría el honor de ser la primera predicadora de la resurrección y ascensión de Jesús. El término *mis hermanos*, normalmente una referencia a sus propios hermanastros (ver 2:12; 7:3, 5, 10; Mat. 12:50), aquí se refiere a los once discípulos. Hay otro caso donde Jesús se refiere a sus discípulos como "mis hermanos" (Mat. 28:10). Es cierto que sus hermanastros no habían creído en él durante su ministerio terrenal (ver 7:5), pero pronto después de la resurrección llegaron a la fe en él como el Hijo de Dios (ver Hech. 1:14). La afirmación *Yo subo a mi Padre y a vuestro Padre, a mi Dios y a vuestro Dios* indica una relación que Jesús gozaba con el Padre que era distinta a la que tenían los discípulos. El contraste entre los pronombres *mi* y *vuestro* apoya este concepto. Morris cita a Lightfoot, quien comenta que los discípulos nunca deben olvidar que, mientras que la filiación de él con el Padre como Hijo es por naturaleza y derecho, la de ellos con el Padre es por adopción y por gracia. El verbo *subo* está en el tiempo presente y Brown insiste en que debemos

---

(Continúa de la pág. anterior)

IV. Cristo se manifiesta a Tomás (vv. 24-29).
   1. Tomás no puede creer lo que no ha visto y probado.
   2. Cristo aparece para manifestarse a Tomás.
     (1) Le ofrece las evidencias en su cuerpo.
     (2) Lo llama a ser un creyente.
   3. La reacción de Tomás.
   4. La enseñanza eterna de Cristo: La felicidad de aquellos que creen aún cuando no pueden tener las evidencias como Tomás ha tenido.

Conclusión: Hay más evidencias, en la Biblia y en otros escritos, de la resurrección de Jesús. Sin embargo, Juan nos presenta relatos que dan pruebas de testigos oculares, con el fin de que éstos sean las señales escritas en su Evangelio (v. 31). ¿Cree usted? Si no, hoy es su oportunidad de tener la felicidad de creer aun sin ser un testigo ocular. ¡Él vive! Crea en el Cristo resucitado y reciba de él la vida eterna ahora y para siempre.

—¡He visto al Señor*!

También les contó que él le había dicho estas cosas.

Jesús aparece a sus discípulos*

19 Al anochecer de aquel día, el primero de la semana, y estando las puertas cerradas en el

---

*20:18 Algunos mss. antiguos dicen *de que había visto al Señor*.
*20:19t Comp. Mat. 28:16-20; Mar. 16:14-18; Luc. 24:36-49

---

mantener la fuerza natural de este tiempo, "estoy subiendo", la cual describe acción en progreso.

> **Joya bíblica**
>
> **María Magdalena fue a dar las nuevas a los discípulos: "¡He visto al Señor!".**
> **También les contó que él le había dicho estas cosas (20:18).**

María entendió que la referencia de Jesús a "mis hermanos" se refería a sus discípulos (v. 18) y aparentemente en este momento sus hermanastros no figuraban en el grupo. Es importante el orden de los dos anuncios. Antes de compartir lo que Jesús le había mandado, compartió su experiencia personal. Mateos-Barreto comenta que no es un anuncio que nace de la lectura de un hecho (ver 20:8), sino un mensaje recibido de Jesús vivo y presente. Hull agrega que, considerando el hecho de que María era mujer, que había sufrido el ataque de siete demonios y era oriunda de Magdala, ciudad famosa por su inmoralidad, es notable que a ella, la menos indicada según las reglas humanas, le haya sido confiada la noticia más monumental en la historia de la humanidad.

(2) La aparición a los diez discípulos, 20:19-23. Según el arreglo de A. T. Robertson, la aparición a los diez discípulos que se describe en esta sección fue la quinta de once. La segunda fue a un grupo de mujeres (Mat. 28:8-10), la tercera a los dos discípulos en camino a Emaús (Mar. 16:12 s.; Lucas 24:13-32) y la cuarta el informe de la aparición a Pedro (Luc. 24:33-35). Esta quinta y última aparición que tuvo lugar en el mismo día de la re-

surrección, sucedió en horas avanzadas de la noche, estando ausente Tomás. Se relata también en Marcos 16:14 y Lucas 24:36-43. Aunque el relato de Juan es paralelo al de Lucas, cada uno enfatiza los aspectos que le importan más. En el relato de Lucas, Jesús mostró a los discípulos sus manos y pies, pero en Juan les mostró sus manos y el costado. Lucas describe el temor de los discípulos al ver a Jesús, pensando que era un fantasma, pero no menciona el soplo, ni el Espíritu Santo, ni la autoridad de perdonar o retener los pecados.

Vemos en esta sección una declaración explícita de la relación entre el ministerio terrenal de Jesús y la misión de los discípulos. Hull opina que las apariciones tenían el propósito de efectuar una transición de lo visible a lo invisible, de lo temporal a lo eterno, de lo limitado a lo universal, de lo físico a lo espiritual. En medio de esta situación, la iglesia también estaba experimentando una transformación: de un grupo temeroso a uno confiado, de espectador a testificador, de impotente a lleno del Espíritu Santo, de uno vacilante a uno autoritativo.

Nótese la precisión y el lujo de detalles que el autor presenta en el v. 19. Aunque era una hora muy tarde, quizá cerca de la medianoche, siendo ya el segundo día de la semana según el método judío de calcular los días, Juan lo describe como *el primero de la semana*, o literalmente: "en el día aquel en el primero de sábados" (ver v. 1). Los discípulos habían regresado de Emaús y era tarde cuando comenzaron el regreso, un viaje de unos 11 km (Luc. 24:29, 33).

Con la expresión *estando las puertas cerradas*, o "bien cerradas", Juan cumplió

lugar donde los discípulos se reunían por miedo a los judíos, Jesús entró, se puso en medio de ellos y les dijo: "¡Paz a vosotros*!". **20** Habiendo dicho esto, les mostró las manos y el costado. Los discípulos se regocijaron cuando vieron al Señor. **21** Entonces Jesús les dijo otra vez: "¡Paz a vosotros! Como me ha enviado el Padre, así también yo os envío a vosotros".

*20:19 Traducción de un saludo corriente en hebreo; p. ej., en Gén. 43:23

dos propósitos: recordaba que *el miedo a los judíos* seguía siendo una realidad, pero también quería aclarar que la entrada fue un milagro en sí. Debemos entender que *cerradas* significa "cerradas con llave". Jesús no llamó a la puerta y nadie se la abrió. Solo Juan menciona este detalle y quiere dejar constancia de que Jesús pasó por la puerta cerrada (ver v. 26). Después de la resurrección, el cuerpo de Jesús no estaba sujeto a las leyes del cuerpo físico, pues no era visible ni tangible; sin embargo, él se hizo visible y tangible para convencer a los discípulos de la realidad de su resurrección. Plummer comenta que antes de la crucifixión era visible a menos que deseara ser invisible, pero después de la resurrección era invisible a menos que deseara manifestarse visible (ver Luc. 24:31). El grupo reunido incluía a los once, pero también a otros de sus seguidores, quizás incluyendo a las mujeres (ver Luc. 24:33).

La salutación "*¡Paz a vosotros!*", *shalom* en hebreo, expresa el mismo deseo que Jesús les comunicó en las últimas palabras antes de su arresto y crucifixión (14:27; 16:33; ver 1 Sam. 25:6; Luc. 24:36). Se piensa que los discípulos estaban reunidos en el mismo aposento alto donde Jesús comió la última cena con ellos. Morris comenta que, después de la conducta de los discípulos durante el arresto y los juicios, ellos podrían esperar una represión, pero recibieron una promesa de paz. Sin embargo, Marcos relata que Jesús "les reprendió por su incredulidad y dureza de corazón, porque no habían creído a los que le habían visto resucitado" (16:14).

Jesús *les mostró las manos y el costado* para asegurarles que era el mismo que había sido crucificado, es decir, una prueba

inconfundible de su identidad y de su misión cumplida. Hull comenta que las marcas en sus manos y costado eran prueba de la victoria por la cual él había hecho posible la verdadera paz que les había prometido. Ellos no habían creído por el testimonio de algunos de los suyos que habían visto al Señor resucitado, pero ya no tendrían más dudas y por eso el tremendo gozo que sentían. El gozo es una de las bendiciones fundamentales que pertenece a los miembros del reino de Dios (ver Isa. 25:6-9; 54:1-5; 61:1-3). Él seguía siendo el Jesús que había caminado con ellos, pero también ahora lo reconocen como su *Señor* en el sentido absoluto del título, uno digno de su adoración. De aquí en adelante Juan empleará este título al referirse a Jesús. La promesa que Jesús les hizo en el aposento alto de que vendría a ellos (14:18), que ellos lo verían (14:19) y que su tristeza se transformaría en gozo (15:11; 16:20-24), ahora se cumplía.

Sus temores ya se habían calmado y pudieron recibir todo el impacto de la paz que Jesús les ofrecía. Una condición necesaria para que pudieran cumplir la misión que estaba por asignarles sería que experimentaran la paz que solo Jesús podría darles. El verbo *ha enviado* (v. 21) traduce un verbo griego que significa "enviar con una misión" y de este verbo se deriva, por transliteración, el término "apóstol". Jesús fue "el apóstol" (Heb. 3:1) del Padre para realizar la misión redentora, la cual ya había cumplido con absoluta perfección. Lo que faltaba sería ofrecer esa redención a todo el mundo, con todos los beneficios acompañantes. Esa magna misión fue encomendada a los que ya se han beneficiado de esa redención. El adverbio *Como*, o "en la misma manera", expresa la íntima

22 Habiendo dicho esto, sopló y les dijo: "Re-   cibid el Espíritu Santo. **23** A los que remitáis

---

relación entre la misión asignada a Jesús por el Padre y la que él asignaba a los suyos (ver 17:18). El verbo *envío* está en el tiempo presente; "estoy enviando", indica acción continua, y ¡continuará hasta que él vuelva por segunda vez! Algunos habían comenzado ya esa misión al anunciar su encuentro con el Cristo viviente con la convicción de su resurrección. El anuncio de la resurrección llegó a ser un elemento integrante y básico en el evangelio que los apóstoles anunciaban (ver Hech. 1:22; 2:32; 4:2, 33; 17:32; 23:6; 24:21).

Joya bíblica

¡Paz a vosotros! Como me ha enviado el Padre, así también yo os envío a vosotros (20:21).

El v. 22 ha intrigado a los creyentes a través de los siglos. Morris considera que es importante notar que el texto no dice que "sopló sobre ellos"; él entiende que el énfasis es al grupo como representando la comunidad cristiana y no como individuos.

El verbo traducido *sopló* se encuentra sólo aquí en el NT, pero casi todos los comentaristas lo relacionan con el soplo de vida que Dios le dio a Adán en la creación (ver versión LXX de Gén. 2:7). También, el mismo verbo se encuentra en la versión LXX de Ezequiel 37:9. El artículo definido *el* no está en el texto gr., igual como en 1:33, y quizás debe eliminarse de la traducción. Algunos ven una importancia en esta omisión; por ejemplo, que se refiere a un "don impersonal" del Espíritu en contraste con un "don personal". Sin embargo, Brown refuta tal distinción, señalando que se omite el artículo particular en pasajes donde se refieren al Espíritu en el pleno sentido neotestamentario del término (ver Hech. 2:4).

La pregunta es la siguiente: ¿Les dio en ese momento el Espíritu Santo, o apuntaba a la venida del Espíritu Santo en Pentecostés? Lindars, Vincent y muchos otros opinan que aquí se trata de una acción simbólica en que cumple la expectación de 1:33 y la promesa del Paracleto (ver 7:39). Esto sugiere que Juan contem-

---

Oportunidades perdidas

Jesús dijo a sus discípulos: "Como me ha enviado el Padre, así también yo os envío a vosotros" (20:21). Lamentablemente, en algunas ocasiones, perdemos las oportunidades que se nos ofrecen. Guillermo Barclay habla de una de estas oportunidades históricas.

En 1271 Nícolo y Maffeo Polo estuvieron en la corte de Kubla Khan, cuyo imperio se extendía desde las montañas Urales hasta los Himalayas, y desde el Danubio hasta el mar de China. Kubla Khan les dijo: "Quiero que regresan al Papa y le pidan que envíe cien misioneros a la China; yo me convertiré al cristianismo, y todos mis hombres importantes llegarán a ser cristianos; todo mi país llegará a ser cristiano, y habrá más cristianos en el Este de los que jamás haya habido en el Oeste".

Cuando los hermanos Polo regresaron a Italia, presentaron esta petición al Papa, pero él estaba ocupado con la política y no respondió a esta oportunidad. Durante 18 años no hubo ninguna respuesta a esta oportunidad única; luego enviaron un manojo de misioneros, ¡demasiado tarde y demasiado pocos!

Imagínese lo que hubiera pasado si el Papa hubiera aprovechado esta oportunidad. La China hubiera sido cristiana, Japón y la India hubieran sido cristianas, el Medio Oriente hubiera sido cristiano, y la faz del mundo hubiera sido cambiada. Pero la Iglesia rechazó la oportunidad; ¡estaba ocupada en otras cosas! Verdaderamente, esa fue una gran oportunidad perdida.

Citado por William Barclay, *The Life of Jesus for Everyone* (La vida de Jesús para todos).

los pecados, les han sido remitidos; y a quienes se los retengáis, les han sido retenidos*".

---

*20:23 Otra trad., *A los que perdonéis los pecados, les son perdonados; y a quienes se los retengáis, les son retenidos.*

---

plaba la constitución de la iglesia después de la resurrección como una especie de nueva creación. G. Campbell Morgan lo describe como un "soplo profético". Otras enseñanzas de Jesús indican que la venida del Espíritu Santo tendría lugar cuando él regresara al Padre (ver 14:16, 26; 16:7, 13). Plummer acota que debemos considerar el soplo no meramente como un emblema del Espíritu (ver 3:8), sino como el medio por el cual el Espíritu les era impartido. Haremos bien en recordar que el mismo término griego se traduce "viento", "aliento" y "espíritu". El mandato *Recibid el Espíritu Santo*, combinado con el soplar, implica esta verdad. Entonces en este versículo tenemos la anticipación y promesa de Pentecostés.

Sólo aquí, v. 23, en este Evangelio el verbo traducido *remitáis* se usa en relación con pecados, pero es frecuente en los Sinópticos (ver Mat. 6:12; 9:5; Mar. 2:5; Luc. 5:23). Algunas traducciones emplean "perdonar" en vez de "remitir" e "imputar" en vez de "retener". Hay una partícula griega condicional, usada al comienzo de las dos cláusulas, y que puede traducirse "si" o "cuando", pero es omitida por muchos traductores. Existe una relación

directa entre la recepción del Espíritu Santo, mencionada en el versículo anterior, y la autoridad de la iglesia de declarar algunos pecados *remitidos* y otros *retenidos*. Esta autoridad no es automática, ni arbitraria, ni individual, sino que se debe expresar por la comunidad cristiana únicamente bajo el discernimiento y la dirección del Espíritu Santo. Brown, fiel a su tradición, entiende que la construcción gramatical señala una interpretación sacramental. Por ejemplo, Morris cita a Brown en una publicación de éste con fecha de 1967 en que afirma: "El poder para absolver y para retener los pecados del hombre se da explícitamente a los doce en 20:23". Aunque sigue con la interpretación sacramental, en su comentario publicado en 1978 es menos categórico. Brown aprovecha algunas variantes en el texto griego para reforzar su posición. Otros comentaristas rechazan categóricamente la interpretación sacramental. La autoridad fue dada a todos los discípulos presentes, incluyendo a varios además de los diez (ver Luc. 24:33), no estando presente Tomás.

Varios observan que esta autoridad fue dada en relación con el cumplimiento de la

---

Así Os Mando Yo
Juan 20:21

Al mundo id, a realizar la obra,
Id a servir en medio del dolor;
Desprecio habrá y burlas y congojas,
"Mas hay que ir", nos dice el Señor.

Coro:
Como el Padre me envió, os envío yo.

Al mundo id, cumplid vuestros ideales,
Y renunciad al goce terrenal;
A trabajar do reinan las maldades,
Os ruego ir en actitud leal.

Al mundo id, con soledad y ansias,
Sintiendo hambre en vuestro corazón;
Sin más hogar, ni amigos ni familia:
Yo os daré mi amor y bendición.

Al mundo id, de odio y rencillas,
Do ciegos hay, porque no quieren ver,
Y allí gastad humildes vuestras vidas,
Que el Calvario vuestro ha de ser.

E. Margaret Clarkson, Así Os Mando Yo, Núm. 295 Himnario Bautista (El Paso, Casa Bautista de Publicaciones).

Jesús convence a Tomás

24 Pero Tomás, llamado Dídimo*, uno de los doce, no estaba con ellos cuando vino Jesús. **25** Entonces los otros discípulos le decían:

—¡Hemos visto al Señor!

Pero él les dijo:

—Si yo no veo en sus manos la marca de los clavos, y si no meto mi dedo en la marca de los clavos y si no meto mi mano en su costado, no creeré jamás.

*20:24 O sea, *Mellizo*

---

misión de la predicación del evangelio. Siendo así, la interpretación más natural sería que, al proclamar o enseñar el evangelio del reino, el vocero tiene la autoridad de anunciar las condiciones para que uno reciba el perdón de pecados. Si uno cumple las condiciones, se declara que sus pecados han sido perdonados; si no las cumple, se declara que han sido retenidos. Nótese que el que presenta el evangelio no perdona ni retiene pecados, sino declara lo que Dios ha hecho basado en las promesas de su Palabra. Plummer llama la atención al uso plural de "ambos lados", de los que declaran el perdón y los que lo reciben. Este hecho indicaría que se trata de la autoridad de la comunidad y no de un individuo, y de los hombres pecadores en general, y no un pecador individual. Este análisis armoniza con la autoridad que Jesús dio a Pedro y a los demás discípulos en relación con la confesión de Cesarea de Filipos (ver Mat. 16:18 s.; 18:18).

(3) La aparición a Tomás, 20:24-29. La quinta aparición tuvo lugar en la noche del día de la resurrección. No hubo otra aparición durante la semana, pero el próximo domingo de noche apareció otra vez a los discípulos en el aposento alto, estando presente Tomás. La tradición cristiana ha asignado a Tomás el rol del incrédulo y aún hasta el día de hoy se oye: "Ese hombre es un 'Tomás-incrédulo' ". Juan ya lo había presentado como leal, dispuesto a morir con su Señor, honesto para confesar su falta de comprensión y un tanto pesimista (ver 11:16; 14:5). Parece que esta aparición se hizo con el solo propósito de satisfacer las demandas de Tomás.

El sobrenombre *Dídimo*, una transliteración del griego, significa "el doble" o "mellizo". Juan lo identifica de modo que no hubiera posibilidad de confundirlo: nombre propio, sobrenombre, *uno de los doce*, y el único de los once que faltó a la reunión la semana antes. No se nos dice el motivo por la falta de Tomás el primer día de la resurrección. ¿Sería por temor de los judíos, una enfermedad contagiosa, una aguda depresión o la pérdida de fe en Jesús y su causa? El gran error de Tomás comenzó con su duda, y luego con su falta de confianza en el testimonio de sus propios compañeros.

Durante la semana que había transcurrido, los diez discípulos, y quizás otros, habían realizado un ministerio de animar y exhortar a Tomás. Compartían el testimonio de sus propias dudas y luego de su convicción de la realidad de la resurrección basados en encuentros personales con el Señor resucitado. El verbo traducido *decían* (v. 25) está en el tiempo imperfecto, indicando la repetición de su testimonio: "estaban diciéndole...".

No debemos olvidar que todos los otros discípulos que habían creído en la resurrección lo hicieron basados en la evidencia que ellos habían visto personalmente. Parece que ninguno creyó solamente por el testimonio de otros que habían visto al Señor resucitado. Pero Tomás es más exigente. No confía en el testimonio de sus hermanos, ni en el testimonio de sus propios ojos; demanda la prueba de la visión y también del toque de su propias manos. Además, tendría que meter su dedo *en la marca de los clavos* y su *mano en su costado* para poder creer. Su demanda es categórica. La expresión traducida *no*

26 Ocho días después sus discípulos estaban adentro otra vez, y Tomás estaba con ellos. Y aunque las puertas estaban cerradas, Jesús entró, se puso en medio y dijo:

—¡Paz a vosotros*!

27 Luego dijo a Tomás:

—Pon tu dedo aquí y mira mis manos; pon acá tu mano y métela en mi costado; y no seas incrédulo sino creyente.

28 Entonces Tomás respondió y le dijo:

---

*20:26 Traducción de un saludo corriente en hebreo; p. ej., Gén. 43:23; comp. Luc. 24:36

---

creeré jamás emplea una doble negación, haciéndola muy enfática. Algunos opinan que Juan incluye esta insistencia de Tomás para refutar a los docetas que negaban que Jesús tenía un cuerpo físico. Sin duda el texto puede usarse con ese propósito, pero es muy dudable que Juan haya tenido eso en mente.

La expresión *Ocho días después* (v. 26) se calcula a partir de la quinta aparición en el primer día de la resurrección, o sea, el domingo siguiente. Aparentemente estaban en el mismo aposento alto y habían cerrado las puertas con llave por temor de los judíos (ver v. 19). Un dato muy importante *es que Tomás estaba con ellos* esta vez. Se repite la descripción de la entrada de Jesús y la salutación, excepto que en el relato del domingo anterior el verbo *entró* estaba en aoristo y aquí está en el tiempo presente descriptivo y debe traducirse "Jesús entra...".

Algunos opinan que Jesús deliberadamente esperó hasta el domingo siguiente con el fin de establecer ese día como el nuevo "sábado", es decir, el día señalado para el culto semanal en que celebraban la resurrección de su Señor. Plummer dice que no es claro por qué los discípulos aún no habían iniciado el viaje a Galilea de acuerdo con el mandato de Jesús (ver Mat. 28:7; Mar. 16:7).

Jesús no se había hecho visible durante la semana que transcurrió entre la última aparición y ésta, pero había sido un oyente invisible de las demandas de Tomás (v. 25). En esta ocasión, parece que descuidó a los otros discípulos y se concentró sólo en Tomás como que este fuera el único propósito de su visita. Jesús lo desafía a cumplir con lo que había exigido. Plummer

comenta que la reproducción de las mismas palabras de Tomás por Jesús sirve para enfatizar lo grosero de sus demandas. Varios comentaristas observan que la oferta de Jesús parece contradecir la prohibición a María Magdalena de no tocarle (v. 17). En ambos casos Jesús atendió la necesidad del momento. Hull comenta que en esa aparición, él tuvo que enseñar a María que la realidad de su persona no era sólo física, pero en esta ocasión tuvo que enseñar a Tomás que la realidad de Jesús no era sólo espiritual. En estos dos extremos, el evangelio es protegido del historicismo, por un lado, y del gnosticismo, por el otro. La fe cristiana no puede basarse enteramente en lo tangible, ni en lo intangible, sino en un sano equilibrio entre los dos.

El mandato de Jesús, *no seas incrédulo sino creyente*, traduce un imperativo en el tiempo presente, el cual enfatiza la cesación de una cosa y el comienzo de otra: "No continúes siendo incrédulo, sino (al contrario, continúa siendo) creyente". La conjunción adversativa *sino* es enfática. El término traducido *incrédulo* o "no creyente" (*apistos*[571]) es igual que *creyente* (*pistos*[4103]), excepto que el primero tiene lo que se llama una "alfa-privativa" que priva el sentido de la palabra; por ejemplo a-teo, "sin-Dios" o "el que no cree en Dios".

Beasley-Murray cita varias tradiciones que presentan a Pedro, y a los demás, tocando las manos y el costado de Jesús. Sin embargo, el mismo autor resta valor a esas tradiciones y opina que Tomás fue convencido de la realidad de la resurrección por la vista, como los otros discípulos, sin haberle tocado. Si hubiera llegado a

—¡Señor mío, y Dios mío!
29 Jesús le dijo:

—¿Porque me has visto, has creído*? ¡Bienaventurados los que no ven y creen!

*20:29 Algunos mss. tardíos incluyen *Tomás*.

---

convencerse hasta tocar a Jesús, seguramente Juan lo hubiera comentado.

> **Joya bíblica**
>
> **¿Porque me has visto, has creído? ¡Bienaventurados los que no ven y creen! (20:29).**

Literalmente la exclamación del v. 28 es: "¡El Señor de mí y el Dios de mí!". Nótese el doble uso del pronombre personal posesivo "de mí" o "mío", con el cual Tomás expresa una relación personal de fe. La descripción revela a uno quebrantado por la vista del glorioso Señor con las marcas claramente visibles de su sufrimiento y muerte. ¡Notable es el hecho de que el que había dudado y que había rechazado el testimonio de sus compañeros es el mismo que ahora declara más explícitamente que cualquier otro la completa divinidad de Jesús! Esta confesión surge de la profundidad de su alma, mientras que probablemente Tomás caía de rodillas, o se postraba, a los pies de su Señor. Tomás fue más allá de la creencia en la resurrección de Jesús, se somete a él como su Señor absoluto y lo reconoce como Dios mismo.

Hemos notado muchas veces en el ministerio que la persona más cerrada al evangelio, cuando se convierte, llega a ser el creyente más ferviente. El ejemplo más notable de esta verdad es el testimonio del apóstol Pablo. Hovey cita a Godet quien comentó que "el último llega a ser por el momento el primero, y la fe de los apóstoles, según la profesión de Tomás, llega finalmente a la cumbre de la verdad divina expresada en el prólogo". Es el primero en reconocer explícitamente que Jesús es Dios y es, a la vez, el último que confiesa su fe en Jesús en este Evangelio. Es importante notar que Jesús recibe este reconocimiento de él como Dios.

La respuesta de Jesús en el v. 29 es otra evidencia de que Tomás no extendió su dedo y manos para tocarle. La RVA sigue la puntuación del texto griego de las Sociedades Bíblicas Unidas, marcando la primera cláusula de la respuesta como una pregunta. Las traducciones están divididas sobre esta cláusula, algunas la traducen como una declaración (NVI), otras como una pregunta (RVA). Plummer dice que es mitad pregunta y mitad exclamación (ver 1:51; 16:31), Brown supone que es una declaración. Algunos opinan que si fuera una pregunta, indicaría una suave represión. Sin embargo, Hovey opina que el significado es esencialmente el mismo si es una declaración, una exclamación, o una interrogación. El verbo *has creído*, estando en el tiempo perfecto, indica una acción que se realizó en el pasado cuyos resultados continúan en el presente.

La bienaventuranza que Jesús pronunció no es comparativa en sí, es decir, él no dice que "más" bienaventurados son los que creen sin ver, aunque esto podría ser implicado. Él aceptó y aprobó la fe por la vista de Tomás como verdadera, pero omite decir que es bienaventurado. Tomás tuvo la oportunidad de creer en la resurrección basado en el testimonio de sus compañeros, sin evidencia visual, y no la aprovechó. Aparentemente, Jesús estaba mirando hacia adelante cuando sus futuros discípulos tendrían que creer sin poder ver y se adelanta para pronunciar una bendición sobre ellos. Culpepper observa que a través del Evangelio, Juan ha analizado la relación entre el ver y el creer, presentando una serie de señales, pero animando a los lectores a una fe que no se basa en señales. Tomás sirve como ejemplo para los lectores que podrían demandar señales,

El propósito de este libro

30 Por cierto Jesús hizo muchas otras señales en presencia de sus discípulos, las cuales
no están escritas en este libro. 31 Pero estas
cosas han sido escritas para que creáis que
Jesús es el Cristo, el Hijo de Dios, y para que
creyendo tengáis vida en su nombre.

---

pero Jesús busca y se complace en un nivel
de fe que es superior. Westcott acota que
la última y más grande de las bienaventuranzas es el tesoro persistente de la iglesia
posterior.

VII. EL PROPÓSITO DEL EVANGELIO, 20:30, 31

Este párrafo tiene toda la apariencia de
una conclusión del Evangelio y también
expresa el propósito que el autor tuvo en
escribirlo. Por esta razón, muchos comentaristas opinan que el texto original termina aquí. Parece que el propósito del Evangelio se ha logrado. Jesús se había apareci-
do a todos los discípulos, les había comi-
sionado y les había dado simbólicamente el
Espíritu Santo, Tomás había pronunciado
la confesión más elevada y Jesús había
pronunciado una bendición especial sobre
los que creerían en él, sin verlo. Por esto,
se piensa que el cap. 21 fue agregado más
adelante por el mismo autor.

La expresión *Por cierto* o "ciertamente",
según Mateos-Barreto, traduce dos partículas griegas que tienen la idea de "por
consiguiente", "por lo tanto" o "entonces",
lo cual enfatiza la conclusión de lo que antecede, en vez de lo que sigue. Juan mira
hacia atrás y afirma que *Jesús hizo muchas otras señales*, refiriéndose a todos los
milagros que había realizado durante su
ministerio terrenal, no sólo a las apariciones después de la resurrección. Luego
afirma dos cosas acerca de todas esas señales: no fueron hechas en secreto, sino *en
presencia de sus discípulos*, y muchas no
fueron registradas en este Evangelio (ver
21:25). Juan insinúa que había escogido
de entre todas las señales de Jesús las que
más claramente apuntaban a él como el
Hijo de Dios. Entonces, es un Evangelio
selectivo con un propósito definido.

El verbo traducido *han sido escritas* (v.
31) está en el tiempo perfecto, enfatizando el valor permanente del Evangelio (ver
19:22). En este versículo el autor expresa
en forma clara y concisa el propósito del
Evangelio. La conjunción de propósito,
para que (*jina*²⁴⁴³), usada tan frecuentemente en este Evangelio, introduce el
propósito. El verbo traducido *creáis* es un
subjuntivo en el tiempo aoristo en la mayoría de los mss., pero en el tiempo presente en otros. Si se toma como aoristo,
enfatizaría el comienzo de la fe, pero si se
toma como presente, enfatizaría la continuación y afirmación de la fe ya existente.
El Evangelio cumple ambos propósitos:
anima la fe inicial de salvación, y fortalece
y aumenta la fe de los que ya son creyentes. Por otro lado, Beasley-Murray advierte del peligro de interpretar con demasiado rigor el significado del tiempo de
los verbos.

Nótese que el propósito no es de crear fe
como el objeto final, sino de convencer a
los hombres de la naturaleza verdadera de
Jesús. No es un mero hombre, ni tampoco
sólo un buen hombre, sino que *es el
Cristo*, el Mesías de Dios, prometido largamente a través del AT, el enviado personal
de Dios con una misión especial y encarnado en la persona de Jesús. Pero tampoco
termina allí, sino que el Evangelio tiene el
propósito de convencer a los hombres que
ese Mesías es divino, es el *Hijo de Dios*, y
es Dios mismo, tal cual confesó Tomás.
Como en las palabras de Tomás, ese convencimiento debe llevar a una confianza y
compromiso con Cristo como "su Señor y
su Dios".

El segundo propósito, o mejor dicho, la
finalidad última del Evangelio y el resultado benéfico de creer se expresa en la
cláusula *para que creyendo tengáis vida en
su nombre*. Este libro frecuentemente se

Jesús aparece a los suyos en Galilea

21 Después de esto, Jesús se manifestó otra vez a sus discípulos en el mar de Tiberias. Se manifestó de esta manera: **2** Estaban juntos Simón Pedro, Tomás llamado Dídimo*, Natanael que era de Caná de Galilea, los hijos de Zebedeo y otros dos de sus discípulos.

*21:2 O sea, *Mellizo*

---

llama "El Evangelio de vida". El término *vida* se refiere a la plenitud de vida espiritual o "vida eterna" que sólo se logra *en su nombre* (ver 1:4; 3:15; 10:10). El verbo traducido *tengáis* es un subjuntivo en el tiempo presente. Una vez que uno cree en Cristo como el Hijo de Dios (primera cláusula) recibirá la *vida*, y seguirá teniendo *vida* para siempre (segunda cláusula).

Entonces el Evangelio de Juan tiene un propósito decididamente evangelístico y misionero. Está en perfecto acuerdo con el propósito para el cual Jesús vino al mundo. En esta forma y en el último versículo, Juan une magistralmente los dos temas dominantes en el Evangelio: "creer" y "vida".

VIII. EPÍLOGO, 21:1-25

Todo este capítulo es particular a Juan. Hay un consenso prácticamente unánime de que el cap. 21 de Juan es un epílogo al Evangelio (caps. 1—20). Pero no se conoce un mss. en que no aparece este capítulo. Morris, Plummer, Hovey, Guthrie y muchos otros opinan que el mismo autor escribió todo el Evangelio, excepto los últimos dos versículos. En cambio, muchos otros sostienen que el cap. 21 fue escrito por otra persona o personas.

Tres evidencias importantes que apoyan la tesis de que el cap. 21 es un epílogo son: los últimos dos versículos del cap. 20 presentan un clímax efectivo; las apariciones de Jesús relatadas en el cap. 20 no parecen presuponer Juan 21; y el último capítulo contiene dentro de sí el propósito y la manera en que fue agregado. Parece que este capítulo fue escrito con el propósito de responder a algunas dudas o críticas que surgieron de los capítulos anteriores. Por ejemplo, circularon algunos malentendidos en relación con la demora de la *parousía* y la muerte de los líderes apostólicos, los cuales fueron corregidos. Algunos consideran que uno de los propósitos principales que hace necesario el cap. 21 es la restauración de Pedro. También la autoridad del Evangelio y su autenticidad fueron reforzadas y defendidas. Además, este capítulo agrega una aparición en Galilea, mientras que las del capítulo anterior se realizaron sólo en Judea. Algunos opinan que el autor, enterado ya de que los Sinópticos se concentraban en las apariciones en Galilea, quiso agregar una de su conocimiento que tuvo lugar en Galilea.

Moffatt, Bultmann y otros sugieren que ciertos aspectos del vocabulario y estilo del cap. 21 señalan la posibilidad de que una mano distinta a la de los capítulos anteriores estaba escribiendo. Witherington es más definido, afirmando que hay unas 28 palabras y numerosas frases en el cap. 21 que no se encuentran en la capítulos anteriores. También, según varios autores, las referencias a la paternidad en 21:24-25 hacen plausible el suponer que este capítulo fuera agregado por el editor final quien redactó todo el Evangelio. Plummer, en cambio, menciona nada menos que 25 "marcas" que tienden a mostrar que el cap. 21 fue escrito por el apóstol Juan. Guthrie apoya a Plummer en esta conclusión.

Culpepper presenta la tesis de varios autores contemporáneos quienes opinan que el Evangelio fue escrito en varias etapas durante un período extendido por miembros de la comunidad juanina, basándose en los testimonios del apóstol Juan. Si esta tesis se acepta, el cap. 21 representaría la

3 Simón Pedro les dijo:
—Voy a pescar.
Le dijeron:

—Vamos nosotros también contigo.
Salieron y entraron en la barca, pero aquella noche no consiguieron nada. **4** Al amanecer,

---

última etapa, el cual es claramente juanino en su vocabulario y estilo. Beasley-Murray agrega que es más sencillo asumir que otro, no el evangelista, escribió el cap. 21.

1. La pesca milagrosa, 21:1-14

El escenario de la pesca milagrosa se sitúa en Galilea, sobre el mar de Tiberias, cuyo nombre se toma de un pueblo construido por Herodes (*aprox.* 25 d. de J.C.) en honor a Tiberio César, sobre la orilla sudoeste del mar. Sólo el Evangelio de Juan emplea este nombre al referirse al mar de Galilea (ver 6:1, 23; 21:1), o el "lago de Genesaret" en los Sinópticos (Luc. 5:1; ver Mat. 14:34; Mar. 6:53). Es el relato más extendido que tenemos sobre una aparición del Señor. El carácter principal en el relato, además de Jesús, es Simón Pedro. Como en la aparición a María Magdalena, los discípulos demoraron en reconocer a Jesús.

La expresión general y ambigua *Después de esto* (ver 3:22) no parece tener una relación directa con los capítulos anteriores. El verbo *se manifestó*, "se mostró" o literalmente "manifestó a sí mismo", muy común en los escritos juaninos (ver 7:4; 11:33, 55; 13:4; 1 Jn. 3:3; Apoc. 6:15; 8:6; 19:7), se repite en este versículo y se refiere a una aparición. Este verbo se refiere a Dios o a Cristo frecuentemente en el NT. Hasta ahora Jesús había manifestado su gloria, pero ahora se manifiesta a sí mismo en su estado glorificado. Nótese que este sección comienza y termina con esta expresión (v. 14). Vincent acota que en las múltiples referencias donde se usa este verbo no sólo apela a los sentidos físicos, sino se dirige a la percepción espiritual y contempla un efecto moral y espiritual. Beasley-Murray, Morris y otros opinan que todo el versículo tiene el efecto de anunciar un tema: "Jesús se manifestó". Los discípulos estaban en Galilea en obe-

diencia del mandato de Jesús (ver Mar. 14:28; 16:7). Aparentemente se fueron de Judea después de la aparición a los discípulos en el aposento alto, estando presente Tomás (ver 20:26-29).

Quizás que se hable de siete discípulos debe verse como simbólico y representativo de los once, si no de todo el cuerpo de discípulos. El nombre completo *Simón Pedro* (v. 2) es la manera común con que Juan se refiere a este discípulo, pero Jesús lo llama "Simón, hijo de Jonás". *Tomás llamado Dídimo*, o mellizo, se menciona en 11:16; 14:5; y 20:24. *Natanael* no se menciona fuera de este Evangelio (ver 1:45) y solo aquí se establece *que era de Caná de Galilea. Los hijos de Zebedeo*, Juan y Jacobo (ver Mat. 4:21), no se mencionan por nombre en este Evangelio, pero se asume que son conocidos. Una posible explicación es la reticencia de Juan en relación con su persona y su familia. Hovey comenta que, si este capítulo hubiera sido escrito por otro que Juan, seguramente habría mencionado los nombres de *los hijos de Zebedeo* y los hubiera ubicado inmediatamente después de Pedro. Algunos identifican a *los otros dos de sus discípulos* con Andrés y Felipe (ver 1:40, 43), aunque Lindars y otros opinan que el autor omitió sus nombres porque quería dejar sin definir la identidad del "discípulo amado". Beasley-Murray dice que es obvio que el autor quiere que captemos el hecho de que uno de los dos no nombrados es el discípulo amado (v. 7). Plummer, Hovey y otros opinan que la omisión de los nombres *de los otros dos* se debe al hecho de que no eran apóstoles.

La iniciativa de pescar (v. 3) fue del impulsivo Pedro, pero parece que los demás estaban de acuerdo. Los verbos *dijo* y *dijeron* están realmente en el tiempo presente descriptivo: "dice" y "dicen". Algunos entienden que la decisión de ir a pescar

Jesús se presentó en la playa, aunque los discípulos no se daban cuenta de que era Jesús.
5 Entonces Jesús les dijo:

—Hijitos, ¿no tenéis nada de comer?
Le contestaron:
—No.

---

significa algo aproximado a una apostasía de parte de Pedro y los otros, en cumplimiento de 16:32. En cambio, otros opinan que ellos no sabían hacer otra cosa para pasar el tiempo mientras esperaban instrucciones precisas de su Señor. Beasley-Murray y Plummer agregan que la razón más sencilla y natural que explica esta acción es que tenían que comer. Sin embargo, Strachan sugiere que debemos considerar la pesca como simbólica de la misión que Jesús les había asignado de ser "pescadores de hombres" (ver Luc. 5:10), en que ellos descubrieron la necesidad de depender de la dirección y poder de su Señor (ver 15:5). Hull comenta que la decisión entre estas diversas interpretaciones depende de la relación que asignamos al cap. 21 respecto al cap. 20.

Algunos sugieren que la pesca nocturna se consideraba más productiva y esto explicaría por qué estaban en el barco toda la noche. También, la pesca durante la noche aseguraría mercadería fresca para la venta a la mañana siguiente. Otros opinan que Juan recalca que era de noche porque en su simbolismo de luz y oscuridad el resultado se conoce de antemano: la pesca será un fracaso. El término traducido *consiguieron* es el mismo que se usa en relación con el arresto de Jesús por las autoridades (ver 7.30, 32, 44; 8:20; 10:39; 11:57).

El texto del v. 4 dice literalmente: "Pero habiendo llegado la mañana, estuvo de pie Jesús en la playa..." Lindars comenta que Jesús siempre estaba de pie en las apariciones después de la resurrección (ver 20:14, 19, 26). La inhabilidad de reconocer a Jesús *en la playa* podría significar que todavía era demasiado oscuro, estaba demasiado lejos (ver v. 8) o que había una densa neblina, común en las primeras horas de la mañana, o quizás, como piensan Hull, Lindars y otros, la falta de fe en

la resurrección y percepción espiritual (ver 20:14). Beasley-Murray concuerda con Brown en explicar que la expresión *no se daban cuenta de que era Jesús* apunta al misterio de su estado resucitado, es decir, su modo de existencia era distinto al de su vida antes de la crucifixión. Estos dos rechazan la sugerencia de Bultmann de que "sus ojos estaban velados" como sucedió con los dos discípulos en el camino a Emaús (ver Luc. 24:16).

El término traducido *Hijitos* (*pais*[3816], "niño", "sirviente"), aquí se presenta en forma diminutiva y significa literalmente "niños pequeños" o "niñitos" más bien que "hijitos". Se considera que es una manera amigable y cariñosa de dirigirse a ellos (ver 1 Jn. 2:14, 18), pero es menos afectuoso y tierno que el término "hijitos" (*teknon*[5043]; ver 13:33; 1 Jn. 2:1, 12, 28; 3:7, 18; 4:4; 5:21). Puesto que "niñitos" no expresa en castellano lo que significaba el término griego para los judíos en ese entonces, muchos traductores optan por traducirlo "hijitos"; Tasker lo traduce "jóvenes". Lindars sugiere que es el término normal que se usa en la relación maestro/discípulo, y también al referirse a un niño (ver 4:49), o a un bebé recién nacido (ver 16:21).

La pregunta *¿no tenéis nada de comer?* emplea la partícula griega que anticipa una contestación negativa. El término *de comer* traduce un vocablo griego que significa literalmente: "lo que se come al lado", o "algo para comer con pan". La contestación de los discípulos, con una sola palabra *No*, expresaría la frustración y quizás fastidio de pescadores que con gran vergüenza están obligados a confesar total fracaso. ¡Y en el barco estaban pescadores profesionales!

Juan no afirma explícitamente que la notable pesca fue un milagro. Por otro lado, algunos sugieren que Jesús sencilla-

—Echad la red al lado derecho de la barca, y hallaréis.

La echaron, pues, y ya no podían sacarla por la gran cantidad de peces. **7** Entonces aquel discípulo a quien Jesús amaba dijo a Pedro:

—¡Es el Señor!

---

mente pudo ver un cardumen de peces al lado opuesto del barco de donde estaban pescando y los dirigió en esa dirección; pero se pregunta: ¿cómo pudo Jesús ver un cardumen a 100 m de distancia cuando los discípulos en el mismo lugar no lo vieron? Algunos opinan que el *lado derecho* era el de la "buena suerte", pero no es el lado derecho, ni izquierdo, sino la obediencia al mandato del Señor lo que produjo el milagro. Dos cosas del contexto indicarían que se consideraba un milagro: el hecho de haber pescado toda la noche sin éxito, conociendo bien los lugares óptimos para la pesca, y de repente las redes se llenan cuando obedecen la voz del Señor. También, la percepción de Juan (ver 20:8), en el versículo siguiente, basado en la cantidad de peces encerrados en la red indicaría

que era un milagro. La expresión *ya no podían sacarla* significa que no pudieron levantar la red y volcar los peces en el barco. Tuvieron que arrastrarla hasta la playa (v. 8). El término *gran cantidad* traduce *plethos*[4128], que significa "magnitud, plenitud, amplitud" y del cual nuestro término "plétora" es una transliteración.

La lección es obvia. La misión asignada a los discípulos de antaño y de hoy es la de extender el reino de Dios por una "pesca abundante". Sin la dirección específica de él, por medio del Espíritu Santo, la tarea será infructífera; con él será sorprendentemente abundante.

Plummer comenta que el v. 7 es la tercera y última vez que Juan habla en su propia narrativa (ver 1:38; 13:25). Se entiende que *aquel discípulo a quien Jesús*

Las etapas de la fe vistas en Juan

Juan presenta la fe como un estilo de vida. Aun cientos de años antes de nuestro interés en las "etapas de la fe", Juan presenta un análisis de las etapas de fe que el creyente experimenta en su respuesta a Jesús.

La primera etapa de la fe se ve en aquellos que creen en Jesús a base de ver las señales que le veían hacer. Después de la primera señal que Jesús hace en este Evangelio, la de cambiar el agua en vino, los discípulos creen en él (2:11). Al final del Evangelio, Tomás expresa su fe en Cristo después de verlo. Cristo acepta su declaración de fe, pero le dice: "...¡Bienaventurados los que no ven y creen!" (20:29b).

La segunda etapa de la fe se ve en aquellos que vienen a Jesús y creen en él por sus palabras; esto lo vemos en la mujer samaritana y sus conciudadanos, y en el oficial romano (cap. 4).

La etapa más avanzada de la fe se ve en aquellos que "conocen", aman y dan testimonio de su fe en Cristo. Se ve esta clase de fe en el discípulo amado, quien estaba "en el pecho de Jesús" tal como Jesús estaba "en el pecho" del Padre. Solamente aquellos que tienen fe conocen y entienden que el Padre está en el Hijo y el Hijo en el Padre (10:38b). Todos aquellos que conocen a Dios tienen vida eterna (17:3).

Los que creen en Cristo son enviados a dar testimonio y a hacer la voluntad del Padre, tal como Jesús la ha hecho (20:21). Su meta es que "el mundo conozca que tú me has enviado y que los has amado, como también a mí me has amado" (17:23). Esto es posible solamente por medio de la relación con Cristo, que lleva a una unión de Dios, Jesús y el creyente (17:23a). La señal de los seguidores de Jesús es que deben vivir tal como Jesús vivía (13:15, 34; 15:10, 12; 17:18; 20:21); manifiestan su paz (14:27), su gozo (16:20, 22) y su amor el uno para con el otro en su nombre (13:34; 15:12).

El desarrollo de la fe en la vida del creyente es tarea de toda la vida. Las etapas o niveles de fe indicados en el Evangelio de Juan ayudan al creyente a hacer un examen de su propia relación con Cristo como Señor de su vida.

Cuando Simón Pedro oyó que era el Señor, se ciñó el manto, pues se lo había quitado, y se tiró al mar. **8** Los otros discípulos llegaron con la barca, arrastrando la red con los peces; porque no estaban lejos de tierra, sino como a doscientos codos*. **9** Cuando bajaron a tierra, vieron brasas puestas, con pescado encima, y pan.

10 Jesús les dijo:

—Traed de los pescados que ahora habéis pescado.

---

*21:8 O sea, casi 100 m., ya que el codo medía de 45 a 50 cm.

---

amaba era uno de los hijos de Zebedeo, es decir, el mismo apóstol Juan. En cambio, Lindars y otros opinan que sería uno de los "otros dos" mencionados en el v. 1. Los discípulos usaron el título *Señor*, con el sentido absoluto del término, después de la resurrección (ver 20:18, 20, 25, 28; 21:8). Nótese la característica propia de Juan de percibir la presencia de Jesús y, por otro lado, la audacia e impulsividad de Pedro de tirarse al agua con el afán de llegar primero al lado de Jesús. Cuando Juan expresó su convencimiento de que la figura en la playa era Jesús, Pedro se da cuenta sin demora de que Juan tenía razón. El texto no indica qué hizo Pedro cuando llegó, ni siquiera si llegó antes que los otros. Hoskyns especula que los que se quedaron en el barco llegaron primero.

La expresión *se ciñó el manto* no implica que estaba desnudo. Los traductores procuran evitar un malentendido al traducir un texto que dice literalmente "porque estaba desnudo" con *se lo había quitado*. Probablemente tenía puesta sólo la ropa interior, pues alguien tendría que entrar en el agua para desprender la red cuando se enganchaba en las rocas al rastrearse sobre el fondo del lago. *Se ciñó el manto* es lo opuesto a lo que se esperaría de uno preparándose para tirarse al agua. Lo hizo en respeto por Jesús, aunque esto significa que llegaría empapado. El término *manto* traduce un vocablo griego que se emplea sólo aquí en el NT y significa la camisa o túnica con que se cubría la parte superior del cuerpo. Este término se emplea en la versión LXX (1 Sam. 18:4) al referirse a la "túnica" que Jonatán obsequió a David (ver 2 Sam. 13:18). Algunos sugieren que

no había mucha profundidad en el agua cerca de la orilla y que Pedro pudo ir vadeando, sin mojarse por completo. Sin embargo, el verbo *se tiró* o "se echó" indicaría que el agua era profunda y que tuvo que ir a nado.

Es evidente que no estaban lejos de la orilla porque pudieron oír la voz de Jesús cuando se dirigió a ellos (v. 5). Pedro dejó para sus compañeros la tarea de arrastrar la red a la playa detrás del barco, un trabajo no fácil. Sin embargo, no lo sacaron del agua, dejando los peces vivos por el momento. La distancia mencionada, *como a doscientos codos*, es aprox. 100 m.

Beasley-Murray sugiere que sería más natural colocar el v. 9 junto con los vv. 12 y 13, pero ningún texto griego apoya este cambio. El verbo griego traducido *vieron*, está realmente en el tiempo presente descriptivo: "ven". No sólo Jesús había preparado un desayuno sustancioso para este grupo de hombres hambrientos, sino que la comida estaba caliente. El término *brasas* ocurre sólo aquí y en 18:18 en todo el NT, una posible indicación de que el mismo autor escribió ambos pasajes. Nótese la cantidad de detalles precisos en el relato, evidencia de que un testigo ocular está escribiendo. No hay provecho en discutir si Jesús preparó la comida por vía natural o sobrenatural. De todos modos, el énfasis está en que él proveyó para las necesidades físicas de sus discípulos, quizás simbolizando que él proveerá todo lo necesario para la realización de la misión evangelística de sus seguidores.

Vincent cita a Bengel, quien dice acerca del v. 10: "Por la dádiva del Señor ellos los habían pescado; sin embargo, él dice cor-

11 Entonces Simón Pedro subió y sacó a tierra la red llena de grandes pescados, 153 de ellos; y aunque eran tantos, la red no se rompió. **12** Jesús les dijo:

---

tésmente que 'ellos' los habían pescado". Puesto que ya Jesús tenía el desayuno pronto y caliente, no se aclara el propósito de traer los peces ahora, a menos que sea para comprobar la cantidad atrapada en la red. Sin embargo, el mandato *Traed de los pescados* parece indicar "algunos de los peces". Quizás la idea es de agregar algunos más a las brasas para complementar lo que Jesús había preparado. El verbo *Traed* se dirige a todos pero solo Pedro responde en el versículo siguiente.

El verbo *subió* (v. 11) probablemente significa que Pedro subió a la proa del barco, encajada en la playa, y caminó a la popa donde estaría atada la red. El

---

primero para obedecer el mandato de Jesús fue Pedro, rápido para hablar y rápido para obedecer. Algunos sugieren que Pedro era sumamente fuerte y pudo subir la red cuando los otros no pudieron. Sin embargo, es más probable que Pedro haya

---

(Continúa de la pág. anterior)

II. Nueva oportunidad para los pastores.
1. Olvidar lo pasado; no lamentarse por lo pasado, por las oportunidades perdidas.
2. La oportunidad de empezar de nuevo.
   (1) "Borrón y cuenta nueva".
      Pedro sentía la espada en su corazón, pero Cristo no volvió sobre lo pasado. Lo pasado está borrado. Hay una nueva tarea.
   (2) En el evangelio todo es nuevo, glorioso, hermoso.
   (3) En Cristo todo es nuevo. Podemos empezar de nuevo (2 Cor. 5.14-17).
   (4) Somos nuevas criaturas; tenemos un nuevo nacimiento.
3. Hoy es el día de salvación.
   (1) El futuro será glorioso. La ola de pesimismo avanza; nosotros somos los únicos que tenemos las llaves al futuro (Apoc. 11:15).
   (2) La victoria será de los hijos de Dios y solo de ellos.
4. Nuestra tarea: "Apacienta mis ovejas".
   (1) Nuestras palabras no son tan importantes.
   (2) Llevar el mensaje a las personas es lo importante.
      Hay que practicar el cuidado pastoral. ¿Por qué la gente no cree en nuestra predicación? Rogamos, advertimos, imploramos. Ellos saben demasiado; han visto demasiados "productos" disponibles. Recordemos que hay que apacentar, cuidar de las personas, y compartir el amor de Dios con ellas.
   (3) Apacentar es cuidado personal.
      a. Predicar es demasiado general.
      b. El fracaso de muchas iglesias se debe a que no hay tiempo para las relaciones personales.
      c. Cristo nos llama al ministerio personal.
         Nos dejó ejemplo en el cuidado y la restauración de Pedro, quien nunca más lo traicionó, sino que frente a las autoridades afirmó su fe con poder (Hech. 4:19).
III. Nuestra tarea es personal e intransferible.
1. La tentación de pensar que es la responsabilidad del otro.
   (1) "¿Y éste, qué?". Otros menos ocupados, otros que no lo hacen tan bien.
      a. La tarea es enorme, demasiado grande para uno solo.
      b. Se pierde tiempo pensando en los motivos de otros, para echarles la culpa por el fracaso nuestro.
   (2) Preguntas y conjeturas.
      a. Pensamos en el origen de la maldad, la predestinación, el libre albedrío, la iniquidad del mundo, el fracaso de la iglesia.
      b. Es tiempo perdido frente a la misión a la cual Cristo nos ha llamado.
2. Cada uno mirando su propia tarea.
   (1) Cristo nos dice: "Síganme, lleven la luz al mundo".
      "Mejor es encender una vela que maldecir las tinieblas".
   (2) Lamentarse y ver la equivocación de otros es fácil.
   (3) El mundo es de Dios. Él va a juzgar a cada uno. La victoria es nuestra: "Las puertas del hades [infierno] no prevalecerán contra ella [mi iglesia]" (Mat. 16:18).
   (4) Nuestra tarea es personal. Cristo nos habla a todos en medio de nuestra dudas y miedos, y nos pregunta: "¿Qué de ti?". Pero también nos alienta: "Sígueme tú".
Conclusión: Ser pastor o líder no es fácil, pero es el llamado precioso para servir al pueblo de Dios. Hay que dedicarse de nuevo a la tarea de apacentar y cuidar de las ovejas, y de seguir a Cristo en todo lo que hacemos.

—Venid, comed.
Ninguno de los discípulos osaba preguntarle:

"Tú, ¿quién eres?", pues sabían que era el Señor. **13** Vino, entonces, Jesús y tomó el pan

organizado un equipo para hacer un trabajo que un solo hombre difícilmente podría hacer. La abundancia de peces en la red nos hace recordar de la abundancia del vino en las bodas de Caná y lo mucho que sobró de la multiplicación de cinco panes y dos pececillos con que alimentó a los 5.000 (6:1-15). Hay evidencia de que normalmente había abundancia de peces en el mar de Galilea y que muchos pescadores se ganaban la vida sobre estas aguas.

Juan anota con precisión el número y tamaño de los peces, indicando probablemente que él participó en el recuento y que consideraba que era una pesca notable, algo "fuera de serie". Muchos ven un simbolismo en el número preciso (153), señalando varias combinaciones para llegar a ese número. Plummer menciona tres tipos de simbolismos en la interpretación de las Escrituras: imaginativo e ilegítimo; imaginativo y legítimo; legítimo y con intención divina. En esta tercera clase el significado espiritual es señalado en las Escrituras (ver Luc. 5:10), o está tan obviamente en armonía con la narración que parece razonable aceptarlo como incluido con un propósito. Así se clasifica esta pesca milagrosa y la mención de este número. Generalmente se entiende que 153 representa el número completo, o la totalidad. Algunos zoólogos griegos sostienen que hay 153 especies de peces, llevando a Jerónimo a ver en este número el cumplimiento de la profecía de Ezequiel 47:10 y el símbolo de la entrada de todas las razas en el reino de Dios. Manejando los números, se ha determinado que la suma de 1 a 17 (1 + 2 + 3... +17) da 153, representando la Trinidad en un triángulo equilátero con 17 unidades en la base y en cada lado. Se llega a este número también al multiplicar 3 x 50 + 3. Este número ideal podría representar también "la plenitud de los gentiles" (Rom. 11:25) que entrarán en el reino de Dios

por la misión apostólica. Bultmann y muchos otros, sin embargo, opinan que el número es simbólico, pero que nosotros no tenemos la "llave" de interpretación para saber con seguridad cuál es su significado. Beasley-Murray dedica una larga sección en su comentario sobre las distintas teorías que se han presentado sobre el número 153. Morris comenta que es probable que el número preciso de 153 no significa más que el solo hecho de que a Juan le gusta registrar detalles precisos. Temple es más categórico al decir que es perverso el intento de encontrar un significado escondido en este número.

El hecho de que *eran tantos*, y que eran *grandes pescados*, lleva al autor a sorprenderse de que *la red no se rompió*. Se implica que aquí tenemos otro milagro. Si buscamos simbolismos, esto podría representar la unidad de la iglesia, como el manto sin costura (19:23), que habiendo tantos y tan diversos, no habría divisiones (ver 10:16; 17:21-23; 1 Jn. 2:19). Algunos dicen que las dos pescas milagrosas muestran la iglesia militante (ver Luc. 5:1-11) y la triunfante (ver 21:1-14).

El término traducido *Venid* del v. 12 es una partícula de exhortación o exclamación en el plural y es seguido por un subjuntivo en el tiempo aoristo, *comed*, que se refiere normalmente al desayuno, pero a veces al almuerzo. En este caso sería el desayuno, por cuanto todavía era muy temprano en la mañana. La invitación *Venid, comed* podría haber sugerido a los discípulos que la cosecha esperada de la misión mundial sería invitar a un banquete que Jesús mismo prepararía. Hull comenta que cuando pescamos peces los sacamos de vida a muerte, pero cuando pescamos hombres los sacamos de muerte a vida (ver Mar. 1:17). El verbo *preguntarle* traduce un vocablo griego que ocurre sólo tres veces en el NT y se refiere a una búsqueda diligente (ver Mat. 2:8; 10:11).

y les dio; y también hizo lo mismo con el pescado. **14** Esta era ya la tercera vez que Jesús se manifestaba a sus discípulos después de haber resucitado de entre los muertos.

Al principio, ninguno de los discípulos discernió que la persona en la playa era Jesús, pero a esta altura toda incertidumbre de su identidad se había disipado. Puesto que ellos lo habían reconocido ya, Bultmann dice que debemos leer la pregunta así: "¿Realmente eres tú?". Esta expresión describe un sentir peculiar de los discípulos en presencia del Señor glorioso: "¡Es él, y sin embargo no es él! ¡No es el que ellos habían conocido hasta ahora, y sin embargo es él!". No podían creer sus propios ojos. La incertidumbre desaparece cuando él toma pan y les da a comer. Plummer comenta que este comentario del autor muestra que tenía conocimiento de los sentimientos más íntimos de los apóstoles (ver 2:11, 17, 22; 4:27, 33; 6:21; 9:2; 20:20) y es otra evidencia de la paternidad juanina.

Algunos ven en este ministerio de Jesús (v. 13) un eco de la Cena del Señor. Los verbos *Vino, tomó* y *dio,* traducidos aquí como aoristos, están realmente en el tiempo presente y describen vívidamente lo que sucedió. El verbo *Vino* no significa que Jesús recién apareció, sino que describe el comienzo del desayuno. Plummer opina que ellos tenían temor de acercarse a Jesús y por eso él *vino* a ellos. Uno puede imaginarse a los discípulos, hambrientos y maravillados todavía por la presencia del Señor glorioso y por la pesca milagrosa, sentados en un círculo, y Jesús yendo de uno al otro sirviéndoles (ver 13:13-16). Lindars comenta que el desayuno llega a ser un acto de comunión o compañerismo con el Señor quien es conocido por la fe (ver Luc. 24:30). Juan no comenta más sobre la comida, o lo que ocurrió durante el desayuno.

Realmente esta sería la cuarta aparición relatada por Juan si contamos las tres del cap. 20. Sin embargo, Juan dice claramente que *Esta era ya la tercera vez... a sus discípulos* (v. 14). Varios comentaristas opinan que puesto que María Magdalena no era un discípulo, no se cuenta la aparición a ella. Witherington encuentra la solución en el hecho de que Jesús no se había manifestado a un grupo de siete antes, incluyendo dos que, según él, no eran de los doce. Culpepper sugiere que es posible, aun probable, que el relato de esta aparición en Galilea circulaba originalmente en forma independiente de las otras apariciones, y como la primera. Por ejemplo, no hay nada en este relato que indica que hubiera habido otras antes.

Brown encuentra nada menos que diez similitudes entre la pesca milagrosa relatada aquí y la que Lucas relata en 5:1-10, llevándole a sugerir que Lucas y Juan han conservado independientemente dos formas variantes de un mismo evento. Él dice: "No es seria la tesis de que el hecho se produjera dos veces, a pesar de Plummer, Lagrange y otros". Culpepper,

Pescadores

Jesús y Pedro

15 Cuando habían comido, Jesús dijo a Simón Pedro:

—Simón hijo de Jonás, ¿me amas tú más que éstos?

Le dijo:

—Sí, Señor; tú sabes que te amo*.

Jesús le dijo:

—Apacienta mis corderos.

16 Le volvió a decir por segunda vez:

—Simón hijo de Jonás, ¿me amas?

---

*21:15 Otra trad., *quiero*

Lindars y otros simpatizan con la tesis de Brown y acotan que la tradición aparentemente ha pasado por un proceso extendido de desarrollo, pero las similitudes son suficientes para señalar una tradición común detrás de Lucas 5 y Juan 21.

Por más interesante y atrayente que sea la tesis de Brown y otros, no satisface las diferencias entre los dos relatos y crea más problemas de los que resuelve. Por ejemplo, Lucas afirma que él escribió su Evangelio "después de haberlo investigado todo con diligencia desde el comienzo" y que lo escribió "en orden" (1:3). Si en realidad la pesca milagrosa sucedió después de la resurrección de Jesús, ¿cómo podría Lucas equivocarse tanto, al incluirla cerca del principio del ministerio público de Jesús? En cambio, si sucedió cerca del principio del ministerio público, ¿cómo pudo Juan, un testigo ocular, o aun un miembro de su comunidad, ubicarla después de la resurrección? Hovey dice categóricamente que "los eventos descritos en esta narración son distintos en todos los puntos esenciales de los mencionados en Lucas", y procede a mencionar ocho de dichos puntos.

2. La restauración de Pedro, 21:15-19

Si el simbolismo de la pesca en la sección anterior tenía que ver con las oportunidades y responsabilidades para con los de afuera, ahora con el simbolismo de las ovejas tendría que ver con la responsabilidad hacia los de adentro. Después de la triple negación de Pedro (18:15-18, 25-27), la condición espiritual de él, es decir, su relación con Jesús, habrá quedado en duda. Este encuentro en que Pedro fue reprendido y restaurado era necesario para Pedro, pero también para los demás discípulos quienes habían oído sus afirmaciones de lealtad y sabían de su triple negación. Se supone que no había ocurrido una confrontación personal entre Jesús y Pedro antes en que se había resuelto el malestar o tensión que existiría por su triple negación. Sin embargo, Plummer y Witherington sugieren que Pedro fue restaurado ante Jesús en una aparición previa (ver Luc. 24:34; 1 Cor. 15:5) y en esta ocasión fue reconfirmado como el principal de los apóstoles. Considerando el intercambio entre Jesús y Pedro aquí, esta línea de pensamiento es poco convincente.

En esta sección observamos cómo Jesús lo conduce suavemente pero con firmeza a reconocer su error y ser restaurado. La triple repetición de la pregunta (vv. 15, 16, 17) de Jesús corresponde a la triple negación de Pedro (18:17, 25, 27). Aun cuando Jesús cuestionó la lealtad de Pedro y anunció que le negaría tres veces esa noche, Pedro rechazó esa predicción y afirmó dos cosas más: aunque los demás se escandalizaran de Jesús, él nunca haría tal cosa, y que él estaba dispuesto a morir por Jesús si fuera necesario (ver Mat. 26:33-35). Jesús invita a Pedro a reafirmar su lealtad a él tres veces porque tres veces había negado su relación con él. No sólo esta confrontación entre Jesús y Pedro resultó en la restauración de éste ante Jesús, sino también ante sus compañeros.

Recordamos que Jesús le dio a Simón el nombre "Cefas" en arameo, o "Pedro" en griego (ver 1:42). Es llamativo el hecho de que Jesús, quien dio el nombre "Pedro" a Simón, parece evitar deliberadamente el

Le contestó:

—Sí, Señor; tú sabes que te amo*.

Jesús le dijo:

—Pastorea mis ovejas.

17 Le dijo por tercera vez:

—Simón hijo de Jonás, ¿me amas*?

*21:16 Otra trad., *quiero*
*21:17 Otra trad., *quieres*

uso de ese nombre, según el relato de los cuatro Evangelios, con una sola excepción (ver Luc. 22:34). Algunos comentaristas sugieren que este hecho se debe a que aún él no había probado ser digno de ser llamado una "roca". Jesús emplea el nombre completo de Pedro en el v. 15 y una vez en cada una de las dos preguntas restantes, indicando en sí una represión y que se dirigía únicamente a él. Los siete discípulos habían terminado de comer el desayuno que Jesús había preparado. De repente, Jesús se vuelve y mira directamente a Pedro e inicia este intercambio que tuvo lugar en presencia de los demás. Tanto el verbo en la pregunta de Jesús, como en la contestación de Pedro, está en el tiempo presente y describe acción continua: "¿Me estás amando?"... "Estoy amándote".

El autor no especifica a qué se refería Jesús cuando dijo *más que éstos*. El adjetivo comparativo *más que* indica que se refiere a algunos o a éstos, pero del nombre plural demostrativo, siendo genitivo, no se puede determinar su género. Puede ser neutro, refiriéndose a "estas cosas", quizás las redes, barcos, peces. En

---

Los pescadores en el lago de Galilea

El lago de Galilea es un lago de agua fresca, cuyos bordes tocan el distrito de Galilea, también conocida como Galilea de los gentiles. El lago tiene la forma de un arpa y tiene unos 23 km de largo por 11 km de ancho, y es de formación volcánica. Más tarde fue conocido como el lago de Tiberias, por la ciudad en su orilla que era la capital de la región. En el Nuevo Testamento a veces se lo llama el lago de Genesaret, nombrado así por la planicie cerca de la ciudad de Capernaúm.

En los tiempos del Nuevo Testamento había nueve poblaciones o ciudades alrededor del lago, cada una con más de 15 mil habitantes. Muchas de estas personas, al igual que algunos de los discípulos de Jesús, eran pescadores; y su negocio era muy productivo a causa de las grandes cantidades de peces que poblaban el lago. ¡Se han descubierto unas 22 variedades de peces en el lago! En los tiempos bíblicos se usaban tres tipos de redes para pescar:

1. La red de tirada. Era una red de forma cónica que tenía pesas de plomo en la parte exterior. Cuando los pescadores veían un cardumen de peces tiraban encima la red; cuando ésta se llenaba de pescados la volvían a recoger. Este tipo de red no se usaba comercialmente.

2. La red larga. Esta red se usaba para pescar peces de tamaño comercial (mediano). Esta red tenía flotadores de corcho en los lados; la dejaban en el agua toda la noche, y la recogían para llevarla al barco en la madrugada. Esta red dejaba escapar a los peces pequeños, pero atrapaba a los medianos. Probablemente, los discípulos usaron este tipo de red en la noche de la pesca milagrosa.

3. La red de "rastra". Ésta era una red larga que bajaban en el agua formando un semicírculo; luego la arrastraban, por los extremos, hasta la playa con todo lo que habían recogido.

Los pescados eran vendidos frescos, o los secaban y guardaban para comérselos después. El pescado era una fuente importante de proteínas en la dieta de las personas que vivían en esos tiempos. Algunos han pensado que el sumo sacerdote mencionado en Juan 18:15 pudo haber sido cliente de por lo menos uno de los pescadores que seguían a Jesús, por la facilidad con que el "otro discípulo... entró con Jesús al patio del sumo sacerdote", en la noche de su arresto (18:15).

Pedro se entristeció de que le dijera por tercera vez: "¿Me amas*?". Y le dijo:

—Señor, tú conoces todas las cosas. Tú sabes que te amo*.

*21:17a Otra trad., *quieres*
*21:17b Otra trad., *quiero*

---

cambio, si es de género masculino, Jesús
estaría preguntándole si Pedro le amaba
más que los demás discípulos le amaban.
Una tercera posibilidad, menos probable,
sería: "¿Me amas más que tú amas a los
otros discípulos?". La RVA sigue la opinión
de la mayoría de los comentarios, eligien-
do la segunda opción al escribir éstos con
acento. Jesús quería saber si Pedro ahora
sostendría que le amaba más que los compañeros (ver 13:36-38; Mat. 26:33, 35).
Se entiende que la pregunta comunica una
suave reprensión a Pedro por su exagerada profesión de lealtad antes. Es otro
ejemplo de la ambigüedad frecuente en el
texto juanino que admite más que una
interpretación, en que cada una o una
combinación de todas cabe perfectamente.
Hull sugiere que quizá Jesús, al decir *más
que estos*, tenía en mente las promesas no
cumplidas de Pedro, pero esto nos parece
menos plausible.

Pedro afirma su afecto personal y lealtad, dirigiéndose a Jesús como *Señor*, con

Perdonado

Corrie ten Boom, quien sufrió en los campos
de concentración alemanes durante la Segunda Guerra Mundial, después de la guerra
regresó a Alemania con el mensaje del amor
y perdón de Dios. "Ésta era la verdad que
más hacía falta oír en aquella nación destruida por las bombas, y les di mi cuadro mental
favorito. Tal vez es porque en la mente de un
holandés la imagen del mar nunca está lejos,
que me gusta tanto pensar que es allí donde
todos los pecados perdonados son tirados.
Les dije que cuando confesamos nuestros
pecados, Dios los tira en lo más profundo del
mar y allí quedan hundidos para siempre, y
que luego Dios pone un letrero que dice:
'¡No se permite pescar!'".

todo el significado del título, pero se niega
ahora a decir que le amaba *más que éstos*.
Tampoco hace promesas de lo que haría, o
no haría, en el futuro, limitándose a afirmar su lealtad del momento. El pronombre personal *tú* es enfático. Pedro reconoce que Jesús lo sabe todo, que puede
leer su corazón como un libro abierto y
apela a este hecho para comprobar su sinceridad. No sólo se daba cuenta que Jesús
había predicho todos los eventos que habían pasado, sino que habría sido tremendamente impresionado por el conocimiento de Jesús aun de la ubicación del cardumen de peces que los discípulos recién habían sacado. Estaba convencido de que, sí,
¡Jesús lo sabía absolutamente todo!

El mandato de Jesús, *Apacienta mis
corderos*, merece dos observaciones. El
verbo está en el tiempo presente, indicando la continuación de una acción en marcha, y significa literalmente "pastorear", o
"atender los animales cuando están
comiendo pasto" (ver 1 Ped. 5:2). Este
término se usa en la primera y tercera
preguntas. El término *corderos* traduce un
vocablo griego que se usa sólo en esta pregunta; se refiere a las ovejitas recién naci-
das y que necesitan atención especial.
Hovey acota que el término *Apacienta*
describe la tarea de alimentar, no de controlar. Nótese que Jesús dice *mis corderos*, ellos pertenecen a él, y es una verdad que los líderes religiosos harán bien en
recordar siempre.

Godet es citado en una observación
interesante: "Hay una similitud marcada
entre la situación presente y la de dos
escenarios en la vida previa de Padre con
que se relaciona. Él fue llamado al ministerio después de una pesca milagrosa;
después de otra pesca milagrosa él fue

restaurado. Él había perdido su oficio por la negación al lado de un fuego de brasas; es al lado de un fuego de brasas que lo recupera".

La segunda vez la pregunta de Jesús (v. 16) y la contestación de Pedro son idénticas a las del versículo anterior, pero no se repite "más que éstos" y el mandato es distinto. Aquí *Pastorea* traduce otro verbo griego del cual se deriva nuestro término "pastor". En vez de "corderos", aquí manda a Pedro a alimentar las ovejas adultas, maduras, aunque algunos textos griegos escriben *ovejas* en forma diminutiva. Los jovencitos y los mayores necesitan alimento y la responsabilidad del pastor es protegerlos y conducirlos a lugares donde encuentren pastos verdes (ver 10:7-16; Sal. 23). Morris advierte del peligro de enfatizar demasiado la distinción entre "corderos" y *ovejas*, recordando que a Juan le gustaba variar términos, pero con esencialmente el mismo pensamiento.

La tercera vez que Jesús pregunta a Pedro si lo amaba (v. 17), cambió el verbo griego a uno que significa más bien afecto humano. Parece que fue o la repetición de la misma pregunta, o este cambio de verbo, o ambos, lo que produjo una profunda tristeza, o quebrantamiento en Pedro. El mandato *Apacienta* emplea el mismo verbo griego que se usaba en el mandato que siguió a la primera pregunta (v. 15), pero el término *ovejas* es el que se empleó en relación con la segunda pregunta (v. 16).

Se discute la importancia del juego de palabras que vemos en esta sección (ver el siguiente cuadro).

Pregunta de Jesús

¿Me amas (agapao) tú...?

¿Me amas (agapao)?

¿Me amas (fileo)?

Contestación de Pedro

Tú sabes que te amo (fileo)

Tú sabes que te amo (fileo)

Tú sabes que te amo (fileo)

Mandato

Apacienta mis corderos

Pastorea mis ovejas

Apacienta mis ovejas

Jesús le dijo:
—Apacienta mis ovejas. **18** De cierto, de cierto te digo que cuando eras más joven, tú te ceñías e ibas a donde querías; pero cuando seas viejo, extenderás las manos, y te ceñirá otro y te llevará a donde no quieras.

Muchos comentaristas sostienen que el amor *agapao*[25] expresa un sentimiento más elevado, más profundo, más espiritual y más desinteresado (ver 3:16). Westcott expresó la opinión de que Pedro utilizó el término de afecto humano por humildad, no pretendiendo llegar al nivel que Jesús usaba al comienzo. Jesús usa dos veces *agapao*[25], pero luego rebajó el nivel de su pregunta al de Pedro, cuestionando si aun le amaba con el amor *fileo*[5368], que significa más bien el afecto humano (ver 12:25). Sin embargo, esta distinción no siempre se observa (ver 5:20). Otros comentaristas consideran que el cambio del verbo que Jesús emplea se debe a la costumbre de Juan de variar los términos con sinónimos.

Tenney presenta los dos argumentos más importantes en contra de hacer una distinción entre los dos verbos que se traducen "amar" y los refuta. Un argumento es que Jesús estaría hablando en arameo y que hay solo un verbo en ese idioma para "amar". Respondiendo, Tenney dice que el griego es más rico y flexible en su expresión que el arameo y que la limitación de una sola palabra revela solo la pobreza del arameo, más bien que la confusión en el griego. El segundo argumento contra la distinción es que los dos verbos griegos son intercambiables. Tenney responde que es cierto el intercambio frecuente de los términos, pero esto no significa que sean absolutamente equivalentes, sino que en muchos casos significan aproximadamente lo mismo. Este autor concluye que fue el cambio del verbo lo que entristeció a Pedro. Lo más seguro, basados en lo que el mismo texto indica, es que fue la repetición de la pregunta lo que produjo el quebrantamiento de Pedro, aunque el cambio de términos para amor podría haber contribuido a ello.

Con estas preguntas Jesús procuraba conducir a Pedro a entender que el amor verdadero hacia él debe expresarse no sólo en palabras sino en la preocupación por, y el ministerio de, sus seguidores. Culpepper nos recuerda que Jesús describió su propio rol como el del buen pastor quien entrega su vida por las ovejas (ver 10:11, 17, 18). De "pescador de hombres" (ver Mat. 4:19) ahora será "pastor de ovejas". Aquí Jesús le confía particularmente a Pedro la continuación de ese rol como pastor. Cuando él se había jactado de que moriría por su Señor (13:36-38), Jesús cuestionó si realmente en ese momento estaba dispuesto a hacerlo, pero finalmente probó que sí estaba dispuesto. La gran lección de este pasaje es que un siervo del Señor puede tropezar, aun seriamente, como Pedro pocos días antes, pero Jesús lo busca, lo confronta con su falta, lo invita a reconocer esa falta y a reafirmar su amor y lealtad a él. En este caso, Jesús no sólo restauró a Pedro a una íntima relación con él, sino le confió el cuidado y alimentación de sus corderos y ovejas.

Lindars, Brown y otros de la tradición católica ven en este pasaje la comisión, o reafirmación de ella, de Pedro como el "pastor principal" de la iglesia. El que escribe no encuentra en el libro de Los Hechos ni en las epístolas paulinas evidencias que apoyen esa interpretación. Todo lo que Jesús dijo a Pedro aquí, se lo dijo a los demás discípulos y a Pablo en otras ocasiones y en otros términos. Hovey comenta que Jesús le dio a Pedro esta comisión aquí porque, después de su "caída", él no creería que el Señor le confiaría como antes y le permitiría ocupar de nuevo el puesto de vocero entre sus compañeros. Nótese que Jesús insiste en el amor como la motivación y el requisito básico para el servicio cristiano (ver 1 Cor. 13:1-13).

El evento de la restauración de Pedro y

19 Esto dijo señalando con qué muerte Pedro había de glorificar a Dios. Después de haber dicho esto le dijo:
—Sígueme.

Jesús y el discípulo amado

20 Pedro se dio vuelta y vio que les seguía el discípulo a quien Jesús amaba. Fue el mismo

---

la comisión que Jesús le confió fue seguido por una profecía (v. 18). Jesús emplea la doble exclamación griega *amen, amen* para introducir afirmaciones muy importantes en cuanto al futuro de Pedro. Se piensa que la expresión *más joven* indicaría que Pedro ahora tendría una edad madura. Los verbos *te ceñías e ibas* están en el tiempo imperfecto, indicando la costumbre de vivir conforme a su gusto. Hasta ahora había sido un hombre de gran confianza en sí mismo, impulsivo en hablar y actuar, fuerte en el liderazgo. En cambio, llegaría el tiempo en su vejez cuando perdería esa libertad personal y quizá siendo ciego otros harían con él a su antojo. El contraste se hace entre la libertad e independencia propias y, por otro lado, la falta de ella. Bultmann sugiere que la afirmación se basa en un proverbio: "En la juventud el hombre sigue libremente, donde quiera que le plazca; en la vejez el hombre debe dejar que otros le lleven a donde él no quiere ir". Parece que el significado del proverbio es que la decisión de ir debe tomarse mientras que todavía hay libertad de hacerlo; llegará el momento cuando ya no será posible. Jesús no especificó exactamente cuándo o cómo sucedería ese cambio. Plummer comenta que Pedro "extendería las manos" por ayuda, o en sumisión a la atadura a la cual los condenados son sometidos. Hovey opina que los términos se refieren a la vejez y no describen a uno que es arrestado, porque el verbo está en la voz activa, no pasiva. En el arresto, el culpable generalmente no extiende voluntariamente sus manos para ser atadas. La primitiva iglesia y muchos comentaristas contemporáneos opinan que *extenderás las manos* alude a la extensión de los brazos en la cruz. En todo caso, es una alusión a su muerte como se ve en el versículo que sigue, pero sin definir cómo sucedería.

El autor clarifica el significado ambiguo

del v. 18 ahora en el v. 19. La expresión con qué muerte significa "con qué clase de muerte" Pedro había de glorificar a Dios (ver 12:23-33; 13:31-38). Hasta ahora en este Evangelio el verbo "glorificar" se refería a Dios, o a Jesús. Pero en su muerte Pedro tendría el privilegio de glorificar a Dios, siguiendo el ejemplo de su Señor. Se piensa que Juan está escribiendo después de la muerte de Pedro. Entonces se acuerda de la profecía de Jesús respecto a Pedro y entiende que se refería a su muerte. Hay una tradición que indica que Pedro fue crucificado durante el reinado de Nerón (*aprox.* 64 d. de J.C.) y, a solicitud de él, se hizo cabeza abajo, no sintiéndose él digno de morir como su Señor. El mandato *Sígueme* es un imperativo en el tiempo presente que significa "continúa siguiéndome siempre". A la luz de este contexto, es muy probable que Jesús se refiera a seguirle en el martirio.

3. Jesús y el discípulo amado, 21:20-23

Parece fuera lugar que Pedro, recién perdonado y restaurado de una grave falta, expresara esta curiosidad en cuanto al discípulo amado. ¿Sería que estaba tratando de cambiar el tema o que sabiendo ya su destino, quería saber si Juan tendría que sufrir el martirio también? En vez de darnos el nombre propio del "discípulo amado", lo cual habría sido mucho más fácil, por alguna razón Juan procede a identificarlo por su contacto con Jesús en la última cena. Plummer insiste que los detalles del relato son los de un testigo ocular.

Lindars considera que la palabra clave en el v. 20, y que lo une con los vv. 15-19, es el verbo *seguía*. Lo que Jesús mandó que Pedro hiciera según el v. 19, de seguirle a él como discípulo, el discípulo amado ya lo estaba haciendo. La descripción *se recostó*

que se recostó sobre su pecho en la cena y le dijo: "Señor, ¿quién es el que te ha de entregar*?".

21 Así que al verlo, Pedro le dijo a Jesús:

—Señor, ¿y qué de éste?

22 Jesús le dijo:

—Si yo quiero que él quede hasta que yo venga, ¿qué tiene esto que ver contigo? Tú, sígueme.

---

*21:20 Ver 13:25

---

sobre su pecho en la cena se refiere a lo que pasó en la última cena que Jesús tuvo con sus discípulos antes de ser arrestado (ver 13:25). Si nuestra conclusión es correcta, *el discípulo a quien Jesús amaba* es el mismo apóstol Juan. Se cree que Juan, siendo autor del Evangelio, y por reticencia, nunca menciona su propio nombre. Su ubicación al lado derecho de Jesús en la última cena indicaría una posición de honor. Pedro y Juan eran miembros del círculo de discípulos más allegados a Jesús. Estos datos apuntan al apóstol Juan como el "discípulo amado".

Muchos de los que no aceptan la paternidad juanina, como por ejemplo Hull, sugieren que el rol principal del discípulo amado sería el de servir como un lazo crucial entre la iglesia primitiva y el Jesús histórico. Aunque Pedro también fue un testigo de la vida terrenal de Jesús, él no podía cumplir esta función tan bien como el discípulo amado porque le faltaba la percepción del significado más profundo de los eventos históricos (ver 20:6-8; 21:7). Así, Pedro serviría principalmente para proveer un valiente liderazgo y el discípulo amado la clarificación teológica.

El verbo *dijo* (v. 21), traducido como si estuviera en el tiempo aoristo, está realmente en el presente: "Pedro le dice a Jesús". La pregunta es lit.: "¿Pero este hombre, qué?". Pedro, sabiendo ya su propio destino, manifiesta una gran curiosidad en cuanto al destino de Juan. Algunos sugieren que el motivo de la pregunta de Pedro era envidia, pero es más probable que represente una sana curiosidad. Este había sido su compañero más próximo durante tres años. Parece que eran íntimos amigos, además de ser condiscípulos.

La expresión *Si yo quiero* (v. 22) indica la conciencia de absoluta soberanía de parte de Jesús para determinar el futuro de Juan. El término *quede* o "permanezca" traduce un verbo griego favorito de Juan y, según Plummer, es una de las marcas que convence que este capítulo fue escrito por el autor de los caps. 1—20. La frase *hasta que yo venga* traduce un verbo en el modo indicativo que comunica más bien la idea de "mientras estoy viniendo", señalando el intervalo y no el fin de ese período. La respuesta de Jesús sirve como una suave reprensión, algo como "no te importa" o "no te corresponde saber lo de él"; con todo, no le dio el dato que él quería. Los pronombres *él* y *Tú* son enfáticos, señalando un contraste marcado entre los dos. Tú debes preocuparte sólo por tu propia vida y destino y dejar el de él a mi cargo". El discípulo del Señor debe preocuparse por descubrir, aceptar y obedecer la voluntad de Dios para su propia vida y dejar que los otros hagan lo mismo. Lindars dice que la pregunta de Pedro fue una intrusión en la esfera del conocimiento privado de Jesús y que nunca tendría que haberla hecho. Pedro escuchó ese principio del discipulado enunciado en el llamamiento que Jesús le extendió al principio (ver Mar. 1:17) y otra vez en esta ocasión. La primera y última palabra que escuchó de Jesús fue "sígueme", y le siguió fielmente hasta su muerte.

Beasley-Murray comenta sobre el rol distinto asignado a Pedro y al discípulo amado, el primero como "pastor" y el segundo para "permanecer", tema que ha dado lugar a diversas especulaciones. En cambio, dice él, nos aproximamos al corazón del cuarto Evangelio cuando nos damos cuenta que todos los discípulos son llamados a ser *testigos* (ver 15:16, 26,

23 Así que se difundió este dicho entre los hermanos de que aquel discípulo no habría de morir. Pero Jesús no le dijo que no moriría, sino: "Si yo quiero que él quede hasta que yo venga, ¿qué tiene que ver eso contigo?"

27; 16:7-11). Este hecho es comprobado por 33 referencias al término "testigo" o "doy testimonio" (*martureo*[3140]) en este Evangelio, comparado con una en Mateo, una en Lucas y ninguna en Marcos. Tanto Pedro como el discípulo amado dieron un testimonio fiel y fructífero hasta el fin de su vida. Pedro fue el instrumento principal en el día de Pentecostés en dar un testimonio poderoso del evangelio, en escribir dos Epístolas que testificaban a la fe cristiana y testificar de su fe en Cristo en su martirio. En cambio, el discípulo amado tuvo un curso más tranquilo de vida, pero dio testimonio por sus escritos y por su ministerio en una comunidad de creyentes en Éfeso. El mismo autor afirma que las vocaciones de Pedro y del discípulo amado fueron de tremenda importancia para la iglesia; el autor del cap. 21 escribió para ayudar a las iglesias a reconocer a ambos, y a estar agradecidas por ambos.

El término *hermanos* (v. 23) se usa comúnmente en Hechos (9:30; 11:1, 29; 15:1, 3, 22, 23), al referirse a los seguidores de Jesús, pero no se emplea en ese sentido otra vez en los Evangelios. Sin embargo, Plummer y otros comentan que Jesús sí lo hizo en tres ocasiones (ver 20:17; Mat. 23:8; Luc. 22:32). Se piensa que la expresión entre los hermanos de que aquel discípulo se refiere al círculo íntimo de discípulos en la comunidad juanina. Esperaríamos encontrar los verbos *habría de morir* y *moriría* en el tiempo futuro, como están traducidos por la RVA, pero en realidad en el texto griego los dos están en el modo indicativo, tiempo presente: "muere". La palabra *Pero* traduce una conjunción adversativa fuerte, señalando un contraste bien marcado entre el rumor y lo que Jesús dijo.

Cuando el autor oyó que alguien había comenzado el rumor de que el discípulo amado no moriría antes del regreso del Señor, sintió la necesidad de corregirlo. El rumor estaba basado en la respuesta hipotética de Jesús: *Si yo quiero que él quede hasta que yo venga, ¿qué tiene que ver esto contigo?* Se piensa que quizás algunos en la comunidad juanina todavía se aferraban al concepto de que Cristo volvería antes de morir el último de los apóstoles. Algunos de los que rechazan la paternidad juanina opinan que cuando se escribió este Evangelio, tanto Pedro como el discípulo amado habían muerto y el autor sentía la necesidad de explicar su muerte a los que suponían que ese discípulo viviría hasta el regreso de Cristo. Por otro lado, los que sostienen la paternidad juanina de esta sección creen que muchos, si no todos, de los demás discípulos habían muerto y que hacía falta esta clarificación de lo que Jesús había dicho. Juan mismo tendría entre 60 y 70 años de edad cuando escribió su Evangelio, si calculamos que se escribió antes del año 70 d. de J.C. En contra de los que sostienen que el apóstol Juan ya habría muerto, Morris argumenta que es difícil comprender cómo este rumor de *que no moriría* hubiera seguido en pie si ese fuera el caso.

4. La autenticación del Evangelio, 21:24, 25

Sería difícil encontrar otros dos versículos que han sido motivo de más controversia y comentarios que estos dos. La dificultad se debe mayormente a los términos ambiguos que dan lugar a distintas interpretaciones. En particular, es imposible determinar con seguridad lo que significa "estas cosas" y quiénes son los sujetos de los verbos "sabemos" y "pienso". Además, según Beasley-Murray, cada versículo parece tener una naturaleza y propósito distintos y pueden proceder de dos fuentes distintas. Tasker reduce las opciones a tres

24 Este es el discípulo que da testimonio de estas cosas y las escribió. Y sabemos que su testimonio es verdadero.

---

interpretaciones generales: (1) la interpretación tradicional, que sostiene que el "discípulo amado" es el autor y es él que habla a través del pasaje; (2) los ancianos de la iglesia, probablemente en Éfeso, identifican en este pasaje al autor del Evangelio con el "discípulo amado" y afirman que su testimonio es verdadero; (3) el autor del Evangelio, habiendo agregado el cap. 21 un tiempo después de escribir el cap. 20, está diciendo a sus lectores que el "discípulo amado", una persona distinta a sí mismo, da testimonio en sus enseñanzas a las afirmaciones importantes en el cap. 21 y además ha puesto por escrito, quizá en una carta al evangelista, el contenido del cual éste ha incluido en la parte final del Evangelio. Según la tercera interpretación, el v. 24 expresa la convicción del autor. Meyer, Hovey, Chapman, Beasley-Murray y otros argumentan a favor de la primera opción, mientras que Westcott apoya la segunda. Tasker evalúa las opciones, señalando los puntos débiles y fuertes de cada una, y concluye que para él la número (3) tiene menos dificultades.

Hemos observado que en 20:30, 31 existen todas las evidencias de una conclusión para el Evangelio, es decir, para los caps. 1—20. Si consideramos el cap. 21 como un epílogo, escrito posteriormente para responder a algunas críticas o dudas y agregar otros datos de interés, los últimos dos versículos bien pueden servir como una conclusión a este capítulo, o también pueden representar una conclusión general de todo el Evangelio. Si se cree que los Sinópticos fueron escritos antes de redactar este capítulo, bien puede ser que este fuera escrito para responder a los que cuestionaban la autenticidad del Evangelio por las supuestas contradicciones y material nuevo que contiene cuando se lo compara con los otros tres. Es posible también que, si no identificaban al discípulo amado con el apóstol Juan, no estarían dispuestos a considerar este Evangelio con el mismo nivel de inspiración que los Sinópticos.

Juan de Éfeso
(21:24)

En Éfeso se puede visitar las ruinas de la iglesia de San Juan, ver el sitio de su sepultura, y oír sobre su largo ministerio como el "anciano de Éfeso". Allí se pueden ver la "casa de la virgen María" y las ruinas de la iglesia de la virgen María quien, según la tradición, vino a Éfeso con Juan después de la muerte de Cristo. Si este Juan de Éfeso es el mismo autor del Evangelio y de las cartas, se podría pensar que fue en Éfeso donde las escribió. La realidad es que, según la creencia de la iglesia primitiva, no se sabía con exactitud quién era el autor del Evangelio y si este apóstol Juan era "el apóstol amado". En todo caso, Éfeso llegó a ser sitio de peregrinaciones a la tumba de Juan.

En la segunda mitad del siglo VI, el emperador Justiniano, para honrar a Juan, construyó una basílica encima de su sepultura. Esta iglesia llegó a ser uno de los edificios más renombrados en la Edad Media, y llegó a ocupar un sitio selecto encima de la colina Ayasuluk. La iglesia ocupaba un área muy grande y tenía un patio circundado por columnas. Era un edificio de dos pisos; medía 110 m de largo y tenía seis cúpulas grandes y cinco más pequeñas. Las cúpulas estaban cubiertas con frescos y mosaicos. En las ruinas, cerca de la tumba de Juan, hay un bautisterio construido en el piso; fue allí donde bautizaron por inmersión a los nuevos creyentes.

En las ruinas de la iglesia también se han encontrado monedas de la segunda mitad del primer siglo, indicando con esto que probablemente la tumba fue un sitio de peregrinaje, aun en aquel entonces. En el patio había pozos de aguas medicinales, los mismos que eran considerados por los peregrinos como fuentes de sanidad.

Hay un consenso de que la expresión *Este es el discípulo* se refiere al discípulo amado, sea que fuere el apóstol Juan u otro discípulo. Ese discípulo, mencionado aquí, sería el redactor de los caps. 1—20 y posiblemente de 21:1-23. Morris su-

giere que la expresión *que da testimonio*, con un verbo en el tiempo presente, indicaría que el discípulo amado vivía aún, pero otros opinan que se referiría a su testimonio que seguía extendiéndose por medio de lo que había escrito. La referen-

---

El Evangelio de Juan
(21:25)

El Evangelio anuncia que en Jesús "la palabra se hizo carne". Se seleccionan hechos y enseñanzas de la vida de Jesús para responder a las preguntas nacientes de esta proclamación. Estas preguntas están en un orden ascendente, cada una surgiendo de las respuestas interiores.

Pregunta 1: ¿Qué ha venido a realizar él que es el "verbo hecho carne"?

Las tinajas están llenas (2:1-11); él ha venido para traer la abolición de lo antiguo, creando algo nuevo que sobrepasa todo lo anterior.

Pregunta 2: ¿En que áreas se va a lograr el cambio?

El Mesías hará que la vida espiritual del hombre sea correcta y dará significado a la adoración (2:13-22).

Pregunta 3: ¿Cómo cambiaría la relación entre Dios y el hombre?

Con Nicodemo (3:1-21), Jesús revela que es la persona la que debe ser cambiada. Cristo transformará a las personas una por una, en el nacimiento espiritual.

Pregunta 4: ¿Es este nacimiento espiritual limitado a solo un grupo?

La puerta está abierta tanto para los samaritanos como para los judíos; para la mujer samaritana como para "el maestro de Israel".

Pregunta 5: Puesto que Jesús ya no está aquí en el mundo, ¿está todavía disponible su poder?

La presencia física de Jesús no es necesaria para que su poder sea efectivo (4:43-54).

Pregunta 6: ¿Con qué autoridad hizo Jesús estas cosas, aún perdonar los pecados?

Jesús afirma que su Padre trabaja y que él trabaja (cap. 8). Lo acusan de hacerse igual a Dios. ¡Sin saberlo ellos están en lo correcto!

Pregunta 7: ¿De dónde vino la vida que él da?

Alimentar a los 5.000 y los discursos siguientes proclaman que él es "el pan de vida" y "el agua de vida" (6:1-15, 60-71).

Pregunta 8: ¿Pueden las circunstancias externas impedir que alguien reciba esta vida y alcance el destino que Dios desea para él?

¡No! Jesús alimentó a las multitudes en una ladera tranquila, pero también él vino a los discípulos en la tormenta. Las tormentas de la vida no pueden separar al Salvador de los suyos (6:16-24).

Pregunta 9: ¿Es la habilidad de comprender a Jesús limitada a aquellos con perspicacia especial?

La curación del ciego enseña que esta comprensión no depende de la habilidad de la persona. Cristo abre los ojos de los hombres y los capacita para ver (cap. 9).

Pregunta 10: ¿Cuán permanente es la vida que Cristo da?

Juan 10:28 dice que "no perecerán jamás".

Pregunta 11: ¿Puede ser una persona tan corrompida que está más allá del poder de la redención de Cristo?

¡No! Tal como el mal físico no es barrera para la resurrección del cuerpo, el mal moral no es una barrera para el poder de Cristo y para efectuar una resurrección espiritual (11:1-44).

Pregunta 12: ¿Cómo podría alguien con semejante poder sobre la muerte sufrir la derrota de una muerte cruel?

En respuesta a la llegada de los griegos, Jesús anuncia que su muerte será una victoria, no una derrota. "Y yo, cuando sea levantado de la tierra, atraeré a todos a mí mismo" (12:32; lea los vv. 27-36).

Simón hijo de Jonás, ¿me amas tú más que éstos?... Apacienta mis corderos (21:15).

Jesús le dijo: "Si yo quiero que él quede hasta que yo venga, ¿qué tiene esto que ver contigo? Tú, sígueme" (21:22).

25 Hay también muchas otras cosas que hizo Jesús que, si se escribieran una por una, pienso que no cabrían ni aun en el mundo los libros que se habrían de escribir*.

*21:25 Algunos mss. incluyen *Amén*.

---

cia a *estas cosas* es un tanto ambigua, llevando a algunos a opinar que se limita a las cosas escritas en este capítulo, pero son más los que sostienen que se refiere a todo el Evangelio. El verbo *sabemos*, estando en la primera persona plural, es la evidencia de que por lo menos estos dos últimos versículos fueron redactados por algunos de la comunidad juanina. Dichos redactores afirman la autenticidad del Evangelio ante los que supuestamente estaban restándole valor.

El autor o los autores concluye con una afirmación de la naturaleza selectiva del Evangelio. Si estaban respondiendo a la falta en Juan de eventos relatados en los Sinópticos, esta sería una explicación por esa falta. Lindars opina que la misma persona escribió los últimos dos versículos y que no debemos permitir que el cambio de persona en los verbos "sabemos" y *pienso*, de plural a singular, sea un obstáculo; es meramente un recurso estilístico. No todos están de acuerdo con esta aseveración.

Una cosa curiosa, y que indicaría que el que escribió este versículo no es el autor del Evangelio, es el uso del verbo *pienso*, que traduce un vocablo griego que aparece sólo aquí en el cuarto Evangelio. En el versículo anterior los redactores (primera persona plural) se refieren al discípulo amado (tercera persona singular), pero ahora el redactor del versículo final emplea la primera persona singular. Beasley-Murray compara este versículo con 20:30, 31 y encuentra una gran similitud, pero diferencias importantes. En el primer caso, se afirma el propósito del Evangelio, que la gente pueda creer y vivir; en cambio, aquí el autor se muestra impresionado por el fenómeno literario de la vida y obra de Jesús. Este dato también indicaría que el autor del v. 25 no es el que escribió los caps. 1—20.

Tasker cita una pequeña evidencia que sugiere que el v. 25 no figuraba en el texto original del Evangelio. Cuando el famoso Códice Sinaítico del siglo IV entró en el Museo Británico, fue sometido a un trato con rayos ultravioletas que revelaron que originalmente el Evangelio concluyó con el v. 24, después del cual se puso un colofón. Posteriormente, el colofón fue borrado, se escribió el v. 25 en ese espacio y un nuevo colofón fue agregado. A la luz de esta evidencia se piensa que el que primeramente copió y unió los cuatro Evangelios en la forma de un códice, o libro, es el que escribió el v. 25 como un comentario sobre el conjunto de los cuatro Evangelios.

En esta forma llegamos al fin del comentario sobre el "Evangelio de vida" en el cual hemos contemplado, en parte por lo menos, la gloria del unigénito del Padre "lleno de gracia y de verdad" (1:14). Esta gloria se ha visto en sus enseñanzas, más todavía en sus señales, pero supremamente en la cruz y resurrección. Esta revelación de Dios en su Hijo no sólo tiene el propósito de despertar fe salvadora en los hombres, sino que a continuación y sin interrupción, de comisionarlos a ser testigos al mundo incrédulo. Afirmando este análisis, Roberto Garrett cree que un énfasis descuidado en este Evangelio, y prueba de que Juan el apóstol es el autor, es el hecho de que él se muestra en todo sentido como un misionero ideal.

El que escribe da testimonio del impacto que este Evangelio ha tenido en su vida y ministerio como misionero, como también al impacto que ha visto que tiene en la vida de personas en varios países donde ha tenido el honor de testificar. A la vez, confiesa que deja un sinnúmero de cuestiones en el texto sin poder llegar a una definición completamente satisfactoria.

PLAN GENERAL DEL
COMENTARIO BÍBLICO MUNDO HISPANO

Una descripción de los diferentes
tomos de este Comentario

PLAN GENERAL DEL COMENTARIO BÍBLICO MUNDO HISPANO

Tomo	Libros que incluye	Artículo general
1*	Génesis	Principios de interpretación de la Biblia
2*	Éxodo	Autoridad e inspiración de la Biblia
3*	Levítico, Números y Deuteronomio	La ley
4*	Josué, Jueces y Rut	La arqueología y la Biblia
5*	1 y 2 Samuel, 1 Crónicas	La geografía de la Biblia
6*	1 y 2 Reyes, 2 Crónicas	El texto de la Biblia
7	Esdras, Nehemías, Ester y Job	Los idiomas de la Biblia
8*	Salmos	La adoración en la Biblia
9*	Proverbios, Eclesiastés y Cantares	Géneros literarios del Antiguo Testamento
10*	Isaías	Teología del Antiguo Testamento
11	Jeremías y Lamentaciones	Instituciones del Antiguo Testamento
12	Ezequiel y Daniel	Historia de Israel
13*	Oseas, Joel, Amós, Abdías, Jonás, Miqueas, Nahúm, Habacuc, Sofonías, Hageo, Zacarías y Malaquías	El mensaje del Antiguo Testamento para la iglesia

El *Comentario Bíblico Mundo Hispano* es un proyecto en el que participan unos 150 líderes evangélicos del mundo hispano. Usted puede encontrar más información en cuanto a la diagramación y contenido de los diferentes tomos leyendo el Prefacio (pp. 5-8).

Tomo	Libros que incluye	Artículo general
14*	Mateo	El período intertestamentario
15	Marcos	El mundo grecorromano del primer siglo
16	Lucas	La vida y las enseñanzas de Jesús
17*	Juan	Teología del Nuevo Testamento
18*	Hechos	La iglesia en el Nuevo Testamento
19	Romanos	La vida y las enseñanzas de Pablo
20*	1 y 2 Corintios	El desarrollo de la ética en la Biblia
21*	Gálatas, Efesios, Filipenses, Colosenses y Filemón	La literatura del Nuevo Testamento
22	1 y 2 Tesalonicenses, 1 y 2 Timoteo y Tito	El ministerio en el Nuevo Testamento
23	Hebreos, Santiago, 1 y 2 Pedro y Judas	El cumplimiento del Antiguo Testamento en el Nuevo Testamento
24	1, 2 y 3 Juan, Apocalipsis e Índices	La literatura apocalíptica

* Indica los tomos ya publicados.

RECURSOS PARA EL ESTUDIO Y LA INVESTIGACIÓN BÍBLICA

**Busque estos recursos
en la librería cristiana
o visite: www.casabautista.org**

EDITORIAL

Mundo Hispano

EDITORIAL MUNDO HISPANO
CASA BAUTISTA DE PUBLICACIONES
Apartado Postal 4256,
El Paso, TX 79914 EE. UU. de A.

Teléfono: (915) 566-9656, Fax: (915) 565-9008
1-800-755-5958 (Solo para pedidos en USA)

Estudio del trasfondo histórico y cultural de cada libro.

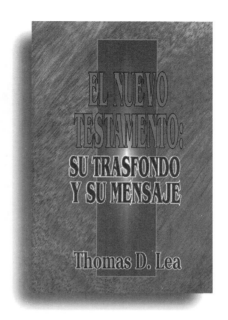

Todo estudiante del Nuevo Testamento encontrará ayuda en el estudio de los problemas críticos que hay en torno a cada escrito (autor, destinatario, fecha de escritura, problemas textuales, etc.).

El autor presenta en una manera fresca, sencilla y clara, las investigaciones más recientes en cuanto al estudio del Nuevo Testamento.

No. 04341
646 pp.

www.casabautista.org

El trasfondo cultural de cada versículo del Nuevo Testamento.

Jesús, en Mateo 6:7, 8 nos dice que no debemos orar como los paganos. Pero, ¿cómo oraban los paganos del tiempo de Jesús? Los griegos, por ejemplo, usaban muchos títulos para llamar la atención de la deidad a la cual oraban.

Jesús, en contraste, enseña que la oración eficaz es el resultado de una relación de intimidad. Sería suficiente, entonces, si solamente decimos "Padre nuestro que estás en los cielos".

¡Aprenda del contexto cultural del Nuevo Testamento con el uso de este libro!

No. 03060
832 pp.

El Nuevo Comentario Bíblico con una sólida interpetación bíblica para el siglo XXI. En un solo tomo y con una nueva edición.

Es una herramienta indispensable para todo estudiante de la Biblia.

- Contiene cincuenta y un comentarios de libros de la Biblia completamente nuevos.
- Quince comentarios completamente revisados y escritos nuevamente a la luz de la presente erudición.
- Siete artículos introductorios completamente nuevos.
- Cincuenta mapas y diagramas especialmente preparados para esta edición.

No. 03071
1.504 pp.

www.casabautista.org

Ayuda a encontrar versículos para una variedad de temas, desde la A hasta la Z.

Contiene más de 1.000 temas con más de 8.000 referencias. Cada tema trae una breve descripción de cada versículo. Puede ser útil para pastores, maestros, predicadores, estudiantes de la Biblia y toda persona que busca alguna respuesta y apoyo bíblico.

No. 42108
320 pp.

www.casabautista.org

Una presentación de
los relatos de los
cuatro Evangelios
en forma paralela
de acuerdo con
el desarrollo
histórico de la vida
de Jesús.

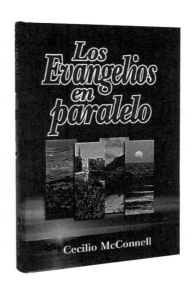

Es un libro útil para el estudio de la vida de Cristo en seminarios teológicos, institutos bíblicos, escuelas dominicales; para pastores y todo estudiante de la Biblia.
Contiene siete mapas en colores que muestran los lugares donde Jesús desarrolló su ministerio.

No. 04303
316 pp.

www.casabautista.org

JESÚS:
- **Lo que dijo**
- **Lo que hizo**
- **Su ambiente cultural**
- **Su misión**

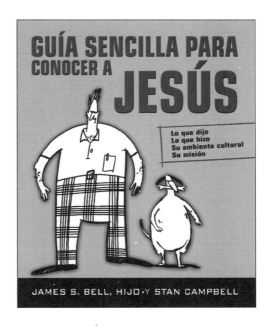

Los autores de este libro se propusieron presentarnos un libro que muestre los hechos y las verdades esenciales sobre Jesucristo de una manera sencilla y clara, tal como la Biblia lo describe.

No. 03675
240 pp.

www.casabautista.org